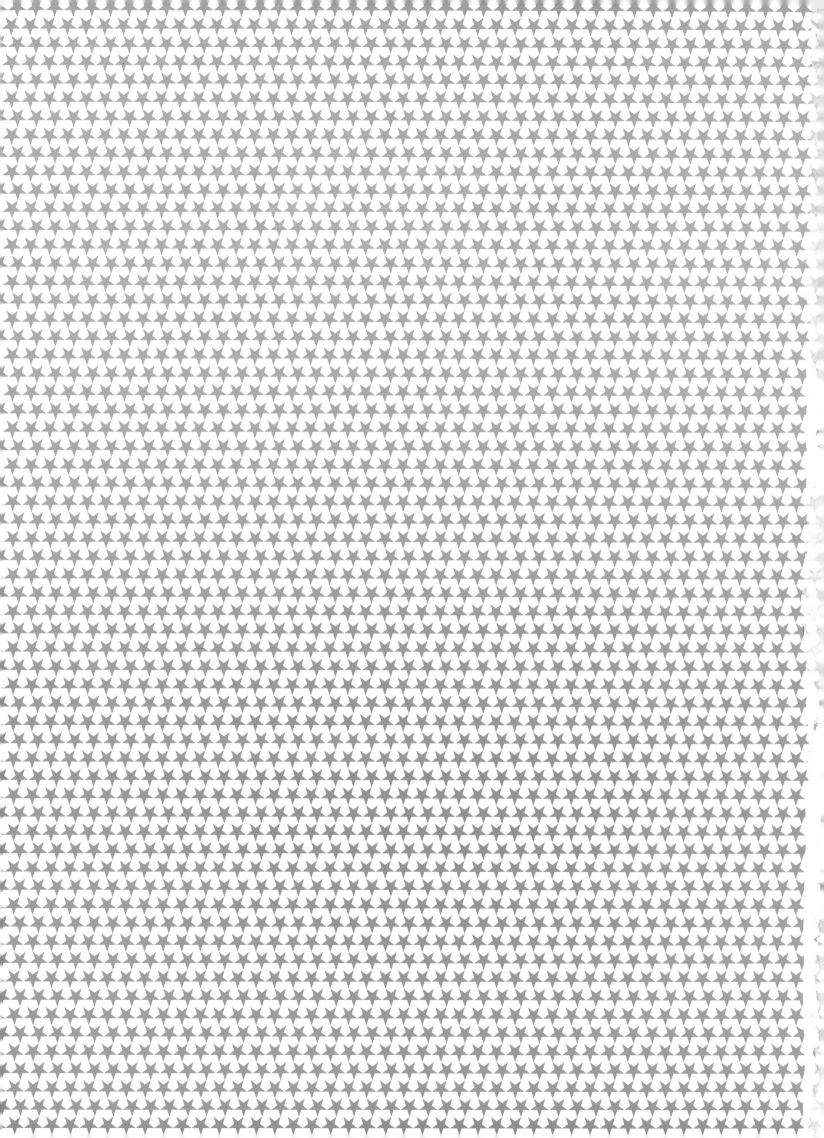

百年中国电影史（1900—2000）

尹鸿 凌燕 著

CNS 湖南美术出版社 岳麓书社

目 录

第十二 章

跨越百年的中国电影（2000年以来）

引 言

1895年12月28日，法国人卢米埃尔兄弟在巴黎公开放映他们摄制的《工厂大门》、《火车进站》等用胶片拍摄的活动影片时，作为一个事件，它标志了电影这一艺术和娱乐形式正式登上人类文化舞台。据记载，7个月零13天以后的1896年8月11日在上海徐园内的"又一村"，被确定为第一次在中国放映电影（当时被称为"西洋影戏"）的地方。十年以后，北京丰泰照相馆拍摄了戏曲片《定军山》（任景丰导演，1905年），则标志着中国国产电影的开始。1913年，亚细亚影戏公司拍摄的《难夫难妻》（郑正秋、张石川编导）则成为中国第一部原创故事片。

从那以后，中国尽管战乱频仍、烽火连绵，政治经济局面也混乱无序，同时又受好莱坞电影肆无忌惮的冲击，但中国民族电影工业仍然艰难地生存和发展着，并且出现了郑正秋、张石川、郑君里、蔡楚生、费穆、吴永刚、孙瑜、袁牧之等一批杰出的电影人，创造了《孤儿救祖记》（张石川、郑正秋编导，1923年）、《火烧红莲寺》（张石川编导，1928年）、《春蚕》（程步高、夏衍编导，1933年）、《渔光曲》（蔡楚生编导，1934年）、《姊妹花》（郑正秋编导，1934年）、《神女》（吴永刚编导，1934年）、《桃李劫》（应云卫、袁牧之编导，1934年）、《马路天使》（袁牧之编导，1937年）、《十字街头》（沈西苓编导，1937年）、《一江春水向东流》（蔡楚生、郑君里编导，1947年）、《小城之春》（费穆编导，1948年）、《万家灯火》（沈浮、阳翰笙编导，1948年）等一批经典影片，受到中国观众广泛认同。以郑正秋、蔡楚生等人的影片为代表的社会或家庭或政治伦理情节剧，以费穆、吴永刚、孙瑜等导演的作品为代表的具有鲜明东方美学风格的文人电影，由夏衍、田汉、阳翰笙等电影人开拓的、与中国政治思潮息息相关的左翼政治电影以及明星公司等民营电影公司拍摄的、以《火烧红莲寺》等影片为代表的商业娱乐电影，形成了中国电影的四大传统，共同构成了中国电影前半个世纪的基本格局。

如果说郑正秋、张石川是中国第一代电影人的代表，那么蔡楚生、费穆等人则是中国第二代电影人的典型。两代电影人共同努力，创造了中国民族电影的雏形。

尽管受到社会环境、资本和技术条件的各种制约，但是，这一时期的中国电影在将东方文化与西方文化相结合，将电影这种外来形式与中国国情相结合，将电影艺术形式与其他艺术形式相结合，以及将电影的商业属性、政治属性和艺术属性相结合等方面，都取得了突出成就，为中国民族电影的发展和民族电影传统的形成奠定了基础。

经过漫长的战争，1949年，中国共产党统一了中国大陆，建立了中华人民共和国。人们用告别战乱与争斗、渴望和平与发展的喜悦心情，将以后的中国称为"新中国"。新，不仅意味着新的执政党、新的国家政体，对于民众来说也意味着新的生活、新的世界、新的理想。新中国，作为一种历史阶段的概念，表达了历经磨难以后，一个民族渴望新生的信念和期盼。

新中国电影，与过去几十年不同，在体制上，从以私营为主体改造为完全国营；在性质上，从娱乐、教化、启蒙等多种功能的混合转向了以政治教育和宣传为主体；在传播上，从以城市市民为主要对象的消费文化转变为以"无产阶级"和"劳动人民"为主体的宣传教育文化。从一开始，新中国电影就是在中国共产党领导下的社会主义电影，是中国社会主义革命和建设的重要组成部分。

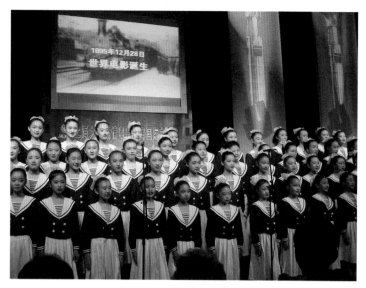

纪念世界电影诞生100周年（1895—1995）

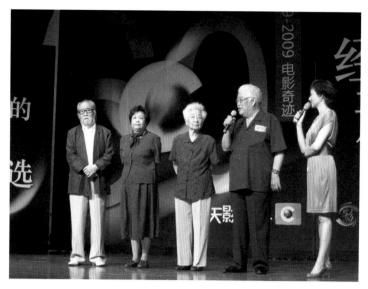

著名电影艺术家葛存壮、谢芳、于蓝、于洋（左起）

　　新中国电影承担着代表中国共产党的政治立场重新书写中国历史乃至人类历史、阐释中国社会走向、完成中国大众对自己的身份认同以及建构主流意识形态合法性和权威性的使命，用当时政治家们常常使用的话来说，电影是"教育人民、打击敌人的有力武器"。在这样的背景下，新中国社会主义电影创造了《桥》（王滨、于敏编导，1949年）、《白毛女》（王滨、水华导演，1950年）、《南征北战》（成荫、汤晓丹、萧朗导演，1952年）、《董存瑞》（郭维导演，1955年）、《祝福》（桑弧导演，1956年）、《林则徐》（郑君里、岑范导演，1959年）、《林家铺子》（水华导演，1959年）、《青春之歌》（崔嵬、陈怀皑导演，1959年）、《红旗谱》（凌子风导演，1960年）、《红色娘子军》（谢晋导演，1961年）、《甲午风云》（林农导演，1962年）、《李双双》（鲁韧导演，1962年）、《小兵张嘎》（崔嵬、欧阳红樱导演，1963年）、《早春二月》（谢铁骊导演，1963年）、《英雄儿女》（武兆堤导演，1964年）、《舞台姐妹》（谢晋导演，1965年）、《沙家浜》（莫宣、王岚导演，1970年）、《红灯记》（成荫导演，1970年）、《智取威虎山》（谢铁骊导演，1970年）、《杜鹃山》（谢铁骊导演，1974年）、《创业》（于彦夫导演，1974年）、《春苗》（谢晋、颜碧丽、梁廷铎导演，1975年）等一批红色经典。

　　正因为新中国电影具备鲜明的政治品质，所以，中国共产党最高领导人毛泽东、周恩来以及党和政府的各级官员，都高度重视和关注电影。电影不仅成为中国社会主义政治的组成部分，有时甚至成为政治的风雨表和前哨阵地。新中国政治在电影领域，或者借助电影领域上演了许多风云际会的政治悲喜剧。新中国电影往往直接反映政治思潮、政治运动和政治形势。

　　在新中国成立以后的前17年，中国沿着社会主义的道路，在"革命"与"建设"的对立冲突中曲折行进。由于国际环境的压迫和国内政治斗争的影响，中国在许多方面仍然沿袭着战争时期的"阶级斗争"惯性。新中国电影在完成塑造社会主义意识形态的过程中，不断陷入政治矛盾的漩涡之中，这种漩涡在1966年的"文化大革命"时期，几乎使新中国的社会主义电影陷入灭顶之灾。而"文革"后期的样板戏电影模式则将阶级斗争的教条转化为以"三突出"等概念为代表的美学原则，新中国政治电影模式走到了形而上学的尽头。

　　以1978年为标志，中国进入"新时期"。借助政治上的拨乱反正、经济上的改革开放、理论上的思想解放、文化上的启蒙主义和艺术上的现代主义氛围，中国电影也进入了一个变革、发展的新时期。经过中国电影导演第四代的冲击和第五代的创造，新时期电影改变了中国电影单一的政治意识形态模式和传统的影戏模式，形成了喧哗与骚动的多元化的艺术电影格局，开始融入世界电影潮流。《从奴隶到将军》（王炎导演，1979年）、《苦恼人的笑》（杨延晋、邓一民导演，1979年）、《小花》（张峥、黄健中导演，1979年）、《天云山传奇》（谢晋导演，1980年）、《巴山夜雨》（吴贻弓导演，1980年）、《邻居》（郑洞天导演，1981年）、《小街》（杨延晋导演，1981年）、《南昌起义》（汤晓丹导演，1981年）、《城南旧事》（吴贻弓导演，1982年）、《人到中年》（王启民、孙羽导演，1982年）、《一个和八个》（张军钊导演，1984年）、《黄土地》（陈凯歌导演，1984年）、《人生》（吴天明导演，1984年）、《黑炮事件》（黄建新导演，1985年）、《野山》（颜学恕导演，1985年）、《芙蓉镇》（谢晋导演，1986年）、《孙中山》（丁荫楠导演，1986年）、《老井》（吴天明导演，1987年）、《人·鬼·情》（黄蜀芹导演，1987年）、《红高粱》（张艺谋导演，1987年）、《开国大典》（李前宽、肖桂云导演，1989年）、《本命年》（谢飞导演，1989年）等一批影片成为这一时期中国多元化艺术电影模式的标志。

20世纪80年代后期开始，随着中国经济体制市场化改革的发展，中国电影也开始具备文化产业属性，从政治宣传向大众文化艰难转型，娱乐性在新中国电影中第一次获得了合法的位置。但从20世纪90年代开始，由于政治形势的变化，中国电影的产业转型被重新纳入了主流政治意识形态化的轨道，中国电影逐渐脱离中国主流文化市场，形成以主旋律电影为主体的一种非大众化趋势。经过新时期改造的中国电影出现了对1949年以后的新中国电影模式的回归和记忆。《大决战》（李俊、杨光远、韦廉、翟俊杰等导演，1991—1992年）、《周恩来》（丁荫楠导演，1991年）、《凤凰琴》（何群导演，1993年）、《孔繁森》（陈国星导演，

1995年）、《大转折》（韦廉等导演，1996年）、《鸦片战争》（谢晋导演，1997年）、《横空出世》（陈国星导演，1999年）等主旋律电影与《我的七月》（尹力导演，1990年）、《心香》（孙周导演，1991年）、《霸王别姬》（陈凯歌导演，1992年）、《秋菊打官司》（张艺谋导演，1992年）、《四十不惑》（李少红导演，1992年）、《蓝风筝》（田壮壮导演，1992年）、《三毛从军记》（张建亚，1993年）、《活着》（张艺谋导演，1994年）、《背靠背 脸对脸》（黄建新导演，1994年）、《红樱桃》（叶大鹰导演，1995年）、《民警故事》（宁瀛导演，1995年）、《甲方乙方》（冯小刚导演，1997年）等影片一起，构成了一种多元的紧张格局。

进入21世纪以后，中国加入WTO（世界贸易组织），中国电影加入了全球市场的流通；同时，市场化改革的深入，也渗透到包括电影在内的文化行业。这种全球化、市场化的大背景，使产业化重新成为中国电影的关键词。"市场就是政治"，或者说"市场份额就是政治"逐渐成为一种共识，电影成为中国文化领域中最先产业化、产业化最彻底、产业和市场开放程度最高的行业。中国电影通过市场化释放了生产力，推动了中国电影产业连续近10年的高速发展。《英雄》（2002年）、《十面埋伏》（2004年）、《满城尽带黄金甲》（2005年）、《无极》（2005年）、《疯狂的石头》（2006年）、《集结号》（2008年）、《梅兰芳》（2009年）、《建国大业》（2009年）、《唐山大地震》（2010年）、《让子弹飞》（2010年）等影片，成为中国电

影产业化最具代表性的作品。中国电影以产业形态进入全球政治、经济和文化的循环交流之中，通过重新建构自己的品格和品质，也拉开了中国从电影大国向电影强国转化的帷幕。

第 一 章

中国电影的发端

（1896-1921）

从绘画到雕塑，从摄影到电影，人类对用形象和影像去记录、反映、表达生活和情感的努力从来没有停止过。在18世纪的西方工业革命之后，电力、照明、照相术、胶片的发明和机械工业的进步，为现代电影的诞生提供了条件。19世纪末期，当古老的中国还在前工业时期中沉睡时，美、法、英、德等许多国家的发明者都先后推出了各自发明的电影机，并开始用各种不同的方式放映被称为"movie picture"的活动影像，即中国后来所翻译过来的"电影"。1895年12月28日，法国人卢米埃尔兄弟在巴黎公开放映他们摄制的《工厂大门》、《火车进站》等用胶片拍摄的活动影片。作为一个事件，它标志着电影这一艺术和娱乐形式正式登上人类文化舞台。尽管当时的交通工具、传播手段和信息流通能力还不强，但也仅仅时隔7个月零13天，在中国上海的《申报》上就可以看见一则电影在中国放映的最早报道——1896年(清光绪二十二年)8月11日上海徐园内"又一村"放映当时被称为"西洋影戏"的电影。这一天也因此被确定为

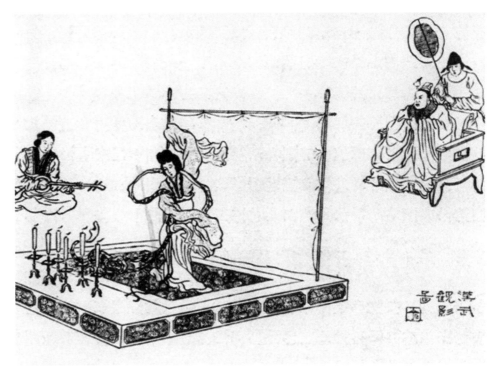

张正宇绘制《汉武帝观影图》（原载《中华影业年鉴》，1927年）

电影在中国的第一次公开亮相。尽管这时候，中国还没有具备电影制作的能力，但电影已经与中国有了联系。这一新兴媒介，在全世界包括中国，引起了人们极大的好奇和热情。在世界电影出现10年以后，中国开始了独立的电影拍摄。

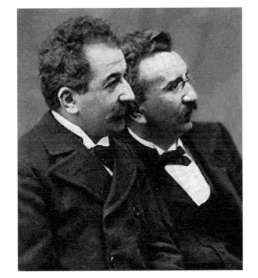

世界电影之父、法国导演卢米埃尔兄弟

第一节
电影传入中国

一、古代中国影像艺术

由于缺乏现代工业革命的积累，中国没有能够成为世界电影技术的发源地。但光影的魅力，从古到今都引起了中国人浓厚的兴趣，也曾经激发了人们许多艺术想

象和创造。

早在春秋战国时代，中国古代哲学家墨子就曾用"光至，景亡"（《墨经》）阐发光影之间的关系；庄子则用"飞鸟之影，未尝动也"（《庄子》）描述对影像运动的观察。在西汉时期（公元前140年左右），汉武帝曾让人用烛光将活动人像映照于帷幕上，表达对死去的李夫人的思念，成为中国最早的灯影戏记录。在宋代（公元10世纪），中国民间出现了走马灯（当时称为"马骑灯"），利用灯火发热带来的上升气流驱动轻薄的纸灯旋转，灯罩表面物换景移、人行车动构成连续运动画面。公元14世纪，相传汉代就已经萌芽的皮影戏在中国北方流行，表演者用灯光照射兽皮或纸板做成的人物剪影叙述故事，艺人们在白色幕布后面操纵戏曲人物，并用当地流行的曲调唱述故事，同时配以打击乐器和弦乐。皮影戏是电影出现以前，利用光影完成的最完整的艺术形

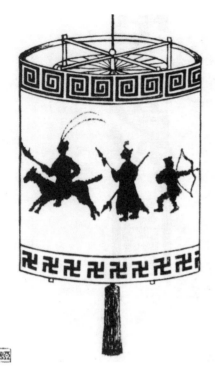

走马灯（原载《中华影业年鉴》，1927年）

态，被称为"中国之影"。皮影戏后来还传到欧洲和亚洲其他国家。当然，由于中国没有进入工业革命，以电为基础的现代电影没有在中国出现。

二、电影在中国的传入

1896年6月，在法国人卢米埃尔兄弟于巴黎公开放映电影半年之后，位于上海闸北唐家弄的徐园，通过怡和洋行从国外购得电影放映设备和电影短片，开始放映当时所谓的"西洋影戏"。1896年8月11日，在外界的要求下，徐园开始公开售票放映电影并在《申报》刊登广告，[1]《马房失火》等14部无声短片连续放映了几个月。这是上海也是中国最早记载的电影放映活动。由此，电影正式传入中国。

而作为当时的清朝帝国都城的北京，据记载，则是从1902年1月开始放映电影的。最早是外国人携带影片和设备租借前门打磨厂的福寿堂放映电影。1903年，中国人林况三自国外携带影片放映设备回国，也在前门外打磨厂的天乐茶园供应影片。这位第一个在北京放映电影的中国人后来加入了著名的明星影片公司担任制片部主任。1904年，慈禧太后70诞辰，英国驻北京公使进献了一架放映机和数部影片，但影片在宫内放映时摩电机炸裂，慈禧受惊后震怒，清宫内从此不准放映电影。当时，由于机械设备不够完善，屡有放映事故发生。1906年7月，清朝大臣端方在府邸放映电影，也发生过机器爆炸伤人事故。但这些插曲并没阻挡电影在中国大城市的流传。欧美各国电影商人竞相来华，在上海、北京、天津等大城市放映"进口电影"。1905年，位于北京大栅栏的大观楼和三庆园茶馆等开始放映电影，据文献记载，"大栅栏大观楼，即有电影园，每晚上座常满"[2]。中国最早的影院往往与茶馆联系在一起，电影文化消费渐成气候。

这时的所谓"电影"，如同卢米埃尔兄弟的影片一样，主要是各种生活场景和戏剧场景的简单记录，片长都只有5至10分钟。电影在当时通常被称为"影戏"，一方面表现出当时中国人对其物理光影原理的认知，也表达了其与中国传统戏剧具有相似的叙述性和故事性的戏剧元素的联系。

当时报刊曾经这样记载电影，"近有美国电光影戏，制同影灯，而奇巧幻化皆

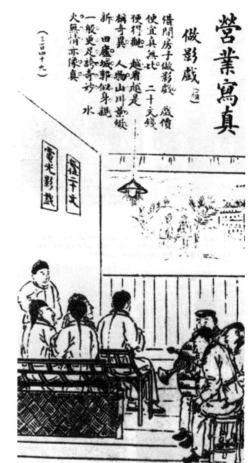

《点石斋》画刊记载的上海最早的电影放映情况

出人意料之外者"，"观者至此几疑身入其中，无不眉为之飞，色为之舞。忽灯光一明，万象俱灭……自电法既创，开古今未有之奇，泄造物无穷之秘，如影戏者，数万里近在咫尺，不必求索地之方，千百状而纷呈，何殊乎"[3]。当安东尼·雷玛斯在上海颐园放映电影时，《申报》刊登广告称，"本公司采办最奇影片，由喜人电光师配照，其中人物动辄变换瞬息，加以紫电五彩，醒人眼界。每夜九点开演至十二点止，礼拜日封关，自五点至七点半止，头等座位价洋五角，二等价洋四

---

[1]《申报》，1896年8月10日及14日的广告副张。

[2]《商报画报》（天津），第6卷第9期第3页，1932年9月1日。

[3]《观美国影戏记》，上海《游戏报》，1897年9月5日第1版。

角"[4]。可以说，当时的电影带给人们无限遐想和开阔视野，也带来了城市新的生活方式。人们不仅从电影活动影像中得到娱乐，而且也从中了解了西方世界的工业文明、社会风尚和经济成就，成为当时新文化的传播途径。

尽管当时的电影都很原始、简单，但电影的光影魅力却引起了中国人的浓厚兴趣，有的人出于对新艺术样式的喜好，有的人则看到了新的商机，于是一些中国人在观看西洋短片的同时，也开始酝酿自己制作电影。

三、中国电影的诞生

1905年的春夏之交，北京丰泰照相

[4]《电影始来中国》，《明星》半月刊第2卷第5期，1935年9月16日。

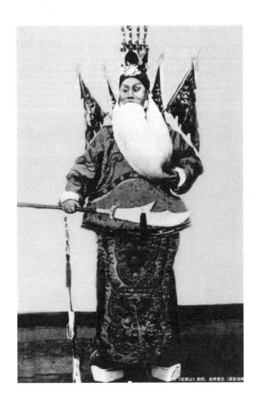

中国第一部电影《定军山》剧照，谭鑫培饰演黄忠

馆拍摄了以记录京剧名角谭鑫培的舞台表演为内容的半小时无声戏曲片《定军山》（任景丰导演，1905年）。这就是中国的第一部电影。这时候，距世界电影的诞生刚刚满10年时间。

北京丰泰照相馆是由民族实业家任庆泰（后改名任景丰）于光绪十八年（1892年）开办的北京第一家照相馆。在电影传到北京以后，任庆泰开设了大观楼电影院，率先将影院从茶座式改为排椅式。但当时片源都来自国外，任庆泰为了庆贺当时被称为"伶界大王"的著名京剧武生演员谭鑫培的60岁寿辰，萌生了自己拍摄电影的念头。他带领继子、丰泰照相馆摄影师刘仲伦，拍摄了由谭鑫培主演的谭派经典剧目《定军山》中的"请缨"、"舞刀"、"交锋"等片段。影片采用了照相式拍摄方法，露天搭戏台，用自然光和固定摄影机机位进行拍摄，基本是舞台表演的记录，电影的运动性还没有充分体现。[5]但这是中国人拍摄电影的起点，具有划时代的意义。

影片完成后，在夜市由任庆泰开办的大观楼公映。谭鑫培成了中国第一位电影演员，而中国的第一部电影则显示了这一舶来形态与中国民族传统文化之间的结合。此后，丰泰也成为中国最早的电影制作公司。从1906年开始，丰泰每年生产2至3部电影短片。1909年，丰泰照相馆毁于一场大火，《定军山》的拷贝也因而失传。2000年，由胡安导演的电影《西洋镜》通过故事片的形式还原了中国第一部电影诞生的历史往事。

[5]2000年，为纪念世界电影诞生百年，北京电影制片厂出品的故事片《西洋镜》（黄丹编剧、胡安导演）叙述了这段历史。

第二节
中国电影工业的出现

20世纪初期，专业电影公司的出现，标志着中国电影工业雏形的形成。

一、亚细亚影业公司与中国第一部故事片《难夫难妻》

1908年，美国人布拉斯基（Benyamin Brasky）在上海成立亚细亚影戏公司，陆续拍摄《西太后》、《不幸儿》等记录性影片。1912年，亚细亚公司的经营人发生变化，美化洋行广告部的买办张石川被聘为顾问。公司先后拍摄纪录片《上海战争》等新闻短片。

1913年，张石川、郑正秋、督俊初等人合组的新民公司，承包了亚细亚影戏公司的影片拍摄。他们拍摄了放映时间近1小时、4本胶片的电影短片《难夫难妻》（郑正秋、张石川编导），这便是中国第一部原创故事片。

这部影片中的全部演员都是当时的文明戏演员，女角色都由男演员扮演，基本来自张、郑等人组织的新剧团民鸣社。影片拍摄前，有预先准备的剧本提纲；现场调度时，张石川负责摄影机调度，郑正秋负责演员调度，当时虽然没有"导演"这个称谓，但他们实际上成为中国最早的故事片导演。

据记载，影片拍摄时，"每天早晨七时化妆，九时拍摄，化妆只有脂粉，没有其他东西，所有道具服装，完全由民

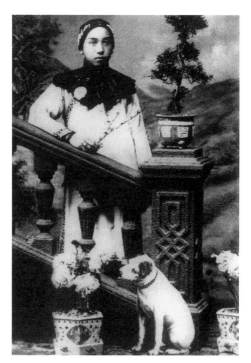

《庄子试妻》（1913年，编导：黎民伟）

鸣社搬来应用，以省开支"，"布景简陋极了，墙壁当然是木板搭的，墙上的衣钩咧，自鸣钟咧，都是画出来的，甚至有些新式几椅，租价太大，便托纸（扎）店（扎）束。外景十九在郊区一带拍摄，所费也不多。片是无声的，也没有字幕，一个剧本，四五天便成，摄成了便由小戏院放映，每票一角，因通俗故，生意甚好"，除了在国内放映以外，影片还被送到海外，"而主要的放映地点，都是南洋群岛，大都是映给华侨看的，在这方面获得大宗收入"[6]。此后亚细亚公司成为当时中国生产电影的主要机构。1913年，仅1年的时间，其生产的电影就多达15部。

与郑正秋、张石川几乎同时开始拓荒民族电影的先驱者，还有黎民伟。1913年，由亚细亚公司在香港创办的华美影片

[6]钱化佛：《亚细亚影戏公司的成立始末》，《感慨话当年》，中国电影出版社，1984年第2版。

公司摄制了黎民伟编剧并反串庄子妻的短故事片《庄子试妻》。影片用喜剧的方式嘲讽了庄妻的变心和庄子的矫情，体现了对真情真性的呼唤。该片后来被送到美国放映，成为中国第一部输出到国外放映的影片。影片中的配角、庄子的丫环由编导黎民伟之妻严珊珊饰演。虽然仅仅是一个配角，但严珊珊却是中国电影史上第一位女演员，而该片也是第一部香港影片。直到1920年，上海影戏公司拍摄《海誓》，主演殷明珠才继而成为中国电影史上第一位担任女主角的女演员。

二、商务印书馆与中国第一部长故事片《阎瑞生》

商务印书馆对我国早期的电影发展也做过巨大贡献。1917年，商务印书馆负责人鲍庆甲由美国考察归来，用不足3000元的低价购买了一位来中国拍片的美国商人急于抛售的摄影器材、胶片等。印刷部和照相所采用这些设备开始拍摄《商务印书馆放工》、《商务印书馆印刷所全景》、《上海焚毁烟土》等新闻短片，开创了中国人独立摄制完整纪录片的先河。这些影片的摄影师大多由留学生叶向荣担任。同年7月，商务印书馆成立活动影戏部，这是中国历史上最早成立的专门的中资民族电影机构。

1920年，商务印书馆修建了可以日夜拍摄的玻璃摄影棚，这也是中国最早的电影摄影棚。活动影戏部也更名为"影片部"，并订出简章，自制影片租售办法、价目表等。后来商务印书馆拍摄了中国最早的长故事片《阎瑞生》和《红粉骷

髅》。商务印书馆成为早期中国一家最重要的电影生产机构。

中国第一部长故事片《阎瑞生》，是由中国影戏研究社的施彬元、徐欣夫、顾肯夫等于1921年摄制完成，片长10本，已达到现代常规故事片的长度。《阎瑞生》是根据当时轰动一时的社会刑事案件"阎瑞生谋杀王莲英"改编，摆脱了舞台剧模

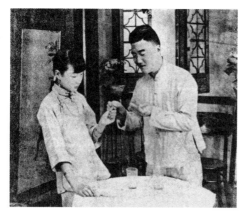

《阎瑞生》剧照（1921年，编剧：杨小仲 导演：任彭年）

式，大量采用外景，并且采用推、拉、摇、移、特写等多种摄影技巧，电影手法基本形成。在伦理观念上，影片表现了被社会认可的善恶有报的传统价值观。该片于1921年7月1日首次公演，"一日所售，竟达一千三百余元"，"连映一星期，共赢洋四千余元"，轰动一时。

三、中国电影渐成气候

从1910年末开始，电影受到了越来越多的文化人和商人的关注。

1918年春，留美归来的南通青年卢寿联成立了中国影片制造股份有限公司。该公司先后拍摄了《南京风景》等短纪录片、《饭桶》等短故事片和《四杰村》等短戏曲片，洪深、卜万仓等后来声名显赫的电

影人都加入了该公司。该公司还在《申报》悬赏金征求影戏脚本，要求"影戏之情节趣味全在事实烘托，故不尚文辞，亦不拘文体，只需三千至五千字说明，简明达意既得"[7]，对电影剧本的艺术特征有了明确认识。1923年，该公司因资金耗光而结束。

1921年11月1日，中国第一本电影杂志《电影周刊》在北京创刊。1922年，由顾肯夫、陆洁、张光宇编辑，中国影戏研究会发行的《影戏杂志》，成为当时很有影响的电影刊物。1922年，上海大戏院经理曾焕堂创办中华电影学校，招生广告一出，学生趋之若鹜，考生超过千人，该学校也成为我国早期培养演员的重要机构，从美国学戏剧返国的小说家顾肯夫主持这所演员学校。该校的第一期也是唯一的一期毕业生中，就有后来的大明星胡蝶和王元龙等。

同年，当时的北京政府国务总理周自齐创办孔雀电影公司，还开创在外国电影中打上中文翻译字幕的先例，因此中国出现了第一部译制片《莲花女》。此后，北京、上海等城市的电影制作特别是电影放映活动越来越普及。据1927年版的《中华影业年鉴》统计，1925年前后，遍布全国各大中城市的电影公司达175家，仅上海就有141家。

第三节
早期中国电影的文化特征

中国民族电影诞生于新旧之交的时代：一个历时数以千年的封建帝国正在土崩瓦解，来自西方的文化正在形成新文化思潮，冲击着社会和影响着青年一代，而传统文化和传统艺术仍然还对社会生活产生着种种影响。中国早期民族电影便在这种外来形式与中国内容、新文化精神与传统文化遗风之间寻找着自己的文化品格和价值系统。

一、早期电影的新文化气息

早期电影的鲜明特点之一，就是对中国封建传统文化的讽刺、批判和对人性解放、个性自由的现代文明的向往。

在中国第一部故事影片《难夫难妻》中，新文化气息就体现得相当鲜明。这部影片如同当时的新剧一样，也以包办婚姻为题材，展示了"门当户对"的两家人由托媒到大婚典礼，将一对从未见过面的青年男女送入洞房的结婚程序。影片用悲喜结合的方式，讽刺了当时守旧的传统包办婚姻制度，体现了当时正在兴起的新文化思想，也体现了"用文艺教化社会观"的启蒙主义电影观，成为后来中国电影现实主义与启蒙主义相结合的电影传统，透露出正在酝酿中的中国新文化的气息。

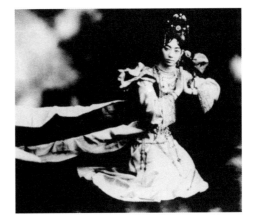
《天女散花》剧照，梅兰芳饰演天女

二、传统文化的影响

相比较于白话文学，由于电影更多地面向市民大众，因而往往在文化上也与传统的市场文化、传统的伦理道德息息相关，特别是一些民间戏剧文化的特点，在早期电影中得到了鲜明的体现，表明电影在新旧交替时代的文化混杂性。

当电影中有了越来越多的新文化气息的同时，中国传统文化也成为电影表现的重要内容，体现了这个新旧交替时代的文化特征。不仅中国第一部电影《定军山》是传统京剧的记录，而且商务印书馆的活动影像部还陆续拍摄了由梅兰芳主演的戏曲片《春香闹学》、《天女散花》等。这些影片将京剧的舞台表演特点与电影的特写镜头、叠印特技等结合在一起，体现了一种外来表现形式与传统艺术魅力的融合。同时，不少作品仍然表现传统的忠孝节义等观念。当然，一些京剧作品，也在传统故事的基础上，更多地透露了青春活泼的人性美好，体现了传统戏曲中具有浪漫气息的文化精神。

[7]《申报》，1922年9月5日第1版。

第 二 章

早期中国电影的发展

（1922-1937）

从商务印书馆的《阎瑞生》开始，中国民族电影工业渐成气候，中国电影业进入快速发展阶段。1922年，张石川与郑正秋再度合作，创办明星影片公司，不仅对中国早期民族电影的发展做出了巨大贡献，而且也标志着中国电影工业和电影文化的逐渐成形。此后，一些具有一定生产规模和创作特色的电影公司陆续出现，形成了中国电影的第一次高潮，产生了一批早期经典民族电影。一些优秀的导演、编剧和明星成为这一时期中国电影发展的标志。

第一节

明星、大中华百合与天一公司的鼎足而立

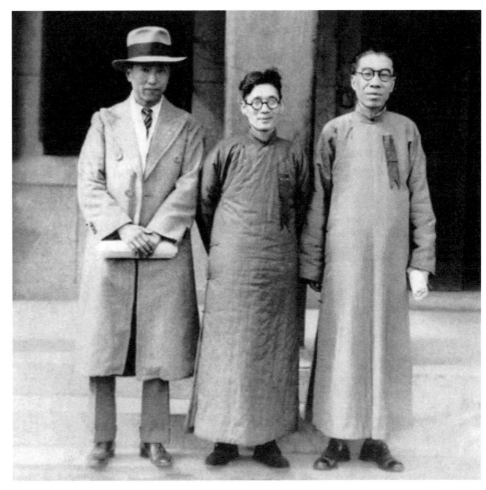

明星影片公司的郑正秋〔中〕、周剑云〔右〕

一、早期最有影响的中国电影企业：明星公司

1922年3月，由张石川、郑正秋、周剑云、郑鹧鸪等人创办的明星影片股份有限公司在上海成立。公司还设立了影视学校，这也是中国的第一所电影学校，由郑正秋担任校长，专门培训演艺人员。同年6月，公司开始摄制影片。

公司第一年，在张石川所主张的"处处惟兴趣是尚"的思想指导下，明星公司拍摄了《滑稽大王游华记》《掷果缘》和《大闹怪剧场》等影片。这些影片基本是西方滑稽幽默片的仿制品，甚至还找来旅居上海的外国人直接按照卓别林的造型进行拍摄。《张欣生》则是商务印书馆获得成功

的影片《阎瑞生》的模仿之作，取材于发生在上海的一件真实命案。影片过于强调案件中"蒸骨验尸"等残忍细节，引起了社会舆论与政府管理当局的批评，也促进了后来电影审查制度的出现。1923年3月18日，上海总商会致电江苏省省长，要求取缔《阎瑞生》《张欣生》等影片；江苏省教育会也提出"取缔有碍风化影片之呈请"。4月28日，上海淞沪警察厅公布修订的电影院规则，要求"营业者应取具殷实铺保"，"不得开演淫邪迷信，有伤风化等影片"，"电影院内除包厢外，均男女分座"，"应缴公益捐"，"应缴巡警弹压费"等。5月22日，上海《新闻报》刊登了《禁演阎瑞生张欣生案影片》的通令。

在此局面之下，郑正秋提出"以正

当之主义揭示于社会"的主张。依照郑正秋"教化社会"的理念，明星公司用8个月时间拍摄的正剧《孤儿救祖记》（1923年）将"兴趣"与"教化"相结合，获得了成功。12月21日，影片公映，"未二日，声誉便传遍上海，莫不以一睹为快"。在此后的几个月中，它给观众带来的兴奋超过了任何一部外国影片。该片不仅改变了明星公司濒临破产的命运，也为中国电影开创了一种艺术与商业双赢的伦理情节剧的传统。《明星公司年表》这样评价这部影片，"《孤儿救祖记》摄制完成，公司基础奠定。中国影片至此始告初步成功"。徐耻痕编撰的《中国影戏大观》则称，"而国人对于影戏事业之观念，由此遂达于狂热时代矣"。自此，明

星公司也在这种通俗社会片的创作模式上得到了发展。

1932年的"一·二八"事变以后，明星公司邀请左翼作家作为编剧顾问，拍摄了一批后来产生了重大社会反响的左翼进步电影。1937年的"八一三事变"后，影片生产逐渐停顿。1938年，厂房毁于日本战火，公司被迫停业。明星公司共拍摄故事影片192部，动画短片5部，短纪录片30多部，并开展电影教育和编辑出版多种电影杂志，是20世纪二三十年代中国经营时间最长、影响最大的民营电影公司。

二、大中华百合影片公司与邵氏天一公司

继明星公司成立之后，从美国回来的侯曜等建立了画片公司，拍摄了《春闺梦中人》等影片；从法国学习摄影回来的

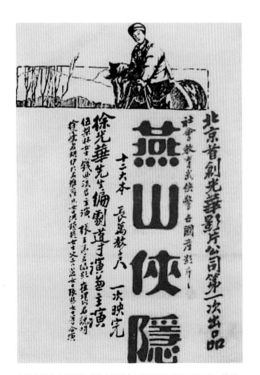

中国最早的电影海报《燕山侠隐》（光华影片公司2006年，编剧：徐光华、崔展筠，导演：徐光华）

汪熙昌等成立神州影片公司；大陆影片公司、百合影片公司也都先后成立。

1925年，大中华影片公司与百合公司合并成立了大中华百合影片公司。合并后的公司由朱瘦菊任总经理，在资金、设备、人员和电影生产规模上，都仅次于当时的明星公司。一年多时间中，公司拍摄了《小厂主》、《同居之爱》、《儿孙福》等影片。公司体现了更多的西化特征，影片中常常有对西方生活方式和环境的描述，题材和风格也比较偏重都市中上层社会。

同年，邵醉翁以原来的"笑舞台"文明戏演员作为班底，组成了天一公司，在上海的12年期间，拍摄了100多部电影。自此，邵氏公司成为一家产量高、商业效益好的电影公司。1926年，天一公司从《梁祝痛史》开始拍摄稗史故事，这些故事大多取材于传统题材和民间传说，商业营销比较成功，市民品位突出。1937年，天一公司逐渐转入香港、南洋等地发展。

三、中国电影的众多第一步

1924年，中国的第一部电影学著作《影戏学》由徐卓呆编著出版。

1925年，洪深在《东方杂志》第22卷第1—3期连载电影文学剧本《申屠氏》，这也是中国公开发表的第一部完整、规范的电影剧本，开辟了"电影文学"这一文学形态。

1926年，至今为止我们发现的最早的一张电影广告也出现了。1926年，万氏三兄弟万籁鸣、万古蟾、万超尘制作完成了中国第一部动画电影《纸人捣乱记》。

中国电影，在这10年间跨出了许多的第一步。

四、早期电影工业体系和市场竞争

当时，上海电影公司林立，每年生产的影片数量也很大，主要原因是影片制作简陋、成本不高，达到一定水准即可获利。当时国内电影市场以上海为主，发行一地即可收获成本一半。全国各地划分为华中、华北、东北、华西、华南、江苏省和闽浙七个发行区，而海外地区则以南洋为主。中国电影的生产发行体系基本形成。

1926年，明星、大中华、上海、神州、友联、华剧等公司联合经营电影发行，成立了六合影业公司。这是中国电影行业一次比较大的行业整合行为。这一年，田汉创办了南国电影剧社。中国民族电影公司如火如荼地出现，渐渐带来了市场竞争的激烈，但电影艺术品质没有能够迅速提高。1927年，由于电影行业的过度竞争，制片公司从100多家下降为20至30家，中国电影的第一次热潮渐渐退下来。

第二节

《孤儿救祖记》与家庭伦理情节剧电影传统

郁达夫在《如何救度中国的电影》中对中国电影提出两个要求，"第一，我们所要求的是中国的电影，不是美国式的电影"，"第二，我们要求新的不同的电

影"[1]。周剑云、汪熙昌在《影戏概论》中提出影戏之使命："（1）赞美一国悠久的历史；（2）表扬一国优美的文化；（3）代表一国伟大的民性；（4）宣扬一国高尚的风俗；（5）发展一国雄厚的实力；（6）介绍一国精良的工艺。"[2]这段阐述，反映的是当时人们对中国电影艺术的共同要求。正是在这样的文化背景下，中国电影开始贡献出自己的代表性作品。

[1]郁达夫：《如何救度中国的电影》，《银星》，1927年第13期。

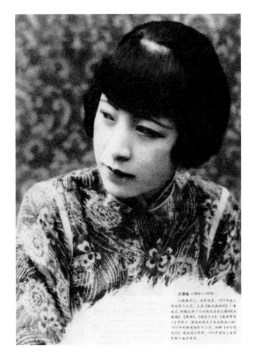

主演《孤儿救祖记》的王汉伦（1903—1978）

[2]周剑云、汪熙昌：《影戏概论——昌明电影函授学校讲义》，1924年。

一、开风气之先的《孤儿救祖记》

《孤儿救祖记》是由郑正秋编剧，张石川导演，王汉伦等主演。影片继承了中国民间的家庭伦理故事传统，围绕家庭内部的遗产争斗，叙述了一个善良与邪恶、忠诚与背叛、财富与心灵的家庭伦理故事。故事跨度十年，采用了误会、苦难、陡转、团圆的通俗叙述方式，描写家庭亲情、骨肉分离，成为中国第一部引起社会轰动的社会伦理片。扮演儿媳的王汉伦凭此片成为当时的顶尖明星。而郑正秋之子郑小秋在片中扮演孤儿，由此走上银幕，成为一代男星。

这部影片不仅关注了当时中国逐渐从传统社会向商业社会变化的现实，而且体现了传统文化价值观，在电影艺术形态的把握上也基本成熟，形成了中国民族电影的基本轮廓，赢得了观众的热爱和尊敬。从现存的历史资料来看，《孤儿救祖记》所带来的巨额票房收益及其对日后的深远影响，都足以使这部影片成为中国早期电影的里程碑。

二、以社会问题为题材的家庭伦理片传统

张石川、郑正秋合作的《孤儿救祖记》在票房上的成功不仅改变了明星公司经营上的窘境，而且引发了一波创办电影公司的热潮，"社会问题片"也风靡一时。借《孤儿救祖记》之风，明星公司此后又接连拍摄了《玉梨魂》、《苦儿弱女》、《盲孤女》等近似题材的影片，这股热潮一直持续到《火烧红莲寺》等武侠神怪片的出现才告一段落。

在后来的岁月中，家庭社会伦理片一直是中国观众最喜爱的电影路线，从郑正秋晚期的作品《姊妹花》、20世纪30年代的《渔光曲》到20世纪40年代的《一江春水向东流》，直到新时期20世纪80年代谢晋的电影《牧马人》、《天云山传奇》和《芙蓉镇》，这类电影都产生了最广泛的社会影响。直到电视出现以后，这一传统才逐渐转移到像《渴望》这样的电视剧形态上。

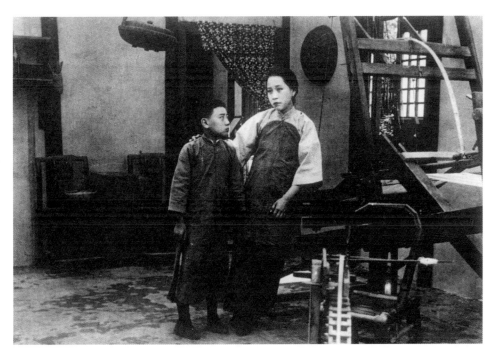

《孤儿救祖记》（1923年，编剧：郑正秋，导演：张石川）

第三节

中国武侠电影的第一个高潮

一、市场压力下的电影转向

1924年，著名的鸳鸯蝴蝶派作家包笑天应郑正秋之邀，开始为明星影片公司编写电影剧本，次年担任了明星公司的编辑部主任。1926年以后，"明星"从《孤儿救祖记》带来的高峰逐渐过去，公司生产的影片除了在家庭、婚姻等领域外，难以开拓创新。不少影片都去表现人物的所谓"良心发现"，善有善报恶有恶报的"大团圆"结局渐成套路，雷同的故事和题材，陈腐的价值观，使电影文化暮气沉沉，观众反应也逐渐冷淡。市场的严峻威胁，促使"明星"开始转向武侠神怪等商业娱乐片的拍摄。

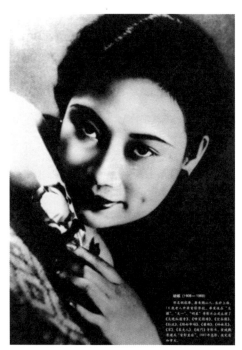

被称为"电影皇后"的胡蝶（1908—1989），曾先后在"友联"、"天一"、"明星"等公司制作的影片《火烧红莲寺》、《啼笑因缘》、《空谷兰》、《姊妹花》等影片中扮演主要角色。

1927年，友联公司拍摄了以女性为主角的武打片《儿女英雄》，在市场上获得了成功，借此开始了中国武侠电影的风潮。明星公司从1928年开始拍摄大型武侠片《火烧红莲寺》（郑正秋编剧，张石川导演），这部电影更是带动了中国影史上的第一次武侠电影热，开创了中国武侠电影类型的早期传统。

二、中国最长的系列电影《火烧红莲寺》

《火烧红莲寺》是根据平江不肖生（向恺然）的小说《江湖奇侠传》改编。影片中少年陆小青外出求师途经红莲寺，发现寺僧种种不可告人的恶迹，便联手江湖的各路英雄侠客与寺僧恶斗，放火烧了红莲寺，并因此引起了武当派与崆峒派两大武侠派别的生死较量。

《火烧红莲寺》的摄影师董克毅，钻研各种电影特技，甚至被称为当时中国的"梅里爱"[3]。他不仅创造出"接顶"法，把画在玻璃板上的红莲寺顶与没有寺顶的布景组合在一起，构成红莲寺的辉煌建筑景观，还通过真实人物与卡通形象融合的办法表现所谓的"剑光斗法"。他在银幕上根据剧情需要，将人物形象放大、缩小、分身，体现了电影特技对武侠类型电影的有力支撑。

---

[3] 梅里爱（1861—1938），法国电影导演。梅里爱原是舞台魔术师，后在蒙特勒伊建立了一个"照相车间"，这便是最早的"摄影棚"。他在那里使用舞台演员、布景、道具、服装、化装手段等进行特技摄影，开创了与L.卢米埃尔"捕捉自然"相对立的另外一种风格，被称为"电影魔术师"。

由于该片票房反应极好，观众人缘大涨，许多演员包括当时的影后胡蝶等明星都愿意扮演该系列影片中的人物。公司本来计划连续拍摄36集，后来因"九一八"事变发生未能完成计划。《火烧红莲寺》在3年的时间内拍摄完成了18集，这也成为中国至今为止部数最多的系列电影。该系列除第一集为郑正秋改编外，其余皆由张石川改编和导演，商业气息越来越浓厚，稀奇古怪的倾向更加严重，装神弄鬼的市民气息后来也受到了许多新文化批评家的诟病。

三、武侠神怪热与国民党政府的电影审查

《火烧红莲寺》的商业成功，也引起了国内其他电影公司的争相效仿。从1928年到1931年，影坛一片腥风血雨、刀光剑影。上海50家电影公司摄制的近400部影片中，武侠神怪片占250部之多，其中，以"火烧"为片名的影片便数以十计。

由于当时大众的科学知识有限，观众往往容易对影片内容产生误解，甚至发生一些模仿影片动作的事故。当时，不少人批评这些影片为"武侠神怪片"。国民党政府的电影检查委员会一度也下令查禁《火烧红莲寺》。后来中国电影的主流史书都将这些影片统统看做是封建"毒草"予以否定。

国民政府曾经颁布《电影检查法则16条》，从1919年8月1日开始施行。在这一背景下，国民政府的内政部和教育部则颁发了《检查电影片规则》，对神怪迷信影片规定予以修剪和禁演。北平市也制定了

《审查影片规则10条》。上海则成立了戏曲审查委员会来审查电影。电影作为文化产品受到政府管制，其中既包含对国体、党义的维护，也包括对风俗、人性、道德的规范。这是政府当局第一次比较全面地对电影内容进行政治和道德方面的规制。

环境压力迫使武侠类型片将阵地从上海转到香港。1935年3月，第19集《火烧红莲寺》在香港诞生。广告中写道："赛铁拐神杖宝贝，豪光万丈；金罗汉摇袖祭神鹰，瑞气千条；活僵尸毒害向药山，散发吐雾；飞道人不敌吕宣良，断头喷血。"从这些对动作、特技、场面的描述中，我们大概还能够想象这些电影当初的风貌。

古装片、武侠片、神怪片成为这一时期电影的主流。这次商业娱乐片大潮，一方面反映了当时在外片威胁下电影市场竞争的残酷，一方面也带来了中国电影行业的一次优胜劣汰。大批公司倒闭，中国电影出现了调整契机。

从中国民族电影发展历史看，从《火烧红莲寺》开始，剑光斗法、隐形遁迹、空中飞行、口吐飞剑、掌心发雷、见光自燃、神秘点穴等，纷纷成为中国武侠电影的典型场景，70余年的武侠电影神脉绵延至今，从《侠女》《大醉侠》《少林寺》到《卧虎藏龙》《英雄》，再到21世纪的《狄仁杰》和《叶问》，武侠片始终是一个世纪来中国商业电影的重要类型，也是唯一能够被世界电影市场和电影观众认同的华语商业电影类型。

第四节
电影的"新派"与"旧派"

从20世纪20年代至30年代初期，在上海众多的电影公司中，拍摄影片最多、影响最大的除了明星影片公司以外，还有联华影业公司。

一、《故都春梦》的新电影风气

1930年夏，曾留学美国、专攻戏剧和电影的孙瑜导演的《故都春梦》制作完毕，正式向观众推出。这部影片是罗明佑与黎民伟合作，以华北电影公司与民新公司合作的名义拍摄的。《故都春梦》以北平为背景，叙述了一个小知识分子沉浮宦海、别妇抛雏、花天酒地，最后幡然醒悟的故事。导演借用心理描写等表现手法，改进了剧情结构，重视画面和场面的剪辑效果，风格统一流畅，制作考究，显示了新派电影在艺术上的成就。故宫、颐和园、北海等古都名胜尽入画面，格调清新，画面优美，与当时充满媚俗氛围的娱乐电影形成鲜明对比。

《故都春梦》吸引了大量观众，甚至将那些鄙视电影粗俗的知识分子也吸引进了影院。孙瑜的《故都春梦》以及随后的《野草闲花》成为联华公司"复兴国片"计划的标志性作品。

1930年，有了《故都春梦》等电影的成功合作为基础，华北电影公司、民新影片公司等几家公司合作，正式成立了联华影业制片印刷有限公司，先在香港成立总

管理处，后在上海设立分管理处。联华电影成为这一时期中国电影的重要现象。后来联华公司出品的许多影片，被当时的评论家称为"新派"电影。

二、联华影业公司的兴起

联华影业公司成立于1930年，全称为联华影业制片印刷有限公司，是中国第一个集电影教育、制作、发行、放映、宣传功能于一体的电影托拉斯。

联华公司由罗明佑的华北电影有限公司、黎民伟的民新影片公司、吴性栽的

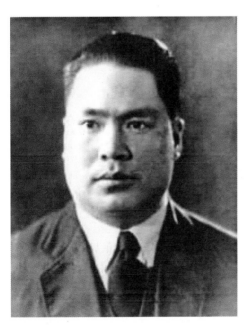

联华掌门罗明佑

大中华百合影片公司和但杜宇的上海影戏公司等合并而成，总管理处在香港，上海设分理处，北京设分厂，并创办演员养成所，培养表演人才。在罗明佑的理想中，联华公司应该成为"中国之电影城"，成为中国电影的旗舰。

由于在当时具有相当雄厚的实力，联华公司很快就吸引来一批高水准电影人才

的加盟。比如导演中的孙瑜、蔡楚生、史东山、费穆、卜万苍，编剧田汉、夏衍，再加上阮玲玉、金焰、王人美、黎莉莉等一代巨星，他们形成了中国20世纪30年代无可复制的黄金阵容。

"联华"一成立，就提出"复兴国片"的口号，并标明与明星公司不同的制片方针："提倡艺术，宣扬文化，启发民众，挽救影业"，将电影的"艺术"放在"趣味"之上，要求体现出艺术"雅"的格调。"联华"在艺术观念上似乎更具有"精英"气质，同时也更重视电影的艺术质量和艺术表现。当时业界也因此习惯称"联华"为"新派"，而称"明星"为"旧派"。

在1930年到1932年间，"联华"共拍摄了包括《故都春梦》、《野草闲花》、《一剪梅》、《南国之春》、《野玫瑰》、《共赴国难》、《火山情血》等在内的28部故事片。从1933年到1934年，公司在左翼电影运动的影响

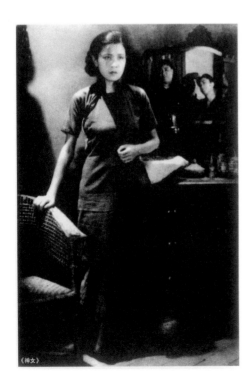

《神女》（1934年，导演：吴永刚）

下，生产了一批在中国电影史上占有重要地位的影片，如《三个摩登女性》、《都会的早晨》、《母性之光》、《小玩意》、《渔光曲》、《大路》、《神女》、《新女性》等。1936年8月，公司由华安电影公司接管，继续用"联华"的名义发行了《狼山喋血记》、《联华交响曲》等多部影片。从1930年到1937年，联华影业公司先后摄制故事片77部，几乎每个月就有一部新电影问世，为20世纪30年代的中国电影带来了勃勃生机。其中，吴永刚编导的《神女》以其凝重沉着的人文主题、委婉含蓄的艺术风格和民族大众的审美意识，成为20世纪30年代中国无声电影的巅峰之作。

联华影业公司的阮玲玉，是20世纪30年代中国最伟大的女演员。阮玲玉也是联华影业公司最有影响力的明星，联华公司的影片几乎都能看到阮玲玉的身影。1935年，年仅26岁的阮玲玉自杀，直接影响到后来联华公司的经营。而日本侵略中国，则使罗明佑丧失华北与东北地区的所有产业，导致电影生产的经济来源紧缩甚至断绝，加上《天伦》、《慈母曲》、《国风》等影片在市场上的相继失败，公司经济一蹶不振。1937年，风光7年的影业帝国——联华影业终于倒塌。

三、"联华"的新与"明星"的旧

"联华"代表的"新派"与"明星"代表的"旧派"更多地体现为一种风格、艺术观念，甚至经营理念的差异。

由于"联华"的"新"与"明星"

的"旧"往往也互相交叉、影响，所以，新中有旧，旧中有新。如明星公司的洪深就属于"新派"。他曾留学美国，学习戏剧。后来他导演的《冯大少爷》、《少奶奶的扇子》等，都明显借鉴外来手法，注重刻画人物内心世界和塑造人物性格，将"戏"与"影"结合在一起了。

"新派"创作人员较多地受到外来文化的影响，"旧派"创作人员多是受传统文化教育；"新派"多取材于城市小资产阶级生活，"旧派"多取材于农村或下层市民生活；"新派"重视"影"，不把故事情节当作唯一重要的因素而注重对人物心理的刻画和性格的塑造，"旧派"重视"戏"，刻意设计曲折离奇的故事情节，充分运用传统文学中的误会、偶合等戏剧性的矛盾冲突；"新派"更重视电影镜头的表现力，为知识分子和青年学生喜爱，"旧派"多采用通俗化的单线叙事方法，并往往加以"大团圆"的结局，带有传统小说和戏曲的通俗特色，适合一般市民的欣赏习惯；在价值观上，"新派"多体现西方个性主义、民主主义价值观念，"旧派"往往表现一些忠孝节义的传统价值观念，体现"醒世"、"劝世"的道德主题。

实际上，电影作为一种工业，商业与艺术的冲突一直难以平衡，艺术思潮和观念的差异竞争，推动了中国电影文化的整体发展。

四、中国民族电影进入黄金时代

从1905年起步的中国早期电影，一方面由于商业性的竞争，电影技术及艺术手段得以充分发展，其艺术风格、流派、样

式也相当丰富；而另一方面，由于票房的压力，相较于当时的文学，一部分电影似乎多少有些游离于五四新文化运动之外，常常显得媚俗和保守。但是，随着中国社会的发展，张石川、郑正秋、孙瑜等第一代中国电影人，已经将中国电影带上了一个新台阶，预示了中国电影后来的发展脉络。1933年，郑正秋导演的《姊妹花》在上海连映60多天；1934年，《渔光曲》创造了上映84天的奇迹。以郑正秋、蔡楚生为代表的家庭社会伦理情节剧已经蔚然成风，赢得了广大观众的认可，并形成了中国电影特殊的文化品格。

联华公司的代表性影片，则更多地体现了某些都市知识阶层的美学趣味，浪漫爱情风格逐渐形成；明星公司的部分影片，开始反映农村现实、底层遭遇和女性疾苦，有了后来左翼电影的基础；天一公司在喜剧片、古装片方面形成了市民电影的传统；田汉、阳翰笙等人在艺华、电通、新华等公司制作的宣传抗日的政治影片也有了一定影响。动画片、戏曲片、儿童片、纪录片、科教片等，都在这一时期取得了突出成绩。

"联华"、"明星"、"天一"三足鼎立，成为资金雄厚、设备完善、经营良好、人才汇聚的大公司，使国产电影能够在好莱坞电影的冲击下，占有稳定的市场份额。而在20世纪30年代，上海已经成为远东电影业最发达的城市。中国电影进入了它的第一个黄金时代。

第五节

从无声到有声电影的技术和艺术进步

美国在1927年出现有声电影。1929年1月，一位美国籍电器工程师乘坐油轮到上海，将一套携带进来的发声机装在上海夏令配克影戏院里，放映了《飞行将军》（Captain Swagger）。这是中国第一次公开放映有声电影。此后，上海各影院开始陆续装配放映有声电影的设备。一个电影的有声时代到来了。[4]

一、中国最早的电影插曲

当时，放映的有声片都是外国片，国产电影还处在默片时代。1930年"联华"

[4]《有声电影的公映》，《电声周刊》，第5卷第36期，1936年9月11日。

在摄制《野草闲花》时，开始尝试用"蜡盘发音"法，为影片配了歌曲《寻兄词》。这也是中国最早的电影插曲。歌曲也借助了电影这样一种大众媒体在当时被广为传播。

电影中声音的出现，使电影音乐成为中国流行文化的重要来源。从《渔光曲》开始，《大路歌》《毕业歌》《夜半歌声》等都从电影中走进了生活，成为时代的记忆。而中华人民共和国国歌《义勇军进行曲》也是电影《风云儿女》（1935年）的插曲。后来英年早逝的聂耳（1912—1935），也因为为许多电影谱曲，成为中国最有影响的音乐家。声音的出现，带来了中国电影音乐的一个黄金时代。

二、中国第一部有声片《歌女红牡丹》

"明星"同另一家公司合作摄制成的中国第一部蜡盘配音有声片《歌女红牡

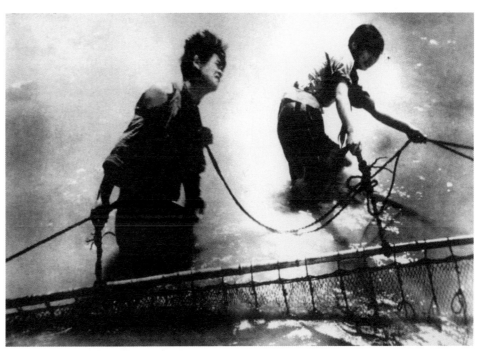

《渔光曲》（1934年，导演：蔡楚生）

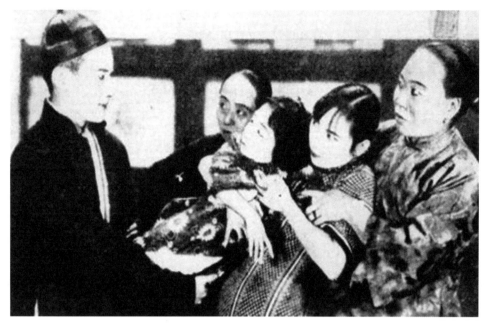

中国第一部有声影片《歌女红牡丹》(1931年),明星公司与百代公司合作摄制,采用蜡盘配音方法,为最早的蜡盘发音有声片之一

丹》(编剧:洪深,导演:张石川),于1931年3月15日公映,标志着中国进入有声电影时代。

1931年7月,华光影片公司的《雨过天青》成为中国公映的第一部片上发音的国产影片(在日本摄制);10月,天一影片公司出品的《歌场春色》成为中国公映的第一部在国内制作的光学录音的国产影片。

由于经济和技术条件的限制,中国电影经历了很长一段有声片与无声片并存的时期,在1932年至1934年间,有声片的比例还不足三分之一。直到1938年,中国才基本结束了无声电影的时代。

第六节

左翼电影的发端与战火中的民族电影

从1931年"九一八"事变、1932年的"一·二八"事变直到1937年的抗日战争全面爆发,中国陷入与日本侵略者的对抗和奋战中长达14年。中国电影经过了25年的发展以后,在中日冲突中,在殖民的威胁下,进入了一个更加艰难的历史时期。

一、左翼电影传统的发端

从20世纪30年代开始,中国民族危机空前严重,中国人民的抗日情绪高昂,电影业也开始响应"猛醒救国"的社会呼声。当时,上海的民营影片公司受到轰轰烈烈的左翼文化的影响,纷纷聘请进步电影工作者,为中国共产党进入和领导电

事业创造了历史条件。1930年3月16日,夏衍(本名沈端先)在左翼戏剧团体艺术剧社的机关刊物《艺术》月刊的创刊号上发表文章《有声电影的前途》;5月,田汉在《电影》杂志第1期发表《从银色的梦里醒转来》,标志着中国左翼电影思想的逐渐形成。同年,由中国共产党领导的以鲁迅为首的中国左翼作家联盟在上海成立;8月,以艺术剧社和南国剧社为中心,联合一些戏剧团体组成的中国左翼剧团联盟(后改组为中国左翼戏剧家联盟)成立。

在这样的背景下,1931年9月,"左联"领导下的"剧联"通过了《最近行动纲领》,其中有三条直接涉及电影:第四条:除演剧而外,本联盟目前对于中国电影运动实有兼顾的必要;除产生电影剧本供给各制片公司并动员加盟员参加各制片公司活动外,应同时设法筹款自制影片。

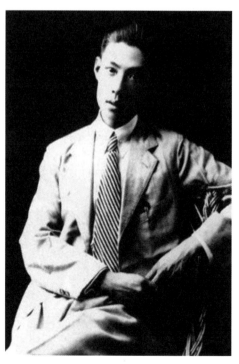

夏衍(1900—1995),1932年进入电影界,开拓并领导了中国左翼电影运动。中共中央电影小组组长,后长期担任中共文化界、电影界主要领导人。主要创作有电影剧本《春蚕》、《祝福》、《林家铺子》、《战火中的青春》等。

第五条：本联盟应积极组织戏剧讲习班，提高加盟员的思想与技术的水准，以此为中国左翼剧场的基础；组织"电影研究会"，吸收进步的演员与技术人才，以此为中国左翼电影运动的基础。第六条：为领导中国无产阶级戏剧理论斗争，本联盟应建设指导相关理论以击破各种反动的理论；为适应目前对于剧本的迫切的需要，本联盟应立即公开出版各种创作或翻译的革命剧本；同时，为准备发动中国电影界的"普罗·机诺"运动（即无产阶级电影运动）以及对"布尔乔亚"（即资产阶级）和封建的倾向斗争，对于现阶段的中国电影运动，本联盟实有加以批判与清算的必要。

显然，左翼电影运动是作为左翼文化运动的一部分，是有计划地展开的。《最近行动纲领》不仅明确提出了左翼电影运动的几项主要内容，即参与剧本创作、输送进步人才、组织影评工作和翻译外国电影理论等，并且它所明确的方向成为此后较长时期内影响中国电影发展的重要纲领。

二、左翼文化人进入电影业

历史发展的必然性往往以历史的偶然性为表现和补充。中国电影与左翼文化力量的结合也是如此。1932年，日本发动了侵略上海的"一·二八事变"，许多电影厂被战火毁灭。国破家亡的民族危机使电影观众对武侠神怪、传奇言情的电影开始厌弃，电影市场也随之萎缩。一方面民营电影公司中的"老大"——明星公司因为《啼笑姻缘》的摄制权吃了官司，而坊间又盛传日方蓄意制造的谣言，即明星公司的当家花旦胡蝶"商女不知亡国恨"，在沈阳沦陷之时与张学良共舞，使这家电影业的巨头的名誉大受影响；另一方面明星公司擅长的武侠、凶杀电影因时局的变化而遭到观众厌弃，处于危机中的明星公司接受了留美教授洪深等左翼人士的建议，邀请几位新文艺工作者担任编剧顾问。这对于正意欲在现实中贯彻《最近行动纲领》主张、同时又对电影一直很感兴趣的夏衍等人来说，似乎正中下怀。当时，阿英（钱杏邨）、夏衍和洪深等向明星公司提出：第一，编剧顾问的任务是每月召开编剧会议1至2次；第二，对公司内外可不用真实姓名，不暴露政治面貌；第三，每一顾问每月车马费50元，剧本报酬另计。

于是，一批新作家进入电影界，为已经被金钱所庸俗化的电影业带来新的气息。

"左联"内部起初因为电影界的声誉不佳，对于是否进入电影界也产生过分歧，这其中当然包含着精英文化进入大众文化时所必然产生的犹疑。1932年6月，当时的中共领导人瞿秋白最终同意夏衍等3人进入电影界。不久后，夏衍、阿英（钱杏邨）、郑伯奇开始化名担任明星公司的编剧顾问。很快，田汉也担任了联华公司的编剧，并在"艺华"（由贩卖烟土起家的严春堂出资建立，但其后逐渐有大批左翼人士的加入）取得了重要地位。"明星"、"联华"、"艺华"成为左翼电影的重要阵地。明星公司仅1933年就拍摄了22部后来被电影史家认定的"进步影

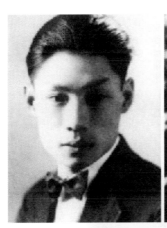
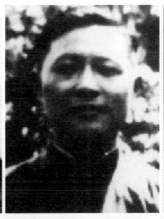
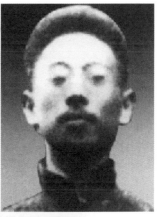
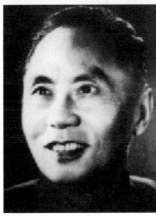
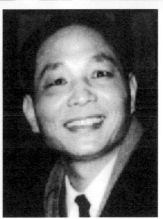

中共中央文委"电影小组"成员：夏衍（1900—1995），钱杏邨（1900—1977），王尘无（1911—1938），石凌鹤（1906—1995），司徒慧敏（1910—1987）

片"或者"左翼影片",无形之中成为左翼电影运动的策源地。

三、中共第一个电影领导组织

1933年2月9日,中国电影文化协会在上海宣告成立,选出黄子布(夏衍)等31人担任执行委员和候补执行委员,推举夏衍、聂耳、沈西苓等分别担任了文学、组织、宣传各部的领导职位,同时发表了《宣言》。《宣言》批判了过去中国电影界的工作,分析了当时中国电影面临的形势,提出了开展电影文化运动的任务。《宣言》代表对旧电影的告别和新电影的展望,因此,当时也谓之"新兴电影运动"。

1933年春,上海的中共地下组织在瞿秋白的领导下,成立了以夏衍为组长,钱杏邨、王尘无、司徒慧敏、石凌鹤为成员的"电影小组",这是中国共产党的第一个电影领导组织。左翼电影就此正式登上中国电影舞台。

从1933年5月开始,中国电影文化协会在中国共产党的电影小组的领导下,对《宣言》中提出的电影文化运动的任务进行了一次广泛的宣传和讨论。在当时出版的《明星月报》上,左翼电影工作者连续发表了一系列的文章。其中有几篇是在中共电影小组的领导下经过集体讨论分别执笔写成的,如张凤吾(阿英、钱杏邨)执笔的《论中国电影文化运动》、席耐芳(郑伯奇)执笔的《电影罪言——变相的电影时评》、尘无(王尘无)执笔的《中国电影之路》等。这些文章明确指出,当时电影创作的根本任务就是反帝反封建,并且详尽地论述了反帝反封建影片的创作

题材。在此基础上,这些文章还进一步论述了创作方法的问题,讨论了形式的大众化问题。这些文章的针对性和纲领性较强,其后几年,左翼电影工作者的这些理论思考成果切实地发挥了指导实践的作用。

经过中共组织在文化界的努力,到1933年,上海几家主要报纸的电影副刊已完全掌握在左翼影评家手里。明星、天一、联华等大公司的编剧部门也都逐渐被中共党员和靠近中共的左翼剧作家所支配,电影创作开始明显"左翼化",尤其是"明星公司",仅1933年一年内就拍摄了22部后来被电影史家认定的"进步影片"或者"左翼影片"。

四、左翼进步电影创作

许多左翼电影人虽然有着丰富的文学乃至戏剧经验,但最初对于电影并不在行。夏衍等人从观片、跟片场、学剪辑等开始,把自己从左翼作家真正变成专业的左翼电影人。左翼电影人以这种真诚负责的态度赢得了民营公司的信任、观众的认可,也为中国电影事业的发展培养了人才,积累了创作、领导和管理经验。从此,中国左翼电影开始"在泥泞中作战,在荆棘里潜行"[5],中国电影的左翼传统从这里开始被发扬光大。

在左翼文化蓬勃发展之际,国民党政府加紧了电影控制。1933年9月,国民党中央宣传委员会成立"电影事业指导委员

会"和下属的"剧本审查委员会"、"电影检查委员会",先后颁布了电影法规10多种,后来还颁布了《查禁普罗文艺密令》等,强化了对左翼文艺的压制。

尽管如此,左翼电影仍然在迂回曲折中取得了突破性的成绩。1933年3月5日,"明星"推出第一部左翼电影《狂流》(程步高导演)。该片是夏衍(化名丁一之)编剧的处女作,描写"九一八"事变后,在长江流域的大水灾中农民与地主的斗争故事。影片明白地指出,这场灾祸不是天灾,而是人祸。这是中国电影第一次明确表达中国共产党的阶级斗争立场和思想。当时的左翼评论家指出:"自从'一·二八'的帝国主义的侵略战争之后,中国电影已经很明显地从颓废的、色情的、浪漫的,乃至一切反进化的羁绊中挣脱出来,而勇敢地走上了一条新的道路。1932年的春天,一方面因为电影刊物和电影观众对于有进步意义的作品有了热烈而严正的批评和督励,另一方面因为社会和世界情势的变迁,中国电影的从业人员们对于自身的任务有了更明确的觉醒,于是给这三五年来暮气沉沉的中国影坛,又吹进来一脉清新的生气。"[6]

不久,"明星"还摄制了夏衍根据茅盾小说改编的《春蚕》。这是中国新文学作品第一次被改编为电影。继《狂流》和《春蚕》之后,夏衍又创作了《上海的二十四小时》(沈西苓导演)。影片描写了城市中不同阶级地位的人有天壤之别的生活境况,揭示了30年代城市繁华背后的阶级矛盾。此外,"明星"还陆续拍摄

---

[5]夏衍:《电影论文集》,中国电影出版社,1963年版,第94页。

[6]洪深:《1933年的中国电影》,《文学》,第2卷第1期,1933年。

了表现上海工人斗争的《女性的呐喊》、《香草美人》和《压迫》，表现妇女觉醒的《脂粉市场》、《前程》，表现盐民斗争的《盐潮》，表现社会不平的《姊妹花》，表现青年知识分子不同道路的《时代的儿女》等进步影片。这些影片，对于当时人们发泄对社会现实的不满，产生了广泛影响。

但以反帝反封建为主旨的左翼电影面临着严酷的环境，1933年就发生了"捣毁艺华"事件。1933年11月12日，一群暴徒以"上海影界铲共同志会"的名义捣毁艺华影业公司，暴力捣毁"约逾七分钟时，由一人狂吹警笛一声，众暴徒即集合列队而去"，并散发传单，上书"民众起来一致剿灭共产党"、"打倒出卖民众的共产党"等字样。其后数日，联华、天一、明星等电影公司都接到警告函件，称对于田汉（陈瑜）、沈端先（即夏衍、蔡叔声、丁谦之）、卜万苍、胡萍、金焰等所导演、所编制、所主演之各项鼓吹阶级斗争、贫富对立的反动电影，一律不予放映，否则必以暴力手段对付。

关于这一事件，国内电影史多采用1968年出版的程季华的《中国电影发展史》中的表述，即这一事件是国民党当局指使特务所为。近年也有学者根据史实指出，这一事件应当是国民党右翼势力所为，之所以针对"艺华"是因为"明星"、"联华"等在当时的政商界都较有背景，而之所以采取这种暴力行为，而不是由当局公开明令批评、禁止"艺华"的生产，是因为当时的国民党电影检查机构的运行并不成熟，而当局对于左翼电影的

态度也并不十分明确。[7]

像左翼文学一样，最初左翼电影的大部分作品都是农村题材，例如《狂流》、《春蚕》、《铁板红泪录》、《丰年》等，这些影片受到左翼影评人好评的同时，却不同程度地受到都市小市民观众的冷遇。因此，左翼电影人逐渐加强了都市题材的电影创作，从而使中国早期都市影片的发展得到了繁荣。

为了更有力地推动左翼电影的发展，在中共电影小组的领导下，1934年夏，夏衍、田汉、司徒慧敏直接领导建立了电通影片公司，并在短短的一年多时间里，拍摄了《桃李劫》、《风云儿女》、《自由神》、《都市风光》等左翼影片。这些影片不仅有鲜明的思想主题，同时也从不同方面进行了艺术探索。在左翼电影的影响下，包括天一公司在内的其他中小公司也改变了原来的制片路线，开始反映现实生

---

[7]萧志伟：《三十年代左翼电影神话》，《二十一世纪》，2007年10月号。

活乃至抗战主题。

五、左翼电影批评

参与和领导影评工作是左翼电影力量的另一重要工作内容。1932年7月，影评人小组在成立后，通过茶话会、座谈会等形式吸引影评人参加。很快，《时报》、《晨报》、《申报》、《民报》的电影副刊都被影评人小组掌握。除了身兼编剧与影评人身份的夏衍、郑伯奇等人之外，王尘无、石凌鹤、柯灵、鲁思等都是当时非常活跃的影评家。凡是在上海放映的中外影片，他们几乎都发表了自己的看法。为了让自己的声音更整齐响亮，他们对重要影片的评论还会专门开会统一口径。而左翼电影人大多既是创作（编剧、导演）者，也是批评者，这种双重身份大大增强了左翼电影创作和批评的理性与客观性。

1932年9月，《晨报》的"每日电影"组织了一组对蔡楚生编导的《粉红色

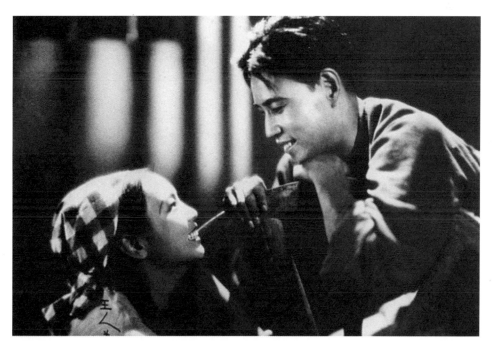

《都会的早晨》（1933年，编导：蔡楚生）

的梦》的评论，批评了影片中的拜金享乐主义的倾向，并指出了美国影片对该片的影响。蔡楚生接受了批评，很快拍摄了《都会的早晨》、《渔光曲》、《新女性》等左翼电影的代表作。

《都会的早晨》（联华影业公司，1933年）以一个私生子的故事包裹着阶级批判意识。工人许阿大捡回一个弃婴取名奇龄。24年后，奇龄成为建筑工人。公司老板黄梦华视察工地，发现奇龄就是他当年丢弃的私生子。不久黄梦华患病，其子惠龄代父视察工事，在工地发现奇龄之妹兰儿，勾引不成，遂诬陷奇龄入狱，将兰儿诱入黄家软禁。数日后奇龄获释，见老父已死，妹妹被抢，怒极，径往黄家索妹。影片最后设置病入膏肓的资本家黄梦华忏悔认错，乞求奇龄认其为父，并愿以财产之半归奇龄继承。但奇龄不为所动，毅然带着兰儿离去。同为黄梦华之子，在下层社会中成长的奇龄与在资产阶级家庭中成长的惠龄在道德方面形成鲜明对立，前者勤劳、正直，后者堕落、无耻，道德上的优劣代表和决定了他们乃至他们所代表的阶级的命运与未来。编导清醒地认识到二者之间的不可调和，鲜明地表达了剥削阶级无路可走、无产阶级充满生机的思想。

据蔡楚生自己说，《都会的早晨》的创作最早是"动机于遗产制度问题"，但自1932年他接受了左翼电影运动的纲领，"时代的严重性使我感到极度的恐慌，甚至于窒息！我不能再在象牙的宫殿外面彷徨，我不能再在诗一般的境界里追寻着美妙的幻梦"。他没有"把它拍成一个有产阶级范畴内争夺遗产的家庭悲剧，而是把它放在广阔的社会现实之中，借此表现了

当时中国都市生活中尖锐的阶级对立"。弱化人性问题，突出阶级问题，这标志着蔡楚生的转变和政治意识的成熟。影片被认为是"目前联华的锐利优秀的作品"，"这是伦理悲剧，也是社会悲剧。用对比的手法写贫富生活的悬殊，而主题是批判上层社会的淫乱，同时讴歌下层社会的趋向光明"。1933年3月该片在上海首映时连映18天，受到广大观众的热烈欢迎。

而导演卜万苍也因为影片《人道》中以"天灾"掩盖"人祸"实质，宣扬封建伦理道德等思想受到批评，很快转变了自己的创作道路，拍摄了被认为是左翼电影先声的《三个摩登女性》。

《人道》是1932年联华影业公司推出的一部影响颇大、票房很高的伦理片，讲述了这样一个故事：一个出身农村的大学生，一心追求富家小姐，对家庭置之不顾；家乡连续遭受自然灾害，大学生的父母相继亡故，妻儿也在死亡线上挣扎。后来，大学生被阔小姐抛弃，回到家乡，发现妻子已经饿死；大学生忏悔不已，跪求苍天饶恕。《人道》在1933年中国教育电影协会主办的全国国产影片评选中获第一名，并先后被送往巴黎、旧金山、纽约等地上映。影片的内容和左翼电影运动提出的反封建任务背道而驰，因此受到左翼影评工作者的批判。评论指出，"人道"是"天道"，是"假人假道"，它宣传的是"顺天安命"的哲学，是"麻醉青年的毒药"，"不是大众所需要的电影"。影片导演卜万苍后来也认为"剧本是犯了两个重大的毛病。第一，过于宣扬靠天吃饭。第二，全剧是始终站在个人的地位来描写，失了灾民全体的灵魂以及整体的欲求"。

1936年2月，联华影业公司开始拍摄"第一部有声对白影片"《浪淘沙》。影片讲述的是一名水手因打死了强奸他妻子的恶棍被侦探追捕，后来侦探抓住了水手，却因轮船触礁沉没被冲到荒岛，两人逐渐成了朋友；一天，有轮船驶过，侦探又想起了自己的使命，但他们最终未能获救，而在岛上同归于尽的故事。编导吴永刚在《关于〈浪淘沙〉的话》一文中曾经这样阐述："人类的历史是血写成的，但人与人之间原无所谓仇恨，只因为要求生存，彼此掠夺着，仇杀着，以至于民族与民族间战争着……"左翼影评人对《浪淘沙》进行了批评，认为它把人类社会的阶级斗争和民族斗争曲解为"要求生存"而"彼此掠夺着，仇杀着"，这就抹杀了阶级斗争和民族斗争的社会根源及其根本的内容。

当时评论认为，"和《神女》时代比较起来，《浪淘沙》是'退后'"，指出这部影片"忽视了造成这'悲剧'的社会根源以致让观众带回去的，也只是无可奈何的感慨，而不是对这不合理的社会有所愤慨，再设法去改造它"。片中演员王人美在1985年出版的《我的成名与不幸》一书中说，吴永刚编导《浪淘沙》，"在很大程度上是受了雨果名著《悲惨世界》的影响。他不止一遍地看过《悲惨世界》，对侦探追捕逃犯的情节津津乐道。他认为人与人之间应该有爱和同情，不应该有追逐和仇杀。事实上，吴永刚自幼目睹了战乱给百姓带来的痛苦，因此向往没有争斗的和平世界。这种超越时代与阶级的人道主义世界观在紧迫的政治局势面前显得带有一定的消极和虚无感，显然具有一定局限。而影片在构图和影像风格上所进行的

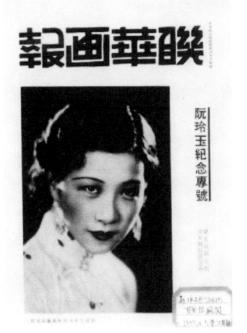

《联华画报》阮玲玉纪念专号

探索也未能获得应有的关注，最终在商业上失利。

受到类似批评的还有《天伦》（联华影业公司 1935 年摄制）。影片描写在老父弥留之际，一个久别家乡的浪子接受了老父的嘱托。老父要他担负起抚养妻儿的责任，并将天伦之爱推己及人。20 年后，他与老妻携全家迁往乡间，筹办慈善机构，收养孤儿寡老。其子终日与其媳周旋于达官贵人之间，不惯乡村生活而离去；女儿因钟情于嫂子的表哥，也悄然出走。又过许多年，孙子成家立业，携妻回到祖父身边，女儿也因被遗弃而归来，儿、媳亦回来探望。老人遂于全家团聚时宣布由孙儿主持慈善机构工作，不料交代账目时发现孙儿为救卧病祖父，擅自动用慈善机构经费，于是又当众撤销委任。临终时，老人又将其父遗言告诫子孙："把对个人的爱推及于人类。"

《天伦》是"联华"一厂动用全部人力物力拍摄的影片。当时的评论认为，《天伦》用"老吾老，以及人之老；幼吾幼，以及人之幼"作题旨，"用新的理解来阐明儒家的仁术"，但是"脱离了一切社会条件是否可以虚构起理想中的'圣贤之邦'"的问题，"剧中主人公走上消极的良心主义之路，而没有更进一步地揭开私有制度的罪恶，是一个悲惨的结局"。

左翼影评人的活跃带动了电影刊物的发展，自 1920 年中国电影史上第一本《影戏杂志》诞生以来的第一个十年（1920—1930），仅仅出现过 20 余家电影刊物，而第二个十年（1931—1940）就有 90 几家电影刊物问世（不含戏剧电影混编的综合杂志）。在这近百种电影刊物中，出版于左翼电影时期的即占了半数以上（绝大部分产生于上海一地），这其中包含《明星月报》《文艺电影》《时代电影》《明星半月刊》《电声》《电通》《联华画报》等许多著名影刊。[8]

在诸多左翼影评人之中，王尘无的生命止于 28 岁，却留下了 48 篇电影评论、12 篇电影论文、59 篇电影杂文，成为其中比较有代表性的一位。他对上映的国内外影片依据政治内容进行评价，并热情推荐苏联影片和介绍苏联电影理论，借以提高电影工作者和观众的创作与欣赏水平。

1932 年 5 月 30 日，王尘无首次以尘无的笔名，在《时报·电影时报》上发表了《从浅薄说到滑稽》一文，文中对那些充斥银幕的"趣味低级，庸俗浅化"的影片进行了鞭挞，这是左翼电影评论家们向落后的旧影坛发出的第一枪。同年 6 月 15 日，他发表题为"电影在苏联"的文章，首次在中国比较全面详尽地传播、评析

---

[8]李多钰：《中国电影百年》，中国广播电视出版社，2005 年版。

苏联无产阶级电影的概况和宣传列宁关于"在一切艺术之中，对于我们最重要的是电影"的主张。

1933 年 6 月 18 日，王尘无联合夏衍、郑伯奇、阿英（钱杏邨）、洪深、沈西苓、柯灵、陈鲤庭等 15 位进步的电影工作者，联名发表了《我们的陈述，今后的批判》一文，明确提出今后电影批评工作的方针、任务。他们提出电影批评必须要指出影片的好处与坏处，并且分析其原因，尽可能给影片加以指引，"如其是有毒害的，揭发它"，"如其是有良好的教育的，宣扬它"。

王尘无既是左翼电影评论活动的领导者和组织者之一，又是一个很有影响的"影评人"。于伶在《回忆"剧联"话影评》一文中称王尘无是当时的"权威影评家"："在许多影评人中以尘无在广大观众和读者中间的声誉与威信为最高。每当影片上映时，有些青年观众会说，等读到尘无的影评文章，看他说好说坏，再决定去看哪一部影片好。"

1932 年 6 月，他的长篇论文《电影讲话》分 6 期连载于《时报·电影时报》上，可以说，这是中国最早用马克思主义的世界观、文艺观，对中国电影的现状进行理论上的总结和比较系统的剖析的一篇文章，是一份普及性的左翼电影理论的宣传教材。

《中国电影之路》也是王尘无的一篇重要理论著作，与郑伯奇的《电影罪言》、阿英（钱杏邨）的《论中国电影文化运动》等论文一样，都对后来拍摄大量进步的优秀电影产生了积极影响，是中国左翼电影运动中的重要文献。

六、左翼文化界对"软性电影"的批判

1932年10月，严春堂（棠）在上海创办了艺华影片公司，后来改组为艺华影业有限公司。公司由严春堂（棠）任经理，田汉主持影片创作并领导编剧委员会，阳翰笙、沈端先（夏衍）等左翼作家参加剧本创作，成为左翼电影运动开辟的一个新阵地，先后完成了具有鲜明的抗日反帝色彩的《民族生存》、《肉搏》、《中国海的怒潮》和《烈焰》等4部影片。1933年11月12日，上海发生了国民党特务组织捣毁艺华公司事件，现场出现了署名"中国电影界铲共同志会"的传单。这一事件不仅震动全国，也激起了海外爱国华侨的义愤。

"艺华"事件后，当时的国民党当局一方面利用电影检查手段，加紧了对左翼电影运动的抑制；另一方面，支持一批电影人打出"软性电影"的旗号。1933年3月，刘呐鸥、黄嘉谟等人创办了《现代电影》月刊。这批影评人多是现代派作家出身，其中像刘呐鸥、穆时英更是当时著名的新感觉派作家。

1933年刘呐鸥在《现代电影》上，发表了《中国电影描写的深度问题》一文，提出：在一个艺术作品里，它的"怎么样地描写着"的问题常常是比它的"描写着什么"的问题更重要的……这关于"表现法如何"的问题可以裁定一个艺术家的艺术技巧及手腕的高低，同时也是那个作品的"是否艺术"的评判点……"电影之所以能够成为民众的艺术和时代宠儿的原因，多半是因为它生来就具有奇特的表现法和创造的描写

手段的关系"。刘呐鸥认为当时国片的最大毛病在于内容偏重主义。他以《城市之夜》与《都会的早晨》为例，批评这些影片患了内容偏重的毛病，完全忽略了人物的性格，对各阶层的描写过浅，"平民决不是那样子，资本家也不会是那样子。这是描写不够把人物典型化了的关系。""在Censor的怪眼下的暴露片，根本没有力量，加以技巧的不完熟，描写的不够，当然是畸形儿不错"。[9]这篇文章被左翼人士认为是引发论战的根源。

1933年底，黄嘉谟在《现代电影》杂志上发表了《硬性影片与软性影片》一文，首次提出了"软性电影论"。他认为"电影终于还是戏剧……它的原质应该还是永远保存着，那便是戏剧对于人生原有的趣味性的吸引力"，由此得出了"电影是给眼睛吃的冰淇淋，是给心灵坐的沙发椅"的结论。他说左翼影评"动辄侈谈意识"，"把欧美影片一气抹杀之后，便暗示给中国的制片家要摄制适合于他们的胃口的'左倾'电影，否则他们是笔下不留情的"。他还说"左翼"影片"在表面上看来，都是革命性的，前进的，奋斗的，耸听而又夸大的。……但是试看电影的内质，却都是空虚和贫血，勉强而浅薄，使人看后感觉喊口号的无谓，而且会使志在欣赏影艺的观众不再踊跃地跑进戏院去，避免无端地受到过多所谓'革命性影片'的教训和鼓吹"。因此其结论是"电影是

软片，所以应该是软性的"[10]。

1934年6月，黄嘉谟又在《晨报·每日电影》上发表了《软性电影与说教电影》一文，说："中国影业对于反帝反封建的工作，至多是和中国当局的一般社会运动并行合作地进行，不应做不自量力的争先而致扰乱了共同的阵线。"

这些观点受到左翼文化界的反击和批判。1934年6月起，唐纳、王尘无、夏衍、鲁思等人连续发表了一系列回复"软性电影论"的文章，其中唐纳的《清算软性电影论》是较有分量而且具有代表性的。他指出"艺术不只表现感情，同时也表现思想"，"现实世界里充满了黑暗与丑恶，每一个忠实于艺术的艺人应该回避它的吗"，"软性论强调着电影是娱乐品的理论，完全是不知道影艺还传达着思想，不知道把电影作为社会的意识形态来分析，完全是否定了作品的启发性的客观存在的"，"软性论者所谓形式的创造，绝不是和新内容适合的形式。从他们根本反对新内容，更可以知道他们所谓的创造形式，实际上就是使观众不去积极支持新生电影而已"。唐纳结合当时特定的社会现实指出："现在真正缺乏的，乃是彻底的写实主义的作品，缺乏的乃是革命的浪漫主义的作品，而不是作风、描写方法、表现手段之类[11]。"他由此重申了左翼电影工作者的"内容决定形式的"

[9]刘呐鸥：《中国电影描写的深度问题》，原载《现代电影》1933年1卷3期，引自《中国电影理论文选》，文化艺术出版社1992年，第256—261页。

[10]黄嘉谟：《硬性影片与软性影片》，原载《现代电影》1933年1卷6期，引自《中国电影理论文选》，文化艺术出版社，1992年第265—268页。

[11]唐纳：《清算软性电影论》，原载《晨报》1934年6月15—27日，引自《中国电影理论文选》，文化艺术出版社，1992年第269—280页。

的一贯主张。其他的左翼影评人则从文艺批评的标准、电影的题材、电影的大众化、作品的倾向性、艺术与政治、内容与形式的角度，对"软性电影论"进行了批驳。

1935年2月，"软性电影"论者穆时英又发表了《电影批评的基准》等文章，鼓吹电影的目的是给观众以"艺术的快感"、"艺术是人类意识形态的反映"、"社会价值决定于艺术价值"、"倾向性被决定于艺术性"。对于"软性电影"论者的再次进攻，左翼影评人再次给予坚决的回复。王尘无、柯萍(鲁思)、萍华(刘群)等接连发表了不少文章，对穆时英的"理论"进行批驳。

1935年下半年，艺华影片公司接纳了"软性电影"论者(黄嘉谟、黄天始、刘呐鸥等)，先后拍摄了十多部以《化身姑娘》为代表的"软性电影"。

《化身姑娘》于1936年摄制，编剧是黄嘉谟，导演是方沛霖。这是一个脱离时代的轻喜剧故事。新加坡的一个华侨富商生了个女儿，因国内祖父重男轻女，便假说生了个儿子。18年后，祖父要看看孙子，富商只好让女儿改扮男装回国探望祖父。"化身姑娘"回国之后，表妹以为她是男子，爱上了她；而她自己则爱上了一位少爷；但这位少爷以为她是男子，爱上另一位小姐；这位小姐又在和她的表妹闹同性恋。影片最后，"化身姑娘"女扮男装的秘密被发现，她的母亲却真的生了一个男孩。祖父收到添了孙子的电报，于是阖家欢喜。

《化身姑娘》是一部爱情喜剧片，轻松笑闹，利用性别错位制造笑料，片中穿西装打领带的袁美云成为女星反串的滥觞。影片受到左翼影评人的严厉批评，认

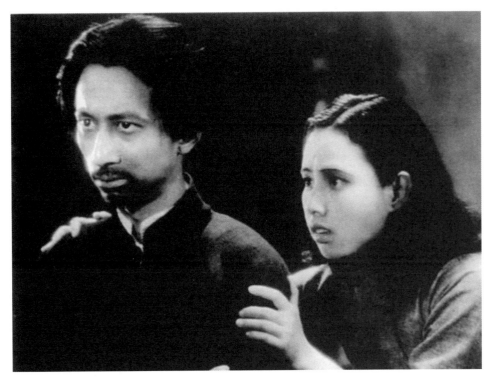

《桃李劫》(1934 年，导演：应云卫)

为影片"有意地叫观众忘记现实，忘记敌人的侵略和屠杀，忘记民族英雄的浴血斗争"，而去"迷醉于男化女、女化男的各种胡闹的玩意里"。为了在广大观众面前彻底揭露这些"软性电影"的实质，同时争取摄制此类影片的艺华公司转变方向，1936年11月在中共地下组织的领导下，影评工作者尤兢(于伶)等32人联名发表了《向艺华公司当局进一言》的公开信。公开信认为《化身姑娘》等软性影片"是对艺术的亵渎，是对于多数观众的欺骗和侮辱"，指出艺华公司目前所走的"是一条十分错误的路"。

电影的"软硬之争"持续一年多，"软性电影"理论的主要阵地《现代电影》创办了7期即告停刊，争论第一回合基本结束。双方理论路线的背后，都包含了当时复杂的社会背景和各自的政治倾向。20世纪二三十年代的世界电影潮流也面临美学革命的问题，但由于中国当时正

处于复杂多变的文化历史转变中，一来无法坐视帝国主义的政治军事侵略，二是自五四运动以来中国面临在现代化中寻找自我的概念及论述的问题。相较于左翼人士的观点，《现代电影》所组成的现代派认为的"现代性"应是简单的在电影的领域如何达成"为艺术而艺术"的目的，关注的是美学走向而不是社会路线。在20世纪30年代，左翼电影工作者与现代派的观点和动机不同，思考方向也有所差异。那个复杂的现代中国充斥着军阀、帝国主义、国共关系、城市文化与农村真相以及五四运动以来的传统与现代，那个时代在政治、社会、文化方面的矛盾与冲突，是每个在那个时代的知识分子想解决的。

"30年代的电影文化人在美国的文化帝国主义与日本的军国主义双重的侵略下，试着找出中国电影文化的自我定位。30年代的中国电影该往何处去，这是一场社会路线与电影美学的论战，也是在'传统'

与'现代'中，寻找中国在世界潮流的自我概念与论述的过程"[12]。刘呐鸥和穆时英的电影观和他们的文学观是融通的，他们的文艺观都极为重视艺术手法的运用，并且在文学手法和电影手法之间相互参照、相互影响。这也是"软性电影"和"硬性电影"分歧最大的一个方面："硬性电影"重视内容方面的附加值，认为"形式是内容决定的"；而"软性电影"论者认为形式重于内容，这一点在他们的文学创作和电影评论中是完全一致的。

轻内容重形式，作为一种艺术观念是可行的，但是，在当时特定的历史时期，"软性电影"论者的观点就未免显得有些不合时宜。在社会大动荡的时代，脱离"意识"只注重形式的这种"纯艺术论"没有"市场"，绝大多数观众都需要能鼓舞民族精神、昂扬斗志的电影和其他艺术作品，这也是左翼电影如《狂流》、《小玩意》、《桃李劫》等在当时大受欢迎、商业上取胜的根本原因。[13]从历史的角度看，即便当时的左翼电影的确存在概念化的痕迹，但是，"软性电影"理论所指，不仅仅是单纯的电影美学。以强调娱乐性为标志的"软性电影"，在当时的特殊时代背景下，显然具有对抗左翼电影的政治意义，客观上也是在维护当时的执政党利益，转移大众的政治参与热情，降低中国共产党对电影的影响。这场"软硬大论战"，使得"电影的社会性与娱乐性自此

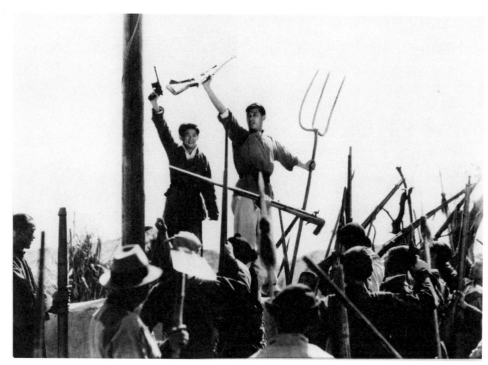
《狼山喋血记》（1936年，导演：费穆）

分道扬镳"[14]。

七、早期抗战电影

随着民族危机的加剧，1936年1月，欧阳予倩、蔡楚生等人发起成立"上海电影界救国会"，提出"国防电影"的口号。不久，明星公司拍出了《生死同心》、《十字街头》、《马路天使》、《夜奔》等带有强烈"国防意识"的影片，引起社会的强烈反响。联华公司的《狼山喋血记》，"新华"的《壮志凌云》等国防影片也随即推出，抗日主题成为当时中国民族电影的灵魂。

七七事变后，抗日战争全面爆发，

不久上海失守，上海的大批电影工作者转移武汉。于是，国民党原"汉口摄影场"改建为"中国电影制片厂"（简称"中制"）。由于当时国共合作抗日的局面已形成，共产党借机对"中制"施加了重要影响。从1938年1月至10月，"中制"先后拍摄《保卫我们的土地》、《热血忠魂》、《八百壮士》等以抗日为题材的故事片。1938年10月武汉陷落，"中制"迁往重庆后又拍摄了《保家乡》、《东亚之光》、《塞上风云》等一批抗战故事片。其中《塞上风云》（阳翰笙编剧、应云卫导演）是抗战时期第一部表现中华不同民族团结抗日的影片。

重庆时期，1939年4月，国民党政府领导的"中央电影摄制场"（简称"中电"），拍摄了《中华儿女》（沈西苓编导）。影片以农民、公务员、知识分子和游击队的四个小故事，组成一幅中国民众抗日斗争的全景画卷，表现了抗日群众从

[12]罗玫燕：《30年代中国的媒体文化及对女性概念的想象——从舆论眼中的阮玉玲及其电影谈起》，《中正历史学刊》，2007年第9期，第27—51页。
[13]孟君：《话语权·电影本体：关于批评的批评："硬性电影"与"软性电影"论争的启示》，《当代电影》，2005年第2期。

[14]焦雄屏《〈桃李劫〉——迫切的意图表达》，《映像中国》，复旦大学出版社，2005年，第30页。

觉醒到抗争的行动过程。1941年底，"中电"拍摄第三部故事片《长空万里》(孙瑜编导)，以"九一八"到"八一三"这段历史时期为背景，表现中国国民党空军与日军浴血奋战的悲壮故事，在当时产生了很大的社会影响。

沦陷后的上海租界区被称作"孤岛"。1941年太平洋战争爆发前，"艺华"、"国华"、"华城"等20余家电影公司，共拍摄250部左右所谓的"孤岛电影"，包括柯灵编剧的《乱世风光》，于伶编剧的《花溅泪》，欧阳予倩编剧、卜万苍导演的《木兰从军》等。这些影片利用在租界的特殊环境，大多采用历史题材，借古讽今，指桑骂槐，用历史上的爱国主义和英雄主义精神来鼓舞人民的抗战决心。

第七节
左翼电影创作

左翼电影在中国电影史上占有特殊地位。左翼电影运动把接近和支持左翼思想的文学、话剧、音乐、美术界及留学归国的艺术家介绍到各影片公司去，如沈西苓、王莹、周伯勋、郑君里、司徒慧敏等，不仅扩大了左翼力量，同时也在相当大的程度上改变了早期中国电影的艺术质量。这些从国外和国内其他各领域进入到电影创作队伍中的电影人具有一些共同特点：年轻、政治思想进步、有艺术理想，他们没有受到早期中国电影中那些过于商业化的、思想上过于陈腐的旧习气影响，又给中国电影带来了文学、音乐、美术等

丰富的营养。更重要的意义在于，左翼电影运动使大批知识分子参与到电影生产与传播之中，从而使中国电影得以融入中国现代文化主流。

一、左翼电影的历史环境

左翼电影的生存环境较为复杂，左翼电影工作者最初在电影界完全没有话语权，因此需要借助各种力量和表达策略，这也使得左翼电影有时显得面目模糊。究竟哪些影片属于左翼电影，不仅不同时代有不同界定，就是在当时，国民党当局在不同时期的不同部门也都开列出了不同的名单。有些影片，似乎应视为左翼电影，但左翼影评人也对其作出了批评；有些影片则同时受到了左翼人士和国民党当局的认可。左翼电影的首要任务是反帝救亡、揭露社会黑暗，而表达国家理想和社会批判精神，本身也是时代之声。

近年已经有学者注意到，[15]正因为左翼电影的宗旨和目标与当局的政策有相通之处，因此，国民党当局评选的优秀国产影片中有许多左翼电影，而选送至国外参赛的影片中，也有许多左翼电影，例如《姊妹花》、《渔光曲》、《大路》、《小玩意》等。另一方面，国民党当局对于电影的检查政策也在不断变化。"九一八"事变后，当局要求电影界多拍具有民族精神的影片，以激励民众的国家意识，为日后抗击日寇做准备。但当日本向当局施压后，当局又要求电影公司体恤

政府，避免在影片中煽动抗日情绪，而那些揭露社会黑暗的写实片又恰恰成了日本人侵略中国以救民于倒悬的证据。这种不断随时局变化而更改的政策很难严格执行，这在客观上为左翼电影的发展保证了一定的空间。中国左翼电影是"在泥泞中作战，在荆棘里潜行"[16]。

二、"明星"公司第一部左翼电影《狂流》

1933年3月5日，"明星"推出第一部左翼电影《狂流》（程步高导演）。该片是夏衍（化名丁一之）编剧的处女作，描写"九一八"事变后，长江流域大水灾中农民与地主的斗争故事。该片由程步高提出剧本构思，夏衍记录下来后与阿英（钱杏邨）、郑伯奇讨论、修改完成。1931年夏，明星公司派导演程步高及摄影师赶赴武汉拍摄水灾新闻，拍了三千多米素材。《狂流》大量采用这些实地拍摄的水灾场面，增强了影片的艺术效果。影片明确地指出，这场灾祸不是天灾，而是人祸。这是中国电影第一次明确表达中国共产党的阶级斗争立场和思想。《晨报》副刊"每日电影"誉之为"明星公司划时代的转变的力作"。这部作品也是第一部用较完整的电影分镜头剧本拍摄的中国影片。此前明星公司拍片一直没有完整剧本，以夏衍为代表的左翼电影人在坚持"主题思想在电影中的重要性"的同时，也采取了对艺术负责的态度，通过加强电影的文学基

[15]萧志伟：《三十年代左翼电影神话》，《二十一世纪》，2007年10月号。

[16]夏衍：《电影论文集》，中国电影出版社，1963年版，第94页。

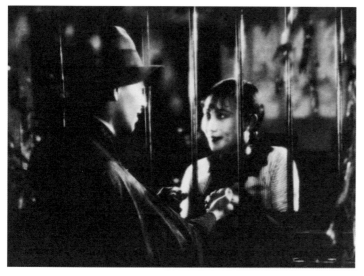

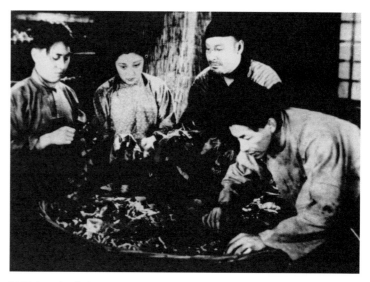

《狂流》（1933 年，编剧：夏衍，导演：程步高）　　　　　　　　　《春蚕》（1933 年，编剧：夏衍，导演：程步高）

础，提高了中国电影艺术的整体质量。

影片将故事设置在离汉口百余里的傅庄，堤坝因年久失修出现险情，小学教师刘铁生领导乡民奋勇抢险。当地首富傅柏仁逃离傅庄，打着救灾的幌子，向社会骗取捐款，中饱私囊。傅女秀娟原与铁生相爱，傅柏仁不允，将她另许当地县长之子李和卿。不久，汉口市区亦遭水淹。傅庄因铁生率乡民合力固堤，转危为安，傅柏仁又携眷返回。秀娟、铁生别后重逢，感情益深，引起李和卿妒忌，乃与傅柏仁合谋，以"煽动乡愚图谋不轨罪"诬陷铁生。此时，洪水猛涨，铁生发动乡民取傅家囤积木料抢修危堤，并与傅柏仁展开斗争。最后，傅柏仁纠集警察镇压，被突然决口冲来的狂流卷走。影片之所以被视作左翼电影的奠基之作，在很大程度上是因为影片敢于正视社会的矛盾，没有用生硬的结局简单地调和不同阶级的矛盾，也没有过多地以个人命运、家庭悲欢来拘囿观众的视线。当时的左翼评论家指出："一向在国产片中我们是找不出社会意义和时代意识的，而《狂流》是我们电影界有史以来第一次抓取了现实的题材，以正确的

描写和前进的意识来创作的影片——中国电影界新的路线开始。"

作为第一部左翼电影，《狂流》在题材与表达方面已经具备了此后左翼电影的诸多特点：

首先是在题材的选择上，具有广泛性和社会性，在思想上具有深刻性和鲜明性。为实现反帝反封建的目的，左翼电影选用社会热点话题，如自然灾害、阶级压迫、外敌侵略、女性解放等，从而与以小市民为主的电影观众群建立了紧密的联系。1933年由艺华公司出品、田汉编剧的《肉搏》上映，此时正值日本侵占热河之后不久，剧作者及时地将"热河事件"反映到影片中，发挥了影片的战斗作用，因而受到左翼电影评论界的推崇。

其次是叙事上的双线叙事：一条为宏大叙事，以反帝反封建、爱国救亡为主线，即关于"国"之叙事；一条是私人叙事，以感情纠葛、家庭悲欢离合为主线，即关于"家"之叙事。"私人叙事"融入"宏大叙事"，在二者之间建立隐喻转换的关系。其爱情常常产生于富家子弟与贫民儿女之间，这种僭越界限的爱情不仅有

着冲突阶级藩篱之意义，更能产生强烈的戏剧冲突，且能满足贫民阶层的某种平等富有幻想，例如《野玫瑰》中就设置了富家少年厌弃繁华、同情穷人、爱上穷苦女孩子的情节。

再次是对明星演员的使用。《狂流》使用了此后不久即当选为电影皇后的明星胡蝶、中国电影第一代演员中备受推崇的明星"小生"龚稼农和有"影坛第一坏蛋"之称的王献斋。这些明星兼具艺术表演实力和市场感召力，既保证了影片的艺术质量，又使得影片能够在激烈的市场竞争中脱颖而出，另一方面，参演左翼电影也强化了演员自身的革命意识和民族意识。

此外，左翼电影在艺术表现上，部分继承影戏传统，注重戏剧张力，通过贫富对比表现来强化戏剧冲突，注重对噱头的制造和利用。许多影片采取情节剧模式：一对兄弟（或朋友），怀着同样的理想，走上不同的道路，一个走上革命之路，一个腐蚀堕落（堕落的原因常常是与资产阶级女性发生恋爱），最终革命者为革命牺牲生命，误入歧途者终于醒悟或受到惩罚。革命者的成长道路上有一个女性（可

能是被救助者，但支持革命立场），堕落者之堕落也往往是因为一个女性，后者的背叛代表着对堕落者的惩罚或最终使堕落者觉醒。

左翼电影一方面要保证电影的革命思想，另一方面，由于是与民营公司合作，还要充分考虑市场。上述特点正体现了特殊语境下革命文艺与商业资本的结合。

三、夏衍的《春蚕》等左翼电影

不久，"明星"又摄制了夏衍根据茅盾小说改编、由程步高导演的《春蚕》。这是中国新文学作品第一次被改编为电影。它是以30年代初浙江一带的农村为背景，通过老通宝一家为养蚕而奋斗、挣扎、失败的经过，真实生动地再现旧中国农民在重重压迫下陷入破产的情景。《春蚕》的改编既忠于原著，又按照电影艺术的要求发展了原著。剧作者采用了茅盾其他小说中的一些情节，丰富了电影的内容。自此，夏衍迈出文学改编实践与理论积累的第一步，并且逐步确立了此后影响中国电影数十年的改编规范。

然而，《春蚕》上映后，并没有像《狂流》那样取得商业上的成功。在舆论上，尽管左翼影评人努力地肯定了它将"五四"后新文学作品搬上银幕的开创性意义，并分析了它的许多优点，但也指出它"'剧的成分'太少"，"故事不戏剧化"[17]等。

---

[17]《〈春蚕〉座谈会》，沈西苓、席耐芳的发言，原载《晨报·每日电影》，1933年10月8日，引自《中国左翼电影运动》，第443和444页。

夏衍后来也意识到影片的表达方式与观众之间存在距离："《春蚕》的小说不仅是对蚕丝问题作着素描，而是对整个社会经济机构与农村问题的一个郑重的解答。所以在编这剧本时，我很注意到'教育'这一点，而《春蚕》的摄制也因之而取了'纪录电影'的方式"，"这一影片也许可以说是'太文学的'了"。[18]

导演程步高为拍好育蚕的戏，在蚕吐丝时，棚内专门预备好一架摄影机，专门拍摄蚕的吐丝过程。摄影机对着一条蚕，开好灯光每隔三小时拍一次，经过两天一夜的时间，将这些镜头连接起来，从而真实地向观众展示了蚕吐丝作茧的全过程。该片极为重视环境气氛的营造，剧中的乡村景色是由美工师在棚内搭制而成的。浓郁的水乡环境氛围，逼真地还原了村民养蚕、务农的生活情景。散文化的剧作结构

---

[18]《〈春蚕〉座谈会》，《晨报·每日电影》，1933年10月8日，引自《中国左翼电影运动》，第441—444页。

和纪录电影式的拍摄方式，对于当时的电影接受经验而言，似乎并不很合时宜，但对于缺乏纪录美学传统的中国电影来说，这种尝试难能可贵。

继《狂流》和《春蚕》之后，夏衍又创作了《上海的二十四小时》(沈西苓导演)。影片巧妙地将故事浓缩于24小时内，透过社会的一个截面来展现城市底层贫民的悲惨生活，批判买办资产阶级对工人的剥削压迫。在一个外资开办的纱厂中，一名童工被机器轧伤了，周买办推说是童工"自己不小心"而置之不顾，受伤的童工在血泊中挣扎了24小时，终于因无钱医治而悲惨地死去；周买办和他的太太各自和自己的情人，在声色场中消磨着光阴；失业青年老赵，为了救助受伤的童工，到周买办家去"行窃"；而童工的哥哥、菜贩陈大，却被当做窃贼被逮捕入狱……影片描写了城市中不同阶级地位的人的有天壤之别的生活境况，揭示了20世纪30年代城市繁华背后的阶级矛盾。将矛盾更直接地指向买办阶级，也表明相较于

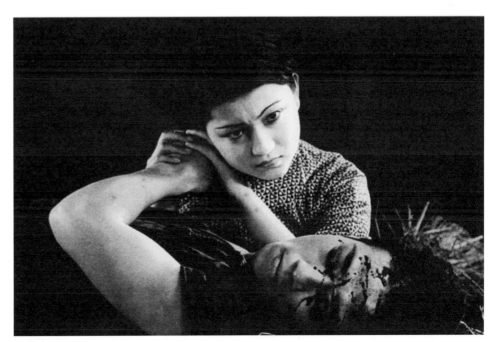

《中国海的怒潮》（1933年，编剧：阳翰笙，导演：岳枫）

民族矛盾而言，揭示阶级矛盾是20世纪30年代早期左翼电影更重要的任务。

四、1933年"中国电影年"

《文学》杂志第2卷第1期发表了洪深的文章《1933年的中国电影》，指出自从左翼文化人进入电影界以后，中国电影在1933年发生了重大转折，出现了一批优秀电影，并将该年称为"中国电影年"。

从这一年开始，在左翼文化人的推动下，明星陆续拍摄了表现上海工人斗争的《女性的呐喊》、《香草美人》和《压迫》，表现妇女觉醒的《脂粉市场》、《前程》，表现盐民斗争的《盐潮》，表现社会不平的《姊妹花》，表现青年知识分子不同道路的《时代的儿女》等进步影片。这些影片，对于批判现实、发泄人们对社会现实的不满，产生了广泛影响。

1933年，明星影片公司摄制的《铁板红泪录》引起了较大反响。影片由阳翰笙编剧、洪深导演，描写了四川某地的雇农周老七爱上农民女儿小珠，另一雇农二蛮

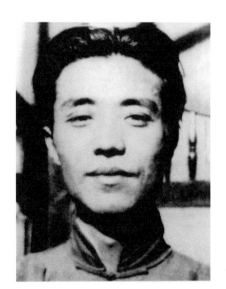

阳翰笙（1902—1993），著名戏剧与电影剧作家

子求爱不成，投靠了当地的恶霸孙团总，周老七因为反抗孙团总的"枪捐"而亡命他乡；孙团总也看上了小珠，就和二蛮子一起把小珠抢走；最后，孙团总强行征收"铁板租"，引发了全村农民的抗租斗争，小珠被孙团总鞭打致死，二蛮子醒悟过来，开枪打死孙团总，自己也被杀害的故事。被压迫者们因恋爱问题产生分歧，最终现实教育了他们，阶级和民族利益使他们重新走到一起，这也成为此后中国电影中常见的主题模式。"铁板"和"红泪"分别代表着反封建压迫和个人情感两条线索，与诸多左翼电影一样，两条叙事线相互融合，共同表达主题。影片在描述一个个人命运悲剧故事的同时，也激起了观众对恃强凌弱的压迫者的痛恨，强化了阶级爱憎情感。

随着揭露社会黑暗、号召抗日的左翼电影的影响越来越大，国民党当局加大了对电影的审查。沈西苓编导的反映包身工生活的《女性的呐喊》和夏衍编剧、沈西苓导演的反映上海阶级对立状况的《上海二十四小时》对社会的黑暗暴露得深刻而突显，因此被删剪得支离破碎，并且被扣押一年多才公映，以致最终市场影响并不理想，而沈西苓因此愤然告别电影界。这也引起左翼电影人对于在严苛的环境下如何进行艺术表达的思考。

1932年10月，以贩卖烟草起家的资本家严春堂（棠）在上海创办艺华影片公司（后更名艺华影业有限公司），由田汉主持影片创作并领导编剧委员会，阳翰笙、沈端先（夏衍）等左翼作家参加剧本创作，一度成为左翼电影运动开辟的一个新阵地，先后完成了具有鲜明的抗日反帝色彩的《民族生存》、《肉搏》、《中国海

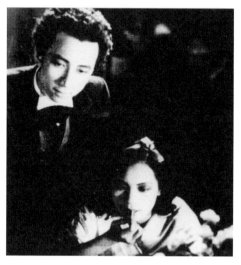

《风云儿女》（1935年，编剧：田汉，导演：许幸之）

的怒潮》和《烈焰》4部影片。

《中国海的怒潮》是艺华影业公司在1933年摄制的，编剧为阳翰笙，导演为岳枫。影片中，渔民焦大向劣绅张荣泰借高利贷，女儿阿菊押给张家做丫头。阿菊受尽虐待，投河自尽，幸被青年渔民阿福救起。不久，张荣泰又将阿菊抢了回去。张荣泰勾结日本帝国主义的渔船侵入中国领海捕鱼，遭到渔民们的反抗，于是密谋逮捕为首的阿福阿德兄弟俩。阿菊得知消息后和阿福阿德逃离渔村，在海上过着艰辛的流浪生活。不久，阿福惨死在日本兵舰的浪涛中。秋汛过后，渔民们被渔债渔税所困，日本帝国主义的渔船又加紧侵略。阿德和阿菊一起回到渔村，团结全村渔民，驾着小船，向侵略者举起了土枪，掀起了反抗的怒潮。

影片的反帝反封建主题非常鲜明，张荣泰作为封建势力和帝国主义买办势力的双重代表，使影片在暴露日本帝国主义的武装侵略及封建势力对渔民的压迫和剥削两方面都显示出较高的思想性。影片送审时被删剪的胶片达871米之多，以致上映时，已失却了本来的面目，到处显出了

"剪刀的痕迹"。

《风云儿女》是由电通影片公司在1935年摄制的，导演是许幸之，编剧是田汉、夏衍。"九一八"爆发以后，诗人辛白华与大学生梁质甫从东北家乡出来。梁质甫因和革命者有关系，被捕入狱。辛白华却和一个富孀坠入了情网。梁质甫被释放后，日本帝国主义侵略华北，梁质甫参加革命，英勇抗敌。此时的辛白华正和富孀在青岛避暑游玩，看了邻居阿凤演的《铁蹄下的歌女》后，辛白华的爱国热情被激起了，但是还是没有摆脱开爱情的束缚。最后，梁质甫在抗敌的战场上牺牲了，辛白华终于走上了抗敌的最前线。影片已初步包含了此后革命成长题材影片故事模式的意识，即争取意志薄弱/政治立场上尚不够稳定的人是影片的主要目的，而意志坚强/政治立场坚定的革命者往往会以自己的言行教育前者，乃至最终以生命促成前者的转变和成长。

在左翼电影影响下，包括天一公司在内的其他中小公司也改变了原来的制片路线，开始反映现实生活乃至抗战主题。

五、左翼进步电影的重要作品

夏衍曾经说："党的电影小组参加了工作的电影，我们叫它'左翼电影'，左翼电影一共74部"[19]。这些影片中，出现了一批代表性的电影作品。

《姊妹花》（1934年）、《狂流》、

《春蚕》、《脂粉市场》、《压迫》等具有鲜明进步倾向的影片，使明星公司的电影创作出现了新局面。这些影片借当时对老百姓有明显政治感染力的无产阶级意识和爱国主义情感，与观众达成了共鸣。郑正秋在1933年5月发表的《如何走上前进之路》一文中，明确地提出以"反帝、反资、反封建"作为电影界团结奋斗的共同目标。他与夏衍、洪深等人合作，集体创作了《女儿经》和《热血忠魂》，还推出了他自编自导的优秀作品《姊妹花》，成为他创作上"向左转"的标志。

《渔光曲》（1934年），是"联华"的一部轰动性作品。这部影片是一部无声对白、配音歌唱的影片，格调凄婉压抑，节奏缓慢抒情。影片没有采取当时一些左翼文艺作品的那种概念化的宣传模式，而是以小猫小猴的命运折射渔民和渔霸的斗争。情节剧的处理方式较好地表现了主题，现实感、人物的真实性与艺术的感染

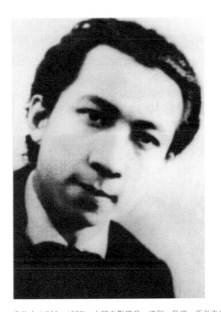

袁牧之(1909—1978)，中国电影演员，编剧，导演。原名袁家莱。浙江宁波人。读中学时就参加戏剧活动。1930年从大学辍学，投身戏剧事业，主演过话剧《五奎桥》、《回春之曲》等。1934年加入电通股份有限公司，编写了剧本《桃李劫》，摄制时他担任主演，获得成功。该片是五四以后的优秀影片之一。1935年，他自编自导自演了中国第一部音乐喜剧片《都市风光》。此后他转入明星影片公司，与陈波儿合演了《生死同心》。

力结合起来，共同传达了当时左翼文化的阶级斗争思想。

《神女》（1934年）表现了一个年轻母亲阮嫂作为肉体的受害者与心灵的崇高者的统一体的悲剧命运，其社会意义与《茶花女》这样的爱情故事相比更加具有现实批判性。由阮玲玉扮演的"神女"，将卑贱和自尊、软弱与刚强融为一体，塑造了一个中国女性的不朽的银幕形象。该片也成为中国无声电影时期最重要的经典之一，并且，这部影片使吴永刚导演一鸣惊人。

《马路天使》（1937年）的编导是袁牧之。影片中的主人公是一群底层青年。小陈是个吹鼓手，他和卖报的老王、卖水果的小贩、剃头司务、失业者是结拜的兄弟，住在同一个弄堂的小阁楼上。在他们对面住着小云和小红姐妹。小云在生活的逼迫下做了下等妓女，小红天生一副好嗓子，跟着琴师去卖唱。小红和小陈每每对窗玩闹，日久生情。一次，小红在一个茶楼里唱歌，被流氓看中，小红和小陈无奈之中只得在小云和众弟兄的帮助之下逃往别处。后来，小云也逃到这里，和老王过着平静的生活。但是有一天，小陈为一理发店当吹鼓手，被琴师发现。最后，小云帮助妹妹逃走，自己却死在琴师的刀下。纯洁、天真的小红作为丑恶社会中的一枝，是影片着力塑造的。而沦为下等妓女的小云饱受鸨母、嫖客的虐凌，她所暗恋的小陈也鄙视她，但她始终保护着小红，并最终牺牲了自己，毋宁说是另一个"天使"。

这部影片生动地再现了30年代都市下层人民的苦难生活，歌颂了他们的善良、乐观，抨击了黑暗社会。影片的艺术处理明快、诙谐、隽永，作者运用喜剧手

[19] 广播电影电视部电影局党史资料征集工作领导小组：《中国左翼电影运动》，中国电影出版社，1993年，第229—344页。

法处理悲剧性的内容，对当时的社会给以含蓄而又辛辣的嘲讽。影片在艺术表现上很好地发挥了电影的特性，画面镜头富有运动性，声音也作为一种创作元素用来描写环境、烘托气氛和刻画人物。影片开场是一段长达数分钟的迎亲场面，没用一句对白，先后交代了几个主要人物的身份，展现了人物生活的环境。影片放映后曾轰动影坛，受到观众和评论界的一致赞扬，被誉为"中国影坛上开放的一朵奇葩"。影片由赵丹、周璇主演，周璇在片中还留下了至今仍脍炙人口的歌曲《四季歌》和《天涯歌女》。

这是一部具有深刻的社会思想意义和极高艺术成就的现实主义优秀影片，是我国社会问题片的代表作之一。影片刻画了生活在社会最底层的妓女、歌女、吹鼓手、报贩、剃头匠、小报摊主等一群有血有肉的艺术形象，真实地表现了他们痛苦的生活和悲惨的命运，具有深切的人文主义关怀。这些出身卑微的贫苦青年不仅在物质生活方面极度匮乏，多年的动荡与战乱也使得他们孤苦伶仃、家破人亡，然而，他们始终没有放弃对自由、爱情和幸福的渴望，在艰难的岁月中互相扶持、苦中作乐。

法国著名电影史学家乔治·萨杜尔评价说，看过袁牧之的《马路天使》的人，如果不知道该片是出自一个对法国电影一无所知的年轻导演之手，他一定会以为这部影片直接受了让·雷诺阿或是意大利新现实主义的影响。这部影片以充满愉快、激情和同情的笔调，通过几个小人物的悲喜遭遇，生动地再现了20世纪30年代中国都市下层人民的苦难生活，歌颂了他们的善良，严厉地抨击了那些为富不仁的富商

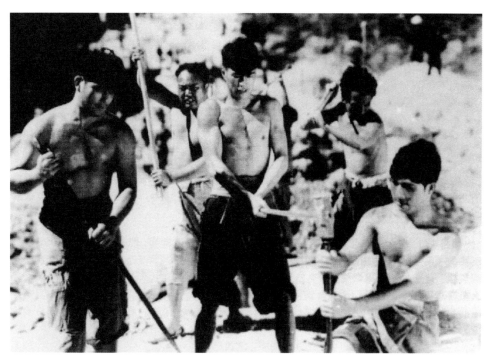

《大路》（1934年，编导：孙瑜）

和实业家。影片的风格极为独特，而且是典型的"中国式"的。[20]

在国民党严禁宣传抗战，执行影片严格审查制度的情况下，主创人员仍然用喜剧的形式、暗喻的手法在多处表现出战争的严峻形势，讽刺国民党的不抵抗政策，号召人民起来抗日。如影片中用查找如何写"难"字而引申出"半个天津"、"半个上海"、"半个汉口"的联想，暗指中国日益沦为半殖民地的事实；小陈变戏法时从口中吐出一个银角以及粉刷"太平里"（街名）的镜头，讽刺了国民党当局"粉饰太平"的谎言和使中国白银大量流入美国的事实。传唱至今的《四季歌》则以情歌的形式躲避审查，实则倾诉了东北沦陷后的人民流离失所的悲惨和"寒衣做好送情郎，血肉筑成长城长"的抗战号召

（情郎即意指东北的抗日队伍）。

周璇演唱《四季歌》时，编导别出心裁地在歌词字幕上加上了游动的小白点。歌词唱到哪，小白点就弹跳到哪，一来增加了歌曲的节奏感，二来似乎也在号召观众同唱。而演唱过程中还插入了许多日军侵略及抗战的镜头，"这种处理方法，一方面背离了好莱坞无影无缝、隐藏作者及摄影机的传统，另一方面也揭示东西方对于真实的不同观念。中国电影工作者有强烈的意愿去维持观众与戏剧间的距离，以及去摧毁银幕上呈现之真实的幻觉……对于中国电影工作者来说，电影不是现实的再现，而是现实的表现"[21]。

1934年，袁牧之完成了《桃李劫》的编剧，且由应云卫导演完成了拍摄。影片通过一对知识青年幻想的破灭和家破人亡

[20]参见乔治·萨杜尔：《世界电影史》，中国电影出版社，1986年，第547页。

[21]焦雄屏：《马路天使——另一种现实表达》，《影像中国》，复旦大学出版社，2005年第，38页。

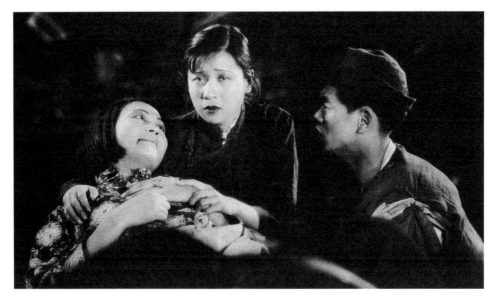

《小玩意》（1933年，编导：孙瑜）

的悲剧，揭露了社会黑暗，再现了正直的知识分子的悲痛、反抗和挣扎，对社会提出控诉。主人公陶建平和黎丽琳是一对有抱负的青年，他们从建筑学校毕业后结了婚。陶建平因为人正直，不同意老板们的欺诈行为而被解雇。丽琳因不堪忍受经理的骚扰而辞职。在失望之余，陶建平撕碎了自己的毕业文凭，去造船厂当苦力。不久，丽琳产后意外摔成重伤，工头又拒绝预支工钱，走投无路的陶建平偷了工头的钱去给丽琳治病。但当他请来医生时，丽琳已经死去，未满月的孩子也被送进了育婴堂。他怀着沉重的心情回到家，工头又带着警察来逮捕他。陶建平奋力拒捕时，警察误伤同伙，便加罪于陶建平，将他判处死刑。《桃李劫》是中国第一部以完整的有声电影手法创作的影片，它成功地运用了有声电影的技巧，音响在这里第一次成为一种艺术表现的手段。

孙瑜导演的《大路》（1934年）也是这一时期的重要作品。影片的主人公是一群建筑工人：金哥、老张、章大、韩小六、小罗和郑君等人。在劳动中他们还结识了两位姑娘：丁香和茉莉。不久，日本帝国主义入侵中国，全国民众奋起抗日。筑路工人在金哥的领导下，加紧修筑一条军用公路，支持前方将士。敌人企图阻挠筑路，并利用汉奸威胁利诱工人。他们把金哥等人抓起来严厉拷打，但他们仍不屈地团结在一起，同汉奸进行坚决斗争。公路修完了，金哥等人在敌机的轰炸中牺牲，抗敌军车通过公路驶向前方。幸存的丁香在朦胧中仿佛看见金哥、茉莉等一个接一个地重新站起来，肩并肩，高唱着《大路歌》前进。

孙瑜在《〈大路〉导演者序言》中点明了影片的主旨：凡是生物，都有求生存的企图和权利。当飞机和大炮不断地向我们进攻时，我们只有拿团结的力量去应付它。……我们要起来自救。片中由聂耳作曲、孙瑜作词的《大路歌》和由聂耳作曲、孙师毅作词的《开路先锋歌》旋律豪迈激昂，配给着大铁碌在崎岖不平的道路上压过的画面，象征着一切阻碍前进的力量都会被大铁碌一一碾碎。在磅礴的气势和诗意的画面的配合下，这两首歌充分

体现了工人阶级团结奋斗的坚强意志，因此，很快流传开来。

八个主要人物既体现了斗争、乐观、最后必胜的共同信念，又具有各自不同的鲜明突出的性格特点。《大路》突出地表现了孙瑜爽朗明快、富于热情的导演风格，其镜头的运用灵活而自由，清晰而又有变化。运用景深镜头、固定镜头与移动镜头相组接的手法充分展现人物生活的环境，使影片的生活气息浓郁，孙瑜因此被认为是一位"富有诗人气质的浪漫主义的电影艺术大师"。《大路》是孙瑜早期代表作之一，同样体现其特质的影片还有早一年的《小玩意》。

《小玩意》（1933年）通过手工艺人叶大嫂的一生，生动地将劳动妇女的命运与时代的变化，特别是和抗日斗争的背景紧密结合在一起，反映了从第一次世界大战后到"九一八"、"一·二八"的十多年里，帝国主义侵略、军阀混乱和国民党政府给中国人民带来的灾难，体现了广大人民抗日救亡的觉醒，对当时的抗日宣传起了积极配合的作用。

《小玩意》得到了左翼影评家的赞

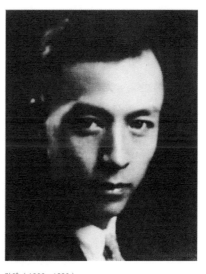

孙瑜（1900—1990）

扬，夏衍曾经指出："我们需要叶大嫂那样的疯子，需要不怕被人当做疯子而还是大声疾呼地向着大众警告的疯子！……希望一切愿意做疯子的人们，到真正能够起来抵抗的群众里面去！"

《小玩意》的故事发生在太湖之滨的桃叶村，玩具手工艺人叶大嫂一家过着平静的生活。然而这种幸福/平衡被打破，叶大嫂的丈夫猝死街头，叶大嫂闻讯赶到，慌乱中小儿子被人拐走。军阀混战，家园被毁，叶大嫂只好带着女儿逃难到上海，幸好聪慧的母女俩有着制作小玩意（玩具）的本领。"一·二八"事变后，女儿参加战斗牺牲，外国玩具充斥市场，叶大嫂的玩具生意陷入困境。影片最后，叶大嫂在街头呼喊："敌人杀来了，大家一起出去打呀，救你的国！救你的家！救你自己！醒醒吧，不要做梦了，中国要亡了……快救，快救中国。"虽然同样是在喊口号，但这是借一个家破人亡的疯子之口，因此符合叙事逻辑，不显突兀。

孙瑜（1900—1990），原籍四川自贡，1923年公费留学美国，先在威斯康星大学攻读文学戏剧，后来在哥伦比亚大学学习电影编导，在纽约摄影学校学习电影摄影、剪辑、洗印等技术，是中国第一个在国外受过专业电影教育的电影艺术家。1926年回国。1927年后他在上海长城画片公司和民新影片公司编导影片《渔叉怪侠》和《风流剑客》。30年代以后，受进步文艺思想的影响，他先后导演了《故都春梦》、《野草闲花》、《共赴国难》、《野玫瑰》、《小玩意》、《大路》等优秀影片。

孙瑜一方面充分学习了好莱坞的电影技术和技巧，吸收了好莱坞情节剧的一些

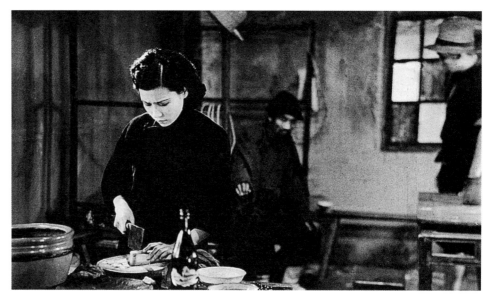

《城市之夜》（1933年，编剧：贺孟斧、冯紫墀，导演：费穆）

手法，但其影片并非简单的中国版的好莱坞电影，他的电影虽然题材不同，主题不同，却无一例外地有着渗透画面的浪漫气息，以及田园牧歌般的诗性风味，被誉为"电影诗人"。"诗人孙瑜"的由来，起于1933年10月沈西苓的《评〈小玩意〉》一文。在该文的第一节"诗人孙瑜"中，沈西苓说他在孙瑜的影片中看到了"一个沉默深思的诗人"。随后柯灵在他发表的评论孙瑜的文章中表示："我是孙瑜作品的爱好者，我同意沈西苓先生在《申报》'电影专刊'送给他的桂冠——'诗人孙瑜'。"而其实，当时的另外一位非常活跃的影评家尘无在该年3月2日发表的关于孙瑜影片《天明》的评论中，也曾指出孙瑜"一贯""诗人气息""浓厚"。对此，当时孙瑜曾在《时报》上写过一篇文章，为《我可以接受这一"诗人"桂冠吗？》，以此作答。他认为，假如这是一顶老是仰着头对着天空，闭起眼睛唱着"花呀"、"月呀"、"爱人呀"来欺骗自己、麻醉别人的所谓"爱美诗人"的桂冠，他是一定不敢领受的。但是，假若这

一顶桂冠是预备赐给一个"理想诗人"的：诗人的眼睛是睁着的、朝前的；其作品是充满着朝气，不避艰苦，不怕谩骂，一心想把向上的精神向底层平民百姓心里灌输的；其诚恳地、热烈地愿意牺牲一切而为多数人摇旗呐喊，大声疾呼去唤醒人们的血气、勇敢、团结、正义、理智、热情而起来为人类的光明美丽而向黑暗压迫作殊死战的话；他是极为盼望得到这一顶"诗人的桂冠"，愿意永远地爱护它。诗人的称谓，融合有孙瑜在人格上和电影上的追求，这种追求是直面知识分子的现实的独语，也是典型理想。[22]

费穆导演的《城市之夜》（1933年）是这一时期一部优秀的现实主义之作，描绘了旧中国社会的黑暗。在大城市贫民区的一间破屋里，住着一户人家：在码头做苦工的父亲、在纱厂做女工的女儿和年幼的弟弟。拥有这块房产的资本家决定拆除这一带的破房子，用以建造跑狗场。资本

[22]丁亚平：《历史的旧路——中国电影与孙瑜》，《北京电影学院学报》，2000年第4期。

家的儿子看上了这位纱厂女工，她却断然拒绝了他的非分要求。一个秋雨的夜晚，这间破屋倒塌了，患病的父亲生命垂危，走投无路的女儿为了父亲和弟弟，打算出卖自己。父亲发觉后，严加斥责了她。最后，资本家的儿子不再像以前那样玩世不恭，竟真诚地爱上了贫苦的女工，和女工等人一起住在农村，过着安逸的田园生活。

这部影片是费穆担任导演的第一部作品，就开始显露出他的导演才华。影片注重布景、道具、镜头和光线的设计和综合利用。影片的手法突破了当时普遍的戏剧化叙事结构，探索了发挥电影造型表现力的电影化叙事方法。但影片将恶归罪于都市，结尾表现出脱离实际的幻想。左翼影评人指出了《城市之夜》"意识"上的三点不足：其一是"犯了极大的改良主义的、空想的社会主义的错误"，"在现在这种社会，被都市驱逐出来的穷人，决没有到乡村去'建设乐园'的可能，不替这大群的无家可归的人们寻觅一条正确的、可以永久地解决他们痛苦的道路，而空想地叫他们逃避到赤裸裸的乡村去建设乌托邦的社会，这是片子的致命的缺点"；其二是"作者暴露了'万恶的都市'的黑暗，而不曾指示出这种黑暗的根源"，将社会不合理的原因没有"归结到社会机构的矛盾，而笼统模糊地将这一切病状推诿到一个空洞的名词——'万恶的都会'身上"，"同样的'现在的'乡村也绝不是'纯洁的'世外的天国"；其三，影片和《野玫瑰》一样"在观众印象中种下一种

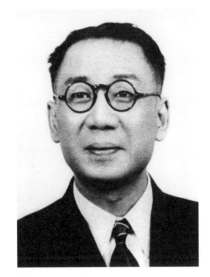

费穆（1906—1951）

对富人子弟的幻想"。[23]应该说，左翼影评人所指出的问题是尖锐而中肯的。诚然我们不能要求艺术创作者在思想意识方面一定走在社会的前列，但指出影片的问

---

[23]黄子布、席耐芳、柯灵、苏凤：《〈城市之夜〉评》，原载《晨报》，1933年3月9日，引自《中国电影理论文选》（上），文化艺术出版社，1992年，第155页。

题，以有助于以后的创作，这正是影评的作用所在。

费穆，常常被看做中国文人电影的典型代表，甚至被尊称为"中国现代电影的前驱"。费穆原籍江苏苏州，生于上海。1916年他举家迁居北京，入法文高等学堂，并自学英、德、意、俄等多种外国语。因长年苦读，他的左眼失明。他学贯中西、博览群书，喜爱中国诗词和古典文学。在京任某矿山事务所会计时，他开始业余撰写影评，并与朱石麟合办《好莱坞》电影杂志。1930年他到天津，任华北电影公司编译主任。1932年他任联华影业公司导演。同年执导《城市之夜》。之后，他又陆续导演了由阮玲玉扮演主角的《人生》（1934年）、《香雪海》（1934年），这些影片都以关注女性生存状态为特点。

1937年，沈西苓编导的《十字街头》，通过四个失业的大学毕业生不同的

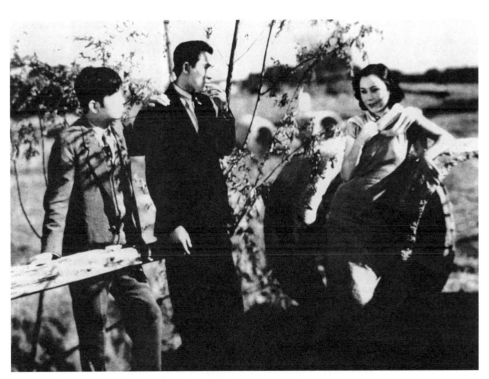

《十字街头》（1937年，编导：沈西苓）

思想性格和生活道路，塑造了三种不同类型的典型人物形象。老赵、阿唐、刘大哥、小徐是四个失业的大学生，刘大哥为挽救民族危亡尽自己的力量，参加了抗战；小徐对自己的生活没有信心，一度消沉，并且欲自杀，老赵将他救下后，小徐回到了家乡；与小徐相反，为商店布置橱窗的阿唐过得很快乐；老赵则在报馆做校对工作。老赵的邻居中有一个在纱厂当教练员的姑娘杨芝瑛。后来，一个流氓欲调戏杨芝瑛，被老赵和阿唐撞见，两人将流氓打跑。由此，老赵和杨芝瑛相爱了。但没过多久，杨芝瑛所在工厂倒闭了，杨芝瑛和朋友姚大姐失业了。杨芝瑛不愿影响老赵，给老赵留下字条准备出走，没想到老赵也被报馆辞掉了。姚大姐将杨芝瑛叫回来，与老赵、阿唐在人群中相遇。最后，报上登了小徐自杀和刘大哥在抗战最前方战斗的消息，四个人一起向前方走去。

《十字街头》的剧本是沈西苓从与东北流亡学生和学校里出来的失业的朋友闲谈国事和家乡的故事中得到启发，结合自己的生活体验，试图"归纳成一个整个的社会问题"的。影片截取了生活的一个横断面，描写了30年代处于民族矛盾与阶级矛盾日益尖锐化的"十字街头"的知识分子的苦闷、彷徨和挣扎。影片被冠以"爱情喜剧"，将严肃的主题寓于轻松愉快的喜剧风格中。

导演沈西苓（1904—1940），原名沈学诚，浙江德清人。1913年随家迁居杭州，于浙江甲种工业学校毕业后考取官费生，留学日本时结识戏剧家秋田雨雀等人，使他在艺术上有所升华，同期在日本筑地小剧场实习美工，1928年回国，不久进入电影界，先后在天一、明星等影业公司任职，编导了《女性的呐喊》、《乡愁》、《船家女》、《十字街头》等影片。1937年转入联华电影公司。

左翼电影为中国电影史留下了一批个性鲜明的形象，而注重塑造具有代表意义的形象正是左翼电影保持其艺术性的重要前提。在左翼电影中，工人、农民、妇女成为主要表现的对象。

六、左翼电影的题材与主题

左翼电影的渊源是左翼文学。后者的传播者大多来自中国的中、下等社会阶层，也是各种社会矛盾和冲突的主要受害者。当时代激流涌来时，他们往往做出告别都市走向乡村、告别个性而选择大众、告别幻想而投身革命的抉择。当电影成为影响普罗大众的重要形式时，电影遂成为他们表达主观情感的一个载体。

一批表现农村劳动人民悲惨生活和斗争的影片由此诞生，在其影响下，中国银幕出现了不少同类影片。《狂流》、《春蚕》、《渔光曲》、《铁板红泪录》、《中国海的怒潮》、《盐潮》、《丰年》等真实地展现了中国农民在土豪压迫、军阀混战、帝国主义势力渐趋渗入下的悲惨人生和痛苦挣扎。这些表现农村生活的电影事实上成为其后直至20世纪80年代同类影片仿效的摹本，也在相当程度上形成了几十年不变的模式。首先是主题的表现，基本是苦难加"两个阶级、两条道路、两种思想的斗争"的模式。其次，这类影片在人物设置和人物关系上，以意识形态意图为依据，主人公大多是两个阶级的代表：一个是勇敢、善良、诚实的农民，一个是无恶不作的土豪劣绅。这两个人物或阶级的矛盾冲突发生在方方面面，并且片中常常以无产者与有产者的"私仇"替换两个对立阶级之间的矛盾，如杀父劫亲之仇等。类似的故事频频出现：贫苦农民的儿女相恋，却被对立阶级横刀夺爱；无产者不但经济上受剥削、政治上受压迫，就连个人婚恋生活也常常被毁灭（女性被夺），公仇私恨构成故事的两条线索。《狂流》就表现了冷酷自私的土豪劣绅、与贫苦农民一起斗争的小知识分子、勇于斗争和富于同情心的贫苦农民代表等几种人物形象。阳翰笙编剧、洪深导演的《铁板红泪录》则以四川农村农民反抗土豪剥削压迫为题材，塑造了三种农民类型：一种是依附于统治者，试图压迫自己的同类；一种是起来反抗统治者，急于寻求出路，以改变困苦的生活；一种是意识落后，由于软弱而屈服。

这些影片对农民所代表的传统中国的民族性作了不少表现。《春蚕》中的老通宝可称得上是传统农民代言人：勤劳、朴实、淳厚、顽强，对土地充满无法分离的深厚感情。不管遭受多大的天灾人祸，他仍坚持耕作，憧憬未来的丰收，严守着千百年来祖宗传下来的经验和规矩，丝毫不敢逾越。

在此阶段的电影中，半殖民地半封建的社会形态里孕育的"城市化"所展现的都是阶级压迫和阶级剥削的残酷现实。影片中许多出身乡土的主人公进入城市，或是找不到立足之地，落得凄惨命运，或是被城市腐蚀，而自甘堕落。这样的影片有《姊姊的悲剧》、《天明》、《小玩意》、《三岔路口》、《小玲子》等。

《姊妹花》中反映了孪生姐妹的不同遭遇：在农村的大宝甘于清贫生活，道德上清清白白，而在城市长大的妹妹二宝做了军阀的七姨太，过着骄奢淫逸的生活，两姐妹呈现巨大反差。在《一江春水向东流》等影片中，进入城市的丈夫腐化变质，待在农村的妻子却承担着家庭的重担，忍辱负重。城市在此成为道德堕落的"染缸"和代名词。

对于都市的心理距离使这一时期的部分导演着力呈现田园牧歌式的乌托邦化的乡村。费穆的《城市之夜》对乡村作了乌托邦想象，而对于城市却着力展现其罪恶。孙瑜导演的《小玩意》在前半部分用了相当篇幅，以温馨的笔触描写叶大嫂在风光秀丽的村庄里的祥和、安宁的生活，以此反衬叶大嫂进入城市后的悲惨生活。孙瑜的《天明》、《野玫瑰》、《体育皇后》等影片虽然是都市题材，但主人公都是从农村进入都市的，并且都市往往成为他们的地狱。当然，也有许多电影对于乡村景观的表现充满诗情画意。《渔光曲》的开头是东海的早晨，太阳从苍翠的东山渐渐升起，渔民们在晨曦中边撒网边唱着渔歌的场景令人浮想联翩。《春蚕》在揭示农民丰收成灾的主题之外，也不乏对自然风光和生活场景的表现。这种在战争和斗争之余，跳脱生活的艰辛，在劳动中寻找欢乐，体现美感，致力于营造夕阳西下、小桥流水人家的意境的手法，也是许多同类影片常用的，借以体现出人与自然的天然和谐。

20世纪30年代的电影多以女性角色为重心，女性几乎成了中国苦难的代表。蔡楚生在《戏如人生》一文中提道："阮玲玉所演的角色多数是善良而贫苦的劳动

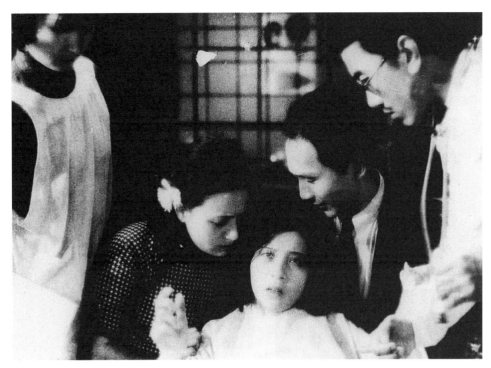

《新女性》（1935年，编剧：孙师毅，导演：孙瑜）

妇女或知识妇女，他们在半封建与半殖民地的中国旧社会中，在从农村到城市的各种不同环境、职业与遭遇中，受到了各种不同的凌辱、迫害与压榨，以致她们多数不是流落就是堕落，不是饮恨以终就是服毒或投河。阮玲玉所演的妇女形象中，虽有'善终'的，但同样也说明了妇女在那样的现实生活中所遭受到的迫害与苦难。"[24]

女性，特别是都市中的职业女性的命运，是左翼电影关注的重点。女性在社会上是弱势的一群，从女性切入阶级问题、劳工问题、农村问题、婚姻问题，使得弱势团体的问题环环相扣，体现了女性争取经济上的独立和人格尊严的要求，是与时代精神一致的。她们所受到的压迫

[24]蔡楚生：《戏如人生》，原载《中国电影》，1957年第2期，引自舒琪等著的《阮玲玉神话》，万象出版社，1992年，第57页。

最深，激发她们的思想觉悟也显得尤其重要。《良宵》通过两代寡妇所受的封建礼教的束缚，展现了女性肉体上和精神上受到的摧残。《三个摩登女性》、《脂粉市场》、《女性的呐喊》等影片展示了女性的命运，以及女性在压迫中为自身的解放和社会的解放所进行的努力和斗争。《女儿经》则通过一对夫妇举行宴会，宾主讲述自己或他人的故事，表现了形形色色的女性生活。《神女》塑造了一个被迫靠卖笑为生的伟大的母亲。她无法摆脱流氓恶霸的纠缠，难以找到正当的职业，但她却以柔弱之躯，努力为孩子营造一个美好的将来，她的沉沦与反抗、软弱和坚强，给人留下了难忘的印象。此外，《姊妹花》、《女人》、《花花草草》、《四千金》等影片，都从不同角度塑造了不同类型的女性形象。

《新女性》（1935年）是由孙师毅编剧、蔡楚生导演、阮玲玉和郑君里主演

的。影片取材于1934年2月自杀的电影女演员兼作家艾霞的一生经历，并综合其他素材编写而成。它讲述了一个寻求解放的知识女性在恶劣的社会环境中，处处碰壁，最终被恶势力逼上绝路的悲剧故事。出身于书香门第、受过高等教育的韦明，离家出走与所爱的人结婚，并生下一女。不久她遭丈夫遗弃，来到一所私立中学教音乐。学校董事王博士看上她，她却对出版社担任编辑的余海涛产生好感。王博士施计辞退了韦明。韦明失业后，负债累累，加上女儿病危，被迫去做"一夜的奴隶"，结果接待的竟然是王博士……在小说出版之际，韦明服毒自杀被送进医院。邻居女工李阿英与韦明长谈后，韦明开始有所觉悟，产生了活下去勇气。影片的创作意图，"是想通过一个妇女的被迫害、被摧残的一生，来揭露社会的黑暗统治和不可调和的阶级矛盾。同时也歌颂了觉醒的劳动妇女，用一个比较健康鲜明的女士形象，来昭示阶级斗争和人类解放斗争的前景"。对于"洋场上那批所谓上流人物"，如荒淫无耻的王博士，黄色报刊记者，唯利是图的书店老板，女校长……"是以极大的憎恨来加以揭露和鞭挞的"。工人出身的知识女性阿英代表着女性解放的光明之路，但影片对其着墨不多，形象不够丰满，因此显得过于理想化。

影片中"新女性"追求自我价值的美好愿望被男性社会的齿轮压得粉碎的现实展现在观众面前，影片借韦明的口，向社会发出"我要活着，我要报复"的呼喊。这个段落的拍摄，后来在由张曼玉主演、关锦鹏导演的《阮玲玉》中有所表现。这种女性主题，是当时新文化运动中新女性

争取个性自由的一种普遍呼唤。《新女性》的成功，标志着蔡楚生的电影艺术风格逐渐成熟。《新女性》上映后仅一个月，女主角的扮演者、年仅25岁的阮玲玉受到了一些记者的无理围攻和黄色小报的诽谤。她不堪羞辱，留下"人言可畏"的遗言，服药自尽了。阮玲玉的自辞人世，似乎成为《新女性》电影意义的现实注脚。

20世纪30年代，"联华"在田汉、蔡楚生等进步电影艺术家的推动下，也更多地将创作视野转向下层民众，特别是下层女性，先后拍出《三个摩登女性》、《都会的早晨》、《女性之光》、《天明》、《小玩意》等进步影片。

《三个摩登女性》（1933年），是由田汉编剧，卜万苍导演，黄绍芬摄影，阮玲玉、金焰主演的。大学生张榆从家乡东北逃婚至上海，很快成为电影明星，与贪图物质享受的资产阶级妇女虞玉相恋，被他逃婚的未婚妻周淑贞在"九一八"事变后来到上海做了电话接线员，在周淑贞的劝告和帮助下，张榆思想发生了转变，参加了前线工作，并且最终拒绝了虞玉的引诱。片中另一位信奉爱情至上的小资产阶级女性陈若英因得不到张榆的爱情而殉情自杀。影片最后通过张榆之口说出了全片主题："我今天才知道，只有真能自食其力、最理智、最勇敢、最关心大众利益的，才是当代最摩登的女性。"

《人生》与《香雪海》两部女性题材影片均由费穆导演。前者描述一个孤女的一生，从被父母遗弃的野孩子到婢女、女工乃至沦落为妓女，最后终有机会嫁给一个小职员，并育有一子。小职员因挪用公款自杀身亡，临终前把孩子托付给在育

婴堂的前妻。女主人公改嫁不久后夫又入狱，只好重操旧业。儿子长大成人，和养母同在育婴堂里从事教育工作。她没有勇气去认儿子，只好"白天，偷偷地追随着；晚上，在窗外偷觑着；日以继夜地，难以支持，终于倒毙在地上"。这样一个题材，本可以有一个光明的"尾巴"或强烈的批判以提升影片的思想价值，但费穆却"不识时务"地放弃了这种做法。影片表现了女主人公的麻木，但并没有让主人公做出反思或发出呼喊，这样的处理方法能够被当时的时代环境所接受，与当时电影媒体所提供的创作者与影评人、观众交流的环境不无关系。当时大凡稍有影响的影片，不仅影评人会发表评论，导演也都会将导演者言或自己的思考公开发表出来，从而形成了一个非常有益的电影艺术创作与接受的环境。对于本片，费穆在《联华画报》上发表了《〈人生〉的导演者言》，其中提到，该片"只是撷拾一些人生的断片，素描地为人生画一个轮廓"，从而引导观众思考："你将怎样地生活？你的生活是否是个人意志创造出来的？是客观环境形成的？是命运注定的？还有你的生活，与别人的生活有什么联系？你是否在不知不觉的状态中生活着？你的生存于别人有什么益处，有什么用处？"[25]

《人生》里描写了三种人的生活：女主人公麻木地生存；她的两个丈夫的投机失败；小职员前妻的有意义的生活。作者借助于三种人生的描写，肯定了后一种人生，否定了前两种人生。

---

[25]费穆：《〈人生〉的导演者言》，《联华画报》。

《香雪海》描述了一名农村妇女两次出家两次还俗的经历。为了反抗包办婚姻她第一次出家，还俗后如愿嫁给了自己的爱人。后来丈夫从军、儿子患病，她许愿说只要儿子的病能好、丈夫能回来，她就再次出家。当这两个愿望真的实现时，她只好兑现自己的承诺，但最终对亲人的思念使她再次还俗。

1934年史东山编导了影片《女人》。影片描写了三名女学生踏上社会后的不同经历。一个因当过舞女，被校方无理开除，后因生活逼迫，堕落为有钱人的姨太太。一个当上一名产科医生。另一名女学生梁玉芬，嫁给了一个有钱的少爷。生了孩子之后，丈夫另有新欢，她便踏上社会，在一家公司担任经理的女秘书，但公司经理又对她不怀好意。后来，她的家中不慎失火，孩子因无人照料被火烧死……这一连串的打击使她感到前途渺茫，生活无可留恋，于绝望中服毒自杀。梁玉芬的个人悲剧，反映了当时社会的妇女生活和整个社会现状。

此外《现代一女性》、《香草美人》、《春水情波》、《残春》、《琵琶春怨》、《飞絮》、《飘零》、《华山艳史》、《女性的仇敌》、《重婚》等影片也表现了女性命运、地位，并在不同程度上揭露和批判了旧的制度对女性的摧残。沈西苓编导的《女性的呐喊》（1933年）第一次在中国银幕上展示了包身工——"罐装了的劳动力"的非人遭遇，并表现了她们的觉醒。影片的反帝反封建的主题非常鲜明。

1934年初，在明星公司的编委会上，郑正秋建议全体创作人员通力合作拍摄一部"集锦片"，即各人写出一段故事，由夏衍汇总，编写出这部构思巧妙的《女儿经》。年轻的主妇胡瑛约请她中学时代的几位同学来到家里聚首，各自叙谈分别十年来的经历。影片展示了八个各自独立的小故事，反映出当时社会形形色色的妇女生活。其中有身兼家庭和事业重担的职业妇女，有年老色衰、被人抛弃的家庭妇女，有工于心计、将男人控制于掌心的女人，有依附于男性的交际花……《女儿经》在情节的结构方面颇有特色，一个个小故事似乎各自独立，但又组成一个统一体。八个故事内容不同，风格也各异，有正剧、有悲剧、有闹剧，虽然最终的议论力量不足，但还是能够引人思考：女性的出路是什么？

《脂粉市场》（1933年）是由夏衍编剧、张石川导演，胡蝶、龚稼农主演的。影片中的女学生李翠芬为生活所迫，到一家百货公司当女店员。上司林监督看到翠芬年轻貌美，便利用职权将翠芬调到脂粉柜台工作，并在工作之余和翠芬纠缠不休，但都被翠芬婉言拒绝。公司的小开张有济对翠芬也不怀好意，在一次邀请翠芬赴宴时乘机戏弄翠芬，翠芬愤而离席回家。只有公司的职员钱国华，为人诚恳朴实，对翠芬非常关心，并且真挚地爱着她。翠芬要求林监督调她回包装部工作，未被允许，因而和林监督决裂。她不相信女子除了受男子摆布之外就没有出路，于是毅然离开公司去另谋职业。影片以表现职业妇女觉醒为主题。

原作的结尾描写女主人公毅然离开百货公司而走入街头人流之中，是有深刻寓意的。它暗示着妇女要获得解放，就必须投入于社会解放的斗争洪流。但导演张石川由于受到电影检查部门的压力，将李翠芬最后走入街头人流的结尾改为李翠芬后来当了女工，升为"写字"，有了积蓄，开办了一家合作商店。当时的左翼影评人严正地对这一改动进行了批评，夏衍自己也郑重地在报上发表了声明。

在《前程》（1933年，编剧：夏衍，导演：张石川、程步高）中，红极一时的女伶苏兰英，厌倦了风尘生涯。她为了自己的"前程"，下嫁一名银行高级职员。尽管她对丈夫很好，可是丈夫"官运亨通"之后，却另有所恋，并对兰英产生了误解，骂她，打她，甚至于驱逐她。兰英终于觉悟了，她认为女人的"前程"不应是做一名贤妻，而是要做一个"人"，去创造新生活，去尝试"人"的真正意味。苏兰英决定重返舞台，虽然包银比以前减少，但她不再依靠男人，而是用自己的力量去开辟自己的"前程"。

《前程》一片曾经引起左翼影评人的讨论。一种意见认为，选取这样的题材是缺乏教育意义的，只有劳动人民的生活和斗争，才是唯一应当描写的题材；另一种意见认为，女主人公由家庭重返舞台，并不是妇女的"前程"，只有进入工厂和参加革命斗争，才是她的"前程"。夏衍曾以丁谦平为笔名发表文章，对以上两种意见提出了不同的看法。他认为"革命与反革命的对立，富人与穷人生活的映照，在教育的意义上固然需要"，但"向社会生活的各方面，摄取有关于社会问题的题材，给观众一种启示，一样是不可缺少"。像苏兰英这样"一个作为男性玩物的女子，一旦觉醒了，去走向独立生活的道路"，必须考虑到"事实的必然性与人物的环境生活基础"，如果让她"离开丈夫就去做工，甚至于变成一个革命的女工人"，"事实是不会这样简单的"。

值得注意的是，即使是在左翼电影中，女性所担任的角色也是多重的，观众对许多左翼电影的原初接受动机首先来自于胡蝶、阮玲玉、陈波儿、黎莉莉、艾霞、王人美等女明星们的表演。有学者认为，《新女性》等左翼电影并没有延续《孤儿救祖记》的"悲情叙事"路线，"它穿插着另类、追求感官愉悦的大众文化叙事"。在《新女性》中，王博士邀请韦明观看话剧表演。在圆形的舞场里，两位外籍演员用鞭笞、枷锁等表演着施虐或受虐的虐恋文化。最后，女演员挣脱枷锁，自由起舞，虽然不无一定的寓意，但更多的则是满足观者的窥视癖。

由于女性在社会中特殊的被压迫和被剥削的地位和命运，电影从一开始就将镜头对准了女性。而在中国，早期电影的发展伴随着妇女的解放。因此，女性在电影中的作用分为了两类：一类是在商业电影如鸳鸯蝴蝶派的爱情电影中，女性作为被观看、被消费的对象；另一类是表现女性的命运和女性的解放的人道主义电影或启蒙电影。左翼电影出现以前，前者在中国电影中是主流，而在表现女性命运的影片中，多半是反映女性的苦难，表达人道主义主题，其中包含对旧制度的批判，但没有表现女性的觉醒。左翼电影则注重对女性的启蒙，通过女性形象指出在阶级压迫的黑暗现实社会下，女性究竟该走怎样的路。如夏衍编剧的《脂粉市场》、《前程》、《自由神》表达了在黑暗的社会背景下，小知识分子女性在职业和爱情方面都遭遇到了不同程度的挫折，只有自强自立、积极投入社会才有真正的出路。而由田汉编剧的《三个摩登女性》、孙师毅编

剧的《新女性》则明确以阶级分析的方法批判资产阶级女性，热情赞美无产阶级女性与革命女性，传达"只有社会解放才能实现个人解放"的革命观念。

在30年代阶级矛盾与民族矛盾上升的中国现实社会环境下，左翼作家通过电影对女性加以意识形态改造是带有一定的合理性与必然性的。"具有社会责任感和历史使命感的左翼电影人及时将中国社会的现实搬上银幕，借助女性的命运喻示民族的命运，巧妙表现了中国社会的矛盾冲突。这种矛盾关系的变化，使得左翼电影犀利的反帝反封建锋芒与之前影片温情的'移风易俗，针砭社会'的'资产阶级改良思想和人道主义取向'形成鲜明的对比"。[26]

20世纪30年代的左翼电影既自觉区别于20世纪20年代的神怪武侠片和通俗剧，自觉引入左翼思潮和底层女性视角；同时，它又充分考量市场和商业因素，模仿好莱坞叙事，刻意突显上层社会与底层阶级的对立，书写编导们所想象的底层社会，辅以大众文化的元素，从而取悦占据观众主体的中产阶级。于此，左翼电影塑造了多层面的底层女性形象，希望穿越文本，在商业、政治与意识形态的纠缠中达成某种融合，也在自身所处的文化场域中有效地争夺着文化霸权。[27]

左翼电影对五四精神的继承也颇具时代征候：30年代，大批知识分子包括诸多留学回国的各领域知识分子参与到电影的创作和评论之中，使此间的中国电影必然

汲取了五四精神的养分，注重揭露现实、表现子一代的成长和女性的独立与解放。不过，新的时代环境决定左翼电影所塑造的主人公"张扬自我的个性解放精神逐渐变弱，而反对统治阶级的阶级性和抗日救亡的民族性越来越明显，女性对自我解放的追求也不再是靠个体对来自家庭和社会阻力的冲破，而是将自己归属于某一社会阶层或阶级，并意识到只有努力使本阶层或阶级解放才能达到自我解放"[28]。

左翼电影改变了中国电影远离现实的倾向。现实主义传统是左翼电影运动留下的首要资源和遗产。30年代是中国现实主义兴盛的第一个高潮，《狂流》、《春蚕》、《神女》、《渔光曲》、《大路》、《十字街头》、《马路天使》、《桃李劫》等是其中的代表。"在苏联电影正热衷于造神，美国电影正热衷于造梦的时候，中国的电影艺术家们却勇敢地高扬起直面人生、直面社会的现实主义旗帜，这本身便反映着一种先进的艺术观和电影观。外国电影史学家所说的'新现实主义始于中国的30年代电影'的论断就是由此得出的"。[29] 可以说，左翼电影带来了中国电影发展的第一个高潮，为中国电影史留下了一批杰作，培养了一支电影创作和批评的队伍，并且为中国电影提供了诸多理论探讨和实践的经验。世界很多著名的电影运动在掀起一股思潮、留下一批作品之后便宣布告终。作为一场电影运动，左翼电影运动的重要影响在于其参与者不仅仅有左翼人士，还广泛地整合了各

[26]欧孟宏：《论左翼作家电影创作的意识形态话语建构策略》，《文艺理论与批评》，2009年第1期。
[27]邹赞：《1930年代左翼电影中的底层女性形象》，《艺术评论》，2010年第5期。

[28]贾冀川：《五四精神与现代中国电影》，《粤海风》，2008年第1期。
[29]钟大丰：《作为艺术电影的三十年代电影》，《北京电影学报》，1994年第1期。

种社会身份、民族资本家乃至国民党的进步力量。它极强的包容性使得各种艺术风格、各种表达形式、各种美学追求都得以在同样的意识指导下充分发展和实现，而它内部本身也一直伴随着各种论争、质疑。在这种论争过程中，它不但更明确了自己的目的、任务，强调了电影的"内容"，也使如何表现"内容"进入讨论。虽然它以改造电影的思想（内容）为主要任务，却也在艺术革新（形式）方面留下了诸多成果，使"三四十年代中国电影"

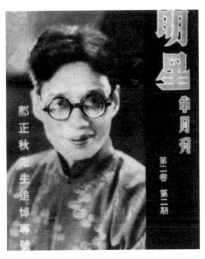

郑正秋（1889—1935），共编、导、演51部（集）电影，主要作品有《孤儿救祖记》、《玉梨魂》、《火烧红莲寺（第一部）》、《姊妹花》等。

在某些方面达到了相当的高度，至今还成为海内外学者关注的重要命题。从数量上看，左翼电影不是30年代中国电影的全部，但其不仅改变了当时中国电影的整体面貌，而且夯实了中国电影勇于承担社会文化责任的意识和强烈的忧患意识。这是一场影响数十年的电影运动，它留下了丰富的遗产与资源。

第八节

早期著名导演：郑正秋、张石川、蔡楚生和吴永刚

从1905年到1937年中国抗日战争全面爆发。尽管中国战乱频繁、社会动荡，但是，由于都市的发展和电影人的努力，中国民族电影仍然在好莱坞电影和其他西方电影的冲击下艰难地发展起来。民族电影出现了郑正秋、郑君里、蔡楚生、阮玲玉等一批杰出的电影人，创造了《孤儿救祖记》（张石川、郑正秋编导，1923年）、《火烧红莲寺》（张石川编导，1928年）《春蚕》（程步高、夏衍编导，1933年）、《渔光曲》（蔡楚生编导，1934年）、《姊妹花》（郑正秋编导，1934年）、《神女》（吴永刚编导，1934年）、《桃李劫》（应云卫、袁牧之编导，1934年）、《马路天使》（袁牧之编导，1937年）、《十字街头》（沈西苓编导，1937年）等一批早期中国经典影片。

一、郑正秋：中国的第一代电影大师

郑正秋，原名郑芳泽，号伯常，别署药风。原籍广东潮阳，生于上海。他一生共编导影片四十余部，是中国早期电影事业的代表性人物。

郑正秋早年研究和评论戏剧，提出"剧场者，社会教育之实验场也；优伶者，社会教育之良师也"。后自组新民、民鸣、大中华等新剧社，成为职业戏剧人。这种改革旧剧、提倡新剧的观念对他后来的电影观念产生了深刻影响。1913

年郑正秋与张石川合组新民公司，承包亚细亚影戏公司的编、导、演业务，并与张石川合作编导中国第一部无声故事短片《难夫难妻》。本片9月拍成后在上海新舞台上映。影片描写了一对青年男女在包办婚姻制度下的不幸命运。故事从媒人的撮合开始，到大聘彩礼，把互不相识的一对青年男女送入洞房，将一出人生悲剧展现在了银幕上，表达了当时正在兴起的提倡婚姻自主、反对封建专制的新文化主题。影片内容生动，制作开始有专业分工，被夏衍称作"为中国电影事业铺下了第一块奠基石"。

1922年3月，张石川、郑正秋、郑鹧鸪、周剑云和任矜苹5人，集资5万元，创办了明星影片公司。张石川为经理，郑正秋为协理兼影戏学校校长。明星影片公司成立之前，我国自制影片断断续续已有17年的历史。这期间，欧美电影渐渐成熟，中国电影事业却还在摸索阶段。1920年前后出现的三部故事长片《阎瑞生》、《海誓》和《红粉骷髅》，前一部是当时所谓"文明戏"的电影版，后两部则是简单模仿外国的爱情片和侦探片。再加上技术、艺术上的幼稚粗糙，国产片在当时人们心目中的地位还不如文明戏，外国电影主宰了观众的兴趣。明星公司成立后，郑正秋逐渐放弃新剧而专心致力于电影创作。

郑正秋在明星公司推出的一部力作是《劳工之爱情》。影片描述了水果商人向医生女儿求爱的喜剧过程，是目前保存完整的最早的一部故事片。1923年—1930年间，郑正秋的电影创作进入极盛时期。1923年，按照郑正秋的主张，由郑正秋编剧、张石川导演拍摄的长篇正剧《孤儿救祖记》，获得了极大的成功。该片上

映后，第一次为国产片带来远远超过外来影片的经济效益和社会声誉。该片描写主人翁余蔚含辛茹苦、忍辱负重抚育儿子成人，终于战胜恶势力，洗清耻辱，合家团聚的故事。这部片子从年初拍摄到年末上映，创作周期长达10个月。摄影、剪辑、场面调度和表演，都开始脱离舞台剧的痕迹，显示了电影语言的逐渐成熟。该影片不仅在财政上挽救了明星公司，奠定了明星公司在电影界的地位，也开辟了中国电影发展的新阶段。从此，郑正秋的制片主张也在明星公司占据了主导地位，也促使他逐渐提出了一套比较完整的所谓"营业加良心"的制片思想："我们打开窗子说亮话，我们也是将本求利，我们不要说为国为社会等好听的话。但是我们认为在谋利当中，可以凭着良心上的主张，加一套改良社会、提高社会道德的力量在影片里，岂不更好？"郑正秋的这种制片思想与寓教于乐的中国儒家文化观念相当接近，是他作为艺术家的责任感和作为制片商的经营思想共同作用下的产物，也反映了当时电影发展的规律。郑正秋的这种制片思想不仅指导着明星公司的影片制作，对他同时代的人和后来者，也产生了影响。所以在明星影片公司，尽管郑正秋的地位不如张石川，甚至编导的影片也没有编导影片100余部的张石川多，但由于拍摄了一系列产生了广泛影响的影片，他的艺术家声望越来越高。

此后，郑正秋还陆续创作了《玉梨魂》（1924年）等电影。这些剧作和影片反映了封建制度下妇女的悲惨命运和劳动群众的困苦生活，但故事中也继承了传统民间故事中的因果报应、忠孝节义等传统观念。1927年以后，国内的革命与反革命

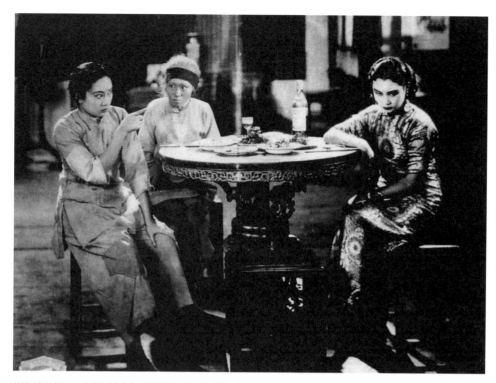

胡蝶（左和右）一人分饰两个角色的《姊妹花》（1934年，导演：郑正秋）

大搏斗及社会的大动荡，使人们失去了对含有道德说教意味的通俗社会片的兴趣，郑正秋和明星公司开始向市民商业化方向发展，寻求电影的生路。从1927年下半年到1929年末，郑正秋编导影片15部，大部分是侠男义女之类的武侠片、侦探片。而明星公司摄制的多集片《火烧红莲寺》，更掀起一股竞拍武侠神怪片的浪潮。

1932年，由于"九一八"和"一·二八"事变影响，民族抗日的呼声高涨，人们对俗套的武侠片、伦理片、爱情片失去了兴趣。舆论的不满、上座率的下跌，特别是联华公司所谓的新派影片的出现，迫使明星公司不得不重新改变自己的制片路线。明星公司三巨头——张石川、郑正秋和周剑云，接受洪深建议，聘请左翼文艺工作者夏衍、郑伯奇、阿英（钱杏邨）为编剧顾问。之后，夏衍等人与张石川、程步高等导演合作编写剧本，陆续推出了《狂流》、《春蚕》、《脂粉市场》、《压迫》等具

有鲜明进步倾向的影片，使明星公司的电影创作出现了新局面。这些影片用当时对老百姓有明显政治感染力的无产阶级意识和爱国主义情感，与观众达成了共鸣。郑正秋在第二年5月发表的《如何走上前进之路》一文中，明确地提出以"反帝、反资、反封建"的所谓"三反主义"作为电影界团结奋斗的共同目标。在文章中他分析道："中国电影一向把美国电影用来看样学样的，我们要在影片里，搀进'三反主义'的成分，那么尽着追求那美人儿是不对的。因为美国的电影，往往只披着一件孔雀毛的大氅，外观美则美矣，内容空空如也的十居八九，取法乎上，仅得其中，取法乎下，品斯下矣。最好的是苏联的电影作品，和各种关于电影的著述，多多研究，它一定是我们要走上前进之路的好向导。不过中国的环境，决不会一时就是用苏联的作品，所以整个地搬将过来未必会成功，而且难免要失败的。假使研究

之下，心领神会于它的社会建设，变而通之，应用到自己的作品里去，能够用得进多少就用多少，我想至少限度时可以有益于中国的生产运动的。"[30] 此后，郑正秋与夏衍、洪深等人合作，集体创作了《女儿经》和《热血忠魂》，还推出了他自编自导的优秀作品《姊妹花》。

这部影片是郑正秋根据自己的两幕舞台剧《贵人与犯人》改编拍摄的中国最早的有声故事片之一。影片通过一对孪生姐妹大宝和二宝贫富悬殊的不同命运，揭示了阶级不平等以及阶级压迫的不合理。连年的灾祸使一家人离散，大宝与母亲在乡下过着贫苦的生活，二宝从小跟随贩枪的父亲，长大后成了军阀的姨太太。被生活所迫大宝一家流落到都市，大宝到二宝家做奶妈，并饱受二宝的冷遇。大宝的丈夫桃哥干活时受重伤，大宝预支工钱不成，无意中又误伤军阀之妹致死，母亲探监时引出一家人的相认。著名影星胡蝶同时兼饰大宝、二宝两个人物，影片情节曲折，主人公的悲剧命运牢牢地揪住了对苦情戏情有独钟的中国观众。影片一公映即引起轰动，在上海仅新光一家电影院就连映60天，场场爆满。在二轮影院本片还连映了40余日，在国内发行到18省53个城市，国外则有6国10个城市，总收入达到20余万元，创造了国产片营业收入的空前纪录。但影片结尾，编导安排二宝良心发现，带着母亲和姐姐去找军阀求情，也显现出老导演郑正秋思想上的局限。

《姊妹花》标志着郑正秋在电影创作上有了新的突破。然而，没有预料到的

是，正当人们期望郑正秋登上新高峰时，1935年7月16日晨，郑正秋却因病去世，年仅46岁。

郑正秋的英年早逝，是中国电影的一大损失。当年，田汉曾有挽联悼念他："早年代民鸣，每弦繁管争，议论风生，胸中常有兴亡感；谁人纾国难，正火热水深，志成凋谢，身后唯留兰桂香。"郑正秋一生共编导影片40余部，是第一代导演中的佼佼者。郑正秋将传统与现代、商业与艺术、趣味与责任融合在一起，以其艺术实践探索出一种"将伦理喻示、家道主义、戏剧传奇混合在一起"所形成的电影传统，"将家与国交织在一起，将政治与伦理交织在一起，将社会批评与道德抚慰交织在一起，将现实与言情交织在一起，

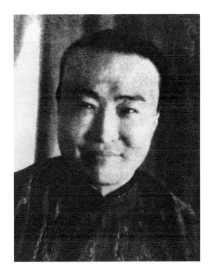
张石川 (1890—1954)

采用中国老百姓所喜闻乐见的传奇化的叙事方式，通过一个一个的个人和家庭悲欢离合的故事，一方面关注中国现实，另一方面提供某种精神抚慰"[31]。这种传统对同时代的电影家和后来者都产生了极大的影

响。因此，郑正秋为中国电影事业和电影艺术民族化做出了不朽的贡献。

二、张石川：中国民族电影工业的开拓人

张石川，一生导演长短故事片近150部，既是中国第一代的优秀电影导演，也是中国最早的优秀电影企业家。张石川原名张伟通，字蚀川，浙江宁波人，16岁到上海受雇于华洋公司，19岁在美化洋行广告部任职，1913年任美国商人创办的亚细亚影戏公司的顾问。张石川从1912年成立新民公司、承包美商亚细亚影戏公司的编导演业务起，便与郑正秋长期合作。郑张组合，一般由郑正秋编剧，两人联合或分别担任导演，制作了许多影片，驰骋影坛20来年，创造了中国电影的一段历史佳话。

1913年，郑张组合拍摄了中国第一部故事短片《难夫难妻》。影片由美国人依什尔担任摄影师，上映后大获成功。1922年张石川与郑正秋等人合作组成明星影片公司并担任经理。明星影片公司的5个创始人号称"五虎将"，张石川任导演还兼制片人角色，郑正秋任编剧，郑鹧鸪负责训练演员，摄影师起初为英国人郭达亚，后来是张伟涛、汪煦昌等。

郑正秋主张戏剧必须是改革社会、教化群众的工具；而有着精明的商人头脑的张石川，则主张"处处惟兴趣是尚"，关注影片的商业效果。两人兴趣相通，互相补充。他们先后拍摄了《滑稽大王游沪记》、《劳工之爱情》等影片。当他们的4部滑稽影片拍完以后，由于内容简单

[30]郑正秋：《如何走上前进之路》，《明星月报》，1933年第1卷第1期。

[31]尹鸿：《尹鸿自选集：媒介图景·中国影像》，复旦大学出版社，2004年版，第288—289页。

和形式相对粗糙，影片的经营异常惨淡。1923年，郑正秋、张石川经过精心准备，重新从社会寻找共鸣，导演了《孤儿救祖记》，影片上映后极为成功，各地映期长达半年之久，对此后国产电影的发展影响深远，从此奠定了中国电影的"影戏"传统。这一传统的核心内涵是以伦理为中心，以中国古典戏曲的情节剧模式为叙事方法，以催人泪下的剧场效果感化观众，达到启发民智、移风易俗的作用。

后来，张石川与郑正秋合作编导了反映妇女悲剧命运的《玉梨魂》、《盲孤女》等多部影片，同时也导演了一批鸳鸯蝴蝶派作品，如《空谷兰》等。1928年后，他们导演了共18集的神怪武侠片《火烧红莲寺》，在上海电影界引起竞拍神怪武侠片的潮流。1931年美国有声影片输入中国后，他们导演了以蜡盘配音的中国第一部有声影片《歌女红牡丹》。"一·二八"事变后，他们又在左翼电影运动的影响下执导表现抗日的影片《战地历险记》，以及左翼电影《脂粉市场》、《压岁钱》等。

郑正秋和张石川，一个是道德理想主义者，一个是讲求效益的实干家。此后的"明星"出品往往都融汇了两人的共同特点，社会性与娱乐性相互推动，形成了"营业主义上加一点良心"的制片路线，"救市"与"救世"最终融为一体，领导了国产电影的潮流。1935年7月16日，郑正秋溘然长逝，年仅46岁，这一影界搭档骤然瓦解。张石川在《明星半月刊》上悼念说，他们两人是"志同道合情逾骨肉的朋友"。

1937年明星影片公司总厂沦为战区，张石川携带抢救出的电影设备加入国华影

片公司任导演，拍摄了《李三娘》、《三笑》、《夜深沉》、《金粉世家》等影片。1942年他出任中华联合制片股份有限公司分厂厂长兼导演、制片部长等职，导演了《燕归来》、《芳草碧血》、《英雄美人》等影片。抗战胜利之后，张石川曾经以汉奸罪被指控，尽管是虚惊一场，但张石川在精神上却遭受了沉重打击，健康每况愈下。从1946年起，他便经常卧病在床。1946年后他为香港大中华影业公司和上海大同影

业公司导演了《长相思》、《乱世的女性》等影片。1948年，"国泰"和"大同"两家公司，邀张石川出任制片主任。当他勉力拍完了《乱世的女性》一片之后，就难以为继了。1950年，张石川迁居苏州，不久重返上海，辗转病榻3年之久，1953年6月告别人世，终年62岁。

应该说，自郑正秋去世以后，张石川导演的影片大部分为社会言情片，故事性强，通俗易懂，叙事熟练，比较受市民观众欢迎，但却由于文化含量和艺术创新的不足，几乎不再能创作出具有重大社会意义和艺术价值的影片了。

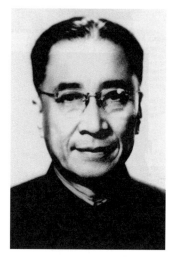

蔡楚生（1906—1968），电影编导，主要作品有《都会的早晨》、《渔光曲》、《新女性》、《一江春水向东流》、《南海潮》等。

三、蔡楚生：中国经典情节剧传统的创造者

蔡楚生（1906—1968），广东潮阳人，出生在上海。从小家境贫寒，12岁离家到汕头一家小钱庄当学徒，自学了绘画。大革命时代投身革命，参加店员工会，并开始对戏剧产生兴趣。1927年大革命失败后来到上海，1929年进入明星影片公司，以副导演兼美工师的身份协助著名编导郑正秋工作。1931年进入联华影业公司二厂，开始独立担任编导。1933年拍摄《都市的早晨》，走上了导演之路。

20世纪30年代，"联华"在田汉、蔡楚生等进步电影艺术家的推动下，也更多地将创作视野转向下层民众，特别是下层女性，先后拍出《三个摩登女性》、《都会的早晨》、《女性之光》、《天明》、《小玩意》等进步影片。

1934年，蔡楚生编导了《渔光曲》，该片成为"联华"的一部轰动性作品。影片讲述了一个贫苦渔民家庭的"悲惨"故事。渔民儿女小猴和小猫在强权势力的掠夺下，因家庭破败，不得不随母投奔在上海以卖艺为生的舅舅。后来母亲与舅舅丧身火灾，一对儿女再次受雇于人，开始了更为辛苦的捕鱼生活……这部影片是一部无声对白、配音歌唱的影片，格调凄婉压抑，节奏缓慢抒情。影片中反复出现的主题歌，一直被广为传唱。影片没有当时一些左翼文艺作品的那种概念化的宣传模式，现实感、人物的真实性与艺术的感染力结合起来，共同传达了当时左翼文化的阶级斗争思想。《渔光曲》显示了蔡楚

生导演艺术技巧的成熟和他艺术风格的进一步形成。在故事性和抒情性的结合上、画面造型的美感追求上以及对待意境的营造上，他都有成功的探索和创新。影片表现手法质朴，却又有很大的艺术感染力。结尾小猫的歌声伴随着长达数分钟的长镜头，不仅打动了当时的观众，也成为中国电影史上的经典段落。

影片公映时，"由夏而秋拷贝三易，卖座如一空前绝后"，最终创下连映84天的纪录。"街头巷尾无人不谈《渔光曲》，无人不唱《渔光曲》"。而影片也因为"其勇敢的精神，生动深刻地反映了中国的现实"，而在莫斯科国际电影节上获得"荣誉奖"，这也是中国电影首次在国际上获奖。1934年9月16日出版的《联华画报》报道："因为这部片子有了这惊人的收获，于是引起欧美人士之极大注意。最近，已为法国文学家、法国作家协会联合会副会长德化勒氏以重金购去全欧放映权……不久的将来，在欧洲的名城大埠可以看见《渔光曲》的灿烂夺目的广告灯牌。"

影片中主人公命运和故事情节的曲折多变，是这部影片获得广大观众喜爱的重要原因；却也因为这一点，受到一部分左翼影评工作者的诟病："《渔光曲》的故事，可以说是全部建筑在偶然上。故事的发展都没有必然，合乎我们旧小说上'无巧不成书'的一句老话。"[32]

1935年2月2日，由孙师毅编剧，蔡楚生导演，阮玲玉、郑君里主演的无声片《新女性》公映。聂耳为这部影片谱写了插曲。《新女性》取材于当年因流

[32]李道新：《中国早期电影叙事的优良传统》，《电影艺术》，2006年第4期。

言蜚语自杀身亡的演员兼作家艾霞的经历，讲述受过高等教育的女青年韦明，在恶劣的社会环境中，被侮辱被蹂躏的悲苦命运。影片将"新女性"追求自我价值的美好愿望被男性社会的齿轮压得粉碎的现实展现在观众面前，影片借韦明的口，向社会发出"我要活着我要报复"的呼喊。这个段落的拍摄，后来在由张曼玉主演、关锦鹏导演的《阮玲玉》中有所表现。这种女性主题，是当时新文化运动中新女性争取个性自由的一种普遍呼唤。《新女性》的成功，标

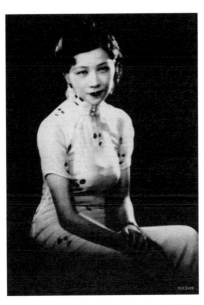

阮玲玉（1910—1935），中国无声电影时期最优秀的女演员之一，共演出30部（集）影片。主要作品有《挂名的夫妻》《故都春梦》《野草闲花》《三个摩登女性》《城市之夜》《小玩意》《神女》《新女性》等。

志着蔡楚生的电影艺术风格逐渐成熟。

《新女性》上映后仅一个月，因为片中的内容涉及娱乐媒体的堕落，女主角的扮演者、年仅25岁的阮玲玉受到了一些记者的无理围攻和黄色小报的诽谤。她不堪羞辱，留下"人言可畏"的遗言，就像影片中的主人公一样，服药自尽了。阮玲玉在遗书中写道："我现在一死，人们一

定以为我是畏罪，其实我何罪可畏？……唉！我一死何足惜，不过还是怕人言可畏，人言可畏吧！"而阮玲玉在《新女性》中饰演的韦明的绝望的呼声"我要活啊"也成了她自己的绝唱。阮玲玉的自辞人世，似乎成为《新女性》电影意义的现实注脚。

蔡楚生的电影创作，紧扣时代的脉搏，吸取了中国古典章回小说的结构特点，其影片的故事内容丰富、情节曲折、结构完整、层次分明。同时，他善于运用对比、呼应的艺术手法，把贫与富、美与丑、善与恶等两种截然不同的人物和生活场景组接成有鲜明对照意义的镜头，使其不仅具有强烈的艺术感染力，更表现出鲜明的批判意识，而浓郁的生活气息和地方色彩，以及细腻的细节刻画，又都使他的电影创作显出独特的风格。

抗战胜利后，接中共指示，蔡楚生与其他电影人共同建立了联华影艺社，一年后又改组成立由中国共产党所控制的昆仑影业公司，并担任编导委员会成员。在战后物资极其匮乏、自身重病未愈的情况下，蔡楚生与郑君里合作，完成了其代表作《一江春水向东流》，影片被称为"中国电影史上第一部史诗之作"。新中国成立后，蔡楚生担任过中央电影局艺术委员会主任、副局长，中国电影工作者联谊会主席，全国文联副主席，中国电影工作者协会主席等职务。1968年7月15日，在"文化大革命"风生水起之际，受到迫害的蔡楚生去世了。蔡楚生是百年中国电影中的第二代导演的杰出代表。蔡楚生一生自编、自导或与人合作编导的影片有26部，创作了12部电影剧本。这是他给中国电影人留下的一笔宝贵财富。

四、吴永刚：创造中国电影美学的人

吴永刚(1907—1982)，江苏吴县人，19岁进入上海百合影片公司当美工练习生，并学做服装、道具、化妆、场记。史东山是他在电影编导方面的启蒙老师。他是由美术师转为导演的中国第二代电影人的优秀代表之一。1932年后，他参加影片《三个摩登女性》、《母性之光》的拍摄工作。吴永刚曾为史东山导演的影片做场记，并在《美人计》等影片中扮演角色。1930年后，他在天一、联华等影业公司任美术师。1934年他在"联华"编导处女作《神女》而一举成名。

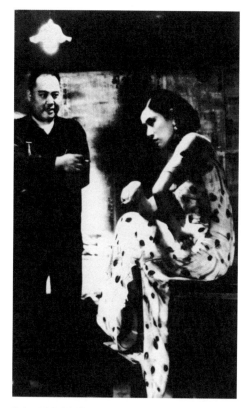

阮玲玉主演的《神女》（1934年，编导：吴永刚）

郑正秋后期导演的《姊妹花》与吴永刚导演的《神女》是表现中国女性命运的最著名的作品。前者主要讲述的是生长在贫富不同家庭中的一对孪生姐妹的不同命运遭遇。《神女》则表现了一个少妇为养活孩子被逼卖淫，并时遭流氓欺压；孩子长大后入学，又遭受富家子弟的歧视与辱骂；后来她的全部积蓄又被流氓偷走，她愤而反抗，以酒瓶击死流氓，自己也被关进监牢的故事。这是吴永刚编导的第一部影片，时年27岁。由于他多年来在电影美术造型方面的工作经验，其影片朴素、淡雅、平易、含蓄，充分发挥了视觉的、造型的和细节的力量，一些场景已成为早期中国电影的经典场面。如影片中环境、景物的设计，两件旗袍的反复渲染以及妓女接客时双脚走在街上的镜头等。在画面上，吴永刚也受到20年代末欧洲电影的影响，其中尤以《圣女贞德》最为突出。摄影机从流氓的胯下以低视角仰拍阮嫂和孩子紧紧相拥，就是中、西方镜头运用完美结合的体现。阮玲玉以她纯熟的演技，出色地塑造了一个光华照人的形象，她把崇高无私的母爱精神和妇女的不幸遭遇，很好地统一在阮嫂这个妓女——"神女"的身上。

《神女》在剧本创作过程中曾受到田汉的帮助。影片选择这样的题材是为了"突出揭露半封建半殖民地都市社会黑暗的主题"，揭示"社会经济制度的病态"。编导者原先的意图"本想多写一点她们的实际生活，但是环境不会允许我（吴永刚）这样做，所以故事的重心便只取了私娼生活作背景，而移到了母爱上去，变成写一个私娼为了一个孩子在两重生活里的挣扎"。

影片的创作初衷是导演吴永刚每天下班都能看见一个在煤气灯下徘徊的妓女，原是想把此景作画，拟名"暗淡街灯下的妓女"，后来有了将"卑贱的妓女与圣洁的母亲汇于一身"的设想，便写成剧本并邀请当时正如日中天的红星阮玲玉出演。

这部影片同时还是阮玲玉表演的巅峰之作。阮玲玉（1910—1935），原名阮凤根，学名阮玉英。广东香山(今中山)人，出生于上海。因为当工人的父亲早逝，她在孩童时代就随母为人帮佣。母亲节衣缩食，让她上学读书。1926年，为自立谋生，她考入上海明星影片公司，主演处女作《挂名夫妻》，从此踏入影坛。之后，阮玲玉相继在明星、大中华百合公司主演近20部影片，经常扮演在爱情、婚姻方面屡遭不幸的少女或娇媚泼辣的风流女子。1930年她进入联华影业公司，主演《故都春梦》，扮演妓女燕燕获得成功，奠定了她在影坛的地位。

此后，她在《野草闲花》、《三个摩登女性》、《小玩意》、《城市之夜》、《人生》、《归来》、《再会吧，上海》、《香雪海》、《神女》、《新女性》、《国风》等一系列影片中担任主角，并在这批暴露社会黑暗、表现下层劳苦群众生活的影片中，成功塑造了各种饱受苦难的中国妇女形象。这些形象中，有女工、村妇、教员、舞女、妓女、艺人、作家等。人物大多身世悲惨，经历坎坷，屡遭磨难而一直奋斗不息，虽然最终都是以自杀、出家、入狱、惨死为结局，但都能保持善良正直的天性和纯洁美好的心灵。其中，《神女》是最具代表性的作品，她以精湛的演技，把一个品格崇高的母亲与一个地位卑微的妓女奇迹般地融合为一体，出神入化，令人心灵为之震动。

《神女》导演吴永刚曾用"感光最快的胶片"作比喻，给予她高度赞誉。

《神女》的风格属于"冷峻型"的美学观。吴永刚用大量特写镜头充分挖掘阮玲玉的表演潜能，而阮玲玉"清丽优美"的表演风格和善于刻画人物性格的天才演绎，使得影片在极少使用字幕的情况下，仅靠演员传神动人的眼神和富于变化的表情、动作给观众带来心灵的震撼，从而使该片成为默片时代的经典作品，代表着默片表演艺术的最高水平。

正如编导吴永刚所指出的，这是整个社会的问题，这是社会经济制度的病态！影片的矛头正是指向那些依附这个病态社会的吸血鬼，而在深切的人道主义同情中，发掘出弱者身上所潜藏的美质与反抗意识。

吴永刚后来还执导过《浪淘沙》、国防电影《壮志凌云》等。抗日战争爆发后在新华、华新、华成等影片公司编导了《离恨天》、《铁窗红泪》等影片，他后为上海剧艺社等戏剧团体导演了《花溅泪》、《明末遗恨》等话剧。抗日战争胜利后，他为中电二厂、一厂编导了《忠义之家》、《终身大事》等影片。新中国成立后，吴永刚为东北电影制片厂导演了新中国成立后第一部表现土地改革的影片《辽远的乡村》，后任上海电影制片厂、海燕电影制片厂导演，执导首次使用少数民族演员和语言的影片《哈森与加米拉》。1957年被错划为右派。1962年恢复工作后导演戏曲片《碧玉簪》、《尤三姐》等影片。1980年他与吴贻弓联合导演的《巴山夜雨》则是他晚年的又一个艺术高峰。

电影在中国诞生以后，中国战乱频仍、烽火连绵，社会政治经济局面混乱无序，好莱坞电影的冲击也肆无忌惮，但中国民族电影工业仍然艰难地生存和发展着，形成了受到中国观众广泛认同的以郑正秋、蔡楚生等人的影片为代表的社会/家庭/政治伦理情节剧的传统，以费穆、吴永刚、孙瑜等导演为代表的具有鲜明东方美学风格的文人电影传统，以夏衍、田汉、阳翰笙等导演为代表的与中国政治具有密切联系的左翼政治电影传统，以及明星公司推动的以《火烧红莲寺》等影片为代表的商业娱乐电影传统。这四大传统共同构成了中国电影前半个世纪的基本格局。如果说郑正秋、张石川是中国第一代电影人的代表的话，那么蔡楚生、吴永刚、费穆等人则是中国第二代电影人的代表。两代电影人的共同努力，创造了中国民族电影的雏形。尽管受到社会环境、资本和技术条件的制约，这一时期的中国电影在将东方文化与西方文化的相结合上，将电影这种外来形式与中国国情的相结合上，将电影艺术形式与其他艺术形式的相结合上，将电影的商业属性、政治属性和艺术属性的相结合上，都取得了突出的成就，为中国民族电影的发展和民族电影传统的形成奠定了基础。

第 三 章

抗战时期的中国电影

（1937-1945）

经历了1933年到1937年中国电影的一段辉煌历史之后，抗日战争的全面爆发改变了正在逐渐走向成熟的早期中国电影的命运。

第一节
中国电影格局的改变

战争的形势要求中国电影承担起救亡宣传的责任，相比文学和其他艺术手段，电影的受众更广泛，宣传效果更直接。此时的中国电影经过左翼电影运动，已经具有了影响社会的话语权，而已经形成的电影制作队伍、电影工业和不断发展的电影技术使得中国电影具备一定的生产和传播能力。中国电影责无旁贷地肩负起了抗日救亡的民族使命。

一、大后方、"孤岛"、根据地与沦陷区的电影格局

战争对整个中国电影业的影响首先在于格局的改变。

战前，上海不仅有着中国最多的电影厂、电影从业人员、电影院，更有着庞大的电影观众群和由电影报刊支撑的电影文化。上海，当时已经被看作东方的电影之都和东方的好莱坞，甚至不时有人直接以上海电影代言中国电影。但战争，使上海电影从业人员沿着上海——武汉——重庆和上海——香港的路线流动。而在延安，一支仅仅数人的电影队伍从无到有，正在积淀它的力量。中国电影业因此被分为大后方电影、孤岛电影、根据地电影、沦陷区电影等几个部分。

格局的变化不仅仅是空间变化，除了上海，每一个战时电影中心都是当时的政治中心。中国的电影精英们每聚集一地，就使得当地的电影业得以在短时间内建立起来。每一次迁移随行的是电影从业人员，带走的是电影机械，但带不走的是包括电影院和观众在内的逐渐形成的电影文化，中国电影的传播范围因而得到了拓展。

二、战争改变电影

战争同样改变了中国电影的使命和主题：拯救民族危亡成为最具合法性的主题，电影的娱乐功能无条件服务于前者。

战争更带来了电影观众的变化：诸多过去几乎没有机会接触电影的人群也在战争中获得了观影经验，甚至成为战争中的主要目标观众；小市民、中小资产阶级不再是最重要的电影观众群，士兵和农民成为重要的受众；这些新的电影观众的电影视听经验相对匮乏，对电影内容的需求要远远高于对艺术表达形式的需求。

格局、主题、观众的变化最终导致电影表达形式的变化。"大众化"成为这一时期重要的命题。例如导演史东山在总结自己创作抗战电影的经验时提出，"剧情要简单而有力，内心表现不能太复杂"，"不能穿插无味的笑料，使农民当做玩意儿看"，"叙述剧情务须周详，表演的速度务须稍慢"。

第二节
硝烟中的大后方电影

一、"国防电影"运动

1935年末至1936年初，华北面临日本帝国主义的侵略，文艺界响应中国共产党关于组织抗日民族统一战线的号召，提出"国防文学、国防戏剧、国防诗歌、国防音乐"等口号。1936年，电影界也提出了"国防电影"的口号。

1936年1月27日，由欧阳予倩、蔡楚生、周剑云、孙瑜、费穆、李萍倩、孙师毅等人发起的上海电影界救国会宣告成立，并发表宣言，提出要"全国电影界联合组织救国的统一战线"，"检查一切反大众化要求的影片的制作，并制裁一切直接间接有害民族解放运动的中外影片的放映"，"动员整个电影界的力量，摄制鼓吹民族解放的影片"。上海电影界救国会的成立及其宣言的发表，标志着中国电影进入了国防电影运动的新阶段。

1936年8月召开的"国防电影"座谈会，讨论了"国防电影"提出的根据及意义、"国防电影"的内容与任务，以及"国防电影"的拍摄制作等问题。在此期间，上海各报刊也展开关于"国防电影"的讨论。电影界人士发出号召："我们要求从事于电影艺术的伟大匠人们，坚决地担负起这一艰巨的任务，为着你们的祖国，和为着你们的子孙，努力地来制作发扬民族自卫精神的'国防影片'。"

1936年9月，曹毓芬(柯灵)在《明星半月刊》第6卷第5、6期的合刊上发表了

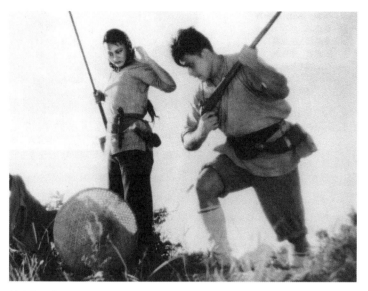

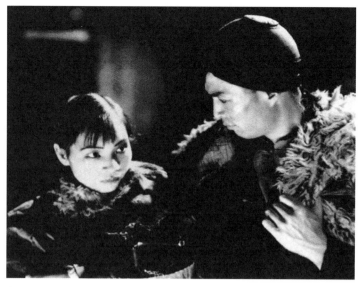

《狼山喋血记》（1936年，编剧：沈浮、费穆，导演：费穆）　　　　　　　　　　　　　《壮志凌云》（1936年，编导：吴永刚）

《看！"友邦"的"国策电影"！——纪念"九一八"感言》一文，指出日本军国主义"在特定的'电影国策'之下，大量摄制鼓吹侵略和麻醉殖民地民众的作品"，他们"用了近百万元的资本，分为11个摄影班，摄制了我们东北全部失地的地理形势"的纪录片《国防全线几千里》，"作为'满洲事变5周年'的胜利的纪念影片"，"从九一八那天起，在日本全国各地上映"，还叫嚷"蜿蜒八千里的——从黑龙江到万里长城是结成了国境的线"，是他们的"国防全线，东亚和平的决定线"并"向他们的国民喊出了'死守生命线'的口号"。文章最后沉痛地呼吁："我们的'国防电影'呢？我们的文化武器到哪里去了！？"

1938年1月29日，中华全国电影界抗敌协会在武汉成立，它要求结束战前各阶层电影界人士"各自为战"的散漫状况，提出"我们得坚强地团结起来，用同一的意志趋向同一的战斗目标"。不久会刊《抗战电影》创办，对"国防电影"的理论与实践进行了探讨。

1936年到1937年之间，明星、联华、新华等电影公司拍摄了《狼山喋血记》、《壮志凌云》、《青年进行曲》、《夜奔》等多部表达抗日救国主题的"国防电影"。其中著名导演费穆拍摄的《狼山喋血记》是最早问世的一部，也是艺术上最受好评的一部。

《狼山喋血记》，是1936年由联华公司摄制，编剧是沈浮、费穆，导演是费穆。影片以野狼肆虐村庄、猎户团结打狼的寓言故事隐讳表达了抗日主题。某山村经常闹狼患，有人积极打狼，有人害怕狼，有人认为狼是打不完的，最终大家达成共识，团结一致唱起了打狼歌"东山有黄狼，西山有白狼；四方人呐喊，遍地举刀枪；白狼窜田野，黄狼满街坊"。黄狼隐喻日本帝国主义，白狼隐喻欧美帝国主义。公映后，虽然因为导演费穆的艺术手法不为普通观众欣赏而票房一般，但评论界反响热烈。当时的评论认为，"《狼山喋血记》是一个伟大的寓言，它把最深刻的生存的真理包含在一个极其简单的乡下人打狼的故事中，它鼓舞着人们抗

争，更鼓舞着人们团结，然后才能争得胜利"。当时的32位影评人联名推荐，将之誉为"在中国电影史上开始了一个新的纪元"。影片注重构图和光影处理，山村夜景富于意境效果。这样一部主题先行的作品，被作者"以大量的外景摄影、出其不意的构图、灵巧的蒙太奇、'无'中生'有'，将抽象的意念转化为真实的情绪，成就了一则时代的寓言"[1]。王尘无对《狼山喋血记》的评价："与其说是一篇小说，一首诗，不如说是一篇散文，在故事和结构方面，都不相同于所谓'戏剧性'丰富的作品，但是这张影片的内容是刚劲的，而费穆先生的手法却是'清丽'。我以为这美，是需要苍劲和奇伟；明秀的水，清远的山。"

与《狼山喋血记》不同，吴永刚1936年编导的《壮志凌云》不仅获得了舆论好评，票房表现也不错。影片讲述一群背井离乡的难民靠顽强的意志，在一片

---

[1]黄爱玲：《修复经典〈孔夫子〉》，《历史与美学》，香港电影资料馆，2009年。

荒地上辛勤劳作建立起自己的家园，后遭匪贼侵犯，村民们同仇敌忾，推举顺儿为领袖抵抗匪贼；因喜爱同一个姑娘黑妞和顺儿产生隔阂的农民田德厚也消除前嫌参加抗敌；最后，田德厚和黑妞都英勇牺牲，太平村成为一片灰烬，大家在顺儿的带领下，迎着火光，又一次向敌人冲去的故事。由于国民党政府不敢公开抗日，影片只能采用隐喻的方式，以盗匪来替代日寇，当局不准出现"东北"地名，影片就以"北方边地"来代替。大敌当前，顺儿和田德厚尽释个人前嫌，太平村和邻村抛下此前的矛盾，连一贯主张和平的华老先生也拿起了枪，这无疑是对抗日民族统一战线的最形象化的阐释。实地拍摄的外景画面配合影片的写实风格更增加了影片的感染力。

国防电影同左翼电影是一脉相承的，甚至有人认为，国防电影是左翼电影运动在新的历史阶段的发展，"艺术成就的相对不足，无损于国防电影的伟大的贡献：从世界现代史的高度，培养了底层民众视角的现代意义上的民族国家观念"。[2]当然，特定的社会局势使得左翼电影中原本就具有的战斗性被最大限度发挥，但左翼电影的丰富性却在一定程度上被削弱了。

二、"中影"与"中制"：战时的国民党官方影业

沦陷后，民族资本影业陷于停滞，国民党的官方影业成为主流。

上海临战前，电影界开展了一场电影国营化运动。上海民营电影公司的部分老板联合上书南京政府请求接收他们的公司以便为抗日服务，南京政府认真考虑后于1937年8月12日通过制定了《战时电影事业统制办法》。上海各影业公司在最短时间内迁移内地或设临时工厂，由中央付给最低额的维持费，规定停拍一切与国防和非常时期无关的戏剧长片，短片主要侧重战时新闻纪录片。摄制的影片由中央统一分送到国内外及前后方做宣传之用，制作材料由中央统一向国外订购并核准需求进行分配。次日发生的"八一三"事件使国营化运动并未真正产生太多实效，但却使得国民党的官营电影事业发展起来，填补了民营影业留下的空白。

在国民党的官营影片中，"中影"与"中制"是主要的电影生产机构。"中影"（中央电影摄影场）创于1931年，由国民党中央宣传部艺术股长任场长，以宣传国民党党义、塑造国民党形象为主要目的。由于投入大，技术设备相对较先进，吸引了一些民营影业人员。"中影"以拍摄新闻纪录片和反共教育片为主，在南京时期仅拍摄了《战士》和《密电码》两部故事影片。"中制"（中国电影制片厂）则隶属国民党政府的军事委员会，抗战以前规模较小，主要拍摄军事教育片和新闻纪录片，大部分作为宣传片免费放映。

1937年底，全国抗战政治、军事和文化重心移至武汉，大批爱国文化工作者云集武汉。由于当时国共合作抗日的局面已形成，共产党借机对"中制"施加了重要影响。1938年在周恩来的领导下，阳翰笙、史东山等人具体组织和推动，将国民党武汉行营政训处所属的汉口摄影场改组扩充为中国电影制片厂，由黄埔军校三期毕业的自贡人郑用之任厂长。郑用之技术上依靠成都人罗静予，编剧导演则求助于四川同乡阳翰笙，很快吸引了一些著名剧作家、导演、演员，并拍摄了我国第一部抗战影片《保卫我们的土地》。

三、大后方抗战时期的重要电影

史东山编导的《保卫我们的土地》是第一部描写正面抗战的作品。东北农民刘山在"九一八"事变后，带着妻子和弟弟流亡南方小镇，重建家园。不久，战火又至。小镇上的守军为了防御日本帝国主义的侵略，在小镇周围建起工事，很多人都帮助守军抗击日寇，也有人打算逃离。刘山夫妻动员乡亲与守军一同抗敌，但一向游手好闲的弟弟却被汉奸收买，刘山无奈举枪击伤了他。弟弟临死前醒悟，最后军民团结，向敌人冲杀而去。影片具有非常鲜明的战时电影特征。史东山在谈到创作原则时说："必须告诉他们以日本帝国主义侵略中国的历史，才能彻底煽动他们从内心奋发起来，然后指示他们以抗战的直接或间接的手段……以煽动他们的感情，使他们彻底从内心奋发起来。"这实际上阐明了战时抗战影片的主要目的和功能，而为了达到这一目的，形式、技术必须退居其次，"剧情要简单而有力，内心表现不能太复杂；剧情中主观的说话，不妨以主观的形式表现出来，因为农民头脑比较简单"，对于不同人物不同的心理表现，

[2]袁庆丰：《国防电影与左翼电影的内在承接关系——以1936年联华影业公司出品的〈狼山喋血记〉为例》，《佛山科学技术学院学报》(社会科学版)，2008年第2期。

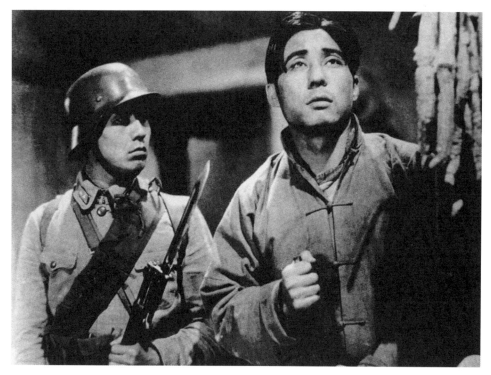

《保卫我们的土地》（1938年，编导：史东山）

"我在纯艺术的观点上赞同他，而在农村宣传电影应取的方法上反对他"[3]。影片最后，哥哥不顾亲情亲手射杀弟弟，更是将民族利益突出到极点，具有极大的鼓动性。

1938年4月至7月，在日军日益逼近武汉的情况下，中国电影制片厂相继拍摄了《热血忠魂》和《八百壮士》。阳翰笙根据抗战真实事件所拍的《八百壮士》讲述了上海沦陷后八百名爱国士兵，在团长谢晋元、营长杨瑞符的指挥下誓死抵抗，坚守闸北四行仓库与敌人血战到底，仅四日内歼敌数百人；女童子军杨慧敏代表上海人民，冒着枪林弹雨，渡河献国旗的故事。影片采用纪录片手法，风格粗犷，但真实感人。影片内容与现实的高度同步使得观众几乎混淆了艺术创作与现实，片

中演到日军机枪向国旗狂扫，谢晋元高喊"兄弟们，和国旗共存亡啊，誓死不降"时，"打倒日本帝国主义"的口号响彻放映厅……影片在香港、菲律宾和缅甸上映

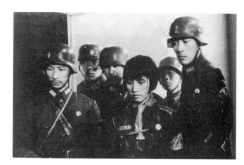

《八百壮士》（1938年，编剧：阳翰笙，导演：应云卫）

时也引起极大轰动，在法国、瑞士举行的反侵略大会上放映时，也获得好评。

此外，"中制"还拍摄了《华北是我们的》等新闻纪录片、卡通片，共计32部77本，摄录了包括周恩来、郭沫若和其他爱国人士在内的宣传抗日、动员群众的场面，也有朱德、彭德怀的抗日活动片

断，有武汉"四一二"大空战实况，制片厂还远赴晋北，摄录了八路军的"平型关大捷"。

"中电"、"中制"机构的扩展和对大后方电影从业人员的整编，使大后方电影的制片机制发生了根本性转变，由先前的民营性质转为国营性质，成为战时国家机器的有机组成部分，从而正式把电影纳入了政治、军事的轨道。作为受国民党政府控制的官营影业，"中电"、"中制"两厂对抗战电影的生产随着抗战局势和国共两党关系的变化而有所不同。

1938年10月，武汉沦陷，中国电影制片厂迁至重庆观音岩。中央电影摄影场、西北电影制片厂等也纷纷迁往重庆、成都。同时，也有大批进步的电影创作者从上海等地撤退到四川。

"中制"迁往重庆后又拍摄了《保家乡》、《东亚之光》、《塞上风云》、《好丈夫》、《日本间谍》、《火的洗礼》、《湘北大捷》、《青年中国》等一批抗战故事片。这些影片中有许多是在空袭不断的防空洞中摄制完成，充分体现了电影人的勇敢和爱国热情。其中《塞上风云》（阳翰笙编剧、应云卫导演）是抗战时期第一部表现中华不同民族团结抗日的影片，也是当时艰难地进行了外景实拍的影片。影片描述了汉、蒙古两族人民团结抗日、英勇歼敌的故事。大篇幅的外景戏，以及展现内蒙古沙漠和草原的镜头，将塞外风光渲染得十分壮美，具有一定的气势和浓郁的地方特色，颇具奇观效果，在当时的中国电影中富有开创性。

1940年，导演何非光编导的具有纪录片风格的《东亚之光》轰动一时。导演在一次招待日本战俘的茶话会上决定拍一

[3]史东山：《关于〈保卫我们的土地〉》，《抗战电影》，1938年第1期。

部影片让日本战俘现身说法，于是亲赴重庆博爱村战俘收容所实地体验了30多天。该片以日本人民反战同盟负责人鹿地亘为顾问，描写了日本军队内部的反战思潮。影片在重庆日本战俘收容所里实地拍摄，用真实的日本战俘做演员，接受记者的访问，反省侵略战争。在影片结尾，觉悟了的战俘参加了对敌宣传工作。影片有一段先是横移后转向纵移的长镜头，拍摄俘虏的宿舍内景，展示了一排排整洁宽敞的床铺和在其中生活的士兵，是中国早期影片中难得的体现纪实力量的段落。何非光是

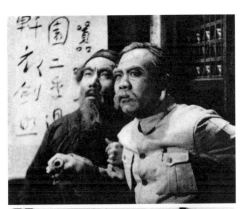

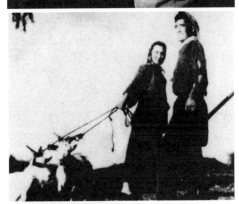

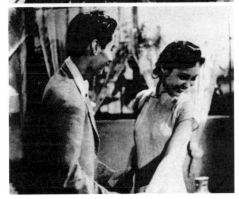

《中华儿女》（1939年，编导：沈西苓）

拍摄抗战电影较多的导演之一，出生于台湾，留学于日本，出演过十余部影片，擅长反演角色表演，抗战时期的主要作品除《东亚之光》外，还有《保家乡》、《气壮山河》、《血溅樱花》等。《气壮山河》是当时中国唯一一部反映中国军民与盟军一起参加反法西斯战争的影片。

"中电"则先后拍摄了《中华儿女》、《长空万里》、《密电码》、《孤城喋血》、《建国之路》等多部影片。《中华儿女》（沈西苓编导，1939年）以截取生活横断面的手法，构思四个小故事，表现农民、公务员、知识分子和游击队队员等不同阶层的抗日群众从觉醒到抗争的行动过程。《长空万里》（孙瑜编导），以"九一八"到"八一三"这段历史时期为背景，描写了一群爱国青年投考空军、英勇抗战的故事，是我国第一部描写空军作战的影片，在当时产生了很大的社会影响。

皖南事变后，国共关系破裂，国民党加紧对大后方政治、经济和文化的压迫，加之物质条件匮乏，战争纪录影片成为电影生产主流。在重庆后期，又出现了《气壮山河》和《还我故乡》等抗战影片。西北电影制片厂则拍摄了以太行山工农联合抗日为主题的《风雪太行山》，以及以抗日根据地村民与日寇作殊死斗争为主题的《老百姓万岁》等。

上述抗战影片多以真人真事为原型，呈现出与传统中国电影不同的非故事化倾向。或利用战争中的英雄事件编写剧本、拍摄影片，或在影片中常运用纪录片镜头或插入新闻镜头，以加强故事的现场感、真实感。《保卫我们的土地》一开始就穿插了一组日本侵略者在中国大地上烧杀抢

掠的真实画面，一下便调动了观众的激愤情绪。何非光的《保家乡》的"令人惊异之处是采取戏剧与纪录片手法的结合非常有效，可谓结合'写实主义'与'表现主义'美学的一次成功尝试。前段写沦陷区某村落被日军侵占后，遭到奸淫抢掠。日军掠杀平民、放火烧村、用刺刀刺杀婴儿、用毒针令平民变哑、以火刑对付反抗分子等场面，既有着震撼的实感，在构图、光影和动作的处理上，又有着近乎表现主义的气派，而众职业演员混合着非职业演员的演出，并无生硬与不协调的痕迹。约略可以窥见战时重庆的创作虽然条件简陋，但创作人员能够善用环境突出简朴粗犷的美感，注入创作的激情，而提升到一定的艺术高度"[4]。

四、抗战时期电影的大众化

从1938年到1941年文艺界曾就文艺的通俗化、大众化、民族形式进行广泛的讨论。这场讨论从延安发起，在大后方展开，并引起了广泛争论。1940年10月5日，重庆的中国电影出版社在"中制"的茶座主办了关于中国电影的路线的讨论。与会者有重庆电影、国共两党及多方面人士46人。电影工作者指出，"抗战以来，我们的作品还是玩弄着资本主义国家的商品电影的所谓'手法'，所谓'技巧'，因而我们的观众依旧局限于都市的小市民层。这些作品一到战地、一到农村，在农民与士兵之间是决不会产生什么

[4]罗卡：《何非光侧影》，载黄仁编《何非光图文资料汇编》。第11页，2000年版。

宣传与教育的作用的"。"抗战宣传是需要普通士兵的，我们的电影尤其应该以普通的大众——农民和士兵为制作对象，我们应该在内容与手法方法方面使大众能够接受，能够了解"。[5]这些探讨，使中国电影由都市走向农村，"实现了向民间转移的目标，为抗战后以及新中国成立后电影为工农大众服务的有效转移奠定了基础"。这场大讨论的结果是"救亡"主题压倒了"启蒙"主题，即以知识分子为主体的启蒙文化自觉认同了以农民为主体的战时文化。在抗战时期，大后方电影人的这种认同还带有某种策略性。而在后来的解放区，这种认同就显得更为自然和自觉，更强调知识分子自身的学习和改造。

为了保证宣传抗战的影片能够广泛地为民众所接受，大众化是这些影片在艺术形式上的重要特点。相当数量的抗战电影，为了吸引观众，采用商业电影的大众化叙事结构，即影片开始时，主人公过着平静的生活，日军的到来，破坏了一切；目睹日军暴行或饱受苦难生活的考验后，主人公意识到自己在这场战争中肩负的使命，从被动走向主动，走向坚决抵抗侵略者的道路直至取得胜利；主人公的性格也在这一过程中不断地从软弱走向坚强。在这种有中国特色的"成长"主题中，个人的体验让位于民族利益，个人成长的标志是为了民族利益甘愿舍弃自我。例如史东山编导的《保卫我们的土地》、贺孟斧的《风雪太行山》通过一个个具体的家庭故事向观众发出"没有国哪有家"的召唤。"影片中这些普通民众在战争中的觉醒和

性格的转变，实际上隐喻的是中华民族在抵御侵略的战争中克服软弱、走向坚强的成长过程。这一时期的抗战电影，在爱国主义的主题中，构筑的是一个独特的，战争与人的命运、个人命运与民族命运相连的影像寓言"[6]。

在八年抗战期间，大后方一共拍摄完成了19部故事片（其中两部未完成）和近百部包括新闻片、纪录片、标语卡通片、歌曲演唱片在内的抗战宣传影片，为广大人民群众的精神生活和革命斗志起到了重要的鼓动宣传作用。因为资金、技术条件、制作周期等方面的限制，以及受此期电影以面向农民和士兵为主的观念主导，这些影片在艺术和技术上存在种种缺陷，但这些影片是在民族存亡的特殊环境下出现的。电影人在民族生死存亡、个体生命随时面临威胁的时刻，坚信电影艺术的力量，坚持让中国电影发出"中国的"声音，使中国电影在特殊时期在文化和民族发展方面都拥有了自己的话语权。

第三节
顽强生存的上海孤岛电影

在1937年的七七事变和"八一三"事变发生之后，上海由于大量租界和西方势力的存在，日军在1942年的太平洋战争之前，保证了上海某些区域的相对独立，这些地区也就被比喻为"孤岛"。在4年左

右的时间里，在孤岛生存的各制片公司先后拍摄了约200部影片。

一、战火纷飞中的孤岛电影

沦为"孤岛"后，上海很多制片厂毁于战火，电影人纷纷西去内地、南下香港，或者索性弃影。随着"孤岛"偏安一隅的相对稳定的局面形成，加上电影投资商张善琨在1938年先以《飞来福》、《乞丐千金》两部低成本影片投石问路获得成功，继而又通过《貂蝉》连映70天引起轰动，刺激了孤岛电影的繁荣，此后"孤岛"上海先后成立了20家左右的电影公司，民营电影业出现了反常繁荣的情况。而这些电影公司中，资本最雄厚的是张善琨的新华影业公司，孤岛时期的一半以上影片都是其出品的。

孤岛电影在数量上和商业上的繁荣并非偶然。上海电影工业到20世纪30年代末期已经相对成熟，电影的投资、制作、宣传、发行都已经形成一定的规模和模式，电影从业队伍不仅庞大且十分多元，而战争时期居于相对安全的一隅更容易刺激原本就十分强大的上海电影消费市场。地处租界，决定电影生产相对而言较少受政治力量的直接干预和控制，"正是战争使电影的处境重新回到了（类如早期）缺少强势主导和干预的状况之中。战争瓦解了国民政府的禁令，也瓦解了'新兴'电影明确的意识形态督导，重回自由的'无主状态'（租界当局的电影检查主要侧重有无'赤化'和抗日内容），被市场左右的商业经营规则自然就成了最大的支配

[5]《中国电影的路线问题座谈会纪录》，《中国电影》，1941年第1卷第1期。

[6] 王利丽：《民族记忆与影像抒写——中国抗战题材电影的历史文化变迁》，《文艺理论与批评》，2005年第4期。

原则"。

在孤岛电影创作中，从思想意识和艺术角度来说，具有一定价值的当属其中少数借古喻今的"古装片"和反映现实的"时装片"。[7]

二、借古喻今的"古装片"

1940年被称为中国电影史上的"民间故事年"，"什九的女明星，都扮过私订终身的小姐；什九的名小生，都扮过落难公子"。为了竞争拍摄民间故事片，"孤岛"影坛还破天荒地闹过三件"双包案"，第一件是国华公司和艺华公司的两部《三笑》，第二件是国华公司和新华公司的两部《碧玉簪》，第三件是国华公司和合众公司的两部《孟丽君》。可见中国电影史上民间故事的生产与消费，已达相当惊人的规模。[8]

这一阶段的许多影片都选用稗史传说、民间故事和古典小说中最为国人熟知的故事原型。这些故事中，不仅包含曲折传奇的人物命运和强烈的戏剧冲突，并且都建立在二元对立模式的基础上，正义与邪恶、忠与奸形成鲜明的比照，从而一目了然地传达出创作者的价值评判和道德立场。

古装和历史片在"孤岛"的繁盛自然首先是因为历史叙事不直接触及社会现实，在国民党当局特别是租界当局的电影审查制度中具有相对较高的安全性。另一

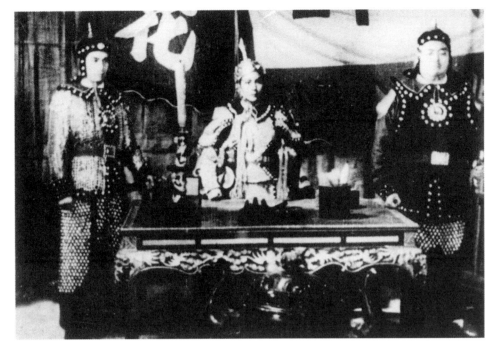

《木兰从军》（1939年，编剧：欧阳予倩，导演：卜万苍）

方面，在中国历史演进的漫长岁月中，历史题材艺术创作已经形成了相对固定的、被大众所接受的故事原型，普通大众对历史文本产生了较强的消费欲望和较为固定的接受经验。当然，更重要的是，中国自古以来就有借古喻今的历史讽喻传统，可以让孤岛电影既能表达爱国抗战的情绪，又不触犯租界在中日战争爆发后不介入的政策。

花木兰代父从军的故事体现了中国传统文化中具有的不畏强敌、敢于战斗的民族精神，一直是各种体裁文艺创作中的热点，而这种易装故事在电影界更是受到青睐：1927年，胡蝶的堂妹胡姗在《花木兰从军》中扮演花木兰一举成名；1928年，著名导演侯曜编导《木兰从军》，由中国最早的女飞行员李旦旦扮演花木兰，也取得了成功；而1939年2月，上海新华影业公司推出的《木兰从军》，则由资深戏剧家欧阳予倩编剧，导演是颇有名气的卜万苍，加上陈云裳和梅熹两位演员的演绎，

更有擅长影片宣传的张善琨负责营销，影片在上海沪光大戏院上映，连映3个月，场场爆满，打破了由蔡楚生执导的《渔光曲》连映84天最高纪录，影片还发行到全国，连重庆和延安也上映。编导在影片中加入了军师接受敌军贿赂、里通外国、诬陷忠良等情节，针砭现实的意图十分明显。

1939年2月17日的《大晚报》上，刊登了14位影评人署名的《推荐〈木兰从军〉》一文，指出《木兰从军》"尽可能地透过历史，给现阶段的中国一种巨大的力量，它告诉我们怎样去奋斗，怎样去争取胜利"；同时指出，《木兰从军》是孤岛电影创作的一条正确的道路。

这一时期的古装影片如《西施》、《岳飞尽忠报国》、《苏武牧羊》、《貂蝉》、《梁红玉》、《李香君》、《刺秦王》等影片都选择了抗敌历史故事作为原型，许多故事已被多次改编，并且在舞台表演时已被认可，这既保证了市场，也传

[7]虞吉：《早期中国类型电影与商业电影传统》，《现代传播》，2007年第1期。
[8]虞吉：《早期中国类型电影与商业电影传统》，《现代传播》，2007年第1期。

达了爱国抗日的情绪。

这些故事塑造了一系列英勇抗敌的女性形象，如葛嫩娘（《葛嫩娘》）、梁红玉（《梁红玉》）、张娇（《苏武牧羊》）、李香君（《李香君》）、洪秀全之妹洪宣娇（《洪宣娇》）、香妃（《香妃》）等。这些形象多由当红女明星扮演，如陈云裳扮演的花木兰、袁美云扮演的西施、顾兰君扮演的貂蝉等，故事中的女性和她的明星扮演者本身构成双重的视觉奇观，而女性的反抗故事显然也更能调动观众的反抗侵略的情绪。"在国破家亡的乱世背景中，这种巾帼英雄的出现，无疑可以极大限度地满足民众心中的英雄情结，抚慰失去强力庇护的弱小心灵，并在一定程度上改变中国电影里占据主导地位的被侮辱、被损害的女性角色系统，为中国电影带来新鲜的文化气息"[9]。

编导们在谈到自己的创作意图时都提到了影片在抗日救亡大背景下的现实意义。朱石麟曾经谈及拍摄《香妃》之宗旨："香妃有两种不同的香：一种是先天之香，那就是所谓非兰非麝的'竟体异香'；还有一种是所谓后天之香，那就是她的忠贞壮烈的爱国精神。……我愿香妃之香，香遍人间，观此片者，能于欣赏娱乐之外，惕厉乎正身处世之道。" 柯灵提到自己创作《武则天》的动机时说："我勘定剧本的思想重心，是一个被压迫女性对环境的反抗与报复。"《刺秦王》编剧叶恭称创作此剧的目的，是因为"现在我们正需要大家有这种激昂的姿态"，"提剑出燕京，我们绝不是为了'君子死

知己'，我们要死于民族存亡线上，这样才可以名垂后世，才不负丈夫气概"。

这些影片的借古喻今、抵御侵略的功能经由影评的力量得以强化和突出。当时的评论认为，"花木兰代父从军，果然足以启发妇女们英勇的情绪，而梁红玉击鼓退金兵，也足以拨动着现代妇女前进的心弦"。而《李香君》好比是一盏黑夜中的明灯，它告诉我们，国可以破，家可以亡，但人心不可以死，灵魂不可以出卖"。

古装片中值得一提的还有民华影业公司1940年摄制的《孔夫子》。编导费穆以《史记·孔子世家》为本，参照了有关孔子及其生活年代的史书和记载，再现了鲁定公至鲁哀公16年间孔子的主要活动。

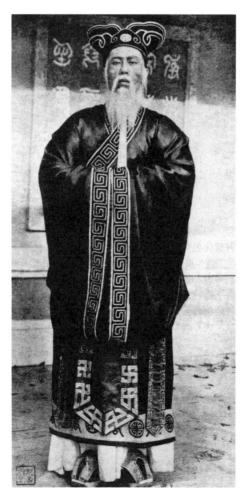

《孔夫子》（1940年，编导：费穆）

电影中的孔子身处乱世，弟子死难，家人凋零，落得孑然一身却仍与世抗衡，节高气傲。影片创作时不仅上海因内忧外患陷于混乱之中，而且正值儒家思想被颠覆时期，阿英（钱杏邨）曾在《孔夫子的新认识》一文中强调指出："我觉得，费穆先生在这个时候，选出孔夫子的一生事迹来摄制影片，而强调他的'富贵不能淫，贫贱不能移'，是有着特殊意义的。"柯灵则认为："《孔夫子》把中国历史上最著名的儒家和圣人搬上银幕，庄严宣告'匹夫不可夺志'，鼓吹'无求生以害仁，有杀身以成仁'，反对'乱臣贼子'，正面宣扬伟大的中国民族精神，可以说已经越过隐喻的界限，接近公开的宣战。在'孤岛'创作这样的影片，是需要足够的道德勇气和艺术自信心的。"

此外，孤岛电影中，还有一批根据中外名著改编的较为优秀的作品，如李萍倩导演的根据法国小仲马原著改编的《茶花女》、卜万苍等导演的根据巴金的同名小说改编的《家》，桑弧根据英国作家哈代的小说改编的《苔丝姑娘》、朱石麟导演的《洞房花烛夜》、根据苏联作家阿尔志跋绥夫的小说《萨宁》改编的《生离死别》、马徐维邦根据小说家秦瘦鸥的代表作《秋海棠》改编的同名影片等，这些影片也为中国电影的改编实践积累了丰富的经验。

于伶的《女子公寓》、《花溅泪》，均系作者根据自己的同名舞台剧改编而成，是孤岛电影中制作态度严肃、具有现实意义的影片之一。《女子公寓》里，通过一个女子公寓居住的几个不同身份的年轻女子的生活，表现了当时人们不同的道路选择，而《花溅泪》写出了"八一三"

[9] 李道新：《"孤岛"：另一种电影抗战》，《中国艺术报》，2005年7月28日。

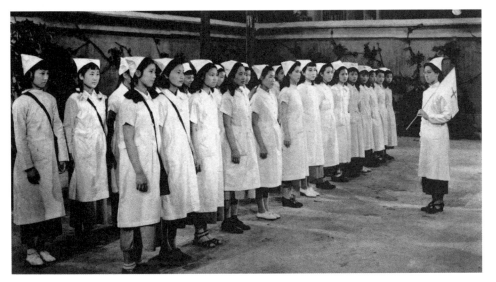

《花溅泪》（1941年，编剧：于伶，导演：张石川、郑小秋）

三、中国的动画片高潮

中国早期动画片在孤岛时期达到了一个高峰。

从1931年至1937年，明星公司先后出品了万氏兄弟制作的《同胞速醒》、《精诚团结》、《血钱》、《骆驼献舞》、《民族痛史》、《新潮》等动画影片，这些影片具有鲜明的反帝反封建意识。上海"八一三"事变后，万氏兄弟赴武汉，加入中国电影制片厂，先后创作了《抗战特辑》、《抗战标语》、《抗战歌辑》等配合抗日宣传的动画短片。

1938年，美国迪斯尼推出动画片《白雪公主》，上映后风靡全球。本片在上海放映时也盛况空前，上海一些资本家和影片商纷纷创办影业公司或卡通部。新华联合影业公司在这样的形势下成立了卡通部，并聘用万古蟾为部主任，决定投拍动画长片《铁扇公主》。

1941年摄制完成的《铁扇公主》的编剧是王乾白，并由万籁鸣、万古蟾联合执导。影片情节出自《西游记》中的"孙行者三调芭蕉扇"，制作规模浩大，有100多名制作人员，历时1年多时间完成，片

前夜上海滩上舞女的不幸和觉醒。

顾仲彝根据话剧《人之初》改编、李萍倩导演的《金银世界》以两个小学教员为主人公，一个起初忠厚正直但最终走向堕落，一个奔赴西康开创边疆教育事业。

《乱世风光》（1941年）是柯灵的力作，被认为孤岛时期最优秀的作品之一。影片故事结构与战后的《一江春水向东流》、《忆江南》相似，以一个家庭在战争中的经历，揭示了"孤岛"上海贫穷与豪奢并存、腐朽与进步交错的复杂现实。影片描写抗战爆发后，孙伯修一家在战乱中失散，孙结识了贵妇人叶菲菲并与之同居，其后做了乐丰银行经理；妻子凌翠岚和女儿小翠颠沛流离，翠岚因生活所迫去同乐丰银行的副经理钱士杰"交际"，与丈夫意外相遇，形同陌路。影片最后，翠岚在绝望中投江自杀，孙伯修因投机失败，又失欢于叶菲菲终至精神失常，小翠则走上光明的道路。《乱世风光》于1942年公映，此时正值太平洋战争爆发、日军占领上海租界，影片被删剪得支离破碎，不久就被禁映。

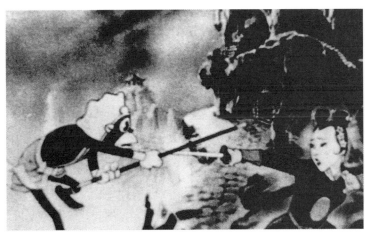
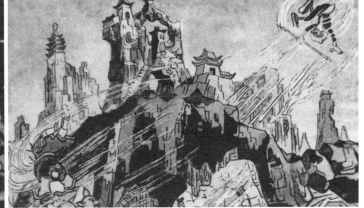

中国第一部长动画片《铁扇公主》（1941年，编剧：王乾白，导演：万籁鸣、万古蟾、万超尘、万涤寰）

长 9700 尺（约 3233 米），放映 1 小时 20 分钟，开创了中国动画史上第一部长片的纪录，也创下当时亚洲地区第一部长动画片的纪录。1941 年底，《铁扇公主》在"上元银公司"管辖的大上海、新光、沪光三家影院上映，盛况空前。后来在中国香港及新加坡等东南亚地区放映，同样受到热烈欢迎和称赞。影片的成功标志着"万氏兄弟"的动画技术的成熟。

战争中所处的不利地位和战争给中国带来的深重灾难，使得中国的抗战电影必然要成为一种整合民族情绪和力量的重要武器。遵从中国传统叙事习惯，将民族大义包裹于曲折动人的家庭故事之中，成为必然选择。正如后来的研究者所指出的，"孤岛电影以更加个人化、多样化和商业化的方式完成了抗敌御侮、保家卫国的时代命题，并在中国电影史上第一次达成了家与国置换、伦理与政治置换的叙事格局。这是中国民族影业在特殊历史时段里的一种生存智慧，依靠这种生存智慧，孤岛电影实践着另一种电影抗战，成功地保全了中国商业电影和类型电影的流脉，使其在 1945 年以后的中国电影里大放异彩"[10]。孤岛电影充分体现了电影价值与功能的多元性及其相互包容性，资本和民族文化的自觉在其中共同起到了重要作用。

[10]李道新：《"孤岛"：另一种电影抗战》，《中国艺术报》，2005年7月28日。

第四节

"满映"及沦陷区电影

战争时期，电影被作为宣传机器似乎是电影不可避免的命运。在日本，不仅在殖民地上映的影片以战争宣传为唯一目的，就是在日本国内播放的一些影片，也都带着浓厚的政治与宣传色彩。战时，在中国东北，被日本军方控制的"满映"（满洲映画株式会社），由于有着军方雄厚的资金支持及拥有着与西方同步的先进机器设备和完善的片厂，而成为当时亚洲规模最大的电影公司。

一、"满映"的建立

1905年，日俄战争爆发，最后以沙俄失败而告终。日本取得长春至旅顺这段铁路和煤矿等的经营权，改称"南满铁路"，成立"南满洲铁道株式会社"，简称"满铁"。1923年，"满铁"成立映画班，为配合日本军事侵略活动，拍摄了一大批纪录片。

1933年5月，关东军参谋小林提出了建立伪满国电影机构的设想。1937年8月2日，伪满洲国国务院通过了"电影国策案"，决定投资500万元，由伪满洲国和"满铁"各出资一半，设立"株式会社满洲映画协会"。

"满映"设立的部分理由包括：第一，目前几乎没有一部电影适宜于指导教化伪满洲国民的；第二，目前伪满洲国内上映最多的影片为美国、中国上海以及日本的影片。这些影片有许多是不利于伪满

洲国的治安工作以及国民思想教育的。对此，有必要加以迅速制止。

于是，"株式会社满洲映画协会"于1937年8月21日宣布正式成立，简称"满映"。它是日本在中国设立的最大的文化统治机构，直属伪满洲国国务院，实际由关东军控制。该公司垄断了伪满的电影制作、发行和放映权。

"满映"负责人甘粕正彦在伪满洲最大的电影杂志《电影画报》上发表了一篇题为"战事和电影"的文章，明确说明了"满映"国策宣传的历史使命：

"电影在平时，固然是一种国民的心粮，陶冶情操纯化思想，以致力于娱乐的魅力为主体。但是在战时，由于巧妙地操纵它的写实效果，由于认它做宣传报道的宠儿而使之充分的活跃，去宣传国家的威力，把实像比文字比绘画更深刻地传达给国民，借使前线和枪后相结合，电影是负着使国民同心协力的觉悟和爱国的观念旺盛的任务的……"

二、"满映"拍摄的电影

"满映"在从1937年8月到1945年8月日本投降以前这8年的存续期间里，共计拍摄出各类电影977部，其中拍摄纪录片189部、新闻片680部、故事片108部。

"满映"所拍摄的新闻片，主要记录日本关东军及伪满洲国的一些所谓的重大政治活动，专门提供给在校中小学生"进行日本国策教育"和"思想奴化教育"，要求东北各地的中小学生必须定期观看。

除纪录片、新闻片的赤裸裸宣传日本

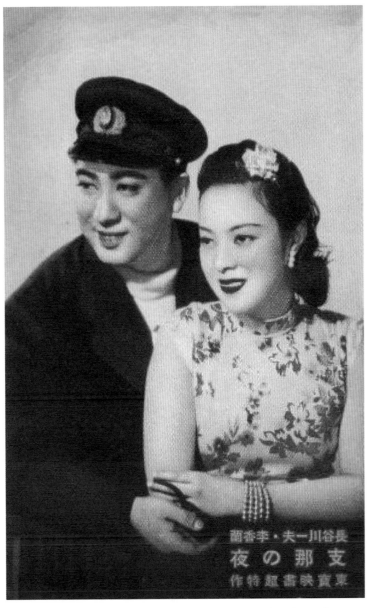

"满映"的"大陆三部曲"之一《支那之夜》电影海报。主角为李香兰和东宝名演员长谷川一夫。

殖民侵华政策、美化日军和伪满军、直接进行奴化教育之外，"满映"拍摄的绝大多数故事片也都是以电影艺术的手段，宣传贯彻日本侵华国策精神，鼓吹"日满协和"，美化日本军国主义侵华扩张政策。"满映"从其诞生之日起，就带着强烈的殖民主义政治色彩，并以灌输殖民主义思想和文化为目的。

"满映"拍摄的第一部故事片《壮志烛天》拍摄于1938年，由坪井与导演，由伪满洲国治安部委托摄制。影片采用喜剧的方式，通过一个侧面去极力美化东北伪满洲国军的生活，带有强烈的政治宣传色彩。它讲述的是农村模范青年刘得功常遭土匪侵袭，投奔了伪满洲国军，决心讨伐匪首马得堂。他的这个行动受到年迈的父母和叔父的反对，但却得到未婚妻瑞坤的支持。刘参军后，很快晋升为伍长，在一次讨匪中同匪首马得堂遇上，刘负伤，经国防妇人会的妇女热心看护，伤愈出院，回乡同老母、恋人团聚，受到全村人的欢迎。除此之外，"满映"还拍摄了一系列

为伪满政府歌功颂德的影片。

从1938年下半年开始，为改变政治宣传片不受欢迎的局面，"满映"选用日本女演员李香兰扮演中国少女，出演《迎春花》等一批爱情影片。在这些影片中，纯真的中国姑娘爱上日本青年，中日百姓融为一体，可谓日本侵略者所鼓吹的"日中提携，共存共荣"的形象化宣传书。这其中所谓的"大陆三部曲"，用爱情故事包裹侵略者的政治企图，对当时的东北受众产生了一定的蛊惑作用。这三部影片分别是《白兰之歌》、《支那之夜》、《热砂的誓言》，均由李香兰和东宝名演员长谷川一夫共同主演。

1945年8月15日，随着日本投降，"满映"也走到了末日。"满映"这一话题被禁锢了很多年，香港电影学者黄爱玲以"中国电影史上的一个洞"来概括沦陷区电影在中国电影史中的地位。客观地说，"满映"的电影作品虽然无论从思想意识还是艺术表现方面来看都乏善可陈，但却将始终被排斥于电影市场之外的东北底层百姓纳入到电影观众群中。同时，"满映"客观上也为后来的新中国电影锻炼和准备了一些人才。

三、"华影"以及上海沦陷区的电影

1941年12月8日，即太平洋战争爆发当日，日军越过苏州河，占领租界，维持了四年多的"孤岛"成为沦陷区，"孤岛"电影也为日伪电影所垄断。上海的电影业，包括放映、发行与制片三个方面，都发生了很大变化。苏联电影被禁映，代

之而起的是日本电影。面对十分成熟的上海电影业，日军不敢采取与东北一样的策略，即成立日资公司垄断整个市场。于是1943年，"华影"应运而生。

"华影"是日本指使汪精卫傀儡政府颁布所谓《电影事业统筹办法》后，把中华联合制片股份有限公司、中华电影股份有限公司及上海影院公司合并起来成立的公司，全名是中华电影联合股份有限公司，简称"华影"。从成立到1945年8月日本侵略者投降，"华影"共拍摄了80部故事片（1943年24部，1944年32部，1945年24部）。从题材内容看，这些影片都以家庭伦理、爱情纠葛为主题，如《燕迎春》、《两地相思》、《鸾凤和鸣》、《大富之家》、《何日君再来》、《恋之火》、《冤家喜相逢》、《摩登女性》、《大饭店》等。在政治宣传方面，"华影"除制作了报道"大东亚共荣圈"动态的新闻片《中华电影新闻》外，还与日本合作拍摄了《万紫千红》和《春江遗恨》两部影片。

上海电影业被日军控制后，日本军部派川喜多长政主管电影事业。川喜多长政的父亲有亲华倾向，母亲则是日本电影界名人，他本人则早年毕业于燕京大学（现在的北大）。因此，在其接受日本军方邀请主管上海电影业后，他并未按照日军要求生产发行殖民政宣影片，而是与孤岛时期的上海电影业巨头张善琨商定通过日伪公司在日占领区发行中国电影，部分滞留在上海的中国电影界人士由此与川喜多长政建立了合作关系。张善琨夫人童月娟回忆说，"将近三年的时间里，电影公司高层努力与日本人进行着斡旋，尽力避免拍摄出一些响应日本人需要的影片，这段时期所拍摄的影片，几乎全是一些描写

男女恋爱和家庭伦理的影片。这些也都是中国观众耳熟能详的"[11]。"华影"高层则是尽量避免与日本人在电影创作方面直接合作，避免拍摄符合日本人要求即"日中提携""共存共荣"的"国策电影"。由此，电影工作者积极探寻电影出路。最后，大家不约而同地选择了拍摄一些描写男女恋爱、反映社会与家庭小问题的电影，这样既不与日本人发生冲突，又保证了市场。这种妥协保存了上海电影业的实力，虽然过多拍摄娱乐片受到进步人士的批判，但这种去政治化的策略使当时的上海电影暂时免于沦为日军战时宣传机器，在一定程度上也可视为一种消极反抗。

这些电影有时也可能潜伏一些抗日的情绪。日本电影学者左滕忠男就曾经分析，像《生死劫》这一类影片，其实也暗藏着抗日思想。影片描写了一群因干旱而苦不堪言的农民，他们祈求的"雨啊，快快到来吧"实际上是"重庆的国军快点打回来吧"的暗语。在剧情发展的高潮时雷雨大作，农民们惊慌地叫喊："开炮了？打起来了吗？"这也在暗示着来自重庆的中国军队要举行大反攻。

四、军国主义电影

在战争时期，沦陷区生产的《博爱》（1942年）、《万世流芳》（1943年）、《万紫千红》（1943年）和《春江遗恨》（1944年）等影片，通常则被看做是直接

为日本侵略者效劳的影片。

《春江遗恨》以太平天国反对清朝统治者的农民起义为背景，讲述了一位名叫武士高杉的日本青年，只身漂泊来到上海，认清了英美侵略中国的野心，营救了化装来到上海的李秀成部将沈翼国，但并不为沈翼国所信任；不久，太平军攻陷上海，实行禁烟，这侵犯了英国利益，于是英国调动军队向太平军进攻；这时沈国翼才认识到高杉才是自己的真正朋友，开始了对英军的反击的故事。《春江遗恨》和借林则徐禁烟的历史演绎成的《万世流芳》都用借古喻今的办法，来暗示英美两国是中日的共同敌人，只有"日中提携"才能"共存共荣"。

《博爱》则是由中华联合制片股份有限公司于1942年摄制。影片采用了30年代以来中国电影不时出现的集锦片的模式，由诸多著名编剧和导演以及庞大的明星队伍参演。其导演有杨小仲、张善琨、马徐维邦、岳枫、张石川、徐欣夫、王引、朱石麟、李萍倩、方沛霖、卜万苍，女演员有周璇、胡蝶、李丽华、周曼华、王丹凤、上官云珠，男演员有韩兰根、殷秀芬、关宏达、吕玉堃。在影片中老翁惠群，乐善好施，邻里敬其德行，集资镌刻"博爱"匾额相赠。时老翁正编著《博爱》书稿，乃请邻里各叙所见所闻，以充实书稿内容。邻里们分别讲述了十个故事来表现人类之爱，包括儿童之爱、乡里之爱、同情之爱、子女之爱、兄弟之爱、互助之爱、夫妇之爱、朋友之爱、团体之爱、天伦之爱。惠翁听了各人叙述，深受感动，欣然以"博爱"二字作为全书之结语。当时由"华影"主编的《新影坛》杂志，曾将《博爱》一片评为"最优秀、可

[11]左桂芳、姚立群编：《童月娟回忆录暨图文资料汇编》，台湾"行政院建设委员会"、"财团法人国家电影资料馆"，2001年12月第1版，第67页。

以作为1942年度的代表、值得推荐"的影片。而1963年出版的《中国电影发展史》（程季华主编）对此片的评论是"大肆鼓吹什么'人类之爱'等顺民哲学，借以从旁宣传日寇和汉奸的所谓'中日提携'、'中日亲善'，反对当时中国人民神圣的抗日民族解放战争，是一部为日寇侵略中国效劳的影片"[12]。

抗日战争时期，虽然中国文化遭受了日本侵略者的巨大创伤，也出现了一些不健康的文化乃至汉奸文化，但是以新文化运动为主流的文化现代化进程不仅没有中断，而且孕育了中国共产党这一新的主导者，并赋予了其与抗日救亡相结合的新特点，使之成为中国文化现代化过程中的一个重要转折点。

---

[12]程季华：《中国电影发展史》，中国电影出版社，1981年，第117页。

第 四 章

"战后"的国统区与解放区电影

（1945—1949）

抗日战争胜利以后的时期，通常被称为"战后时期"。其实，1945年日本投降以后，中国大地上的战争并没有停止。中华民族与日本侵略者的战争结束后，国共两党之间的国内战争很快在全国展开。经过四年大规模的战争，中国共产党所领导的中国人民解放军最终战胜了国民党军队，获得了中国内陆的统治权，国民党政权则逃亡台湾，偏安一隅。因此，国内通常将这一时期称为"解放战争时期"或"第二次国内革命战争时期"。这一时期，中国大陆分为国民党统治地区（国统区）和中国共产党统治区（解放区）。由于战争的变化，国统区与解放区的空间界限也在不断改变。特别是1948年以后，随着人民解放军战略反攻的节节胜利，全国的国统区逐渐被解放，中国共产党最后实现了大陆的统一，成立了中华人民共和国。在这一时期，中国电影的生产和放映地区大多属于国民党统治区。良好的工业基础和成熟的电影传播环境使电影成为资本的兴趣所在。特别是在战后上海，涌现了诸如文华、昆仑、国泰、大同等实力雄厚的私营电影公司，其中"文华"、"昆仑"并称"双骄"。而中国共产党对国统区电影则或明或暗地发挥着重要影响。解放区的电影事业也从萌芽走向了壮大。

第一节

昆仑影业公司及《一江春水向东流》等代表性影片

1946年，阳翰笙、史东山、蔡楚生

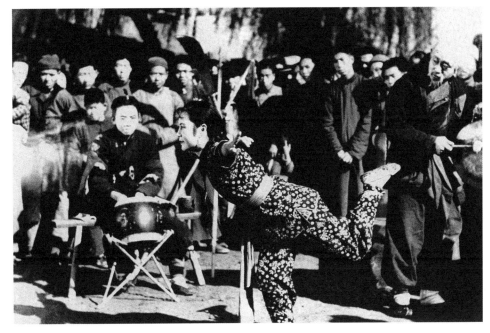

《八千里路云和月》（1947年，编导：史东山）

等人受中共领导人周恩来委托，以"联华"同仁的名义，成立"联华影艺社"，一年后更名为"昆仑影业公司"，成为国统区内受到中国共产党暗中领导的电影基地。阳翰笙、陈白尘、蔡楚生、史东山、陈鲤庭、沈浮、郑君里等，成为推动我国20世纪40年代现实主义电影运动的中坚力量。从1946年9月至1949年9月，"昆仑"在3年间共拍摄了10部影片，其中影响最大的作品有《八千里路云和月》、《一江春水向东流》、《乌鸦与麻雀》、《万家灯火》等。

一、《八千里路云和月》：战争中流动的民主精神

《八千里路云和月》以抗战时期抗敌演剧队到全国各地演出为叙事线索，纪实性地描写了演剧队员们战时和战后的遭遇。

女学生江玲玉在抗日战争爆发后，参加救亡演剧队，沿京沪线宣传抗日，并与

同队青年音乐家高礼彬相爱。其表兄周家荣假公务之名，来重庆做投机生意，纠缠玲玉，被玲玉拒绝。抗战胜利后，玲玉与礼彬复员回沪，一贫如洗。而周家荣摇身变为"接收大员"大发横财。影片用"八千里路"的不同见闻，展现了当时中国社会各个阶层在民族危难时刻的种种表现，将普通劳苦民众的爱国热情与政府官员、有钱阶层的唯利是图进行了鲜明的对比，体现了当时左翼文化所倡导的普遍的阶级意识和批判立场。史东山明确指出自己的剧本创作动机在于"长长八年的抗战，给予我们极大的生趣和深长的回忆，虽然多少也有些不堪回想的地方，但在抗战的大前提之下，我们还可以有所解释而自慰。短短几个月的胜利以来的现象，却使我们感到无比的伤痛"[1]。影片人物繁多，试图概括各阶层的遭遇，展现尽可能多的社会生活。

[1]史东山：《〈八千里路云和月〉准备工作之一部》，《新闻报》，1947年3月17日。

对抗战前后中国社会现实的反思，是战后中国电影的重要内容。如果说《八千里路云和月》偏重于对战争的反思，那么蔡楚生、郑君里导演的《一江春水向东流》（昆仑影业公司1947年摄制）则通过一个家庭的悲欢，以更为广阔的人生画面，将中国人民在抗战中的苦斗和受难以及在抗战后继续忍受的欺压诉之于银幕，呼唤人们思考个中原因。

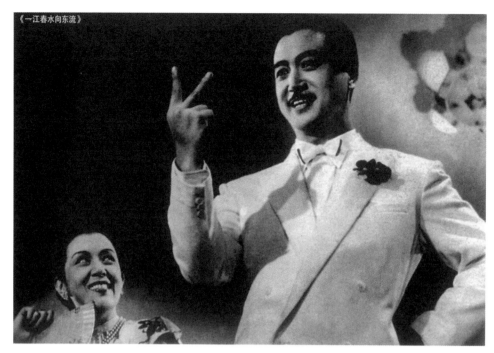

《一江春水向东流》

《一江春水向东流》（1947年，导演：蔡楚生、郑君里）

二、《一江春水向东流》：中国伦理情节剧经典

《一江春水向东流》是中国40年代影响最大、艺术成就最突出的电影经典。

影片的故事结构具有高度的艺术概括力。影片把抗战前后将近十年间的复杂历史浓缩到一个家庭的悲欢离合之中，将对腐败政治的批判、积极的思想意识包裹于现代陈世美和秦香莲的故事原型中。

影片分为上下两部：上部《八年离乱》主要叙述在"八一三"战乱中，忠良随军撤离，素芬与婆婆、儿子留在上海；下部《天亮前后》写抗战胜利后忠良与交际花结婚，素芬却成为这家的佣人，两人不期而遇，素芬绝望，投河而死。影片分为三条情节线进行叙事：一条为素芬与婆婆、孩子所经历的苦难生活，真实地再现了抗战时期沦陷区和国统区人民的困苦；另一条表现张忠良由一个抗日进步青年走向道德沦丧、混入纸醉金迷的上层社会的过程，揭露了国民党官僚统治集团不顾民族危机、大发国难财的腐朽生活；第三条为代表着进步和希望的张忠良的弟弟张忠明投奔山区游击队，战后留在解放区工作。影

片中三条情节线交织发展、对比描写，构成了抗战前后中国现实生活的真实画卷。影片最后，素芬自尽前给儿子留下了"不要学爸爸，要学叔叔"的遗言，揭示了全片的主题。通过这个家庭破碎的生活和情感的悲欢离合细腻地刻画出当时的社会景况。影片云集了当年红极一时的明星，如白杨、陶金、舒绣文、上官云珠、吴茵等，成功地塑造了几个典型的人物形象：素芬

的善良朴实、吃苦耐劳，体现了中国劳动妇女传统的优良品德；张忠良则具有小资产阶级性格的软弱性和两重性的特征。影片令人信服地揭示了这一人物由热血青年堕落为资产阶级的性格发展变化历程。

《一江春水向东流》于1947年10月上映，连映3个多月，观众达70余万人次，占当时上海全市人口的14.39％，继《渔光曲》后，再次创造了国产影片卖座的最

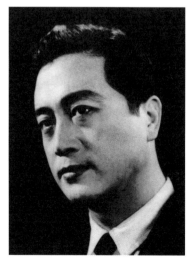

《一江春水向东流》主演陶金（1916—1986）

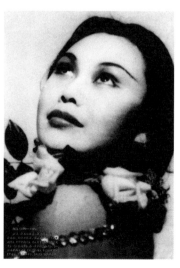

《一江春水向东流》主演白杨（1920—1996）

高纪录。当时评论认为影片"标示了国产电影的前进道路"，说它"概括了两个世界、两种人的生活"。国民党"文化运动委员会"为这部具有左翼色彩的影片也颁发了所谓的"中正文化奖"。

有学者注意到，民国时期的上海因为财富的重新分配，社会也随之再分层。民众主要为分中产阶层、产业工人（职工）、都市贫民三类。以轻纺工业为支柱的上海在民国时期经历了较迅速的发展。产业工人的数量占职业群体的首位，工人成为不容忽视的重要群体。他们是城市产业和经济的支撑者，其利益和思想行动在一定程度上代表了城市的总体动向。纺织行的女工尤为特殊，她们往往要求上进，却缺乏保护力量。《一江春水向东流》是典型的中产阶级教员和产业女工的组合案例，《丽人行》《关不住的春光》也沿用了这一模式。"昆仑"在处理人物关系时，中产阶级一般是教化者，产业女工是受教者，如张忠良和素芬。作为教化的男方和被教化的女方缔结婚姻关系，似乎也是隐喻新思想的结合传递。然而影片最后总是发生逆转，男方成为堕落的资本主义者，女方成为坚守道义或进步的象征。这种人物设计模式无意中映射出当时的共产主义革命思路：城市的小资本家、中产阶级可能是不可靠的，革命性是不彻底的，应从无产阶级工人出发，甚至从妇女、儿童抓起。[2]

这部史诗式的影片社会背景辽阔、时间跨度大、事件纷繁、人物众多、关系复杂，但影片脉络清楚、层次分明、首尾呼应、时空转换自然。这部片子是蔡楚生运

用章回小说及戏曲的展开情节的手法，并运用电影蒙太奇手段以及用交叉和对比相结合的方式所取得的艺术成就。影片中，忍辱负重的妇女形象素芬的塑造则上承了中国悠久的"苦戏"传统，下开了绵绵不断地以家难写国难的电影潮流，将伦理喻示、家道主义、戏剧传奇混合在一起，以"苦"换"哭"，感动中国，成为具有中国特色的家庭社会伦理情节剧的典范。更重要的是，它通过善和恶的道德故事与上层社会和底层社会的阶级对立相结合，通过家庭的悲欢离合与社会的政治冲突的结合，充分显示了社会伦理情节剧的巨大魅力和阶级斗争的意识形态，通过对比手法，获得了一种完整的叙事表达。从20年代郑正秋拍摄的"教化社会"的家庭伦理片《孤儿救祖记》，到30年代蔡楚生的《渔光曲》、袁牧之的《马路天使》，再到40年代汤晓丹的《天堂春梦》、蔡楚生的《一江春水向东流》、沈浮的《万家灯火》，这一模式影响深远，意义重大。

三、《乌鸦与麻雀》：黎明前的黑暗生活

郑君里导演的《乌鸦与麻雀》（1949年）将整个时局浓缩于一幢楼房里，记录了国民党政权统治的最后一页。拥有丰富表演艺术实践的郑君里首次独立执导影片，从而成为后来中国一流的导演艺术家。

与《一江春水向东流》恰恰相反，这部影片不以题材宏伟取胜，影片的故事发生在1948年冬天上海一幢老式的里弄房子里。影片展现了两个世界：其中一个是以国民党军官侯义伯为代表的"乌鸦"世界，另一个是以小商贩肖老板、老校对孔有文、教书先生华洁之为代表的"麻雀"世界。小官僚侯义伯非法霸占了房子，把房主孔有文赶到后面的客堂里住；把亭子间租给中学教员华洁之一家，把客堂间租给摊贩肖老板一家。最终大家和侯义伯展开了面对面的斗争，房子物归原主。

影片由沈浮、王林谷、徐韬、赵丹、

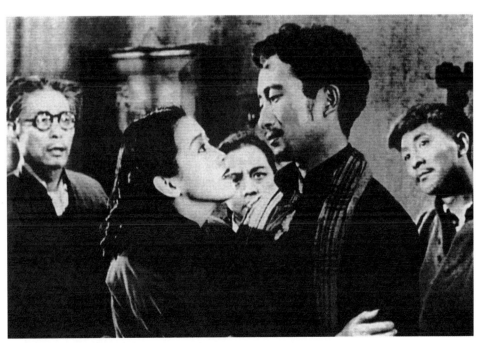

《乌鸦与麻雀》（1949年，编剧：陈白尘、沈浮等，导演：郑君里）

[2]招斯喆：《三四十年代"昆仑"都市电影的浅析》，《电影评介》，2010年第7期。

郑君里、陈白尘共同编剧，由陈白尘执笔，剧本构思巧妙、情节流畅、讽刺辛辣、具有陈白尘剧作艺术的一贯特点，每个人物都有鲜明的个性特征，生动地体现了时代感和生活气息。影片中通过校对员孔有文对一张报纸中多处出现的"涨"字进行校改，暗喻时局的混乱和百姓生活的艰难，而肖太太更是发出了"这是什么混蛋政府"的哭号，从而对当局作出了大胆批判。影片在拍摄中经历了重重阻挠和极尖锐的斗争，通过上报假剧本的方式，赢得拍片机会。虽然大多场景只能在摄影棚内完成，但对于有才华的艺术创作者而言，艺术条件的有限往往更能激发艺术创新能力。导演郑君里在场面调度、镜头运用等方面，就充分显示了他的导演能力。

比如影片中的一场麻将戏一直为后人称道：侯义伯的姘头余小瑛有女伴来访，于是拉上萧太太、华太太一同打麻将；一直觊觎华太太的侯义伯回家，见到华太太，立即面带桃花，坐下来替了余小瑛；麻将桌上的四个人各怀心事，而编导更以牌局的输赢隐喻了各人的状况。

《乌鸦与麻雀》从主题到细节都运用了隐喻和象征的手法，矛盾的中心——房子，是安身立命之所，也是人民资产，最终还是回到了人民手中。乌鸦象征着贪官污吏，麻雀隐喻市民百姓。导演的镜头处理也充满象征意味：用仰拍镜头拍摄住在楼上的"乌鸦"，显出它的权势；用俯拍镜头拍摄住在楼下的"麻雀"，显示它们的地位低下。

赵丹饰演的肖老板，是典型的小市民，怕老婆，长于算计，常做投机的发财梦，市井气十足，同时有些许正义感，既能与流氓称弟兄，又能够帮助比他更弱的

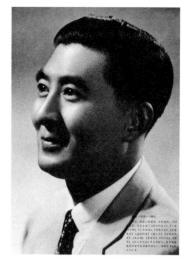

赵丹（191—1980），中国最著名的演员之一，先后主演《十字街头》、《马路天使》、《中华儿女》、《乌鸦与麻雀》、《武训传》、《李时珍》、《林则徐》、《聂耳》、《烈火中永生》等影片。

人。他喜欢嚼舌头，散布小道消息，人称"小广播"。此前一贯以小生形象出现于银幕的赵丹把小市民的性格和情趣，表现得淋漓尽致，其表演极为生动而自然。华先生则是个自命清高、胆小懦弱、不敢抗争的小知识分子，孙道临饰演的这一角色也成为中国电影史的经典形象之一。

四、《万家灯火》：市民生活万花筒

相比较而言，由阳翰笙编剧、沈浮导演的《万家灯火》（1948年）既没有宏大的史诗风格，也没有营造独特的叙事空间，而是用平实朴素的电影语言，表现战后国民党统治下上海的典型环境，使影片呈现出白描风格。

影片并没有采用这一时期影片常用的战争前后纵向对比的方式，而是细致入微地为观众呈现了生活的某个横断面：抗战胜利后的上海，物价飞涨，小职员胡智清靠勤奋工作和妻子又兰的持家有方维持温

饱；母亲与弟弟春生夫妻到上海投靠智清，打破了这种平静，智清的生活很快陷入困境，婆媳之间也产生了矛盾与不和；智清被公司解雇后，又兰因体力不支而流产，老母吵着回乡要路费，智清走投无路之时乘公共汽车拾得一钱包，归还原主时反被诬为窃贼而遭毒打；最后，智清精神恍惚，被汽车撞伤，老母与又兰相互谅解，一家人重又团聚。

在阶级意识方面，影片采取了同时期影片的一贯做法，即以具体人物代表不同阶级：以钱剑如代表资产阶级，以胡智清代表小市民阶层，以小赵、阿珍代表工人劳动群众。影片通过胡智清一家的遭遇，揭示了战后时期普通百姓的艰辛生活，具有尖锐的批判精神。当时的观众对影片进行了这样的阐释："知识分子在今天他所要寻求的，不仅是为了吃得饱穿得暖，和在忍辱的夹缝里布置一种欺骗自己的存在；最主要的是，应该怎样以一种新人的

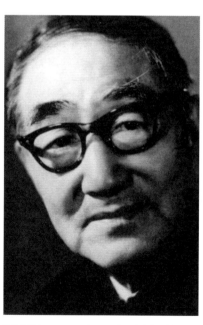

导演沈浮（1905—1994），1936年写成《冷月狼烟录》，由费穆改编成电影《狼山喋血记》；1948—1949年，在昆仑影片公司期间，编导了《万家灯火》（与阳翰笙合作编剧）与《希望在人间》，并参加《乌鸦与麻雀》的剧本编写工作；新中国成立后导演了《李时珍》、《老兵新传》、《北国江南》、《曙光》等。

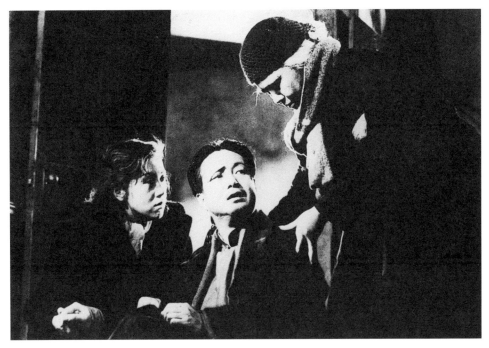

《万家灯火》（1948年，编剧：阳翰笙、沈浮，导演：沈浮）

姿态，突破这种不生不死的生活，摆脱旧思想所给予的精神重压，而像燃烧的火炬似的，向苦难，向迫害猛扑过去，使生命发展得更有意义，更有价值。""这是一个闭塞得透不出气来的时代，但是在一部片子里却透露出无限消息，让我们站在这个'镜子'前面，划分出哪一边是美善，哪一边是敌人"。[3]影片结尾将亲情视为解决一切困境的力量所在，颇能体现中国的伦理观念。

阳翰笙和沈浮在这部影片中运用了现实主义的创作方法，没有过多营造戏剧化冲突，也没有刻意制造偶然性突显的巧合。整个影片具有强烈的生活实感，电影手法朴实、自然、细腻，着力于对生活原色的精确描述，与20世纪八九十年代深刻影响中国文艺创作的新写实思潮相得益彰。影片中的镜头语言应用至今仍令人品

味、感叹。影片大量运用长镜头，"不仅保持了影像表现空间的完整性与连续性，而且借助流畅自然的日常化叙事，朴素而细腻地传递出1948年弥漫在小市民现实生活中的焦虑不安和末世的精神恐慌"。影片的光影叙事的能力不仅代表了当时电影语言的较高水准，就是在今天仍然值得称道。"影片开头，清晨一家三口嬉闹说笑，又兰拉开窗帘，阳光下她的身影掠过墙上的结婚照片，让观众原本明朗的心情陡然变得惴惴不安。果然，小家庭甜蜜的日子很快烟消云散。在另一场戏里，帘布将房间隔成三块，又兰为入不敷出而忧心忡忡，智清怕家人听到，拉她到室外商量。这场戏中，镜头是从老太太和春生的视角出发，智清和又兰的影子无声地晃动在帘布上……帘布成了暗影浮动的幕布，灯光斜射在褶皱不平的帘布上，两人的影子一会儿鼓胀一会儿拉长，造成视觉上的冲击，让观众真切地体味到老太太内心难言的不

安与不平"[4]。

影片还擅长运用细节传达人物内心的思想活动。"又兰和婆婆拌嘴的一场戏中，满腹委屈的又兰突然将窗户推开，镜头迅速切换，老太太的头发被风吹了起来，借助无形的风来表现又兰无形的怒火，再无言地传递给老太太，颇得'意在言外'的中国传统美学韵致"[5]。

影片继承并发扬了中国电影的小人物传统，这些小人物尤其是小市民安分守己，理想不高，容易满足，起初过着平静、安稳的生活。但这平稳原本就不堪一击，因此外来的打击往往会使得其事业、家庭同时陷于困境，主人公的悲剧恰恰在于没有意识到自己的困境，仍然对现实心怀幻想。对于生活苦难的表现，中国电影似乎格外擅长，但中国现实主义影片不会轻易给人物提供廉价的困境解决方式。一方面，这更符合现实主义的原则；另一方面，苦难的持续将会积累观众的愤激情绪，从而思考苦难之源，达到现实批判的目的。

其后，在反映上海沦陷后大学教授邓庚白的抗敌斗争的影片《希望在人间》（昆仑影业公司1949年摄制）中，导演沈浮进一步发挥了他在《万家灯火》中严格的现实主义创作方法，无论是环境的安排、场面的调度、镜头的运用，还是细节和插曲的安排，都有鲜明强烈的生活色彩。

1949年昆仑影业公司摄制了根据田汉的同名话剧改编的影片《丽人行》。其编

[3]王洋：《精神的火炬——看〈万家灯火〉以后》，《剧影春秋》第1卷第1期，1948年8月。

[4]聂伟：《世界性因素·细节现实主义·饥饿的象征——重读〈万家灯火〉的几个节点》，《当代电影》，2005年第3期。

[5]聂伟：《世界性因素·细节现实主义·饥饿的象征——重读〈万家灯火〉的几个节点》，《当代电影》，2005年第3期。

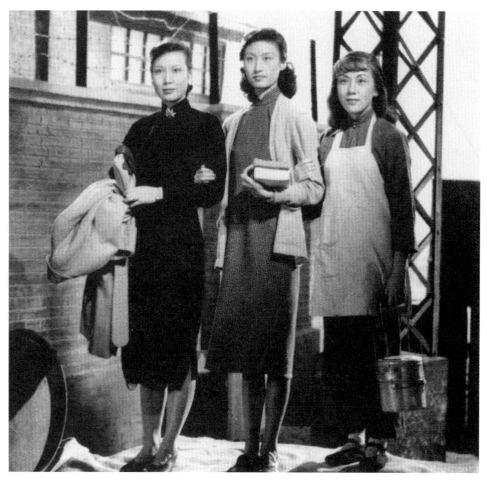

《丽人行》（1949年，编剧：田汉、陈鲤庭，导演：陈鲤庭）

剧为田汉、陈鲤庭，导演是陈鲤庭。影片以1944年上海的三名不同性格的女性为主线，生动地反映了抗战时期上海沦陷区的现实：女工金妹放工回家途中，遭日军强暴，又被解雇，为生计无奈为娼，因丈夫误解，投江获救；若英因丈夫赴内地参加抗战，不耐贫困和寂寞，嫁与银行家王仲原，几经周折才认清王的真面目；最终两人在新群的帮助下一起踏上新的征途。

电影工业的相对完整、电影艺术家的积累、电影人对生活观察的深化、电影文化和电影美学的成熟，使20世纪40年代后期，成为中国电影的一个高峰。20世纪30年代的民族电影艺术传统在经过八年抗战的变形后再次得到发展，中国电影业因而贡献出一批具有时代感、艺术性和美学

魅力的代表性作品。

第二节

国统区桑弧、费穆等重要导演及其作品

这一时期的现实主义电影，除了昆仑公司的作品之外，国民党官营电影基地"中电"一、二、三厂及长春电影制片厂的张骏祥、徐昌霖、汤晓丹、金山等也都努力突破箝制，拍摄了一批进步电影，佐临、费穆、曹禺、桑弧、应云卫等在"文华"、"国泰"、"艺华"等民营电影公司则拍摄了一

批有作者风格的现实题材影片，使这一时期的电影创作呈现出多元化的风格。

一、现实生活众生相

《天堂春梦》（中央电影企业股份有限公司二厂1947年摄制）的编剧是徐昌霖，导演是汤晓丹。抗战胜利后，建筑工程师丁建华夫妇返回上海，暂居于发战争财起家的远亲龚某家。后无奈搬出，寄居一巨厦檐下。一天，丁建华发现巨厦为自己当年设计，悲愤欲绝，忽闻楼下门警正驱逐夫人漱兰，丁建华气极失足坠楼，奄奄一息。影片抨击了那种劳动者无家可归、官僚们不劳而获的不平等现象。丁建华和龚某是有代表性的两个人物：丁建华是战后千千万万知识分子的缩影，躲过了八年战乱，盼来的却是梦幻和泡影；而龚某则代表着不劳而获的官僚一族。由于影片的思想尖锐，批判深刻，触及社会的敏感问题，它曾遭到"中电"当局的八处删剪。特别是原剧本中，丁建华失足坠楼而死的整个结尾被删去，改成他茫茫不知去向。尽管如此，影片还是产生了强烈的批判效果。

《忆江南》（国泰影业公司1947年摄制，编剧为田汉，导演为应云卫、吴天）拥有与《一江春水向东流》相似的艺术手法，同样以抗战为背景，通过一个现代陈世美的故事，表现了黎稚云这个小资产阶级知识分子如何由热心抗战走上完全蜕变、堕落的道路。《忆江南》、《一江春水向东流》和《松花江上》三部影片，差不多一个时间在上海上映，获得评论界"三江好"的赞誉。

《夜店》（文华影业公司1947年摄制，

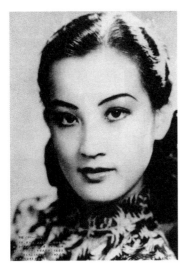

《忆江南》主演周璇（1920—1957），主演《风云儿女》《马路天使》、《忆江南》、《清宫秘史》等影片。

编剧为柯灵，导演为黄佐临），原本是由柯灵与师陀根据高尔基的《在底层》改编的话剧，其故事发生在上海的一家下等客栈"闻家店"里，而这家店里住着形形色色的下层社会人物。1945年该剧由苦干剧团在上海公演时，因为对旧社会揭露之深刻、对白之精彩，曾经轰动一时。搬上银幕时，柯灵对原剧进行了再创作，在人物刻画和情节、场景的安排上使之更加中国化、电影化。

《喜迎春》（中央电影企业股份有限公司二厂1949年摄制，编剧为吴天，导演为应云卫）讲述了退休的东群学校老校长陶培仁及其子执中所代表的知识分子起初安分守己，甚至遭受社会恶势力的压迫和侮辱仍隐忍不发，直到最终认识到"好日子不是等可以等得到的，一定要我们大伙去争，去追，走正路去找，好日子才会来到"的故事。

1947年下半年，曹禺接受了"文华"的聘请，编写了电影剧本《艳阳天》，并亲自担任导演，用了将近四个月时间，将它拍摄成影片。影片着力刻画了一个敢于与恶势力斗争的律师形象。律师阴兆时为

人正直，其友孤儿院院长魏卓平软弱善良。孤儿院被富商金焕吾看中，企图强迫收买，遂以魏曾在沦陷区当保长的事相要挟，胁迫他在契约上签字。魏被迫屈服，后来终于鼓起勇气向阴律师泄露金在沦陷区做过大汉奸的隐秘。阴律师随即收集金的罪证检举告发，金终被判刑，孤儿院得以恢复。数日后，阴律师又被砸伤。面对威胁，他凛然不惧，在四、五月的艳阳天里，继续为人打抱不平。

在谈到这部影片的主题时，曹禺曾说："中国人有一副对联，叫做'各人自扫门前雪，不管他家瓦上霜'，横额'莫管闲事'。这，我认为不对，我们必须辨明是非，必须恳切做事，不怕麻烦，不怕招冤。"影片体现了曹禺创作的许多特点：构思巧妙，结构严密，对话精练，人物刻画得鲜明、突出，表现出高度的艺术技巧。影片融正剧与喜剧为一体，洋溢着幽默乐观的色彩。当时的评论在肯定这部影片的成就和积极意义的同时，也指出《艳阳天》呈现的矛盾状态：一方面"积极地鼓励人执著现实，以人力向现实作是非善恶的斗争"，另一方面又"没有正确的正视和执著现实，而从那里逃避开，使斗争归依于个人的激情行为，看重了为一定阶级作护符的'正统法律'"，从而使影片的思想价值产生局限。

二、喜剧电影的繁荣

喜剧电影的繁荣是战后中国电影的重要成就之一。张骏祥编导的《还乡日记》和《乘龙快婿》都是以带有闹剧色彩的讽刺喜剧形式，辛辣地嘲讽了"惨胜"和"劫收"的腐败现象。《还乡日记》是张骏祥根据自己在抗战胜利后回到上海找房子的经历写成，也是他进入电影界的第一部作品。影片中有许多戏是在上海马路上实景拍摄的。张骏祥早年就读于清华大学西洋文学系，后来到美国耶鲁大学戏剧研究院专攻导演。他的影片在剧作结构、戏剧冲

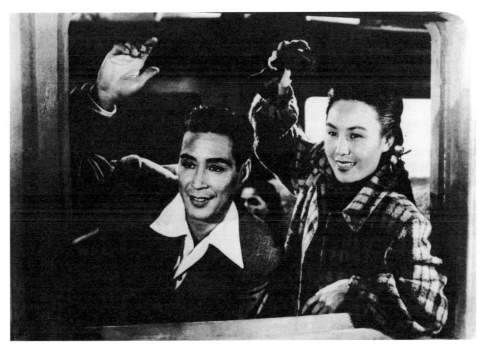

《乘龙快婿》（1947年，编导：张骏祥）

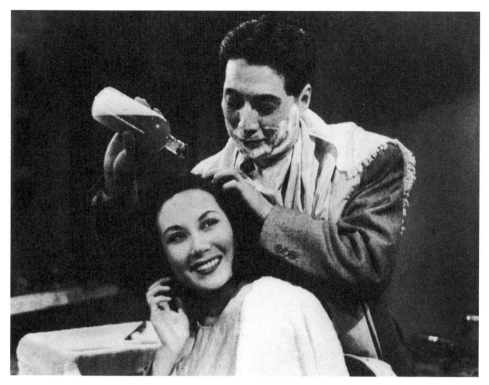

《假凤虚凰》（1947年，编剧：桑弧，导演：黄佐临）

突、语言风格等方面都颇显文学功力。陈白尘和陈鲤庭合作创作的《幸福狂想曲》以喜剧的形式，处理了悲剧的内容，描写了都市下层社会的普通市民的艰苦生活中的挣扎。影片受到观众的欢迎和影评界的赞许，认为它"指出了我们所处的这社会，是怎样一个不合理的、大鱼吃小鱼的流氓社会"。昆仑影业公司1949年摄制、根据漫画家张乐平创作的著名连环画改编的儿童片《三毛流浪记》由阳翰笙编剧，赵明、严恭导演，同样诙谐地再现了流浪儿的不幸命运，有力地讽刺了当时政府所宣称的"儿童是国家未来的主人"的虚伪性，是一部含着泪水的悲喜剧。

《假凤虚凰》是文华影业公司于1947年摄制完成的，编剧是桑弧，导演是佐临。年轻寡妇范如华因经济拮据登报伪称"华侨富翁的女儿"寻求良婿。某公司经理张一卿投机失败，诱使理发师杨小毛冒名代其向范如华求婚，冀求巨资挽救公司。见面时，双方都唯恐露出破绽，闹出不少笑话。结婚当天早晨，彼此发现了对方的真实身份，互骂对方是无耻骗子，婚礼告吹。最后，两人撕下面具，结为夫妻，范也走上自食其力之路。影片辛辣地讽刺了当时上海滩上尔虞我诈的社会风气，揭露了资产阶级的腐朽生活，歌颂了自食其力的劳动人民。

当时有评论称此片"夸大之中不流于无聊与浅俗，所以多少有点看查理·卓别林滑稽片的意味，笑中有泪"，然而，影片在上映时引起了不小的风波。理发业工会认为影片讽刺理发师：影片中的三号穿了黄黑皮鞋各一只，将烟头放在耳朵上及口袋中，跪着求婚，用领带自缢，在餐厅帮范如华围餐巾，穿工作衣到当铺当押衣服，将头部躲入大风筒内以及范如华骂"理发匠"，这些都被认为是鄙视理发业的镜头，工会要求将上述镜头通通删去。随后，影片在多地引起风波，理发师们包围戏院，进而与观众发生冲突。在广州，经过广州市教育局会同警察局、总工会、社会局、新闻科等进行调解，其中一些镜头被删去。

对于这场风波，李健吾敏锐地指出，影片本身并无问题，"编剧的用心是在笑中提倡自食其力的劳工神圣观念"，问题在于"这是艺术，这是喜剧"，所有误会"是从这方面的隔膜来的"。"假如《假凤虚凰》是一出悲剧……不至于像今天这样会引起职业上的误解"。"看艺术作品，我们需要相当的游离态度。看喜剧，尤其需要……要笑，就得有距离……假如你发现自己在某几点供给了笑料，你要有民主的心情去迎受，因为这里是一个正确的主题，有益于人类，你必须以大家的欢笑为欢笑。大家的笑是坦白的，好意的"[6]。他指出了当时观众在喜剧电影接受方面的经验不足，但并没有指出喜剧文化在中国电影创作中一直就缺乏应有的位置。正因为如此，少数坚持喜剧电影创作的电影人就更不应被遗忘。

三、桑弧与文华电影公司

1946年8月下旬，卡尔登戏院老板吴性栽成立了文华电影公司，并聘请桑弧负责公司的艺术创作。为了打响文华电影公司成立的"第一炮"，桑弧经人介绍认识了张爱玲，随后便邀请她为文华公司创作电影剧本。张爱玲很快就写出了电影剧本《不了情》，这也是她的第一部电影作品。故事描写了中年企业家夏宗豫钟情于卑微

---

[6]李健吾：《从〈假凤虚凰〉说民主》，《大公报》，1947年7月19、20日。

贫寒的家庭教师虞家茵，夏太太从乡下赶到上海来吵闹，家茵"经过理智与情感的挣扎"，觉得夏太太也是一个可怜的人物，于是悄然离去的故事。《不了情》是文华公司成立后拍摄的第一部影片，上映后便一炮打响。借着《不了情》的轰动效应，桑弧再请张爱玲创作了《太太万岁》。这部影片哀而不伤，悲喜交集，标志着桑弧对喜剧的把握在这部影片里已经成熟。

在《太太万岁》中，女主人公陈思珍想法使她势利的父亲资助丈夫唐志远办起了子公司，但丈夫发财后却娶了姨太太，婆婆对她又多方责难。她忍气吞声，"顾全大局"，东哄西骗，为的是努力获得所有人的好感。她不断的谎言造成了种种冲突和误会：婆婆与媳妇、女婿与岳父、丈夫与妻子、小姑子与小舅子，这些冲突和误会串联起一个个喜剧情境并产生喜剧效果。整部影片的情节发展犹如一个连环套，一环扣一环，节奏紧凑有序而又充满张力，从而产生了独特的喜剧效果。影片中陈思珍父亲上门寻找女婿时被交际花所吸引的

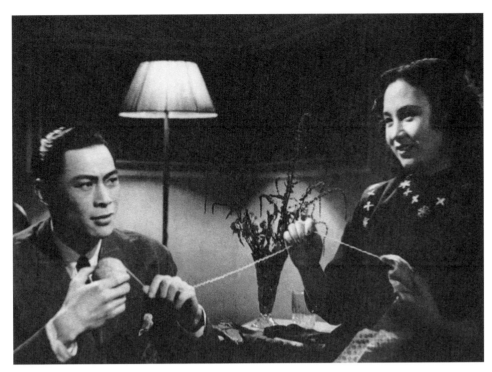

《太太万岁》（1947年，编剧：张爱玲，导演：桑弧）

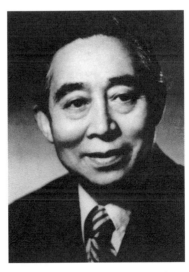

桑弧（1916—2004），1941年起从事电影剧本创作，编写电影剧本《灵与肉》《洞房花烛夜》《人约黄昏后》等。《教师万岁》是桑弧导演的第一部作品，曾先后导演《太太万岁》《梁山伯与祝英台》《天仙配》《祝福》《魔术师的奇遇》《他俩和她俩》《子夜》等片。

段落，通过一段经典的长镜头将父亲的虚伪揭示得一览无余。张爱玲对40年代中产阶级生活的准确体验和深刻表达，使得她的剧作成为这个阶层的代言人。这个阶层的女性是逃离于当时动荡的社会政治环境之外的，是当时堪称"浮华遍地，十里洋场"的上海的精神和脊梁，支撑着上海滩的上层生活的颓靡和艳雅。[7]

左翼影评对《太太万岁》进行了激烈的批评。一些进步的电影评论家用阶级分析的眼光和立场评价桑弧的喜剧电影创作，认为"从桑弧君的一些戏里，我们很清楚地看得出来，作者的人生经验还有限，他属于城市中薪阶层。但他深刻地懂得这个阶级，懂得他们的生活，他们的习气，他们的想法以及他们的缺点……不过，他没有看出这个可笑而善良的阶级的出路。

世界的潮流给桑弧君的阶级指出了一条路：如何倾覆这现存制度？因之如何与更下层的工农走到一起？"甚至影片被批评为颂扬了一个充满小市民庸俗习气的女主人公，渲染了乐天安命的人生哲学。[8]

张爱玲在《太太万岁》的题记中这样阐释自己的创作动机："陈思珍用她的处世的技巧使她四周的人们生活圆滑化，使生命的逝去悄无声息，她运用那些手腕、心机，是否必须？她这种做人的态度是否无可訾议呢？这当然还是个问题。在《太太万岁》里，我并没有把陈思珍这个人加以肯定或袒护之意，我只是提出有她这样的一个就是了。""她最后得到了快乐也并不怎样快乐；所谓'哀乐中年'，大概那意思就是他们的快乐里面永远夹杂着一丝辛酸，他们的悲哀也不是完全没有安慰的。

[7]饶曙光：《〈太太万岁〉与喜剧万岁》，《当代电影》，2005年第6期。

[8]程季华：《中国电影发展史》，中国电影出版社，1981年，第268—269页。

我非常喜欢'浮世的悲哀'这几个字。但如果是'浮世的悲欢',那比'浮世的悲哀'其实更可悲,因为有一种苍茫变幻的感觉。"

后来的学者们对这部影片有了诸多新的认识。李欧梵指出:"张似乎更关心比中产或大富阶级更低一层的小市民,或逐渐没落的中产或大富阶级(如《金锁记》),所以颇自觉地在她的人物身上加上一点温情……张爱玲又把这种温情落实在以家庭为轴心的中国日常生活中,所以人物之间的冲突和摩擦,完全是出自中国伦理道德。"[9]影片"借鉴了30年代美国好莱坞的爱情'谐闹喜剧'类型的模式和套路","就是对中产(或大富)人家的家庭纠纷或感情纠葛,不加粉饰,以略微超脱的态度,嘲弄剖析。情节的偶然巧合和对话的诙谐机智,在这类作品里,也是不可或缺的要素"。当然,更重要的是,张爱玲"在借鉴之余,也羼杂了一些30年代中国电影常见的题旨如'婆媳摩擦、亲友势利、见异思迁'"等。[10]有的研究者认为,《太太万岁》的题材似乎与时代主题无关,实际上其"深层意识确是对中国男性社会的极严厉的批评。换句话说,它绝非一个逃避主义的产品","在中国面临政治体系大分裂的前夕,《太太万岁》承载了诸多除了政治或经济以外的道德或社会危机"。[11]

文华公司(1946—1951)对战后电影的发展起了重要的推动作用。该公司的创

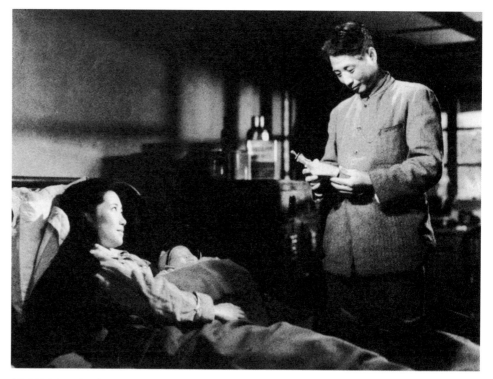

《哀乐中年》(1949年,编导:桑弧)

作力量主要是进步话剧团体的人员,如黄佐临、柯灵等。这些电影艺术家具有很强的文化意识和艺术风采,知识分子气质明显,又与正面表现社会矛盾的艺术家有区别。他们没有放弃对社会人生的关注,却以更为鲜明的对处于社会矛盾中的人的心灵的探询传达出自己的人生体验,他们是"以心灵探索心灵"的。在战后的国统区,人文电影的代表作品有《不了情》(桑弧)、《假凤虚凰》(佐临)、《太太万岁》(桑弧)、《艳阳天》(曹禺)、《生死恨》(费穆)、《小城之春》(费穆)、《哀乐中年》(桑弧)等。

《哀乐中年》是文华影业公司于1949年摄制的。影片所叙述的故事颇有些寓意:小学校长陈绍常早年丧妻。五十岁生日那天,儿子儿媳送给他的生日礼物,竟是一个寿穴的模型。后来,他把儿子送给他的墓园改建为一所小学,又与一个年轻的女教师开始了新的生活。影片提出了一个严肃的带有哲理性的问题:"五十岁是人生

的坟墓,还是人生的开始?"影片既有一段年龄悬殊的爱情,又包含两代人的冲突这个颇具现代性的话题。但影片不但没有突出这些戏剧冲突,反而冷静沉稳地将这些"故事"压了下去,节奏舒缓有致、情感细腻。主人公虽然最终得到了大团圆结局,却是"快乐里面永远夹杂着一丝辛酸",是较早且较成功地表现中产阶级中年困境的中国影片,这恐怕与桑弧生长于上海中产阶级家庭,同时接受了好莱坞电影情节剧和中国伦理戏剧传统不无关系。

文人电影是战后中国电影的优秀代表,它与当时同样占重要地位的"社会伦理情节剧电影"共同构成了中国电影的繁荣局面。与社会派电影不同,文人电影在关注社会现状的同时,更注意从活生生的人物身上寻找他们的心灵遭遇,以具有中国或东方特色的镜头语言传达具有传统意味的伦理道德精神和营造含蓄隽永的银幕氛围。同时,由于文人派电影大多表现知

[9]李欧梵:《狐狸洞呓语》,辽宁教育出版社,2000年,第183页。
[10]郑树森:《张爱玲的〈太太万岁〉》,(台湾)《联合报》副刊,1989年5月25日。
[11]焦雄屏:《孤岛以降的中产戏剧传统——张爱玲和〈太太万岁〉》,(台湾)《当代》,1990年4月。

识分子的家庭生活，有时还着重表现女性的生活，所以，对人性的追求和对自由解放、社会位置的需求也时时反映在影片人物中。《小城之春》中的周玉纹、《哀乐中年》中的刘敏华等都是这样的典型形象。

桑弧和张爱玲对俗世生命真实的表现、费穆对心灵现实的多层次开掘、佐临和柯灵对"爱和光"的希望、曹禺对人格典型的塑造，有的纯净幽致，有的诙谐戏谑，有的悲天悯人，有的尖锐深刻。但他们都企图对40年代的灵魂世界做出自己的理解，他们显示出了东方世界对人性、自由的渴望，对伦理道德传统的继承。所有这些，都构成了东方人文电影的整体意义。

四、费穆的东方电影美学

这时期，尽管由于美国好莱坞电影的大量进入，加上战争背景，经济萧条，中国民族电影生存非常艰难，但是，中国电影的风格样式却越来越丰富。抗战胜利后，费穆重返影坛。1947年，他执导了由京剧大师梅兰芳主演的戏曲片《生死恨》。这是中国第一部彩色影片。他与梅兰芳配合默契，对写意与写实的统一、传统艺术程式化的表演与电影艺术的表现方法的有机结合，以至布景的处理、道具的使用，都进行了改良和创新，达到了新中国成立前戏曲片拍摄的最高水平。后来新中国成立以后，戏曲片成为中国一个特殊的电影片种，也继承了此期戏曲影片的创作观念。

其后，费穆导演了《小城之春》（文华影业公司1948年摄制，李天济编剧）。影片将中国古典美学哀而不伤的意境传统与现代电影形式相结合，成为中国电影史上的经典作品。

抗战结束后，江南小城的一户破落人家里，主人礼言久缠病榻，与妻子玉纹若即若离。初春某日，礼言昔日的同学、青年医生章志忱突然来访，玉纹发现志忱是自己十年前初恋的情人……

对于《小城之春》评论界曾有过不同的评价。有人认为是一部消极影片，"它渲染了没落阶级的颓废感情……"该片导演费穆的女儿费明仪则说："在那个知识分子的苦闷年代，他并不安于现状，他要跳出来，虽然不知何去何从，至少反映出他在过渡期间的向往。"

1995年3月，《小城之春》被上海电影评论学会评为"中国电影九十年十大名片"之一。评论认为，"导演费穆，在当时形成的文化氛围中，他独树一帜地进行着自己的审美追求。他不喜张扬，而是以平淡的笔触，画出了一幅让你可以再三品味的人生图景。他所抒写的这座小城终究是兴不起浪涛的湖泊，而会无声地沉入黑暗之中。此处，虽无口诛笔伐，却留下一番沉思。导演舒展地运用镜头的变化与组合，自由地抒发着自己的心情，从而创造了这部内外和谐、表里一致的艺术珍品"。

《小城之春》是中国电影历史上被认为体现了鲜明的"东方美学"的经典之作。据说《小城之春》的意境和韵味是费穆根据苏轼的一首《蝶恋花》而构想的。词中的残红、青杏、芳草、绵柳、佳人、行人并未直接出现在《小城之春》中，但是由"伤春"所表现出的落寞和无奈却是与影片的意境相通的。在影片中，一处废园，一处断墙，构成一个封闭的世界。在这个世界里，主人公戴礼言体弱多病，终日面对枯树、乱石默默独坐；他的妻子周玉纹青春韶华，却只有在上街买菜和抓药中度过她人生最美好的时光。此外还有妹妹戴秀、仆人老黄，还有一个生灵——一条狗。死水似的生活在一个旧人章志忱到来后略起了一些波澜，但不是大起大落，而是开合有度，毫不越矩。最后随着旧人的离去，生活又恢复了原来的样子。全片的情绪始终像平静湖面的涟漪，微微荡起，又慢慢

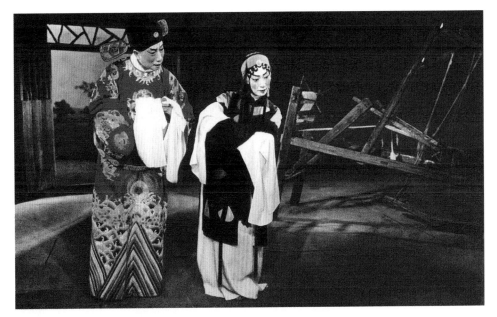

中国第一部彩色影片《生死恨》（1948年，原著：齐如山，导演：费穆）

消逝，"发乎情止乎礼仪"，同时细腻的人物内心世界也被揭示得鲜活而又极具神韵。

当然，《小城之春》仍然是有故事的，章志忱是礼言的朋友，却也是玉纹的初恋情人。在十年以后，他重新出现，而世事变幻，玉纹已为人妻。于是在每个人的心里，都出现了不同的感受。戴礼言深深感到自己生命的无力，甚至一度自杀来逃避眼前的一切；玉纹在心里涌动着对志忱的热爱，但是无法改变现有的格局，像那个时期的许多年轻人一样。在影片中，人的微妙的心理都展现出来了，但是他们都似乎被限定在一个怪圈之内，无法冲破。一切都在"一唱三叹"的情绪状态中展开，一种被费穆称之为"空气"的东西萦绕不去，若即若离，空灵而飘忽，一直贯穿了影片的始终。

《小城之春》使用女主人公视角的旁白叙事，这种叙述视角使影片得以深入人物心理。"这种主观手法，在当年的影片中极为罕见，甚至主观叙事技巧本身在文学作品中也不多见。'五四'新文学的传统影响到三四十年代的电影，基本上是现实主义挂帅，用的是客观手法和'全知'视点"。"费穆的伟大之处，就是把这种源自当时环境的'颓废美学'在影片中呈现出来"。"此外'颓'和'废'应该分开来解释：八年抗战使中国变成一片'废墟'，片中的两个男人都是典型的知识分子，经过战争和流亡的磨难后，变得十分颓唐，以前的理想破灭了，当年的雄图大志也成了过眼云烟，唯有在

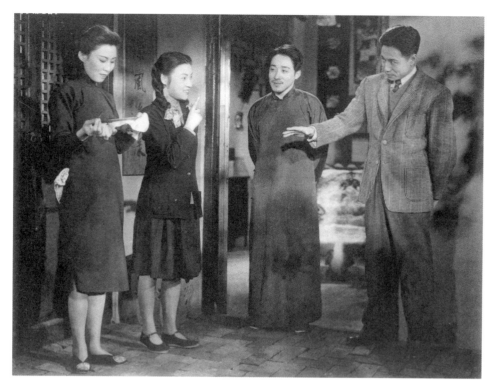

《小城之春》（1948年，编剧：李天济，导演：费穆）

一片废墟中休养生息，有待复原"。[12]

在《小城之春》中，主观镜头、近景、特写是尽力避免的，也几乎没有闪回、对切、长镜头和中景镜头等比较常见的表达方式，而这维护了电影世界的完整性，具有更开放的特点。例如志忱来到戴家的当晚，有一个长镜头表现了玉纹和戴秀与志忱之间的关系。戴秀在唱歌，而玉纹和礼言以及志忱都在移动。摄影机最先跟着玉纹向左移动，后来出现了礼言、玉纹的双人镜头，戴秀、礼言、志忱的三人镜头，随后是礼言和玉纹的换位。而影片的后半部，四人在同一个空间喝酒划拳的场面，更是充满一种不可见的戏剧性，四个人的心理和关系被镜头内的场面调度表现得丝丝入扣。空间完整，在一个固定的场面中展现多重

意义，这是《小城之春》艺术形式的独特之处。

如果说50年后评论家对于这部影片的解读多少有些过度阐释的话，或许当年的观众观感更有助于我们了解这部作品。1948年10月2日的《大公报》发表了署名为杨纪的《〈小城之春〉试评》，其中谈及玉纹的心理时说："在过渡的时代，本来就有许多事情会使人敢如此想，却不敢如此做，或者是合理地做了，却不敢作合理的解释。周玉纹一个人的私事的矛盾，正是这一个时代许多人许多事的引证。"文章又指出，"这一家人不快活的原因只有一个，就是戴礼言的不健康状态。使戴不健康的原因，主要是他的环境，是他这个残破的家和这座残破的城"。"照理说，抗战既属胜利，他这个残破的家应该得到合理的赔偿……事实上，他并没有得到真正的赔偿"。"从这一家人看一国

[12]李欧梵：《重温费穆的〈小城之春〉》，《看电影》，上海书店出版社，2008年，第152页。

人，无论是自发的，还是被迫的，有这副哭丧面孔也不算稀奇"。而费穆随即在 10 月 9 日的《大公报》作出了回应，称"（剧）作者的主张是：关于此一题材，不愿叫喊，不愿硬指出路"而"我为了传达古老中国的灰色情绪，用'长镜头'和'慢动作'构造我的戏……结果使片子过分的沉闷了"。1948 年 9 月 30 日发表于《新民晚报》的《偏安在花厅的人们——〈小城之春〉观后感》（署名靖华）则赞赏"《小城之春》如纷乱的草丛中开出来的花朵……作者将一个五个人构成的平凡的故事交给导演，在小小的天地里，在寂寞的情调中，它被处理得如散文一样美丽"。而导演对细节的处理更是受到肯定："一向被导演们滥用或遗忘了的小动作，在《小城之春》里时时被应用着，而且是应用得那样的主动突出。如戴礼言对这祖宗所遗留下来的产业，非不能发扬光大，反在八年的抗战中给毁了，无力修复，这在他永远是一个创伤。导演就把他处理在断垣残壁中发怔，经过倒塌了的围墙时，他把一块块的废砖累积起来。这个动作使我们知道戴礼言对这所塌了的房屋，是如何的伤感与留恋。"

把传统的伦理道德观念消融在形式多样而具备民族审美特点的镜头体系中，在展现人物心灵世界的同时又不忘记社会环境的变动。这种对艺术和人生的双重关注使得费穆在中国电影史上的地位至今不容忽视，也使东方文人电影成为民族经验的一段真诚的影像记录。

文人电影也许是世界电影思潮在中国催生的一枝奇葩。世界电影史上的四五十年代，是电影艺术发展的重要转折阶段。这种转折的重要表现是从电影的经典形态向现代形态的转变。在西方，各个国家掀起了新电影运动：在法国，50 年代末期新浪潮运动兴起，电影表现手段的更新和现代的美学观念继承了本国的现代主义传统；在意大利，新现实主义电影在二战的废墟上崛起，导演们把摄影机扛到了大街上，用自己的独特眼光再现法西斯带来的社会恶果；日本的黑泽明、瑞典的伯格曼、意大利的费里尼和安东尼奥尼也在这时开始了对现代电影的探索。具有悠久叙事传统的中国当然也不例外，作为对世界电影思潮的回应，文人电影在 40 年代适时兴起。

东方电影以汉文化传统为依托，结合自己的叙事、写意传统，不断探索电影反映民族生活和民族心理的可能性。它一反好莱坞的情节剧模式，着重表现而不是再现，着重求"善"而不是求"真"。与欧洲电影的艺术性和实验性相比，它并不只把"唯美"作为首要的目标，而更注重电影的意境营造和电影世界的完整性，在银幕上展现了东方人独特的感知世界和人生的方式。

战后国统区电影的生产仅仅只有四年时间，从题材上看，这一阶段以表达对战争和社会黑暗的批判、反思为主。对战争的书写，是一个民族历史记忆的有机构成要素。八年抗战给中国社会和中国民众带来的巨大影响成为文艺创作者取之不竭的资源。不过，这一阶段符合现代类型片意义的战争片很少，战争更多的是作为艺术表现的背景。同期抗战文学作品中充满乐观主义的英雄传奇在电影中基本没有出现，同期文学作品津津乐道于曲折的抗日故事情节，一味关心具体敌对环境下敌对斗争故事的进程，从这个角度来说，战后国统区以战争为背景的影片更具有历史深度和思想高度。

第三节
中国共产党及解放区电影的诞生与发展

一、中国共产党最早的影像记录

1935 年，美国记者埃德加·斯诺来到陕北采访刚刚长征结束的红军，他用随身携带的摄影机拍摄了毛泽东、周恩来和红军官兵的形象。这是关于中国共产党人及其所领导的军队的最早的电影记录影像。

1937 年 8 月，日军进攻上海。大批进步电影从业人员纷纷离开上海。著名左翼电影人袁牧之、陈波儿（共产党员）、钱筱璋三人离开上海，希望赴陕北拍摄红军。周恩来在八路军驻武汉办事处接见了袁牧之等人，建议他们先到刚改组成立的中国电影制片团去参与阳翰笙编剧的影片《八百壮士》，以促成这部宣传抗日的影片早日完成。

1938 年春，周恩来派袁牧之去香港购买电影器材。在廖承志的帮助下，袁牧之从香港购买到一台 16 毫米电影摄影机及近万英尺（3000 多米）的 16 毫米胶片。1938 年 4 月初，荷兰著名电影导演、纪录电影大师伊文思来到中国战场拍摄纪录片《四万万人民》。在拍完"台儿庄战役"部分后，伊文思计划到延安拍摄八路军的镜头，但遭到国民党当局的阻挠。不久，伊文思在武汉拍摄了八路军驻武汉办事处开会的情景。伊文思在周恩来的安排下会见了中国进步电影艺术家袁牧之。袁牧之告诉伊文思，自己即将离开武汉去延安，拍摄有关抗日民主根据地及八路军敌后抗日活动的纪录片。伊文思将自己使用的一台"埃姆"35毫米电影摄影机和2000英尺（609.6米）电影胶片送给八路军。吴印咸用自己有限的钱买了3台照相机带到延安：一台是德国"维阿他"135相机，一台是德国"伊可弗莱斯"120双镜头相机，另一台是专门拍摄4英寸以上照片的木壳照相机，后来因为在延安搞不到专业胶片，改作放大机使用。吴印咸用另外两台照相机在延安和华北抗日前线拍摄了许多珍贵的历史照片。

二、解放区最早的电影工作与延安电影团

抗日战争期间，由中国共产党和中共军队所实际控制的地区，被称为"抗日根据地"，而在1945年—1949年的国共内战时期，这些地区则被称为"解放区"。从1938年开始，中国共产党的电影事业也开始萌芽了。左翼电影精英从国统区的大城市奔赴陕甘宁边区，成为最早的延安电影人。以他们为核心，电影团在延安成立。电影团成立之初的名称是"八路军总政治部电影团"。1942年5月13日，电影团整建制编入联防政治部宣传部，改为"联政电影团"，日常通称"电影团"。电影团由谭政任团长，最初由李肃担任政治指导员，袁牧之负责艺术指导，吴印咸和徐肖冰担任摄影，另外又从抗大的学生中调来叶苍林和魏起。抗日战争胜利后，它开办过2期摄影训练班，培养了40多名青年摄影师。在延安城北门外向北1.5公里的凤凰山下的大砭沟，是八路军文化中心。在

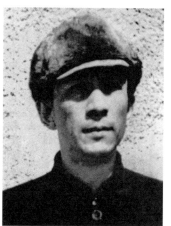

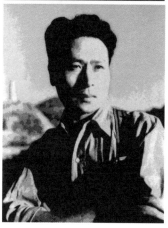

延安时期的袁牧之、吴印咸，解放区最早的电影专业工作者

大砭沟口南面紧靠延河的山腰上有几孔窑洞，这里便是电影团的驻地。

1938年10月1日，大型纪录片《延安与八路军》在陕西省的黄帝陵拍摄了第

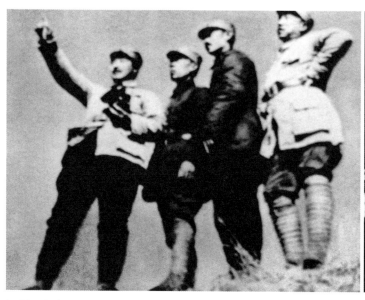

《延安与八路军》（未完成，1938年，编导：袁牧之、吴印咸）

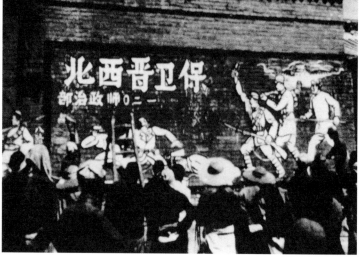

一个镜头，揭开了延安电影团创作的最新一页。袁牧之担任这部影片的艺术设计，负责编导工作，吴印咸主持摄影工作。整部纪录片拍摄过程历时两年，反映了全国各地的抗日爱国青年从四面八方来到延安的情景；重点记录了毛泽东、朱德和八路军其他高级指挥员的风采，以及延安的自然风貌与社会风貌、抗日军政大学、陕北公学、鲁迅艺术学院等。这部影片拍摄完成后由袁牧之等人带到苏联去洗印，因苏德战争爆发，底片散失，没能最后完成上映。但是它拍摄的许多素材，在后来中苏合拍的《中国人民的胜利》和《解放了的中国》等片中曾被反复使用，产生极为广泛的影响。

延安电影团有一个摄影队和一个放映队。从1938年秋到1946年间，他们克服了陕北物质上、技术上和生活上的各种困难，摄制了《延安与八路军》、《陕甘宁边区二届参议会》、《十月革命节》、《生产与战斗结合起来》（即《南泥湾》）、《红军是不可战胜的力量》等新闻纪录片和《白求恩大夫》、《延安各界纪念抗战五周年》等新闻素材。1942年，在毛泽东同志的《在延安文艺座谈会上的讲话》发表后，延安电影团摄制了大型纪录片《生产与战斗结合起来》（即《南泥湾》）。此片记录了在日寇的进攻和国民党的封锁下，共产党地区的军队和民众如何克服困难、自力更生、坚持抗战的各种事件和场面。诺尔曼·白求恩大夫对于中国人民而言，一直都是一位家喻户晓的英雄人物，这要归功于延安电影团拍摄的有关白求恩大夫工作生活的宝贵素材——《白求恩大夫》。《白求恩大夫》是我国著名摄影家吴印咸于1939年拍摄的。吴

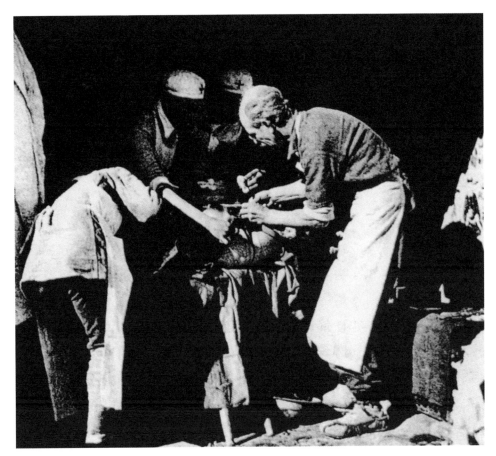

《白求恩大夫》（新闻素材，1939年，摄影：吴印咸）

印咸早年考入刘海粟创办的"上海美术专科学校"，开始接受正规的绘画基本训练，同时自学摄影。从1927年起，吴印咸到上海担任布景师，其后担任摄影拍摄了《风云儿女》、《都市风光》、《生死同心》、《马路天使》等影片。为拍摄白求恩大夫在中国战场上的活动情景，吴印咸从晋西到冀中用两个月的时间跟随白求恩。吴印咸还拍摄了那幅著名的历史照片《白求恩大夫》。这位国际主义战士正是在这次抢救之中被感染，于战斗结束后的第四天长眠在中国大地。

《生产与战斗结合起来》（即《南泥湾》，钱筱璋编导，吴印咸、徐肖冰摄影）记录了八路军一二〇师三五九旅响应中共中央的号召，把生产与战斗结合起来的情景，描绘了经过生产与战斗后的南泥湾新貌和三五九旅在秋收之后紧张练兵习武的情景。影片的许多场面虽然都是表现劳动艰苦，但却拍得富有诗情画意，给人以明朗和乐观的感觉，这样的处理是十分难得的。这次拍片，胶片数量显然不足，但吴印咸在拍摄中做了精心的设计，竭力避免胶片浪费，所拍的镜头大多内容精练，概括性强，选择的形象富有表现力，在画面构图上相当考究，整部影片在抒情的格调中洋溢着浓厚的田园气息。如部队向荒野进军、垦荒、放牧、秋收、练兵等场景，不但能给人以精神鼓舞的力量，同时也给人以赏心悦目的享受。这些美好的画面，又配上旋律优美的音乐，情景交融，增添了影片的感人力量。

拍《南泥湾》时，电影负片已经用完，于是用正片代替负片。他们努

力摸索正片感光的特点，在曝光技术上狠下功夫，争取达到尽可能好的效果。影片的后期制作，更是难以想象的，没有自来水就挑来延河水澄清后使用；没有电，在屋顶上开个洞用自然光代替；没有冲片机，就将胶片剪成二十尺（约6.7米）的小段，绕在木框上，一段一段地冲洗；没有印片机，就将放映机改装代替。声音是用留声机放音乐，用扩音机播解说词，在放映时二者互相配合形成了"有声电影"。在该片拍摄接近完成时，毛泽东听到情况汇报后，亲自提笔写了"自己动手，丰衣足食"八个刚劲有力的大字。上映后，该影片轰动了延安。

此外，延安电影团还拍摄出数以万计的反映陕甘宁边区和延安的政治、军事、经济、社会等各方面活动的照片，巡回放映了十几部苏联早期优秀故事片，为积累重要的革命史料，为开拓和发展人民电影事业做出了贡献。

延安电影团在中国电影史上具有重要历史地位，这是因为延安电影团不单纯是八路军的下属宣传机构，还是中国共产党中央为未来建立新中国电影事业的战略部署。

根据地的电影活动规模很小，并不是抗战时期电影的主要部分，也没有生产故事片。但正是这股不起眼的潮流，日后形成了延安电影传统，并发展成为新中国电影的主流，对新中国成立以后的电影产生了重要的影响。正如延安电影团成员、中央新闻纪录电影制片厂老厂长钱筱璋所说："延安电影团的成立，代表着一个新生的力量，对中国的电影历史是一个划时代的事情。它在历史上所起的作用和存在的意义是，解放战争胜利以后整个全国电影

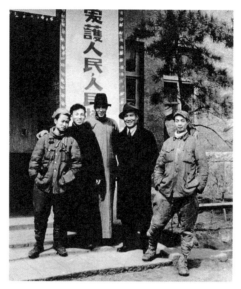

田方（中）、钱筱璋（左二）等人准备进入长春，接管"满映"前合影

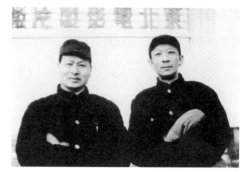

中国共产党建立的第一个电影制片厂——东北电影制片厂厂长袁牧之（右）、副厂长吴印咸

的大发展，延安电影团是一个根子。"[13]

1945年8月，随着中国人民抗日战争的胜利，延安电影团结束了它的光荣历史，它的全体成员被分批派往东北解放区。[14]日本宣布无条件投降后，"满映"内部乱成一团，厂内的进步分子组成了"东北电影工作者联盟"，并于10月1日成立了东北电影公司，由张辛实任总经理。延安电影团派出钱筱璋等四人为先遣人员，去长春接收"满映"。不久，袁牧之从苏联回国，他与钱筱璋、田方、许珂在抚顺会合，研究接管计划。

三、中共第一个电影制片厂

1946年4月，国共内战开始，人民解放军撤出长春，电影从业人员准备下撤

[13] 吴筑清、张岱：《中国电影的丰碑：延安电影团故事》，中国人民大学出版社，2008年。
[14] 钱筱璋：《党的电影事业从这里开始——回顾延安电影团的奋斗历程》，《电影艺术》1983年第9期。

后方。从5月13日到23日，大部分人员撤出长春，物资运往后方。6月1日，他们到达了黑龙江兴山，也就是今天的鹤岗市。10月1日，他们成立了东北电影制片厂（简称"东影"），由袁牧之任厂长，吴印咸、张辛实任副厂长，这是中国共产党建立的第一个电影制片厂。

"东影"建厂后拍片的重点是纪录片，这是为了适应解放战争的需要。建厂伊始，"东影"就派出3个摄影队去前线拍片，直到1949年初，"东影"已经有32个新闻摄影队了。后来，"东影"也开始尝试拍摄其他片种。1947年，该厂拍出《民主东北》等一批反映东北解放区面貌的纪录片，后来又摄制木偶片《皇帝梦》、动画片《瓮中捉鳖》、科教片《预防鼠疫》、短故事片《留下他打老蒋》，还首次译制了苏联故事片《普通一兵》。这些不同的片种都是中共领导下的电影的制作实验，积极配合了当时的政治斗争，而且为发展新中国电影事业创造了条件。

1946年7月，延安建立延安电影制片厂。9月，它开拍解放区第一部故事片《边区劳动英雄》，但因机器故障、战争危险等原因，影片未能完成。1947年它拍摄了《保卫延安和保卫陕甘宁边区》大型纪录片，记录了解放军撤出延安到转入战略反

攻的重大史实，而且拍摄了毛泽东、周恩来等中央领导人行军休息和指挥战争的珍贵镜头。由于战争形势的发展，延安电影制片厂于1947年10月改编为"西北电影工学队"，踏上东进征程。1949年春，随着东北的解放，"工学队"与"东影"合并，成立了后来的长春电影制片厂。

1946年上半年，早年在上海曾从事过电影工作、时任抗敌剧社副社长的汪洋（后任北京电影制片厂厂长）接受聂荣臻司令员的命令，去接收"满映"的电影设备和由东北电影公司支援的一批技术人员。10月5日，晋察冀军区政治部电影队（后改称"华北电影队"）正式成立，汪洋任队长，队员有30多人。它有另外一个名字即"装在一辆胶轮大车上的电影制片厂"，他们就像战斗队伍一样可以随时随地转移。它先后在平山、定县、兴国等地建立新闻摄影据点，拍摄了不少有关华北解放战争的新闻素材。[15]1947年11月，华北电影队进入刚解放的石家庄，成立石家庄电影制片厂，拍摄了《华北新闻》等新闻影片。

1948年底，解放战争即将获得全国胜利。中共中央明确地规定："平津攻下后，电影事业的领导机关应设在北平。"1949年1月北平和平解放，石家庄电影制片厂迁往北平，配合"东影"派出的干部对原国民党的"中电"进行接收。1949年4月，中央电影局在北平成立了，袁牧之任局长。4月20日，北平电影制片厂，（即现在的北京电影制片厂）正式成立了，田方任厂长、汪洋任副厂长。1949年11月，上海

电影制片厂成立了，于伶任厂长。这样，在中国电影最发达的上海，中共建立了电影生产机构。

从延安电影团开始，中共电影事业经过11年，从白手起家发展到拥有3个正规电影制片厂和颇具规模的放映系统以及一支数量可观的电影专业队伍。来自"满映"、国统区的电影工作者在此过程中深入农村、深入前线，思想得到改造，而解放区的电影干部在此过程中也逐渐掌握了一定的电影技术。来自不同战线、不同背景的电影人蓄势待发，为新中国电影的诞

生积蓄力量。1949年7月2日，全国文艺工作者代表大会在北平正式召开了。共有824名代表参加会议，他们代表了全国各地的文学、戏剧、电影、音乐、美术、舞蹈界7万名左右的文艺工作者。7月19日，大会通过了决议，发表了宣言，成立了中华全国文学艺术界联合会，大会选举郭沫若担任主席。7月15日，中华全国电影艺术工作者协会在北平举行了成立大会，大会选举了阳翰笙为主席。解放区和国统区的两支电影队伍走到一起，揭开了新中国电影的序幕。

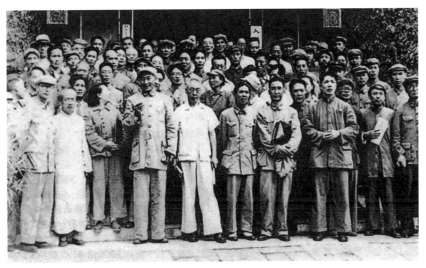

第一次中华全国文学艺术工作者代表大会主席团成员合影

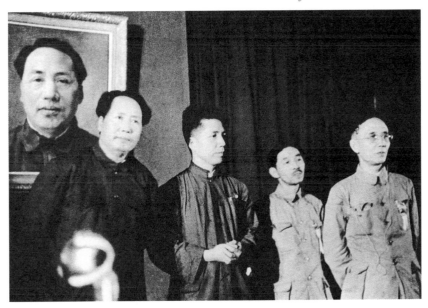

毛泽东亲自出席第一次文代会，与周扬（左二）、沈雁冰（即茅盾，左三）、郭沫若（第一次文代会主席，左四）在主席台上

[15]关于解放区电影队可参见袁牧之：《关于解放区的电影工作》，载《中华全国文学艺术工作者代表大会纪念文集》，1950年3月，中华全国文学艺术工作者代表大会宣传处编辑出版。

第 五 章

新中国电影的诞生

（1949-1956）

经过了漫长的动荡和战乱，中国共产党借助于历史性的"天时、地利、人和"，在中国即将跨入20世纪50年代前夕，基本控制了中国领土，完成了国家统一。这样一个历史性的时刻，便成为中国史学者们所称的"新中国"的开始。新中国的新，充满想象、期待、信心和理想，为了这个新，中国急迫地清除着所有被认为"旧"的东西，试图开创出一个全新社会。中国电影也在这种创造新中国的伟大热情中，成为新文化的重要组成部分，从而也可以被称为"新中国电影"。新中国电影，从一开始就是新中国政治的组成部分，它在为中国百姓提供意识形态想象的同时，也为中国主流政治塑造审美形象。

第一节
新中国电影的创建

中国共产党对电影重要性的认识，可以说从一开始就是超乎寻常的。早在夺取政权的战争时期，中国共产党就没有将电影仅仅看做一种简单的文化娱乐方式，而是一种政治斗争的重要武器，娱乐工业的资本主义电影观被社会主义的政治武器的电影观所代替。在中国共产党领导的电影历史上，电影是政治的一部分，而且是重要的一部分。这种观念，从领导左翼电影到发展解放区电影到1949年以后建设新中国电影事业，再到"文化大革命"，甚至到经历了世纪转折的21世纪，都一脉相承。所以，应该说，从一开始，新中国电影就伴随着

中国政治的命运拉开了帷幕。

一、中国社会主义电影事业的起步

1949年以前，中国电影业基本上是由国民党控制的官僚资本和其他私人资本建构的。因此，当中国共产党即将获得政权之前，就开始了党建电影事业的步伐。1946年10月1日，中共在接收日伪电影企业"满映"的基础上，在东北解放区建立了第一个电影制片厂——东北电影制片厂（1955年3月改名为长春电影制片厂），这也是中国共产党第一个电影生产基地。处在战争年代，东北电影制片厂除少量纪录片创作以外，还难以承担故事片的创作。

1949年，中国共产党即将获得全国政权，新中国电影的建设才真正具备了历史条件。1949年1月，北平和平解放，汪洋会同"东影"派出的田方等人，在北平军管会的领导下，对中央电影企业公司第三制片厂、长春电影制片厂北平办事处、中央电影服务处华北分处等官僚资本电影企业进行接管，并于1949年4月20日正式成立了北平电影制片厂（后改为北京电影制片厂）。

在解放战争即将结束之际，1949年4月，由中央宣传部直接领导的中央电影局在北平成立，袁牧之任局长。

1949年4月，"东影"完成了新中国第一部故事片《桥》。《桥》作为一个标志性事件，代表了新中国电影的诞生。

同年6月，于伶、钟敬之等代表上海军管会正式接管国民党的中央电影企业公司总管理处及一厂、二厂，中国电影制片厂，上海实验电影工厂，农业教育电影制片厂办事处等电影机构。11月16日，上海电影制片厂正式成立，由于伶任厂长、钟

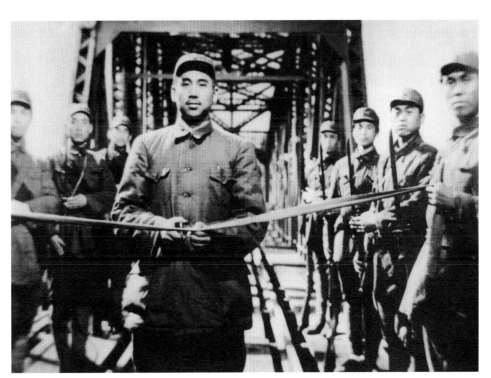

《桥》（1949年，编剧：于敏，导演：王滨）

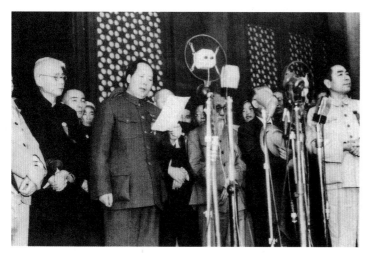

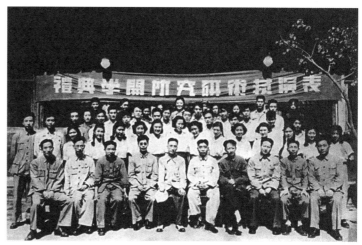

1949 年 10 月 1 日，毛泽东在天安门城楼向全世界宣告：中华人民共和国成立了

1950 年 9 月 14 日，北京电影学院的前身电影局表演艺术研究所，举行开学典礼

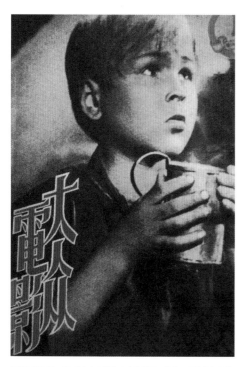

1950 年 6 月 1 日，《大众电影》在上海创刊，梅朵、王世桢任主编，图为创刊号封面

敬之任副厂长。

三个国营电影制片厂的建立，以及新政权在财力物力上对电影事业的支持，为新中国电影发展提供了组织上、财力上和物力上的保证。

1949年7月，中华全国文学艺术工作者代表大会在北平召开。当时，中共中央的三位最高领导人毛泽东、朱德、周恩来都到会并发表讲话。会议期间，阳翰笙、袁牧之分别作了《国统区进步戏剧电影运动》和《关于解放区的电影工作》的专题发言，中华全国电影艺术工作者协会随即成立，阳翰笙当选主席，袁牧之当选为副主席，共有委员和候补委员54人。以这次代表大会为标志，解放区来的电影工作者和国统区（包括香港）来的左翼电影工作者两支队伍会师，成为后来在政治运动中一直有着一种微妙的张力关系的新中国电影队伍的核心力量。

二、改造私营电影业

当中国共产党领导的国有电影机构成为电影业主体的同时，政府也采取各种措施加强了对私营电影业的"社会主义改造"，以最终确定电影的"国营"性质。

到 1951 年 5 月止，除 3 家国营电影厂外，中国大陆还有 7 家民办的私营电影厂全部集中于上海，它们是："文华"、"昆仑"、"国泰"、"大同"、"大光明"、"华光"、"大中华"。此外还有设立于 1950 年 3 月的公私合营的长江电影制片厂（"长江"）。1951 年 9 月，"昆仑"与"长江"合并，组成长江昆仑联合电影制片厂（"长昆"）。1952 年，"长昆"，联合"文华"、"国泰"、"大同"、"大光明"、"华光"、"大中华"等，成立国营的上海联合电影制片厂，由于伶担任厂长。1953 年 2 月，上海联合电影制片厂与上海电影制片厂合并，组成上海电影制片厂。从此，电影业的社会主义改造基本完成，电影成为完全的国有事业。直到 20 世纪末，随着中国的改革开放，民营企业、外资企业才能够重新艰难地进入电影业。

从人民解放军占领上海到1953年这3年间，私营电影公司共生产电影61部。前一阶段，许多影片明显是按照娱乐工业的市场导向生产的影片，后一阶段则有意识地与新中国的文化氛围接近，自觉地以"工农兵"作为电影主人公，如《关连长》；或者反映"新"与"旧"两种社会的对比从而认同新中国，如《我们夫妇之间》、《思想问题》等；还有的则是对现代左翼作家文学作品的改编，如根据老舍小说改编的《我这一辈子》、根据茅盾小说改编的《腐蚀》等。

1951年1月15日，文化部电影局所属的中国影片经理公司成立（1953年改名为

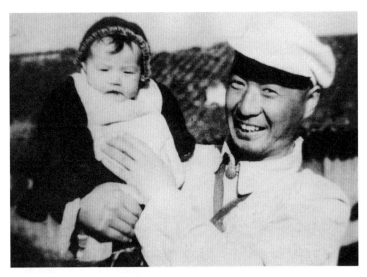

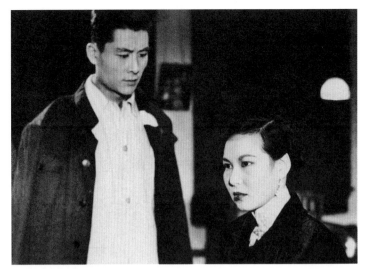

《关连长》（1951年，编剧：杨柳青，导演：石挥）　　　　　　　　　　　　《夫妇进行曲》（1951年，编剧：田鲁，导演：洪深）

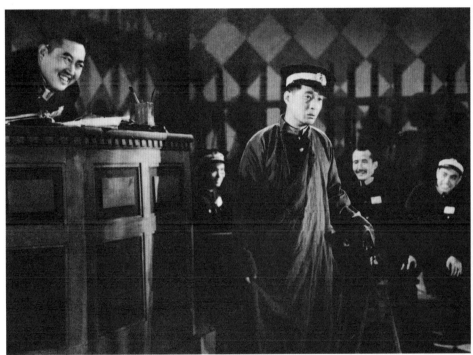

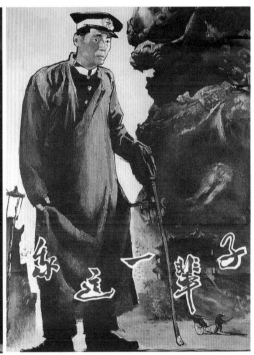

《我这一辈子》（1950年，编剧：杨柳青，导演：石挥）

中国电影发行放映公司），罗光达出任经理，统一经营全国的电影发行事业，进行从生产到发行的整体国有化改造。尽管私营电影业已经自觉地跟随中国社会的演变，改变着自己的电影生产方式，但是随着中国经济的全面社会主义改造，电影的国有化也成为不可避免的趋势。诞生于1905年的私营民族电影业，在1953年初，中断了其47年的历史。中国电影业完全成

为社会主义公有事业。

三、国营电影厂出品新片展览月

　　共产党领导的电影机构在接下来的一两年中，相继拍摄完成了一系列故事片。继《桥》之后，东北电影制片厂拍摄了《中华女儿》、《白衣战士》等

5部电影。到1950年底，在1年多时间里，国营电影厂共完成了35部故事片、280部新闻纪录片和6部美术片，以及43部译制片。

　　从1951年3月8日开始，文化部在全国20多个城市同时举行"国营电影厂出品新片展览月"，同时映出26部新电影（包括故事片20部、纪录片6部）。这批影片成为新中国电影的第一批收获。中共中央

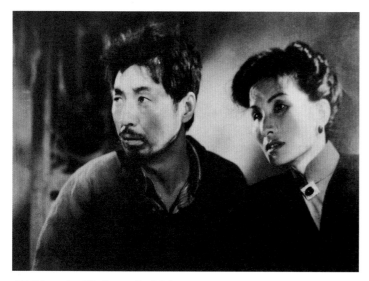

《腐蚀》（1950年，改编：柯灵，导演：黄佐临）

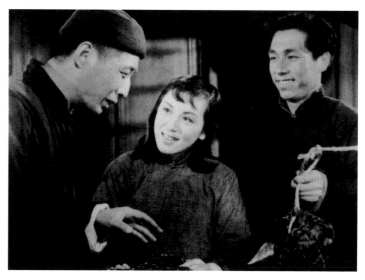

《太平春》（1950年，编剧：桑弧，导演：桑弧）

和当时的政务院对这次展览给予了高度评价，总理周恩来为新片展览月题词："新中国人民艺术的光荣"。自此新中国电影的雏形开始形成。

在这场活动中，《新儿女英雄传》、《白毛女》、《翠岗红旗》、《上饶集中营》、《民主青年进行曲》、《团结起来到明天》、《陕北牧歌》、《红旗歌》、《辽远的乡村》、《女司机》、《胜利重逢》、《人民的战士》、《高歌猛进》、《儿女亲事》、《大地重光》、《刘胡兰》、《内蒙人民的胜利》、《海上风暴》、《走向新中国》、《保卫胜利果实》等影片陆续展映，这标志着党领导的电影机构已经成为中国电影事业的主体。新华社发表社论，称这些影片为"人民电影事业的光辉成就"。尽管这一时期，一些民营电影机构也相继拍摄了《我这一辈子》、《关连长》（石挥编导并

主演），《腐蚀》（柯灵编剧，黄佐临导演），《我们夫妇之间》（郑君里编导）、《姐姐妹妹站起来》（陈西禾编导）等影片，但是新中国电影的社会主义电影体系的主体已经基本形成。

四、共产党领导下的电影指导委员会

当中国大地的战火还没有完全熄灭之际，面对百废待兴的局面，中共中央就已经开始高度关注电影的走向。

1949年8月14日，中共中央宣传部向各中央局、各野战军政治部发布了《关于加强电影事业的决定》，指出："电影艺术具有最广大的群众性与最普遍的宣传效果，必须加强这一事业，以利于在全国范围内，及在国际上更有力地进行我党及新民主主义革命和建设事业的宣传工作。"中国电影的"宣传"性质从此就基本确立。

中华人民共和国成立初期，中共中央对电影事业在高度重视的同时，也表现

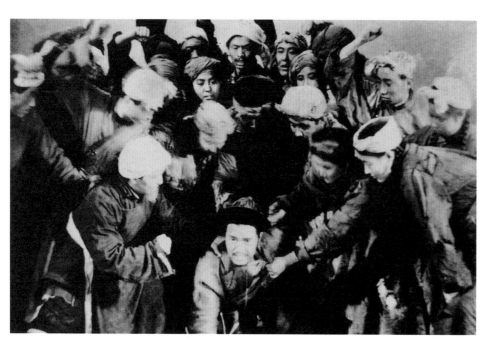

《内蒙人民的胜利》（1950年，编剧：王震之，导演：于学伟）

了一个新政权的自信和随之而来的相对宽怀。1948年11月，中共中央指示："现在我们的电影事业还在初创时期，如果严格的程度超过我们事业所允许的水平，是有害的。其结果将是窒息新的电影事业的生长，因而反倒帮助了旧的有害的影片可得市场。"所以，"电影剧本的标准，在政治上只要是反帝、反封建、反官僚资本的，而不是反苏、反共、反人民民主的就可以。还有一些与政治无大关系的影片，只要在宣传上无害处，有艺术上的价值就可以。至于艺术标准，亦应从大处着眼，不应流于细节的苛求"。"电影剧本故事的范围，主要的应是解放区的、现代的、中国的，但同时亦可采取国民党统治区的、外国的、古代的。外国的进步名著，需加以适当的改造，古代的历史故事亦可以选择"。在这些与时务相关的宽松中，当然我们也可以解读到当时的电影管理者对于新中国电影未来的严格期待，正是这种期待后来将中国电影引向了越来越鲜明的政治事业的道路，新中国电影无疑将拒绝成为一种娱乐性的文化工业。

1950年5月7日，在文化部组织的关于电影《内蒙春光》（修改后改名《内蒙人民的胜利》）正式发行上映的座谈会上，鉴于这部影片在描写少数民族上层矛盾时违反了《共同纲领》中的有关政策等情况，周恩来提议由政府有关部门和各方面人士共同组织成立电影指导委员会，以加强对电影的政策性监督和领导。5月30日，文化部电影局成立了由14人组成的电影审查委员会，袁牧之任主任，蔡楚生、史东山任副主任，这也是中共正式设立的第一个电影审查机构。

同年7月11日，在中央人民政府政务院公开发布《关于电影发行放映事业的五项暂行办法》的同时，中央人民政府文化部电影指导委员会宣布成立，由文化部部长沈雁冰任该会主任委员，委员有沈雁冰、周扬、丁燮林、沙可夫、袁牧之、蔡楚生、史东山、陈波儿、李立三、陆定一、钱俊瑞、廖承志、肖华、蒋南翔、徐冰、邓拓、刘格平、张致祥、沈兹九、丁玲、艾青、老舍、赵树理、阳翰笙、田汉、洪深、欧阳予倩、曹禺、李伯钊、江

青、周巍峙、王滨等32人。这个名单包括了有关宣传、文化、统战、工会、教育、新闻等中央各部门和解放军总政治部的负责人，以及文艺界和电影界的著名人士。应该说，这是新中国第一个由相关人士组成的电影审查、指导、监督机构。这种机构在后来的电影管理体制中，起到了重要的政治监管作用。

之后，由于该委员会的成员众多，无法召开经常性会议，因此，1951年4月，在中央布置对电影《武训传》和《荣誉属于谁》（该片经电影界内部批评后，重新修改并改名《在前进的道路上》正式发行上映）的讨论和批判，并且再次强调加强对电影工作的思想领导时，电影指导委员会又决定成立由周扬、丁燮林、沈雁冰、江青、肖华、袁牧之、陈波儿、蔡楚生、史东山、阳翰笙参加的常委会，同时决定成立电影指导委员会上海分会，由夏衍负责。由此，电影指导委员会开始发挥经常性作用。

电影指导委员会的任务是"对有关推进电影事业，及国营厂的电影剧本、故事梗概、制片和发行计划及私营电影企业

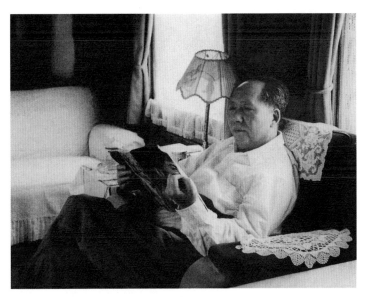

1962年，中共中央最高领导人毛泽东在专列上翻阅电影画报，关注电影事业的发展

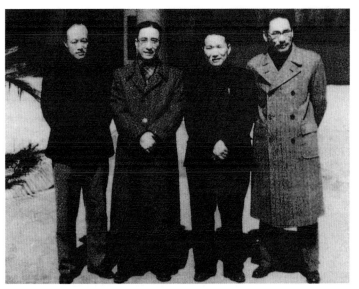

50年代中期文化部电影局领导人（左起）：陈荒煤、蔡楚生、王阑西、史东山

的影片提出意见，并会同文化部共同审查和评议"。它的目的是通过有关方面的协调合作，使全国电影事业和创作得到统一的思想指导，以避免出现政治失误。但在实际工作中，它违背艺术创作规律，使创作人员陷入无所适从和无法摆脱的束缚之中，结果严重地甚至粗暴地干扰了创作。电影指导委员会前后共召开过十几次会议，大至全国电影剧本的题材规划和电影生产计划的审定，小至每一个剧本的修改方案，都由它作出具体规定和执行细则，甚至具体到了亲自规定一个剧本中的对话或字幕表的顺序，直接确定一个摄制组的创作计划等程度。在一年多时间内，被电影指导委员会否定的剧本达四十多个，还有一些剧本因无法满足各方面的要求，几经修改而最终流产，致使这两年的电影生产陷入了无剧本可拍的窘境。

由于各种复杂原因，新中国第一个电影指导委员会于 1952 年结束了工作。在后来中国电影的发展历史上，类似的委员会、类似的管理方式仍然在不同时期继续存在。政治需要创造了新中国电影的管理模式。

第二节

新中国电影的金色童年

当全中国人喜气洋洋地唱着"解放区的天是明朗的天"，迎来一个期盼已久的新中国的时候，那种当家做主、开天辟地的喜悦就自然成为新中国初期电影共同的基调。1951 年 1 月 10 日，电影局局长袁

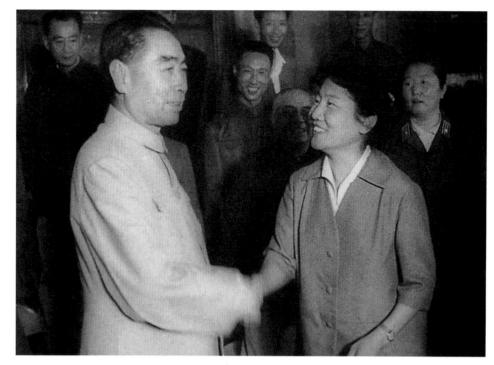

周恩来接见获百花奖最佳女演员"李双双"的扮演者张瑞芳

牧之发表新年讲话，以三副对联进行总结。第一副对联是给电影局管理工作人员的，提出 1950 年电影发展的两大目标，上联：争取进步片优势，保证工农兵电影主导；下联：试行企业化管理，扩大国内外城乡发行。第二副对联是送给全国的电影创作和生产者的，上联：提高思想性艺术性，掌握新现实主义创作方法；下联：不做市民观众俘虏，防止小资产阶级思想感情。第三副对联是针对电影发行人员的，上联：缩小外片需要量，扩大放映网，争取城乡观众均衡；下联：先到基本群众去，后到电影院，改编发行宣传方法。三副对联的共同横批则为"团结学习"。[1] 这三副对联，在一定程度上，反映了当时中共电影发展的指导思想、美学要求和工作思路。电影反映工农兵生活、电影传播新思想新文化

[1] 中国电影图史编辑委员会：《中国电影图史》，中国传媒大学出版社，2007 年版，第 235 页。

的作用，得到了高度强调。

一、第一部新中国电影

1949 年 4 月，东北电影制片厂摄制完成了故事片《桥》，这是新中国第一部故事片。

在没有经验和物质条件困难的情况下，《桥》只用了半年时间就全部摄制完成。影片于 1949 年 5 月 1 日的国际劳动节公映，引起了各界观众的强烈反响，被称为"中国电影史上的一个奇迹"、"一部有划时代意义的作品"。

《桥》的故事发生在 1947 年中国人民解放军刚刚转入战略反攻阶段的东北战场。故事叙述了铁路工人支前运动中的一个修桥的小插曲。它的首创意义在于第一次正面描写了中国工人阶级，第一次在银幕上树立和塑造了新中国"主人公"的形

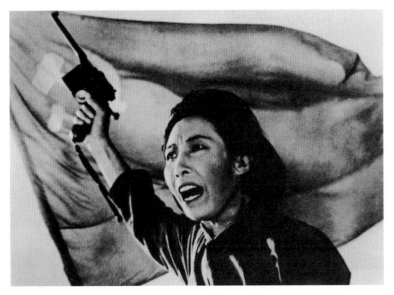

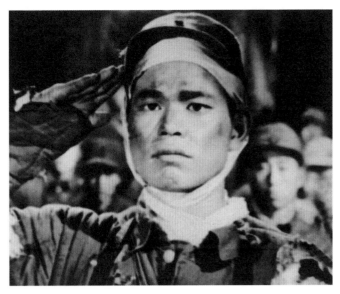

《赵一曼》（1950年，编剧：于敏，导演：沙蒙），1950年获第五届卡罗维·发利国际电影节演员奖

《人民的战士》（1950年，编剧：刘白羽，导演：翟强），1952年获第七届卡罗维·发利国际电影节争取自由斗争奖

象。影片中的梁日升和老侯头都是新中国工人的符号代表。梁日升是个老党员，担负着引导者、帮助者的叙事功能，具有高度的革命责任感和坚韧不拔的顽强精神，在缺料断电的困境中，发挥主动创造精神，终于炼出了工程所需的桥梁钢材。铆工组长老侯头是故事中的成长者、转变者，是饱受旧社会苦难的老工人，对新社会工人的当家做主有着深切的感受和质朴的感情。他性格明快开朗、敢说敢当，用自己

的模范行动进行创造性的劳动，发明了压风钻杠杆，使任务奇迹般地提前完成。江桥胜利通车时，这个老工人在改造客观世界的同时，其思想进一步得到升华，要求加入工人阶级的最高组织。梁日升和老侯头，一个先觉，一个后觉，共同构成了对中国工人的意识形态塑造。这部影片的出现，表明工人阶级作为主人公历史性地成为推动性力量而登上了银幕。与此同时，影片中的一个被改造的总工程师形象，作

为知识分子成为接受工人阶级的教育的角色，奠定了知识分子与工农兵之间接近30年的特定符号关系。应该说，红色电影的几乎所有重要元素都已经在这部影片中萌芽了。

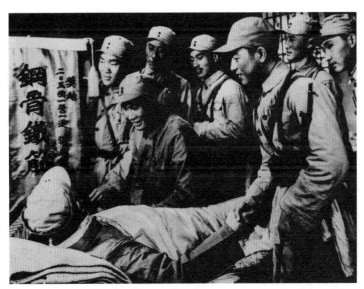

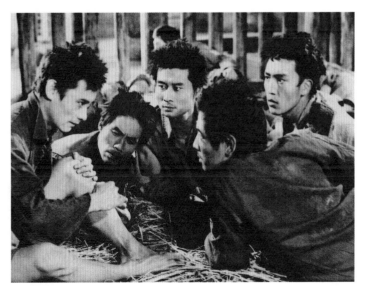

《钢铁战士》（1950年，改编：成荫，导演：成荫），1951年获第六届卡罗维·发利国际电影和平奖

《上饶集中营》（1950年，编剧：冯雪峰，导演：沙蒙、张客）

二、"工农兵电影"与"写重大题材"

在这时期，"工农兵电影"和"写重大题材"是新中国电影的旗帜。

"工农兵电影"的口号，与毛泽东《在延安文艺座谈会上的讲话》相呼应，将为工农兵服务理解为电影表现工农兵，甚至排斥反映工农兵以外的题材，甚至对工农兵生活的范围加以限定，仅止于生产、劳动和战斗的过程，并且用它来限制包括私营电影业在内的电影创作题材和范围。于是，中国革命所依赖的主要阶级力量——工农兵，成为新中国电影不容置疑的"主人翁"，不仅是推动社会历史前进的动力，而且成为银幕的主角，在新中国的银幕上，形象生动地表现了他们觉醒、反抗、斗争直至胜利的历史真实。1949年8月至10月，上海《文汇报》展开了一场能不能写小资产阶级的讨论。许多人以毛泽东《在延安文艺座谈会上的讲话》中"文艺要为工人、农民、兵士和城市小资产阶级这四种人服务"的论点为依据，提出可以写城市小资产阶级在新社会中转化和新生的题材，以扩大文艺的表现领域。在周恩来等有关领导人的支持下，私营电影业的创作者拍摄了一批反映这类题材的影片，但不久却被当做"工农兵电影"的对立面及小资产阶级的立场与思想感情的反映，受到了批判。"工农兵电影"尽管将一大批新的政治形象推上了银幕，但是却在当时助长了电影创作上公式化、概念化的现象，致使电影的艺术空间越走越窄。

"写重大题材"的口号是在电影指导委员会的会议上提出的。当时，受到苏联战争电影的影响，电影管理者要求电影追求"史诗性"，甚至采用行政命令手段，强制创作者去写"重大题材"。在"重大题材"和"史诗性"的标准下，许多剧本被否定，即使是一些"重大题材"的剧本，也因求大求全，最终流产或者难产。如反映抗美援朝的题材，要求必须具有史诗规模，规定影片中要出现中朝两国最高领导人和最高将领，并且要表现中朝人民的友谊，中朝军队的团结，以及战争的战略思想等。反映土改的电影，也是要求全面反映土改中各阶层人物的态度和土改政策的各个方面，成为指导土改工作的教科书。这样的剧本在写成后，经反复修改，仍难以达到要求。"题材决定论"在后来新中国电影的发展过程中，一直是一条重要的政治标准。这条标准不仅成为许多非"重大题材"电影受到排斥、甚至批判的理由，同时也是许多影片包括后来所谓的"主旋律"电影获得政治合法性的唯一原因。

实际上，新中国成立初期所奠定的电影雏形，已经为后来的中国电影确立了走向。

三、红色电影的雏形

新中国电影在初期生产的故事片数量不多，内容集中在两方面：一是叙述以中国共产党领导的新民主主义革命为背景的"过去"故事，如《南征北战》（1952年）、《智取华山》（1953年)、《鸡毛信》（1954年，该片是新中国第一部产生广泛影响的儿童片)、《渡江侦察记》等；二是表现中华人民共和国成立以后的"新人"、"新生活"。中国第一部彩色舞台艺术片《梁山伯与祝英台》的出现则表明中国新文化与古代民间文化的继承关系。在这一时期，人民性成为一种电影共享的标志。

《中华儿女》（1949年，凌子风、翟强导演）是新中国最早表现革命战争的影

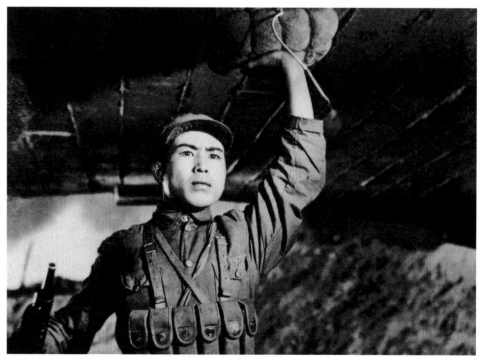

《董存瑞》（1955年，编剧：丁洪 赵宇等，导演：郭维）

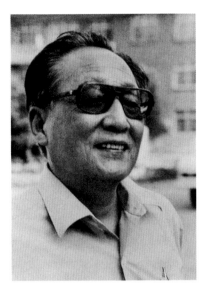

郭维（1922—），导演有《智取华山》、《董存瑞》、《花好月圆》、《铡美案》、《柳暗花明》、《笨人王老大》等影片。

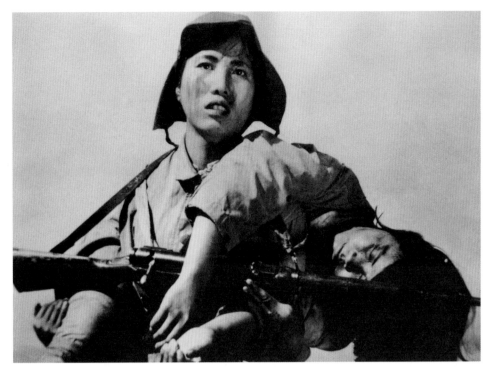

《中华儿女》（1949 年，编剧：颜一烟，导演：凌子风、翟强）

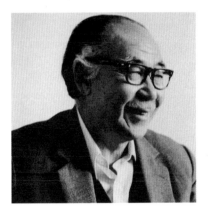

凌子风（1917—1998），擅长改编文学名著，导演了《中华儿女》、《红旗谱》、《骆驼祥子》、《边城》、《春桃》、《狂》等影片

片。影片通过东北抗日联军"八女投江"的故事，以纪实手法和散文风格，塑造了一座女英雄群雕，其中胡秀芝的形象塑造得尤为成功。胡秀芝的丈夫被日本军人烧死，她自愿参加抗日联军，从一个封建的小媳妇变成一位抗联女战士。在最后的战斗中，她和其他女战士一起，牵制住上千的敌人，保卫了大部队。当敌人逼近时，她们簇拥着指导员的尸体，向着滚滚的大江奔去，直至被江水吞没。这一从苦难的劳动妇女成长为人民英雄的叙事模式，也是后来新中国电影共同的叙事方法。

应该说，这一时期的电影创作初步形成了自己新的风格：真实、朴素、充满时代气息和生活气息。当时，解放战争尚未完全结束，在长期的战争中涌现出许多具有原型的人物与事迹，艺术家们以一种真诚饱满的热情，发现和表现工农兵的精神生活，表达自己对于理想的信任。所以，这时期的电影的编、导、演及全体创作人员，都充满了一种来自时代的真情实感。这种朴实地对待新生活的感情是以后任何时期的影片都无法比拟的。所以，后来当人们借助更加成熟的电影技术和电影艺术来重拍《南征北战》、《渡江侦察记》以及后来的《铁道游击队》、《平原枪声》的时候，它们都远远没有当时那些黑白影片的魅力，因为这种魅力是属于那个特定的时代的。

四、国际社会主义电影的组成部分

当时，国际上形成了资本主义与社会主义两大对立的阵营，这种对立既是政治的、军事的，同时也是文化的、电影的。

从1950年起，新中国电影参加了在捷克斯洛伐克举办的、创办于1946年的主要由社会主义国家参加的卡罗维·发利国际电影节，先后有8部初期的故事片及其创作者获奖。其中，《中华儿女》获争取自由斗争奖，《赵一曼》主演石联星获演员奖（1950年第5届）；《钢铁战士》获和平奖，《白毛女》获特别荣誉奖，《新儿女英雄传》导演史东山获导演奖（1951年第6届）；《内蒙人民的胜利》编剧王震之获编剧奖，《翠岗红旗》的摄影师冯四知获摄影奖（1952年第7届）。

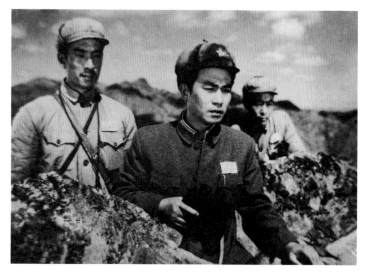

《南征北战》（1952 年，编剧：沈西蒙、沈默君等，导演：成荫、汤晓丹）

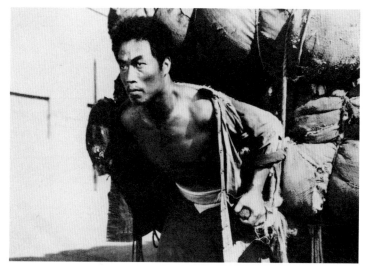

《六号门》（1952 年，改编：陈明，导演：吕班）

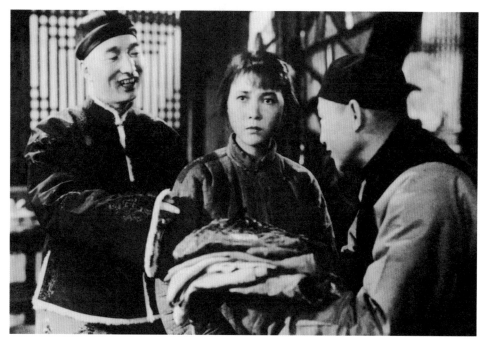

《白毛女》（1950 年，改编：水华等，导演：王滨、水华）

第三节

新中国电影的成长创伤

一、国统区与解放区的两支电影队伍

新中国电影从一开始，就由于电影的高度政治化，使政治与艺术、革命与反革命、社会主义与资本主义、唯物主义与唯心主义之间的所谓冲突构成了电影的核心问题。电影作为一种政治宣传手段，其艺术规律、生产规律都受到忽视，甚至是破坏。政治挂帅带来了电影的过分政治化，其结果就可能是使艺术领域中的电影问题常常演化为政治斗争和路线斗争中的"大是大非"问题。

在新中国成立初期，电影队伍和整个文艺队伍一样，主要是由两支大军组成：一支是解放区的电影和文艺工作者，另一支是坚持在国民党统治区（包括香港）的左翼电影工作者。1949 年 7 月在北平召开的第一次文代会，标志着这两支队伍的会合。但是在后来的发展中，有解放区渊源

这些影片还多次被送往许多国家放映。如《中华儿女》、《吕梁英雄》、《白衣战士》等影片，半年之内在印度尼西亚放映了 2000 多场，观众超过 100 万。甚至在一些西方资本主义国家，新中国电影也受到具有左翼倾向的民众的喜爱。在一次英国全国青年联欢节上放出中国影片时，虽然没有翻译，千百名青年仍然在雨中的帐篷里站了好几个小时，观看《白毛女》等影片。苏联于 1951 年在全国 30 个大城市举办中国影片展览，《白毛女》、《钢铁战士》等片的观众都达到 1200 万人次以上。这些影片证明，新中国电影已经成为国际社会主义电影的重要组成部分。正如电影评论家钟惦棐所说，这一时期是新中国电影"光彩夺目的片头"。

的电影人似乎更重视政治，电影管理者多数出自他们，而来自国统区的电影人则更重视艺术，电影创作者更多，这批人后来受到的政治冲击也比较明显。

按照当时的社会主义立场看电影，不仅左翼电影的传统受到否定，而且一切没有直接与党的路线、方针、政策相关的电影都会受到排斥和批评。所以，当国营电影厂拍摄工农兵和重大题材的同时，私营电影公司的许多影片则受到了冷遇，甚至不同程度的批评。如文华影业公司拍摄的《我这一辈子》、昆仑影业公司摄制的《乌鸦与麻雀》、《三毛流浪记》，还有当时影响较大的《腐蚀》（"文华"根据茅盾同名小说摄制，柯灵改编，黄佐临导演）、《姐姐妹妹站起来》（"文华"摄制，陈西禾编导）等影片。影片《我们夫妇之间》（"昆仑"摄制，郑君里编导）、《关连长》（"文华"摄制，石挥编导）等，刚一拍摄完成，就受到批判。

二、对电影《武训传》的批判

在中华人民共和国成立初期，正当新中国电影刚刚起步，对电影界最大的震动就是对影片《武训传》（"昆仑"摄制，孙瑜编导）的批判。它从一种电影批评直接发展为一场声势浩大的政治运动。这种借电影进行政治斗争的策略，在中国后来的政治运动中，一直被继续甚至发扬光大，其对中国电影发展的影响相当深远。

电影《武训传》的剧本开始创作于1944年秋，1948年7月在南京的中国电影制片厂投入拍摄，完成全片的三分之一。同年11月影片因经济原因停拍，昆仑影

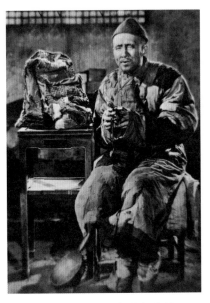

《武训传》（1950 年，编剧：孙瑜，导演：孙瑜）

业公司买下了其拍摄权和拍成的胶片。上海解放后，其编导曾感觉到"武训行乞兴学，那种个人的悲剧性的反抗、斗争方式在刚刚解放的中国火热革命胜利情绪中显得不够积极"，"曾一度考虑停摄"。1949年7月，第一次文代会召开，孙瑜征询了周恩来等人的意见，继续拍摄《武训传》，并于1950年底完成拍摄。《武训传》上映之后，先是受到广泛关注和好评，《大众电影》还出版了特辑，并被列为1950年评奖当选十部影片之一。

影片公映后，也引起了一些争论。正在这个时候，中共最高领导人毛泽东在《人民日报》亲自撰写了社论《应当重视电影〈武训传〉的讨论》，对这部影片提出了严厉的批判："《武训传》所提出的问题带有根本的性质。像武训那样的人，处在清朝末年中国人民反对外国侵略者和反对国内反动封建统治者的伟大斗争的时代，根本不去触动封建经济基础及其上层建筑的一根毫毛，反而狂热地宣传封建文化，并为了取得自己所没有的宣传封建文化的地

位，就对反动的封建统治者竭尽奴颜婢膝的能事，这种丑恶的行为，难道是我们所应当歌颂的吗？……承认或者容忍这种歌颂，就是承认或者容忍污蔑农民革命斗争，污蔑中国历史，污蔑中国民族的反动宣传为正当宣传。"[2]并且认为，对于武训和电影《武训传》的歌颂如此之多，不但"说明了我国文化界的思想混乱达到了何等程度"，而且表明了"资产阶级的反动思想侵入了战斗的共产党"。同一天的《人民日报》"党的生活"栏发表评论说："歌颂过武训和电影《武训传》的，一律要作严肃的公开自我批评……"[3]

《人民日报》的社论和短评发表后，第二天全国各大报刊即全文转载，并同时发表了响应批判的社论。5月23日，中央电影局也向全国电影工作者发出"通知"，"均须在各该单位负责同志有计划领导下，进行并展开对《武训传》的讨论，借以提高思想认识；同时并须负责向观众进行教育以肃清不良影响，并须将讨论结果及经过情况随时汇报来局"。至此，以批判电影《武训传》开始的一场空前的政治运动在全国普遍展开了。孙瑜被迫公开检讨，《武训传》犯了绝大的思想上和艺术上的错误。无论编导者的主管冤枉如何，客观的实践却证明了《武训传》对观众起了模糊革命思想的反作用，是一部于人民有害的电影"[4]。接着对文艺界的整风运动就开始了。1951年6月，在中宣部工作的江青

[2]毛泽东：《应当重视电影〈武训传〉的讨论》，《毛泽东选集》第5卷，人民出版社，1977年版，第46、47页。
[3]《人民日报》，1951年5月20日。
[4]孙瑜：《我对〈武训传〉所犯错误的初步认识》，《人民日报》、《解放日报》，1951年5月23日。

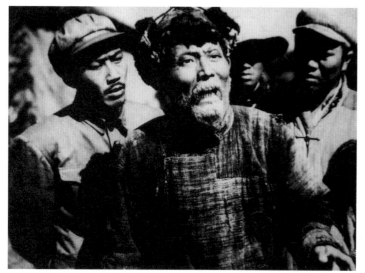
《土地》(1954年，编剧：梅白等，导演：水华)

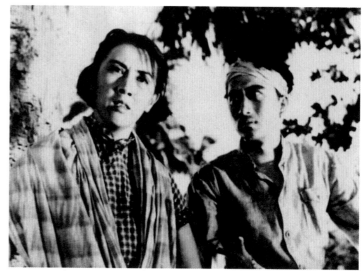
《南岛风云》(1955年，编剧：李英敏，导演：白沉)

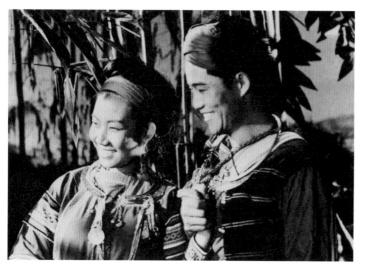
《山间铃响马帮来》(1954年，编剧：白桦，导演：王为一)

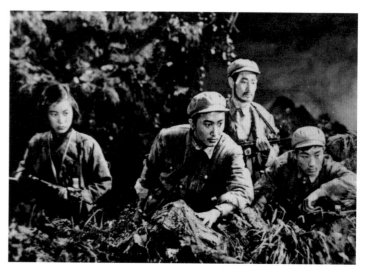
《渡江侦察记》(1954年，编剧：沈默君，导演：汤晓丹)

化名李进，率领工作组进行调查。影片的编导者孙瑜、负责上海文艺界领导工作的夏衍以及其他一些与《武训传》有关的人员，相继在报刊上作出了公开的检讨。与此同时，《关连长》等影片也被批为"一部披着工农兵外衣，实质上是宣传有害的思想，以及反现实主义的制作方法的作品"[5]。三十多年以后，中共中央才对当时对电影《武训传》的批判进行了否定。[6]1994年，当事人夏衍发表文章回忆《武训传》被批判的始末。[7]

三、新中国电影的第一次低谷

尽管对《武训传》的批评，也许是醉翁之意不在酒，但是电影具有如此巨大的政治风险还是让许多电影人诚惶诚恐，担心自己缺乏政治觉悟，电影的审查和管理在政治上也更加严格。这种状况使新中国成立初期那种繁荣的电影局面很快结束，当年没有新投拍任何电影，电影产量严重下跌。1953年，电影局在北京召开第一届电影剧本创作会议和第一届全国电影艺术创作会议，中央人民政府政务院通过了《关于加强电影制片工作的决议》和《关于建立电影放映网与电影工业的决定》。1954年新年一开始，《人民日报》发表题为《进一步发展人民的电影事业》的社

[5]中央文学研究所通讯员小组集体讨论《评〈关连长〉》，《文艺报》1951年7月10日。

[6]《人民日版》，1985年9月6日第1版，胡乔木讲话。
[7]夏衍：《〈武训传〉事件的始末》，《文汇电影时报》，1994年7月16日。

论[8]，虽然这期间先后拍摄了《渡江侦察记》（1954年）、《山间铃响马帮来》（1954年）、《梁山伯与祝英台》（越剧，1954年）、《鸡毛信》（1955年）等比较有影响的影片，但直到1956年毛泽东提出"百花齐放、百家争鸣"的文艺方针以后，新中国电影产量才恢复到1950年的水平，新中国电影业迎来新高潮。

　　成长的创伤伴随着新中国电影后来风雨兼程的发展历史。

---

[8]《人民日报》，1954年1月12日。

第 六 章

新中国电影的感想

（1956-1966）

1955年，中国共产党召开第八届全国人民代表大会，毛泽东提出要在几十年内赶上或超过世界上最发达的资本主义国家；1956年，毛泽东提出"百花齐放、百家争鸣"的文艺方针：这些都意味着中国终于从战争、战争恢复的特殊状态转入了"和平建设"时期。所以，从1956年至1966年，中国从战乱中摆脱出来以后，一方面新的执政党努力为自己创造社会主义的新政治、新经济和新文化，完成新中国社会主义的经济基础和上层建筑的统一；但另一方面，由于国际国内政治形势的复杂变化，也由于长期的政治斗争的惯性，中国社会常常还处在"革命"压倒"建设"的时期，"革命"的形式从"战争"转化为了"运动"。所以，"建设"与"革命"的双重背景锻造了这时期新中国的社会、文化乃至电影品格，同时也在1959

年、1962年前后形成了两个电影创作的巅峰。这一时期创造了新中国社会主义政治电影的经典。

第一节
政治运动中的电影品格

1956年至1966年的中国政治，具有一定的矛盾性，一方面，国家权威话语提出一系列的开放性的口号，显示出新生政权对于战争逻辑与社会稳定的不相适应性已有充分认识；另一方面，在现实中，当身带硝烟的人们从事和平建设以后，文化心理上仍保留着战争时代的痕迹，实用理性和狂热的政治激情相结合，阶级斗争的二元对立思维模式的普泛化，以及民族主

义、爱国主义热情的极度膨胀、对西方文化及西方思想观念的全面排斥，都显示了战争逻辑的延续。所以，一方面是推进经济建设、繁荣文化艺术、发展科学教育，一方面则是政治上的"反右"运动、"拔白旗"运动直至"文化大革命"，经济上的"合作化"运动、"大跃进"运动等。这些"运动"为这一时期的电影锻造了时代品格。

一、"运动"式发展曲线

新中国成立后，"运动"成为一种政治常态。

"运动"呈现了两种意义：其一是变动不居，某次讲话、某个批示都可能引起全社会性的政治、经济、文艺格局的波动与调整，而电影作为主要的舆论控制手段在此期受到领导超乎寻常的关注与重视；其二是指阶段性，阶段与阶段之间不是同一路向的直线前进，相反，每一阶段都可能是前一阶段的悖反；其三是辐射面广，形成"运动"哲学、"运动"思维。"运动"虽然是自上而下发起的，采取的却是群众运动的形式。人民群众在一定程度上被赋予了"运动"的至高权利，他们可以以非专业的指责干涉任何专业领域的生产与创作。由于许多运动的主要对象都是知识分子，这使得具有知识分子身份的电影艺术家们在电影创作上异常谨慎。艺术创作者们有时甚至仍然被当做威胁现有秩序的对立阵营加以改造。所以，为了成为无产阶级阵营的组成部分，此期的中国电影和电影艺术家，非但直接参与了这些"运动"，甚至直接充当了政治风云的风

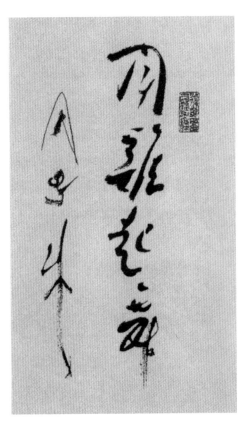

周恩来题词：闻鸡起舞

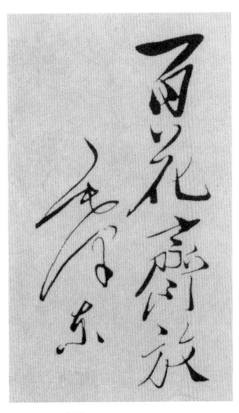

毛泽东题词：百花齐放

向标。

一般认为，新中国电影界始终存在两条路线的斗争，即一方强调电影艺术自身的规律，另一方强调电影艺术为政治服务。但实际上，在整个50年代，这两方的努力实际做的是同一件事，即不断强化电影作为国家意识形态的过程。

1956年，生产资料所有制的社会主义改造基本完成，在一定程度上标志了社会主义对资本主义的胜利，社会主义建设高潮掀起，肃反、镇反等一系列社会改造工程基本完成，使国家对社会形势的重新估价也因此显得乐观了许多。新的形势要求党把工作重点转移到经济建设上来，也因此将调动一切积极因素视作基本方针，知识分子对现代化建设的作用重新得到重视，主流意识形态开始变得宽容。1月，周恩来代表中国共产党宣布，绝大部分知识分子已经是工人阶级的一部分，这种前所未有的信任，显然使知识分子受到了极大的鼓舞。

在此背景下，1956年5月2日，毛泽东提出著名的"双百方针"，这一方针在精神和气度上显示了社会主义文艺意识形态

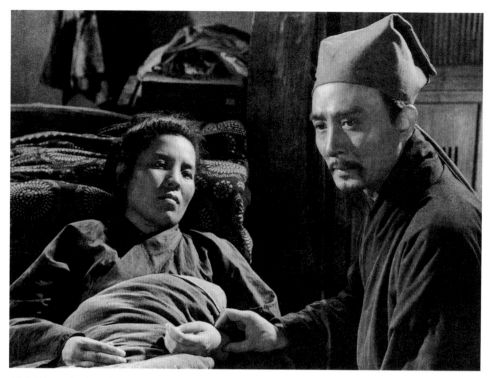

《李时珍》（1956年，编剧：张慧剑，导演：沈浮，主演：赵丹）

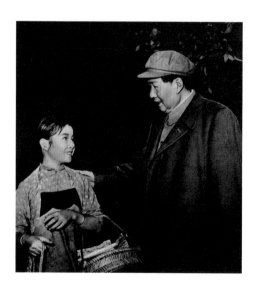

毛泽东接见《红孩子》小演员宁和（1958年）

和权威话语的充分的自信。双百方针被艺术家们视为艺术空间的让度和创作自由的施予，因此创作激情再次被调动。

电影界也感受到这样一个发展的机遇。文化部电影局召开"舍饭寺会议"[1]，决定对电影事业的组织形式、领导方法和经营管理进行重大改革，"三自一中心"[2]的创作生产模式开始出现。1956年底，《文汇报》发起了"为什么好的国产片这样少"的讨论，老舍发表了《救救电影》[3]这样多少有些激烈的文章。特别是当年12月，钟惦棐以《文艺报》评论员的名义发表了电影史上著名的

理论文章《电影的锣鼓》[4]，文章针对当时掌控电影生产的各级领导的教条主义、宗派主义做法，提出了强烈的质疑。他还发出了尊重艺术、"尊重艺术家的自由创作、尊重观众"的呼声。其时，钟惦棐的身份是电影和戏剧评论家、《文艺报》编委、中宣部文艺小组成员，钟惦棐的文章曾在电影界经过多次讨论，并经周扬亲自审阅后发表，代表了当时中宣部、文化部、电影局的国家文艺政策。钟惦棐的文章探讨的是电影与观众的问题，实际这场讨论的主题仍然是"如何将电影的国家意识形态性与电影的群众性结合起来，强调通过电影的艺术性来强化电影作为国家机器的功能，把全体公民纳入到一种国家规范的道德意识和政治意识中去"[5]。

[1]会议在原电影局剧本创作所所在地北京西单舍饭寺召开。

[2]以导演为中心，自由组合、自选剧本、自负盈亏，如当时上影以应云卫为中心的"五老社"，以沈浮为中心的"沈记社"，以陈鲤庭为中心的"五花社"。

[3]《文汇报》，1956年12月1日。

[4]《文艺报》，1956年第23期。

[5]胡菊彬、姚晓濛：《新中国电影政策及其表述》，《影视文化》第3辑，第235页。

正是在这种大背景下，当年的中国电影业出现转机，一方面是整个政治、经济形势的变化所致，另一方面也是新的形势下电影生产规则逐步明确、电影导演们逐渐适应新的需要和新的规则并跟上时代的结果。这一年电影产量达42部，出现了《上甘岭》、《祝福》、《李时珍》、《铁道游击队》、《家》、《新局长到来之前》等一批在新中国电影史上具有重要价值的作品。

然而，1957年2月，政治风向再次变化。对于权威话语来说，以文艺工作者为主体的知识分子们显然过度过量地使用了"双百方针"赋予的权利。对社会现实如此集中、如此尖锐的"大鸣大放"不可能不对主流意识形态的权威产生冲击，尤其当"双百方针"在1957年的整党过程中，从一种鼓励学术争论的方式变成整党的一种方式，鼓励知识分子对那些管理和控制他们的党政官员进行批评，显然加剧了两者之间原本就紧张的关系。于是，社会主义改造过程中出现的问题使中央政权进行了制度上的调整和政策方面的修正。

1957年7月1日在毛泽东亲自撰写的《人民日报》社论《文汇报的资产阶级方向应当批判》这篇著名的"反右"纲领性文献中，他用"呼风唤雨，推涛作浪"、"黑云乱翻"等人们通常用来形容魔鬼的语汇，用以指斥"资产阶级反动右派"之恶毒。接着，他又直接用最严厉的口吻把他们宣判为十恶不赦的恶鬼，并号召民众"歼灭这些丑类"："……牛鬼蛇神只有让它出笼，才好歼灭它们，毒草只有让它们出土，才便于锄掉。""双百方针"在效果上似乎成了为锄掉"毒草"而"引蛇出洞"的策略。

与此同时，周恩来在中宣部、中国文联共同召开的在京文艺界人士座谈会上作了关于知识分子改造问题的讲话。在1957年10月的八届三中全会上，毛泽东突出强调了阶级斗争，认为"无产阶级与资产阶级、社会主义道路与资本主义道路的矛盾是主要矛盾"。这使国内政治形势再度紧张，"反右"运动扩大为大规模的、急风暴雨式的群众性政治运动。电影局及其各直属单位被划为"右派分子"的人数达到133人，其中包括吴永刚、吕班、陈戈、石挥、项堃、吴祖光、吴茵、白沉、钟惦棐等多位著名电影艺术家。

在这种形势下，钟惦棐的《电影的锣鼓》被定论为"右倾机会主义的表现"。在短短一个半月时间内，中国电影工作者联谊会先后召开了15次批判"反党分子"钟惦棐的座谈会。大部分批判者恰恰是曾与钟惦棐意见相同的人，周扬、陈荒煤、张骏祥、夏衍都写了严厉的批判文章或作了明确表态。

钟惦棐的主张是要强化电影作为国家意识形态，更加深入到广大群众的灵魂中去，对钟惦棐的批判也同样是要强化电影作为国家意识形态，显然批判仅仅是由于运动造成的而不是观念造成的。换言之，钟惦棐的被批判，是因为这场运动中必须要有人被打成"右派"，批判行动本身就富有强烈的政治思想内涵，人物或其观点是"左"或是"右"并非至关重要，"重要的是批判本身可以证明批判者的立场和观点"[6]。

其后，中共资深的电影界领导人物

---

[6]胡菊彬、姚晓濛：《新中国电影政策及其表述》，《影视文化》第3辑，第235页。

之一夏衍也因为发表了著名的"离经叛道"论受到批判。在一次会议上，他提出："我们现在的影片是老一套的'革命经'、'战争道'，离开了这一'经'一'道'就没有东西。这样是搞不出新品种来的，我今天的发言就是离'经'叛'道'之言。"他的主张实际是提倡电影题材应当更加广泛，样式应当多样化。这本质上与"百花齐放"的方针是完全一致的，和钟惦棐一样，他并非反对电影为政治服务，而是要对这种服务作更进一步的阐述，提供另一种途径和规则。但在国家意识形态和电影艺术的意识形态都还没有获得足够稳定的合法性时，这种主张必然被视为危险和会引起混乱的，尤其是这种主张采取了一种对于原本就极为敏感的政治神经极富有刺激性的词语。

无论是钟惦棐，还是夏衍，作为有官方权威支持的影像话语的生产、控制与监督者，却最终未能组织电影按照艺术的规律进行生产，反而成了自己所奉行的电影政策的被批判和改造对象，这不能不使其他试图使艺术与政治共享电影的人变得谨慎。

配合"反右"运动的一项措施是一批可靠的党的干部被派到教育和文化部门的领导岗位，这直接造成政治可靠成为文化生产和文化管理的首要标准，学术的实用性被突出强调。

1958年的"拔白旗"使电影艺术跌入低谷。钟惦棐、沙蒙、吕班、吴永刚、石挥、白沉等影视文化界精英被打成"右派分子"，他们的影片也受到批判或禁映。《花好月圆》、《青春的脚步》、《球场风波》、《地下尖兵》等被作为银幕上的"白旗"受到批判。

在旨在以民间艺术取代精英艺术的"大跃进"运动中,"数量取代质量"成为考评艺术家对社会主义建设热情的标准,艺术家的艺术创造能力在电影生产中的作用降至最低。基于对故事片生产的不满,周恩来提倡多拍纪录片或经过艺术加工的纪录片,其意义在于使电影在两个层面成为革命斗争的工具,一方面使电影创作人员深入生活,改造思想,另一方面,使影片成为反映"大跃进"中新人新事的主旋律影片。于是,一种后来称为"艺术性纪录片"的影片出现了,再次体现了主流政治对电影艺术的干涉。然而,大量粗制滥造的应时之作终于使周恩来后来承认,"提倡太过也不行"。

二、1959年与1963年:新中国电影的两次高峰

以国庆10周年为契机,电影界开始复苏反弹,并于1959年出品80部影片,其中不乏既完满地实现意识形态要求,又以富于民族风格的艺术语言实现审美价值的作品,如《林则徐》、《青春之歌》、《永不消逝的电波》、《林家铺子》、《战火中的青春》、《老兵新传》、《五朵金花》、《我们村里的年轻人》等。这一批优秀影片的产生主要是因为"延安派"导演经过近10年的艺术实践,专业知识与技能都达到了一定程度,另一方面是因为来自上海的导演们,经过多年的"思想改造"和历次运动的"经验",也比较能适应"革命文艺"的需要了。1959年,新中国电影的第一次高峰出现了。

但三年自然灾害及与苏联决裂后兴起的反对修正主义的斗争使1961年的电影再一次失去繁荣的动力。党的八届十中全会提出"千万不要忘记阶级斗争"以后,文艺界、电影界的风向发生了逆转,着重表现"阶级斗争"的《年青的一代》、《千万不要忘记》、《夺印》等影片出现,在电影中去找"阶级斗争"新动向的"文艺批评"占据主流,中国电影的发展又经历了一场严峻的考验。

20世纪60年代初,国内文艺界开始对所谓"现代修正主义"文艺思潮及形形色色的资产阶级思想进行斗争,对所谓资产阶级人性论、人情论和人道主义等进行批判,《洞箫横吹》、《无情的情人》等影片成为靶子。

面对政治、经济困境,意识形态领导者制定了"调整、巩固、充实、提高"的八字方针,力图减轻"大跃进"以来的"左"倾错误带来的损失。

1961年6月,全国文艺工作座谈会和全国故事片创作会议在北京新桥饭店召开,史称"新桥会议"。这次会议是一次级别甚高的"宣战",周恩来严厉批评了文艺工作中流行的"套框子、抓辫子、挖根子、戴帽子、打棍子"的不良风气,明确指出"文艺的教育作用和娱乐作用……是辩证的统一"。

1962年3月,陈毅在全国话剧、歌剧、儿童剧座谈会上为即将到来的又一次电影高潮解决了另外一个问题:重新阐述知识分子政策。知识分子被摘掉了"资产阶级"的帽子,来自政权高层的

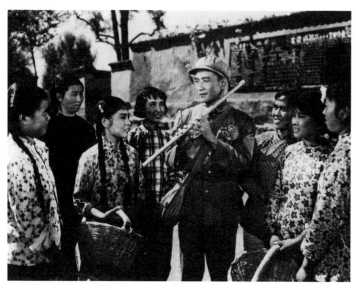

《洞箫横吹》(1957年,编剧:海默,导演:鲁韧)

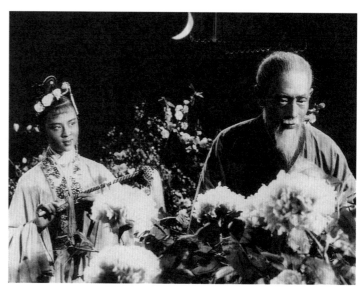

《秋翁遇仙记》(1956年,编剧:吴永刚,导演:吴永刚)

这两次讲话打破了"左"的思潮对电影生产的禁锢和束缚，电影生产者们的创作欲望再次喷发，而《文艺八条》和《电影三十二条》这两个纲领性文件的发布，也促使电影艺术开始复兴。

1962年3月14至18日，夏衍主持了在翠明庄召开的四次关于改进故事片创作和创新问题的座谈会，随后瞿白音发表《关于电影创新问题的独白》，提出破除"三神"（主题之神、结构之神、冲突之神），创作具有"新的思想、新的形象、新的艺术构思"的新作品。[7]文章在当时引起了巨大反响，为电影创新提供了舆论准备。[8]

1962年5月22日，第一届《大众电影》"百花奖"选择在纪念毛泽东《在延安文艺座谈会上的讲话》发表的日子举行授奖大会，周恩来总理、陈毅副总理亲临大会。《红色娘子军》、《革命家庭》、《红旗谱》等影片获得观众的投票认可，崔嵬、祝希娟分获最佳男女演员。同年6月，中国第一部彩色宽银幕立体故事片《魔术师的奇遇》诞生。

1962年，在周恩来的建议下，中国电影发行放映公司组织评选了新中国22大电影明星。各电影院、俱乐部等都悬挂着22位演员的肖像，直到1964年的"文艺整风"才被撤下。

1963年至1964年间，又一批经典之作问世，形成新中国电影的第二次高潮。《甲午风云》、《李双双》、《革命家庭》、《红

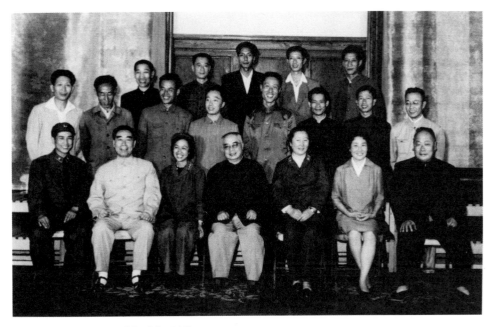

周恩来总理、陈毅副总理与"百花奖"获奖人员合影

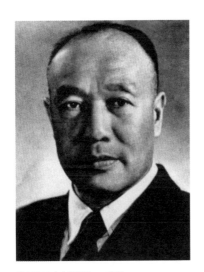

新中国 22 大电影明星——崔嵬

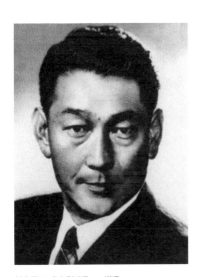

新中国 22 大电影明星——谢添

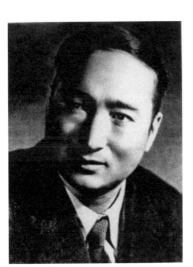

新中国 22 大电影明星——陈强

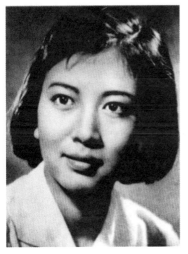

新中国 22 大电影明星——谢芳

[7]瞿白音：《关于电影创新问题的独白》，《电影艺术》，1962年第3期。
[8]在1964年开始的"文艺整风"中，该文则被指责为"电影界黑帮的反革命纲领"，作者后来受到了严酷迫害。

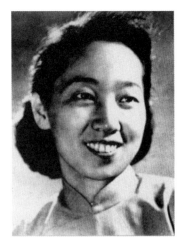

新中国 22 大电影明星——于蓝

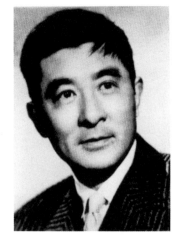

新中国 22 大电影明星——赵丹

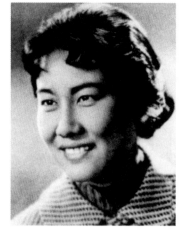

新中国 22 大电影明星——赵端芳

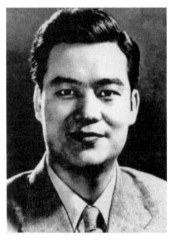

新中国 22 大电影明星——于洋

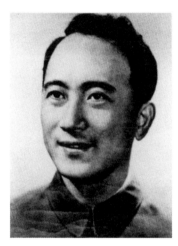

新中国 22 大电影明星——孙道临

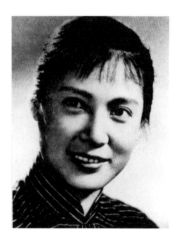

新中国 22 大电影明星——秦怡

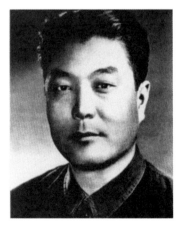

新中国 22 大电影明星——张平

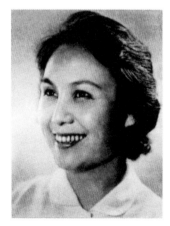

新中国 22 大电影明星——白杨

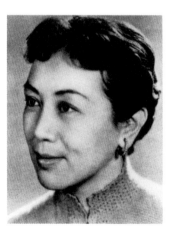

新中国 22 大电影明星——上官云珠

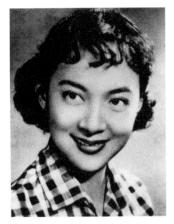
新中国 22 大电影明星——王丹凤

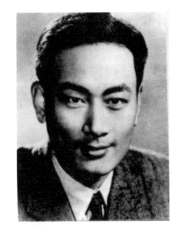
新中国 22 大电影明星——庞学勤

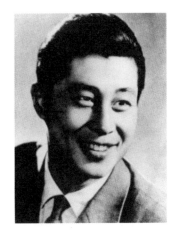
新中国 22 大电影明星——王心刚

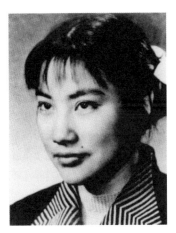
新中国 22 大电影明星——祝希娟

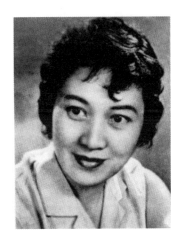
新中国 22 大电影明星——张圆

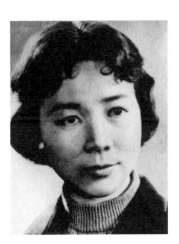
新中国 22 大电影明星——田华

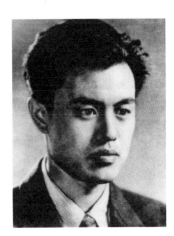
新中国 22 大电影明星——李亚林

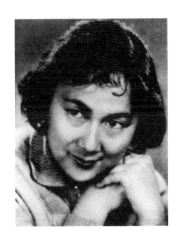
新中国 22 大电影明星——金迪

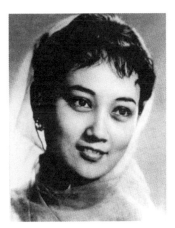
新中国 22 大电影明星——王晓棠

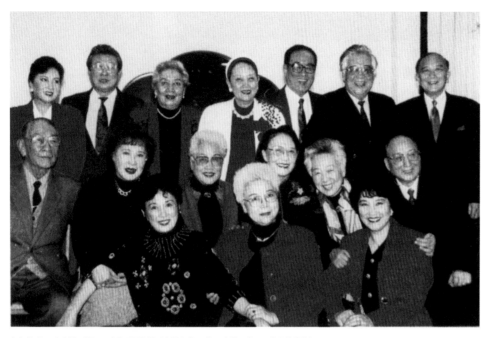

当年的"22大电影明星"30多年后再聚首时合影（共16位，去世6位，王丹凤在香港）

指示。[9] 于是，康生、江青先后将《早春二月》、《北国江南》、《舞台姐妹》、《逆风千里》、《林家铺子》、《不夜城》、《红日》、《革命家庭》、《球迷》、《两家人》、《兵临城下》、《聂耳》、《大李、小李和老李》、《阿诗玛》、《烈火中永生》等一大批影片定位为"毒草"，批判所谓"反动的资产阶级夏（衍）陈（荒煤）路线"和"电影创作中的修正主义"。"左"倾思潮泛滥，甚至在题材上作出比例上的"6（新中国现实题材）：3（革命历史题材）：1（其他题材）"的机械规定。随着政治在歧路上渐行渐远，1963年以后一直紧紧跟随政治、经济形势的电影终于

旗谱》、《舞台姐妹》、《小兵张嘎》、《英雄儿女》、《早春二月》、《农奴》、《阿诗玛》、《达吉和她的父亲》、《冰山上的来客》、《野火春风斗古城》、《独立大队》、《杨门女将》、《红楼梦》等成为新中国电影的典范之作。这时电影观众也达到历史最高纪录，从1949年的4700多万，发展到1965年的46.3亿人次。电影成为最具大众化因而也是最具意识形态号召力的娱乐与宣传工具。

1964年，毛泽东对文艺问题的两个批示再次对文艺领域表示了不信任，而其后对于《中央宣传部关于公开放映和批判影片〈北国江南〉、〈早春二月〉的请示报告》的批示则对批判电影界"修正主义"的力度和方式作了

[9] 前一批示认为"各种文艺形式……问题不少，人数很多，社会主义改造在许多部门，至今收效甚微……许多共产党人热心提倡封建主义和资本主义的艺术，却不热心提供社会主义的艺术，岂非咄咄怪事"，"（全国文联所属各协会）和他们所掌握的刊物大多数（据说有少数几个好的），十五年来，基本上（不是一切人）不执行党的政策，做官当老爷，不去接近工农兵，不去反映社会主义的革命和建设。最近几年，竟然跌到了修正主义的边缘"。后一批示要求："不但在几个大城市放映，而且应在几十个到一百多个中等城市放映，使这些修正主义材料公之于众。可能不只这两部影片，还有些别的，都需要批判。"

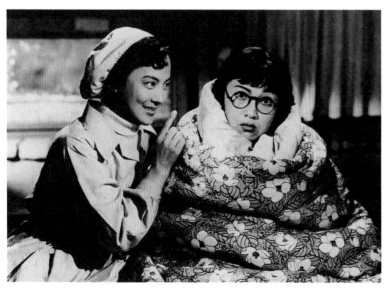

《护士日记》（1957年，编剧：艾明之，导演：陶金）

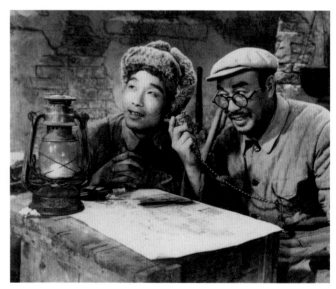

《老兵新传》（1959年，编剧：李准，导演：沈浮）

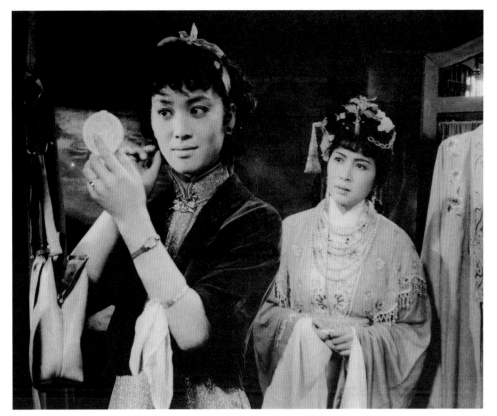

《舞台姐妹》（1964年，编剧：林谷、徐进等，导演：谢晋）

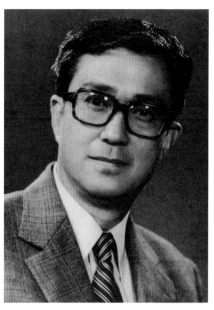

谢晋（1923—2008）导演的主要作品有《女篮五号》、《红色娘子军》、《舞台姐妹》、《啊！摇篮》、《天云山传奇》、《牧马人》、《高山下的花环》、《芙蓉镇》、《最后的贵族》、《鸦片战争》等

停住了脚步，走向衰微。到1966年，"文革"爆发，电影终于被完全收至政治的麾下。

三、高度自觉的政治书写

新中国的导演队伍主要包括两部分：一部分是来自解放区的"延安派"，他们因革命而生，为革命而存，沿着延安——东北——北京的路线，先是拍摄新闻纪录影片，后转向故事片拍摄。这些人思想进步，熟悉党的政策，也具有较强的政治敏感，但缺乏电影知识、电影经验和艺术感觉，他们的创作紧密围绕政治形势和政治需要；另一部分是国统区尤其是来自上海的电影艺术家，他们具备一定的电影知识和丰富的电影创作经验，也亲身体验过新旧社会的变迁，但相对来说，他们的创作动机受观众和市场的决定

和影响较深，对政治与电影的结合缺乏经验。相较而言，可能前者更接近政治第一、艺术第二，而后者更倾向于艺术第一、政治第二。所以，前者往往更多地成为新中国电影的管理者，而后者则是新中国电影的主要创作者。

所谓"上海派"的艺术经验和艺术追求，在一定程度上成了他们被新社会接纳的障碍，因为随着社会主义革命的需要，新中国电影在美学精神上割断了与新中国成立前传统的联系，甚至许多方面是在与旧传统的对立上确立新的美学原则和存在的。显然，在以出身和环境决定论评判人的时代，后者受到了抑制，而前者得到了绝对的信任。

事实上，"上海派"的导演们即使在1949年以前的上海时期也并非不问政治，恰恰相反，他们在三四十年代的上海就接受了左翼电影影响，只是他们所熟悉

的左翼电影以批判既有制度为主要创作方式和美学原则，因此他们没有意识到新生政权首先需要的是对新社会毫无保留的歌颂和赞扬。同样的社会责任感由于没有找到符合新的政治需要的表达方式，使他们自己的立场受到质疑，这些习惯以"暴露黑暗"来表达自己的政治参与热情的艺术家，自然使上至电影意识形态的主导者，下至对新社会抱有朴素的（同时也是绝对的、容不下异议的）情感的电影观众对他们的动机产生怀疑。而新中国的以"血统论"为基础的阶级斗争思维使人们习惯性地认为，如果某部影片有一个可疑情节，那么不但整部影片，甚至影片的创作者的思想立场都是需要批判的。

所以，一方面沈浮、郑君里、汤晓丹等努力向工农兵方向靠拢，塑造革命历史传奇，而桑弧、水华、谢铁骊、谢晋、凌子风等则延续30年代的电影传统，精心打造具有中国民族风格特色的电影。正是在政治与艺术、时代要求与传统继承的夹缝

中，新中国电影生产的一批代表性人物诞生了。

郑君里，在新中国成立后，创作了《我们夫妇之间》、《宋景诗》、《林则徐》、《聂耳》、《枯木逢春》；成荫，作为一位在战争年代成长的电影导演，以擅长革命战争题材和革命历史题材闻名，拍摄了代表作《钢铁战士》、《南征北战》、《万水千山》、《停战以后》；水华，30年代就投身左翼戏剧运动，新中国成立后转入电影，只拍过7部故事片，但内涵丰富、手法细腻、意境隽永，比如《白毛女》、《林家铺子》；崔嵬，早年从事左翼戏剧运动，新中国成立后转入电影界，导演了《青春之歌》、《北大荒人》、《小兵张嘎》、《天山上的红花》，其影片气势磅礴、浓郁粗犷，并出演了电影《宋景诗》、《海魂》、《老兵新传》、《红旗谱》；谢铁骊，导演了《暴风骤雨》、《早春二月》；凌子风，抗战时期就进入电影界，处女作是《中华儿女》，此后导演了《红旗谱》；谢晋，导演了《女篮五号》、《舞台姐妹》；王苹，执导了《冲破黎明前的黑暗》、《柳堡的故事》、《永不消逝的电波》、《勐垅沙》、《槐树庄》。

编剧方面，夏衍、张骏祥不仅亲自创作剧本，还在一定程度上确立了当代中国电影的剧本创作规范。《洞箫横吹》、《母亲》的编剧海默，《上甘岭》、《党的女儿》的编剧林杉，《桥》、《赵一曼》的编剧于敏，《李双双》、《老兵新传》的编剧李准，《红色娘子军》的编剧梁信都在这一阶段成熟起来。

表演方面，也成就了一批著名演员，如女演员于蓝（《白衣战士》、《翠岗红旗》、《龙须沟》、《革命家庭》、《烈火中永生》等）、谢芳（《青春之歌》、《早春二月》、《舞台姐妹》）、田华（《白毛女》、《党的女儿》、《白求恩大夫》）、张瑞芳（《南征北战》、《三年》、《母亲》、《家》、《李双双》），男演员赵丹（《林则徐》、《聂耳》）、孙道临（《渡江侦察记》、《家》、《早春二月》）、于洋（《英雄虎胆》、《暴风骤雨》、《大浪淘沙》）、谢添（《新儿女英雄传》、《六号门》、《林家铺子》）、陈强（《白毛女》、《红色娘子军》），此外，祝希娟、黄宗英、秦怡、王心刚、李亚林、赵子岳、李仁堂等也都在这一时期塑造了一些令人难忘的形象。

由于不同的艺术家所处的社会地位和政治文化观点的不同，他们的影片所表现出来的内容和所起的效应之间存在着很大的差距。但是在有意识地追求某种社会功效这一点上却往往表现出惊人的相似之处，"电影在中国，从来就不是某个艺术家个性宣泄的工具。它如果不是某个特定时代或群体的意志的有目的的表达的话，至少也是他们的集体潜意识的流露"[10]。

在"文艺为工农兵服务、为无产阶级政治服务"的文艺方针下，艺术运动与政治运动密不可分，每一个电影艺术家，都难以逃避其与时代的政治要求间的对话。而电影艺术家和影片的命运，也往往取决于其所处的时代对他们的政治读解方式。电影的发展在相当程度上就是电影艺术家的艺术探索与社会政治对电影的需要之间的矛盾和冲突的不断调整，这种矛盾不是

[10]钟大丰：《中国电影的历史及其根源》，引自www.filmsea.com。

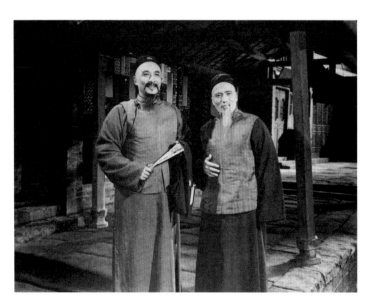

《林则徐》（1959年，编剧：叶元，导演：郑君里、岑范）

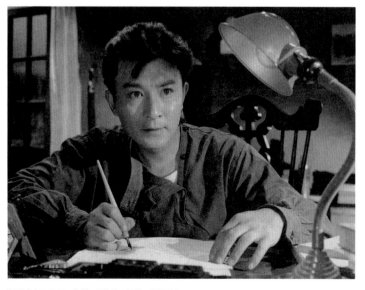

《聂耳》（1959年，编剧：于伶等，导演：郑君里）

艺术空间的占有或让渡，而是艺术家对时代政治的跟进是否及时和适当。

在这一时期成长的电影艺术家都具有高度的社会责任感，这种高度的社会责任感体现在影片中就是强烈的现实性与时代感。夏衍在《写电影剧本的几个问题》里，开篇就提到"要表现出这个故事的政治气氛和时代脉搏"。这一点几乎是中国电影区别于其他国家电影的一个重要特征。此期的电影家们都力求用自己的电影作品反映现实生活，反映斗争现实，而他们的影片都十分注重表现政治气氛和时代脉搏，积极地为电影观众重述历史。不过，尽管这种鲜明强烈的国家意志成了这一时期几乎所有电影的共同特征，但这并不意味着新中国电影完全是行政命令和长官意志的产物，而是在很大程度上契合了当时普遍的社会心理和电影家内在的创作激情。

新中国的诞生经过了以弱胜强的艰苦斗争，因此新社会沉浸在充足的自信与豪迈之中，从来没有什么时候，艺术家与时代与人民的理想、意志、审美倾向如此自觉自愿、天衣无缝地融为一体。这一时期的电影艺术家们对社会主义现实主义创作指导思想的自觉实践、对国家意识形态的自觉追随和在"文艺为政治服务，为社会主义服务"方向上的自觉努力，使电影对中国大众民族自信心、自豪感的激发，对人民建设社会主义国家热情的鼓舞，对中国共产党政治领导地位的坚定和巩固等方面都产生了不可替代的作用。这种强大的社会整合力也确立了电影在初期社会主义中国文艺舞台上的核心地位。

当然，政治运动也给电影带来了负面压力。著名导演成荫对自己当时的创作

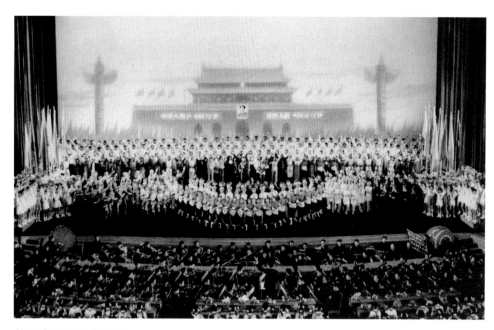

《东方红》（大型歌舞）集体创作

心态所作的"不求艺术有功，但求政治无过"的总结，颇能代表电影艺术家们在政治的挤压中，不得不放弃艺术追求的无奈。虽然不少电影艺术家努力在政治与艺术之间寻找平衡点，努力在保证政治方向正确的前提下，尽可能发挥自己的才能，但在频繁的政治运动的作用下，许多艺术家的才华只能用于使电影为政治的服务更"艺术"。很多影片的创作基本上是革命主题先行，艺术感觉候补，用技巧维持电影艺术与政治之间的张力，一面自觉表现革命理念，一面精雕艺术格局。

因此尽管政治形势多变，艺术创作空间越来越小，但这时期的电影艺术家凭借新生活所赋予的激情，积极投入，为新中国电影供奉了一批经典作品。

四、封闭自足的电影文化体系

20世纪50年代至60年代中期，世界各国对电影艺术的探索取得了巨大飞跃，各种现代电影思潮兴起，并运用于创作实践。在苏联，《雁南飞》于1957年问鼎戛纳电影节，获得金棕榈大奖，使苏联电影走向世界；在法国，掀起了影响世界的"新浪潮"运动；许多国家旋即在其影响下，使本国电影进入新的时期，如在德国诞生了新德国电影；而在日本，以《罗生门》为代表的创作思潮，也使日本电影走向世界。

新中国电影的发展，在时间上与世界电影史最重要的一些电影思潮与运动基本同步，却在艺术上与世界电影没有完全同步，无论现代主义电影思潮产生的政治经济背景还是其哲学基础，在当时的中国都丝毫不具备本土化的条件，甚至处于被排斥状态，而现代主义的表现手法，同样也被视作资本主义的产物而被拒绝。尽管如此，意大利新现实主义、好莱坞情节剧、苏联社会主义现实主义等国际电影思潮仍然对新中国电影的发展产生了有限的同时又是重要的影响，甚至可以说，这一时期新中国的经典电影作品充分地反映了这种

影响。

新中国电影开始时，正值意大利新现实主义电影在世界范围内产生巨大影响，我国也公映过其中的许多影片。这股电影美学思潮并没有在中国引起广泛的反应，主要原因在于新现实主义以打破银幕梦幻为美学起点，要求使观众与影片保持一定距离，以便独立思考。而新中国需要运用电影来服务于政治意识形态，努力使观众无条件地认同影片，与影片最大限度地融合，尽可能地接受电影所传达的意识形态，这自然不能够接受新现实主义。因此新现实主义电影在当时的中国更多的是对电影的现实主义手法、技巧产生了影响。

好莱坞与中国电影的关系也颇为微妙。抗美援朝引起的反美浪潮使好莱坞电影彻底被驱逐出境，翻开记录和反映新中国电影美学思想的电影杂志，好莱坞是与"虚伪性"、"欺骗性"等评价联系在一起的，甚至许多评论认定好莱坞就是麻醉人的毒药，在很长时期内，好莱坞只能作为内部观摩片用以批判。然而，从美学上看，中国电影与好莱坞电影有一个最大的共同点，在于都通过制造银幕梦幻来达到各自的创作目的，只不过前者侧重意识形态目的，后者侧重娱乐效果，而将意识形态包裹于娱乐之中。中国电影深受好莱坞情节剧的影响，都有鲜明的道德对比，担负社会教化任务，都有一个惩恶扬善的主题；其次，情节往往模式化，在叙事推进上，偶然事件和误会起极大作用，使情境有戏剧性，易有大团圆结局；此外，叙事上注重通俗性，并且常常采取煽情策略。所以，好莱坞情节剧借助于旧上海的电影传统为中国主流电影提供了叙事经验。

和其他所有领域一样，新中国成立初期的中国电影受苏联电影影响最大。苏联电影对中国电影的影响，从意识形态上说，主要是马列主义、社会主义思想与集体主义、革命英雄主义精神；从创作方法上看，主要是社会主义现实主义；从电影美学思想上看，主要是蒙太奇理论与实践。苏联蒙太奇学派是一个政治倾向性很强的电影学派，新中国电影对苏联电影的学习，主要在于苏联蒙太奇学派的对立冲突观念和日丹诺夫的"党性"原则及政治功利主义理论。由于抵制好莱坞，抵制电影商业性，苏联电影对人物精神的开掘、马克思文艺美学强调的典型理论成了效仿对象。在英雄电影中，对英雄形象的刻画取代了情节设计，性格冲突取代了事件冲突。对形象塑造的过度关注，后来使部分中国电影忽视故事情节，致使情节拖沓，人物塑造渐渐僵化。40年代后期，苏联的文艺进入严重的教条主义时代，无冲突论和所谓典型论使苏联电影变得苍白、虚假，艺术形象完全被社会学公式所代替，新中国电影也受到其影响，而苏联在50年代中期即开始纠正这个错误，中国电影却在"反修"口号下继续坚持原来的创作观念。

译制公映的影片除了大量的苏联影片之外，尚有来自捷克斯洛伐克、匈牙利、波兰、德意志、保加利亚、朝鲜、日本、印度、法国、美国、英国、墨西哥等国的影片，而日、法、美等资本主义国家的影片主要限于一些工人斗争和人民生活题材的影片，并且多半是能够进行意识形态解读的。如法国影片《人间悲喜剧》表现一位纯洁年轻姑娘受骗失身，绝境中得到一位素不相识的司机的帮助，这样的影片被视为表现劳动人民之间的互助友爱精神、值得发扬的道德意识文本。虽然外国影片的译制和上映都根据表现主题和政治倾向做了筛选甚至删节，但许多影片还是给国内的观众带来了不同的艺术享受和文化信息，而影片中所展现的资本主义国家的生活水平与生活方式也对主流意识形态造成了一定分裂。

从总体上看，在新中国成立初期，曾经独尊的西方电影被视为资本主义的产物，除了为从事电影工作的艺术家、学生和党的高级干部作内部放映之外，全面退出中国文化，只有与新中国的意识形态有相通之处的少量美国左翼电影被网开一面。在60年代的国际形势发生变化后，苏联电影也被视为修正主义，因此中国电影基本割裂了与国外电影发展潮流交往借鉴的过程。

为了强调政治的优越性，而强调新生文化的优越性；而为了强调新生文化的优越性，就要排斥其他的文化，就要把所有官方艺术以外的其他所有艺术视为敌对的和反动的。这样新中国电影在世界电影从传统时期向现代电影转变的过程中，未能与之同步，与世界电影在技术和艺术观念上也越来越疏远，中国电影逐渐走向了封闭自足。

五、电影批评的政治化

这一时期，中国电影批评不仅是文化批评的组成部分，其实也是政治斗争的组成部分。当时的电影批评一般可以分为所谓的"专业批评"与"群众评论"两部分。由电影局主办的全国唯一的电影半月期刊《大众电影》，发挥着群众性与专业

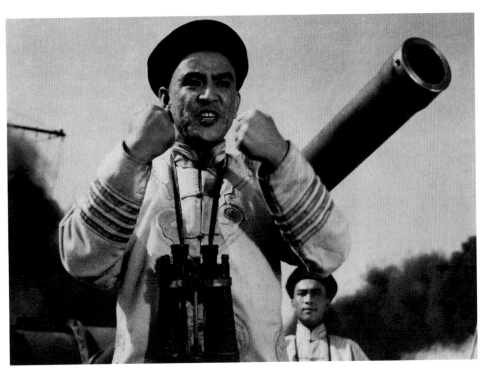

《甲午风云》(1962年，编剧：希侬、叶楠等，导演：林农)

性相结合的办刊宗旨与综合功能，几乎对每一部国产新片和从苏联进口的影片都进行评介，并向广大读者介绍电影基础知识及电影艺术工作者的创作经验，是当时重要的电影评论阵地。《人民日报》、《文艺报》及其他报刊的电影评论栏目，则有选择地对那些有较大影响的中外电影作重点评介。

专业影评人的书面评论以马列主义文艺观与毛泽东文艺思想为指针，对影片主要作意识形态性兼及某些艺术性的分析，很少触及电影本体层面上的问题。有时，他们也向工农兵观众们介绍一些电影知识和认识电影的角度，为电影创作者们在影片中的艺术创新努力求得一些谅解。当时，影评人大多为搞文学与戏剧评论的，有一定影响的影评人有钟惦棐、梅朵等。许多电影评论基本上是政治批评模式，以评判影片的政治功过是非为主要任务，以政治标准为主要或唯一的影片批评标准，只有思想内容、社会内容的评价，缺少美学上

的判断，更缺少电影美学角度的评价。政治批评，是电影批评中最基本的批评形态之一。此期电影批评的问题不在于采取了政治批评的方式，而是以政治批评为唯一标准，而且所采用的政治批评又并非本体意义上和方法论意义上的政治批评。

当时，用政治斗争取代学术批评的方法，成为"推进"文艺运动的主要手段，由文艺界打开缺口成为当时政治斗争成功的运作方式。在评价艺术作品时把政治标准绝对化，不仅决定着创作态度而且在很大程度上表述了创作本身的性质。文本对艺术性的追求似乎成了艺术范畴里反主流意识形态立场的标志。[11]与这种绝对化紧密相连的是对待艺术的狭隘的功利主义态度，它把艺术的职责仅仅看做是教导和指示，而观众的职责只有接受和遵循这些教导。

由于政治运动不断，政治形势多变，多数人不敢发表新观点，而谨慎地采取跟风的做法。1959年，一些敢于直言的影评人如钟惦棐、梅朵等，都在"反右"运动中受到批判。特别是在"大跃进"的"新形势"下，作为宣传工具的电影评论，很难摆脱充当"棍子"与"鼓手"的命运。报刊上充斥着大量批判所谓"毒草"影片的文章，《花好月圆》、《球场风波》、《不夜城》、《生活的浪花》、《青春的脚步》、《上海姑娘》等作品，成为众矢之的。唯一的电影理论刊物《中国电影》（从1959年7月起改名为《电影艺术》）先后开辟了"电影战线上的'反右'派斗争"、"坚决反对修正主义文艺思想"、"××影片批判"等火药味很浓烈的专栏，以配合政治形势。而《大众电影》则出现了大量歌颂"大跃进"形势下电影界"新气象"的文章。

新中国建立后，电影评论界十分重视群众的批评意见。群众性影评在此期也是电影文化的重要组成部分。"人民是电影的主要接受对象，同时也是这门艺术的主要评判者和电影文化的所有者"[12]。1962年由全国观众评选最喜爱影片的"百花奖"设立，周恩来等国家领导人出席了首次评选后的授奖大会。在此后的几十年中，这项评选活动拥有广泛的社会影响，一方面成为观众表达自己对影片好恶的重要渠道，另一方面也成了普通观众与专家之间相互沟通、协调审美趣味的途径，同时，更成为电影工作者了解"工农兵"需要，调整自我创作的一种机制。

[11]托洛普采夫：《中国电影史概论》，中国电影家协会内部资料，第46页。

[12]陈荒煤：《当代中国电影》（上），中国社会科学出版社，1989年，第51页。

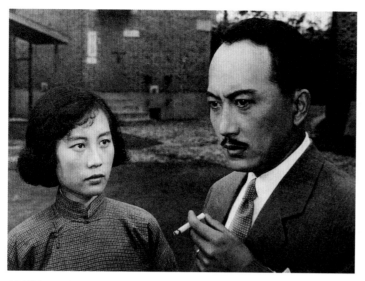

《不夜城》(1957年，编剧：柯灵，导演：汤晓丹)

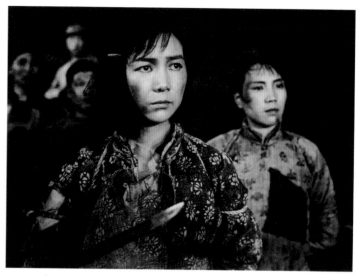

《党的女儿》(1958年，编剧：林杉，导演：林农)

每当新影片上映，一些电影报刊尤其是《大众电影》，便举行座谈会，邀请以工农兵为主的或与涉及影片内容的相关业务部门的人士进行"观后感"式的口头评论。这些座谈会上的发言，以及报刊上发表的有关电影的"读者来信"，多数内容是讲述自己如何从影片中受到思想教育的，但也有不少尖锐的批评性意见。影片是否能使人们受到教育，其中的人物与情节是否符合实际生活（或历史生活），是群众影评的主要评价标准。此类文章典型的标题样式是"××电影教育了我"。对于许多观众来说，电影具有现实指导意义，可以用电影中的革命指导现实生活中的革命。影片《丰收之后》表现的是丰收之后如何正确处理国家、集体、个人三者之间的关系，放映后，社员们说，放得太不及时了，要是夏收季节或秋收季节放映这部影片，对社员们的教育可起立竿见影的作用。[13]影评也因此充满政治功利性。对于被肯定的影片，"群众影评"往往先

介绍评论人的职业或身份，继而尽可能挖掘自己在观看影片之前，在工作和生活中的"小"来，然后是对影片中最激动人心部分的回顾，接着以具体事例表明影片立竿见影的教育效果，结尾往往会表表坚定不移的政治决心。

这些被组织起来的影评十分注重其"战斗性"，并且与正在进行的政治斗争和政治运动紧密结合，虽然有时不免牵强附会。实际上，翻开当年的报纸杂志，各种影评中不时有人针锋相对地针对某一影片的某一细节进行争论。同样的政治立场对同样的情节可能出现截然相反的读解，电影文本原本歧义丛生，因此成为不同政治运动派别加以利用的最好工具。

此外，影片主人公的原型、主要事件的当事人也往往会被邀请撰文，而他们的文章主要是通过回忆真实历史来证实影片的真实性和可信度，以及影片应达到的社会效果。不能否认这些影评及其中情感的真实性，但这种非艺术的批评往往导致简单化，也使观众在欣赏电影时，往往纠缠于与真实人物、真实事件的重合程度，而将艺术规律抛之脑后。

由于电影的目的不是娱乐观众而是教育观众，此期影片往往为人们提供了一个学习和效仿的榜样，为人们规限了行动的具体方向和目标。如《雷锋》放映后，《大众电影》编辑部邀请上海各条战线的先进青年座谈，汽运公司驾驶员表示要"做雷锋式的运输兵"，纺织工人表示"党叫干什么就干什么"，某街道团委少年委员表示"争取做雷锋式的共产主义战士"，师范学校学生表示"立志做无产阶级革命接班人"，理发员表示"为人民服务是最大的幸福"，清粪工人也更坚定了"清粪也是干革命"的信念，战士们表示要"像雷锋那样带着阶级仇恨苦练杀敌本领"。

在"走群众路线、文艺为工农兵服务"的方针和口号下，群众影评对电影创作、电影市场以至电影政策的影响是十分明显的。群众影评有着绝对的话语权威，例如"××大学中文系电影评介组"这样的组织是比任何批评家和学术权威更有力量的群体。因此，虽然每一次讨论都有创作者出面就观众的误读进行辩解，但与工人阶级或学生团体的质疑相比，它显得十

[13]《大众电影》，1965年第10期，第24页。

分无力。

此外，还有一种不为一般评论所关注、但却在相当程度上影响观众对影片读解的力量，即电影放映员。在当时，一个好的放映队的标准：放映前有预告，放映时有内容介绍，放映中间有插话，放映后有小结，有重点地召开观众座谈会，总结和收集观众反映。如放映《槐树庄》时：开始是时事消息的幻灯片——华东农业先进集体代表会议开幕，接着是"谈天说地"，放映员用发生在那里的夫妻俩商量卖余粮的事迹编成故事，中间又联系了新旧社会农民生活的巨大变化，激发大家忆苦思甜，树立先公后私的共产主义思想，再接着说唱开场，一面放映影片人物介绍的幻灯片，一面用杨柳青调唱出郭大娘这个人物——"农村妇女郭大娘，由党教育和培养，样样事体，站稳立场"。这样的好处在于使观众分清影片中谁是好人谁是坏人，而无须在看电影时向旁人打听谁好谁坏。影片开始放映后，做映间插话，如郭大娘喝罢社里青年的喜酒回家，欣喜地看着李老康的孩子唱歌，属于表意镜头，放映员解释说："这是合作化的优越性啊！"

当影片《洪湖赤卫队》放映到主人公韩英被关押的镜头时，银幕上是在一间阴暗的牢房里，牢内只有一副石磨。放映员解释说，韩英同志不幸被捕了，但她的革命意志像这磐石一般坚贞不屈。接着银幕上出现熊熊烈火和韩英在烈火中歌唱的画面，有农民观众以为韩英被火烧死了，放映员说："真金不怕火炼，韩英同志在烈火般的斗争中，锻炼得更勇敢更坚强。"这种与艺术无关的阐释对于限定影片的意识形态意义有直接的效果，也使得对影片进行何种阐释成为影响影片乃至电影艺术

家们艺术生命的重要因素。

工农兵的主人翁地位，使得许多基本处于文盲或半文盲状态的观众认定他们所看不懂的影片就是坏影片，他们所不理解的情节或镜头语言就是需要质疑的或是资产阶级的那一套。他们在报章上发表甚至口述表达他们的好恶，于是那些从上海滩十里洋场里走出来的电影工作者们便有意识地将工农兵观众是否能看懂作为对影片自审的标准之一，这最终"断绝"了电影对电影语言进行探索的合法性。

在批评文章中不断出现的"应该"怎样写的"训导"，为此后的创作提供了明确的"准则"。正是在这些电影批评的参与下，此期电影的意义秩序和创作规范构建起来。从一定意义上说，既不是文本，也不是批评，而是被批评的构造了的文本对今后同类题材的创作产生了影响，这是此期电影"意义"产生的途径。

1963年12月12日，毛泽东做出了对文艺工作的第一个批示并由此引发了第一次的文艺整风。批示是在当时主政上海的柯

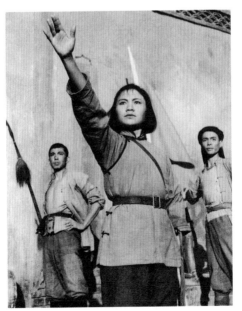

《洪湖赤卫队》（1961年，改编：梅少山等，导演：谢添等）

庆施主持整理的一个关于上海《故事会》和评弹改革材料做出的。批示中说，各种艺术形式，"问题不少，人数很多"，"社会主义改造在许多部门中，至今收效甚微。许多部门至今还是'死人'统治着"，"社会经济基础已经改变了，为这个基础服务的上层建筑之一的艺术部门，至今还是大问题"。中共最高领袖的批示再次对文艺领域表示了不信任。

1964年全国文联及其所属各协会开始了整风。而其后对于《中央宣传部关于公开放映和批判影片〈北国江南〉、〈早春二月〉的请示报告》的批示则对批判电影界的"修正主义"的力度和方式做了指示。于是，康生、江青先后将《早春二月》、《北国江南》、《舞台姐妹》、《逆风千里》、《林家铺子》、《不夜城》、《红日》、《革命家庭》、《球迷》、《两家人》、《兵临城下》、《聂耳》、《大李、小李和老李》、《阿诗玛》、《烈火中永生》等一大批影片定位为"毒草"，批判所谓"反动的资产阶级夏（衍）陈（荒煤）路线"和"电影创作中的修正主义"。"左"倾思潮泛滥，甚至在题材上作出比例上的"6（新中国现实题材）:3（革命历史题材）:1（其他题材）"的机械规定。随着政治在歧路上渐行渐远，1963年以后一直紧紧跟随政治、经济形势的电影终于停住了脚步，走向衰微。1964年，《大众电影》"百花奖"评选活动的投票观众尽管从第一届的11.7万人和第二届的18.3万人扩大到87.5万人，但是却因为评选结果与"积极鼓励和提倡社会主义革命和社会主义建设题材的精神"不符合，最终取消了评选结果。到1966年，以文化作为突破口的一场政治浩劫——"无产阶级文化大革命"终于难以避免地爆发了。

第二节

社会主义电影的修辞系统

新中国的成立，使得历史发生了一次整体性巨变，也赋予人们认识现实、构想未来的新的视角。时代要求有一种新的电影。新的国家制度奠定并规范着电影的社会主义方向和框架。五六十年代文艺创作和批评的基本原则，是强调写与社会政治运动密切相关的题材，必须保证"政治正确"的优先性；强调表现工农兵伟大的革命实践活动，任何个人的行动和命运必须放在革命的大潮之中；强调文艺直接对光明面的歌颂；强调文艺反映的生活要比现实生活更高、更美、更典型、更理想，而英雄主义、崇高化是这一时期典范性的美学风格。这些文艺规范也完全适用于同期的电影。在一个处处充满了意识形态概念的创作和批评环境里，电影创作并没有像现实主义所强调的、艺术地再现客观世界，而是以所谓群众"喜闻乐见"的艺术形式(主要是结构、语言上的要求)对社会生活进行重新编码，给予升华式的描绘。在历史领域，描写新民主主义革命史成为创作的主导性题材和主题，集体阐释"没有共产党就没有新中国"的"历史法则"；在现实领域，具体到每一个时期，从新中国成立初的抗美援朝、土地改革，到随后的大炼钢铁、人民公社运动，都有相应而及时的影片出现，共同叙述"只有社会主义能够救中国"的宏大主题。

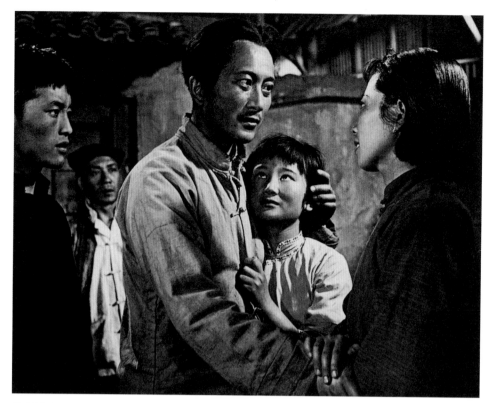

《革命家庭》(1960年，改编：夏衍、水华，导演：水华)

一、国家意识形态影像体系

电影，在这一时期，更主要的是国家意识的影像阐释，作为主流意识形态的一种形象化解说，可以说体现了国家政权用电影来阐释历史或者在银幕上再造历史的诉求。而接受者也在想象中不知不觉地认同了影片设计好的一部虚构的历史，电影完全和权力结合在一起。电影成为一种政治文本，为接受者替代性地虚构出一个主体生存的社会环境，而这又是执政党和国家在某一特定时期的方针、政策所决定的。它的叙事策略和语言结构都是一种意识形态，电影接受者往往主体性地把银幕情境误认为现实世界，从而进行了国家权力理想的意识形态调整，以及对历史的重新编码。如果文本写作与权力要求产生距离，无法成为国家统治意识形态的理想抒情，例如《北国江南》、《早春二月》，则遭到严厉的排斥。

顾仲彝发表在《大众电影》上的文章对社会主义国家电影进行了总结：有明确的主题思想；有鲜明的英雄或先进人物的形象，以正面人物为主的鲜明性格和模范事迹来教育我们；反映历史的真实和生活的真实；不卖弄技巧，不要噱头，不用庸俗的低级的趣味性或小资产阶级无原则性的同情即所谓人情味；不用色情的镜头来吸引观众，导演手法主张朴素简括。[14]总的来说，此期电影具有"浓郁强烈的政治意识、昂扬乐观的精神气质、倾向鲜明的视听语言和通俗平易的叙事风格"。

在美学方面，新中国电影坚持一种意识形态化的现实主义，即社会主义现实

[14]顾仲彝：《怎样欣赏电影》，《大众电影》，1958年第10期，第15页。

主义，既歌颂现实的光明社会，也为大众勾画出一个即将出现的完美未来世界，唤起大众对农村新生活的渴望和向往。同时，又迎合了没有受过教育的大众的欣赏口味。以普通群众通俗易懂、喜闻乐见的形式描绘充满乐观主义的故事和美好的生活，使工农兵得到了精神上的愉悦和满足，一方面满足了他们的自我投射欲望——一种从作品中能看到自我形象的光荣感，另一方面，使他们忘掉现实的忧虑和艰难，从而勇敢而坚定地走向未来。

在题材方面，新中国电影生产十分注重题材的广泛性，一方面，新生政权需要从各个领域确证意识形态的合法性，另一方面，社会主义建设对于各个领域来说都是全新而陌生的，个人对于自我的位置、价值和任务都需要重新认识，需要规约，因此电影为各行业、各领域的观众树立起行动的规范和榜样。同时，题材的多样化直接对应着"百花齐放"的政治指示。"题材不是决定电影作品思想价值和艺术价值的唯一条件，但是题材的广阔与否，却决定了电影的风格、样式能否多样"[15]。为了团结大多数观众或人民，为了体现社会主义文化的优越性和民主性，电影生产几乎照顾到社会的方方面面，不同行业、不同领域、不同民族的题材都有涉及，除了表现当代生活中工厂、农村、部队、体育、文化等领域的现实题材影片和大量的革命历史题材影片之外，儿童片、少数民族影片都有了很大成绩。所以，题材规划是新中国电影生产的一大特色，"新中国的电影在很大程度上不是由电影制作者而是由负责题材规划的各个权力领导部门创作出来的"。"领导部门按照全面反映政策、配合当时形势的原则制定题材规划，创作人员则按照规定好的题材和主题去寻找人物和事件。在当时特定的情况下，文化现象已被简化为经济、社会或阶级的等同物。这种题材规划和好莱坞式的'样式电影'有着根本的区别，题材规划直接反映的是政府的意识形态，而'样式'电影是为观众的口味拍摄的"。[16]

20世纪五六十年代的电影观众是以5亿农民为主的巨大的观众群。农村观众喜欢看的影片以情节曲折、结构完整、叙事简洁、节奏明快为主要特征。当时提出的故事片四好的标准是：好故事、好演员、好镜头（虽然也提到镜头的组合，但关注的实际是单幅的、静止的镜头）、好音乐。

所以，此期电影在叙事结构上注重情节发展循序渐进，讲究完整表现矛盾冲突的起因、发展、高潮、结局，因而节奏舒缓，同时具有常规商业电影的基本叙事模式和叙事的功能性元素。大多数影片都采用缝合体系，有着传统的起承转合的叙事模式、传奇式的人物和曲折的情节，并按照因果叙事链达成善恶有报的结局，从而实现教诲与劝谕功能。

在人物设置方面，此期电影都有主体、反主体、帮助者、授命者，在主体对客体的追求过程中表现主体的意志，而主体追寻的成功也意味着主体所代表的信仰、价值观的必胜。主体的追寻过程也是主体的成长过程，在他人的帮助下，主体不断战胜阻碍者，包括思想中的个人主义、欲望等，主体追寻成功往往也会有一个加冕仪式或者说成人仪式。授命者往往是某一级组织的领导或负责人，拉近授命者与成长的主人公距离的往往是共同的受压迫经历，而帮助者可能职务较低，甚至仅仅是比待改造的主人公更早加入革命组织的人，他们常常用自己成长过程中的切身经历来鼓舞主人公。

与西方电影突出的人本情怀相比，新中国成立初期的电影更注重叙事的故事性，即使是表现人也是在故事的叙述中表现人，而表现人也主要局限于表现人的曲折多变的命运。叙事仍旧重视传奇性，注重表现离奇曲折的情节，而忽视表现人的内心世界。

许多影片擅长表现新旧社会两重天的对比，意识形态的倾向性很鲜明。人物被分成好与坏、革命与反革命、忠与奸等二元模式，通过情节的引导，使一方获胜，一方失败或受到教育，从而使人物所代表的思想或价值观等灌输到观众思想之中。凡是表现人物复杂性格的都被冠以"中间人物论"的帽子。这种美学发展到极致，就是使复杂丰富的生活简单化，使人物脸谱化，情节公式化。

出于主导意识形态的宣传需要，这些影片有意识地在机位角度、灯光运用、化妆造型等多方面突出、美化影片所要着力塑造的一方，贬抑所要否定的一方。表现角色往往要借助一定的环境和空间，充分利用环境和道具来表意。如《白毛女》中喜儿被污辱的一场戏，影片将场景安排在挂有大慈大悲横额的积善堂，鲜明的喻义使普通观众也可以一目了然，从而充分调动仇恨情感。

从美学上看，崇高美学形态首先与

[15]陈荒煤：《当代中国电影》（上），中国社会科学出版社，1989年，第47页。

[16]姚晓濛：《新中国电影意识形态史》，中国广播电视出版社，1995年，第39页。

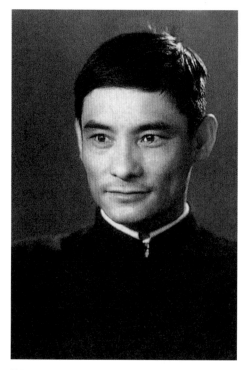

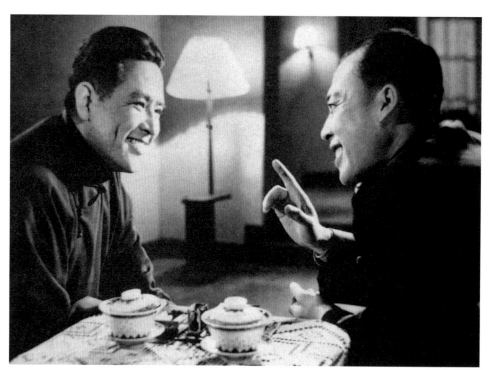

林农（1919—2002），导演的代表作有《神秘的旅伴》（与朱今明联合导演）、《边寨烽火》、《党的女儿》、《甲午风云》、《兵临城下》、《金光大道》等。

《兵临城下》（1964年，编剧：白刃，导演：林农）

重大的社会题材、雄伟壮烈的斗争生活相联系，"庆典式的叙事风格，仪式化的戏剧场景，英雄化的人物性格，礼赞性的叙述语言，构成独具魅力的崇高美"[17]。这

[17] 郦苏元：《当代中国电影创作主题的转移》，转引自罗艺军、杨远婴主编《百年中国电影理论文选》，中国电影出版社，2001年，第542页。

种美学风格，在更深的层次上体现了民众为打碎旧世界、建设新社会而迸发出的激情，因此，许多影片都振奋人心，发聋振聩。美学风格粗犷雄浑，是时代精神的反映，但不利于表现多方面的生活。新中国建立后的很长时间内，崇高风格逐渐成为一种固定的、甚至唯一的美学规范，限制

了几代人的艺术创造。

二、缝合的镜语系统

特殊的意识形态背景，使新中国电影发展了一种有强烈伦理目的论色彩的

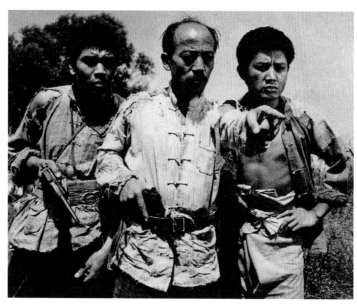

《五更寒》（1957年，编剧：史超，导演：严寄洲）

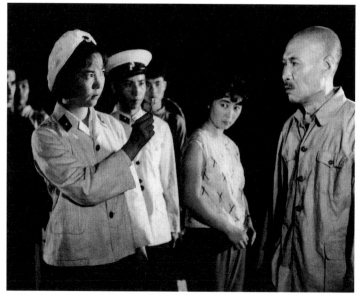

《秘密图纸》（1965年，编剧：史超等，导演：郝光）

缝合性的功能美学。同时，由于中国传统的思维方式侧重于直观整体地把握事物，使得中国人对电影的认识也更注重影片的整体把握，把更多的注意力放在剧作和情节方面，而不是在镜头和影像的水平上。而在新时期之前，由于对电影语言的探索往往被视为"为艺术而艺术"或被扣上"形式主义"的帽子，这一时期的电影创作者们对电影语言的探索极为有限。

由于受到特定的社会文化环境的制约，反对单纯技术与形式主义的斗争不断进行，电影语言越发保守，教化功能成了电影的第一任务，影片在镜语表现上只能尽可能适应观众尤其是农村观众的审美水平。换言之，以最低欣赏水平为目标，不敢使用技巧，时空不能大幅跨越，影片节奏普遍比较平缓。

同时，在电影文学上则大量使用直白的对话。受影戏的电影结构方式和观众审美习惯影响，此期的电影语言普遍使用戏剧的分幕分场的做法，淡出淡入，划出划入，回忆也使用很多。总的来说，所作的尝试都没有突破画面为情节服务的原则，影像基本缺乏独立意义，对影片的优劣评价也较少考虑影像构成因素。

在这些影片中，爱恨情仇的传达都靠演员的表演，因此有很多中近景和特写，许多镜头尤其是群像，都像是某种舞台造型的定格。中景的作用在于将人物置身于特定的环境中，既能使观众看清人物的表情或动作，又能表现造成人物表情与动作的人物或环境。一方面用传神的表演使人物的爱憎尽可能感染观众，另一方面通过代表着不同阶级身份的人物之间的关系来界定社会主义社会的人际关系。

此期的电影环境更多的是起叙事作用，而非表意，其中对空镜头的运用较为广泛，尤其是在影片开头用于环境交代，如《祝福》对江南水乡环境的介绍。夏衍在《写电影剧本的几个问题》中提出："电影的开头一定要交代得清清楚楚。交代些什么呢？时间、地点、社会背景、人物和他们之间的关系。"此期许多影片开头都采用空镜头加画外音的形式，使每一个观众都能够对影片的叙事空间了解得清清楚楚，之后再叠印出生活在其中的电影主人公的近景。这样的镜语模式主要用以贯彻"典型环境中的典型性格"这条被政治化了的文艺原则。空镜头在此期影片中还是用来表示时空过渡的主要方式，例如在《老兵新传》中用大雁北飞、小河化冻、花朵绽放三个空镜头表明季节的变换，《野火春风斗古城》中也采用了类似的手法表明春天的来临。此外，空镜头还用于表现人物心理及情绪。被多次提到的是《早春二月》中，当文嫂的女儿告诉肖涧秋周围的孩子们骂她有野爸爸时，影片用乌云遮月、风卷竹林、骤雨突降三个空镜头暗喻肖涧秋的心理感受。就世界电影语言的发展而言，这些空镜头的运用并无太大新意，但与整部影片舒缓的叙事节奏相结合，则往往能生成特有的意境来。

为了充分表明影片的政治倾向性，许多影片在叙事之外的片头、插曲等文本的其他构成部分也突出影片的喻义。《风暴》片头衬底运用一系列军阀混战的镜头，勾画出1923年革命高潮即将到来的山雨欲来风满楼的形势；《青春之歌》片头衬底是出污泥而不染的荷花，喻示林道静的命运和成长道路；《聂耳》用象征我国人民的智慧、勤劳和反抗侵略的万里长城作衬底；《红色娘子军》以木刻勾勒出一个女红军的形象；《鸿雁》片头用一只大雁，表现人民邮递员的故事。

早在新中国成立前拍摄《乌鸦与麻雀》时，郑君里就找到了一种处理敌我矛盾的含蓄有效的方法，即利用楼上楼下的俯仰关系完成暗喻。此期电影则渐渐整合与强化了这套隐喻蒙太奇镜语系统，比如乌云滚滚暗示斗争形势严峻，春暖花开表现形势好转，对英雄的仰拍与对反面人物的俯拍构成基本的镜头法则。光影、角度等的配合也有各自的系统，这套意识形态话语不断重复，形成电影叙事的一种风格，并在"文革"中被样板戏更为直接与苍白地运用。[18]

此期大部分影片的结尾处，摄影机并不遵从电影叙事惯例升拉开去，而是定格在主人公、胜利红旗或庆典的某一细部的近景或特写镜头之上，因为它希望观众接受的并非好莱坞式的故事，它自觉要求影片构成一种现实，至少是现实的一部分。它要求最大限度的认同，以实现最有效的询唤。[19]

[18]陆弘石：《中国电影：描述与阐释》，中国电影出版社，2002年，第302页。
[19]戴锦华：《历史叙事与话语》，《北京电影学院学报》，1991年第2期，第56页。

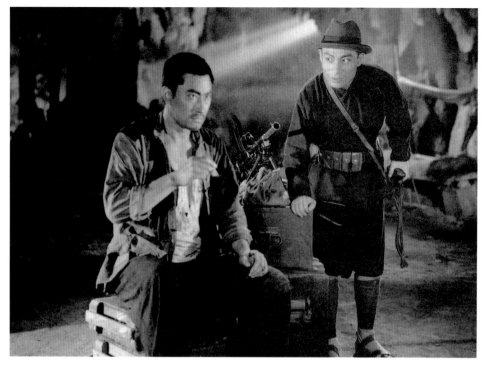

《独立大队》（1964年，编剧：陆柱国、王炎，导演：王炎）

潜移默化的教育"[20]。

而对于叙事来说，革命必然是艰辛的，其中的艰难险阻往往成为叙事的障碍，导致成长或叙事过程一波三折，而革命已然胜利的现实性又使得影片的结尾必然是胜利（虽然叙事主人公可能牺牲），因此这种革命的叙事与中国的传统美学在大的框架上具有同构性。

革命正剧还体现出意识形态伦理化的特征。中国电影从早期的家庭伦理到三四十年代发展成为社会伦理，都有着常见的善恶对立的叙事逻辑，在其中寓以明确的道德理想和强烈的批判精神。随着新中国建立，革命战争结束，阶级分析被引入伦理道德批判，个体的阶级身份往往决定了其道德品质。

新中国电影中家的寓言是许多评论中都阐述过的。"17年电影一直试图在意识形态领域内将党的路线、方针、政策融入感性的、个人化的历史无意识之中。个人政治群体化与政治群体家庭化构成了基本的叙事策略，并由此确定了革命家庭的历史表象。一系列影片确立了革命队伍在表意涵义上首先是一个温暖的家"[21]。如《青春之歌》中的林道静的家庭在影片中仅仅是束缚和封建意义的符号。当她逃离这个家庭之后，她丝毫没有孤独感（除了与余永泽生活的一段），因为进入了革命家庭，这个大家庭中随时会有人向她伸出援助之手，帮助她克服面临的困难，并且给了她最重要的东

三、革命浪漫主义与革命现实主义相结合的情节正剧

此期电影中形成了惊险样式、喜剧样式等影片类型，但最为典型的是体现了所谓革命浪漫主义与革命现实主义相结合的情节正剧。简单地说，就是用现实主义的叙事方法来表达革命理想主义的现实阐释。其代表作有《青春之歌》、《红色娘子军》、《风暴》、《林则徐》等，其基本特征是影片的题材内容直接表现人民革命斗争生活，通过影片的情节、人物和电影语言，直接抒发创作者的革命情怀，潜移默化地以情动人，对观众产生认识、教育作用。这类影片要求正面塑造英雄形象，如聂耳、吴琼花、洪常青、林道静等，通过人物命运和情节发展，自然地揭示主题思想，达到教育广大群众的目的。革命抒情正剧多吸取和借鉴中国民间叙事传统，是以戏剧冲突为基础，叙事性、戏剧性和抒情性融为一体的戏剧式电影。

革命主题的意义首先在于通过回顾历史，确认意识形态或政权的唯一合法性；其次是为当代的社会个体确立社会规范，这种规范是通过革命者或榜样的形象来体现的。革命主题又通常以成长主题来表现，成长的复杂历程体现了革命的复杂性和艰巨性。同时，只有成长中的革命者才具有可效仿性，成长的某个阶段可能是观众在现实中所处的思想状态，成长的终点则是观众努力的目标。

《青春之歌》就是一部借助英雄诞生的叙事原型而完成的政治寓言。影片完整地表现了林道静从一个小资产阶级知识分子成长为集体主义者、共产主义者的过程。这一叙事原型使林道静的道路"具有一种别无选择的必然性，同时为观影者提供了一种意识形态的认同机制，并且具有一种演示性的现实感，从而使影片的意识形态以真理的方式占有观影者，并对他们进行

[20]尹鸿：《世纪转折时期的中国影视文化》，北京出版社，1998年，第278页。
[21]潘若简：《十七年新中国电影的辉煌与惨淡》，转引自《拓展中的影像空间》，北京广播学院出版社，2000年，第55页。

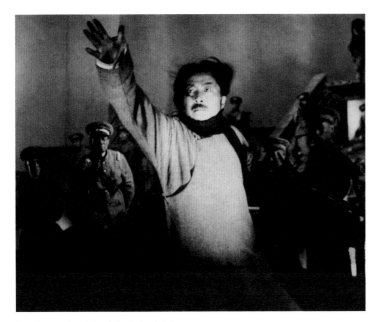

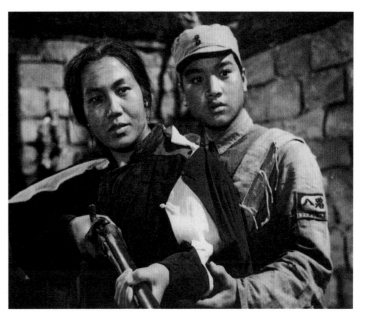

《风暴》（1959年，改编：金山，导演：金山）　　　　　《苦菜花》（1965年，编剧：冯德英，导演：李昂）

西：革命信念和革命理想。而在《小兵张嘎》和后来的《闪闪的红星》中，我们似乎从来没有意识到他们是孤儿，他们似乎也从来没有像一个孤儿那样产生过孤苦无依的心理，相反父母或家庭的丧失只能令他们更坚强。同样在《母亲》、《苦菜花》中，失去了儿子的老大娘不会有太多的切肤之痛，因为在集体的大家庭中，过多地关注个人之痛，不免意味着对身边众多如亲儿女般的革命战士的漠视和不信任。于是在其他家庭成员的帮助下，这种痛很快转化成对敌人的恨，并进而转化为斗争的力量。

同时，革命家庭的意义对于劳苦大众或无产阶级来说还有另一层意义：每一个无产阶级或劳苦大众的儿女，他们的家庭或者说他们所受的压迫是他们革命的动力，他们对敌人的恨是他们进入革命队伍的前提，但仅有这种自发的、朴素的无产阶级觉悟是不够的，只有在革命大家庭中，在党的教育下，才能成为一个英雄主体。比如董存瑞等。这种叙事的基础在于

此期电影关注的重点是群体和社会，着力表现革命对个人命运的拯救，但其必然结果是个体的消融。

四、政治符号化的人物形象

在影片中塑造具有意识形态感召力的人物形象是17年电影的重要任务，因为"意识形态的合理性和有效性只有表现在个体的选择和体验中才具有现实性和感召力……无产阶级从自觉地登上人类政治历史舞台时起，也一直在通过文学艺术塑造自己的英雄和典型，以阐发自己的意识形态的权威性"[22]。这时期，最富有时代特色的是几种人物形象：革命英雄形象、知识分子形象、女性形象。

------

[22]尹鸿：《世纪转折时期的中国影视文化》，北京出版社，1998年，第274页。

1.革命英雄形象

新中国电影塑造了众多英雄形象，甚至可以说，塑造符合各个阶段政治要求的、以服从和献身为主要特征的英雄形象是此期电影的主要任务，这些英雄人物包括：《林海雪原》里的杨子荣、《红岩》里的江姐和许云峰、《青春之歌》里的卢嘉川、《平原游击队》里的李向阳，以及《红日》、《野火春风斗古城》、《战斗的青春》等影片中的众多英雄形象。

英雄形象的塑造主要通过他们的成长过程来表现。其中有两种人的成长，一种是农民的成长，这些农民革命者的成长过程都被纳入到了一个更为标准的"三部曲"的固定情节模式——他们出身贫寒、苦大仇深，虽然主观上具有强烈的革命要求，但却因为找不到正确的出路而只能空有一腔反抗的怒火；自从来了共产党，贫苦农民得解放，他们参加了革命队伍，但由于小农经济的落后思想时时作祟，他们还难以一下子适应无产阶级集体主义精神的纪律约束；在真正的无产阶级革命者的

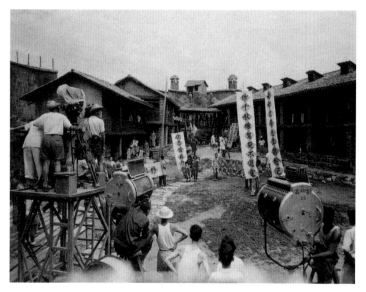

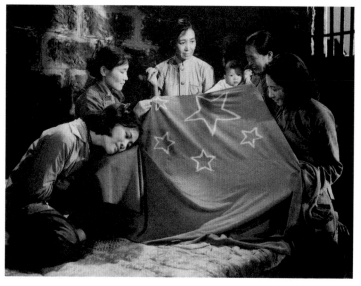

《烈火中永生》拍摄现场

《烈火中永生》（1965年，编剧：夏衍，导演：水华）

帮助教育下，他们不断地改造狭隘自私的农民习性，逐渐明确了奋斗的政治目标，最终成为愿为无产阶级的解放事业而奉献自己所有一切的无产阶级战士。

由于受剥削受压迫的地位和经历原本就不是这些英雄所独有，他们为个人报仇雪恨的同时，也就带上了为民除害的集体的意义，因此他们的目标与利益先天地与革命的目标与利益有相通之处。换句话说就是有可造就为英雄的基础，也符合传统价值观中英雄应具有的"侠"的一面。这一类的代表是董存瑞、赵一曼、吴琼花、朱老忠等，他们的革命目的是摆脱贫困或报仇雪恨，但缺乏革命思想支持。在他们的成长道路上，他们所受的压迫往往使他们家破人亡，因此他们在革命的道路上义无反顾；他们所遇到的波折往往是由于他们缺乏革命经验或全局性思考，或是在特定时间内缺乏或失去党的直接领导而导致小范围斗争的短暂失利，这时只要"毛主席"或"组织上"派人来，或是通过学习毛泽东思想或相关著作得到启发或帮助，叙事就可能进行下去，他们在成长中所缺乏的似乎更多的是一些可操作性的或是可视的战略或经验。《红旗谱》就是使用这一模式而大获好评的成功范例。

在新中国建立初期，农民是观众的主体，即使是"工"和"兵"也多数具有农民身份。此类影片一方面通过表现与多数观众同样政治身份、同样生活历程的形象紧紧地抓住了观众，另一方面，又通过塑造最终成为革命战士的形象为那些仅仅有翻身经历而无革命贡献的农民树立榜样。从某种意义上说，由农民成为革命英雄，先天资本不是身体的力量，也不是劳动人

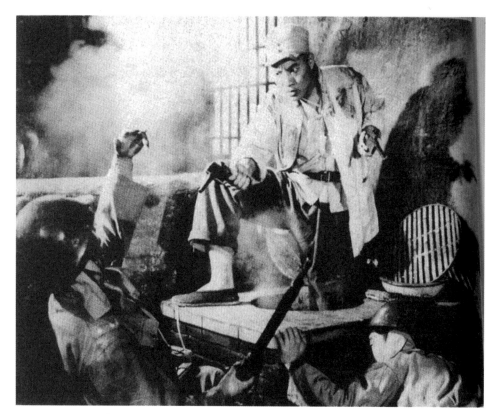

《地道战》（1965年，编剧：任旭东等，导演：任旭东）

民的智慧，是其因为受压迫而产生的仇恨。这种阶级仇恨需要克服其中的个人功利性和简单、盲目的复仇情绪，才能化为有助于革命的力量。

另一类成长型主人公是原本出身封建和资产阶级家庭、在转变中成长的人物，如林道静等。相对来说，这样的成长叙事具有更强的可看性，不是因为他革命的意志可能有反复（在这种叙事中，可以允许主人公从毫无革命思想的人成长为一个革命者，对革命由不相信到相信，但不允许一个已经接受了革命思想的人对革命有所怀疑，一旦成为革命者是不可能有反复或丝毫动摇的，出现反复必然是革命的背叛者或敌人），而是因为他所处的环境之中可能危机四伏，阻碍者和破坏者众多，他所需要的帮助也更多，而那个代表党的某个个体又可能因为更重要的任务或是敌人的破坏只能短暂地在他身旁，这样便有了更多体现革命书籍或革命思想关键性作用的场面。

这种关于生命成长的隐喻之原型，始于英雄神话："一、英雄的出生都带有神圣性和神秘性，都非常注重对主人公的身份或血统的确认，他们出生之时就因为其父母辈的或他们自己的劳动者或被压迫者身份而具有了神圣性；二、英雄降生后，在其成长的过程中必得经历种种奇异的、非常人所能承受的劫难和考验，通过这种成熟，生命获得了一种新的置换，从自然的个体的生命存在转换为属人的社会化的生命存在。转换之成功和彻底与否，与考验和磨炼的深度与难度成正比。考验往往分两次进行，第一次受难时，冲突存在于英雄所代表的家族和敌对家族之间，而第二次受难，冲突则主要存在于英雄与他即

将要归附的信仰之间。"[23]

实际上，革命历史传奇并不仅仅只有这两种英雄形象，还有一种智慧型的英雄，即那些在影片中承担着引导帮助主要英雄成长、担任英雄精神之父角色的党军干部。他们往往有足够的智慧对付各种敌人、对局势了如指掌，他们掌握着历史和未来，任何时候他们也不会慌乱，更不会被敌人的狡猾所蒙骗，而他们为了让主要英雄形象能够成长，最终往往是以叛徒告密或为救其他人物而牺牲，这是一种可以而且必须是先于和超越故事才能产生的人物，而不是只有伴随着故事才产生意义的人物。也因为如此，这类人物大多性格单一，形象扁平。

此期电影的一个基本主题是放弃个人，融入集体，尽可能抑制英雄身上的鲜明个性、个人欲望和私人生活，而突出其作为阶级、政党工具和代表的一面。电影《李双双》里的喜旺也是回到集体之中、向人民公社献上爱心之后，才得到了妻子李双双的爱情；电影《雷锋》中的雷锋，也是因其心甘情愿地当一个革命机器上的螺丝钉，才成了全国人民学习的榜样；电影《红色娘子军》中，琼花与洪长青只有放弃爱情，才能确保影片的思想主题。由于时代政治的要求，英雄的塑造基本停留在社会个体层面，而个人个体层面常常作为社会个体的对立面来表现。这种只强调共性的形象塑造模式导致一大批在政治、道德方面一致，却缺乏个性和艺术审美价值的英雄形象的出现，就其爱国主

义和牺牲精神而言，与中国传统小说和戏曲中的旧式民族英雄的定义有很多重合之处。

英雄人物是"革命、党性和胜利的一个能指，他典型而又集中地反映了社会主义社会的本质和主流，他的品质与思想是大大超出一般观众的思想水平，从而具有榜样的力量"，"他是观影者所需要学习、崇敬的对象，而不是认同的对象"。[24]

当然，对英雄形象塑造意义的过分关注造成电影对普通人、世俗生活和娱乐功能的坚决排斥，也最终导致"文革"期间不食人间烟火的被神化的英雄形象的泛滥。

2. 知识分子形象

此期故事片总产量为769部，知识分子题材的只有13部，不到总量的2%，但知识分子作为被改造的重点对象，在许多影片中都出现过。"反右"和"文革"之间，有3部以知识分子为主人公的革命历史题材作品获得成功，它们是《青春之歌》、《聂耳》和《大浪淘沙》。这些作品用选择了不同道路的知识分子的不同结局证明：与人民群众相结合，跟着共产党走，才是中国知识分子的光明大道。

自从《桥》开始，知识分子就已作为保守势力的形象，成为前进事业上的阻力形象。小资产阶级革命性的不坚定、不彻底、软弱性和动摇性成了知识分子的象征，脱离实际、脱离群众、迷信书本等简单化、极端化的处理开始出现在此期的电影文本里，并且许多知识分子还有鲜明的

[23]方维保：《成长：从家族英雄到阶级战士》，《文学前沿》第四辑，首都师范大学出版社，2001年，第87页。

[24]姚晓濛：《电影美学》，东方出版社，1991年，第188页。

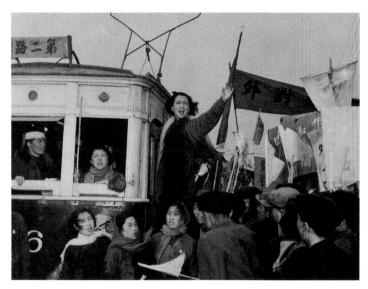

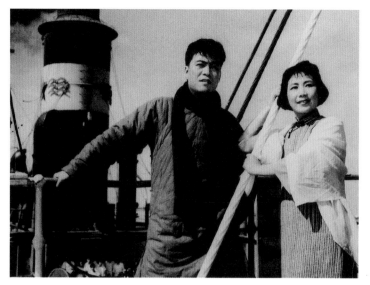

《青春之歌》（1959 年，编剧：杨沫，导演：崔嵬、陈怀皑）

《大浪淘沙》（1966 年，编剧：朱道南等，导演：伊琳）

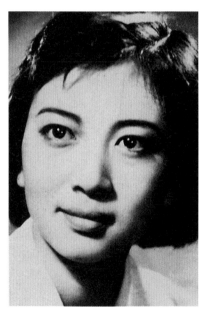

谢芳（1935—），新中国著名演员。主要作品有《青春之歌》、《早春二月》《舞台姐妹》《泪痕》《第二次握手》《李清照》等。

符号化特征，即戴副眼镜，畏畏缩缩，表面上做出向工农学习、接受改造的卑微的姿态，但又对革命或建设的前途或具体方式有怀疑。

《生活的浪花》中，青年大夫金章由于骄傲自满以致主观判断失误，为病人做了剖腹手术，幸好一教授及时赶到，挽救了病人的生命；金章为此受到严厉的批评，但他并没被大家抛弃，而是在大家的

关怀下磨炼自己，终于成为受人爱戴的大夫。《长空比翼》的主人公、航校毕业的飞行员张雷到抗美援朝前线指挥所后，被分配当僚机驾驶员；他思想上想不通，犯了个人主义的错误，在第一次战斗中擅自丢掉长机，自己单独杀敌，使长机负伤；经过教育，他逐渐认识错误，终于成长为优秀飞行员。这些知识分子影片都表明，知识分子只有在"党"和"人民"的帮助和改造下，才能融入集体。知识在他们身上不是可以发挥比普通群众更大力量的因素，而是他们融入工农群众之中的障碍。出于团结、改造知识分子的现实政策，这些影片的结局往往是主人公经过教育逐渐成长。

1956年，中共八届会议指出："国内主要矛盾已经不再是工人阶级和资产阶级的矛盾，而是人民对于经济文化迅速发展的需要同当时经济文化不能满足人民需要的状况之间的矛盾"，号召"发展社会生产力，实现全国工业化"。这期间，社会上"尊重知识，尊重知识分子"的呼声很高。一些电影创作者受到鼓舞，创作

了许多此类影片，《上海姑娘》就是这时的产物。这部电影挣脱了以往公式化、概念化的束缚，颇为清新活泼地表现了一对青年技术人员的理想、精神风貌，以及他们的工作热忱和责任感，也细致地描写了他们性格上的弱点，如男主人公的虚荣心曾导致一项工程的失败，女主人公在遭到挫折后的感情脆弱等。整部影片使人感到真实、亲切，并且弥漫着青春朝气，但这部影片很快就受到了严厉的批判。影片被批评的"问题"在于：第一，知识分子在没有一个党委书记或支部书记给以批评教育的情况下，居然坚持原则，在建设中发挥自己的才干，这是取笑党的领导，反对党的领导；第二，没有写知识分子的"软弱性、动摇性、脱离实际、脱离群众"等缺点，把他们写得活泼可爱、很有朝气，这是美化资产阶级知识分子；第三，没有把工人写成先进的英雄人物，反而写了他们只重视奖金的落后自私心理，为奖金而闹情绪，说怪话，甚至表现主人公是受到工人中一些落后思想的影响才导致急功近利，犯了忽视质量的错误，这是"往工人

阶级脸上抹黑"。这些批评从另一途径界定了知识分子在银幕上的标准画像。

1957年5月，整风运动兴起，描写知识分子的影片首当其冲成为攻击对象。在主流批评看来，电影中此类题材增多的这一事实本身就是与修正主义倾向联系在一起的。所谓"沉渣泛起"，"在这些影片里，夸大了资产阶级知识分子在社会主义建设中的作用，在美化他们的生活方式、观点和情感，赞赏他们的'精神力量'，实际上是通过艺术形象告诉观众，完全不是工农群众在改造知识分子，相反，知识分子以自己高尚的自我牺牲精神而成为工农群众的'救世主'"。《情深谊长》便是其中之一。这是一部描写微生物学家生活的影片。研究所洪所长和他的老朋友共同研究病毒杆菌，严峻的考验加深了两位科学家之间的友谊。1957年9月，有关评论还是有分寸、审慎的，到10月，开始用几十页篇幅进行讨论。评论家们一致认为"影片表现的那种友谊是小资产阶级的空想"，并谴责片中人物及影片作者的资产阶级肮脏思想。受到同样批评的还有《复试》（1958年）。一个天才青年歌唱家因为救人使嗓音损坏，周围的人都赞叹她自我牺牲的精神，并为她丧失天生的好嗓子而惋惜。评论指责影片缺少为集体利益而牺牲个人时应有的那种乐观态度，并认为影片似乎想说明天才就有权不为群众服务，这种读解显然直接受当时对知识分子的改造不仅要看其行动，还要看到其灵魂深处的政治批评的影响。

1959年生产的《老兵新传》因为主要人物老战士战长河的形象塑造而得到了普遍的赞誉。影片中带有对立色彩的人物是农学家赵松筠，从政治立场上看，他应当

算是正面人物，但他崇尚科学，是农民的对立面。他和老战都想把农场办好，但出发点和目的却不相同。当上万亩麦子遭到霜灾、颗粒无收时，影片表现出老战的心"像铅块一样往下沉"，他想到的是革命事业和国家、集体利益的损失。赵松筠这位知识分子想到的却是"朋友们知道我在这儿，会把鼻子笑歪的"。显然，按照当时流行的对知识分子的认识，知识分子即使能够忍受艰苦条件，也是为了个人名利这些资产阶级的东西而承受苦难。

从这一时期的影片看起来，知识分子们为知识所累，知识使他们站到了新生事物或先进人物的对立面。每一部影片似乎都在证明：对于知识分子来说，只有经过思想改造，才能使他们所掌握的知识"变害为宝"。

3.女性形象

中国电影从早期开始便形成了通过性别话语建造历史与国家的策略。中国电影中的"现代女性"主题一直与现代性、国民的精神健康、反帝国主义等许多重要问题联系在一起。

1949年以后，为了促进社会主义的国家建构，性别政治仍是常见的方式，只是性别话语时常被简化并纳入阶级斗争和民族解放的宏大话语之中。女性代表被压迫的受害者，男性则扮演着革命力量。

《白毛女》中的喜儿、《红色娘子军》中的吴琼花承担的就是这样的功能。因为女性对于痛苦和幸福都有着更加细致的体验，她们在中国几千年的封建社会中处于最底层，对于她们的幸福和解放的礼赞无疑证明了社会主义的优越性。新中国对妇女的解放和妇女地位的提高原本就是

意识形态优越性的一大证明。正是通过这种"人或鬼"转换的叙事，控诉了旧社会对女性生命的践踏，歌颂了新社会使女性生命的再生。从"翻身"主题看，就受压迫者而言，妇女解放和阶级解放在目标指向上具有趋同性。由于女性受压迫最深、吃苦最多，所以要突出阶级解放的政治主题和新、旧社会两重天的对比，最有代表意义和典型价值的莫过于妇女的翻身经历。

在谢晋导演的《舞台姐妹》中，女主人公春花是一个在旧社会地位低下的越剧演员，通过演出《祝福》这样的具有进步意义的节目，自身也逐渐觉醒和得到改造。在电影快结束时，她扮演了喜儿，赢得了观众的认可。最后，她让自己的舞台姐妹月红和自己"一辈子唱革命戏"。

无论是从意识形态效果考虑还是从影片的可视性来考虑，成长中的主人公起点愈是低，愈是能体现革命的感召力和包容性，妇女、儿童、农奴、长工成为最佳人选，妇女之中那些原本在家中地位很低的家庭妇女，尤其是我们称之为"大娘"的那一类母亲式的形象的成长（如《苦菜花》中的母亲），更使观众自觉地将自己视为待改造和可改造者。

在当代题材影片中，女性常常扮演与男性比肩生产的劳动能手，《马兰花开》就是一个女性也要撑起半边天的早期代表。马兰离开母亲和孩子，要到爱人工作的地方学开推土机，克服了种种困难，包括来自丈夫和其他男性的不支持，终于锻炼成一名熟练的推土机手。同样的还有《乘风破浪》中的女引水员、《李双双》中的李双双等，这些女性不但劳动热情高涨，劳动能力极强，而且有的还帮助男性

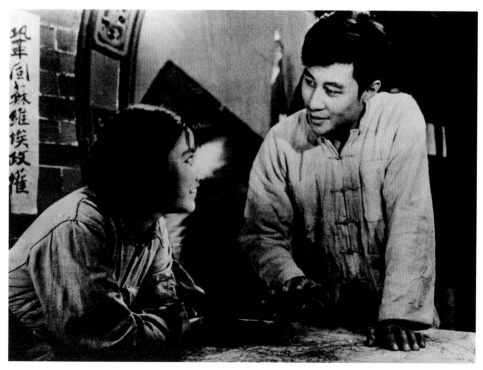

《红色娘子军》（1960年，编剧：梁信，导演：谢晋）

转变观念，打消他们对个人利益的追求和对社会主义建设的观望态度。

此外，以地主、富农老婆、落后分子、敌特分子等为代表的坏女人形象也形成了一定的模式，她们不但政治和思想上反动或落后，而且往往道德败坏，相互勾结，从事一些破坏社会主义事业的活动。这些女性"集万恶于一身"，有时表现出与传统的"最毒妇人心"的性别偏见相同的行为，而其中那些剥削阶级打扮的女性和妖冶的女特务形象则代替正面女主人公满足观众欲望投射。

社会主义现实主义创作方法强调以无产阶级世界观观察世界，按照"千百万群众"的视点去观察事物，并反映现实生活的所谓本质，这就在很大程度上排除了艺术家以其独特的视角观察、思考并反映生活的可能性。

"典型性是阶级性的集中体现"是这一阶段艺术创作的理论信条。人物形象只

要按照各自的阶级属性强化突出了"类"的基本特点，也就具备了所谓"典型意义"。因此人物往往作为某一类人物的代表，只有共性，缺乏个性，体现人物个性或某些特定环境的情节当然也就被置而不论甚至干脆不被允许。在政治强光的笼罩之下，人物形象的塑造被纳入到一个共同的主导意识状态之中：好人与坏人的区分成为人物塑造时首先要面对的选择，在这种截然对立的选择之中，人的许许多多的属性特征大多被过滤掉了。革命新人的共同特征是纯正的阶级血统、鲜明的阶级意识、坚定的革命信念、冷静的工作态度，身先士卒的革命干劲和深刻的政治洞察力，但缺乏与自我性格的多个侧面搏斗而带来的复合多重的情感景观。无论男人、女人，共同的本质压倒了个性的挖掘与表现。所以，《红色娘子军》里的吴琼花成为一个钢铁般的"无产阶级革命战士"，白毛女因为对孩子流露出"母性"而遭到

"抹杀阶级性"的批判。

由于政治意识形态的强力渗透，在一些影片中，艺术创作几近图解政治，作为主要艺术人物的英雄形象，很难摆脱图解概念、图解理想的命运，从而丧失艺术生命力。反映在技术层面，则表现为手法单一，叙述者的叙述话语固然充斥着政治话语，而且为了规约人物、避免人物形象逸出国家意志所规限的空间，政治化的叙述甚至下潜至人物的话语层面，叙述者的声音和主人公英雄人物的声音重合。在人物的语言和内心活动这种最具个人性的领域也充满了政治口号式的话语。

在意识形态的领导者看来，大多数观众都是不成熟的，因此展现从不成熟到成熟的发展过程无疑更具示范性。乐观、积极、向上始终是主导情绪，任何怀疑、犹豫、感伤、悲观和消极都是敌对情绪，都值得克服而且必须要克服。因此人物似乎总是充满对光明未来的期待，而鲜有个人的惆怅迷惘情绪。正如有的论者所分析，"初期社会主义坚信，虽然资本主义时代的物质积累是社会主义不能比拟的，但人的意志是可以重塑的。长征的胜利使人们更加坚信人的意志的作用，延安以来的艰苦环境和战争中的献身精神也培育了那代人的崇高感和英雄主义。这种神圣想象在反复强调中演变为道德价值，于是抑制个人的物质欲望，抑制个人对日常生活多样性的要求，就成为政治浪漫主义想象的必要手段。于是匮乏的物质生活条件与电影中渲染的乐观主义情绪在意识形态的统摄下，融为一体"[25]。

---

[25]孟繁华：《中国电影文化的民族性与政治想象》，《电影艺术》，2001年第4期，第70页。

这一阶段的影片普遍缺乏从生活中获取对人生的认知，缺乏那种带有超越性的终极关怀，这固然与民族文化有关，但也与这一阶段电影明确的政治目的性有关。如本期战争片的主题往往局限于侵略与反侵略、正义与非正义的对立，而同期国外一些优秀战争片已经超越单纯的阶级、社会、政治局限，超越非此即彼、二元对立的价值判断，站在人类角度，以战争为背景，探讨战争所隐含和带来的深层原因及问题。

五、革命对爱情的放逐

爱情是文艺作品的永恒主题，爱欲表现在电影艺术中更是别具号召力的内容。在新时期之前的影片中，欲望是被绝对排除的，爱情的表现也很复杂。叙述爱情是为颂扬革命理念服务，因此不会触及超越阶级的爱情。在革命叙事中的信条就是鲁迅那句被引为经典的判断：焦大不会爱上林妹妹。

由于隐喻了党与民众的关系，因此，党的代表或化身与民众的代表或化身之间是不允许有爱情存在的，党和党的代表或化身为人民所做的一切都是绝对无私的，如果双方之间有爱情产生，无疑会掺杂进个人私心，同时党及其化身所拯救的是一个群体，爱情也可能使党的同一个化身再去拯救他人受阻。《青春之歌》中卢嘉川与林道静的关系，从小说里的互相爱慕，到电影中的这种感情完全抽离。《红色娘子军》与原剧本相比也有重要变化，在椰林庆丰收时，原本有一场琼花向常青表白爱情的戏，拍摄后又被剪掉了；常青牺牲

后，琼花在遗物中原本看到的是常青表露爱情的日记，影片改成批准琼花入党的申请书。从1958年到1960年初，剧本创作历时2年多，这之中又有新的政治运动。影片的这种改动或许就是文艺界彼时正在进行的批判资产阶级人情人性论的结果。不过，虽然《红色娘子军》和《青春之歌》中的男性都担任着女性的精神之父的角色，虽然影片中将感情纠葛几乎淡化为零，由于有小说中的暗示和观众的期待，吴琼花与洪常青、林道静与卢嘉川的关系充满暧昧，还是引起观众联想。

王苹执导的《柳堡的故事》则正面而大胆地抒写了新四军战士李进与农村姑娘二妹子的爱情故事。而其对爱情的处理方式也成了当时文艺作品的典范——在严酷战争中展现纯洁真挚的爱情故事，没有仅仅局限在个人天地，而是通过他们正确处理爱情与战争矛盾的过程，表现了革命战士以个人利益服从革命利益的宽广胸怀。发生在柳堡的这个爱情故事，令人信服地阐明了革命战争的人民性，反映了人民军队与人民的血肉关系，表现了只有人民解放才有个人真正幸福的深刻思想。无论是影片本身还是各类评论都强调二妹子对副班长李进的爱情一开始就结合着对革命部队和革命事业的爱。战士李进是革命队伍的代表和化身，如果说二妹子与李进初识时爱情还是带有个人主义色彩因而也就是不合法的，那么当二妹子说出自己被伪军逼亲的痛苦后，爱情得到了净化和升华。由此百姓个体的幸福生活与革命战争建立了密不可分的联系，甚至个体的幸福与否就取决于战争胜利与否，而影响爱情的其他因素诸如双方性格、兴趣等等都是可以省略的，政治因素成了爱情生活中的唯一

要素。李进对二妹子的爱情是和二妹子的命运也就是人民的命运结合在一起的，越是爱二妹子。对人民的感情越深，对敌人的恨就越深，甚至化为直接的动力，鼓舞他革命到底，去解救千千万万个二妹子。由此这种添加了保护色的爱情成了健康的爱情，爱情不但没有妨碍他革命，反而促进了革命。当然，即便对爱情进行了"革命"的置换，在后来的"文化大革命"中，这部影片也被作为宣扬小资产阶级情调的"毒草"进行了批判。

王炎执导的创造了"现代花木兰"形象的《战火中的青春》以女扮男装的19岁姑娘高山参加野战部队的特殊故事，含蓄地涉及了她与战友高振林之间由友谊而发展为爱情的可能性。王苹的另外一部影片《永不消逝的电波》以地下工作者李侠与何兰芬之间由假扮夫妻到产生爱情并结为真正夫妻的过程，更直接地涉及了革命与爱情的主题。严寄洲执导的《野火春风斗古城》描述了在抗日时期地下工作者进行内线策反斗争的故事主线之外，抒写了杨晓冬与银环之间在出生入死中产生的爱情，杨母生前留下的红心戒指成为爱情的信物。

许多影片没有爱情的发生描写，只有夫妻或准夫妻关系。当然，也并非决然排斥爱情，而是爱情的标准和爱情得以滋生的条件被严格限制，如爱情需要在有着共同革命追求的人之间产生，爱情需要在共同的战斗或革命或生产劳动中产生，爱情需在出身、立场相当的人中间形成，爱情必须直接促进了双方的革命工作或思想境界或生产劳动。那些坏人、落后分子是不配有爱情的，最多只是相互的勾结。爱情在某种程度上成为奖赏与惩罚。

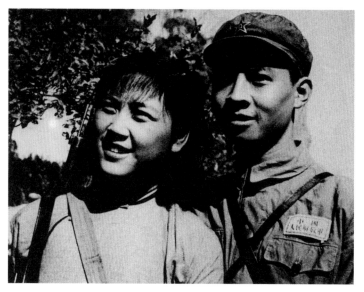

《柳堡的故事》（1957年，改编：石言、黄宗江，导演：王苹）

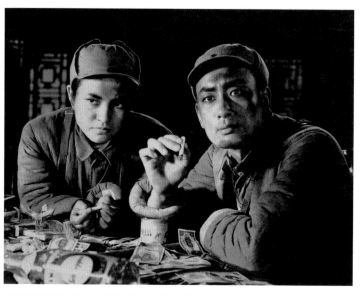

《战火中的青春》（1959年，编剧：陆柱国、王炎，导演：王炎）

爱情还用来进行新公民的道德品质教育。《护士日记》中刚从护士学校毕业的简素华与实习医生沈浩如相爱，沈浩如由于资产阶级个人主义，不但自己有先专后红的自私自利的思想，还扯简素华的后腿，不让她到边疆去，简素华为了崇高的目的，只有与他决裂。面对自己的恋人在危险的道路上越走越远，简素华似乎只顾洁身自好一心向前，而没有做任何努力将沈浩如拉回来。影片本应将爱情作为一个冲突点，加强简素华的心理矛盾，从而将简素华的形象塑造得更丰满更可信，但爱情实际处于缺席位置，反而让人怀疑他们之间是否有爱情。简素华似乎也成了无情无义的政治动物，爱情成了坚强意志、远大理想的反证工具。

电影中的爱情往往是以政治觉悟为基础的。《妈妈我要出嫁》中北村的姑娘李玉春爱上南村的小伙刘明华，母亲却认为刘明华加入了合作社太穷，暗地将她许给富农的儿子单干户九喜。九喜能写会算，样子长得也不坏，但玉春对他就是缺乏劳动人民之间的阶级感情，相反，刘明华给

人的印象却很模糊，使人觉得玉春舍九喜而选择明华似乎仅仅是因为前者的富农出身，而后者是合作社里的模范团员。而玉春娘对明华的反对就更是缺乏根据了，因为在影片中，他们从未接触过，她从反对到后来态度的转变的唯一的动力似乎就是看到了合作社的好处。在影片中爱与不爱全赖对合作社的态度。

在某些影片中，爱情是一种考验，考验一个人的道德或是政治立场：有时爱情与事业对立，选择爱情就是选择自私自利的生活道路，有时爱情需要在两个人之间作一个选择，每人分别代表不同的政治立场。《我们村里的年轻人》中的高占武爱上中学毕业生孔淑贞，淑贞也爱他，但他的战友曹茂林也爱上淑贞并且托他向她表达自己的爱意。如果高占武大胆追求无疑就表明他是一个自私自利的人，这是考验他的道德情操是高尚还是卑下的问题，他只有一种选择，即克制自己、成全他人，而如果他想得到爱情，只有靠爱情的另一方的执著或第三方的退让。曹茂林的性格温柔、敦厚、稳重，虽然不是缺点，但在

火红、激进的年代，注定他只能当配角。当淑贞选择了占武，如果让同样立场、同样富有革命工作热情和劳动能力的茂林成为爱情的被遗忘者，显然有损占武和淑贞的形象，也影响观众的认同，因此影片的结尾安排了茂林与另一人物小翠的爱情。

新中国电影中，爱与欲很多情况下不是通过视觉表现，而是靠观众的想象。许多评论谈到新中国电影常以意味深长的告别仪式作结尾，如《南征北战》中的高营长和女游击队长赵玉敏、《渡江侦察记》中的侦察连长与赵四姐、《战火中的青春》中的雷振林与高山、《野火春风斗古城》中的杨晓东与银环等，都以男女主人公的告别结尾，他们火热的眼神、激动的神情，以及"等我回来"的含糊的类似话语，都足以满足当时观众对爱情表达的需要。

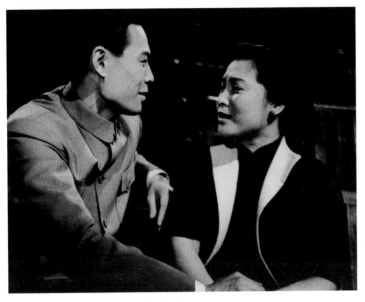

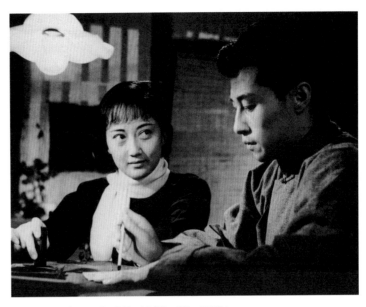

《女篮五号》(1957年，编剧：谢晋，导演：谢晋)　　　　　　　　　　　《野火春风斗古城》(1963年，编剧：李英儒等，导演：严寄洲)

第三节

新中国电影的题材与类型

　　在1956年到1966年之间，新中国电影经过一段时间的探索，在形成社会主义的电影体系的同时，也逐渐形成了具有广泛覆盖面、用不同方式承担着意识形态功能的多种电影题材和类型。虽然此期影片还谈不上是真正意义上的类型片，如果按照类型电影来定义，有的或许类型特征不够突出。然而，对于同一题材来说，无论讲述的是怎样的故事，无论由谁来讲述，都有大体相同的模式或规律。从影片表现的时代来看，可以分为历史题材和现实题材。前者主要是讲述"革命历史"，它提供的是新的现实秩序赖以成立的合法性资源，解决"我们从哪里来"的问题。后者则大略分为"工业题材"和"农村题材"（"农业题材"）以及"少数民族题材"，解决的是"我们是谁"和"我们向哪里去"的政治问题。这些影片通过人物的命运来确立现实意义秩序。革命战争题材、当代农村题材、名著改编影片、反特片是这一时期最具时代特色的主流叙事，而少数民族题材电影、儿童电影、戏曲电影则因特殊的意识形态整合功能受到了格外的关注。它们都在意义秩序的建构中重述社会主义的历史必然性。

一、历史题材：只有共产党才能救中国的历史寓言

　　在这一时期的电影中，无论是近代百年中国的屈辱或是近半个世纪中华民族的抗争，都在传达一个共同的主题：只有共产党才能救中国，而更具体化地则被呈现为，毛泽东是中国人民的大救星，社会主义是中国的必由之路。实际上，这些主题，在许多影片中都是由主人公的台词直接表达出来的。

　　新中国电影的经典作品大多是革命历史题材影片。新生政权要求艺术家们用共产党的历史观念反映中国现代革命战争史，并通过艺术形象向大众普及新政权从形成到建立的必然性。如《董存瑞》(丁洪等编剧，郭维导演)，《渡江侦察记》(沈默君编剧，汤晓丹导演)，《平原游击队》(邢野、羽山编剧，苏里、武兆堤导演)，《上甘岭》(林杉等编剧，沙蒙导演)，《铁道游击队》(刘知侠改编，赵明导演)、《鸡毛信》(张骏祥改编，石挥导演)等影片备受推崇。这些影片虽然是为配合当时的革命历史传统教育而创作，但由于创作主体调动自己的审美经验，使影片在完成政治任务的同时，具有了一定审美价值。

　　由于新中国成立后革命战争并没有立即结束，解放战争的战火未熄，抗美援朝又起，战争现实的延续使关于革命战争的银幕表象获得了新的内容、新的合法性和新的意识形态意义。而新中国成立初的电影艺术家大都经历过战争年代，对那个时代十分熟悉并且记忆深刻，相比流变不居的现实生活，对革命战争题材的把握更加稳定，尖锐、复杂的民族解放和阶级斗争生活原本就易于用电影的形式表现，因

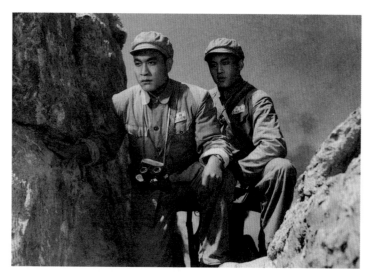
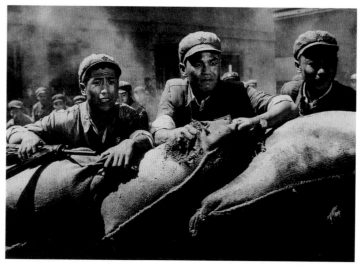

《上甘岭》（1956年，编剧：林杉等，导演：沙蒙、林杉）　　　　《战上海》（1959年，编剧：群立，导演：王冰）

此，革命战争题材影片作为此期的重要形态可以说是一种历史的必然。

新中国前17年，革命历史题材影片超过100部，居各类题材之首。这时期的战争题材影片致力于塑造各式各样的英雄，从而表现英雄主义与爱国主义。人物塑造一般都以取材历史、虚构人物，或以某一历史人物为依据，综合同类人物性格特征的写法，除了少数已牺牲的基层指战员和个别普通战士成长起来的英雄，基本不表现著名历史人物，尤其是不表现党内领袖人物。从风格样式上看，此类影片大致可

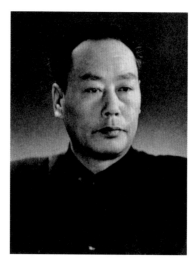

沙蒙（1907—1964），原名刘尚文。导演的主要作品有《赵一曼》、《上饶集中营》、《上甘岭》等。

分为三类：英雄成长片、革命战争或斗争片、史诗传奇片。

1.英雄成长片

成长中的战斗英雄是这类影片的重要主题。这类影片表现人物在中国共产党的引导下，从自为的、不觉悟的个体成长为一个自觉的、觉悟的党的事业的英雄一员。

《董存瑞》在当时就产生过广泛影响。影片叙述革命战士成长的历程，从空有热情到有勇有谋，从一个身上有明显缺点的普通人到一个克服了缺点、有坚强意志的革命战士，从带有孩子式的傻气男人到成熟的男人，从带有一定个人英雄主义色彩的战士到一个具有集体主义精神的无产阶级战士。在这些成长过程中，对人物的种种行为作了意义的界定，也为无产阶级战士的内涵作了阐释，使人物的意识形态成长史获得了叙事上的可信度。同一类型的影片有《赵一曼》、《刘胡兰》、《聂耳》、《回民支队》、《白求恩大夫》等。

真正具有较高社会学历史价值和艺术价值的英雄成长片则是表现青年人如何在

党的领导下成长为无产阶级革命英雄的影片。其中，最经典的作品就是谢晋导演的《红色娘子军》。

《红色娘子军》以第二次国内革命时期海南岛红军娘子军连的生活为题材，通过一名女奴成长为革命战士的过程，表现这支妇女武装的英雄事迹。椰林寨地主南霸天的女奴吴琼花不堪忍受压迫，多次反抗逃跑，总逃不出虎口，装扮成华侨富商的红色娘子军党代表洪常青把她救出来。在他的指引下，吴琼花与不甘做封建礼教牺牲品的寡妇红莲一起参加了红色娘子军。在第一次执行侦察任务时，吴琼花路遇仇敌南霸天，按捺不住仇恨，开枪打伤他，违反了纪律受到处分。在洪常青的启发教导下，她逐渐提高了觉悟，克服了狭隘的个人复仇思想，成长为真正的革命战士。洪常青牺牲后，琼花继任娘子军连党代表，领导娘子军连继续战斗。

《南岛风云》表现了海南岛的抗日故事，也是一个女战士的成长故事：海南岛游击队要转移了，政委把十八名伤员交给看护长符若华，他们隐蔽在山林中，日本鬼子切断了他们与群众的联系，粮药将绝，

在此过程中富有经验的指导员和老事务长先后牺牲，符若华逐渐成长，果断地打死了叛徒，不断鼓舞伤员，终于坚持到游击队回来接他们。由于要体现英雄是在群众的土壤中成长起来的，群众成了缺乏主体性格的符号，他们总在英雄人物需要帮助时出现，并且仅仅为了帮助英雄而出现。

这种从群众的土壤中锻炼成长的叙事模式具有很强的现实示范性，如《大众电影》1956年第11期刊登了武汉市第二医院一位观众的文章《〈南岛风云〉带来的力量》。文中提到，当年3月23日，该院护士轮流看了该片，当夜妇产科来了10多名产妇，而病床已满，要是在平日，大家顾虑一定不少：产妇多了出差错怎么办，收下来照顾不了谁负责？可是今天，大家想起影片中的女战士符若华，就产生了一种强烈的责任感，于是在妇产科其他同志的帮助下，困难解决了。电影被视作了社会教育的影像化教科书，而渲染其立竿见影的效果则成了赞誉一部影片的一种方式。

人因素，更多的是历史的必然性。这些影片虽然气势宏大、表现人物众多，但从时间跨度上看，大多以共产党的诞生为上限，以新中国的诞生为下限。

从叙述基调来看，这些文本大都采用了"烽烟滚滚唱英雄"的高昂格调，是一首比较浪漫和充满乐观的英雄赞歌。其功能在于在历史中寻找胜利记忆，借以忘却现实中的困境。

《战上海》（1960年，上海电影制片厂摄制）再现了1949年春上海解放的历程。这是一部较早采用具有奇观效果的历史大场面来征服观众的影片。影片开头时，一组解放大军勇猛挺进的镜头十分壮观，既形成了一定的视觉冲击力，又通过锐不可当的气势使新政权的必胜视觉化地呈现出来，充分调动观众的爱国主义热情。

此外，相对同期战争片史大于人、见史不见人的做法，影片在剧情的进展中以浓墨重彩或数笔勾勒着力塑造出了各种不

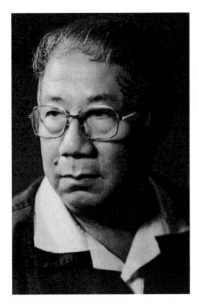

同的人物形象，使意识形态任务与艺术创造相互结合。

这一影片形态的主要创造与实践者是著名导演汤晓丹。汤晓丹先后导演了被奉为意识形态经典的《南征北战》（与成荫合拍）、《渡江侦察记》、《红日》、《不夜城》、

2.革命战争或斗争片

战争或斗争片的故事核心不是人物的成长而是战争或斗争的过程。在传记中，战争或斗争可能是人物成长的舞台，而在战争或斗争片中，人物则是战争或斗争的表现。这样的作品包括《万水千山》、《战上海》、《黑山阻击战》、《红旗谱》、《兵临城下》、《红日》、《燎原》以及《烈火中永生》、《野火春风斗古城》等表现中共地下斗争的影片。

这些影片将人和事置于一个历史变迁的大背景下，常以重大历史事件为背景，虽然表现人物的命运和悲欢离合，但并不是叙事的主要任务，人物命运较少牵涉个

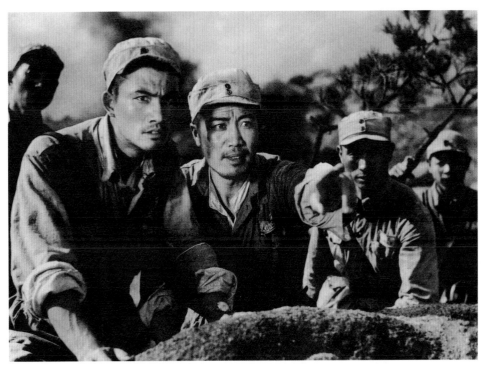

《红日》（1963年，改编：瞿白音，导演：汤晓丹）

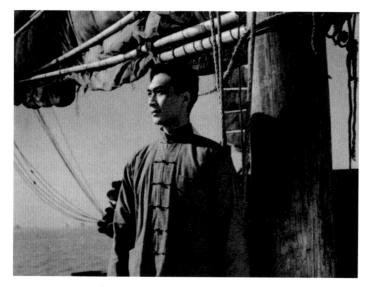

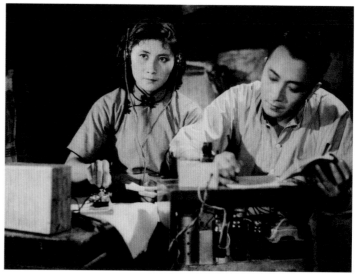

《51号兵站》（1961年，编剧：张渭清，导演：刘琼）

《永不消逝的电波》（1958年，编剧：林金，导演：王苹）

《水手长的故事》、《祖国啊母亲》等影片。这些影片在有限的艺术空间内也作了一定的探索和突围。其中《红日》表现国共正规军之间的大规模战役，从高级将领到普通战士，从军队到地方，从前方战争到后方医院，视野开阔，场面宏大，具有史诗风格。而影片更大的成就在于对人的刻画避免了当时符号化的做法，对解放军官兵敢于大胆表现他们作为农民出身的英雄的性格弱点，对敌方官兵也对他们的作战才能、责任感等作了客观呈现。

一般来说，拍革命历史题材的影片具有的政治风险相对较小，只要选材符

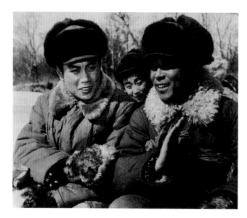

《林海雪原》（1960年，编剧：刘沛然，导演：刘沛然）

合意识形态需要、采用纪实性手法，就基本能够保证影片的合法性。而汤晓丹的影片往往把全景式的再现和典型细节的描绘相结合。大致说来，全景式的再现除了能够用大场面冲击视觉吸引观众之外，也有直接满足意识形态需求的功用，而典型细节则往往是最终打动中国观众最为有效的方式。

汤晓丹的影片常常在硝烟弥漫的战场外，插入抒情性的或是富有戏剧性的细节。细节是为塑造人服务的，汤晓丹的影片坚持以人带史也是其保证艺术性的一个策略，其影片中的人物，即使是反面人物，如《渡江侦察记》中陈述所扮演的敌侦察处长、《红日》中的张灵甫都给当年的电影观众留下深刻的印象。其影片中的人物身上，总是带有明显的民族文化和历史的印记，体现着特定历史时代的文化特征、风俗世态，从而给人深切的历史真实感。

不过由于影片的意识形态功能对主题作了严格规限，即使是《红日》这样群像塑造非常成功的影片，也带有很浓厚的脸

谱化倾向。虽然表现人物众多，但这些人的性格，往往是一眼就能看透的标签式的性格。

抗美援朝影片是此类影片在新中国成立后的延续。抗美援朝作为意识形态表述上的胜利，也使以此为题材的影片获得足够的激情。抗美援朝题材电影的拍摄全部是取材于真实生活原型进行创作，讴歌革命英雄主义和大无畏的牺牲精神，以革命的现实主义风格塑造志愿军英雄的银幕形象，代表作有《上甘岭》、《奇袭》、《打击侵略者》、《英雄儿女》等，它们以史诗般的气势充分激发了爱国主义和对敌战争的豪情。

在抗美援朝刚刚结束时，新中国的电影工作者便开始拍摄故事片。长影厂编导林杉、沙蒙等人三次赴朝慰问，于1956年拍摄完成电影《上甘岭》，通过一个连队在主峰23天的战斗表现了惊心动魄的上甘岭之役，用带有纪实性的影像与故事对无私无畏的革命献身精神作了阐释。《上甘岭》反映了新中国成立初期人们对自由、和平、幸福的憧憬和自信。

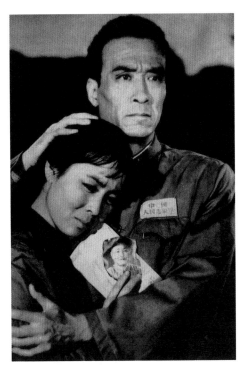

《英雄儿女》（1964年，改编：毛烽、武兆堤，导演：武兆堤）

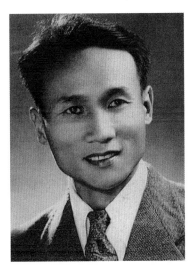

武兆堤（1920—1992），主要作品有《平原游击队》（与苏里联合导演）、《地下尖兵》、《冰上姐妹》、《七天七夜》、《英雄儿女》等。

该影片与一般战争片不同，基本未表现战争冲突的另一方，但不乏精彩的场面：严重缺水的坑道里，一个苹果，在伤员们手中传来传去，谁也舍不得吃；一排长讲起"望梅止渴"的故事；卫生员王兰为伤员们唱起《我的祖国》，在"一条大河波浪宽，风吹稻花香两岸"的歌声中，战士

们在憧憬着祖国美好的未来；张忠发用军帽扑住一只松鼠，身处绝境的战士们把松鼠一直喂养到大反攻胜利，又把松鼠放回大自然，初步探讨了战争与和平的主题。

长影于1964年拍摄的《英雄儿女》在当时是一部震撼人心的英雄主义影片。影片是毛烽、武兆堤根据巴金的小说《团圆》改编的，影片有两条线索：一是志愿军战士王成由重伤、重返前线，要求参战直至壮烈牺牲；另一条是王文清、王芳、王富标从失散到团聚，着重表现父女、兄弟之间的感情。英雄王成在二号阵地上英勇杀敌的场面，王成"为了胜利、向我开炮"的呼喊，配以独特的跃出战壕、拉燃爆破筒的造型，也为爱国主义作了形象化阐释。影片中的主题歌《英雄赞歌》也成了传唱至今的主旋律。

当时产生了重大影响的革命战争或斗争影片还有《智取华山》《扑不灭的火焰》《永不消逝的电波》《狼牙山五壮士》《战火中的青春》《烈火中永生》《平原游击队》《柳堡的故事》《青春之歌》《暴风骤雨》《林海雪原》等。

表现游击战的影片则运用传统文艺中的游侠传奇的形式，打破战争文化规范下较刻板的艺术表现形式，使情节传奇化，使人物草莽化，使战争场面灵活化，大大加强了影片的趣味性与娱乐性，虽然未必能达到现实主义真实性的高度，但已经相当接近大众。如《铁道游击队》的主要形象就是一群具有草莽英雄特点的游侠式人物，他们喝酒赌钱、莽撞好斗，这些都是其他英雄形象所不能具有的习气，而主要英雄人物刘洪还与芳林嫂发生了爱情，更满足了观众内心的一些隐秘需求。

地下斗争影片也是这类影片的重要组

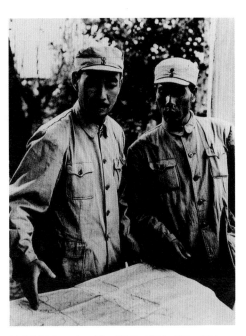

《东进序曲》（1962年，改编：顾宝璋、所云平，导演：华纯）

成部分。如《永不消逝的电波》（1958年）、《51号兵站》（1961年）、《地下尖兵》（1957年）等。正面人物完全处于反面环境之中，他们单枪匹马作战，随时可能暴露，是真正的孤胆英雄。

《永不消逝的电波》是一部优秀的惊险样式的革命斗争题材故事片。它在思想性和艺术性方面所作的探索，为中国此类题材电影的创作提供了不可估量的经验。影片跳出了同类题材影片的通病，没有过于渲染地下工作者的神勇，而是用十分冷静的风格，着力塑造了一个意志坚定、临危不惧的共产党员形象。《烈火中永生》则表现监狱斗争，小环境是敌强我弱的，英雄们处于完全的劣势，英雄主义就只有更多地体现在意志上了。而意识形态的武装无疑起决定性的作用。文本中时常让英雄们作生与死的选择，让感情与信仰正面冲突。这种极其痛苦的选择往往以信仰的维护而告终，极具悲剧震撼力。

《野火春风斗古城》（1963年，八一电影制片厂摄制，导演为严寄洲）也是表

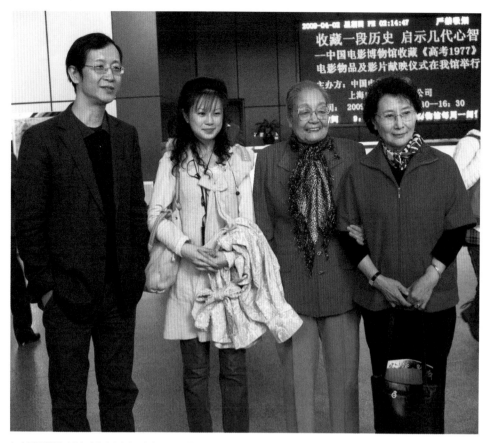

与《永不消逝的电波》中的女主演袁霞（右一）和化妆师颜碧君（右二）合影（2009年摄于中国电影博物馆）

现地下斗争的代表性影片。影片根据李英儒的著名同名小说改编，从原著的复杂情节中提炼出一条以人物的动作为依据并贯穿全剧的主线——为配合根据地作战，杨晓冬和银环等地下党员在虎穴中展开了一场争取和平瓦解敌人、特别是争取伪军团长关敬陶率部起义的斗争。银环既有热情、善良、忠贞的一面，又有莽撞、幼稚、脆弱的一面。影片在细致描绘她冒着危险进行地下活动的同时，又生动地揭示出这个少女纯洁的心灵。这些都酣畅淋漓地表现在她和杨晓冬的爱情纠葛中。而对杨晓冬，影片在努力刻画他坚强、沉稳、机智的性格的同时，对他与银环的情感爱意则又表现得含蓄而有分寸，这和他的党的地下工作领导者的身份是相宜的。在银环和杨晓冬之间，影片又着力塑造了杨母这样一位

深明大义、坚强不屈的母亲形象。这仅仅从两场戏里就得到充分的表现：敌人逮捕了杨晓冬之后，为软化他，便残忍地将杨母也抓了起来；在牢房里，杨母对银环诉说，自己什么也不怕，就是挂记着儿子的婚事，于是，老人将一枚戒指给银环戴在手上；接下来，敌人将杨母带来和儿子见面，杨母为了不使儿子由于母亲被捕而受痛苦、折磨，毅然跳楼身亡，以鲜血和生命激励儿子坚持革命气节。影片的编导者在表现严酷的革命斗争的同时，以"情"字贯穿始终，这对于缺乏人情、人性表现的电影来说也是一种突围。

这些影片延续了浪漫激越的激情通俗剧的写作传统，充满了正义与邪恶的价值对抗、善良人物的苦难遭遇和血泪交加的感人场景，"在既定意识形态的规限内讲

述既定历史题材，以达成既定的意识形态目的：他们承担了将刚刚过去的'革命历史'经典化的功能，讲述革命的起源神话、英雄传奇和终极承诺，以此证明当代现实的合理性，通过全国范围内的讲述与读解实践，建构国人在这革命所建立的新秩序中的主体意识"[26]。

由于战争以胜利告终，战争使人们建立社会新秩序的理想得以实现，使所有以战争为表现对象的文艺形式都以乐观主义为创作基调和审美风格，即使是战争所引起的死亡，也不是为了引起悲剧情感，而往往具有明确的意识形态效果。西方战争影片所具有的暴力、血腥和残酷的表象往往被此期影片所有意回避。战争中个体的命运也不在其艺术表现视野之内，只有展现战争的整体风貌和敌败我胜的战争结局才是重点，用以回顾新政权的合法性。

影片既使观众感受到这些人物身上的侠气，也清晰表现了他们身上残留的农民英雄所必须克服的一些弱点，这些弱点如果不加修饰地表现出来，显然不符合当时的国家意识形态。为了平衡整部作品，这类影片往往采用政委加草莽英雄的形式，政委形象虽然平面化，但在主要英雄的成长和转变过程中往往起直接作用。这类影片还包括《林海雪原》《独立大队》等。《林海雪原》充满了浪漫主义想象力和传奇性，有分析认为影片与同期同类题材相比，塑造了英雄群像，并且采用了古典武侠小说"五虎将"的模式，使这组形象不仅各具特色，而且使每员虎将都引出独立的传奇故事。

[26]黄子平：《灰阑中的叙述》，上海文艺出版社，2001年，第2页。

20世纪五六十年代革命战争题材影片强调对英雄人物正面形象的塑造，常常以革命浪漫主义回避对战争苦难的描写，以英雄主义、大无畏的气概来淡化作为个体的人在战争中所受的创伤。许多革命战争影片中运用和添加喜剧色彩，在严峻而残酷的战斗生活中表现出人民的智慧，对愚蠢残暴的敌人进行揭露，愉快爽朗的笑声几乎成特色，因此既得到党和政府的支持，也受到了老百姓的由衷热爱。

在战争场面中，尽管有大全景镜头表现我军将士在敌人密集的炮火中纷纷倒下的场景，但影片中的主要人物或对故事真正具有意义的形象的死亡，总是被呈现为视听语言所延宕的过程。它必须是有意义的、悲壮的，同时是饱含深情的，牺牲因之成为生命之火迸发的奇观。英雄的牺牲也在叙境中呈现为以一己之死换取众人之生的直接意义。于是，吴琼花、韩英等可以亲眼目睹亲人之死而不屈服，因为党和人民的利益高于一切。

许多影片最后也有一场类似好莱坞警匪片中的最后的对决，恶霸、敌人总是要由苦难最深、冤仇最重者来终结，但用意并不像好莱坞影片那样在搏斗与厮杀中呈现暴力，而是实践革命的承诺，以个人利益与革命利益的高度同一性来召唤未来的革命队伍成员。敌人的消灭，超出了战场厮杀的意义，而成为一场正义的宣判。

影片的高潮往往"终结于一个盛大的群众场面中，它是胜利的庆典，也是革命大家庭的团聚，是理想主义、乐观主义与集体主义的交响，也是对共产党人从胜利走向胜利的历史规律的重述"。尽管历史题材影片大都表现革命战争，"但战斗场面并非影片的主要场景，影片通常以更大篇幅表现战争年代的和平生活，即解放区节日般的欢乐、军民鱼水般的深情等，但要加入这个革命大家庭，共享解放区的蓝天，往往需经历一段成长之途，而这种成长之路才是这类影片真正的被叙对象"。[27]

这类影片较多表现革命战争中冲锋陷阵的英雄，较少表现战争中普通人的命运，几乎都是歌颂革命战争的意义和威力，却回避了战争残酷无情的一面。就内容而言，它往往写局部战争，写某次战斗的居多，而缺少写战争的全局，写大的战役。中国革命战争影片，它往往把宏大的历史背景和战争环境概括为一支小规模的战斗部队，通过表现一次或几次局部战斗来反映全局形势。其艺术形式也比较单一，往往是传统的戏剧式结构以及结构完整、线性发展的故事情节。它没有将重点放在"人"上，没有充分揭示人物的内心世界，并使反面人物脸谱化，英雄人物神圣化，而面对死亡的表现也使英雄往往苍白化。

在此类影片中，政治与道德成为相互转换的认同策略。我方的革命战士被赋予全部的"好人"的美德，偶有瑕疵，也是在成长过程中出现而必将被克服的，而敌方则从将领到普通战士都愚蠢而残暴，不仅如此，一些与交战无关的道德品质也会加以表现，比如敌人的贪婪、奢侈等，这样做的结果是使敌人在方方面面都呈现出必败的规律性。

在这种道德化的策略中，电影将严肃的政治内容赋予了轻松诙谐的风格，体现了毛泽东"与天斗其乐无穷，与地斗其乐无穷，与人斗其乐无穷"的现实政治豪情。许多影片以明显的夸张滑稽方式调侃对手，敌人被表现得愚蠢、虚弱且可笑。苏联电影评论家托洛普采夫很早就注意到这一现象，并且以《地道战》为例作过这样的描述：影片中描写的战争有如儿戏，像一群欢乐的、好惹事的小孩子在玩打仗；敌人就像儿童玩具中的锡小兵那样纷纷倒下；兵器应有尽有，不管是标枪、木棍、石块、长矛，都用来打击敌人；日本兵踩上地雷，被拖进交通壕和诱入陷阱，人们刺透他们的身体，身穿日本军装的人东摇西晃而绝望地尖叫，四散奔命；游击战在影片里被描绘得神出鬼没，英雄们从黄土坑道里钻出来，身上一尘不染，在地下坑道里的人民战争变成了欢乐的、凯旋式的把戏；那些本该表现出人性和人道主义的地方，却代之以流血、垂死挣扎的描绘；一个日本兵被长矛刺穿，他在痛苦中受折磨，双眼直往上翻，在慢慢地咽气，这一切用的都是特写；孩子们碰上了受伤的敌人，就奔到他的身前，"叭"的一声，向他头上刺去。[28]百年民族耻辱，在中国人的哄笑中被洗雪，而政治的宣传教育目的也在轻松的氛围中得以实现。《白毛女》中的黄世仁、《红色娘子军》中的南霸天、《平原游击队》中的松井小队长、《英雄儿女》中可笑的美国兵、《刘三姐》中蠢笨的秀才们，都是类似的调笑对象。这种叙述策略创造出一代天真、乐观的观众群，也使他们在同样乐观的现实情绪中积极自觉地贯彻国家意志。

这一阶段的革命历史题材电影从战

[27]戴锦华：《电影理论与批评手册》，科学技术文献出版社，1993年，第177页。

[28]托洛普采夫：《中国电影史概论》，中国电影家协会资料室内部资料，1982年。

争观念、英雄形象塑造、人物格局到战争场面展现都受到苏联电影影响。中国电影继承了其中的革命英雄主义和革命浪漫主义，但苏联影片中对列宁、夏伯阳等人物的充分个性化的描写，甚至不怕触及缺点，不符合中国的传统，像《静静的顿河》那样对爱情的描写，也不符合中国革命英雄形象，而那些战争一再失利的表现也不可能出现。

十七年战争电影不追求战争场面的奇观化效果，相反，利用平凡的视觉效果引起无限的豪情。视觉奇观固然能使观众停留于影像世界，但一旦影像世界消失，这种震撼人心的效果便会消失，而"小米加步枪"、土枪土炮的视觉呈现因为更符合人民战争的历史真实往往更能激起敌人是"纸老虎"的必胜信心。

此期革命战争片大多只有模糊的故事背景和时间叙述，其人物也是以虚构为主。这些电影里的主要人物的塑造主要是为了体现某种"革命精神"，且往往通过小人物如普通战士和基层的"广大指战员"的形象来体现。《南征北战》中有名有姓的人物最大不过团长，《林海雪原》的203首长不过团参谋长，《平原游击队》、《铁道游击队》、《奇袭》和著名的三"战"的主人公，莫不如此。许多部队首长，即使露面也只有军职，没有姓名，而是作为"上级"的一个象征性符号而已。这些虚构人物，尤其是普通革命战士的形象，由于给受众的诠释预留了极大的空间，更具有认同和榜样效果。观众可以根据人物身上的某一特点或某一行为而将身边的人或自己指认为影片中人物的现实原型，从而体会到明确的自豪感。对于没有直接体验的观众来说，这些战士的成长过程也显然比革

命领袖的形象具有更直接的模仿和学习可能。

当然，由于对个人崇拜的敏感，领袖人物在此类影片中只是作为缺席的在场。不过，领袖人物并非真的不存在，实际上无处不在，如在局部战事受挫或叙事遭遇其他困境时，往往要依靠"毛委员"、"党中央"的某项指示来解决。这种不出场的领袖带来的神秘感往往使观众更加折服于他们的权威。

3. 史诗片

在历史的跨度中，此类影片通过个人命运反映时代变迁，通过时代变迁展示个体命运，揭示只有共产党才能救中国，只有走社会主义道路才能救自我，只有放弃小我才能获得新生。

这类影片最有成就的代表之一就是

《红旗谱》（1960年）。影片表现了20年代后期北方农民如火如荼的革命斗争，是一部最具历史规模和浑厚气质的革命历史题材影片。

影片根据同名小说改编，表层是一个子报父仇的故事，以锁井镇四十八村农民同恶霸冯兰池之间的阶级矛盾为主线，着力塑造朱老忠这个富有叛逆精神的农民从自发反抗到自觉革命的成长历程。影片中添加了朱老忠二十五年后带着全家从关东回到锁井镇，扬鞭闯过冯家大门的情节。按规矩，车过冯家门前都得下车，朱老忠偏要挥鞭飞马闯过冯家门前，同时伴以一曲高昂的唢呐音乐。这一情节与《祝福》中增加祥林嫂砍门槛的情节，以及后来《闪闪的红星》中将潘冬子与胡汉三由不直接冲突改为当面遭遇一样，都如同一个挑战或宣战仪式，表达不向旧社会和反动分子

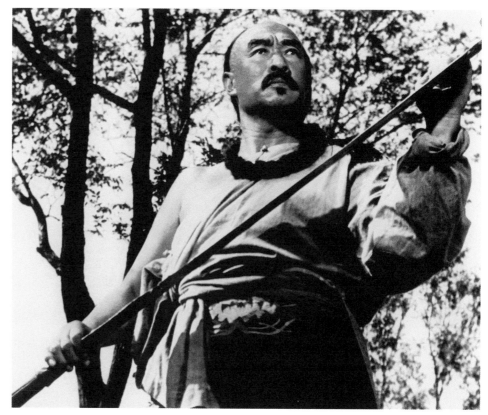

《红旗谱》（1960，导演：凌子风）

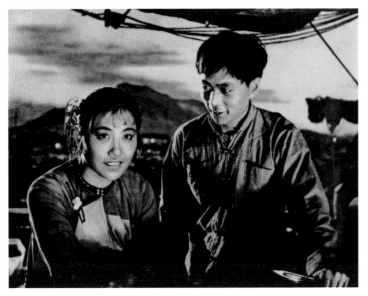
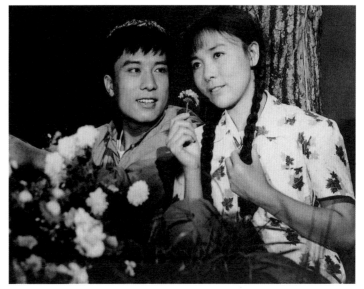

《南海潮》（1962年，编剧：蔡楚生等，导演：蔡楚生、王为一）　　　　　　　　　　《花好月圆》（1958年，改编：郭维，导演：郭维）

妥协的立场与决心。这种使革命视觉化的策略在当时颇为奏效，具有传递和激发观众革命激情的效果。

《南海潮》于1961年摄制，表现了南海渔民新中国成立前后共30年来的生活和斗争。上集《渔乡儿女斗争史》着力描写的是1927年广州起义失败到1937年日军侵略华南这10年间渔民的不幸遭遇和斗争生活。故事主题围绕农家女阿彩和渔民之子金喜的爱情追求与波折而展开，通过他们的人生坎坷，去表现那个动乱时代的激烈的阶级矛盾和民族矛盾，歌颂了人民群众不甘受辱、不甘屈服而奋起抗争的坚忍顽强精神。作为一部旧时代渔民悲惨的血泪生活史，影片充分调动观众的同情与悲愤，而作为渔民觉醒的斗争奋进史，它又激起观众的斗志与豪情。

在编导《渔乡儿女斗争史》时，蔡楚生没有选取当时电影常用的轰轰烈烈、波澜壮阔的斗争场面，他擅长于通过描写一家几个人物的悲欢离合的曲折经历，来反映时代特征和社会风貌，并由此设置错综复杂的情节线索。

蔡楚生导演的片子不仅注重作品的社会价值，而且注意尊重中国老百姓的欣赏习惯，追求电影的民族化、大众化特色。在《南海潮》中，他除了设置曲折的情节使人物悲欢离合的命运扣人心弦，还很重视艺术细节的处理，把主要镜头对准日常生活场景，在表达宏大主题的同时，对华南渔乡风俗文化作了充分展现。

《南海潮》以其深刻的社会内容和民族化、大众化风格特色，得到广大观众的喜爱，1963年公演，成为当时最卖座的影片之一。

革命战争及历史影片直接呈现中国革命的历史，这种革命历史的表述是关于社会主义革命、社会主义建设现实的另一种现实表述方式。影片所体现的以宣扬革命英雄主义、爱国主义、乐观主义、集体主义与革命的人道主义为核心的价值观及以"崇高"为基本形态的美学风格，适应了人民翻身得解放的自豪感，着力表现了革命战争中人的悲欢离合，抒发了革命战士的献身革命之情。革命历史题材在事实上成为当时电影的"重大主题"。而国家

的文艺路线、电影规范的确立以及对电影的调控和领导，常常通过"重大主题"电影的提倡和推展来实现，而电影的"代言性"价值，也以此来达成。

二、农村题材：社会主义的新农民

农村在中国社会的巨大比重，以及"贫下中农"相较于城市市民的"革命性"，使农村题材在20世纪五六十年代的表现现实生活的影片中成为主体。

1956年是新中国的一个富有转折意义的年份，这一年，合作化运动达到高潮，而作为新生的社会主义国家最为重视的意识形态工具之一——电影也必然要为合作化服务：通过塑造中国现代农民的全新形象，从正面去表现他们渴望走农业合作化道路的现实主题，并以极大的政治热情和主观意志使中国农村社会主义运动的正确性与必然性得到影像呈现。大量的合作化影片与其说是促进合作化的发展，不如说

是将合作化作为一个胜利成果来表现的。其功能与其说是直接的社会改造工具，不如说是像革命战争题材影片一样，通过对胜利成果、胜利来之不易的表现来使政权再次合法化。按照当时的文艺政策，不仅将"合作化"看成是农村的一项具体工作，更重要的是将它看成建构现实意义秩序的一个过程。以改造农民为主要叙述环节的合作化、集体化题材影片，以集体创业的形式来显示社会主义的优越性，吸引徘徊观望的农民们加入这项新的革命之中。这些影片用故事的方式告诉观众，私有观念已经成为革命最可怕的敌人，而影片中着力塑造的一个个革命的农村新人形象则裹挟着强大的政治示范功能。

由孙谦编剧、于彦夫导演、长春电影制片厂出产的《夏天的故事》在这一年年初公映。麦收以后，初中毕业生田金生和米玉兰回到村里过暑假，此时，农业合作社的麦子因为工账算不清而无法分配，引起社员们的议论纷纷。原来这是会计米三多和富农分子相勾结，把社里的现款拿去做了投机生意，故意把工账弄乱。田金生见此，积极帮助社里展开对富农分子的斗争，而米玉兰却只想着自己，对此不闻不问。合作社准备试办拖拉机站，但没有会计，学校来了通知：田金生考上了高中，米玉兰没有考上。田金生劝米玉兰留在村里做会计，但米玉兰认为这工作没出息不肯干。金生为了合作社的利益，决定不上高中参加合作社的工作，得到了全体社员的欢迎和尊敬，而米玉兰在富农王大成的诱惑下，决定嫁给城里的商人。合作社的账算清了，社员们都分到了麦子，富农分子的阴谋失败了，农业合作社朝着胜利的方向大步前进。

显然，从本片中我们可以很清楚地读出当时的善恶价值观：升学读书与为集体工作相比起来，后者要崇高得多，而前者则有个人主义之嫌。这种对集体主义的高度弘扬无疑是电影在新中国的历次政治斗争和运动中调动群众取得胜利的重要法宝之一。米玉兰嫁给商人后的生活会如何，片中虽然没有提及，但结合当时的价值观来看，商人自私自利的本性决定米玉兰必定是跳入了火炕，而这是她贪图个人享受、不追求进步、不与群众在一起的必然结果。

合作化运动涉及了每个农民家庭及个人命运的变化，尤其是要求农民从几千年的小生产者的生产方式和传统私有观念中解放出来，转变为中国社会主义革命的动力，对于从土改中获得土地、劳动发家的梦想刚刚开始的广大农民来说，这无疑是一场痛苦的考验。然而，时代并不允许作这样的呈现，而是将合作化的障碍归结为反动分子的破坏，是否参加合作化、在多大程度上支持合作化成了判断一个人政治立场的标准之一。

在表现当代斗争生活的影片中，往往有几类形象：一类是根正苗红、思想从未动摇的先进分子；一类是搞鬼作怪、甚至损人不利己最终必定受到惩罚的人，其阶级身份大多为富农分子；一类是受富农诱惑拉拢、走过弯路、可以被教育好的农民中的落后分子。这种人物设置基本对应了合作化运动分三步走的需要。

而人物的职业也决定了他的道德和政治立场，如本片中的会计米三多，会计职业的人多由小知识分子担任，因此往往不被信任，而其在经济上的特殊权力更使其在许多影片中被安置在对立阵营。在这些影片中，人物往往是政治符号，甚至从人物的名字就可以看出他们的人生轨迹、阶级属性甚至性格。米玉兰这样的名字似乎天然地带上腐朽落后的成分，而与积极向上的社会主义风气缺乏联系。

在一定程度上说，这些影片重要的不在于"形象"，而在于对"形象"的意义（定性）分析，只有通过"定性"，观众才能因此理解并适应现实。

在影片中，阻碍合作化的"形象"的思想根源，往往是封建思想和个体农民的落后自私思想等。落后者常常与反动敌人纠葛在一起，或是被后者利用。他们给革命或生产建设所带来的障碍或直接破坏，甚至比阶级敌人所造成的还大，借此有力地表现"新与旧、集体主义和私有制度的深刻、尖锐、但不流血的矛盾。"

按照当时的标准，"好"的合作化题材影片应当表现出农民在接受了社会主义思想所显示出来的惊人的力量。当然，影片不能过于容易地解决了问题，其叙事虽以斗争的胜利为终结，但叙事的重点是斗争的过程，斗争必须充分地展开。与好莱坞影片相比，影片中也有鲜明的善恶对立，也有不可解决的矛盾冲突，但阶级成分、立场和态度决定了一个人的人生历程，不会有坏分子得胜的意外结局出现。即使有意外因素出现，也只是为了证明斗争的艰巨和复杂，不会对结果有任何改变。由于许多影片从开头就可以预见结果，缺少悬念，影片除了教育群众，所能带来的娱乐要么是来自观影行为本身带来的放松意义，要么是影片中如同小品一样，由丑角或坏分子的丑行表演和其最终受到惩罚的结局所带来的笑料。因此当时有群众将此类影片的模式总结为"队长犯错误，英雄来帮助，坏人揪出来，电影就结束"。

事业胜利者往往爱情也能够得到胜利，因为个人事业的成功往往是国家事业或是国家某项具体政策胜利的象征。影片中米玉兰与田金生原本是有爱情基础的，但米玉兰受资产阶级腐蚀的迹象逐渐被显露出后，影片为米玉兰设置了一个情感上的对手高二妞。二妞是个朴实的农村姑娘，生产积极，一心为公，不怕困难，她爱上了田金生，但发现金生与米玉兰有感情，便压抑了自己的感情，而米玉兰与她相比，在爱情上就显得心胸狭窄。自然，在后来的叙事中，二妞显示了自己的道德品质和价值，最终赢得了爱情。

同期上映的同类题材影片还有谢晋导演、上海电影制片厂出品的《水乡的春天》。故事发生在淮河下游的一个村庄，一号正面人物是青年党员村长吉春林。他想在水荡里筑堤把水荡改成稻田，提高村里的生产力，但富农孔炳源暗中破坏，让农民把荡田改成藕田，为的是自己做贩卖藕秧的投机生意。春林的岳父邰有才是个新中农，受了富农引诱，也反对春林的

主张。最终，春林在党的领导下，组织群众，依靠群众，取得胜利。显然，由于题材、主题、叙事结构、矛盾冲突和人物关系均已由主流意识形态所规限，导演们所能做的只有更换故事叙述空间和人物所从事的社会主义建设事业了。

合作化题材虽是电影市场的主流，但真正具有艺术性的却是跳脱了这一模式的影片。

《李双双》是李准编剧的一部展示中国农村妇女崭新精神风貌的优秀影片。影片虽以合作化为背景，却不以合作化模式取胜。李准是新中国培养出来的电影剧作家，1953年发表短篇小说《不能走那条路》受到文艺界重视，1954年参加了文化部举办的"电影剧本讲习班"，相继发表《李双双小传》、《两代人》、《老兵新传》、《小康人家》等小说和剧本，对于新中国文艺规范稔熟在心。

影片中，妇女队长李双双爽直，泼辣，敢与自私现象作斗争。丈夫喜旺胆小怕事，不支持妻子工作，先后两次离家，后来看到双双领导的生产队获得丰收，才主动回

家团聚，夫妻言归于好。影片歌颂了以李双双为代表的大公无私、勇于向落后思想作斗争的新农民形象，批判了以金樵、孙有为代表的个人主义思想和以喜旺为代表的老好人（实际是立场不明），通过一个家庭内部的冲突来表现农村两种思想、两种道路的斗争。影片采用了轻喜剧的艺术样式和生动的性格化语言，让人们在清新、愉快的艺术氛围中得到思想教益。

影片的成功与两位演员的出色表演分不开，李双双的扮演者张瑞芳的表演非常成功。她准确地把握住了角色的核心基调，在表演爽朗、火辣性格的同时，更着力体现女性的温存、忍让，对丈夫孩子的疼爱，对朋友的关心，使人物形象仍旧符合传统的性别观念。仲星火以特有的诙谐表演，塑造了一个淳朴而有些幽默感，但思想上还有自私狭隘的大男子主义意识这一生动形象，给观众留下深刻印象，因此获得最佳配角奖。

《李双双》不仅真实地反映了农村存在的人民内部矛盾，而且创造了一种农村片的新风格，因而受到广大观众和评论界

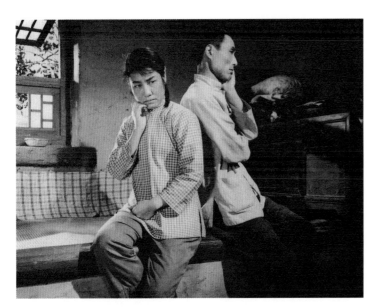

《李双双》（1962年，编剧：李准，导演：鲁韧）

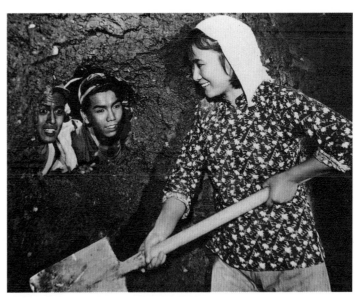

《我们村里的年轻人》（1959年，编剧：马烽，导演：苏里）

的高度赞扬，并获得最佳影片奖。也有评论将该片视为"改革片"的滥觞，并且确定了改革片的表述策略：承认社会在前进或改革过程中会遇到一些问题，而解决这些具体问题需要一个得力的基层干部。

《我们村里的年轻人》是长春电影制片厂出品、苏里于1959年执导的一部当时家喻户晓的农村题材影片。影片将社会主义农村沸腾的生活与青年人朝气蓬勃的精神面貌、乐观向上的生活情趣相结合，真切、充分地展示了农村欣欣向荣的时代风貌。尽管高占武等3位男性代表着不同层面的感情取向，他们感情的成败多少承载着意识形成的价值标准，但观众还是在这些不同性格人物的情感碰撞中得到了满足。

此外，导演较好地体现了山西作家马烽作品特有的朴素、幽默、热情的风格，使这部影片饶有情趣、别开生面，具有轻喜剧格调。而且影片采用民间乐曲和地方风味的旋律来烘托情绪、气氛，语言、风俗也都充满山西独特的地方色彩。而郭兰英为影片配唱的插曲《人说山西好风光》，

更是在群众当中广为流行。

1960年出品的《换了人间》是一部从片名到内容都表现新旧两重天对比的影片。主人公魏秀兰在新中国成立前的两次婚姻都是嫁给矿工，两个丈夫都因瓦斯爆炸丧生，以致她和矿工鲁万春相爱后却不敢结婚。而在新社会，党和政府领导工人阶级治服了瓦斯，她幸福地与爱人结合了。在这部影片中，爱情作为包装，裹挟着意识形态。

拍摄于1961年的《枯木逢春》是根据同名话剧改编，导演为郑君里。影片叙述了血吸虫病人苦妹子在新旧社会的不同命运，再现了新中国在江南农村彻底消灭血吸虫病这一"震惊世界的奇迹"。不过使其名留中国电影史的原因还不在于此，而在于这部影片是中国电影民族化的成功作品之一。影片借鉴传统戏曲和古典绘画的经验，对剧作结构、镜头调度、景物设置和音乐都作了有意义的尝试。苦妹子与方冬哥十年后重逢的一场戏，借用越剧《梁山伯与祝英台》中"十八相送"的手法，赋予这组镜头浓浓的诗意。

《槐树庄》于1962年摄制完成，导演是著名的女导演王苹。影片通过一个村庄从土地改革到人民公社成立所经历的一系列重大事件，反映了尖锐复杂的阶级斗争过程。王苹在这部影片中继续发挥了她善于刻画人物的特长，以其流畅、简练的镜头语言表现了这个跨越几十年、人物众多的题材，塑造了一个农村女共产党员和社会主义带头人的形象——郭大娘。不过，由于影片的首要任务是表现一系列的历史事件及其历史意义，影片中的众多的事件湮没了人物，人物显得政治意念化，缺乏个性和感人的力量。这样的"硬伤"远远不止这一部影片才有，也不是导演和演员所能解决的。

《北国江南》是由阳翰笙编剧，沈浮导演，表现塞北草原牧羊人在新中国成立后告别艰难岁月，在党的领导下，展开改造自然和粉碎阶级敌人破坏的斗争，变北国为江南的社会主义建设题材电影。影片一方面以现实主义手法，塑造了朴实稳重的农业社主任吴大成和善良、富于同情心的女共产党员银花等形象，另一方面，也

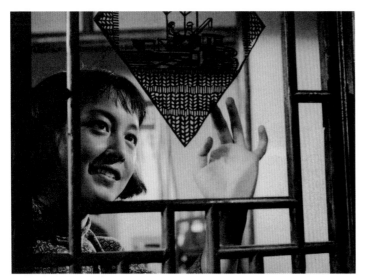

《枯木逢春》（1961年，编剧：王炼、郑君里，导演：郑君里）

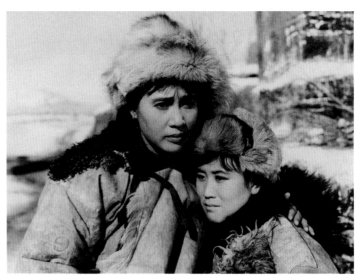

《北国江南》（1963年，编剧：阳翰笙，导演：沈浮）

按照当时流行的用阶级斗争来推动情节发展的模式，加入了阶级敌人破坏、富裕中农动摇和争夺下一代的斗争等情节，创作在艺术与政治的夹缝之间的徘徊颇具有时代特征。

1964年7月，《北国江南》上映，不久《人民日报》发表了汪岁寒、黄式宪的《应当严肃认真地来评论影片〈北国江南〉》的文章，随后掀起对影片的批判，认为它宣扬了阶级调和思想和资产阶级人性论，以不好不坏、亦好亦坏的中间人物代替无产阶级英雄形象。在表现敌我斗争时，并非把坏人写得越坏越好，稍不小心，就成了夸大敌人力量，无视群众力量的存在，就是长敌人志气，灭自己威风。在一部影片中，高级或最高领导必须是正面且毫无动摇的，此外，有什么样的出身就有什么样的行为。如果试图对这种标签作修改，把一个苦大仇深、根正苗红的贫农表现成阶级意识不鲜明，如果一个共产党员对待人民态度粗暴，如果一个人从行为上看应当属于富农，而编剧却给他戴上下中农的帽子，就是丑化下中农，美化敌人。对影片的批判主要针对的是时任全国文联副主席、党组书记的编剧阳翰笙。阳翰笙30多年的创作，在一定程度上代表了自"五四"新文化运动和左翼文化运动以来的传统，批判他是为所谓的"30年代黑线"制造口实。

1964年，王苹导演了《霓虹灯下的哨兵》。新中国成立之初，隐蔽的敌人利用香风毒气企图在大上海十里洋场兴风作浪，解放军在这场特殊的斗争中获得了新的胜利，像巨人般屹立在南京路的霓虹灯下。这部影片直接产生于"千万不要忘记阶级斗争"的伟大教导，将资产阶级的腐败、美蒋特务的破坏等安排在城市，最后

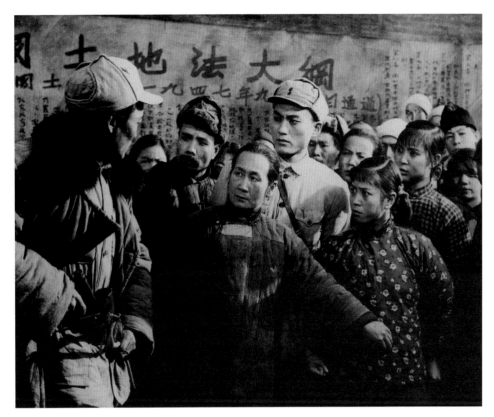

《槐树庄》（1962年，编剧：胡可，导演：王苹）

在农村与城市的冲突中，以农村的绝对胜利而告终。

综观这一时期的农村题材影片，凡是在艺术上有所成就的影片，虽然在创作背景上仍旧保持着强烈的时代共鸣，内容构思和人物塑造都具有明确的政治宣传意图，但艺术家们凭借自己的艺术才能，在创作的各个层面上尽可能体现民间生活和民间文化本身的魅力，从而使影片表现出清新、活泼的生活气息。

三、名著改编：对经典的政治重写

如果说任何历史都是当代史的话，那么名著改编同样也是当代价值的一种草船借箭。改编文学名著是新中国电影生产的一种重要方式。这时期的文学名著改编影

片大致分两类，一类是现代文学名著改编，一类是当代文学名著改编。

1.现代文学名著改编

新中国"确定"的文学名著有相当一部分为左翼文学。大部分左翼文学名著由于揭示了一个特定历史阶段的社会现实，具有一种史诗性的宏观展示，在新中国成立不久后仍然具有批旧颂新、加强意识形态合法性的功用。有了这层意义，文学名著的改编也成了超乎普通电影创作的重要事件。作为现代左翼电影的一种自然延伸，同时更作为主流意识形态话语的重要载体之一，其电影创作高度自觉地以自身的意识形态进行实践，完成了对于中国电影影戏传统的空前发展。

《早春二月》是根据柔石小说《二月》改编，由谢铁骊编导，以1926年前后第一次国内革命战争时期浙江水乡市镇的

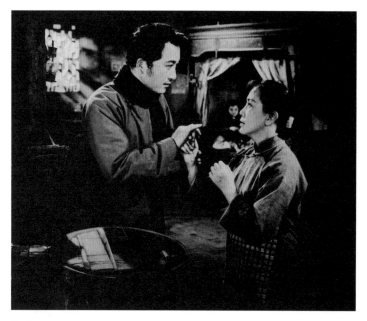

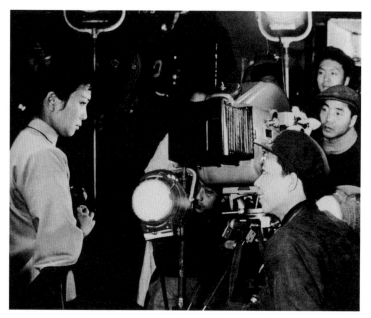

《早春二月》（1963 年，编导：谢铁骊）   《早春二月》拍摄现场

社会生活为背景，反映20年代知识青年的苦闷彷徨的影片。影片创作时正值张春桥鼓吹要"大写十三年"，甚至宣称"不写十三年就是路线错误"。《早春二月》写的非但不是"十三年"，而且表现的是一个处于徘徊状态的小资产阶级知识分子，这不能不被视为一种挑战。

影片较准确地传达了原著的人物形象和整体风格，同时，也根据时代的需要对人物性格作了一些调整，弱化了人物性格中的一些消极因素，增加了一些积极的亮色。导演谢铁骊不仅在把外部冲突内心化上做了有益的探索，在突破传统戏剧式结构上也做了大胆的尝试。他在该片中"摆脱戏剧式结构影响，探求电影的'多场景组合'，尽可能不用技巧，使蒙太奇段落与段落之间产生撞击的效果"[29]。但影片在当时仍然受到了批评：没有表现大革命时代的主要脉搏，将阶级矛盾偷换成爱情的纷扰，劳动人民的困苦生活被归结

[29]黄雯：《怎一个冲突了得》，引自www.filmsea.com。

为偶然事件造成的不幸，资产阶级恋爱的微澜代替了无产阶级革命的波涛。

夏衍在左翼文艺运动时就已经是领导人物，新中国建立后，在1955年到1965年长达10年间任中央文化部副部长，但其对中国电影最直接的作用在于以自己的创作实践发展和完善了电影剧作理论。除了改编鲁迅的《祝福》、茅盾的《林家铺子》之外，他还改编了巴金的《憩园》即香港影片《故园春梦》，陶承的《我的一家》即影片《革命家庭》，罗广斌、杨益言的《红岩》即《烈火中永生》，从中积累总结了一套完整、系统的电影剧作和改编理论，并以"写电影剧本的几个问题"为名出版。

夏衍对文学改编所持的基本原则是应当按照原作的性质而有所不同，即改编经典要力求忠实于原著，即使是细节的增删、改作，也不该越出界限以致损伤原作的主题思想和他们的独特风格。如改编的是神话、民间传说和所谓稗官野史，改编者就可以有更大的增删和改动的自由。他对经典著作的改编手法和原则在很长时间

内几乎成为电影改编的典范和唯一正确的方法。

《祝福》是鲁迅小说中相对接近电影思维的作品之一。夏衍的改编没有因袭原作的结构形式，而是以祥林嫂的出走、被抢、再嫁、婚后生活、再次回到鲁镇直至死去的时空流程展开叙事。剧作改变了原作所采用的倒叙手法，也取消了"我"的叙述立场，而代之以常规的叙事形式，体现出戏剧电影重故事、轻情境，以及从银幕上所呈现出来的剧作的完成时态中所体现出来的重故事、轻影像的特点。作为封建势力的表意符号之一，卫老二一出场便被赋予了"机灵、世故"的品行特征，而正是这一人物直接导致了祥林嫂的出逃以及此后一系列悲剧事件的发生。这一人物的增设不仅强化了戏剧冲突，而且一改小说中肃杀、清冷的风格，开篇就形象化地展示了观众看起来已经显得有些熟悉的阶级对立：卫老二作为封建势力代表的奸诈、狠毒和祥林嫂作为普通百姓的无辜、凄惨。在祥林嫂与贺老六婚后生活的表现

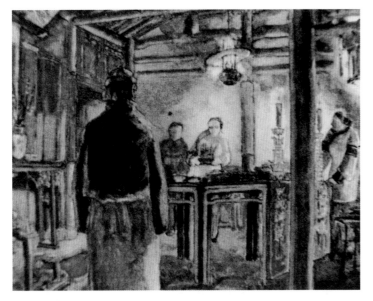
《祝福》场景设计图

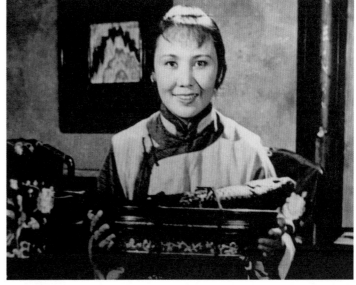
《祝福》（1956年，改编：夏衍，导演：桑弧）

上，剧作一改原作的简单叙述，不时提醒观众，是黑暗势力吞噬了他们本应该享有的平静生活。剧作以平行的手法表现了贺老六与阿毛"共时"的惨死，天灾与人祸同时并置于已经遭受生活重创的祥林嫂身上，而且特别强调了人祸或社会元凶的巨大破坏力。原作所特别侧重的一个人物命运悲剧在夏衍的剧作中更多地被表达为一个社会悲剧。

夏衍对《祝福》的改编一直被看作不容置疑的成功改编，如增加祥林嫂拿菜刀砍土地庙门槛的情节，向来是被认为有力地表现了祥林嫂对恶势力的控诉，而随着这种声音的逐渐加大、定型，最初的有人对此是否具有性格上的合理性的质疑则被湮没了。因为有了强烈的意识形态功利性，影片中的人物性格也较小说单薄了许多，如鲁四老爷在小说中是一个讲理学的老监生，而影片中仅仅表现出其伪善、残暴、自私的一面。换言之，鲁四老爷具有其他地主的共性而无自己的个性，鲁四老爷这个形象也就仅仅成了地主的代表和象征。在《写电影剧本的几个问题》

一书中，夏衍指出"电影的特点，一是群众性，一是综合性"，"电影是最富于群众性的、最有力的宣传武器"。事实上，"主题艺术"的目的性和功能性要求一直横亘在包括夏衍在内的电影创作者面前。

《林家铺子》是夏衍根据茅盾的同名小说改编的，描写的是浙江杭嘉湖地区一个小镇上一家商店倒闭、老板破产逃走的故事。影片将主人公的个人命运同特定时代的重大历史事件结合，突出林家铺子的兴衰与整个社会动乱的内在联系，从而强调了影片的社会意义。

在谈及《林家铺子》的改编时，夏衍说："在当时，为了要组织起'抗日救国'的全民统一战线，对民族资产阶级，特别是受到压迫较重的中小工商业者，主要的还是要引导他们走上反帝反封建的斗争，而不能把锋芒集中到民族内部的阶级矛盾。……当这个作品改编成电影而在今天放映的时候，观众就完全有理由要求我们对《林家铺子》里的人物作出应有的阶级分析了。对此，我在征得了茅盾同志的同意之后，对林老板这个人物的性格作了一

些必要的补充。我把林老板这一类人物处理为：一方面是被压迫者、被剥削者，另一方面又是一个还可以压迫人的剥削者。压迫他的是帝国主义、官僚买办资本家、大商人、大小军阀、国民党官僚和土豪劣绅，但是他还有可以压迫和剥削的更弱小的对象，这就是农民、小商小贩，以及孤寡无依的朱三太、张寡妇等。他对豺狼是绵羊，但是他对绵羊则是野狗。'大鱼吃小鱼，小鱼吃虾米'，是当时的社会现实。我想，不把林老板写成一个十足的老好人，不让今天的观众对林老板有太多的同情，应该说是完全有必要的。"[30]

多数名著经过电影改编，成为电影经典。从1960年到"文革"爆发前，几乎每年都有一两部经典的反映革命战争和农村生活的长篇小说被改编成电影，除以上提及的长篇小说之外，还有冯德英的《苦菜花》、李英儒的《野火春风斗古城》、周立波的《暴风骤雨》、陆柱国的《上甘

[30]夏衍：《夏衍谈〈林家铺子〉的改编》，中国当代文学研究资料夏衍专集(上册)。

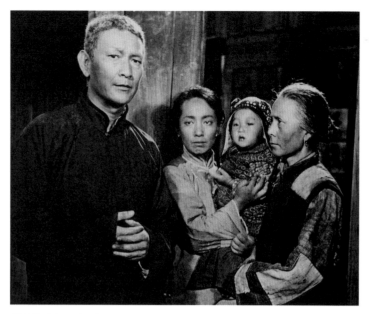

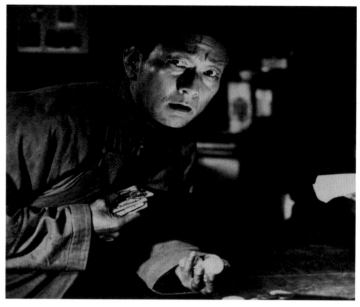

《林家铺子》（1959年，编剧：夏衍，导演：水华）　　　　　　　　　　　　　　《林家铺子》中的林老板（谢添饰）

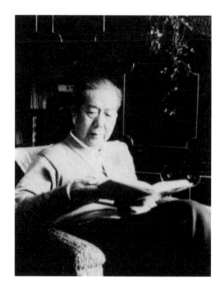

水华（1916—1995），原名张水华，导演的代表作有《白毛女》（与王滨联合导演）、《林家铺子》、《革命家庭》、《烈火中永生》、《伤逝》等。

岭》等。

从题材上看，这一时期的名著改编影片主要分为表现革命历史内容和表现社会主义革命与建设两类。《青春之歌》表现女主人公林道静从一个小资产阶级知识分子成长为革命战士的经历；《红旗谱》描绘朱老忠等农民走上自觉革命道路的轨迹；《林海雪原》描绘东北剿匪的艰苦斗争；《暴风骤雨》表现解放区如暴风骤雨般猛烈的土地改革运动；《野火春风斗古城》描述抗战时期华北某古城地下党组织对敌进行策反斗争的故事；《苦菜花》反映胶东半岛抗日军民斗争生活；《烈火中永生》再现严酷的地下革命斗争和狱中斗争；《林家铺子》呈现出相对严谨而流畅的现实主义风格，具有一定的认识价值和审美价值，显示出了新中国电影艺术达到的一个新高度。

夏衍的改编之作更多的是一些"历史故事"的重新叙述，其间注入了显而易见的时代因素，浓郁的意识形态话语表露无遗，在"历史故事"的叙事肌理中，分明是清晰明确的现实政治烙印。

2.当代文学名著改编

在新中国的文学史上，有所谓"三红一创，山青保林"的简称，指的是产生过重大影响的八部中国当代长篇小说：《红岩》、《红日》、《红旗谱》、《创业史》、《山乡巨变》、《青春之歌》、《保卫延安》、《林海雪原》。这些"红色文学经典"中《李双双》通过农村妇女李双双与丈夫孙喜旺之间的纠葛表现了农村生产队中新旧两种思想的冲突；《小二黑结婚》以喜剧风格表现解放区农村新旧两种思想的斗争。

在政治运动频繁、经济基础薄弱的社会文化语境中，改编文学名著成了完成电影生产的重要捷径。它的编剧、导演、演员都往往是那些不仅在银幕上而且在政治上都合法可靠的知名电影艺术家，如《青春之歌》的导演崔嵬、陈怀皑，林道静的扮演者谢芳；《红旗谱》的导演是凌子风，朱老巩与朱老忠由崔嵬扮演，他将朱老巩的侠肝义胆和朱老忠的耿耿正气表现得恰到好处，而摄影则由经验丰富的革命摄影师吴印咸完成；《暴风骤雨》的导演是谢铁骊，《李双双》的导演是鲁韧，李双双是由张瑞芳扮演。此外，还有《红日》的导演汤晓丹、《野火春风斗古城》的导演严寄洲、《烈火中永生》的导演水华、主演赵丹和于蓝等。主创人员的优秀在很大程度上保证了影片的艺术质量，而影片的成功也给这些参与者带来了很高的荣誉。

相对来说，对当代文学名著的电影改编有着更为广泛的接受群体。一方面是因为这些作品的创作者与观众处于同一时代，有着共同的高亢、积极的时代情感，而不像《祝福》、《林家铺子》、《早春二月》那样由于革命形势的影响，影片呈现出悲观的情绪；另一方面是因为创作者在对许多当代文学名著进行电影改编时，加入了民间文化的形态，满足了以农民为主的电影观众的欣赏习惯。

以《李双双》为例，评论认为，对照电影《李双双》与小说《李双双小传》，虽然是同一个作家所作，虽然同样带有歌颂农村"大跃进"中新人新事的意图，但后者只是一部没有生命力的应时的宣传读物，前者却超越了时代局限，成为艺术生命长远的优秀喜剧片。同期许多作品的显形结构都体现了国家意志，但作为艺术作品，毕竟不是一般的宣传品，艺术家们沟通了民间文化形态，在表达上自觉或不自觉地运用民间形式，使之成为老百姓能够接受的大众文本。

从小说到电影，《李双双》的故事情节与思想内涵有了很大改变。原小说只是一部应时的歌颂"大跃进"中妇女办公共食堂的故事。改编时，李准从原小说中的人物性格冲突中发现了新的主题，便将它改写成农村如何发挥妇女劳动力，正确开展评工记分工作的故事。《李双双》在回避现实生活中的矛盾冲突的同时，并没有像原小说那样渲染"左倾"的错误精神，也没有为当时的路线大唱赞歌，而是表现普通老百姓中的美好人性，提倡群众敢于与社会上的自私行为特别是干部的自私自

利作斗争。虽然李双双的性格也迎合了大跃进的乌托邦政治的需要，但人物性格及其冲突体现了民间对美好理想的追求。

与西方的文学改编影片相比，中国的改编原则比较一致，长时间内都以"忠实原著"为基本准则，影片就是文学作品的影像版，能够作较大改动的往往是考虑一些政治需要而不是美学需要。即使是当代题材的作品的电影改编，留给导演再创造的空间也极为有限，因为在政治意念的束缚下，改什么、如何改几乎都是先在地有了固定轨道。

由于鲜明的主题要求，文艺创作更多地不被理解为现实主义所强调的客观生活的真实再现，而是依据特定的主题对生活进行重构。在许多被视为现实主义的作品中，批判性这一现实主义最为可贵的品性恰恰丧失了。这样的主题要求同样体现在电影改编之中，"对接"更多被理解为重新安置原作的题材内容，使其与主流意识形态达成吻合。改编过程不仅仅是改编者对原作精神的领会，更包含着对"当下"社会时代政治环境的洞悉和明了。作为特定的时代精神的载体，影片始终在向观众传达一种事实上经过了意识形态重构的"历史真实"，而它实际上更是一次新的意识形态的确立过程。

四、喜剧片：愉快地歌颂美好

喜剧，通常以种种悖逆的手法将人生无价值的东西撕破给人看并表达某种道德自信和精神优越。由于政治斗争的尖锐和严峻，这个时代对于喜剧的容纳能力远远不够，也导致了本来为数就少的喜剧片由

道德讽刺走向歌功颂德，喜剧的生存语境最终基本丧失。

新中国建立初至1955年，没有一部喜剧影片出现，一方面是因为此时硝烟未尽，电影需要集中表现战争中的英雄人物，观众更多需要的是加强对新政权的信心，从而集中力量建设新家园；另一方面是因为受1951年对电影《武训传》批判的余波的影响，电影工作者面临许多条条框框的限制，缺乏创作勇气。

1956年，国家整体形势趋于稳定，工商业社会主义改造完成，社会大众充满翻身后的幸福感与自豪感，也为讽刺喜剧制造了良好的氛围。同时，官僚主义思想和作风逐渐滋长，也使讽刺喜剧的兴起产生了社会基础。同期，苏联文艺界提出反对"无冲突论"和"粉饰现实"，并且拍摄了一批喜剧片，对国内电影界产生了直接影响。而国内强调"文艺干预生活"的主张也为喜剧片的产生创造了舆论条件。

1956年在"双百"方针提出后不久，吕班导演的影片《新局长到来之前》，作为新中国第一部讽刺喜剧片问世。影片漫画式地塑造了一个自私自利的马屁精牛科长形象，突出了官僚主义者对上奉承献媚对下骄横糊弄的嘴脸，而牛科长对待局长和一般同志截然不同的态度也被上升为对待个人利益和国家人民事业的立场问题。

这部影片原是一部独幕讽刺喜剧，剧本发表后受到好评，各地艺术剧院争相演出，中国青年艺术剧院到中南海为毛泽东、周恩来等做过专场演出，也得到赞扬。不过，这种好评显然不是针对影片的艺术质量的肯定，而是影片所取得的社会效果，因为官僚主义是1956年整党的一项主要内容。吕班在改编时也只是丰富了喜

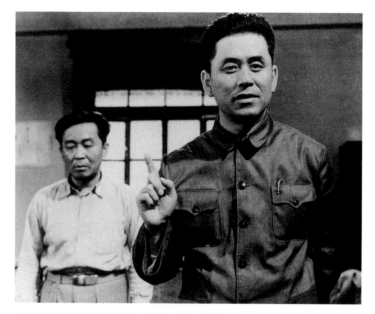

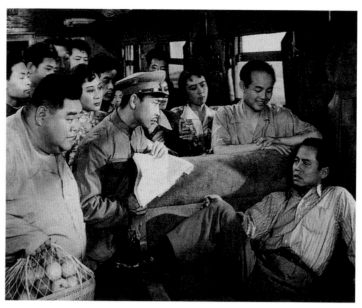

《新局长到来之前》(1956年，编剧：于彦夫，导演：吕班)　　　《不拘小节的人》(1956年，编剧：何迟，导演：吕班)

剧细节，使人物形象更加鲜明，应当说在政治上具有了相当的保险系数，但影片最终还是为导演吕班带来了噩运。

同年我国还生产了《不拘小节的人》、《如此多情》、《寻爱记》、《球场风波》等一批喜剧片。《不拘小节的人》(吕班导演)刻画了一个自称文人雅士、不拘小节的讽刺作家去某市作报告，顺便去见一位没见过面的意中人。在路上，他随手丢果皮，摘花，在旅游景点刻字留念，在图书馆大声喧哗，而这一切统统被他的意中人看在眼里，当两人相见时，作家没精打采地说了句"完啦"。影片中的喜剧冲突并没有层层深入和激化，而是同类性质行为的简单冲突的重复，总的来看只是倡议遵守社会公德的反面教材。

《寻爱记》(王炎导演)以讽刺见异思迁、不重感情实质、只看重权势的恋爱婚姻观念。与《寻爱记》近似的还有《如此多情》，其主人公护士傅萍贪慕虚荣，一心想嫁一位处长，导演以此批判资产阶级的恋爱观。

与《乌鸦与麻雀》这样的讽刺喜剧不同，上述影片的讽刺限于道德化的范畴，而不是制度上的怀疑，这类讽刺喜剧是"讽劝型"的，导向教化目的。牛科长的伎俩是捞点小转椅的便宜、借机换大办公室以提高身份、顺嘴编造与新局长同生死的经历以满足虚荣心，这些大多与人物的日常品行相关联，不涉及政治阴谋。

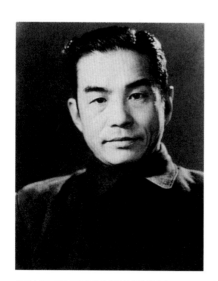

为新中国喜剧电影付出最大代价的导演吕班(1913—1976)，原名郝恩星。导演的主要作品有《新儿女英雄传》、《六号门》、《新局长到来之前》、《不拘小节的人》、《未完成的喜剧》等。

这是一种"理性化的讽刺"，被讽刺的对象代表的是一类人。这里的类不是按职务等级划分，而是按其所代表的某种品行或行为。在讽刺语言和手法上，影片多采用"生活化的合理误会、巧合、偶然等喜剧因素制造笑料、辅以夸张和重复手法"。甚至人物的姓名也具有隐喻性，如《如此多情》中见异思迁的女主人公傅萍(浮萍)，《未完成的喜剧》中的易浜紫(一棒子)。

20世纪50年代中期的喜剧影片以讽刺的面孔出现，是因为此时的喜剧片带有很强的现实性、工具性和目的性。影片讽刺的对象或者是自私自利的，或者是工作方法不对、跟不上时代的。《新局长到来之前》中所讽刺的对象只是一个总务科长，他的张狂表演是由于新任局长的缺席或隐身。当丑角充分表演之后，代表正面形象的新局长出现，制止纠正了他的行为。在一部影片或一个封闭语境中，职位最高者往往是正面形象，其意义在于表明制度的合理性和可靠性，那些违法乱纪、为非作歹、谋取私利者往往只是一些基层领导或低级干部。这种人物设置策略由于用于意识形态宣传十分有效，所以能够一直沿用到今天。作乱者可能人数众多，在短期内或某个范围内沆瀣一气，但越是如此，越能体现阶级或反腐斗争的艰巨性。这些都是建立在影片中所涉及的最高级领导必然是正面的基础上，他因为种种原因而缺席，但当他出现的时候，他必然可以拨乱反正。有的导演没有充分意识到这种策略的必要性，试图有所突破，如吕班导演的最后一部喜剧影片《未完成的喜剧》（1957年）。它通过三个故事即"朱经理之死"、"大杂烩"和"古瓶记"讽刺官僚主义者、吹牛皮者和不赡养老人的人。三个故事有一个教条主义批评家易浜紫（谐音"一棒子"）贯穿始终，其中"朱经理之死"设置了一个较为成功的喜剧情境：朱经理疗养回来发现大厅里给他设了灵堂，秘书正在给他写悼词，朱经理对着悼词、花圈大加挑剔，最后大叫"我没有死，我还活着"。但此片尚未出世，就被打成"毒草"，影片和导演都遭到了封杀。

对于新生政权来说，喜剧虽然只是道德化的讽刺，但也有丧失民众信任之虞，即使是影片的观众也惧怕这种信心受到冲击，事实上，许多观众也自觉参与了对此类影片的质疑。在这样的环境中，喜剧片的生产已经完全超出了艺术创作的范畴。导演吕班曾谈到自己拍讽刺喜剧片的顾虑："怕弄不好，怕弄巧成拙，怕弄得低级了，趣味庸俗了，怕讽刺得不准确，尺寸掌握不对，轻重配置不当，怕歪曲了现实，怕把讽刺变为诬蔑，怕……""开始我倒不怕，可是我周围的气氛弄得我从不怕到渐怕，以至于在'前怕狼后怕虎'的

心情中，束手束脚地拍完了这部影片。""我没敢故弄噱头，没有敢过分夸张，也没敢让大家多笑……"[31]

尽管如此，影片在放映后还是遭到质疑，如认为牛科长胸前挂了一排纪念章，那么很容易让观众觉得他是从部队转业的，既然是部队转业的干部，那么他阿谀逢迎的行为就可能是在人民解放军这个队伍里学到的，如此显然是歪曲军人形象。由于出身和政治立场决定一切，人物性格发展的其他可能性都被排除了。在读解一部影片时，评论界多采取单因单果的逻辑判断，认为某种立场必然导致某种行为，而该行为又必然导致失败或灭亡；反之，某种行为必然是由某种立场或出身决定，而当行为立场与出身不符时，影片便被视作拔高或抹黑行为。

新中国喜剧电影史上最不能被遗忘、同时也是最具悲剧性的人物就是吕班。吕班在新中国成立前从事表演，1950年起任导演，与伊琳合导了北影厂第一部故事片《吕梁英雄》，接着与史东山合作导演了《新儿女英雄传》，独立执导了《六号门》、《英雄司机》等片。50年代中期，由于政治气氛较为宽松，他转向对讽刺喜剧的探索，由此也给自己带来了厄运。在1957年的"反右"运动中，他成了"利用讽刺喜剧宣传反党反社会主义的、凶狠的党内右派分子"，从此停止了艺术创作，直到1976年病逝后，才得到平反。他成了为新中国喜剧电影付出最大代价的导演。

与《未完成的喜剧》同时遭到相同命运的是上海电影制片厂同年生产的《球场

[31]吕班：《谈谈我心里的话》，《大众电影》，1956年第17期，第7页。

风波》（毛羽导演）。影片虽然被定性为"野草"而非"毒草"，但此后影片的编导均没有再从事电影创作。

1958年，郭维根据赵树理小说《三里湾》改编、导演了影片《花好月圆》。影片较为成功地保持了原作中的幽默感，既讽刺了时代的不和谐音，又显得诙谐风趣，但影片受到了"用三角恋爱代替政治斗争和阶级斗争"的批判，遭到禁映。

同年还有一部喜剧片《布谷鸟又叫了》，影片由杨履方根据同名话剧改编，由黄佐临导演。女青年团员童亚男有新思想，而未婚夫王必好为了把她束缚在自己的手中，竟然要求她不能同男人讲话，不能去学开拖拉机。影片讽刺了一个只关心生产不关心人的农村基层干部，上映后立即受到激烈批判，被认为"歪曲现实"、"丑化党的领导"。

至此，讽刺性的喜剧片生不逢时的命运已经注定，于是歌颂型喜剧应运而生。

1959年，在规划"国庆十周年献礼片"时，电影界领导发现没有一部喜剧片，于是决定由夏衍负责"抓"出一部喜剧片。《五朵金花》成了重点，夏衍下达了"要喜剧，要有大理山水、载歌载舞、轻松愉快，不要政治口号"的指示，于是歌颂型喜剧影片的样本出现了。

沿着这个样本，在歌颂型喜剧路线上走得更远的《今天我休息》中（李天济编剧，鲁韧导演），"今天"是户籍警马天民休息日，所长爱人要为他介绍邮递员刘萍作对象，但这一天里，马天民为了帮助他人几次失约以致刘萍产生了误会对他态度冷淡，正在这时刘萍的父亲回家发现正是他帮助了自己，于是刘萍深深地爱上了这个人民警察。影片在一个完全没有矛

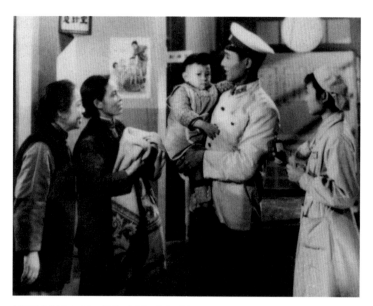
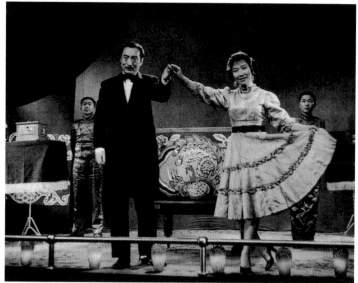

《今天我休息》（1959年，编剧：李天济，导演：鲁韧）　　　　　　　　　　　《魔术师的奇遇》（1962年，编剧：王炼等，导演：桑弧）

盾冲突的正面环境中，靠极度的夸张、巧合、误会来达到喜剧效果。

这两部影片得到了与讽刺喜剧截然相反的待遇，并得到了广大观众的认可。这种少有的"成功"引起了电影界的关注，评论界据此开始讨论"社会主义新喜剧"，最后总结出这种新喜剧的特征：其性质是歌颂光明，不写否定的消极的事物，态度上应当是歌颂而非暴露，通过影片证明生活是美好的；在人物形象方面，要塑造正面形象，从而达到歌颂新时代的目的；在喜剧技巧方面，诙谐、幽默、风趣、误会、巧合是基本手法。

在影片是否反映社会矛盾和有无戏剧冲突方面，评论界产生了分歧。有的认为歌颂型喜剧突破了喜剧传统的讽刺框框，可以不反映敌我矛盾或人民内部矛盾，因为社会主义现实生活充满了欢乐。另一种观点认为上述两部影片是有矛盾和戏剧冲突的。两种观点都有难以自圆其说之处。因此，这场严肃的讨论最终没有带来"社会主义新喜剧"创作的繁荣。

于是，一部分人干脆另辟蹊径，使带有中庸色彩的生活轻喜剧成为此后很长时间内喜剧片的主要模式。包括鲁韧导演的《李双双》，谢晋导演的《大李、小李和老李》，谢添、陈方千导演的《锦上添花》，桑弧导演的《魔术师的奇遇》，严寄洲导演的《哥俩好》等都属此类。这些生活化喜剧，以现实生活为题材，表现人与人之间的小矛盾、生活态度、工作态度、夫妻关系和同志关系，"最可发挥的是矫正对待公私事务上正误与否的人情事理，结局无例外是家庭团结、夫妻和好、破私立公、改邪归正"，属于一种避重就轻的策略。此类喜剧用一种"生动化"的手段，完成着温情歌颂的功能。

《大李、小李和老李》（1962年，谢晋导演，于伶、谢晋等编剧）通过三位主人公的一系列生活琐事，强调了加强体育锻炼的重要性。老李是肉类加工厂的车间主任，怕开展体育活动妨碍生产，自己不参加也反对别人参加，最后自己却爱上了太极拳；大李是厂车间统计员和先进工作者，绰号"气象台"，参加体育锻炼后，天阴腰不酸、下雨背不痛，声明"气象

台"辞职；小李是体育活动积极分子，因开展体育活动常与父亲老李闹矛盾。表面上看，影片似乎也有矛盾冲突，矛盾冲突的对象是对于体育锻炼的态度，这样的喜剧片远没有实现对现实矛盾的超越，而更应当说是对现实矛盾的回避。

生活轻喜剧承认生活中存在矛盾和斗争，承认"没有冲突便没有戏剧"，但也接受了讽刺喜剧的教训，避开诸如讽刺官僚主义等有政治风险的区域。这些作品一般都有光明的正面环境，也存在阴影，有正面人物，但也有形形色色、有错误思想的落后人物。它们反映的矛盾严格限制在"人民内部矛盾"范围内，多表现为先进与落后的矛盾，冲突多在父子、母子、夫妻或恋人间展开，斗争方式多为规劝或说服，结局都是皆大欢喜。概括起来就是：有矛盾而不必尖锐；有冲突而不必激烈；有讽刺而不必辛辣；有歌颂而调子不必过高。

《锦上添花》（1962年，谢添导演），表现了一个边远小站的生活，塑造了一群性格鲜明的人物形象，其中有替大伙想得

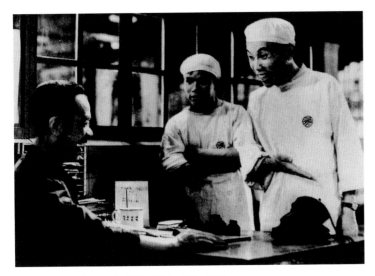

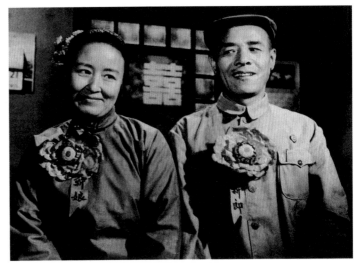

《大李、小李和老李》（1962年，编剧：于伶等，导演：谢晋）　　《锦上添花》（1962年，编剧：谢添等，导演：谢添、陈方千）

多、为自个儿想得少的勤勤恳恳的站长"老解决"，来小站锻炼、热情有余经验不足闹了不少笑话的青年段志高，天真活泼、敢想敢干的姑娘铁英雄，公社里生产劳动样样行的胖队长，办事讲究准确、一步一个脚印的"老怀表"，热心肠、爱管闲事的"秦广播"和爱动脑筋的"小发明"等。影片格调轻松，虽然人物塑造偏于符号化，

但却给当时的观众带来了欢乐。

影片《女理发师》（1962年，丁然导演）与《满意不满意》（1963年，严恭导演）都以服务行业为表现对象，前者对社会上轻视普通劳动者的现象提出善意的批评，后者反映服务行业里的两种思想斗争。

20世纪60年代的中国电影整体上已

经适应了政治要求，前有新中国成立10周年献礼片的经典样式的范本，加之电影人经过10年的摸索，基本找到艺术个性和时代内在要求的结合点。因此，这一时期中国电影创作比较圆熟，喜剧片的数量和模样也相应可观。

五、谍战惊险片：政治斗争的类型化叙述

新中国建立之初，社会结构简单，社会风气良好，党风廉正，大多数社会成员具有共同的人生观、价值观，人民内部矛盾不太突出，社会凝聚力较强。而国内外敌对势力的破坏与颠覆活动，却对新生的政权构成一定威胁。内有残余敌人，外有美蒋势力，政治上遵从以阶级斗争为纲的路线，人们似乎相信，在自力更生、自给自足的封闭的社会里，只要排除了外来威胁，清除异己，就可以获得和平与美好生活。反特片的诞生不但是这种思维的产物，而且还强化了这种思维。当时的社会政治背景，折射到银幕上，便形成了当时

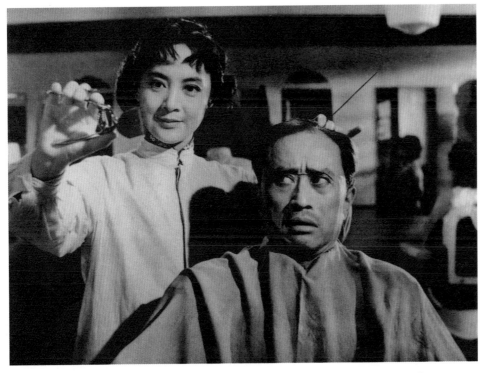

《女理发师》（1962年，编剧：钱鼎德、丁然，导演：丁然）

此类题材电影创作的明显特征：在思想内容上，以揭露敌对势力的破坏颠覆活动和教育人民提高警惕为主，政治斗争简化为找特务、抓特务；在风格样式上，则以苏联惊险片作为重要参照系。

反特片多由反特小说改编而成。在20世纪五六十年代，苏联的侦探反特小说也有相当的影响，使中国与东欧文坛出现了创作"反特小说热"。中国反特小说尤以《国庆十点钟》、《徐秋影案件》、《第四者》等反特小说影响最大，由于具有较强的娱乐性，多被改编成电影。

反特片是和平时期的战争片，它线索单一，人物关系敌我分明；虽然工作性质隐秘，但工作、生活较单纯；矛盾冲突尖锐，往往是你死我活的较量；都有一场生死对决，所反映的斗争生活既是前哨战，也具有决定胜负的性质。因此，影片必胜的结局往往喻示整个对敌斗争的必胜和新生政权的必胜。

反特片以惊险情节贯穿全片，一般较多利用悬念、夸张和渲染手法，故事情节紧张多变，节奏快速，突出显示人物临危不惧、机智勇敢的性格，但不易表现人物复杂细腻的思想感情。

在1949年新中国电影起步之初，为适应上述意识形态斗争之需要，各电影生产机构就把摄制反映隐蔽战线上对敌斗争事迹的影片列入生产计划。首开此类影片创作先河的是《无形的战线》、《人民的巨掌》，继之而来的则有《斩断魔爪》、《神秘的旅伴》、《天罗地网》、《虎穴追踪》、《国庆十点钟》、《寂静的山林》、《羊城暗哨》、《徐秋影案件》。《羊城暗哨》是其中的艺术精品。

反特片大致可分几种类型：

1.公安片

公安人员在人民政权下，对潜伏的特务进行斗争。特务往往有合法身份或混迹于普通群众之中。大部分这类反特片，以城市和交通要道作为展开斗争的背景，因为敌特窃取情报的地点国防工厂、保密单位设在这里。我方侦察人员发现、识别和追捕潜伏特务是影片的主要线索。这类影片的情节往往扑朔迷离，由于特务狡猾，得到一点线索又很快中断，常常使侦察工作走了弯路，而将注意力转移到他人身上，只有经过冷静分析，才能辨清真伪。

影片《国庆十点钟》是根据小说《双铃马蹄表》改编的，而小说也是根据当时一个真实的案件所创作。新中国成立初期，敌特将一颗威力可以炸毁一座三层楼的特制定时微型炸弹放置在一只双铃马蹄表内，预谋在10月1日国庆大典开始时，制造一起重大政治事件。敌特同时又制造假象，迷惑与转移公安人员的视线。这个故事情节复杂，头绪繁多，改编成电影的难度较大。编导在解决这些难题方面，不能说很理想，但有些地方如高潮场面的处理则较为精彩：特务何占彪自以为爆炸计划万无一失，当捕获他进行审讯时，有恃无恐，拒不承认。公安人员顾群只好把马蹄表放在他面前，此时已临近爆炸时刻，墙上的挂钟随即敲了十下，他惊恐万分，冲出门外，惊呼"炸弹！炸弹"，眼睛里充满了死亡的恐惧。这时，真的传来一声"轰"的一声巨响，何古彪应声倒下。然而，这只是国庆礼炮的响声……几个简短的镜头，组接得十分巧妙，激起了观众异常紧张的情绪。总之，这段高潮戏处理得紧张而又真实，表明导演对惊险样式有

一种自觉的艺术追求。但是，《国庆十点钟》还不能说是一部艺术上成熟的反特惊险片，作品的节奏拖沓，敌特形象脸谱化，有些斗争方式也处理得很笨拙。

《羊城暗哨》是20世纪50年代公安题材电影创作的一个里程碑式的作品。它着眼于并追求塑造英雄人物形象，是中国惊险片创作的一大特色。《羊城暗哨》的主要人物侦察员王练为了搞清敌特的阴谋(企图组织一个所谓"人民代表团"到联合国大会上进行"控诉"，以败坏共产党的声誉)，冒充入境敌特，打入敌圈。敌人对他进行了多次严酷的生死考验：第一次怀疑他是"红社会"(公安局)的；第二次因敌特八姑到香港的消息走漏后，又怀疑他的身份……王练在生与死的较量中，凭借他的智慧和胆识多次化险为夷。尤其是敌特头子让他与女敌特八姑结为夫妻(以便于"工作")的决定，则把这个人物置于一个更加难堪的境地：如果接受，为革命纪律与个人道德操守所不允许；拒绝呢，则定会引起敌人的怀疑，若暴露身份，个人丧命且不说，完不成任务则事关重大……一个共产党员被迫要同一个国民党的女特工建立夫妻关系，在50年代海峡两岸全面对峙的政局，以及"性"作为电影禁区的社会氛围下，这种极其微妙的人物关系，不能不在观众的潜意识中产生作用，这也是此片引起观赏兴趣的因素之一。

此外，影片还成功刻画了女特工八姑。这个人物不只是一个我们在某些文艺作品中常见的那种卖弄风骚、企图以自己的色相猎取情报的政治或经济斗争的工具与符号，而同时也在相当程度上揭示了她作为一个失败、没落阶级的女人的苦恼、绝望与挣扎的心情，触及了此类人物的生

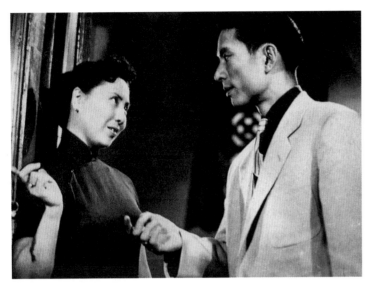

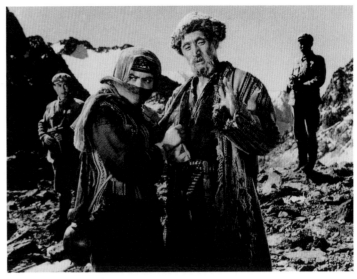

《羊城暗哨》（1957年，编剧：陈残云，导演：卢钰）

《冰山上的来客》（1962年，编剧：乌·白辛，导演：赵心水）

存状态，同样具有一定的思想深度。其他一些人物如陈医生、伪警察出身的海员江广德等，都给观众留下了印象。

《羊城暗哨》悬念层出不穷，它自始至终都能保持观众的兴趣与满足他们的好奇心理。其中最吸引人关注的悬念是"到底谁是梅姨"？影片编导让我们跟随侦察员王练探险般地越过了五道神秘的门直到影片临近结束才看到她的真面目。实际上，她早就在影片中出现了，这极有助于表达当时流行的"敌人潜藏很深，不易发现，要百倍提高警惕"的对敌斗争意念。揭露梅姨的过程，大体上也就是影片情节展开的过程。梅姨这个人物，在原初的电影文学剧本中本来就是马老板，到影片中才改成"女佣"。此举颇具画龙点睛之妙，使这部很可能流于平庸境地的影片，一跃而跻身于当时中国惊险片杰作的榜首，表明反特惊险片创作者在植根于中国生活土壤的同时，已突破了苏联同类作品的模式。

《斩断魔爪》受到现实生活中某些案例的启示与《冒名顶替》之类的苏联反特小说的影响，以敌特冒充他人，从海外归来进行敌对活动而终于被捕作为故事的基本框架。由于影片题材本身所具有的斗争的尖锐性与情节的神秘性，本片具有一定的观赏性与吸引力，某些局部也有一定的新意。扮演敌特白秉忠的著名演员韩非，一反当时对反派角色大都采取脸谱化的通病，反戏正演，颇富新意。但其中暗藏的外籍特务头目何主教，其化妆造型却过于直露——正如片名"魔爪"一样，这种在人物造型上被"魔鬼化"了的敌特形象，是当时人们对西方某些敌视新中国的势力的一种政治心理的银幕反馈，具有很强的主观色彩，同时也说明这类影片具有强烈的政治指向性。

2.边防片

潜伏特务和武装匪徒配合行动，往往会有直接军事冲突。边疆地形复杂，而敌人往往比我方战士更熟悉地形，使斗争更复杂，边防战士面临的困难和危险要更大，自然环境带来的困难有时要比特务带来的更艰巨。

《冰山上的来客》（1962年，长影厂出品）中，在帕米尔高原的冰山雪海之间，远远行进着一群骑马迎亲的塔吉克人，盛装的新娘子叫古兰丹姆，然而镜头移到一座礼拜寺，一个愁容满面的少女也叫古兰丹姆，谁是真正的古兰丹姆？边防战士展开调查，在当地群众的协助下，捕获了阴险狡猾的敌人，消灭了流窜在边陲的匪帮。这类影片具有较多的影像奇观，包括自然景观和民族风情，因此娱乐性较强。

3.潜伏片

在此类影片中，我方侦察人员打入敌特内部，冒名顶替，利用合法身份和敌人斗争；正面人物处于反面环境之中，但又与反映地下斗争的不同，反面环境处于大的正面环境之中；正面人物首先要取得信任，然后要经受反复考查，还往往要利用特务内部的矛盾和弱点反客为主。影片多半有一个关键的情境：敌特为考查，往往要设置一个陷阱，是否能越过这个陷阱不仅决定着侦察员的任务是否能胜利完成，还往往决定他的生死，而侦察员自己并不知道，还一步步接近这个陷阱。当然，最终侦察员会凭借自己的沉着机智跳出这个陷阱，并且同时赢得对方的绝对信任，化被动为主动。

《英雄虎胆》（1958年，严寄洲导演）描绘的是新中国成立之初解放军在广西十万大山剿匪的故事。其中由王晓棠扮演的女匪特的形象在当时引起很大争议，很多人认为影片未能表现出女匪的阴险、毒辣。相反，在匪徒们设宴欢迎副司令时，她表现冷淡甚至厌烦；土匪调戏她时，她表现出极大的憎恶；被匪首李月桂打后，她又伤心地哭泣。如果用现在的艺术眼光衡量，王晓棠扮演女匪特的形象显然更符合人性的特点，更接近于生活的原形本质。但就当时政治化的艺术批评标准而言，显然有立场错误之嫌。

《虎穴追踪》在塑造主要人物李永和时，突出了他善于利用敌人内部矛盾的斗争策略。他大胆地冒充敌特头目崔希正掌握名单之外的敌特大队长，通过落网特务黄云梦的引荐，打入了敌人心脏，终于伺机拿到潜伏特务名单。但崔希正老奸巨猾，

当他发现有人动过他的东西（那幅曾藏过特务名单的画轴）时，立即怀疑到李永和身上，于是一场动人心魄的斗智场面出现了。李永和主动承认动过画轴，既出于观众意料之外，又在情理之中，以攻为守的策略使他由被动变为主动，显示了他的胆识。仅此一场，一个英雄形象便树立起来。此片在叙事方面也比较流畅，人物关系交代得一清二楚，非常适合中国城乡广大观众的欣赏习惯，同时又具有电影所特有的融叙事于造型的特点。

惊险故事片面临的两难在于如何既有效地利用惊险因素的观众号召力，又不至于被主流政治化批评视为"为惊险而惊险"的西方资本主义做法。对此，影片在分寸的把握上颇具匠心。反特片的意识形态性首先表现在敌我二元对立，我正敌邪，以揭露、批判美蒋对新政权的破坏颠覆为主要政治指向，高扬了革命英雄主义精神；其次表现在结局上，我胜敌败。于是，反特片永远是一出喜剧，似乎没有发现不了的特务，一旦发现就没有抓不到、打不倒的特务。

《无形的战线》于1949年底拍成，是新中国电影史上公安题材作品的开山之作。在当时的历史条件下，在电影编导业务上颇有特色的影片，当时却受到中央电影局艺术委员会分管艺术创作的陈波儿的严厉批评。她在《评〈无形的战线〉》一文中，指责这部影片"在内容方面，编导思想表现着非阶级观点的偏爱，这种失去阶级观点的偏爱就是造成此片原则性的缺点的最基本的因素"。

所谓"非阶级观点"就是"放弃了对敌人应有之暴露"，"处理敌人方面，条条有序，没有表现他们在我强大力量包围之下惊惶失措，内部不巩固和不一致，相反的我们的侦察未曾逐一获得结果，连他们搬家，咱们都不知道，这也是不应当这样写的"。

陈波儿的文章还批评了编导"以为依靠技术可以取悦于观众"的思想。这篇影评文章的美学观念在当时很有代表性，它反映了那种认为作品的内容与形式可以割裂，且过分强调内容而严重忽视形式与技巧作用的主流批评观。由于影评作者当时

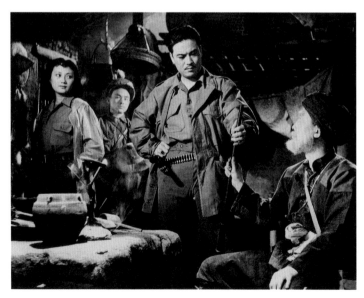

《英雄虎胆》（1958年，编剧：丁一三，导演：严寄洲、郝光）

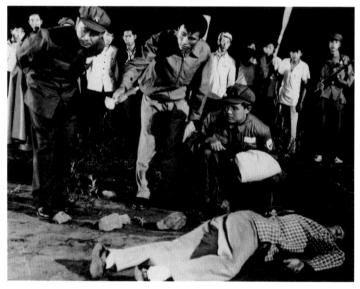

《徐秋影案件》（1958年，编剧：丛深、李赤，导演：于彦夫）

在电影界具有很高的威望，因此它对此后反特片的拍摄具有相当的影响作用。

根据1955年《人民日报》《她为什么被杀》的报道改编而成的《徐秋影案件》曾经引起过较大反响。徐秋影在新中国成立前曾受特务欺骗加入过特务组织，在新中国成立后虽然有所悔改，但始终没有勇气向组织上坦白，当特务要她继续为他们工作时，她拒绝了，导致杀身之祸。影片试图说明，在敌我斗争面前非此即彼，走第三条道路是行不通的。从影片来看，似乎是按侦破片而非政治片来拍摄的，也因此引起了许多观众的质询，认为过多着眼于破案，没有写出复杂的尖锐的阶级斗争，似乎有同情徐秋影之意，而忽视了思想性。

反特片往往容易落入俗套，形成一种固定的程式：一般是以倒叙、悬念的手法来一步步展开剧情的。有的悬念运用不好，往往是让观众看了前面，就知道后面的结果。平庸的反特片开头往往是领导交代任务，情节设置上，神化我方人员，一切都在掌握之中，或者身入虎穴的侦察人员料事如神，万无一失，以致失去了惊险性。

另一方面，公安人员或边防战士勇敢机智却对身边的敌特毫无察觉，是另一种情节设置的败笔。故事情节的主要模式是双向的"冒名顶替"，中心事件往往是窃取与保卫秘密文件或图纸之类的激烈争斗。在破案过程中，普遍贯彻了政府的"专业与群众相结合"的路线与政策，特别重视与强调人民群众在破案过程中的作用。由于对敌斗争的严肃性与内容的沉重感，在艺术风格上大多呈现为清一色的正剧类型。

在影像人物塑造上，通常性格比较单一，创作者除了表现正面人物坚定的政治信念与高尚的人格外，还着重刻画了他们的机智与勇敢，有过于理想化的倾向；对敌人则进行妖魔化的处理，使他们面目狰狞，眼神阴险毒辣，说话咬牙切齿，在紧要关头往往内部分裂、背信弃义。敌特分子在银幕上的位置大都被安排于阴暗的角落中，我方侦察员即使换上敌特的长衫礼帽也还是能够被一眼指认出来。只有个别影片敌我双方都得到较充分的塑造，人物较为丰满。

在反特片中，身份的模糊性比确定的身份更能带来娱乐性。身份的模糊实际是兼有双重身份，这种双重身份与现实生活中人的双重人格模糊对应，可以使人物面临从未遭遇的境地，合法地从事一些"不合法"的活动与行为，如穿西装、吃喝玩乐等，合法破禁，比起侦察员在我方阵地上不吃不喝对于观众来说更能带来快感体验。如英雄人物可以面对严刑拷打，但如何对付女特务的诱惑这类人们颇感兴趣的问题，在当时只能"策略性"地回避，因为英雄人物既不可能严词拒绝，又不可能顺势推舟，前者不真实，后者则有辱英雄的形象。

反特片中的女性有好有坏，但好人往往形象单薄，给人留下印象的往往是年轻女特务。她们喜好吃喝玩乐，穿着打扮、举止行为都突出女性特征，一方面成为我方侦察员的一道障碍，另一方面也在诱惑着电影观众。在影片《英雄虎胆》中，女匪阿兰不甘被其他土匪恣意凌辱，对侦察员曾泰动了真情，但曾泰显然不可能与女贼有任何牵连，最终利用阿兰的感情，他掩护了自己，而阿兰的结局可想而知。从

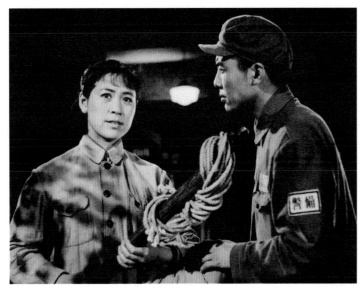

《霓虹灯下的哨兵》（1964年，改编：沈西苓，导演：王苹、葛鑫）

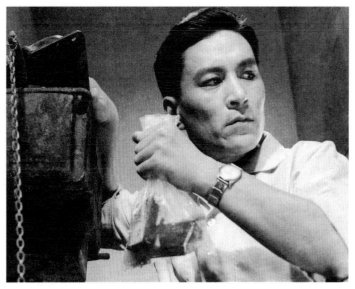

《跟踪追击》（1963年，编剧：朱向群、安忠民，导演：卢钰）

观众的角度看，这样的情节可以作各种解读，但影片放映后，阿兰的形象却成了争议的焦点。

20世纪五六十年代反特片共有28部，其他影响比较大的影片还有《神秘的旅伴》、《铁道卫士》、《沙漠追匪记》、《云雾山中》、《昆仑铁骑》、《跟踪追击》等。

纵观此期以"反特"为主要内容、以"惊险"为样式的公安题材电影，尽管对人物丰富的内心世界拓展不够，文化底蕴显得不足，色彩还不够多样，但它们毕竟在当时色彩比较单调的电影园地里，为之增添了几分生气，在那文化生活贫乏的岁月里，一定程度上满足了人们有限的娱乐与审美需求。

六、少数民族题材电影：阶级性置换民族性的团结颂

对于新生政权来说，少数民族问题是一个事关全局的因素。新中国建立初，少数民族人口只占中国总人口的6%，但少数民族地区却占据全国面积的60%。历代政权都将少数民族问题作为国家政策的重要部分，但基本只能保持在使少数民族不侵犯汉族疆土的程度。新中国采取的政策则力求使少数民族逐渐步入中国社会主流，在政治宣传中，强调少数民族是中国大家庭的一部分，在大多数少数民族地区不同程度地采用汉族地区的社会改革模式。由于不同民族之间文化、经济等各方面的巨大差异及少数民族政策在实施过程中出现的具体问题，新中国成立初期，少数民族问题仍然不时地突显出来，造成民族间的紧张情绪和社会的不稳定。为了实

现最大范围的团结，打击共同敌人，电影成为宣传民族政策、团结少数民族的重要途径之一。

在新中国成立17年期间，我国共拍摄了45部少数民族题材影片，反映了蒙古、藏、回、苗、瑶、壮等18个民族的历史和现实的生活图景。这些影片除了具有爱国主义情感、英雄主义气质等时代共鸣之外，还精心构建了民族团结的多民族国家图景。少数民族地区富有异域色彩的自然景观和生活方式，富于个性化的人物性格，以及对理想、爱情的追求既为电影艺术家们提供了充足的想象空间，也在一定程度上对缺乏娱乐性的新中国电影作了弥补与平衡。

少数民族电影所取得的成就，不仅表现在数量多、题材内容丰富，而且艺术形式多样，既有常规样式的正剧片，如《内蒙人民的胜利》、《阿娜尔罕》；也有人物传记片，如《回民支队》、《远方星火》；惊险片，如《冰山上的来客》、《神秘的旅伴》；音乐风光片，如《刘三姐》；抒情喜剧片，如《五朵金花》；神话悲剧片，如《阿诗玛》；歌剧片，如《柯山红日》；舞剧片，如《蔓萝花》；戏曲片，如《秦娘美》等。

许多少数民族题材影片为中国电影甚至中国文化赢得了国际声誉，如《内蒙人民的胜利》、《边寨烽火》、《五朵金花》、《蔓萝花》、《农奴》、《阿诗玛》等分别在蒙古、埃及、瑞士、菲律宾、西班牙等国的电影节上获奖，在以少数民族奇观吸引国外观众的同时，也将其中的意识形态传递出去。

这一时期的少数民族题材片有关于少数民族地区解放的主题，有表现少数民族参与抗日战争的主题，有关于汉族与少数民族人民相互哺育、融合的亲情主题，以

及主要产生于50年代中后期的农业合作化建设的主题。

许多影片与非少数民族影片一样，采用新旧二重天的叙述，反映各少数民族在中国共产党的领导下，推翻旧社会的深重压迫，获得自身解放，获得社会主义大家庭火样的温暖。这类题材的影片，不仅具有与同类汉族影片一样的正义与邪恶、压迫与反压迫的对立和生与死的对抗，还有少数民族人民特殊的辛酸经历与血泪体验。

如《农奴》（黄宗江编剧，李俊导演，1963年八一厂摄制）主要反映了西藏农奴解放斗争，采用呈现苦难、揭露罪恶的形式，充分调动有过苦难体验的观众的仇恨，而使未经历过苦难历史的青年观众充满恐惧，从而有效地表达只有共产党才能解救人民于苦难之中的主题。由于导演选用大多是农奴出身的藏族演员，因此演员充满激情的表演使影片极具说服力，人物形象塑造也十分鲜明。

少数民族影片另一个重要的表现内容是在社会主义新生活中，少数民族人民美好、坚贞的爱情，在幸福生活的呈现过程中，隐含的是对社会主义道路的无比信任。如《天山之歌》（维吾尔族）、《绿洲凯歌》（维吾尔族）、《芦笙恋歌》（拉祜族）、《五朵金花》（白族）、《洞箫横吹》（苗族）、《苗族儿女》（苗族）等。浪漫的想象和劳动人民美好的爱情，弥漫在莺歌燕舞的银幕上。

这类影片中往往也以阶级斗争为线索。1964年摄制的《天山的红花》（崔嵬、陈怀皑、刘保德导演）通过哈萨克族女共产党员阿依古丽当选为生产队长，带领群众搞好生产，并与暗藏的阶级敌

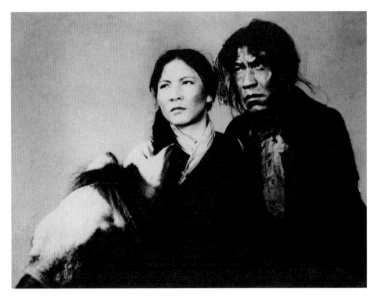

《农奴》（1963年，编剧：黄宗江，导演：李俊）

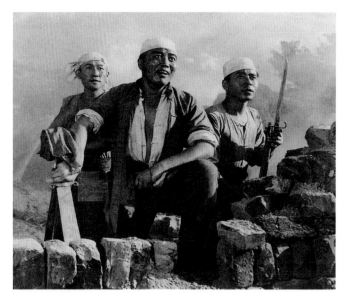

《回民支队》（1959年，编剧：李俊等，导演：冯一夫）

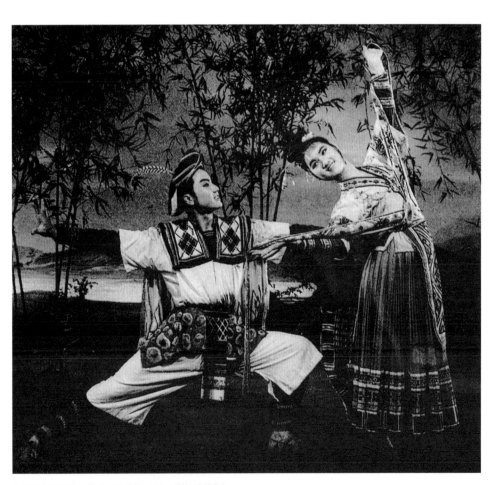

《蔓萝花》（1961年，编剧：吴保安等，导演：范莱、赵焕章）

人、反动牧主的儿子兽医哈思木的破坏作斗争，与丈夫的"发家致富"和大男子主义思想作斗争，终于夺取牧业大丰收的故事，把种族或阶级、政治或性别、进步或落后等多种主题完美地糅合在一起，突出了少数民族地区社会主义建设的基本题旨。这部影片值得注意的是对阿依古丽这个人物形象的塑造。这个女性形象在影片中具有了党员、领导或妻子的双重身份，似乎可以看做是少数民族题材影片中关于女性形象叙事策略的一个成功改变：她的党员和干部身份标志着新政权已在少数民族地区建立了稳固完备的基层组织和政府机构，而无须再由以汉族为主体的党和国家政权形象以外来者的身份来填充影片叙事中的权威位置。

此外，表现少数民族英雄的具有传奇色彩的影片也颇有成果，如《金玉姬》（朝鲜族）、《回民支队》（回族）、《草原英雄小姐妹》（蒙古族）等。这些影片注重典型事件的刻画，注重典型环境的营造，往往在一个结构完整的故事中，塑造出像金玉姬、马本斋等一系列英雄人物，同时又注重叙事的传奇性、娱乐性。

从总体上看，少数民族影片的主题往往是歌颂新生中国，抒发翻身做主的自豪感以及大干社会主义的豪情壮志，控诉封建社会、农奴社会的罪恶。这些礼赞影片，在摄取自然景物时，往往以蓝天、白云、雪山和雄鹰等少数民族自然景观为标志，以明快流畅的意象，蕴含着乐观的心

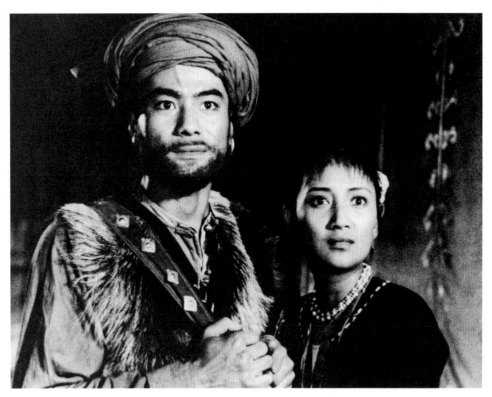

《边寨烽火》（1957年，编剧：林予，导演：林农）

类型。其叙事结构的基本特征是，用阶级分析的二分法形成叙事类型上的最基本的二元对立结构，来阐释产生于国家意识形态体系中的基本主题，并在不同题材的不同主题中，形成各种万变不离其宗的叙事变形。

有学者这样总结，少数民族影片一般采用这样几种典型的叙事策略[33]：

第一，用阶级认同的策略替代民族认同和文化认同，从而教育和启迪各少数民族人民认识到民族差异和文化差异在更深层次上是阶级的差异。汉族的剥削阶级和少数民族的剥削阶级与汉族的被剥削阶级和少数民族的被剥削阶级是阶级斗争的关系，同时兼顾民族统一战线策略，争取可以争取的少数民族上层分子。第二，在有限的几部表现少数民族抗日题材的影片中，用国家意识和民族大家庭的观念替代少数民族意识，强调执政党所领导的各民族共同的抗日民族统一战线。第三，在反映农业合作化到人民公社的社会主义建设的题材中，用进步与落后的分界线来消解许多植根于少数民族历史中的宗教、宗法和文化矛盾，从而使这一题材与整个国家、社会进步的主题相联系。第四，在尊重少数民族信仰自由的前提下，以阶级分析的方法取代少数民族的神话传说、巫术民俗的统治地位，用以汉文化特色为主体的社会主义无神论思想教育少数民族人民，反对封建宗教迷信。

由于少数民族题材所特有的复杂性及政策性要求，《白毛女》式的单纯阶级

境和饱满的情绪。这些影片在当时对宣传主流意识形态的民族政策、增进各民族间的相互了解、消除民族隔阂、克服大汉族主义和地方民族主义、促进民族团结方面发挥了一定的作用。

《内蒙人民的胜利》（干学伟导演）是新中国第一部反映少数民族题材的影片。这部影片的生产过程清晰地表明了少数民族题材影片所具有的意识形态意义。影片原名《内蒙春光》，影片中的蒙古族王爷是一个对内压迫奴役本民族百姓，对外投靠国民党参与反共的反动形象，由于违背了当时的少数民族政策，公映一月，就被停映。不过有关部门对这部影片着意扶持，由文化部长沈雁冰组织一百多位有关部门领导与文艺界知名人士参与修改讨论，周恩来发表讲话指出："我们对少数民族的王公和上层分子主要是争取，就因为他们虽然是残酷的统治者，但他们不是

主要的敌人……《内蒙春光》没有从全国阶级斗争的全局来看问题，而是孤立地写少数民族中一个民族的阶级斗争，这就会把少数的王公作为主要敌人，得出一旦推翻了王公的统治，民族问题就会完全解决的错误结论，而且必然不能真实地反映我国少数民族的斗争实际……"[32]

修改后的影片更名为《内蒙人民的胜利》并进行公映，道尔基王爷的形象在影片情节中发生了重要改变，变成了一个起初受蒙蔽和欺骗，经过共产党员苏合的启发和争取，最终觉醒，识破了国民党特务的阴谋，接受了共产党的民族政策的人物形象。

《内蒙人民的胜利》为新中国的少数民族题材影片奠定了基本叙事策略与

---

[32]齐锡莹：《晶莹的记忆，深切的思念》，《电影艺术》，1980年第4期。

[33]李奕明：《十七年少数民族电影的文化视点与主题》，《电影创作》，1997年第1期，第71页。

分析结构尚不能够准确有效地表述党的少数民族方针政策，因此一个处于转变过程中的人物对于影片故事来说是必不可少的剧作元素。这种转变并不是人物性格的转变，而是思想观念及政治抉择的改变。加之阶级矛盾和阶级斗争所带来的叙事驱动力，一个由政治表述转换而成的完整的影片叙事体便完形了。

《勐垅沙》堪称这一类型影片的代表性作品。首先，影片运用阶级分析的方法，消解汉族与少数民族的民族界限，代之以阶级归类的方法，确立影片剧作的基本结构：勐垅沙的傣族头人布亢和美蒋女特务刀爱玲同属反面人物，解放军工作组的江洪与傣族同胞梅恩、帕曼则是正面形象。而开始受坏人挑拨与解放军作对，后来被解放军的行为所感动而醒悟过来的猎人勒亨则是处于转变中的形象。头人布亢在影片剧作的前半部分中阻止傣族群众接近工作组，关押帅恩，抬高粮价，成为叙事中的反面形象，直到他被刀爱玲所劫持又被解放军所解救时，剧作中的这个人物

便也具有了某些可以"醒悟"的契机。影片的情节便成为统一战线政策的一次成功表述。影片的政治含义是不言而喻的：在民族的异同之上，还有更高的阶级异同。

此期中较为出色地表现这一主题的影片还有《回民支队》（1959年，冯一夫、李俊导演）。这部影片的主题表述的策略在于，在抗日战争的表层题旨之下，其核心主题实际上是在于党运用统一战线政策对一支自发性的少数民族武装的教育和改造过程。教育和改造的策略仍是统一战线政策下的阶级分析和阶级斗争方法。剧作冲突在马本斋与地主阶级出身的白守仁、哈少福之间展开。共产党和八路军起初是作为义勇军的解救者、继而以回民支队的教育者和指引者的身份出现的，是影片叙事中的权威。最后，马本斋终于清除了自己同族的阶级异己分子，共产党和八路军的形象代表郭政委在牺牲前，批准了马本斋的入党要求。一个少数民族的自发反抗者成长为一个成熟的革命战士，回民支队终于变成了一支革命军队。

1959年的《草原晨曲》（朱文顺导演）在阶级界限的叙事规范下涉及了汉、蒙古两族人民共同抗日、建设并抚育后代的主题，并为这一类型的影片奠定了主题方式及情节规范。到60年代的《两代人》（陈岗、欧凡导演），这一主题更为完善、定型，政治含义更为显著与饱满。一对汉族夫妇——孟英和赵彬有了确定的政治身份：共产党员，但被军阀盛世才逮捕。他们的儿子被一位维族老人救走。18年后，孟英又作为党的领导者回到新疆领导建设，她的儿子已成为年轻的维吾尔族拖拉机手。他们共同与暗藏的反革命分子王冬和"右"倾人物买买提作斗争，最后铁路工程取得胜利，拖拉机手艾里也激动地认了自己的汉族母亲。

1961年的《达吉和她的父亲》（王家乙导演）使这一主题类型达到高峰。这部影片的故事结构与《英雄儿女》的故事结构极为相似。汉族姑娘达吉，自幼被奴隶主掳去为奴，由彝族奴隶马赫抚养成人。新中国成立后，汉族工人任秉清在

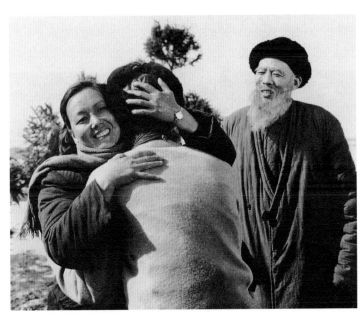

《两代人》（1960年，编剧：洪流等，导演：陈岗、欧凡）

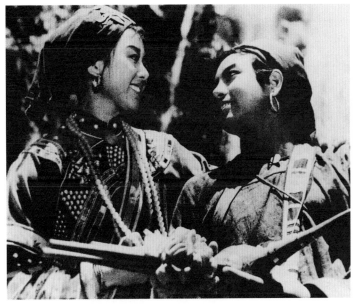

《芦笙恋歌》（1957年，改编：彭荆风、陈希平，导演：于彦夫）

支援彝族建设时，发现达吉是自己的亲生女儿。三人各为父女之情所苦恼，最终两个民族的父亲与达吉共同组成了一个奇特的新家庭。更重要的是孩子们在被抚养的过程中都被赋予了一个少数民族的身份和名字——艾里或达吉。在叙事的展开中，孩子们已不再像他们的父辈（孟英和任秉清）那样两次以异族外来者的身份进入少数民族地域，而是成为少数民族的一部分。在重新确认了自己的父母和汉族身份之后，孩子们亦不愿再离开养育自己的少数民族，从而获得了双重的民族身份，并通过亲情的力量使自己的汉族父母也留在了少数民族地区。

这类影片都采用家、国双线叙事。家庭团圆需要国家意志的实现作为前提，同时，它努力通过一个家庭的特殊结构来阐明国家的民族统一政策。这些特殊的家庭必须超越民族和情感，才能获得真正的圆满，而狭隘的血缘关系在解决这些叙事困境中不仅是微不足道的，甚至是叙事的障碍。最终这个由不同民族组成的特殊的家庭喻示了多民族的社会主义国家大家庭完美融合的景象。

《无情的情人》在1959年剧本发表之初得到一些热烈的好评，被认为大胆地以浪漫而现实、复杂而明朗的艺术手法，刻画和处理了剧中主要人物的性格，但很快剧本遭到一场大批判，被认为"以资产阶级的人性论代替无产阶级的阶级论"从而模糊了阶级界限，调和了阶级矛盾，客观上起到了反对阶级斗争的效果。

少数民族影片在人物塑造和刻画上相对没有那么多的禁区。如《边寨烽火》的男主人公多隆除了表现出景颇族特有的勇敢和粗犷外，也表现了他鲁莽、听信敌人挑拨等缺点，并且因此而做出了投敌的举动，这些在其他影片中都是不可能存在的。《芦笙恋歌》大胆地正面表现男女恋爱，虽然是以反抗压迫为主题，但还是使当时的观众得到少有的情感体验。影片的音乐主旋律《阿哥阿妹情意长》以拉祜族民族乐器伴奏，成为流传至今的新民歌。

《冰山上的来客》则是一部悬念重重，情节跌宕多姿，引人入胜的惊险样式影片。特别的是，这部影片是由八个民族人员合作完成的，体现了民族间的友谊和团结。如该片编剧白辛是赫哲族，影片风俗顾问古里米尔是塔吉克族，演员马陌夫是回族，恩和森是蒙古族，白德彰是满族，扮演真古兰丹姆的克里木是维吾尔族，还有哈萨克族演员。这样的合作在少数民族电影史上是很有意义的。

少数民族女性是少数民族影片中的重要元素。女性在其中或者是一个在旧社会饱受压迫和欺凌，在新社会中走向新生的形象，她的命运是民族命运的象征，当少数民族女性在影片中承担这样的功能时，少数民族影片与非少数民族影片基本相同；或者是一个在影片中充当社会主义建设的积极参与者甚至领导者，如《五朵金花》中的五位金花，《天山的红花》中的阿依古丽。这些女性与同类题材中的女性的最大不同在于，在服装、服饰、言行举止方面她们仍旧保持着女性气质与特征，如《五朵金花》中表现出女性的羞涩和温柔。与同类题材影片中女性努力将自己装扮成男性的做法相比，既增强了观赏性，也符合观众的社会心理。

《五朵金花》的表层是叙述云南大理一位白族小伙子寻找自己的情人的过程。在此过程中展现人们高涨的社会主义热情和忘我的劳动精神才是真正要义。《景颇姑娘》是一部反映边疆民族地区互助合作运动的影片，塑造了黛诺、董木娜等景颇

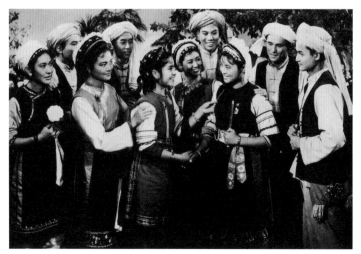

《五朵金花》（1959年，编剧：赵季康等，导演：王家乙）

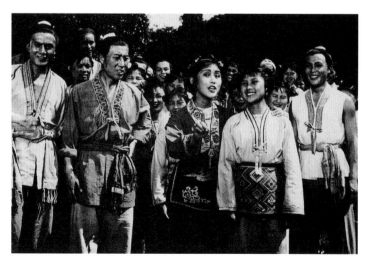

《刘三姐》（1960年，编剧：乔羽，导演：苏里）

姑娘的形象。黛诺是新中国成立后景颇族涌现出来的第一批社会主义新人的代表。导演倾注了全部的热情，将她安排在一个尖锐、激烈而又复杂的环境中，成功地塑造了黛诺由一个无依无靠的孤儿成长为景颇山走社会主义道路的带头人的过程。

少数民族题材中的女性还有另一类角色，即民间传说中的女性。这类女性往往聪明、勇敢，富有反抗精神，不向统治阶级低头，如《阿诗玛》中的阿诗玛、《刘三姐》中的刘三姐。

《阿诗玛》在改编成电影之前，主创者就已经对原传说进行了整理工作，把长诗中民间暧昧复杂的因素剔除，改造成阶级斗争故事，使阿诗玛的悲剧成为阶级社会被压迫者的悲剧。抢婚原本是该民族缔结婚姻的一种有效方式，但经过改编，抢婚成了阶级压迫行为。

阿诗玛长得美丽迷人，是撒尼姑娘中最美丽的花朵。她热爱劳动，朴实善良，聪明能干，是撒尼姑娘的典型代表。她对待爱情，不慕虚名，敢于反抗财主热布巴拉家的掠夺婚姻，在阿黑哥的帮助下，取得了抗婚斗争的胜利。尽管她最终未能逃脱热布巴拉的毒手，被洪水吞没了青春的生命，但是她的反抗意志和追求自由的愿望却如山谷回声，永远留在了人间。在传说中，阿诗玛成为撒尼人民无穷智慧、无穷能力和不可屈服的精神象征。通过电影的传播，阿诗玛的形象则成了控诉封建社会的有力代表。

刘三姐是唐宋以来在广西壮族地区广泛流传的富有人民性和民族色彩的民间传说人物。刘三姐在壮族传说中是能歌善舞、勤劳智慧的歌仙。影片《刘三姐》是当时国产音乐片创作的鼎力之作，是我国

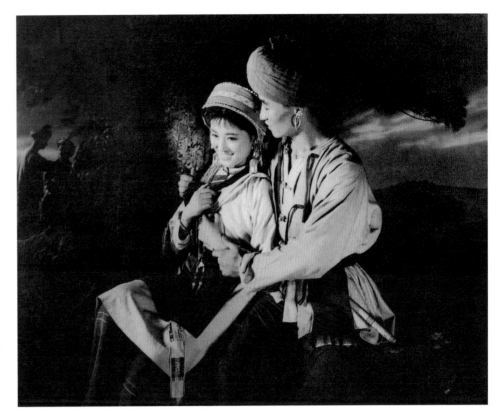

《阿诗玛》（1964 年，编剧：葛炎、刘琼，导演：刘琼）

第一部风光音乐故事片，影片影响久远，后来在港、澳及东南亚放映时，被誉为"山歌片王"。

影片中着重表现刘三姐以歌唱的方式同地主作了种种斗争。莫海仁要霸占茶山，刘三姐唱山歌骂老爷，带头抗争；莫海仁妄图把她变成"笼中鸟"，刘三姐以对歌的方式揭穿了他的险恶用心；莫海仁勾结官府实行禁歌，刘三姐则针锋相对地摆下"歌阵"，予以回击。影片正是把刘三姐安置在这一系列情节和矛盾中，通过她和众壮族乡亲们的团结斗争以及所表现出来的反抗、勇敢和智慧，使其在满足国家意志的同时，也赢得了观众。不过影片在当时无法超越具体时代的正统思想局限，因此造成作品的浪漫主义与现实主义结合不够协调，刘三姐的一些斗争行为明显超越了其生活的时代，带有拔高的色彩，影响了人物的丰满。

无论是哪一类影片，影片中所表现的少数民族女性都有一个共同特征：美丽。她们不必剪去乌黑的长发，也不必脱去绚丽多彩的服装，穿上宽大的工作服或束身的戎装，她们那些优雅的女性特质在少数民族的环境中似乎也不会影响她们成为革命者或优秀的社会主义建设者。这使"十七年"电影观众的压抑的视觉欲望得以稍稍缓解。

少数民族影片的繁荣在一定程度上归功于一批热心少数民族电影创作的艺术家，如导演《回民支队》《农奴》的李俊，导演《达吉和她的父亲》《五朵金花》《景颇姑娘》《金玉姬》的王家乙，导演《阿诗玛》的刘琼，导演《神秘的旅伴》与《边寨烽火》的林农，导演《冰山上的来客》的赵心水，导演《刘三姐》的苏里，导演《草原雄鹰》《金银滩》的凌子风，剧作家王公浦、季康，还有演员杨丽坤（《五朵

金花》与《阿诗玛》的主角），他们创造了极美好的银幕形象。少数民族电影一突出特点是大都配有富于民族韵味的主题歌曲，如蒙古歌的粗犷，藏歌的苍凉，维吾尔歌的轻快，彝歌的委婉，壮歌的明朗，苗歌的缠绵等，为影片增色添彩起很大作用。雷振邦就是《达吉和她的父亲》、《五朵金花》、《刘三姐》、《冰山上的来客》等诸多优秀影片的作曲者。

少数民族电影文本由于文艺为政治服务的时代环境所决定，创作往往从阐释政治和政策的角度出发去编织故事情节，致使一些民族题材的作品，特别是反映民族矛盾和阶级斗争的影片，存在着故事情节、人物设置雷同化的毛病，似乎同一故事，将人物的名字、服饰换成另一民族也无不可。

某种程度上，少数民族影片的叙述者并不是少数民族的自我表达，而是汉族对少数民族的再构建。换言之，少数民族成为汉民族的想象物。因此在很多影片中，少数民族都是等待被救助的一方，汉民族往往承担着解放者的角色。此期少数民族影片由于大多是汉族人导、汉族人演，又由于当时少数民族文化并没有很广泛地被外界所了解，汉民族所了解和想象的少数民族的全部特征就是美丽多情、载歌载舞。这种交流上的阻断为那些在主流影片中创造性饱受抑制的导演和创作人员们留下了发挥想象的空间。自然，想象难免有过度之处乃至有与少数民族生活、风俗明显不符的情节，有时民族性仅仅成为影片的装饰。少数民族电影"不论是反映'民族的和谐与团结'，还是表达汉族把少数民族从奴隶制、封建主义与愚昧无知中解放出来，它对于中国民族国家的形成和合

法性都是至关重要的。消除种族、民族、性别与地区之间的真实差异和紧张状态，目的是为了建构一个想象的、同质的国家认同"[34]。这也决定这一时期的少数民族电影是作为主流汉族文化的补充，也不可能具有更多的人类学意义，不可能太多地触及少数民族的民族思想、民族命运。

七、儿童片与动画片："红孩子"的成长童话

从1949年到新时期之前，中国共拍摄儿童故事片38部。中国电影的政治化预警使儿童电影不可避免地带有政治寓言和政治教化的功能。许多影片都反映小主人公从一个（群）普通群众成长为无产阶级革命战士的过程，而这些影片中的童真童趣与战斗、反抗文化结合在一起，往往使革命的政治主体的表述获得了某些人性的生动性。《红孩子》、《鸡毛信》、《小兵张嘎》等影片甚至达到了家喻户晓的程度。

《红孩子》讲述的是第二次国内革命战争时期，一群孩子在与白匪的斗争中逐渐成长的故事。影片塑造了一群个性鲜明的儿童形象，他们在和土匪的斗争中一会儿显得机智勇敢，一会儿又显得天真幼稚，行动、语言极富情趣，在50年代也极为轰动，扮演片中细妹子的小姑娘宁和甚至还受到毛泽东的接见。

《小兵张嘎》也是这一时期儿童影片的经典之作。抗战最艰巨时期，白洋淀边，年仅十一二的张嘎是一个爱干"大

[34]鲁晓鹏：《文化·镜像·诗学》，天津人民出版社，2002年，第69页。

事"、模仿英雄行为的孩子。影片用一支木头手枪和两支真枪作为贯穿道具，通过富有情趣的曲折情节，表现了他从一个农村孩子到八路军小战士的成长过程。

影片由著名的摄影师聂晶拍摄，影片的影调是在明快之中带有刚健之气，给人一种鲜明、坚实、浑厚、纯朴的感觉。它对光的处理总是根据人物的思想感情，做到情景交融，环境与人物相呼应。影片的构图精致、简练，力求人物和主要线条的突出。画面里的基本线条是雄伟有力的斜线，人物近景尽可能拍摄侧面或半侧面，增加的嘎子敢于斗争的动势构图的支点也是偏向一方的动势支点，给人感到前进的动态，唤起奋勇前进的力量。

在《小兵张嘎》的摄影中，最具特色的还应数那段著名的运动长镜头的运用了。它将人物的动作与环境作了完整的展示，鬼子进村、区小队队部、嘎子上房堵烟囱……每一次的长镜头运用都颇具匠心，无怪乎有学者认为此片是新中国电影里唯一一部既在主题意义上，又在表现形式上呈现出现实主义风格的影片。运动长镜头在60年代初期的中国影坛上还很少见，在中国电影镜语语系的演变中留下了极为重要的一页。

影片中重要的道具，即枪，具有推动情节的作用。枪既是英雄的象征，又是一个男性成熟的标志，影片通过张嘎对枪的渴望、追求与满足，来使这一形象丰满而生动。老钟叔给他做的木枪使他的愿望得到虚拟的满足；为了得到真枪，他贸然突袭罗金保遭到失败；缴获了胖翻译的枪后却被迫割爱还挨了批评；为缴枪追逃敌而受伤，害怕枪再被没收藏了起来；战斗结束后又自觉交公，区队长把真枪正式授予

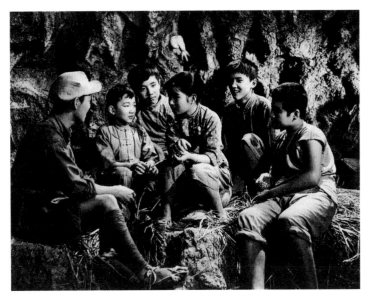

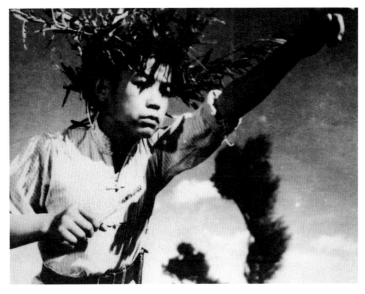

《红孩子》（1958年，编剧：乔羽，导演：苏里）　　　　　　　　　　　　　　《小兵张嘎》（1963年，编剧：徐光耀，导演：崔嵬、欧阳红缨）

他，他把木枪送给胖墩儿。

嘎子这一形象真实、自然、可信，这原本是一个艺术形象的基本要求，但对于当时来说，已经是具有突围意义的举动。在"政治标准第一、艺术标准第二"的口号下，创造正面的尤其是理想的英雄形象成了一部影片压倒一切的任务，并且逐渐极端化为英雄人物必须是没有缺点的。而这一部影片，不但没有把小英雄神化，而且用了不少细节来表现他的缺点，包括他调皮捣蛋，爱咬人，输了比赛就要赖，隐瞒战利品等。

剧本中嘎子作形势报告的情节，导演改为："同志们，目前形势很好，希拉拉……不，希特勒，就是德国法西斯头子快完蛋了！小日本也成了秋后的蚂蚱，没几天蹦跶了。经验告诉我们，有三点：第一点是帝国主义软的欺硬的怕，只要你坚决跟他干，就能把他打得稀里哗啦；第二点，这个第二点……"到这里，嘎子卡壳，也显得十分真实。

崔嵬选中土家族男孩安吉斯扮演嘎子，神貌俱佳的表演赢得了小观众们的喝彩和厚爱。嘎子的形象因为突破了当时的电影形象的概念化、公式化而得到了成功。从某个角度说，《红孩子》和《小兵张嘎》的主题在时代背景要求下，已将"战争残酷论"转化为"战争欢乐论"。

模仿成年人而不得法是中国儿童影片喜欢表现的，影片通过儿童行为或思想与年龄的不相符造成喜剧性。在这些影片中，孩童阶段仅仅是个过渡，甚至是为了验证一个成年人或者说一个成熟的共产主义战士所需要的素质或条件，而没有被当成一个重要的生活状态来关怀。这不仅仅是"十七年"电影的做法，也是我们的文化习惯。人们喜欢将儿童视作玩具，没有想到关注孩童的内心世界，没有去尊重儿童，也没有发现儿童自身存在的意义，和它相对成年人世界的意义，我们只能看到这些孩子与斗争或革命有关的一面性格，而没有斗争或革命之外的性格表现，只能看到一个时代孩子的共性的某一面，却缺乏个性的具体述说。将儿童看成一个处于成人中心话语边缘的特殊群体，将影片中的儿童主人公塑造成某个群像中的代表，突出儿童的群体性、社会性，突出成人的主体地位。以成人的价值尺度对儿童进行规范划一的集体教育，从而实现儿童之于民族于社会的价值与意义，这已经成为"十七年"时期以来儿童影视作品的"传统"。儿童影片有着与成人影片同构的叙事模型。

《宝葫芦的秘密》（1963年，张天翼童话改编）在当时深受小观众的青睐。小学生王葆最喜欢听奶奶讲宝葫芦的故事，幻想自己也能得到它。一天，他的愿望在梦里实现了，有了宝葫芦，要什么有什么，完全不用努力，宝葫芦还缠着他做了许多偷、抢、骗之类的坏事，后来在老师同学帮助下，他认识到不劳而获是可耻的，勇敢地扔掉了宝葫芦。影片显然对应着自力更生的时代话语。

新中国成立以来，国家意识形态的单一和集中，使电影表现的主题思想也相对简单，而二元对立的大是大非更使得银幕形象出现脸谱化趋势。具有传奇色彩的英雄人物和被丑化夸大的反面角色在银幕上呈现得一目了然，再加上激烈的战斗场面,正是成人影片的某种缺陷无意识地迎合了少儿理解力不高的需求,受到他们的青睐也就不足为奇了。

在创作观念上,这一时期的儿童影片的观众意识是较为清楚的,因此,儿童爱看小英雄片,简单、是非分明、充满游戏精神。但由于这时期的儿童影片突出强调教育性,在时代要求下,儿童故事片在很大程度上扮演了舆论工具的角色。就美学特征来说,富有诗意和浪漫色彩是其审美倾向,轻松愉快的轻喜剧是其美学风格,讲求故事的生动性和情节的完整性是其结构体现。

总的来说,这一阶段的儿童故事片大体有两种:一种是小英雄式的,一种是好孩子式的,无论哪一种类型都是形象化的榜样教育。前者属于理想教育,后者是日常生活中的榜样;前者侧重英雄主义、爱国主义,后者侧重集体主义和传统美德。

与同期儿童故事片相比,儿童动画电影在内容、题材、样式、表现手法和制作水平上都达到了前所未有的新高度,其艺术成就、社会影响甚至超过同期儿童故事片。

中国早期的动画片创作发轫于20世纪20年代。1919年,万氏兄弟万籁鸣、万古蟾、万超尘、万涤寰以超人的毅力,开始了长达6年的艰苦卓绝的努力,制作成功中国第一部动画短片《大闹画室》。新中国成立之时,东北电影制片厂正式建立了美术片组。1950年2月,美术片组南迁上海,成为上海电影制片厂的组成部分。中国动画创始人万氏兄弟以及钱家骏、虞哲光、马国亮、包蕾等一大批艺术家先后加入了美术片组,又从国内一流的美术院校——中央美术学院、苏州美术专科学校、北京电影学校等吸收了大批青年美术工作者。到1956年,上海的美术片组已经发展到200余人,为日后的美术片创作高潮的到来储备了一大批高质量的人才。

这一时期我国生产了20余部动画片,其中包括《骄傲的将军》这样已经具有了鲜明的民族风格的动画片和《神笔》、《谢谢小花猫》等童话题材的动画片和木偶片。

1957年,上海美术电影制片厂成立,创作了一大批优秀短片如动画片《一幅僮锦》、《小鲤鱼跳龙门》、《萝卜回来了》、《乌鸦为什么是黑的》、《黄金梦》、《没头脑和不高兴》、《草原英雄小姐妹》、《济公斗蟋蟀》,剪纸片《渔童》、《人参娃娃》、《红军桥》,木偶片《半夜鸡叫》、《掌中戏》等。

此期动画片在早期完全受苏联影响,中苏关系破裂后,转向东欧动画,尤其是波兰的实验动画和风格简洁的捷克动画。除了上海美术电影制片厂外,上海科教电影厂、北京科教电影厂、长春电影制片厂、西安电影制片厂、珠江电影厂都有动画组。

这一时期的一大批美术动画作品如《大闹天宫》,动画长片《小蝌蚪找妈妈》、水墨动画片《牧笛》、《孔雀公主》,木偶长片《金色的海螺》,剪纸片《猪八戒吃西瓜》等在艺术和技术质量上都达到了中国动画片的高峰,形成了具有独特中国风格的美术片流派。因此,此期动画电影亦被称作"美术片",意在不用真人实景,用美术手段塑造形象,表现情节和主题。

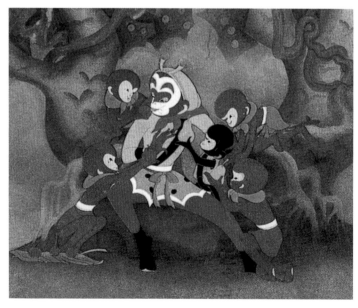

《大闹天宫》(1964年,编剧:李克弱、万籁鸣,导演:万籁鸣、唐澄)

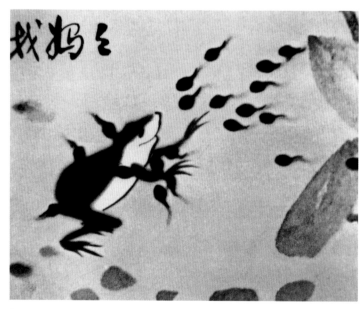

《小蝌蚪找妈妈》(水墨动画,1960年,编导:集体,艺术指导:特伟,技术指导:钱家骏)

动画电影因超越民族语言界限具有广泛的国际性，而中国动画片特有的民族风格更为其带来了众多国际声誉。作为这一时期的代表作，《神笔》获得意大利第八届国际儿童电影节文娱片一等奖，此外还获得叙利亚、南斯拉夫、波兰和加拿大等地的电影奖项。60年代水墨动画横空出世，《小蝌蚪找妈妈》一举赢得瑞士第十四届洛迦诺国际电影节短片银帆奖，法国第十七届戛纳国际电影节荣誉奖、法国蓬皮杜文化中心第四届国际儿童和青年节二等奖、英国伦敦国际电影节本年度杰出电影等十多个奖项。水墨动画《牧笛》也摘回丹麦第三届欧登塞童话电影节金质奖。

而上海美术电影制片厂于1961年开始耗时3年拍摄的我国最长的动画片《大闹天宫》，不但标志着中国动画片在创造民族风格方面达到成熟阶段，更成为国际动画片银幕上的经典之作。

动画片之所以在很短的时间就能取得令人瞩目的艺术成就的原因在于：

首先，以儿童为本的观众意识。按照现代儿童观念的理解，儿童影视与其他儿童文艺形式一样，都是为特定的接受者专门创作的。其接受主体是未成年人，其根本性质是向儿童表现和传达他们自己的经验世界。一切与之有关的活动都有明确的针对性，即便涉及成人的世界，也应以儿童接受者的立场来确立创作视点。

其次，中国动画片题材多取材于中国各民族传统的和现代的民间故事、小说、神话、传说、谚语、童话、戏剧……它们以各民族特有的民族传统、风俗习惯、审美趣味以及传情达意的特殊的方式为蓝本，并且通过动画片的夸张、强化被凸现出来。《大闹天宫》是万籁鸣根据著名神话小说《西游记》中的精彩章节改编。影片分上下两集，总长11万英尺（33528米），放映2个小时。全片共绘制了10万余张画面，数十名动画创作人员前后用了将近四年时间才完成影片。由著名工艺美术家张光宇、张正宇兄弟所设计的人物形象和背景，渗透着中国民族特点，浪漫、夸张而优美。大气的整体构思，精致的绘制，绚丽奇幻的环境，不羁的想象，以及一系列个性鲜明、造型独特的人物形象，使小观众们如痴如醉。主人公孙悟空大无畏的反叛精神，上天入地、驱魔降妖的神奇本领，充分满足了儿童们的幻想。

关注儿童的生活，拥有丰富的儿童精神经验，以生动的艺术形象准确把握儿童生活的本质特征，开拓他们的心灵空间成为此期动画片创作者成功的关键。动画片在艺术上突出而有代表性的审美特征，就是富有诗意和浪漫色彩。尽管现实题材也占一定比例，但毫无疑问，童话、神话、寓言故事、科幻故事等是最富儿童性，也是最受儿童欢迎的题材。因为这类题材的创作最能符合儿童泛灵论的心理特征和拟人化的认知方式，并以特有的幻想功能唤醒并投合了儿童潜意识中不自觉抑制着的欲望，并使之在对影片的审美观照中得到释放，从而补偿了儿童在现实生活中不能满足的欲望，再现了那些非现实的体验。

计划经济背景下的人力和物力的保障，是动画电影艺术性的先决因素。首先，政府以及电影的职能部门始终从精神上和物质上给予动画片以热情的支持。其次，创作人员本身具有相当高的素养和美术专

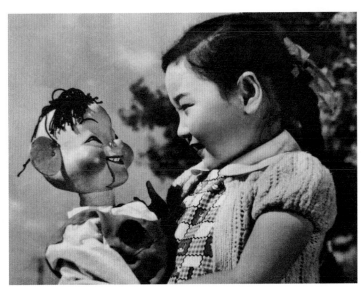

新中国第一部人与木偶合演的故事片《小铃铛》（1964年，编导：谢添、陈方千）

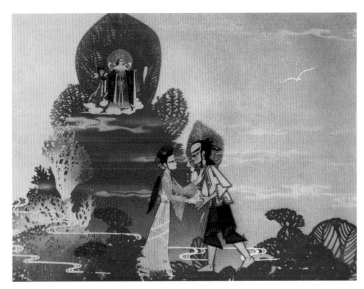

《人参娃娃》（剪纸，1961年，改编：包蕾，导演：万古蟾）

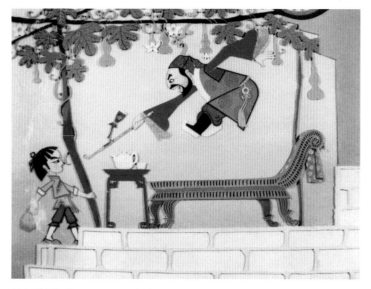

《金色的海螺》（剪纸，1963 年，改编：包蕾，导演：万古蟾）

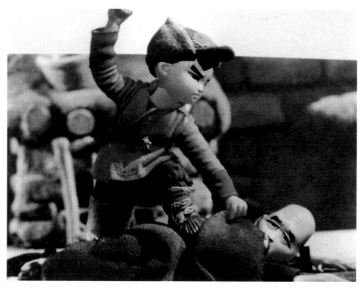

《半夜鸡叫》（木偶，1964 年，改编：张松林、虞和静，导演：尤磊）

业水平。在计划经济条件下，人力与物质资源的调动可以不受经济能力的制约，而且创作队伍十分稳定，专业人员长年累月严谨认真、一丝不苟的创作态度和工作作风在相当程度上保证了艺术的高质量。《牧笛》中的水牛是根据李可染画的水牛绘制，而李可染为了此画，专门画了十四幅水牛和牧童的水墨画给摄制组作参考。影片的背景是由山水画家方济众担任设计。

超常的关注在使动画电影取得巨大成就的同时，也使它背上了沉重的负累。由于意识形态教育是动画电影在此阶段的根本任务，中国动画片一直被定位于"为儿童服务"，强调动画片是儿童的专利，是对儿童教育的工具，儿童基本被视作动画电影的唯一目标观众。这种教育主义、工具论的观念极大地限制了中国动画片的发展，并且造成动画理论一直未被纳入主流电影理论领域进行研究，而成为儿童文艺研究的一部分。

动画电影可能具有的颠覆功能也引起了主流意识形态的高度警惕。钱家骏于1957 年导演的《拔萝卜》中的造型可爱有趣，小白兔、小猴、小猪、小熊都拔不出大萝卜。小蜗牛加入后，大家齐心协力才把萝卜拔出来，影片被禁的原因是这些小动物似乎都影射了某种阶级力量。

1958 年万籁鸣导演了动画短片《歌唱总路线》，同年徐景达等人集体创作了动画短片《赶英国》。1960 年拍摄的动画片《原形毕露》将美国总统艾森豪威尔表现为被全世界劳动人民唾弃的过街老鼠。1965 年，万古蟾导演了以捉拿美蒋特务为题材的剪纸片《红领巾》。这种直接为当时政治服务的动画影片，"文革"期间也拍摄了好几部。

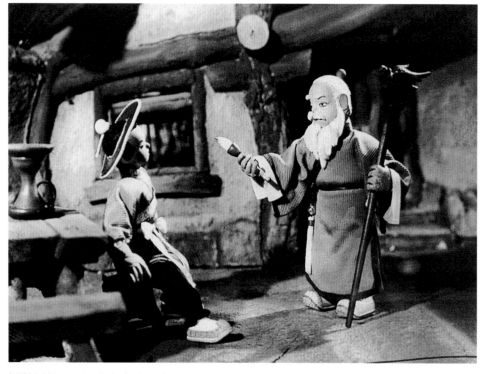

《神笔》（木偶，1955 年，编剧：洪汛涛，导演：靳夕）

八、戏曲片：古为今用的传统重构

戏曲是中国传统的第一大娱乐形式，在电影艺术诞生前，戏曲在中国有着其他任何艺术形式都无法相比的庞大观众群体。从历史上看，尽管五四时期陈独秀、胡适等新文化运动的代表人物猛烈批判了旧的戏曲，但正是他们肯定了戏曲的社会意义。同时戏曲仍然以强大的生命力在各地（尤其是农村）生存并且仍然是主要的娱乐方式。新中国成立后，戏曲依然受到了人们最为普遍的欢迎。从理论上讲，中国共产党的阶级基础是工人和农民，他们的兴趣和爱好也就引导着党的文艺方针政策，这是戏曲受到重视的根本原因。戏曲在中国的庞大的接受群体使其不可避免地要被电影所改造利用，也注定要被主流意识形态所收编。

与西方戏曲不同，中国传统戏曲虽然也有帝王将相、才子佳人、神魔鬼怪，但更多的是大千世界里的芸芸众生。中国戏曲与中国社会的关系契合之紧密，是他国无法比拟的。中国戏曲根深蒂固的教化传统为其与电影的结合提供了根本保证。而中国戏曲表现社会生活之广阔，更使其得到电影生产者的青睐。

新中国成立后，为了构建社会主义新文化，文艺界开展了全面深入的"澄清舞台形象"的活动。其后又进行了大规模的戏曲剧目整理、挖掘工作，到1957年，全国发掘出51867个剧目，这也带动了戏曲电影的发展。中国五六十年代的戏曲改革运动的目标主要是用新的意识形态来整理和改造旧戏，引导和矫正大众的审美趣味，规范人们对历史、现实的想象方式，再造民众的社会生活秩序和伦理道德观念，从而塑造出新时代所需要的"人民"主体。这些都直接被戏曲电影加以利用。

新中国成立后，我国试验拍摄的新中国第一部彩色片就是戏曲片《梁山伯与祝英台》。

从1956年到1963年，我国每年生产戏曲电影9到13部，大致可分为传统戏、新编历史戏、现代戏三类。从1960年到1963年我国共摄制50多部戏剧电影，占这4年故事片总产量的三分之一。《杨门女将》、《野猪林》、《孙悟空三打白骨精》、《尤三姐》、《花为媒》、《铡美案》、《杨乃武与小白菜》等都是在这期间问世的。

除京剧电影外，其他许多地方戏曲中的著名篇目也都被进行过电影加工。

越剧：1954年桑弧导演拍摄了《梁山伯与祝英台》，1959年徐玉兰与王文娟主

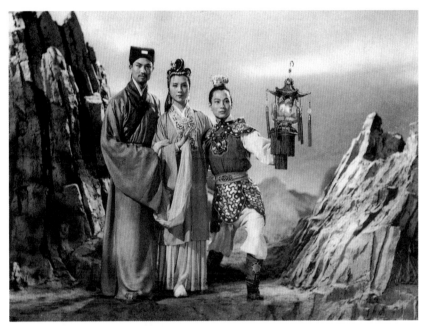

《宝莲灯》（舞剧，1959年，导演：叶明）

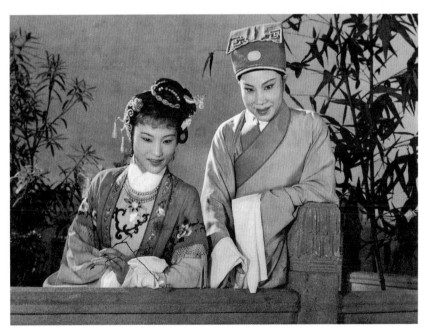

《追鱼》（越剧，1959年，改编：集体，导演：应云卫）

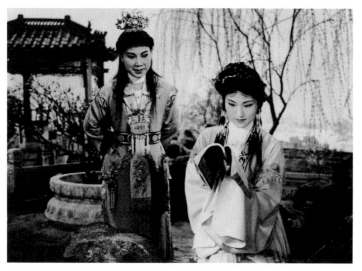

《红楼梦》（越剧，1962年，编剧：徐进，导演：岑范）

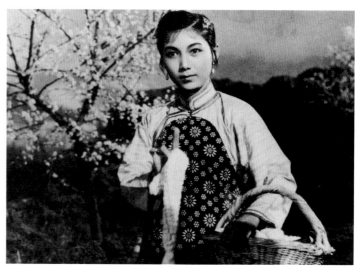

《刘巧儿》（评剧，1956年，改编：李孝充，导演：伊琳）

演了《追鱼》，1962年两人再度合作主演了海燕电影制片厂与香港金声公司合拍的《红楼梦》（岑范导演），这几部越剧片不仅在国内引起强烈的反响，在港澳地区也轰动一时。

评剧：评剧特有的悲切凄凉音调，最适于表现带有悲剧色彩的旧社会妇女的命运和不幸遭遇。1955年长影厂拍摄了《秦

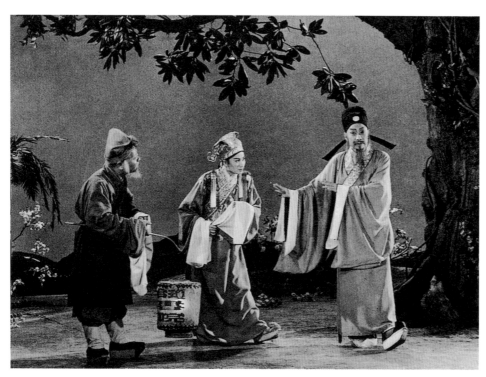

《搜书院》（粤剧，1956年，编剧：杨子静等，导演：徐韬）

香莲》（徐苏灵导演），是继《梁祝》后又一部轰动影坛的戏曲片。秦香莲的扮演者是著名的小白玉霜。50年代，评剧发生重大变化，由低沉的悲调转向欢快的喜调，新凤霞就是实践这个转变的杰出变革家。1956年长影厂拍摄了《刘巧儿》（伊琳导演），1963年又拍摄了《花为媒》（吴祖光改编，方荧导演），这两部影片都由新凤霞主演。在现代题材戏《刘巧儿》中，对新社会妇女翻身后的爱情生活和斗争生活的表现，使这个新剧目成为流传至今的经典剧目。

黄梅戏：严凤英做了很大贡献，她先后主演了《天仙配》、《女驸马》、《牛郎织女》、《江姐》、《白毛女》、《党的女儿》等。在《天仙配》中，著名导演石挥充分发挥了电影的特长，用电影的分场表现天上与人间，用电影特技处理神仙变化的情节。

昆曲：由陶金导演的昆曲片《十五贯》于1956年摄制完成后也引起电影界和戏曲界的关注。片中塑造的况钟、过于执、娄阿鼠都给观众留下了深刻印象。此外昆曲表演艺术家俞振飞先后主演了昆曲片《断桥》（1955年）、《游园惊梦》（1960年）、《墙头马上》（1963年）、《太白醉写》（1976年），使这些剧目在电影观众中也广为流传。

川剧：1957年，川剧表演艺术家廖静秋参加了北京电影制片厂摄制的川剧片《杜十娘》的演出，得到了较高的评价。

粤剧：主要成就是1956年上海电影制

片厂摄制的《搜书院》和1960年海燕厂与珠江电影制片厂联合摄制的《关汉卿》。两部影片都由徐韬导演，著名粤剧表演艺术家马师曾和红线女主演。两部影片在国内外都获得较高声誉，编导对原舞台剧所做的创造性处理也值得一提。

在影片《关汉卿》中，导演大胆删除了原著中酒家刘娘的女儿二妞被阿合马的第二十五位公子抢走，又被关汉卿仗义救了出来的这条贯穿全剧的情节线索，仅留下抢民女的一个俯瞰镜头作为激发关汉卿创作《窦娥冤》的情感思想，从而使全剧集中在写《窦娥冤》、演《窦娥冤》、禁《窦娥冤》这条纵深发展的情节线，从而使关汉卿和朱帘秀两人的性格形象更加鲜明，而舞台剧中作暗场处理的演《窦娥冤》的一场戏，在影片中作了正面表现，增加了关汉卿观剧时的反应。此外影片还增加了表现人民群众声援关汉卿的活动和关、朱二人内心世界的表现，使人物形象更加丰满，而影片在思想性上也更加符合当时的意识形态需要。

20世纪50年代后期到60年代初期是中国戏曲电影的黄金时代，除了上述影片之外，还有许多产生过重要影响的影片。如上海电影制片厂摄制的绍剧片《孙悟空三打白骨精》，毛泽东观看后，为此还联系国际形势作了一首著名的诗《七律·和郭沫若同志》。

20世纪60年代中期至"文革"时期，戏曲电影的发展受到了挫折，康生、江青以极"左"的面目独尊现代戏，全面否定了传统剧和新编历史剧，将后者一概打为封建的、反动的"帝王将相"戏和"才子佳人"戏。1964年除京剧片《铡美案》之外，我国没有再生产一部传统或历史题材

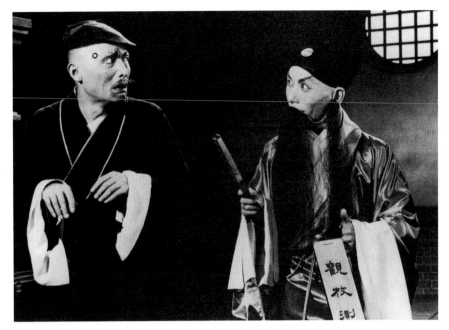

《十五贯》（昆曲，1956年，改编：陶金，导演：陶金）

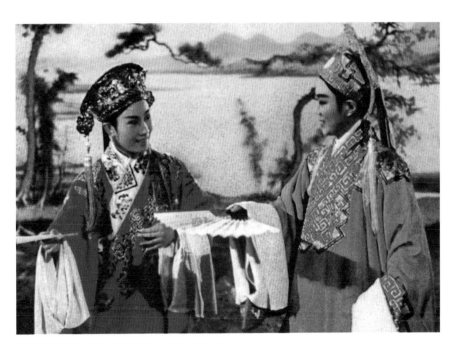

《梁山伯与祝英台》（越剧，1953年，编剧：徐进、桑弧，导演：桑弧、黄沙）

的戏曲片。这一阶段，也有一些小型的现代题材的地方戏曲片受到观众喜爱，如由李谷一主演的湖南花鼓戏片《打铜锣、补锅》，彩调戏《三朵小红花》等。

在戏曲电影方面，有较大贡献的导演有崔嵬、桑弧、岑范。崔嵬与陈怀皑合作，先后于1960年导演了《杨门女将》，

1962年导演了《野猪林》，1963年导演了《穆桂英大战洪洲》，他的戏曲电影观颇能代表当时的主流观念。桑弧导演的《梁山伯与祝英台》、《天仙配》，岑范导演的《红楼梦》、《牛郎织女》都是经典之作。

梁山伯与祝英台的故事之所以流传

至今，其魅力来自民间叙事要素之一的"传奇性"和作为人性基本体验的"悲情性"：这两种特质的交错与牵连，构成了《梁祝》的生命内核。祝英台的乔装游学，便是催生和推进这一脉传奇之流的原动力，由此引发一系列非常情境与意外情节，处处激荡着爱欲联想；可当英台频频暗示而山伯懵懂不觉，自然给人以联想不得落实、愿望层层推延的遗憾，令人不安的悲剧性便已隐含其间；祝父许婚马家，姻缘错失，爱的传奇骤然变成生离死别的悲剧；英台蹈墓殉情，化蝶双飞，则又使得悲剧转为动人心魄的爱情神话，遂将传奇性与悲情性推升到新的高度。

搬上银幕后，戏剧作了明显的改编：一方面将传奇性淡化，彻底清除"迷信"、"色情"、"荒诞不经"的成分，尤其删除了对三载同窗的"非常情境"中细枝末节的想象，并随时注意修正和打磨梁祝的美好形象；另一方面则着力渲染这段姻缘被阻挠、被扼杀的悲剧性，目的就是要把悲剧根源由本来充满各种偶然性的机缘错失，归结为"封建社会"中具有"必然性"的宗法制度和等级压迫逼得有情人不能成眷属，"反封建"的主题一旦咬定，就是要把"旧社会"遗留在老戏中的所有"毒素"(或曰"封建糟粕")都消灭干净。

以仙凡之恋为原型的白蛇故事在民间流传了八百多年，百姓对白娘子赋予越来越强烈的同情，随之更厌恶法海的"多管闲事"，两者之间的冲突也就愈益激化。落实到戏剧《白蛇传》中，故事主题从"色诱"寓言转变为"爱情"悲剧。原本的恐怖色彩被冲淡，特别是白蛇的"妖性"逐渐收敛，变得和蔼、善良与人格化，还有

一个文静端庄的名字叫白素贞。法海却日益强硬、蛮横与妖魔化，甚至反被骂作"妖僧"，只落得躲进蟹壳里避祸的下场。而对许仙这样的男人，人们的态度则始终比较暧昧：虽说看在白娘子的份上，多少有了点爱屋及乌似的好感，但还会时时讨厌他的自私、胆小，尤其是他逼饮雄黄、私上金山、亲罩金钵，即便事出无奈，仍不免有法海"帮凶"之嫌。《白蛇传》戏曲的改编在顺应民间原有的好恶倾向的同时，更强调剧中人物都是作为"反抗封建压迫"这一矛盾冲突的对立面出现，由此便取消了人物本身所包含的复杂性。终于，白娘子由原本充满魅惑的"蛇妖"彻底改造成了一个"好女人"，不仅有着祝英台那样的理想女性的美貌和温柔、聪明和贤惠、痴情和坚贞，而且在斗争中表现得更勇敢、更无畏。

《天仙配》(上影厂，黄梅戏)是我国流传很久的神话故事，也以仙凡恋为原型，表现的是七仙女与董永的坚贞爱情。玉皇大帝是封建社会至高无上的主宰，是神权及人权统治者的化身。七仙女追求人间爱情，在百日期满时却被玉帝召回天庭，影片因此被阐释为对封建帝王制度的控诉。

当时，影片的故事常常被评论者和观众自觉加以意识形态解读。比如，观众常常脱离影片的艺术情境对影片的局部细节进行评判，认为七仙女回天庭就是向统治阶级投降；董永与七仙女泪别而不反抗是把劳动人民表现得太软弱了；地主叫董永推磨他就推磨，叫七仙女织锦她就织锦，他们都没有斗争性。有的认为应当让董永和七仙女一齐死掉，表现他们宁死不屈才有思想性，而影片的结尾似乎在说明封建统治的不可抗拒性，体现出一种原则性的

错误。这种非错即对、非敌即友的意识形态的解读方式只能造成影片内涵的简单化，并且最终削弱了影片的艺术表现力。

20世纪五六十年代，爱情题材的戏曲改编存在一个共同选择，即把人类生活中原本生动、微妙、虚实相应、百感交融而又无可规范的爱情体验，粗略地抽空、挤压、整饬和收归于狭隘的现世层面，仅仅当做某种"社会问题"来看待和处理。

戏曲影片无论对原剧目加以多大更改，都要保留基本的情节架构。地方戏中日久形成的"民间性"特质，一经国家意识形态的强力整合而擢升为"人民性"之后，虽有所简化、扭曲或遮蔽，但毕竟在不同程度上得以保留。与此同时，即便是被归结为"人民性"主题的题目，仍会以地方戏所擅长的表演情趣和生活气息，更有效地作用于观众接受层面，而同主流意识形态的宣教目的保持一定的距离。

戏曲影片的爱好者，往往是戏曲爱好者，而他们看戏曲影片，与其说是为满足观影需要，不如说是为了过戏瘾。每一个著名曲目被改编成电影，都被视作戏曲界的一件大事。戏曲电影在相当长时期内始终被视作戏曲的一部分。在经历了"文革"，经历了样板戏对传统戏曲的彻底的否定之后，新的观众已经无法与之建立认同感，戏曲最终丧失了对于年轻一代的吸引力。它始终没有能够回到文化中心的地位，影视建立起它们在文化方面的霸权地位，戏曲连同话剧一起走向文化和社会边缘。

从1956年到1966年，新中国社会主义电影是"国家建构过程的一个关键手段，是现代中国民族国家中不可缺少的文化纽带，是中国民族主义的一个基本政治因

素"，"中国竭力利用电影来建立一幅民族认同的单一化图画"[35]。 正是在这样一种政治与艺术的双重努力下，新中国社会主义电影供奉了一批经典之作：《红旗谱》、《青春之歌》、《林家铺子》、《红色娘子军》、《早春二月》、《李双双》、《野火春风斗古城》、《红日》、《英雄儿女》等，在中国电影史乃至世界电影史上都留下了一笔财富。无论是这些影片讲述的故事或是对这些故事的讲述，都是讲述这些故事的那个时代的最形象的铭记。当我们试图重新怀念、接近、反省、告别、祭奠或者继承这些年代的精神的时候，我们都将从这些新中国电影经典中获得丰厚的营养。

[35]鲁晓鹏：《文化·镜像·诗学》，天津人民出版社，2002年，第67页。

第 七 章

"文革"电影

（1966-1976）

作为一段年代并不久远的过去，冠有"无产阶级"的"文化大革命"，使中国文化史的书写变得十分复杂。在这段历史中，新中国所拍摄的几乎所有的社会主义电影都在一种"再革命"的狂热中被否定，阶级斗争被放大到古往今来的人类生活中的每一个领域或者角落。"斗争哲学"酝酿了一种"强冲突"的叙事模式，由"文革"后期的"革命京剧样板戏"加以定型和推广。新中国电影中本来就已经被强化的冲突模式被定义为"三突出"等范式理论，成为"文革"末期中国电影的共同特征。以"样板戏"为代表的"文革"电影为一段"革命"历史留下了一个被极端化的文化标本。

第一节
历史悲喜剧

"文革"之所以难以言说，在很大程度上与其自身呈现的矛盾与分裂有关。"文化大革命"的背景除了诸如"反右"、"大跃进"、"庐山会议"以及"中苏关系破裂"这些直接因素，还与百余年中国的历史命运和当时的"现代"观念，加上20世纪60年代所兴起的世界性全面反传统浪潮息息相关。"无产阶级'文化大革命'就是好，马列主义大普及，革命师生斗志高，嘿，革命大字报，遍地烈火烧……"这是30年前，全中国人民耳熟能详的一首豪情澎湃的"文革"歌曲。如今，经过那段历史的成年人不愿回忆这段历史，因为多数人既参与制造了这段历史，又最终成了这段历史的牺牲品；在那段历史中还是孩童的人，作为旁观者，留恋于那段具有破坏性的、无政府主义的因而也是游戏式的"阳光灿烂的日子"；没有经过那段历史的年轻人，则将"文革"话语、"文革"行为当成特立独行的时尚或一种滑稽的另类来品尝。在短短20年的历史中，人们先是用同样的语言和思维机制痛批这场"由领导者错误发动，被反革命集团利用，给党、国家和人民带来严重灾难的内乱"，接着因惧怕历史的卷土重来而尘封它。当理想主义被市场之手推至视线之外后，"文革"带给人的伤痛渐渐被淡忘，"文革"物品和"文革"文艺反成了审美对象，人们重新带着怀旧意味想象甚至美化这段历史。

一、"文化大革命"与"十年动乱"

也许，"文革"是一场以理性发动却以非理性形式进行，由政权发动的反对自身的革命。"文革"中无论是官方还是群众意识形态，其实都是混杂矛盾的，表层以激进的面貌出现，在深层则大多包含陈旧内容。人们一方面表现出惊人的盲从，一方面在破坏旧世界上体现出异常独立的主体性；一方面推翻一切既定秩序和权威，一方面又表现出对最高领袖的绝对崇拜。文革以"红色"命名自我，"文革"后人们以"黑暗"命名"文革"。

"文革"的另一称谓是"十年动乱"，这一语词着眼于对社会秩序的破坏，然而"十年"的长度因其在新中国历史所占的比例，由时间的标示而变为程度的标志，喻示被破坏的绝不仅仅是社会秩序。在诸多文艺作品里，"文革"被表述为"伤痕"，它基本否定了如疾病般的内在原因和历史联系，而其消亡取决于遗忘，"伤痕"只有被遗忘方能获得疗救，而为了美好明天，"伤痕"必须被遗忘，如同"文革"中为了美好明天而"誓死捍卫无产阶级'文化大革命'的伟大成果"。

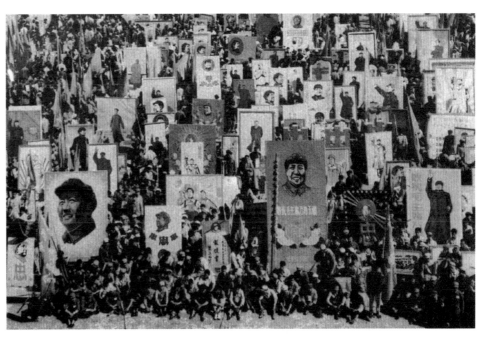

"文革"期间，群众游行场面

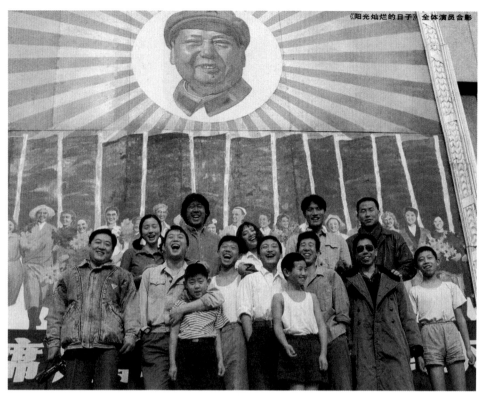

1995年，姜文导演的《阳光灿烂的日子》用儿童视点再现了"文革"记忆

"文革"还是一个充满话语崇拜的时代。口号是"文革"话语的主要表达形态。口号是一种语言暴力，体现出专制的风格，只允许呼应，不允许异议。口号呼唤行动，通过一呼百应的形式宣泄口号欢呼者的不满与压抑，从而整合所有参加者。"文革"以悲剧定论是因为它将众多文化遗产和一切有价值的东西予以毁灭，然而，与此同时，它也以无价值的东西的自我毁灭完成了一部喜剧，其意义在于"文革"的荒谬与极端中蕴含了深刻的历史必然性，它使人类将永远对这些无价值的东西保持清醒与警觉。

"文革"是以喜剧狂欢的形式演绎的一出悲剧。

二、"文化大革命"的文艺纲领

"文化大革命"，以文艺作为革命的前沿和革命争夺的制高点。文艺，包括电影，是"文化大革命"最先突击的领域。我国一般认为"文革"始于1966年5月16日，但实际上早在1963年到1965年间，国内就开始对一系列文艺作品和观点进行批判，到1965年，姚文元的《评新编历史剧〈海瑞罢官〉》拉开了"文化大革命"的序幕。

1966年4月，林彪委托江青制定《部队文艺工作座谈会纪要》并以中央文件形式下达，从整体上否定1949年以来的文艺实践，并且将各个时期文艺领域反对公式化、概念化，为使文艺恢复主体性的种种努力如"写真实论"、"反题材决定论"、"中间人物论"、"反火药味论"、"现实主义的深化论"等并称为"黑八论"，加以彻底批判。这时期，主流文艺思想最为重要的文献是《林彪同志委托江青同志召开的部队文艺工作座谈会纪要》（简称《纪要》）。《纪要》在极"左"意识形态的视野中重新解释了中外文学史，并提出了对文学基本问题的一系列看法，是左右"文革"文学的纲领。

以《纪要》的论点为主体，以"样板戏"的创作为实践依据，主流文艺思想的构成主要是四个方面："无产阶级文学的党性原则"，"社会主义文艺的根本任务"，"无产阶级的创作原则"和"无产阶级的艺术方法"。"无产阶级文学的党性原则"在"文革"中被解释为"必须自觉地为无产阶级革命路线服务"。

"根本任务"的提法也正式见于《纪要》："要努力塑造工农兵的英雄人物，这是社会主义文艺的根本任务"，后来被通称为"根本任务"论。至于怎样塑造英雄人物，主流文艺思想着重阐述了"样板戏"的"经验"，这就是被称为"无产阶级创作原则"的"三突出"。是否能够运用"样板戏"的创作经验，不仅反映了作家的艺术水平，而且反映了作家的思

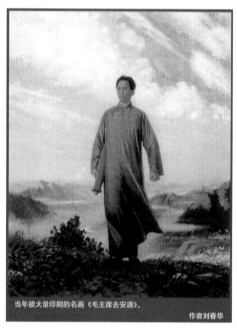

当年被大量印刷的名画《毛主席去安源》。

作者刘春华

"文革"期间发行量最大的油画《毛主席去安源》（作者：刘春华）

想觉悟的高低。

在对"十七年文艺"思潮的全面破除中，只有"两结合"创作方法被再次重申是"无产阶级的艺术方法"。《纪要》第九条提出，"在创作方法上，要采取革命的现实主义和革命的浪漫主义相结合的方法，不要搞资产阶级的批判现实主义和资产阶级的浪漫主义"。

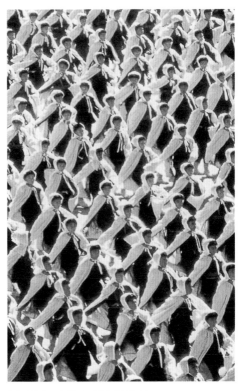

样板戏方队："文革"中的国庆游行场面之一

在"文革"前相当长的时间里，我国文艺界片面强调文艺的阶级性和政治性，片面强调其认识功能和教化功能，与各种政治运动相呼应，并且以此为标准，对许多作品、文艺思想进行了种种政治性的批判，使文艺的繁荣发展受到了严重的影响。由于有了"电影小说可以反党"这样的论断，"文革"给包括电影在内的文学艺术所带来的难言之痛恰恰在于这一切都非空穴来风。

1949年之后，在文艺的功能观上，我国文艺界进一步强化了新中国成立前就已形成的文艺服从于、服务于政治的观念，而且对这一命题的理解与阐释越来越狭隘、教条与绝对。

1949年文艺界就有过关于小资产阶级可不可以当主角的讨论，到50年代的提倡写新的英雄人物，再到根本任务论的确定，是在"写什么人"问题上的极端发展，将"写什么人"与"为什么人"等同起来。在"怎样写"的问题上，从50年代就开始讨论的能不能写英雄人物的缺点，到60年代对"中间人物"的彻底否定，再到"文革"中完美无缺的英雄形象，都是一种极端的、形而上学思维方法的发展。"文艺是阶级斗争的武器"、"文艺为无产阶级政治服务"等这些在"文革"时期被强调到无以复加的地步的理论命题，实际在"文革"之前就已得到肯定和运用。

所谓"根本任务"论、"三突出"论，实际上也还是从政治观念出发而制定的，是一种政治原则的艺术化。是否实行这些"原则"，已经"不是艺术处理问题，而是站在什么立场上，为谁服务的问题，是拥护、执行，还是反对、抗拒无产阶级革命路线的问题，也是区别无产阶级文艺家和资产阶级文艺家的分水岭。这是一场两个阶级、两条路线的激烈的斗争"。

三、新中国电影的历史灾难

"文革"所革乃文化之命，而电影因其具有最广泛的群众参与性及其形象性，在此前17年就被赐予了太多来自政治家和

高级领导的关心，此时更成为"文革"最有效的工具，也成为损失最惨重的领域之一。

电影作为20世纪60年代传播范围最广的文化形式，首当其冲成为第一个"革命"对象。而且对于曾经活动在上海电影圈而又与新中国17年的电影没有关系的这场"文化大革命"的具体组织者江青来说，17年电影是没有江青参与的17年，它们诞生的年代也决定了他们的罪责。其实，电影作为"文革"的重灾区，早在1964年前后就受到极"左"思潮的强烈冲击。1964年7月30日，《人民日报》就已经发表文章批判影片《北国江南》，《电影艺术》第4期开辟专栏批判《早春二月》和《北国江南》。1967年，毛泽东在《中央宣传部关于全国文联和所属各协会整风情况的报告》上作出对文艺工作的第二个批示，指示"可能不只这两部影片，还有些别的，都需要批判"。于是，江青于1964年冬观看了一批影片，并且从中揪出《林家铺子》、《不夜城》、《兵临城下》、《逆风千里》、《红日》、《聂耳》、《革命家庭》、《大李、小李和老李》、《阿诗玛》、《舞台姐妹》等一大批所谓"毒草"。1965年4月，文化部整风活动结束，中共中央作出《关于调整文化部领导问题的批复》，免去齐燕铭、夏衍、陈荒煤等在文化部的领导职务。文化界、电影界的"文化大革命"已经是"山雨欲来风满楼"。

1966年2月，江青与林彪推出的《部队文艺工作座谈会纪要》提出，新中国成立以来，包括电影在内的文艺界"被一条与毛泽东思想相对立的反党反社会主义的黑线专了我们的政"，这时期的文艺是"资

产阶级文艺思想、现代修正主义的文艺思想和所谓30年代的文艺的结合"。于是，新中国前17年摄制的650多部故事片被定义为"毒草丛生"；20世纪30年代以来的左翼电影和进步电影纷纷被打入冷宫。1967年4月1日，《人民日报》发表戚本禹的文章《爱国主义还是卖国主义——评反动影片〈清宫秘史〉》，提出17年来（新中国成立以后），一小撮反革命修正主义分子在党内最大的走资本主义道路的当权派的支持下，向无产阶级发动了一个全面性的猖狂进攻，在政治、经济、文化、教育各个领域里放了大量的"毒药"。在这次无产阶级"文化大革命"中，我们一定要遵照毛主席的指导，组织起浩浩荡荡的无产阶级革命的文化大军，彻底粉碎这一小撮反革命修正主义分子和党内最大的走资本主义道路的当权派的猖狂进攻，挖出我国修正主义的总根子，打倒赫鲁晓夫那样的个人野心家和阴谋家，防止这样的坏人篡党、篡国，防止资本主义的复辟，保证我国永不变色。[1]电影界的"文化大革命"从此风起云涌。

以刘少奇为目标，以文化为突破口，以毛泽东为旗帜，以大批判为手段，以阶级斗争为政治口号，无产阶级"文化大革命"就这样杀气腾腾地开始了。电影是新中国17年中影响力最大的艺术。否定"旧"历史，创造"新"历史，必然要否定新中国17年的电影。"文革"几乎宣判了新中国17年所建构的社会主义电影历史的死刑。电影，不可避免地陷入了灭顶之灾，甚至成为灾区中的重灾区。从一开始，对电影的批判就不是艺术范畴的批评，而是一种政治斗争。

江青认为"17年的电影尽是'毒草'，一无可取"，"电影界问题很复杂"，把17年电影分为四类：一是反党反社会主义；二是宣传错误路线，为反革命

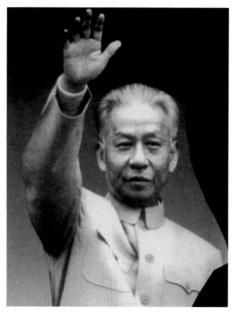

"文革"期间受政治迫害致死的国家主席刘少奇

分子翻案；三是丑化军队老干部，写男女关系、爱情；四是写中间人物。在这样的整体判断的引导下，1966年4至6月，上海、北京的报刊相继发表文章，对《兵临城下》、《抓壮丁》、《不夜城》、《舞台姐妹》、《燎原》、《怒潮》等大批电影，进行公开批判。许多影片被戴上政治帽子，如《暴风骤雨》被阐释为"丑化工农兵"，《怒潮》被认为是"为彭德怀等人翻案"，《大浪淘沙》的罪名是"资产阶级情调"。有的影片的罪名则相当滑稽可笑，如《雷锋》是影片中的毛泽东像没有画好，犯了政治错误；《阿诗玛》"黄色、低级"，"宣扬爱情至上"；《今

天我休息》的罪名是"好事不能一天做完"；《甲午风云》"突出、夸大和美化清王朝海军军官"；《林则徐》"歌颂封建统治阶级的钦差大臣"；《杨门女将》"攻击三面红旗，攻击毛泽东的人民战争思想，反对一切战争"；《兵临城下》"为蒋匪官兵歌功颂德，宣扬投降主义哲学"；《虎穴追踪》"宣扬个人英雄主义和神秘主义"；《永不消逝的电波》、《烈火中永生》"大肆宣扬各种错误的斗争方法，歪曲革命道路，为那些不愿去进行武装斗争、不愿作农村包围城市艰苦斗争的人制造借口"；《青岛水族馆》、《热带经济作物》"追求奇趣，专供资产阶级欣赏"；《不平静的夜》"为猫头鹰翻案，配合翻案妖风"……凡此种种。

这些批判，充分体现了"欲加之罪、何患无辞"的现实意义。这种所谓"项庄舞剑、意在沛公"的举动说明，批评的目的与其说是电影不如说是借批判电影而直指异己的政治力量。这足以显示这种批评的荒谬性。

1966年4月19日，《人民日报》发表题为《破除对30年代电影的迷信》的文章[2]，称《中国电影发展史》是一部最系统、最集中地鼓吹和复活30年代电影和文艺的代表作，是一株反党反社会主义的大毒草，就连程季华经过10多年搜集起来的、有关中国电影的历史资料，也被全部搜走。同年6月，上海《解放日报》发表文章《瞿白音的〈创新独白〉是电影界黑帮的反革命纲领》，大肆批判瞿白音于1962年发表的《关于电影创新问题的独

[1]戚本禹：《爱国主义还是卖国主义——评反动影片〈清宫秘史〉》，《人民日报》，1967年4月1日。

[2]田星：《破除对"三十年代"电影的迷信》，《人民日报》，1966年4月19日。

白》，称"瞿白音所攻击的'陈言'，就是马克思列宁主义、毛泽东思想"。

与此同时，一大批电影人在编造的种种罪名下，遭受了残酷的迫害和打击。长影厂半数干部遭到批判，被关进牛棚或赶出长影；八一厂负责人被定位为"走资派"、"叛徒"；大批干部被划为"文艺黑线的工具"、"反革命修正主义分子"和"五一六分子"；《怒潮》的编剧郑洪、《战上海》的导演王冰等被迫害致死；上影厂几乎所有高级知识分子特别是一些著名的电影艺术家一夜之间都变成"牛鬼蛇神"被关入牛棚，尤其是三四十年代在上海就已经有影响的电影界人士，如著名导演应云卫、徐韬、郑君里，演员上官云珠等都被迫害致死。据后来的统计，单单上影厂因受迫害而非正常死亡的电影人士就多达16人。北影厂也有300多人遭到迫害，著名剧作家海默、影星王莹等7人被迫害致死，耗资2000万的小关新厂被弃。中国电影工作者协会被江青指认为"裴多菲俱乐部"，北京电影学院被说成是"修正主义的大染缸"、"十多年来没有培养出一个人"，于是电影学院被解散，校址被占，人员被下放，中国电影出版社、电影资料馆都被撤销，大量电影资料被破坏损毁。

"文化大革命"使电影界遭到了毁灭性的打击。在这种全面否定的潮流中，在"文革"开始后的很长时间内，全国数以亿计的电影观众长年只能看到《地道战》、《地雷战》、《南征北战》三部故事片。如果能够做一个统计的话，这三部电影中的每一部，观众人次都会超过10亿。这个数字也可以被看做世界电影史上的一个讽刺性奇迹。

值得一提的是，1972年，意大利导演安东尼奥尼（即后来电影故事片《末代皇帝》的导演）应邀来到中国，在周恩来的指示下，经过有关部门安排协助先后去了北京、上海、南京、苏州和修建红旗渠的林县，拍摄了名为《中国》的大型纪录片。纪录片在西方公映，引起了巨大反响，因为当时高度神秘和封闭的中国很少为外界所知道。但影片在国外公映后却在中国受到严厉批判。《人民日报》发表文章，题为《恶毒的用心、卑劣的手法——批判安东尼奥尼拍摄的题为〈中国〉的反华影片》[3]。这个时候的中国，不仅用阶级斗争的眼光看待国内一切事情，而且同样也用阶级斗争的方式对待世界各国。以至于"文化大革命"期间，中国几乎与世界上所有国家的合法政权的外交关系都不正常，最后只有巴尔干半岛上的一个在地图上几乎都难以发现的小国家阿尔巴利亚成为中国的国际盟友。在"文化大革命"期间，人们较早接触到的外国电影也是阿尔巴利亚电影《宁死不屈》、《地下游击队》和《第八个是铜像》。

中国的"文化大革命"，以反对帝国主义、修正主义和封建主义之名，创造了一个电影和文化的真空地带。

---

[3]评论员文章：《恶毒的用心、卑劣的手法——批判安东尼奥尼拍摄的题为〈中国〉的反华影片》，《人民日报》，1974年1月30日。

第二节
"样板戏"文艺模式

在"文革"期间，如果说《毛主席语录》是政治"圣经"，那么所谓的"革命现代京剧样板戏"则是文艺"圣经"。京剧样板戏也是"文革"电影的基本模式，在早期甚至也是"文革"电影的唯一题材。

一、京剧改革与样板戏

样板戏的声名鹊起与江青息息相关，但样板戏并不是江青的发明。在京剧改革中出现的以工农兵为表现对象的现代京剧的改造体，是样板戏的前身。1951年5月5日，周恩来签发政务院《关于戏曲改革工作的指示》，规定："戏曲应以发扬人民新的爱国主义精神，鼓舞人民在斗争与生产劳动中的英雄主义为首要任务。"为了贯彻这一要求，许多戏曲和戏剧品种都进行了现代戏改造。京剧革命的目的，其意并不在改良剧种，而是为了实践摆脱了封建主义、殖民主义和帝国主义的压迫，站立起来的民族以自身的能力和活力去建设新文化的宏伟抱负。

早在1964年7月，北京就举行过京剧现代戏的观摩演出。在此期间，毛泽东观看了《芦荡火种》（即后来的样板戏《沙家浜》），并要求突出武装斗争。江青趁机"改造"其他几部京剧现代戏，并将其树为所谓的"样板"。"样板"一词最早出现在1965年3月6日的《解放日报》上，评论的是现代京剧《红灯记》。1966年11月，江青在首都文艺界大会的长篇讲话中，搬用这一名词来评价《红灯记》、《沙家浜》等剧目。1967年，媒体先后发表《江青谈京剧革命》、《欢呼京剧革命的伟大胜利》、《革命文艺的优秀样板戏》等文章，称8个样板戏"宣告了反革命修正主义文艺路线的破产"。1967年5月，为纪念毛泽东的《在延安文艺座谈会上的讲话》发表25周年，《人民日报》、《解放日报》、《红旗》杂志[4]发表大量文章，称现代京剧《红灯记》、《沙家浜》、《智取威虎山》、《奇袭白虎团》、《海港》、《龙江颂》，芭蕾舞剧《白毛女》、《红色娘子军》8个剧目为无产阶级文艺的样板戏。至此，样板戏说法便成为通行全国的概念。

几乎所有样板戏都改编自小说、话剧、电影或地方剧种。《红灯记》之前就已经有了故事影片《自有后来人》，昆剧《红灯传》以及由凌大可、夏剑青执笔的沪剧《红灯记》，同名京剧样板戏正是从后者移植而来。《沙家浜》先是由上海人民沪剧团依照崔左夫的一篇革命回忆录改编成《芦荡火种》，而后才被移植为现代京剧。至于《智取威虎山》，最初的演出本特地标明是"根据小说《林海雪原》并参考同名话剧改编"。

这些样板戏在历史和现实之间找到了一个共同连接点：武装斗争是阶级斗争的特殊形式，阶级斗争是武装斗争的继续和发展。武装夺取政权为"继续革命"打下了基础，"阶级斗争为纲"是巩固武装斗

---

[4]所谓的"两报一刊"是"文革"期间最权威的政治信息发布方式。

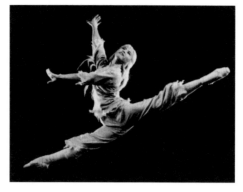

《白毛女》（舞剧，1972年，改编：集体，导演：桑弧）

争的胜利成果的必要手段，是实现共产主义的必由之路。这些作品向人们证明：一方面，新中国是无数革命先烈用生命和鲜血换来的，新中国的国民有责任用鲜血和生命来保卫这一胜利果实；另一方面，过去中国人民跟着毛主席和共产党推翻了三座大山，翻身做了主人，现在也只有跟着毛主席才能防止国家变修、红旗变色，才不至于因为资本主义复辟而吃第二遍苦，受第二茬罪。尽管8个样板戏的内容包括抗日战争，抗美援朝以及"文革"时期的工业建设、农业建设等新旧民主革命时期限定的主旋律，其指向无非是论证这一段历史具有合法性与合理性。

二、"三突出"创作原则

样板戏是政治对艺术强行干预和扭曲的一个典型。"根本任务论"是"文革"中文艺创作的出发点和文艺批评的重要标准。这种"理论"认为，既然在现实生活中是无产阶级专政，所以在文艺舞台上也应该"无产阶级专政"，也就是把"帝王将相、牛鬼蛇神"统统赶走，让无产阶级英雄人物占据舞台。样板戏公式化之处不在于写阶级斗争，而在于每一部样板戏都

设定了以无产阶级英雄人物为中心的角色等级制度。当时的文化部负责人于会泳总结的所谓"三突出"创作原则就是这个角色等级制度的集中概括。

1968年5月23日，于会泳在上海《文汇报》发表《让文艺舞台永远成为宣传毛泽东思想的阵地》，第一次公开提出所谓"三突出原则"。次年，姚文元将"三突出原则"进一步概括为：在所有人物中突出正面人物，在正面人物中突出英雄人

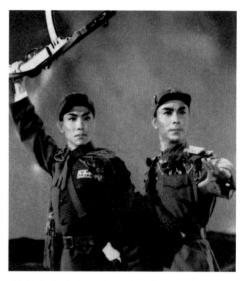

《奇袭白虎团》（京剧，1972年，改编：集体，导演：苏里、王炎）

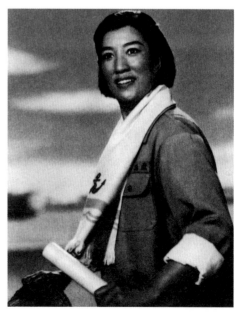

《海港》（京剧，1972年，改编：集体，导演：谢铁骊、谢晋）

物，在英雄人物中突出主要英雄人物。这个"发明"随后被"四人帮"鼓吹为"创作社会主义文艺的极其重要的经验"，而且规定为"无产阶级文艺创作的重要原则"。当时无论是艺术创作还是理论批评，都必须按照"三突出"的框框进行。

按照《纪要》的规定，在描写任何具体的革命战争或战争阶段时，矛盾的主要方面都只能是"革命的英雄主义和革命的乐观主义"，只要作品对战争的残酷性和艰苦性稍有描写，就会被扣上"和平主义"的帽子。在作品涉及武装斗争和地下斗争的关系，正规军、游击队和民兵的关系时，也都要求体现普遍的整体性的正确认识。《沙家浜》的主要英雄人物只能是新四军指导员郭建光，而不能是党的地下联络员阿庆嫂，根据就在于中国革命胜利主要是靠武装斗争而不是秘密斗争来取得的这一普遍的真理。

"三突出"处理的是创作内部的人物关系叙事模式，但"四人帮"将它提升到"文艺创作的重要原则"，要求所有文艺作品中所有人物之间的关系都是突出与陪衬的关系，主要英雄人物为了始终处于核心地位，必须十全十美，不能够有性格发展过程，而必须如神化人物般一出场就高大完美，而且人物的思想性格不允许有变化波动。"三突出原则"违背艺术规律，违背现实逻辑，不按照人物自身的性格发展，而是为了政治斗争的需要，为创作划定严格的限制，细至镜头、景别、角度、色彩、光线、场面调度。它所体现的是与"文革"性质、目的相一致的权力话语。样板戏在艺术创作手法上要求采用革命的现实主义和革命的浪漫主义相结合的创作方法。带有强制性色彩的由高级到低级的

划分，窒息了样板戏的表演，使得样板戏中关于阶级斗争的叙事被认为简化，而阶级斗争过程中有可能涉及的、复杂多样的、微妙人性因素，由于先验的等级划分而被粗暴地省略了。

三、"阶级斗争"主题模式

在阶级斗争的指导思想下，样板戏在创作上形成了一套较为固定的主题模式：

第一，反映民主革命时期斗争生活的样板戏，必须阐释毛泽东以武装斗争为主的军事路线。《沙家浜》是根据沪剧《芦荡火种》改编的。原沪剧旨在歌颂中共地下工作者，阿庆嫂是第一主角，结尾采用"戏中戏"手法，阿庆嫂利用胡司令娶亲之际，引导着郭建光率领的战士们化装成的戏班子进入沙家浜，将敌人一举全歼。但因这有歌颂刘少奇"白区"工作路线之嫌，京剧便将郭建光上升为第一号人物，加大其戏份，并将结尾改为"飞兵奇袭沙家浜"，恢复健康的新四军伤病员们在长途跋涉后从正面打击和消灭敌人，强调武装斗争的决定作用。《红灯记》在李玉和牺牲之后，也安排了一场柏山游击队痛歼顽敌、乘胜前进的光明"尾巴"，体现了地下斗争仅仅是对武装斗争的配合的理念。

第二，反映社会主义时期生活的样板戏，必须以阶级斗争为核心来组织戏剧冲突。根据同名话剧改编的京剧《龙江颂》和根据淮剧《海港的早晨》改编的京剧《海港》，为了体现"千万不要忘记阶级斗争"的思想，把原剧中属"人民内部矛盾"的烧窑师傅和调度员，改为隐藏多年

的阶级敌人。由于他们梦想变天，伺机破坏，为这两个剧目增加了浓烈的火药味。《海港》中的装卸队书记方海珍心里时刻想的是毛主席的教导"阶级斗争要天天讲，月月讲，年年讲"，她批评赵霞山，"你近来阶级斗争的观念淡薄了"。同样，《龙江颂》中的支书江水英，遇到问题也是要大家"学习党的八届十中全会公报，统一思想"。

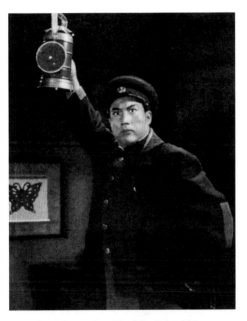

《红灯记》（京剧，1970年，改编：集体，导演：成荫）

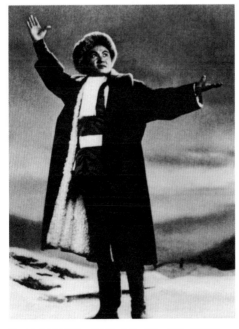

《智取威虎山》（京剧，1970年，改编：集体，导演：谢铁骊）

为了表现阶级斗争主题，样板戏为观众展示了两个壁垒森严、界限分明的阶级阵营：一方是工农兵组成的革命阵线；另一方是"帝（帝国主义）修（修正主义）反（反革命分子）"、国民党、"地（地主）富（富农）反（反革命）坏（坏分子）右（右派）"建立的反革命同盟。

《白毛女》从歌剧到舞剧的改编就是这种阶级斗争观念的体现过程。它的中心主题是从人—鬼—人的变化，演绎阶级斗争的激烈残酷，人物成了主观意念的载体。杨白劳由忍辱自尽被改为抗争而死，强化了阶级斗争的不可调和性，人物原本生动真实的形象也成了一个意念符号；黄世仁在原歌剧中是一个普通的恶霸地主，舞剧中又为其添加了汉奸身份，使之成为集万恶于一身的剥削阶级的代表；喜儿也表现得富有反抗精神，从一个纯朴活泼的农村少女形象变成一个复仇女神；大春则由喜儿的恋人变成帮喜儿脱离苦海的救命恩人，即党和八路军的象征。改编的方向是把人性、人情降到最低，强化人物之间的阶级和政治关系，使人物形象的复杂性被减到最低，人物呈现越来越多的概念化、政治化。

《海港》的主要叙事空间是工业时代的大码头。改编之前，这出戏叫《海港的早晨》，主要内容是围绕着"落后青年"余宝昌要求调动工作展开戏剧冲突。改编后，改名为韩小强的余宝昌成了次要人物，他想改换工作的愿望被设置为暗藏的阶级敌人钱守维（原戏中是思想落后的"中间人物"）所撺掇。《海港的早晨》中所隐蔽着的、关于强大的国家控制体制与个人自由发展之间的矛盾被扭曲为两个对立阶级间的矛盾，韩小强要求调换工作

被解释为阶级意识淡漠。

在几部样板戏中，《红灯记》的艺术品质更为突出。该剧根据备受江青赞赏的爱华沪剧团的《红灯记》，并参考故事片《革命自有后来人》、歌剧《铁骨红梅》及话剧《红灯志》改编而成。1964年该片参加全国京剧现代戏观摩汇演，大获好评，并率先于1965年在《红旗》杂志第2期发表剧本。《红灯记》讲述"祖孙三代本不是一家人"的"革命家庭"故事，没有血缘关系的革命一家人与日寇顽强斗争，最终完成任务。在京剧中，革命的后来人李铁梅由第一主角降为第二号人物，取而代之的是她的父亲——成熟的革命者的象征李玉和。样板戏的目的不是讲述一个无产阶级革命英雄的成长故事，而是塑造一个无产阶级革命英雄的高大榜样。铁梅终于完成任务时，演出结束在万丈红光之中——革命取得了胜利。这条光明的

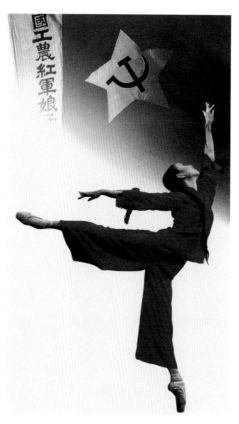

90年代，重排的芭蕾舞革命经典《红色娘子军》

"尾巴"向人们昭示革命艰难的同时更是对最终胜利的总体承诺。

甚至色彩这样的艺术元素，在样板戏中也同样是阶级斗争的重要符号。革命一方总与红色、白色等明亮的色彩连在一起，黑色、灰色、深青色等暗色调是反革命的一方的专属。如《红灯记》中的红灯、杜鹃山上的红花，李铁梅身上的红花袄，江水英、红嫂、吴琼华的红上衣，拥戴柯湘的自卫军扎的红腰带，而座山雕、毒蛇胆、龟田、南霸天和白虎团的官兵们，一律穿黑色服装。色彩甚至超越了人物语言和行为，成为阶级身份的第一标志。

四、人物形象与性别策略

样板戏通常都设置了一个由低级到高级的人物谱系，其谱系主要由四种人物构成：英雄、敌手、群众、叛徒。主要英雄人物是样板戏的中心，他或她必须"出身本质好，对党感情深，路线觉悟高，斗争策略强，群众基础厚"，智勇兼备，品质全优，连相貌也得英俊、魁梧、好看，光彩夺人……从成为"无产阶级战士"之日起，无私心、无畏惧、无困惑、无迷惘，性格内全无矛盾冲突，起点有多高，终点也有多高，完美的性格，无须发展变化。

比如关于人物造型，《智取威虎山》的演出本就作出了具体规定：

杨子荣的形象要求：年轻、机智、挺拔、庄重、高大、整洁。

参谋长的形象要求：年轻、英俊、挺拔。军装色彩要鲜明，质料要挺。领章要鲜红，帽徽要净亮，军帽要有方形的轮廓。

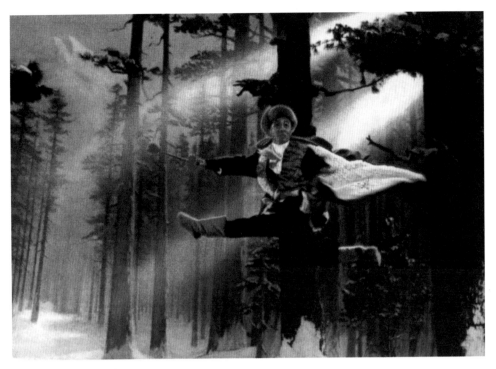

《智取威虎山》（京剧）电影剧照

追剿队的形象要求：整齐、年轻、英俊。

群众的形象要求：要反映当时的历史条件，但也要好看。翻身前后要有明显的对照。群众服装色彩要用中间色阶，以衬托主要人物。

在"文革"的文艺舞台上到处都是工农兵，但都是被"偶像化"、"乌托邦化"的工农兵。工农兵英雄人物站在舞台的最中心位置表演，只有工农兵中的英雄人物才是有灵魂的，才有着洞察秋毫的智慧，而他（她）身边的其他工农兵人物除了服从于主要英雄人物的召唤外，几乎没有独立思考的能力，更遑论与英雄人物平等对话。在样板戏中，如果说英雄人物尚有一定的个性特征外，所有工农兵配角都形同道具。由于"性格矛盾"、"复杂的内心"、"五分钟动摇"被当作资产阶级的文艺观念批判，所以，主要的正面英雄人物在样板戏中始终高大挺拔，而反面人物不管如何嚣张，在英雄人物的面前总是处于被动的地位。

在这个谱系里反面人物只有陪衬的价值。同样是正面人物，配角也只能为主角服务。主角只能是像杨子荣、郭建光、洪常青、柯湘、方海珍那样的革命军人、党代表或党支部书记，基层党员或基层党组织的领导成为战无不胜、正义力量中的代表人物，这意味着样板戏中人物的社会属性要高于具体人物的性格特征。

出身是判断好人坏人的重要指标，样板戏不仅仅划分阶级阵营，还严格地贯彻执行着阶级路线：革命者都是贫下中农或穷苦工人出身——杨子荣出身雇农，赵勇刚是贫农子弟，李玉和是铁路工人，方海珍是码头工人，柯湘是"三代挖煤做马牛"，吴琼华、白毛女更是受苦人；他们都有着苦大仇深的受迫害经验——杨子荣"从小在生死线上受煎熬"，柯湘"汗水流尽难糊口"，方海珍过去是码头上的苦力，雷刚为毒蛇胆

扛过十几年长活。这些出身和苦难经验不仅决定他们具备革命的资格，而且决定了他们革命斗争的能力。

样板戏中的英雄人物，都被放在一定历史时代革命的阶级斗争的典型环境中，"完整、深刻"地揭示他在世界观、思想、作风、性格气质等方面的阶级素质，表现他高度的政治觉悟，展现他内心世界的共产主义光辉。《智取威虎山》为了塑造杨子荣这个用毛泽东思想武装起来的高大完美的英雄形象，删除了原演出本中"茫茫林海形影单"、"白骨累累、血迹斑斑绝人烟"等所谓思想境界不高的段落，特意增加了"共产党员"、"胸有朝阳"两个核心唱段，表现主人公对党、对毛主席的赤胆忠心，"越是艰险越向前"的斗争意志和"愿红旗五洲四海齐招展"的博大胸襟，点出毛泽东思想是他胆识和智慧的源泉。同样，李玉和在刑场上唱的也是"飞舞到关山，要使那几万万同胞脱苦难"的解放全中国的伟大理想。

样板戏的剧情除了革命便是阶级斗争，没有日常生活的表现，斗争也只有革命者与反革命者的斗争，没有人与人之间的其他斗争，也没有人物自身的性格斗争。人物的思想感情随着革命潮起潮落，完全没有属于人物个体的特性。

样板戏的正面人物的感情有三种，即对毛主席和革命事业的无比热爱和忠诚，对劳苦大众深厚的阶级感情和对敌人、对各种反动派的无比痛恨。仇恨作为每一部样板戏的主导情感，主宰了每一部样板戏作品，样板戏作为工具性文艺的特征一再得到强化：为了保证样板戏中阶级仇恨情感的超级地位，任何其他情感如爱情、亲

情的表述都被彻底放逐。以阶级仇恨为核心的"宏大情感"，导致了样板戏人物的平面化和意念化。

样板戏的主人公多为女性，男主人公或参军（大春）或养伤（郭建元）或牺牲（洪常青、李玉和），但她们大多已经失去了女性的特征，沦为政治符号。样板戏中的英雄之所以能成为英雄，关键在于他的阶级身份和他的阶级觉悟。淡化人物的性别身份，是基于人的阶级身份是人的最主要特征的判断，而性别身份与阶级身份相比较，性别身份居于十分次要的地位，甚至可以忽略。

许多评论都注意到，在样板戏中，不仅英雄人物，就连反面角色，也是男无妻，女无夫。男女之间或是同志关系，或是敌对关系。在样板戏中，两性关系不是处于被正面批判的地位，就是被放逐，被隐匿和漠视。有论者批评样板戏中的角色都是孤男寡女，是主张禁欲主义。其实，禁欲是为"忠孝"而存在的。既然毛主席和党成了子民的"父母"，那么"儿女"只有放弃性才能真正尽"孝"。《龙江颂》和《海港》中的两位女支书更是不食人间烟火，她们没有爱人，没有亲人，胸中涌动的是阶级情、战友情，唱的是时代最强音。如方海珍的"胸怀着马列主义，毛泽东思想走向那共产主义，要把世界彻底变个样"；江水英的"莫教'巴掌'把眼挡，四海风云胸中装"、"埋葬'帝修反'，人类得解放"等唱段，都大大超出了"人物"的情景状态。按照"三突出"创作方法的要求，每个人物在困难时想的都是中国乃至世界革命，这使得教条化、公式化等弊病蔓延开来。

"文革"中整个社会都大反"人性论"和人道主义。因此，文艺创作的至上也是唯一使命就是"从阶级关系的诸方面表现英雄人物的无产阶级感情"，比如"共同的阶级仇，民族恨"。由于对情感世界的描写被局限在"阶级"的共性区域之内，人物属于个体自身的家庭生活以及相关的情感生活就被搁置到了创作视野之外，因为后者显然属于不宜搬上舞台的"人之常情"。小说《林海雪原》里的参谋长和小白鸽这对恋人，到了《智取威虎山》中成为"同志关系"，为的就是避免触及"人情"、"人性"话题，防止"资产阶级腐朽思想"或者"小资产阶级情调"冲淡"无产阶级革命感情"。样板戏对性的回避可能还带有强化革命者道德品格的意图，因为在中国的传统观念中，性的严格自律常常是英雄人物的一个重要的道德指标，样板戏十分倚重英雄人物的道德感召力，禁欲是中国人容易接受的一种锐利的道德武器。

第三节

"文革"期间的"样板戏电影"

"文革"期间的前6年，从1967年到1972年，全国共拍摄17部影片，除一部动画，一部剪纸《万吨水压机战歌》、木偶《木偶小歌舞》，一部钢琴伴唱《红灯记》、钢琴协奏曲《黄河》、革命交响乐《沙家浜》的纪录片以外，其他10部均为样板戏。样板戏为"文革"后期的故事片创作提供了模板，故事片创作的恢复不可避免地成为样板戏"三突出"创作原则的政治和美学复制。

一、样板戏电影

当京剧样板戏在舞台上成为主角的时候，被放逐的电影开始受到文化政治家们的重新重视。中国电影从此有了一个前所未有的舞台剧电影的"黄金时代"。

从1970年开始，江青组织样板戏电影的拍摄。样板戏电影创作是当时的重要政治任务。在江青的亲自干预下，在集中了大量人力、物力、财力的条件下，一批最优秀的创作制作人员反复重拍修改，"精益求精"地完成每一部样板戏电影的拍摄。1974年5月1日至23日，国务院文化组在全国举行了第一次样板戏影片汇演。

在样板戏电影中，《智取威虎山》最早开始拍摄，历时两年拍摄完成。《智取威虎山》是《林海雪原》中的一个片断，其中，杨子荣改扮土匪打入威虎山得到信任后，借座山雕寿宴之机，在威虎厅将所有匪徒灌醉，追剿队随即赶到，与他一起歼灭所有匪徒。《红灯记》（八一厂，1970年摄制，成荫导演）中，抗战时期共产党员、铁路工人李玉和奉命向游击队传递密码，因叛徒出卖而被捕，李玉和坚贞不屈，日寇杀害了他和李奶奶，李铁梅继承遗志，最终完成了任务。《沙家浜》（长影厂，1971年摄制，武兆堤导演），叙述了地下工作者阿庆嫂以开茶馆为名同敌人斗争的故事。她利用反动武装忠义救国军司令胡传魁和参谋长刁德一之间的矛盾，与他们智斗，使伤员安全转移，最后再度解放沙家浜。《奇袭白虎团》（长影厂，1972年摄制，苏里、王炎导演），讲述了抗美援朝期间，志愿军侦察排长严伟才率领尖刀班，化装成美、李伪军，插入敌人心脏，捣毁白虎团团部的故事。《海港》（北影、上影联合

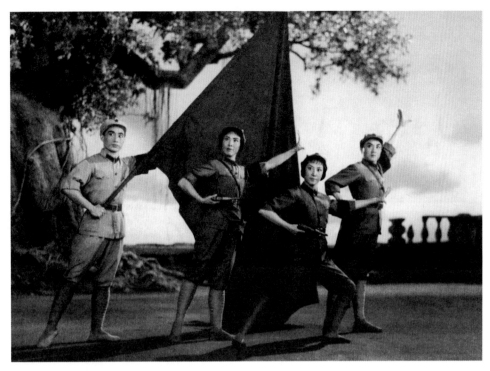

《红色娘子军》（芭蕾舞剧，1971年，编剧：集体，导演：潘文展、傅杰）

摄制，1972、1973 年两次拍摄，谢铁骊、谢晋导演）中，某装卸队党支书方海珍和码头工人将一批出国稻种装上驳船转运外轮，暗藏的阶级敌人搞破坏，方海珍及时发现后揪出敌人，完成了任务。《龙江颂》（北影厂，1972 年，谢铁骊、谢晋导演），讲述了龙江大队支书江水英帮助大队长转变思想，粉碎阶级敌人的破坏，牺牲本队利益，把水送到旱区，解救了 9 万亩旱地使之获得丰收的故事。

样板戏都是根据舞台剧改编的，虽然在摄影机机位和视点上比一般的舞台纪录片有更多变化，但在相当程度上还是舞台效果，观众观看也像是在台下看台上表演，位置、视角都固定，采用零度剪接风格，维持影片封闭语境，便于甚至强迫观众认同，在当时也是一种避免政治迫害的最为现实的策略。

二、"三突出"创作原则在电影化中的应用

"三突出"原则应用于样板戏电影的拍摄，被总结出了一套电影语言经验：敌远我近、敌暗我明、敌小我大、敌俯我仰。即在景别表现上对敌人用远景，对英雄人物用近景；在光的运用上，对敌人用暗光，对英雄用亮光；在人物造型比例上，敌人要渺小，英雄要高大；在镜头角度上，对敌人要俯拍，对英雄人物要仰拍。在色彩冷暖对比上要"敌寒我暖"，在彩色片中，对敌人一般打蓝光，对英雄人物打红光。摄影构图，要反对"正不压邪"、"平分秋色"等错误倾向，在画面的安排、角度的仰俯、位置的高低、形象的大小等方面，都要造成英雄人物压倒一切的气势。分镜头上也有数量上的比例和强制规则，要求在镜头数量和景别上，所有人物要为主要英雄人物让路。

伴随"三突出"原则，从样板戏影片到"文革"后期故事片创作中，江青有一系列对电影技术或语言的指示，其中主要指令是提倡运动长镜头。她曾强令崔嵬导演在拍摄影片《山花》时将镜头数限定在260个（或230个）之内；要侧逆光（及逆光），不要大平光；暗部曝光、出绿，视觉语言至上；曾要求一部影片将其对白限制在10句以内，全片以视觉语言叙述故事再同期录音（对舞剧艺术片《白毛女》的要求）。这些指令与电影工作者的某些创新要求不无重合之处。

这些指示有时被认为是"形式主义"或"唯美主义"的，意在揭示江青的种种要求，无疑是一种对虚假的"三突出"体系的文过饰非的策略。其后，人们意识到，"形式主义"、"唯美主义"作为西方文艺史上的重要现象和重要批评术语，在脱离其语境、在中国当代历史中被本土化和意识形态化的过程中，其意义已有多般变化，并主要是作为一种极具危险性的贬义词而存在。于是一些电影批评人以"矫饰美学"一词取代了上述二词，意在区分"文革"电影主题先行、技术服务的创作原则与形式主义或唯美主义的差别。

而江青指令的参照系，来自两个不同渊源的方面：一方面是中国的传统戏剧，一方面是六七十年代的世界电影。以长镜头要求为例，一方面，它是在样板戏电影的拍摄中，为了"源于舞台、高于舞台"，较好地保持戏剧表演的连贯与完整的要求。导演谢铁骊在拍摄《智取威虎山》时，常被骂镜头"太碎"，于是其大量的工作就集中在推位摇移、深入舞台的长镜头调度上。另一方面，其参照系来源于西方六七十年代的电影，新浪潮之后，

西方优秀影片中的场面调度几乎已达到炉火纯青的地步,不仅保持了动作或时空的真实与完整,并使影片的叙事线索与人物关系、情绪与意义更为复杂丰富。

样板戏电影具有鲜明的影戏特征,即以营造戏剧冲突为主要叙事手段。叙事始终由矛盾冲突推进,但这种矛盾冲突不是任何个人之间或是家庭内部个体个性、性格的矛盾冲突,而是阶级之间的生死搏斗。代表特定路线、观念和阶级的英雄人物时刻得处在冲突的中心位置,处在阶级斗争的风口浪尖上,影片最终必然是阶级敌人原形毕露,英雄形象大放光芒。所有情节、语言围绕着此"斗争"需要,反过来又促进这个"斗争"。不仅《白毛女》、《海港》、《沙家浜》的改编如此,就是故事片《青松岭》、《火红的年代》、《决裂》、《艳阳天》、《闪闪的红星》、《春苗》无不是采用这种阶级斗争冲突的叙事,就连对"三突出"作了突破的《创业》、《海霞》也同样没有摆脱这种叙事模式。无疑,由矛盾冲突构成戏剧冲突原本就是一种基本的叙事策略,但并不是唯一策略,而且这种冲突首先应当符合现实及历史逻辑。

另一方面,样板戏电影体现出政治伦理化的倾向。阶级斗争观念始终与善恶、美丑的道德判断联系在一起,正面或英雄人物除了具有无产阶级的政治身份之外,还具有诸多道德的正面评价,如正义、无私,反面人物则卑鄙、丑陋,从而使阶级斗争冲突外化成道德冲突,从而使阶级斗争故事带上善恶有报的传奇性。英雄人物的阶级斗争同时还具有除暴安良、扶贫济弱的道德意味,使人物即使脱离阶级斗争环境,仍具有一种侠义精神,也使

观众通过英雄人物得到一种超出现实的代偿满足。

样板戏电影按照特定的理想设置人物、设计情绪、安排构图,让所有人物都成为一号英雄人物的陪衬,让一号英雄人物占据舞台的中心位置,台词、唱腔、灯光、布景、音响等都是为突出英雄形象服务,英雄即使死,也得视死如归,死而不悲,将中国革命史所经历的牺牲包含的悲壮都轻而易举地化解。最典型的就是《智取威虎山》中杨子荣进入威虎山的一段:座山雕一声厉喝,八大金刚蜂拥而上,杨子荣居中,光彩照人,俯视群敌,众匪徒虽然刀枪在握,却渺小暗淡、面目狰狞。这一舞台造型,对于许多观看过样板戏的人来说,可能都还历历在目。

"三突出"创作模式,并不是江青的发明,其实在几乎所有的主流艺术中,特别是在英雄主义、理想主义艺术中,都体现了几乎同样的创作规律。许多好莱坞电影,甚至新中国17年间的主旋律戏剧、电影也都体现了共同的创作方式。"三突出"体系沿袭了二元对立的戏剧式电影叙事/镜语体系的基本结构,激化或僵化发展了17年革命历史题材影片的政治修辞法,因此,三突出体系无论在创作者还是接受者那里,都经历了长期的合法化、自然化过程。而江青所做的只是将这些创作规律变成了一种专制化的模式,一套唯一的标准,一个不能逾越的禁区。

三、"无产阶级英雄"神话

整个"文革"时期的电影,无论是样板戏电影,重拍片,还是后期新创作的

故事片,都是清一色的英雄电影。"十七年电影"被否定得更多的是那些小人物电影、知识分子电影、日常生活喜剧和爱情故事等。没有塑造英雄的影片往往最终获罪。"文革"的时代是一个呼唤英雄的时代。随着对早期英雄电影的批判,英雄电影一步步地朝着"造神"的方向发展。

这些英雄不是来自实际生活,而是主观理念的产物;不是有血有肉的生命,而是按照政治需要生产的政治概念的符号。他们顶天立地,"高、大、全",影片也不再塑造英雄的成长故事和成长历程,而是表现已然成熟的英雄。英雄们仿佛从天而降,无父无母,生来便如神话传说般,智勇双全,不但推动历史,甚至直接创造历史,如救世主般拯救所有人。即使手持武器的反动敌人与他相遇,也会畏畏缩缩,故事中所有的矛盾都并非其力所不能解决的,而是由于他的缺席,但凡其一出现,必所向披靡,而他的牺牲,也不是由于其个人能力,而往往如同耶稣遭遇犹大般,是因为叛徒的背叛。英雄人物被五花大绑,依然昂首挺胸,威风凛凛,而那些手拿刺刀和长短枪的敌人却围在英雄人物的四周,卑躬屈膝,畏首畏尾,英雄人物前进一步,他们就哆哆嗦嗦地退后两三步,此即正面人物对反面人物实行的专政。

"文革"电影中所塑造的那些"高、大、全"的英雄,其实正是在这样的审美倾向之下,为政权机构和平民百姓的共同需求制造着关于英雄的白日梦。"三突出"在创作观念上是对整个新中国的英雄电影进行了总结而已。它是整个英雄电影畸形发展的产物。这一原则排斥凡人百

姓，排斥世俗氛围，排斥娱乐功能，更排斥对现实生活的真实反映。整个"文革"电影，从样板戏电影到重拍片，再到"文革"题材的影片，它们所共同具有的理想主义和浪漫色彩，英雄被塑造成完人，个人欲望的被抑制，情节的渐趋模式化，人物关系格局的日益僵化，直至化妆和服装的舞台化，用光和用色的唯美化等都可以从这里得到解释。

四、革命文化的"流行"

样板戏电影作为"文革"的重要部分，在电视远未普及、报刊读者有限的情况下，不仅在相当程度上建构着普通民众对于"文革"的认识，而且也成为当时唯一可以流行的文化。样板戏的强制流行，使当时中国几乎所有人都会唱样板戏中的一些名段，一些人甚至能只字不漏地背诵念白全文。

第一轮八部样板戏，一经选定，就在全国全力推行：广播教唱，拍电影，上电视，改编为各地方戏剧。样板戏戏谱和制作规范分发各地，以保证演出划一，其规划之细，连农民逃荒时背的补丁口袋的大小、颜色都有定规。

观众对样板戏的热烈回应透出一个重要信息，即经过一个较长时期的特定文化熏陶和教育，样板戏的接受者已与主流意识形态以及受主流意识形态支配的编创者达成一致，他们实际上共同在创造样板戏的历史。正因为此，倘若一部样板戏稍有和既定文化意识结构不符之处，不仅主流意识形态要出面干涉，就连观众也会对其加以指责。代表官方意志的主流意识

形态虽然凌空蹈虚，对社会施以道德"清洗"，但在当时的中国，却正好填充了人们精神世界的价值饥渴。

《沙家浜》中的"智斗"，由于有了阿庆嫂、胡传魁、刁德一从各自的性格、各自的利益、各自的处境出发的"勾心斗角"，正面角色与反面角色才能在一个暂时排除了简单的政治价值判断的语境中展开生动的智力对垒，角色之间才有了比较平等的"斗争"。尽管阿庆嫂这个角色被硬性规定要比郭建光"低"一等级，但这位"垒起七星灶，铜壶煮三江"的阿庆嫂，却是《沙家浜》中，也是样板戏戏剧中难得的一个不是依靠政治身份，而是用心计和胆识于不动声色中战胜敌手的样板戏英雄人物。阿庆嫂的这一特性使她在众多金刚怒目式的样板戏英雄中间格外醒目。观众往往会按捺不住为阿庆嫂捏一把汗。"参谋长休要谬夸奖，舍己救人不敢当，司令常来又常往，我有心背靠大树好乘凉，也是司令的洪福广，方能遇难又呈祥"，这样的场面对白设计颇具悬念效果，而此唱段也因复杂的含义深受时下卡拉OK厅的中年男女青睐，甚至成为许多晚会的保留节目，除了唱词的精练、唱腔的优美之外，也被后来的研究者读解为调情。而《红色娘子军》中，洪常青手搭在吴琼花肩上，左手指着放射道道光芒的东方，吴左脚尖着地，右腿高高翘起，目光深情地望着洪指引的方向，更令观众浮想联翩。

《智取威虎山》、《沙家浜》、《红灯记》采用的是类似惊险片中的打入片模式，都是侦察兵或地下工作者深入敌人内部，由于环境的特殊，不能时刻直接接受党的领导，尤其当面对突发危险时，需要

他们急中生智，发挥自己的聪明才智。因此，较其他战争片，这些影片中的人物是具有相对鲜明的英雄特征的，这种在一定程度上突出个人能力的英雄，无疑比那些缺乏个性的英雄更能使观众认同，也更能给观众带来乐趣。

对于儿童观众来说，样板戏电影中的反面人物，是一个重要的娱乐性因素。座山雕、栾平、鸠山、刁德一、胡司令作为反面人物，唱段大多较短，而英雄人物总要大段大段地唱。在样板戏中，《海港》和《红灯记》相对不受喜爱，因为缺少打斗武戏。

就那个时代而言，与其说样板戏是艺术，不如说它是艺术化的"革命圣经"。他们用那些敌我分明、敌败我胜的故事为人们带来的不仅是"革命战无不胜"的历史幻想，而且也是将"小我"融进"革命大我"的精神通道。

第四节
故事片创作的恢复与重建

从"文革"开始到1969年，除新闻纪录片以外，各电影生产机构几乎没有生产故事片。从1970年到1972年，样板戏在"不走样"的严格要求下被搬上银幕。1972年，毛泽东、周恩来先后对电影尤其是故事片的生产状况表示不满。1973年，各电影厂从农村和工厂调回原有人员，恢复电影故事片生产，电影艺术家们重新获得了电影创作机会。从1973年到1976年9月，全国共生产76部故事片，其中

1973 年 4 部，1974 年 15 部，1975 年 22 部，1976 年 35 部，产量逐年提升。其中绝大多数仍然是舞台戏曲片以及《南征北战》等重拍故事片。电影故事片的创作处在恢复的过程中，电影艺术观念也在"三突出"的禁锢中发生曲折的改变。

一、阶级斗争电影

从 1973 年到 1976 年 9 月摄制的 76 部故事片，题词和主题大都是阶级斗争、路线斗争。

重拍，是"文革"故事片的重要策略。《南征北战》、《渡江侦察记》、《平原游击队》、《万水千山》、《年轻的一代》、《青松岭》均被重拍，其中除《年轻的一代》、《青松岭》两部影片为现实题材之外，其余4部均为不同战争时期的历史题材。尽管有人力、财力、物力的大量投入，编、导、演主创人员和摄制组被迫重复劳动、耗费心血，但这些重拍片在广大观众中的反响却不及原版影片。

新片的创作是从《艳阳天》（长春电影制片厂，1973 年）开始的。影片根据浩然同名小说改编，由林农导演。《艳阳天》在"文革"前成书，但经过江青公开肯定，号称"'文革'第一小说"。它的主旨如书名所示，即在表现高级社里一片艳阳天。这部 120 多万字的小说，描写 1957 年 5 月至 6 月间在全国从"鸣放"到反"右"的政治背景下，东山坞高级社麦收前后的一场激烈的阶级斗争和高级社在斗争中的进

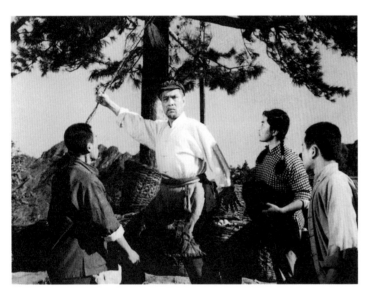

《青松岭》（重拍，1973 年，改编：集体，导演：刘国权、姜树森）

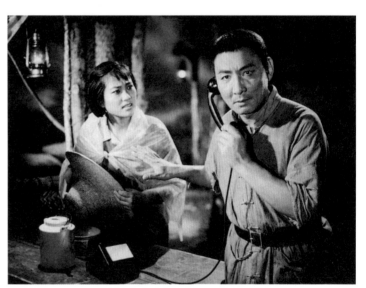

《战洪图》（重拍，1973 年，编剧：集体，执笔：鲁速，导演：苏里、袁乃晨）

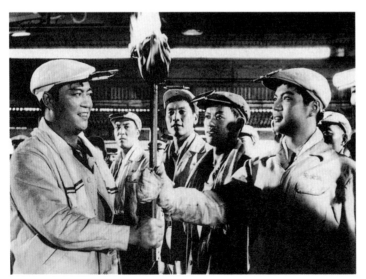

《火红的年代》（1974 年，改编：集体，导演：付超武、孙永平、俞仲英、高博）

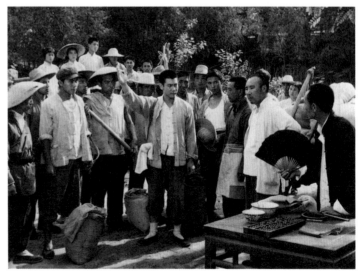

《金光大道》（1975 年，改编：集体，导演：林农、孙羽）

一步巩固，其斗争焦点是高级社的土地应否分红。片中多次让人物直接担任政治的发声筒，乡支书王国忠在讲话中表示：斗争形势和特点是富裕中农出面，背后"地富反坏"，又连着"右派鸣放"，还连着国际阶级斗争；斗争性质是"社会主义和资本主义两条道路你死我活的斗争"；斗争的任重道远，则是指这一场斗争已经获胜也不能停步，"什么是革命呢？革命就是搞阶级斗争"！小说主人公、支书兼社主任肖长春身体力行自己的铮铮誓言："自己要永远当阶级斗争的硬骨头！"这对主题也是言简意赅的说明。《艳阳天》以其对"左"倾路线的全面彻底的图解，甚至在狠抓阶级斗争上如何内挖外连、分类排队、访问谈心、发动群众、形成优势、孤立"敌人"等方面，都颇具一种"工作指南"的作用。

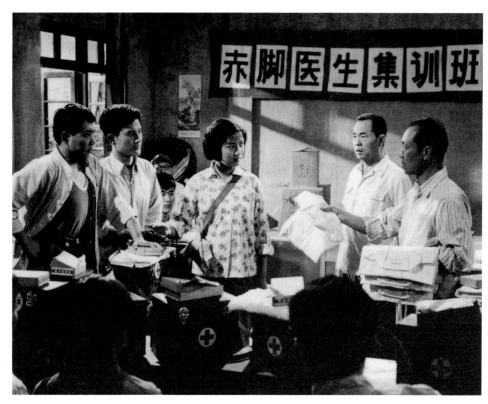

《春苗》（1975 年，编剧：集体，执笔：赵志强、杨时文、曹雷，导演：谢晋、颜碧丽、梁廷铎）

《火红的年代》则是由上影厂于1974年拍摄，傅超武等导演，根据话剧《钢铁洪流》改编的。其主要情节仍然围绕着"抓坏人"的逻辑进行。1962年某钢厂冶炼舰艇需要的合金钢，炉长赵四海提出用国产原料，厂长主张从国外进口，党委王书记支持赵四海。在快要成功时，车间主任在料斗里放进了有害元素，炉底被烧穿，四海受到处分。应家培在第二次放有害元素时，被工人当场抓住。最后，厂长转变了思想，全厂一心炼出了合金钢。

1974 年 7 月，国务院文化组在北京召开全国故事片创作、生产座谈会，会议要求敢于"在尖锐、复杂的矛盾冲突中塑造高大、完美的无产阶级英雄形象"。各电影厂都对即将开拍的剧本作了加强阶级斗争和路线斗争的处理。于是《红雨》中出现了少年赤脚医生红雨同原药铺掌柜孙天

福在窄桥上做性命之搏，甚至将膀大腰圆、手持凶器的敌人掀入水中而擒之的场面，这种将阶级斗争直接呈现为肉搏战的做法似乎颇为奏效。北影厂于1975年拍摄了《红雨》，导演是崔嵬。影片描述了山区大队少年红雨，看到旧社会的药铺掌柜孙天福卖假药，刁难贫下中农，便立志做个赤脚医生。在党支部书记和群众的支持下，他进了赤脚医生训练班，并经过与孙天福的斗争，在阶级斗争的大风大浪里成长起来。在影片中，当精疲力竭的红雨昏倒在泥泞的路上时，天空亮起一道闪电，"为人民服务"这五个大字在夜色中闪闪发光，于是红雨得到了勇气和力量，坚强地站了起来。这样的处理如今看来不免有些虚假，但却是沿用"十七年电影"中的类似做法。如《红色娘子军》中，洪常青就义时看到墙壁上"共产党万岁"的标语，想到了在风中飘扬的党旗，笑赴刑场。只不过《红雨》

的处理更为主观，更为意念化，以致不合逻辑。

由于主题先行，且必须按照"三突出"的原则和样板戏电影的所谓"经验"去拍摄，此类阶级斗争题材的电影都形成固定模式，都是表现某大队、公社或工厂两个阶级或两条路线的斗争，主要人物多半是英雄、阶级敌人、觉悟不高的领导干部和人民群众。核心人物出身贫下中农，高大完美，对党忠诚，对人民怀着深厚的阶级感情。这种感情往往使他们在阶级斗争中无往而不胜，他们往往能在很短的时间内完成各种任务，包括掌握科学知识和技术，在影片的结尾，他们往往能达到一举三得的效果：既揪出了阶级敌人，又帮助或拯救了人民群众，还教育了那些阶级觉悟不高的领导干部。

"文革"后期出现了一批所谓与走资派作斗争的影片，也就是后来定性为

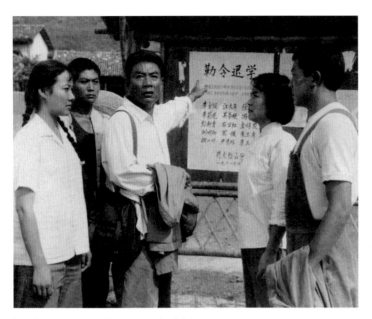

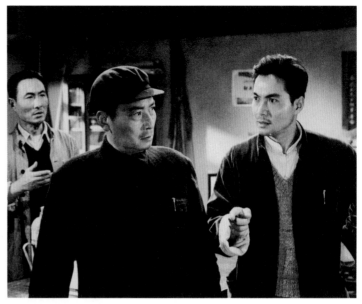

《决裂》（1975年，编剧：春潮、周杰，导演：李文化）　　　　　　　　　　　　　《欢腾的小凉河》（1976年，编剧：王立信、高型，导演：沈耀庭、刘琼）

"阴谋电影" [5] 的影片。这些影片大多拍摄于1976年3月以后，即由"反击右倾翻案风"运动进入到"批邓（邓小平）"阶段。被明确定性的有5部，即《反击》、《春苗》、《欢腾的小凉河》、《盛大的节日》和《千秋业》。它们的共同点有：都是写与走资派斗争的题材，都是由"四人帮"及其亲信亲自参与创作或对影片重大情节的创作直接产生了影响。

《春苗》是由谢晋、颜碧丽、梁廷铎联合导演，原名《赤脚医生》，主题是表现赤脚医生攀登医学高峰、为人民服务的精神。江青提出要拍"与走资派作斗争的电影"后，影片被改编成表现以田春苗为代表的贫下中农与修正主义路线的斗争，用以表明"文化大革命"是必要、及时的。

由北影厂摄制、李文化导演的《决

裂》曾轰动一时。1958年，在"大跃进"热潮中，江西某地党委决定办一所"抗大"式的农业学校——共产主义劳动大学。影片表现共产主义劳动大学里以党委书记兼校长的龙国正为代表的一方，和以副校长曹仲和、教务主任孙子清为代表的另一方的两条路线的斗争。党委书记兼校长龙国正要进行教育革命，让没有多少文化的工农子弟入学，并由贫下中农来决定，号召师生同传统观念实行最彻底的决裂。这部影片原本是自发创作，但在创作过程中和创作完成后被"四人帮"大加利用，成了政治阴谋的一部分。影片中最大的闪光点应该数马尾巴的功能一段了。由葛存壮扮演的孙子清是一个大学教授，他对剧中的一号人物龙国正凭手上老茧录取学生、下田上课的做法看不惯，是剧中被讽刺的对象。"共大"地处江西，有牛无马，但孙子清却执意按照教学计划给大家上马的解剖课。他拿着一本厚厚的讲义，摇头晃脑，拖着腔调：马的呼吸——系统，马的消化——系统，却被门外的牛叫

打断，他抬头看看，又重复了一遍，又被打断，他不高兴地训斥赶来找他为生产队的牛治病的农民。学生徐牛崽很不满，打断了他的开场白，请他多讲点猪和牛，少讲点马。孙子清恼羞成怒说："你不想听就出去。"徐牛崽毫不示弱："出去就出去。"学生们乱成一团，孙子清满脸怒气地喊："大家坐好，下面继续讲马尾巴的——功能。"这是"文革"电影中鲜有的富于喜剧色彩的镜头，影片公映后，每放到这一场景，观众就哄堂大笑。凡是从那个时代中走过来的观众，直到现在对此还记忆犹新。二十多年后葛存壮在拍电视广告时，仍然借用人们对"马尾巴的功能"的记忆。

《欢腾的小凉河》原是中篇小说，表现1972年在"农业学大寨"中同小生产者自发势力坚决斗争的主题，类似于浩然的《金光大道》。小说发表后，正好应了当时"学习无产阶级专政理论"运动的需要，被"四人帮"所篡改利用，他们把原剧的时代背景从1972年改到1975年，将剧

---

[5]阴谋电影，专指"文革"后期"四人帮"利用手中的文艺工具，以批判走资派、攻击老干部为目的所拍摄的影片。

情融入到"反击右倾翻案风"运动的大环境中,一号反面人物、县革委会夏副主任同一号英雄人物、生产队长周昌林的矛盾被写成了你死我活的路线斗争。而里面所说的许多台词,都改编自邓小平及其他一些中央级领导的讲话,演员的造型和台词处理也都取自邓小平的原型。特别是在第五稿中,当时正值"四五运动"爆发,"批邓"彻底公开化,剧本及时跟上形势,公开点名批判邓小平,这在电影中还是第一次。由此,剧本的主题完全转向,影片成了"四人帮"一手炮制的武器。

被列为"阴谋影片"的还有《千秋业》和《盛大的节日》。前者主题定在批判"戴着红五星、红领章的走资派"上,塑造了一个不听指挥、反潮流的青年军人杨玉清的形象,他的对立面是"军内资产阶级"的代表、老态龙钟的副师长肖克敏。后者以"文革"初期震惊全国的上海"安亭事件"(即王洪文组织的违反上海市委不准进京闹事的命令,在上海安亭车站集体卧轨抗议、阻断南北铁路交通的事件)为背景,塑造了铁路局造反派负责人铁根("四人帮"之一王洪文的化身)和铁路局党委副书记井峰("四人帮"之一张春桥的化身)两个形象。这两部影片在"四人帮"垮台前均未最后完成,未能公映。

1976年2月,"四人帮"策划拍一部表现反击"右倾翻案风"的影片。任务被下达到北影厂,北影厂决定由《决裂》摄制组负责拍摄,这就是《反击》。影片尚在拍摄,便大造声势,新华社及各报社组成一个记者团,随摄制组赴外景地采访。北京电视台(即后来的中央电视台)也拍摄了"《反击》摄制组在战斗"为题的专题节目,长达50分钟。影片在9月中旬拍摄完后,由于河南省委认为影片影射了河南政治状况,造成河南部分地区局势紧张,被暂时搁置。10月6日,"四人帮"被抓捕,《反击》成了"四人帮"利用文艺阴谋反党的例证。"阴谋电影"和"毒草"电影,大多未被放映,但那些在政治运动中不得已随波逐流的电影艺术家们却因此在后来的清算中多少受到一些影响。所幸的是,改革开放的时代潮流最后冲刷了这些历史的污点,参与这些影片创作的电影艺术家大多重新开始了电影创作。

二、重建社会主义现实主义

在"文革"后期,随着电影创作的逐渐增加,一些导演试图延续新中国"十七年电影"的社会主义现实主义传统,生产了一些试图将现实感、艺术感与政治性相结合的影片。

长影厂于1974年摄制的《创业》(于彦夫导演),表现了北方草原上进行的一场石油大会战。剧本由大庆油田员工和《创业》剧组集体创作,由张天民执笔,塑造了周挺杉、华程等石油工人形象,前者从一个拉骆驼的孩子成长为无产阶级先进战士,后者是在新中国成立后从解放军转到石油战线的党的领导干部。周挺杉在党的干部华程的教育下决心为甩掉中国石油落后的帽子而斗争。他们艰苦创业,为国家拿下了大油田,实现了原油自给。影片在表现阶级斗争和知识分子等方面带有明显的"文革"时代特征,但在人物关系上,大胆突破了"三突出"的原则。华程与周挺杉,既是领导与被领导的关系,又

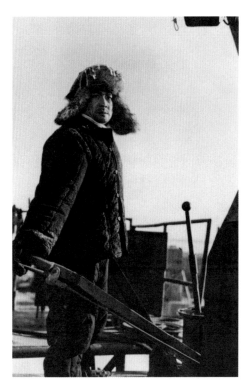

《创业》(1974年,编剧:集体,执笔:张天民,导演:于彦夫)

是同志和战友,周挺杉是英雄,华程是他的引路人。这部影片是新中国成立以来工业题材中少有的具有人性力量、艺术风格完整的影片。

《创业》的生产与传播本身就是一场"斗争"。影片完成后由当时的国务院文化组审查通过,确定作为重点影片宣传,向国内外发行。影片公映后,被认为是"高唱了一曲中国工人阶级创社会主义大业的志气歌,是推动'工业学大庆'运动、推动革命和生产的生动教材"。但在1975年2月,江青调看影片之后,却认为这个电影在政治、艺术上都有严重错误,列出了10条"莫须有"的罪状,并命令创作人员进行检查,且下令不准再洗印拷贝,不准发表评介文章,不准电台、电视台播放,不准向国外发行。接着,江青指使于会咏整理材料,经过其与姚文元修改,列出《创业》十大罪状,要长影厂及

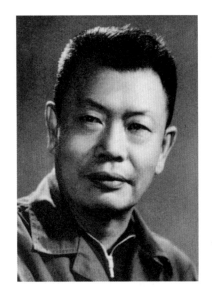

于彦夫（1924—2005），原名于景霖，导演的主要作品有《芦笙恋歌》、《徐秋影案件》、《自有后来人》、《创业》、《勿忘我》等。

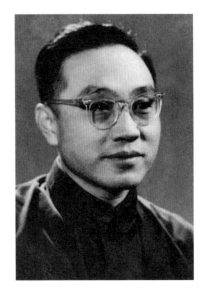

张天民（1933— ），编剧的主要作品有《鸿雁》、《路考》、《创业》、《自豪吧，母亲》等。1975年因影片《创业》遭受江青等人的压制，上书毛泽东，并因此引发一场"四人帮"的斗争。

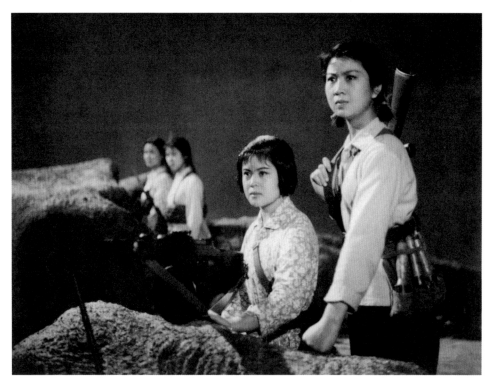

《海霞》（1975年，改编：谢铁骊，导演：钱江、陈怀皑、王好为）

《创业》摄制组公开检讨，还要揪出《创业》的"黑手"和"黑后台"。

最终因政治而起的《创业》的生命危机凭借政治得到了拯救。编剧张天民于1975年7月份给毛泽东和邓小平同志写信，陈述《创业》的创作经过和观众的反映，揭露江青一伙扼杀《创业》的行径。毛泽东于7月25日对张天民的信作了重要

批示，批驳了"四人帮"的意见，表达了对影片的肯定。

1972年夏，谢铁骊刚刚完成《龙江颂》的拍摄，恰好碰上国务院文化组向各电影厂传达指令：花大力气抓电影文学剧本创作，为故事片生产打好基础。被江青钦定为样板戏主要导演的谢铁骊一直希望有机会能够拍摄故事片，发挥自己的艺术创造力，于是迅速根据黎汝清的小说《海岛女民兵》改编了剧本《海霞》（北影厂1975年摄制，钱江、陈怀恺、王好为导演）。故事以女民兵汪月霞的事迹为原型创作，表现海岛女民兵苦练本领保卫祖国的事迹。由于女主演吴海燕是京剧演员出身，表演舞台色彩十足，却不够自然，无奈拍摄时只能多拍她的背面、侧面，在和其他演员配戏时，镜头更多地落在其他人身上。从艺术效果上看，谢铁骊改编《海霞》时原本就想塑造一批女民兵英雄的群像，摄影机视点的散落正好有助于充分展示一

个女民兵的生活，然而，这也最终成了"违反'三突出'原则"重罪的原因之一。影片送审时，被新上任的文化部部长于会咏郑重宣布"存在严重问题"退回。负责为中央首长们放电影的工作人员得知《海霞》已经完成的消息后，立即调来片子给周恩来放映，片子得到了肯定，接着中央领导纷纷调看《海霞》，形成一股小小的热潮。影片受欢迎的原因很多，除了比较真实地反映了女民兵们的生活之外，影片的散文化结构、抒情的音乐、一群美丽活泼的少女以及在细节上的真实的如阿洪夫妻家庭矛盾的表现，都建立在较有情趣的非原则冲突的基础上，真实自然而富有温情。这些对于"文革"时期的观众来说都是久违了的艺术享受。

未经审查通过却得到了中央领导的赞赏，1975年6月，于会咏派人查封了《海霞》全部底片和样片，称《海霞》"突破了样板戏的框框"，"违反了'三突出'

原则"，"是黑线回潮的代表作"。为此编剧谢铁骊、导演钱江4次上书毛泽东、周恩来等状告文化部，最终，在邓小平的主持下，中央政治局全体成员审看该片，同意按照摄制组的意见修改后在全国放映。但江青公开反对，声称将来还要批。到1976年初，《海霞》被作为文化部的"右倾翻案风"的"典型事例"遭到严厉批判，并且将矛头直指周恩来、邓小平。一部影片就这样成为一个政治事件。

《闪闪的红星》是"文革"时期受到政治斗争各方及观众一致叫好的影片。李心田的中篇小说《闪闪的红星》写作于1961年至1966年，并于1971年修改后出版。小说的原主题是"闪闪的红星"如何照耀潘冬子在群众斗争中成长。1974年由李俊、李昂导演，小说被改编为电影。影片表现了第二次国内革命战争时期中央根据地人民如火如荼的斗争，塑造了小英雄潘冬子的形象。影片有不少精彩段落，如宋大爹送冬子乘竹筏顺江而下去镇里米店当侦察员的一

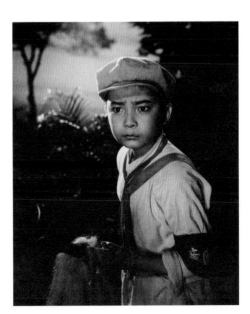

《闪闪的红星》（1974年，改编：集体，执笔：王愿坚、陆柱国，导演：李俊、李昂）

场戏，导演从各个角度拍摄了冬子蹲坐船头、宋大爹持长竿稳站在船尾的镜头。清澈的江水，时疾时缓的竹排，缓缓掠过的青山，翱翔高空的雄鹰，组成了一幅天人合一的立体画卷，再配以李双江演唱的《红星照我去战斗》，充满诗情画意，不仅是在"文革"期间，而且在中国电影史上也是难得的优美段落。

影片做了一些电影化努力，并在1974年作为国庆25周年的献礼片公映，产生的轰动效应堪称罕见。与其他影片不同，这部影片虽然也是表现阶级斗争，但主体内容是以舒缓轻快的调子展现的，大量的风景镜头，潘冬子的可爱形象、优美而明快的插曲都给观众留下深刻印象。不久江青看到了这部影片，大呼"得宝了"。随后，江青对影片提了34条修改意见，多数是影片拍摄细节上的问题，摄制组补拍后也并未补充进公映的影片中。　影片被树为"学习革命样板戏的成功典范"，各电影厂纷纷开展学习《闪闪的红星》的成功经验的活动。"文革"结束后，《闪闪的红星》由于江青曾经过问一度受到批判。

《闪闪的红星》当然是"文革"时代的产物，其中有诸多样板戏的"经验"。电影突出了"路线斗争"，影片的主题成为"一曲毛主席革命路线的赞歌，一曲在阶级斗争、路线斗争中茁壮成长的'儿童团'的赞歌"。影片最初设计潘冬子的出场是：冬子砍柴回家，走过胡汉三家门口，碰上胡的儿子，他拿米糕侮辱冬子，冬子上前打了他，接着胡汉三吊打冬子。借鉴样板戏经验后，创作人员发现这样出场有一个明显的不足，即潘冬子斗争、冲突的对象不是反动阶级的代表人物胡汉三，这样矛盾不尖锐，冬子的起点也

低了，于是改成担柴后，直接与胡汉三碰面。冬子一开始就敢于与胡斗争，但有较多的自发和朴素的东西；当母亲就义，他拦住要去援救母亲的群众，这是他思想飞跃的一个标志；当他成长到筹盐过卡子，以实际行动为革命做贡献，熬盐的火光映红他的面孔，显示他的思想达到一个新的高度。最后，经过米店斗争和刀劈胡汉三，冬子终于把闪闪的红星缀在军帽上，完成了从苦孩子到革命战士的成长历程。

冬子是个孩子，是个被教育者，却是主要英雄人物，父亲、母亲、吴修竹、宋大爹是次要人物，但他们却教育了冬子。虽然次要人物始终在教育冬子，帮助冬子，但冬子的形象却越来越高大。写艰苦，牺牲时，影片着力表现革命精神的崇高壮美，英雄人物品质的崇高以及革命乐观主义情怀，如当阶级敌人复辟，白色恐怖来临时，却高唱"寒冬腊月盼春风"，表现对岭上开遍映山红的向往；表现牺牲的同时，要表现革命事业的发展——母亲牺牲了，在腾空的烈焰下，冬子的思想提高了，形象也高大起来了。

三、电影技术和工艺的进步

相对于"文革"对电影艺术的致命挫伤，电影技术部门虽也受到了相当大的冲击，却并未停滞不前；相反，作为意识形态控制焦点的电影业，其技术部门以一种畸形的优越地位得到了相当不错的发展。这种发展固然在一种专制主义的意识形态体系中承担主体先行、技术保障的功能，但同时它又为电影艺术的发展，乃至电影语言的变革带来了潜在的工艺上的可能性。

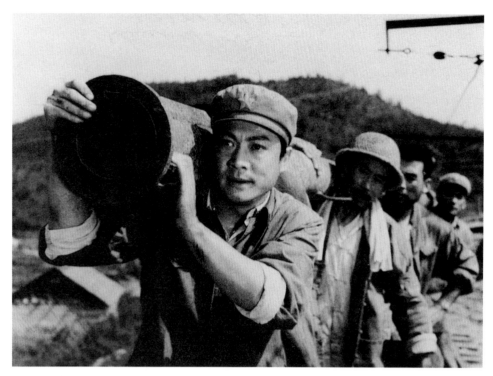

《沸腾的群山》（1976 年，编剧：陶重华、刘钟威，导演：于学伟、李伟、陈方千）

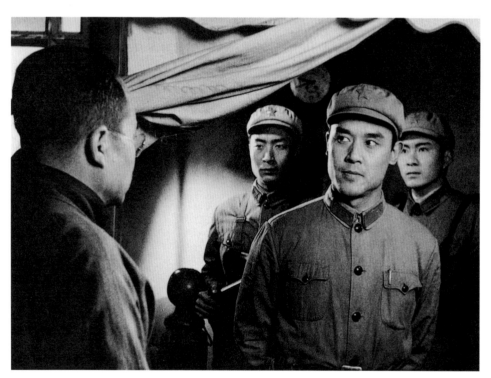

《难忘的战斗》（1976 年，编剧：集体，执笔：孙景瑞、严励，导演：汤晓丹、天然、于本正）

为了拍摄样板片，我国引进了柯达胶片。此前，中国电影界主要采用保定胶片厂的胶片及东德爱克发胶片，其色彩还原不准确，调子过硬且偏红。到 60 年代末，我国组织了大规模的油溶性彩色胶片攻关会战，到 70 年代末，胶片研制成功，中国的彩色胶片工艺达到一个新水平。同时，"文革"时期的电影照明技术也有了较大发展。70 年代中期，小光源和新光源技术的解决使电影实景拍摄中的主要难题得到

解决。

应该说，"文革"前 17 年，"斗争哲学"和阶级斗争情结已经十分流行，"文革"时期被发展到极致，成为包括"文革"电影在内的所有"文革"文艺的唯一合法的"主旋律"。人们以"无产阶级文化大革命"为图腾，整个社会生活包括人们的思维和语言习惯都是政治化的，人们把革命的价值看得高于一切，这是一种高于物质、高于精神文化甚至高于肉体生命的革命价值观。当然，任何一种创作或多或少都是结合了艺术家体验的创造性劳动，因此，任何一部作品，即使是艺术家主动性备受限制的授命之作，也仍然包含了艺术家的主体性的艺术追求。"文革"时期也不例外，样板戏和按照样板戏模式生产的所有作品，虽然是在江青等人的严格操控下完成的，但其中仍旧不可避免地存在与民间美学和民间思想相融合的因素，而这正是"文革"电影创作不能够完全被否定的原因所在。"文革"电影本身已经成为"文革"历史的活化石，它是我们认识那个特殊时代的一条通道。"文革"的遗产其实也并没有完全被送进历史博物馆，它依然可能会在不经意间回到现实中来，甚至回到电影中来。"文革"是一种记忆，也是一个幽灵。

1976 年，毛泽东、朱德、周恩来三大政治巨头先后去世，唐山发生特大地震，中国风雨飘摇。1976 年 10 月 6 日，在华国锋、叶剑英、李先念等人的领导下，被称为"四人帮"的江青、张春桥、姚文元、王洪文被逮捕。据《人民日报》报道，首都 150 万军民举行声势浩大的庆祝游行，"热烈庆祝华国锋同志任中共中央主席、中央军委主席，热烈庆祝粉碎'四人帮'

反党集团篡党夺权阴谋的伟大胜利"[6]。浩劫 10 年的"文化大革命"迅即结束。中国进入了一个新的历史阶段。1977 年，黄镇被任命为文化部部长，刘复之、周巍峙为副部长，陈播为电影局局长。文化界和电影界的"拨乱反正"开始了。

[6]《人民日报》，1976年10月22日头版报道。

第 八 章

改革开放的新时期电影

（1977-1989）

"文化大革命"对新中国产生的破坏性影响，已经为一个新时期的来临准备了历史条件。1976年，毛泽东逝世、江青政治集团解体这两件大事，标志了以文化大革命为最终代表的一个历史阶段的结束。于是，在中国历史中，出现了又一个以"新"作为前缀的历史阶段：新时期。新中国电影从而也有了一个新的指称：新时期电影。1978年，中共十一届三中全会作为一个标志性事件，用"以经济建设为中心"替代了"以阶级斗争为纲"，用经济建设主题替代了无产阶级革命的关键词，为新时期奠定了以"现代化"为目标的"改革、开放"的时代特征。新时期成为中国历史又一个转折点。而对于中国文化来说，"文艺服从政治、文艺从属政治"的禁锢被解开，"百花齐放、百家争鸣"的方针重新作为政策获得了一定的现实性，"为社会主义服务、为人民服务"扩展了文化和艺术的功能和意义，思想解放运动为以人文主义为核心的启蒙主义思潮提供了舞台，从古希腊到现代主义、后现代主义的各个时期的西方文化的涌入为新时期文化更新提供了丰富资源——这一切，都构成了新时期中国电影的发展背景，中国曾经经历过的那些灾难性历史成为电影取之不尽的原料，经历着悲哀和激情的人们可以真实而准确地表达自己的希望和梦想，人们可以通过电影表达各自不同的对于历史和现实、艺术与人生的个性化、差异化理解，形成了变革与多元的新时期中国电影格局，同时也迎来了中国电影文化一个真正的高潮。正是在这一高潮中，中国电影再次融入世界电影潮流之中，从第三代直到第五代电影人共同建构了现代中国电影的大厦，出现了《从

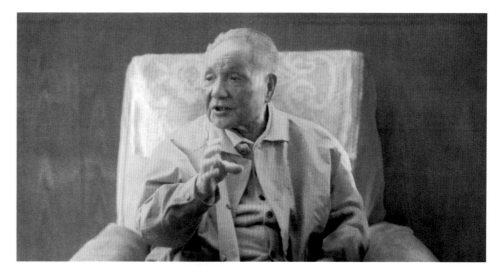

中共第二代领导人邓小平

奴隶到将军》、《巴山夜雨》、《牧马人》、《老井》、《野山》、《沙鸥》、《小花》、《庐山恋》、《南昌起义》、《城南旧事》、《邻居》、《黄土地》、《芙蓉镇》、《黑炮事件》、《一个和八个》、《红高粱》、《孙中山》、《本命年》、《四十不惑》、《疯狂的代价》以及《开国大典》等一批可以载入中国电影发展史册的标志性作品。1978到1990年是中国一个前无古人后无来者的电影黄金时代。

第一节

改革开放的社会文化语境

20世纪70年代末，中国从政治上的拨乱反正进入到社会的改革开放，这样的背景，使现代化建设或思想解放的时代主题、政治或经济体制的变革趋势、文化艺术的启蒙倾向及社会心理的个性化发展，逐渐成为这一时期的主导性社会特征。因而，这一时期的中国文化与整个社会变

革的进程相联系，思想上的启蒙主义、美学上的多元主义，成为70年代末到80年代中期的两面文化旗帜。对现实和历史的批判、对人文理想的追求，是这一时期最基本的艺术主题。新时期电影在这样的背景中，铸造了时代品格。

一、思想解放与文化启蒙

1978年思想领域发起"实践是检验真理的唯一标准"的讨论。其后不久，十一届三中全会"全党工作重点转移到社会主义现代化建设"的决定，使整个中国社会真正进入经济建设时期。1979年，全国第四次文代会上，邓小平代表中共中央作了讲话，表示党"不是要求文艺从属于临时的、具体的、直接的政治任务，而是根据文艺的特征和发展规律，帮助文艺工作者获得条件来不断繁荣文艺事业"。1980年，中共中央提出"文艺为人民服务、文艺为社会主义服务"的方针。相对"文艺为工农兵服务、文艺为政治服务"的要求，文艺的自由空间已经宽泛了许多。当

然，阶级斗争时代的革命思维不可能立即完全松弛，80年代文艺界的每一次突围与探索都在社会上引起超出文艺范围的影响，在过度的关注和阐释中以争鸣的形式进行着。

新时期相对"灾难性"的岁月而言，被表述为一次新生。新时期也的的确确给中国人提供了许多全新的体验。从物质到思想、从社会到文化，仅仅是多元的状态就足以让人们陶醉和满足。如果说，新中国使农民"翻身得解放"，那么新时期则使知识分子"翻身得解放"，政治、经济地位的重新获得使知识分子重拾启蒙话语。这使得深刻而毫不迟疑的批判性成为新时期文化的一个重要表征。

文学、戏剧、美术、音乐、哲学等等都出现了划时代的变化，它们的共同之处在于对传统的背离和形式美学的赫然登场，其资源或者来自于传统的回归，基于"文革"对文化经验的阻隔，使这些传统的东西以"新"的面貌出现；或者来自于西方文化经验与成果，使许多人的艺术理想得以实现。

新时期以文化大革命为首要参照。知识精英们首先在政治层面对文化大革命进行批判，其后将政治批判的视野延伸至"文革"产生的历史文化背景。到80年代中期，批判与反思开始涉及整个中国历史与传统文化。

文学界自"伤痕"文学始，经"反思"文学、"寻根"文学到"意识流"小说、"朦胧诗"，将西方现代派文学引入中国视野，使更多理性、抽象因素影响至中国艺术家的思维。戏剧方面，80年代中期传统现实主义戏剧遭遇空前危机。随着西方现代派戏剧的翻译、介绍，戏剧家们

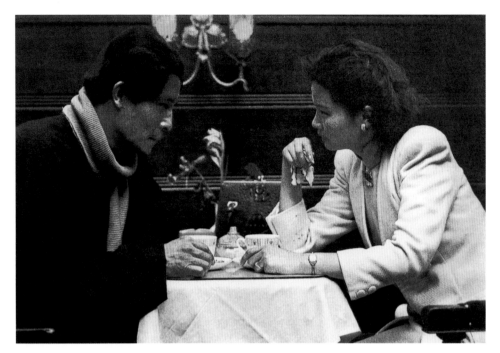

《寒夜》（1984年，改编：阙文、林洪桐，导演：阙文）

不再满足于以"写实"戏剧反映现实，开始以探索戏剧来寻求戏剧与人生的另一种关系。美术界则遭遇了更为剧烈的西方现代派理论的冲击，后者中的几乎所有流派都同时涌入中国，显示了对传统最为彻底的反叛。西方音乐的长驱直入更是直接影响了国人的审美心理与习惯。

在思想解放运动的宏大背景中，中国文化继"五四"新文化运动之后，再一次举起启蒙主义旗帜，用人文主义来反省政治的专制主义，用思想的多元化来替代观念的一元化，中国文化在与世界文化的广泛交融中努力完成自己的现代化塑造。

二、电影的"春天"

在这样一种政治经济的改革开放、思想文化的多元解放背景下，中国进入了一个朝气蓬勃的新时期。所以这时期，人们喜欢用"春天"来形容新的周期的开始。

"科学的春天"、"文艺的春天"、"人民的春天"等等，频繁地出现在各种媒介上。正是在这样的春天背景中，电影也迎来了"春天"。

先是一批叙述"正确"力量与"四人帮"政治势力斗争的政治电影，接着是一大批在"文化大革命"期间被政治批判和"封杀"的新中国17年电影的陆续解禁复映。随后，新时期电影进入了一个以现代化为目标的观念、技巧、风格的革新时期。

1980年，《大众电影》、《电影艺术》相继复刊，《电影文化》（后改刊名为《当代电影》）则于转年5月创刊，对新时期电影发展与电影思想观念变革产生了直接作用。此后，电影界的许多评介和理论研讨活动都是由这些刊物组织进行的。

这一时期，营造电影发展多元格局的，有被称为"祖父一代"的中国第二代导演（于30年代开始电影创作，如吴永刚）、第三代导演（于50年代开始电影创

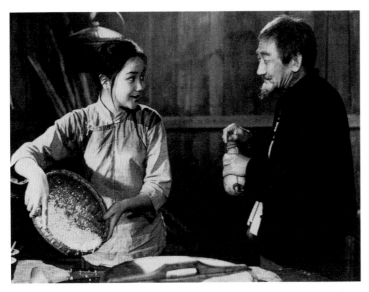

《边城》（1984年，编剧：姚云、李隽培，导演：凌子风）

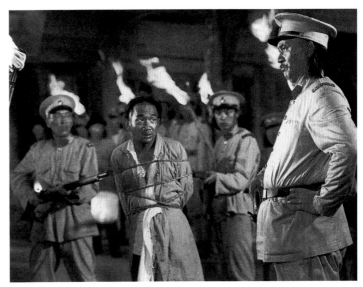

《阿Q正传》（1981年，编剧：陈白尘，导演：岑范）

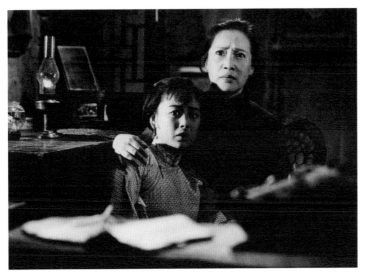

《雷雨》（1984年，改编：孙道临，导演：孙道临）

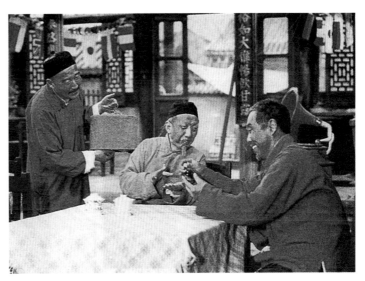

《茶馆》（1982年，编剧：老舍，导演：谢添）

作，如谢晋、谢铁骊、谢添等），"父一代"的第四代导演（70年代以后开始电影创作，如吴贻弓、谢飞、郑洞天、滕文骥等），也有被称为"子一代"的第五代导演（80年代开始电影创作，如张军钊、陈凯歌、张艺谋、黄建新等）。前几代人经过多次政治运动，仍旧满怀理想地通过自己的创作表达对现实的干预、对人性的赞美；第五代则在政治乌托邦中成长，又在上山下乡运动中汲取了民间文化的养分，以充满激情的反思使中国电影呈现全新的局面。

新时期对电影的贡献并不仅仅在于催生了以第五代导演为发端的中国新电影，还在于它为中国电影史几代电影艺术家共舞提供了足够的空间。而新时期电影成就的主要表现并非在于其所达到的高度，而是其所实现的跨越程度，是其对电影艺术种种可能性的拓展，是其对个性的充分宽容与尊重，并进而刷新了电影格局和规范。

三、电影的调整与过渡

1976年，"四人帮"政治集团解体以后，中国电影界与这一政治斗争形势相联系，陆续开始将"文化大革命"的"三突出"等所谓样板戏原则作为四人帮的罪名和文艺黑线专政论进行批判，重新估计了17年新中国电影，使大批被禁映的影片重上银幕，大批电影艺术家得到平反。当时，由于政治经济文化条件的不成熟，除了"拨乱反正"，中国电影界还没有找到建构"新时期电影"的途径，电影家们甚至还不清楚自己获得了怎样的艺术空间，更不懂得如何利用这些空间。"文化大革命"的惯性，不仅制约着人们的行为，甚至还禁锢着人们的思想。此时的中国电影颇有些"方生未死"、"乍暖还寒"之意。

1. 反"四人帮"的政治电影

1976年以后的两年，中国电影界充分显示了"文革"对中国文艺的戕害，这种戕害不仅仅表现在数量上——当年国产新故事片仅24部，更表现在电影界对极"左"话语的复制。以《人民电影》为核心的电影批评，对江青曾下达的所有关于电影的指令进行了全面系统的批判。这些批判造成的客观效果是：凡是江青主张或赞同的，都成了极"左"的甚至反动的，就连江青所主张的"长镜头"等也成了必须坚决反对的。电影艺术仍旧是雷区遍布。

1977年—1978年共出品了五十多部故事片，大部分是反映"革命力量"与"四人帮"的"反革命力量"斗争的题材。最初观众对此类影片还很有热情，但很快由于这些影片仍旧沿用"文革"时期影片中制造和解决矛盾冲突的方式，对其失去了兴趣，甚至有观众说：这些影片与"文革"时期的故事片相比，仅仅是坏人好人倒了个个儿。最富于症候性的现象是由上海电影制片厂1976年拍摄、1977年出品的影片《连心坝》(徐伟杰、黄蜀芹导演)。这部影片拍摄时是响应"四人帮""反走资派"口号的产品，后期制作时，政治形势大变，于是通过配音与剪辑，对影片角色分派进行了反转，走资派成了正面人物，成为适应新政治的斗争电影。

2. 新中国17年影片的解禁和复映

从1977年开始，新中国前17年拍摄的许多在"文化大革命"期间被定为"毒草"的影片，经过中央审查，开始陆续解禁复映。国产复映片从数量上构成了影院放映影片的主体。从1977年1月《东方红》恢复放映，到1980年共恢复放映了两百多部影片（也包括少量1949年前的影片）。直到1979年，新出品的国产片才在数量上与复映片持平。1980年新出品国产片(其中相当一部分是1979年投拍的)在电影发行总量上才足以满足观众的需求。

许多复映片都受到了观众的热烈欢迎。《红楼梦》(与香港合拍)的观众人次约为四百多万，《冰山上的来客》为二百五十万。复映片不仅仅具有艺术上的意义，复映行为本身就是"拨乱反正"的组成内容和表现形式。在文化形势趋向解冻的1978年，"民族传统文化"、"爱情"、"美"都开始经历着合法化过程。而这些通过《五朵金花》、《阿娜尔罕》、《红楼梦》等影片的恢复上映而迅速地得以传播。在这种恢复上映传播的信息中，观众对《早春二月》、《北国江南》等被最高领导批示、批判过的影片是否能恢复上映的讨论，则成为其期待更巨大的政治文化变革的社会动向的表征。

复映片的意义不仅在于使大量艺术作品重见天日，也不仅在于填补银幕和观众需要的空白，甚至也不仅在于其传达出的思想解放的信息，它们还成了所有经历过那个时代的人永远难忘的记忆。对于当时的中老年观众而言，这些复映片使他们感慨良多，有对当年感触的回味，也有对影片及其创作者遭遇的回忆与思考，更有对人生命运的反思；对于当时的青少年观众而言，这些复映片和对这些影片的观看本身成了他们成长过程中的重要内容，不仅为他们提供了娱乐，也提供了成长所需的一些经验。60年代前后出生的人，这些已经在转型后的社会成为中坚分子的一代，回忆这些影片仍旧充满眷恋。这些影片成了他们生活经验、社会经验的重要来源，有着几乎可以看做是社会百科全书式的功用。对于他们来说，"文革"电影的语言体系是矫饰美学体系，与生活状貌相距甚远。而这些影片则强化了观众对真实感、电影语言、欲望与快感的敏感性。社会上的种种批判与平反为清除矫饰美学、恢复现实主义打开了道路。

除了复映片，经过10多年的与世隔绝之后，观众开始接触到一些外国译制片与香港片。前者如南斯拉夫电影《瓦尔特保卫萨拉热窝》、《桥》，意大利影片《一个警察局局长的自白》等，后者如《屈原》、《三笑》、《群芳谱》等。观众对日、美、西欧影片的喜爱，集中于19世纪名著改编片、古装或现代的家庭/爱情情节剧以至各类惊险片。启蒙主义与大众文化的双重动力驱动着人们的电影观看行为。1978年北京市观众人次最高的影片为日本影片《追捕》，放映了2800余场还有人看，观众高达2700多万人次；其次是香港影片《屈原》，观众也在2400万人次以上。

3. 新电影创作

经过"反'四人帮'"电影、复映电影两个阶段以后，中国电影逐渐介入对中国历史的反思和对中国改革现状的揭示时期。新时期中国电影开始奠定自己的时代

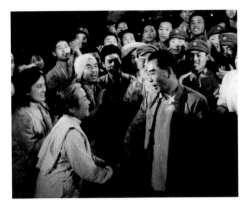

《大河奔流》（1978年，编剧：李准，导演：谢铁骊、陈怀皑）

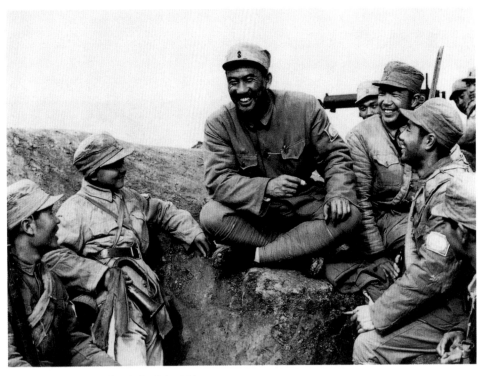

《从奴隶到将军》（1979年，编剧：梁信，导演：王炎）

品格。

1978年北京电影制片厂推出重点影片《大河奔流》，影片导演为谢铁骊、陈怀皑，摄影由著名摄影师钱江打头，主演包括张瑞芳、陈强、张金铃、李秀明、王心刚。当时北京电影制片厂试图以最强大的创作队伍完成一部具有里程碑意义的史诗性作品。但这部影片仍旧采用新旧两重天的叙述，概念化和"三突出"的影响依然明显。影片于1979年春节期间开始放映，却门庭冷落。显然，在外国和港台影片以及复映片的参照下，观众的观影期待已经迅速改变，而电影界则需要一次大变革。

北京电影制片厂1977年拍摄、1978年出品的影片《黑三角》受到了观众欢迎。影片围绕110号重要的人防工程机密文件，反映公安人员与外国特务的斗争。影片在当时获得了巨大的成功，除了其中的惊险成分，影片漂亮的女主人公作为观众视觉欲望投射的对象，也是吸引亿万观众的重要因素之一。电影的娱乐化已经成为一种市场要求。

经过1977年、1978年的调整，1979年中国影坛掀起了一次创作高潮。这一年，在拨乱反正、思想解放的推动下，以向新中国成立30周年献礼为契机，出现了《从

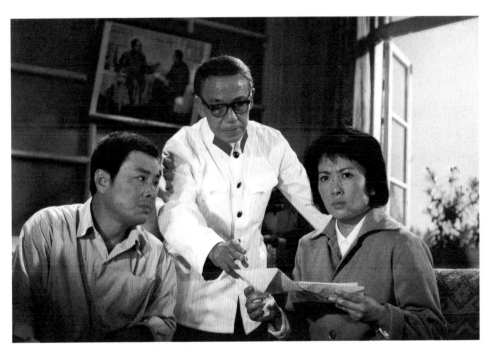

《泪痕》（1979年，编剧：孙谦、马烽，导演：李文化）

奴隶到将军》、《苦恼人的笑》、《曙光》、《啊！摇篮》等一批影片，这标志着新时期电影终于结束徘徊，进入迅速发展的历史新时期。1979年也因而成为与1959年遥相呼应的中国电影"复兴年"。

《从奴隶到将军》由老导演王炎执导，采用纵贯人物一生的描写方法，通过主人公从彝族奴隶到将军的传奇性经历，写出了罗霄这个具有反抗性的奴隶走上革命道路的"必然性"，同时也在个人的命运中展示了中国动人心魄的历史变化。该片把战争作为手段，来反映主宰战争命运

的人，将个人情感、个性元素注入主人公的正面形象之中，表明中国电影对人物塑造的理解已经走出了对所谓"典型环境中的典型人物"的机械化理解。

在电影全面复苏的大背景下，国家电影体制和电影政策也在酝酿着历史性变革。1979年8月10日，国务院以国发（1979）198号文批转《文化部、财政部关于改革电影发行放映体制的请示报告的通知》，对电影发行放映企业管理体制再作进一步的改革，推动电影发行放映事业的巩固和发展，调动发行放映基层企业和广大职工的积极性。1979年10月30日至11月16日，中国文学艺术工作者第四次全国代表大会在北京举行。邓小平亲自在会上致辞，提出"人民需要艺术，艺术更需要人民"。中国电影工作者协会也在大会期间举行会员代表大会。三百多位代表在会议开始时，为"文革"期间受到迫害致死的电影工作者蔡楚生、袁牧之、田方、舒绣文、海默、郑君里、崔嵬、上官云珠等致哀。电影工作者协会更名为中国电影家协会，夏衍担任主席。著名的荷兰纪录片导演伊文思在给影代会的贺词中说："你们正在努力追回失去的时间，正在使中国电影复兴。这正是这次代表大会的全部意义。在这个过程中，中国电影的民族风格一定会焕发青春。同时，中国电影业只有以其民族风格的特点和独创性才能在国际上获得成功。"[1]

当年，中国电影观众达到近三百亿人次。当时每个中国人年均观影多达三十次左右，创造了历史奇迹。新时期

中国电影创作进入高潮，中国电影也进入黄金时代。

第二节
伤痕电影与反思电影

这时期的中国电影，大多集中在对"文化大革命"带给人们的政治"伤痕"的揭示上，形成了所谓的"伤痕电影"[2]。伤痕思潮肇始于文学，但在电影界持续的时间较长，影响力和感染力也更大。"文化大革命"和极"左"路线给民众造成的伤害不仅仅是肉体上的，而更是精神上和情感上的。人们压抑了多年的情感和痛苦需要宣泄，而电影无疑是最有效的表现手段和宣泄渠道。其代表作品是《泪痕》、《苦难的心》、《神圣的使命》、《枫》、《苦恼人的笑》、《生活的颤音》、《小街》、《天云山传奇》、《牧马人》、《被爱情遗忘的角落》、《小巷名流》、《巴山夜雨》及《芙蓉镇》等。

一、噩梦醒来是早晨

"伤痕电影"开始于1978年，1980年前后达到顶峰。这些影片共同表现了一种"噩梦醒来是早晨"的痛定思痛的伤感和

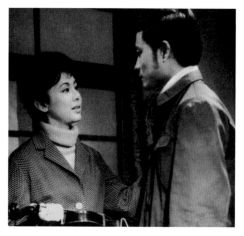
《生活的颤音》（1979年，编剧：滕文骥，导演：滕文骥吴天明）

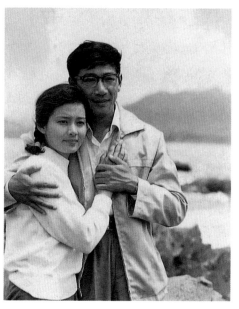
《苦恼人的笑》（1979年，编剧：杨延晋、薛靖，导演：杨延晋、邓逸民）

喜悦。

《生活的颤音》以1976年天安门广场的"四五"事件为背景，表现以青年小提琴家郑长河为代表的"人民"的政治呼声和内心压抑，提出了真理与人的尊严不容污辱的人文主义主题。该片没有繁复的戏剧结构，矛盾冲突集中在几大段戏里，使主人公的行动和感情交流与音乐作品的呈示、变奏、发展密切相连，显示了音乐片中音乐的相对独立性。

《苦恼人的笑》从一个普通记者的

[1]中国电影图史编委会：《中国电影图史》，中国传媒大学出版社，2007年，第537页。

[2]"伤痕电影"的概念来自"伤痕文学"。"伤痕文学"起源于当时一部引起了广泛社会反响的表现"文化大革命"的政治灾难的小说《伤痕》。

新闻生涯入手，写出了普通人在"文革"中的苦恼和良知，在新时期电影中较早地受到西方现代主义艺术的影响，运用幻梦镜头来表现主人公内在的思想感情活动。影片还运用升格、降格、停拍、多画面镜头、声画分离等手法，冲击着传统的电影形态。这些形式上的探索使这部影片成为新时期中国电影视听语言和叙事方式变革的一个标志性个案。

如果说伤痕小说比较重视痛定思痛及拨乱反正的思考的话，那么伤痕电影则偏重情感的抒发和宣泄。伤痕电影在那个时期受到观众的热烈欢迎，其根本原因在于这种社会心理基础和情感基础。反思依然是伤痕电影最重要的叙事基础，经历了一个从政治性反思到人性反思（尤其是青春的逝去与追回及其无奈、伤感）的过程，从而也构成了伤痕电影的两大主题，而控诉和批判是其主调。

70年代末、80年代初的伤痕、反思文艺是对"揭批文革"和"拨乱反正"的国家话语的回应。在当时，个人讲述的"文革"故事同时又是"人民记忆"、"历史叙事"。对"伤痕"的回忆与言说同样也是抚平创伤，消除在个体和集体的意识、无意识中留下的灾难、恐怖记忆。就是说，记忆是为了遗忘，反思历史是为了确证现在，通过意识形态化的批判意识、使命感的确立来摆脱"'文革'梦魇"。

《巴山夜雨》对"四人帮"的控诉没有将重点放在表现"四人帮"的直接受害者身上，而是另辟蹊径，表现一个深受"四人帮"影响的"革命小将"刘文英的人性复归之路。它选取了一个独特的构思：在一个特定的时间（一天一夜），独具匠心地把一群普通人汇集在一个特定的

空间（十几平方米的普通客舱）中，以他们平平凡凡的行为浓缩了一个巨大的社会横断面。影片采用象征的写法，把人物和事件安排在航行于长江中的一艘客轮中，以此比喻十年动乱只是历史长河中的一段航程。贯穿全片的长江、夜月、远山、薄雾、细雨、客轮，宛如一幅淡墨山水画、一首抒情诗。诗人感悟到我们祖国和人民正经历着黎明前的阵痛，营构出一种压抑的令人窒息的氛围。特别是漩涡的运用，老大娘江中祭奠儿子的场面，以漩涡加以烘托，构成了发人深思的情与景。这不仅是影片中出现的具体画面，而且还寄寓着时代漩涡的象征意义。另外还有贯穿全剧的"蒲公英"所营构的清新而隽永的意境。吴凡的套印水印木刻《蒲公英》，它那洋溢着诗意的画面，能使观众浮想联翩。蒲公英这一细节与那些精心营构的画面，不仅成为贯穿影片故事的叙事链，而且成为贯串全片的诗意造型。影片编导力图从那段风雨如晦的历史中寻找蕴藏于人们心底的信念和力量，以避实就虚的手法，追求诗情与哲理相交融的美学风格，使该片具有了清新的诗意，避免了同类伤痕影片的滥情弊端。

《小街》则从一个新颖的角度，即从人性的毁灭去描写"文化大革命"。它通过两个青年的一段经历，表现普通人对善良和真挚的渴望，表现对人的尊严和美好人性的歌颂。该片把电影从依赖舞台剧冲突的束缚中解放出来，它没有从头到尾连贯不断的故事情节，也没有运动始终、前后统一的舞台剧冲突（包括内心冲突），而是根据作者对生活的整体感觉，根据情绪的积累，提炼出内容。影片中的事件，彼此不构成直接因果关系，情节是不连贯

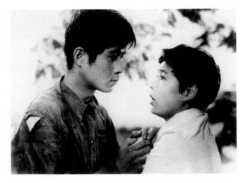

《小街》剧照

的，事件是偶然性的，但由人物内心愿望而产生的行动是必然的。影片在"结局"摆出了三个结尾的设想，这种开放式的结构发挥了电影的假定性和间离效果，激发观众的联想，调动了观众参与。

虽然这一时期，在伤痕和反思电影中，已经出现了革新中国电影传统的努力，但是真正取得了社会广泛认同的影片还是采用正统的写实手法、情节剧方式。所谓伤痕与反思电影，其最突出的代表就是谢晋导演的影片。他这时期的影片不仅代表了伤痕、反思电影的一个高峰，同时也代表了中国伦理情节剧传统的一个高峰。

二、谢晋的"反思三部曲"

谢晋，既是中国所谓"第三代"导演的代表，也是1949年以后红色中国的第一代导演的代表。他所拍摄的二十来部电影所产生的巨大影响使他在中国电影史上占有的重要地位不仅被那些将他称为中国50年代以来最杰出的电影艺术家的人们所肯定，甚至也被那些嘲笑他为传统电影最后一位传人的人们所承认。从50年代的《女篮五号》（1957）到60年代的《红

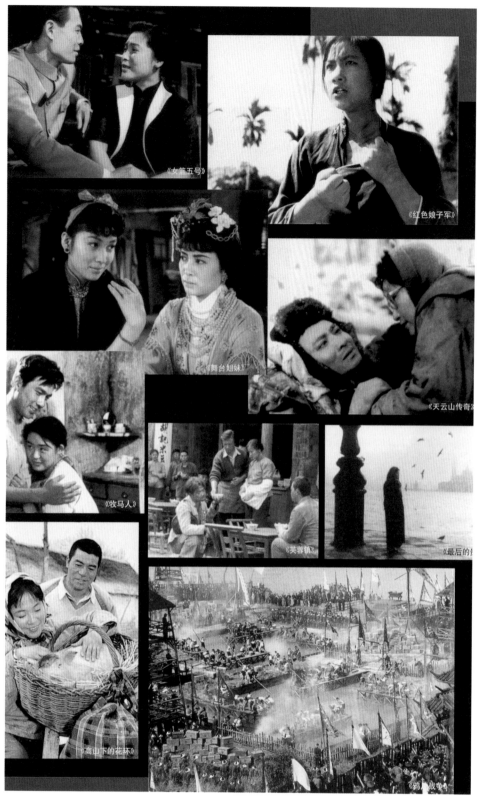

《女篮五号》

《红色娘子军》

《舞台姐妹》

《天云山传奇》

《牧马人》

《芙蓉镇》

《最后的贵族》

《高山下的花环》

《鸦片战争》

谢晋导演的代表作

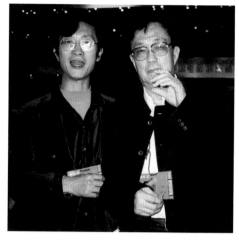

本书作者尹鸿与谢晋导演合影（1995）

谢晋电影从一开始就具有与主流政治意识形态机制同构的主流性、伦理价值取向上的正统性和审美趣味上的大众性，不仅这些影片在当时多次获得国内外的各种电影奖项，而且谢晋善于讲述戏剧化的线型故事、善于将政治典范塑造为道德楷模、善于将"革命"与"善"相互指代、善于用道德情感的宣泄来制造煽情高潮的特点在这一时期都已经基本形成，谢晋模式初见端倪。无论是从1949年到1978年的"前新时期"，或是从1978年到1989年的新时期以及1989年以后人们所谓的"后新时期"，主旋律电影一直是中国电影的中心。然而，绝大多数主旋律电影都如过眼烟云，远远没有像谢晋电影那样被人们所关注、所留恋，甚至被当做经典。谢晋电影的主流意识形态表述具有一种独特的叙事魅力、一种独特的电影魅力。

伴随政治意识形态权威体系的被质疑，1979年到1989年是谢晋电影和电影模式的"成熟"时期。在"拨乱反正"、"改革开放"的社会背景下，以"思想解放"运动为文化动力，以中国"文化大革命"的"灾难"性历史为资源，谢晋电影从一开始的"乐而不淫"的"颂诗"开

色娘子军》（1960），从80年代的《芙蓉镇》（1986）到90年代的《鸦片战争》(1997)，甚至是70年代那个特殊时期拍摄的《春苗》（1975），谢晋电影都因成为

那个时期的标志性作品和经典性文本而引起人们的广泛关注，其电影创造的观众人次纪录在中国电影史上可能不仅前所未有也可能后无来者。

始蜕变为一种"哀而不伤"的"悲歌"。虽然影片仍然和前一阶段一样时空单纯、叙事紧凑、人物形象道德类型化，但是其对"国"与"家"关系疏离化状态的描述，对政治专制的恶与小人物的善的冲突关系的设计，对社会男性阉割与家庭女性抚慰的意识形态表述，对历史和现实境遇的精巧的蒙太奇缝合，应该说都强化了谢晋电影的历史意识和人道意识，也强化了谢晋电影与中国传统知识分子文化的内在联系，同时也强化了谢晋电影的艺术虚构能力，标志着谢晋电影的高峰。这一时期，他的主要作品《天云山传奇》（1980）、《牧马人》（1982）、《高山下的花环》（1984）、《芙蓉镇》（1986）等，都再次获得了各种电影奖项的慷慨加冕，其创作模式达到了炉火纯青的程度。于是，这些影片在国内被认为是"传统主流电影的当代代表"，而在国际上则被看做是中国"政治情节剧"的经典文本。

严格地说，在新时期以前，谢晋电影尽管已经以其煽情的故事、流畅的叙事、精巧的镜头语言显示了他的艺术才华，但是他当时的电影作品仍然是当时整个大叙事的一个组成部分，他的成就并没有超过参加这一大合唱的前辈和同辈，如

崔嵬、郑君里、谢铁骊等。但是，到了新时期，谢晋电影的主流意识形态表述却以其鲜明的个性使他独立于他人之上，几乎无人能够与他所产生的影响和取得的荣誉相比。而谢晋之所以能够获得这样的地位，是与谢晋模式独特的修辞策略联系在一起的。如果说，谢晋第一个时期的电影是关于个人如何进入社会整体的颂歌，那么新时期由于这一"颂歌体系"受到"文化大革命"的喜剧"告别"，传统的政治电影模式——主体在权威助手的神助下经受考验，走出困境，获得命名——因为其意识形态运作机制的暴露，已经不可能继续生效了，因而谢晋电影的主题也发生了变异。从《天云山传奇》开始，到《芙蓉镇》，以及他后一时期的《最后的贵族》、《鸦片战争》，则大多似乎是个人如何被社会整体所抛弃的悲歌。由于英雄神话的解体和权威话语的弱化，那种作为先驱者、布道者或万能助手出现的超现实

的人物形象已经很难具有"在场"效果了。当编码失去了与现实表象的相似性以后，编码作为一种被意识到的虚构往往会受到"概念化"、"公式化"的指控。因而，谢晋电影不再把主人公塑造为一个全知全能的英雄，也没有赋予他超凡脱俗的智勇，过去那些"革命英雄"的形象被悲剧化了，这些人物自身的主动性和力量往往都受到一种超越于他们个人的历史背景和罪恶势力的支配，主人公无法解决面临的困境。因而，这些影片不能继续像过去一样，让主人公在政治权威的帮助下，克服或驯服所有被编织进叙事中的现实矛盾，而必须采用另外的方式来完成对观众的意识形态和故事的双重抚慰。

谢晋电影大多采用了顺叙的方式来完成"平衡——失去平衡——非平衡——恢复平衡——平衡"的缝合结构。这一缝合结构是由两个基本段落构成的，先是一个悲剧性的段落，然后是一个正剧性的段

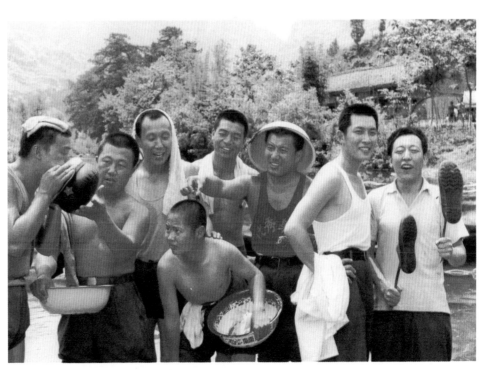

《天云山传奇》（1980年，编剧：鲁彦周，导演：谢晋）　　《高山下的花环》（1984年，编剧：李准、李存葆，导演：谢晋）

落。在《舞台姐妹》中是革命者林大哥拯救了春花得以新生，在《女篮五号》中，身穿"西南军区"字样背心的田振华使林洁获得了力量，在《红色娘子军》中是洪常青使琼花逃出了苦海并成为"革命战士"。男性在这里成为革命权威的象征，女性成为被拯救和命名的对象，最后面临危机的女性（从叙事的平衡到非平衡）在革命的男性引导下都度过困境（从叙事的非平衡恢复为平衡），从而使观影者获得了一种社会学意义上的恋父体验。而《啊！摇篮》则是谢晋前后两个时期创作的一个转折点。在他新时期后来的影片中，女性从被拯救者转化为了拯救者，而先前那些男性英雄则在女性的爱抚下得到拯救。在谢晋的这些影片中，女性的"母性"功能被强化，成为了"地母"式的形象，接纳、包容并帮助处在危机中的人们繁衍生息。《牧马人》中的许灵均得到了李秀芝的拯救，《天云山传奇》中的罗群得到了冯晴岚的拯救，《芙蓉镇》中的秦书田得到了胡玉音的拯救，《高山下的花环》中也是韩玉秀给了梁三喜以力量。女人给了那些被剥夺了英雄桂冠的"英雄们"以生命、家庭，甚至后代，使他们"胜利"地回到了主流社会之中，从而用恋母的抚慰感替代了前一时期恋父的英雄感。前期的恋父原型将人物从私人空间引向公共空间，并使个体在公共空间（革命大家庭）中获得位置，而新时期的恋母原型则将人物从公共空间引回到私人空间，使个体在私人空间（社会小家庭）中得到补偿。因而，新时期叙事高潮的到来并不是个体与社会整体矛盾的解决，而是像罗群这样的"英雄"从与社会整体的对抗中逃回了冯晴岚们为他们准备的温暖而

简陋的小屋中，男耕女织、夫唱妇随、生儿育女成为了他们面对苦难的乌托邦。因而，这些影片最后政治矛盾和历史悲剧的解决往往都与影片的主体叙述没有关系。在言情故事的框架中，政治和政治的历史被策略性地缺省了，无论是罗群的平反或是秦书田的出狱，都是叙事以外的力量所安排的。政治的确仅仅是一种背景，而对政治的省略则不仅使这些影片完成了"家"的缝合，也悄悄地完成了"国"的缝合。

谢晋新时期电影的感伤因素的确比前一时期大大加强了，但谢晋模式同样是情节剧模式，情节剧电影几乎都是传达乐感文化的电影，这种乐感就来自于缝合，来自于谢晋所采用的"家"的乌托邦策略。这一策略不仅使"好人"获得了一个女人、一个家，甚至一个后代，同时也使"坏人"失去或者不能得到一个家或者一个"温暖"的家。显然，"家"成为了谢晋道德赏罚的法宝，也成了情节剧"善有善报、恶有恶报"的先验结局的最后审判。因此，"家"在谢晋电影中不仅是叙事的乌托邦，也是一个政治的乌托邦、历史的乌托邦。其实，"家"在谢晋电影中就是安全、温暖的一种象征。在早期作品中，"革命"被当做了"家"，所以在《红色娘子军》中琼花说"我没有家"，而洪常青就给她指出了一个"革命之家"。在《啊！摇篮》中李楠没有生育能力，但却在"革命大家庭"中获得了一群革命的后代。而在新时期以后，"家"更是落难英雄们的诺亚方舟。《牧马人》中的许灵均说："我死去过，不过，我又活过来了。我不但找到了人的价值，我还找到了人的温暖。我找到了父亲，还找到了

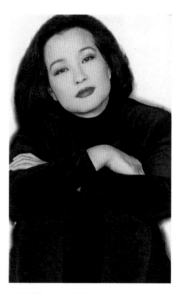

《芙蓉镇》女主演刘晓庆，新时期第一代女明星之一，后成为中国社会中引起众多非议的知名人士

母亲！"《天云山传奇》中，冯晴岚那被太阳照得暖烘烘的小房间就是抗拒外面漫天风雪（政治风暴）的隐喻性空间。《芙蓉镇》中秦书田与胡玉音的结合演绎了现代的"才子佳人"。而《天云山传奇》中的"坏人"吴遥面对的却是妻子宋薇的背叛，《芙蓉镇》中的"坏人"李国香遭遇的必然是秦书田"你还没有成家吧？"的揶揄。谢晋电影善于用道德来对抗个人与社会的疏离，然后又用家的温情来解决个人与社会的疏离，用"归家"的幸福向人们允诺："正直、忠诚虽然可能会使一个人丧失政治权利，但他却可以用获得爱来得到补偿。"[3]

正是由于谢晋采用了情节剧的修辞策略，所以谢晋的"主流认同"并不是一种简单的政治说教。谢晋电影很少像这一时期的许多中国电影那样将"路线斗争"、"阶级斗争"当做故事的中心冲突，而是在政治背景下讲述了一个一个的道德

[3]尹鸿：《世纪转折时期的中国影视文化》，北京出版社，1998年，第20章。

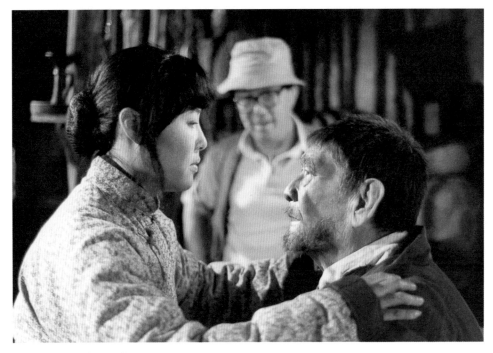

谢晋（中）正在指导《老人与狗》

故事，用道德上的高尚和卑鄙、开阔与狭隘、奉献与自私、勇敢与怯懦代替了政治上的"是非"。于是，一方面悲剧被理解为一种误会、一种邪恶的道德力量的偶然得势，另一方面悲剧还被改写为正剧，善恶终将得到公正的赏罚。谢晋电影巧妙地用道德的肯定和否定完成了对政治的肯定与否定。

情节剧的"情节"作为一种构造，意味着对事件的因果化和对阐释的封闭化。因而，对于情节剧来说，故事永远是完成式的，是一个终点早就存在和预备妥当的叙事过程。谢晋电影模式恰恰也是这样一种完成式的叙事。如同所有的主流叙事一样，谢晋电影很少讲一种现在时态的开放性的故事，而几乎都是"历史性"的完成后的现实。与这样一种"完成式"的叙事形态相一致，谢晋电影在美学形态上也采用了通俗情节剧的叙述方式。在形象塑造上，谢晋电影的人物大多是伦理化的人格类型。谢晋电影很少表现人物内在的

心理冲突和心理空间，也很少表现人的心理分裂和心理变异。他的人物大多是定型化的，善与恶、软弱与坚强等等，都被指派在叙事中担负特定的正面、反面和助手角色。在结构方式上，谢晋电影基本都采用起承转合的戏剧性结构，故事都有完整的"开端（好人受难）——发展（道德坚守）——高潮（价值肯定）——解决（善恶有报）"的叙事组合。在叙事形态上，谢晋电影大多是线型的顺叙式结构，视点固定、时空单纯、情节集中、目的性明确，外在现象似乎是山重水复，而内在逻辑则始终是柳暗花明。在美学效果上，谢晋电影追求煽情性。谢晋电影的高潮点、情节点和西方戏剧形态很不一样，常常并不在于矛盾冲突的最高点或者戏剧动作的最强点，而是在感情动荡和冲击的最高点。如同中国传统艺术一样，谢晋电影的高潮点就是影片的煽情点，如《天云山传奇》中冯晴岚雪地拉板车的段落、《芙蓉镇》秦书田与胡玉音私下举行结婚"典

礼"的段落等等。谢晋常常通过对感伤性和悲剧性环境的营造，在逆境中来浓墨重彩地渲染师生情、乡土情、夫妻情、父子情、同志情、爱国情，以情来唤起观影者的同情、共鸣和涕泪沾巾、它们大多不以一个令人心旷神怡的华彩辉煌的胜利乐段而是以一个让人柔肠寸断的如泣如诉的煽情场面形成影片高潮。在电影语言上，谢晋电影强调画面、声音、蒙太奇信息传达的指向性、透明性和饱满性，一般不重视形式本身的"意味"，也排斥任何"陌生化"的形式主义追求，甚至尽量避免视听信息的模糊和多义。所以，他的影片大都以中、近景镜头为主，使用正反拍的好莱坞句法，基本采用顺叙性的线型蒙太奇剪辑，既保证了故事的流畅性，也使视听信息具有一种中心性。在声画造型上，谢晋电影则吸收了中国传统艺术的"比兴"手法，善于制造"情语"与"景语"交融的"意境"。但是在制造意境时，谢晋并不强调意象的新奇和突兀，而是善于利用历史性的和共同性的意象经验，来唤起观众对以往审美经验的回忆，如他影片中反复出现的用冬雪来渲染苦难，春色来象征希望，雷雨来烘托激情，狮子来隐喻中国等。

谢晋在中国电影史上的意义也许并不在于他创造了一种传统，而在于他继承和发扬了一种传统，一种将伦理喻示、家道主义、戏剧传奇混合在一起所形成的"政治伦理情节剧"的电影传统。柯灵曾经指出："郑正秋逝世表示了电影史的一章，而蔡楚生的崛起象征另一章的开头。"[4]

---

[4]柯灵：《中国电影的分水岭——郑正秋和蔡楚生的接力站》，转引自《蔡楚生选集》，中国电影出版社，1988年。

两人划分出了中国的第一代导演和第二代导演，而谢晋在某种意义上可以看做是这一传统链条上中国的第三代承传人。在这一传统中，从20年代郑正秋编剧、张石川导演拍摄的"教化社会"的"家庭伦理片"《孤儿救主记》，到30年代蔡楚生的《渔光曲》、袁牧之的《马路天使》，再到40年代汤晓丹的《天堂春梦》、蔡楚生的《一江春水向东流》、沈浮的《万家灯火》，这些影片都一脉相承，将家与国交织在一起，将政治与伦理交织在一起，将社会批评与道德抚慰交织在一起，将现实与言情交织在一起，采用中国老百姓所"喜闻乐见"的传奇化的叙事方式，通过一个一个个人和家庭悲欢离合的故事，一方面关注中国现实，另一方面提供某种精神抚慰。其实，这一电影传统与中国古典叙事传统有着内在的联系，例如，谢晋所采用的那个"落难公子获得绝代佳人的爱情"的故事原型，在中国古代诗词、戏曲、小说中，就一直是一个不断被重复的童话。而谢晋电影中那些"好人"蒙冤的故事也来自于从屈原到岳飞到林则徐的历史大叙事提供的"忠臣受难"的原型。而他影片中所谓的"家道主义"在中国也具有悠久的传统，"人有悲欢离合，月有阴晴圆缺"一直是中国叙事作品尤其是戏剧、民间故事的一个久远的母题。正是从这个意义上说，在中国电影史上，我们可以看到一条郑正秋—蔡楚生—谢晋的发展线索：以家庭为核心场景的政治-伦理情节片一直是中国最有社会影响的电影。

正是因为处在这样一种情节剧电影传统之中，谢晋电影与主流意识形态一直保持着一种矛盾的联系。一方面，在谢晋电影中，政治故事变成了言情故事，政治批判被道德批判所替换，制度批判被伦理批判所掩盖，道德性不仅排斥政治和压制历史，而且还改写政治和历史，历史成为了道德的沦丧和恢复的交替史。谢晋电影的确试图为处在剧烈动荡中的个体寻找安身立命的生存位置和生活意义，提供主流意识形态关于历史的记忆，这使他的作品总是具有一种道德上、政治上甚至美学上的滞后性和正统性。所以，他在带给相当广泛的观众群体以心灵寄托和道德抚慰的同时，也被激进的人们指责为"与所谓的现代意识毫无干系，而是一种被改造过了的电影儒学"，谢晋模式"现在是中国文化变革进程中的一个严重的不谐和音"[5]。甚至钟惦棐在谈到《天云山传奇》时也认为，"将一场有关中国知识分子命运的大事，简单归咎于某些政策执行者的品质，实是一种隐藏在深情厚谊中的自我完善，是一种对恶的不抵抗主义"[6]。但另一方面，谢晋又总是站在融合了中国人文传统和西方人道精神的民主主义和人本主义立场来讲述社会的悲剧性现实。他认为"艺术家还应该有历史责任感和历史使命感"，这又为他的影片带来了某种批判性、现实性和超越性。这在带给谢晋影片一种时代感和忧患感的同时，也使他的作品往往被保守的政治势力所怀疑。

在艺术史上，历来有两种艺术家，一种是超前的、先锋的、前卫的艺术家，他们的意义要用将来时来确证；而另外一种则是主流的、常规的、集大成的艺术家，

他们往往借助于传统来获得当代意义。而谢晋，作为主流电影的代表，在电影美学形态上，应该说是属于后一种艺术家的。谢晋在谈到自己的艺术理想时说："电影说到底是一个大众化的娱乐品，而且要跟时代能够结合。"[7]正是这样一种观念，使谢晋从中国儒家文化传统、中国通俗文艺传统、中国伦理情节剧电影传统和好莱坞通俗情节剧传统中，获得了主流电影的定位。所以，他的电影自觉或不自觉地继承了中国民间叙事艺术如话本、戏曲、说书中的"苦戏"传统，用伦理冲突来构造戏剧冲突，用煽情场面来设计叙事高潮，用道德典范来完成人格塑造，许多忍辱负重、重义轻利的痴男怨女以他们的苦难和坚贞来换取观众的涕泪沾巾。谢晋电影以善为美，以家喻国，塑造人格和性格面貌清晰的人物形象而一般不刻画复杂的心理矛盾和细微的个人世界；采用中国老百姓所习惯的单线型、单视点的缝合性叙事，一般不采用立体化、多视点、片断性的叙事；强调视听信息的封闭性和透明感，一般不愿意强调形式本身的意味的开放性；重视故事的抚慰效果而不愿意过分展示生活图景的残酷……

应该说，正是这样一些艺术特点使谢晋电影与中国观众历史性形成的审美习惯和积淀的叙事经验相一致，而且也与观众希望忘情于叙事过程中的审美趣味和希望得到想象的抚慰的精神需求相一致。其结果，一方面，谢晋电影充分实现了电影作为一种大众文化形式的文化本质。正如当年郑正秋、蔡楚生、郑君里等人的影片

[5]朱大可：《谢晋电影模式的缺陷》，《文汇报》1986年7月18日。

[6]钟惦棐：《谢晋电影十思》，《文汇报》，1986年9月13日。

[7]李尔葳：《艺术家要有历史使命感——谢晋谈鸦片战争》，《电影艺术》，1997年第5期。

一样，他的影片也获得了数量惊人的受众群体。据资料记载，《牧马人》的观众达一亿三千万人次，《高山下的花环》达到一亿七千万人次，《芙蓉镇》、《鸦片战争》等其他几部影片的观众数量也相当惊人。谢晋电影的确为许多人带来了电影的欢乐与欣悦，为在动荡迷惑之中的中国观众创作了一种"集体的意识"。但另一方面，谢晋电影在美学形态上的平面性、戏剧性和明晰性的确又在一定程度上限制了他电影的深度和力度，各种社会的现实矛盾和权力较量以及人们实际的生存境遇和体验都被转化为一种以人为的二元对立为基础的、具有先验的因果逻辑的戏剧性冲突，社会或历史经验通常都被简化为"冲突—解决"的模式化格局。影片中的主人公所面临的困境最终被"驯服"，随着早就被预定好的叙事高潮到来，善恶分明、赏罚公正的结局便翩然而至，完成了对现实的抚慰性改造。因而，谢晋电影很难不被认为是一种"具有既定模式的俗电影"，甚至被指责为"体现了一种以煽情性为最高目标的陈旧的美学意识，它把观众抛向任人摆布的位置，让他们在情感的昏迷中被迫接受其化解社会冲突的好莱坞式的道德神话"[8]。其实，谢晋对于情节剧模式的艺术局限，自己也有所意识。在谈到《天云山传奇》的创作时，他曾经说："由于对吴遥那样的人过于憎恶，因此对这个人丑恶的一面表现得过火了一些。由于影片没有更深地揭示这个人内在心理的矛盾性、复杂性，所以影响了这个

人物形象的塑造。"[9]而且，从《最后的贵族》开始，谢晋的确也有意识地想要从人物类型化的模式中挣脱出来，尽管这种努力并没有得到人们预期的认可，但是却使《鸦片战争》的某些人物的塑造相对丰满。

以当时第四代导演革新传统电影形态和电影语言的积极探索、第五代对主流意识形态和传统电影美学的"革命性"颠覆为背景，更是以当时整个变革、开放的"时代精神"为背景，1986年7月，上海《文汇报》刊载了一篇题为《谢晋电影模式的缺陷》的短文。文章提出，"从文化的观点对谢晋电影加以考查，就会发现它是中国文化变革中一个严重的不和谐音、一次从'五四'精神的轰轰烈烈的大步后撤"。尽管在后来的谢晋电影讨论中，有许多人真诚地为谢晋辩护，然而这篇文章还是拉开了批评谢晋电影模式的序幕——"传统性"、"主流性"和"经典性"，使谢晋电影被标识为一种"模式"受到了狙击。应该说，这些批评并不仅仅来自于某些个别者，而是携带着当时整个社会改革创新、开放借鉴的社会文化要求而出现的。

谢晋在50年的电影创作经历中，是一个始终愿意与"时代"步伐保持同步的艺术家，是一个始终希望并且确实成为了主流电影的代表的艺术家。当他的创作模式与"时代"的步伐出现异步状态时，他往往能够主动地进行自我"刷新"，使自己一直占据着中国电影的主流位置。但是，尽管在80年代末以后谢晋做过相当诚实的

努力，但他并没有甚至我认为也不可能真正突破所谓的谢晋模式。谢晋模式的形成，既是谢晋自己生命个性和艺术个性的选择，其实更是"历史"和"时代"的选择。钟惦棐曾经指出："谢晋不只是踩着三四十年代的脚印走过来的第一人，也是当时一批青年导演中第一个接受新的电影观念的人。"[10]这句话所暗示的是，他把谢晋看做了那"一代人"的佼佼者，谢晋是"谢晋时代"的一座高峰。

三、人性的发现与呼唤

如果说伤痕和反思，更重要的是对历史的一种批判的话，那么这一时期对历史的人性化叙述则成为新时期人文主义文化的一种建设。这种建设性的文化特别突出地反映在一些战争题材的影片中。

随着思想解放运动的发展和人文主义思想的影响，越来越多的导演意识到，革命战争作为暴力手段，在无情地暴露、破坏、打击腐朽社会制度，给社会带来巨大进步的同时，也不可避免地与痛苦紧密相连。在新时期以前的战争影片中，战争的残酷与惨烈，我军所经历的种种难以想象的艰苦卓绝的斗争及其曲折道路，战争中带给人们心灵的深深创伤，统统湮没在巨大的革命激情之中，未曾得到应有的表现。胜利的颂歌、凯歌不断高奏的旋律遮盖了战争的惨痛历程，乐观主义涤荡了创作主体的深沉悲剧感和历史反思，爱国主义和革命英雄主义的狭隘理解阻断了人道

[8]朱大可：《谢晋电影模式的缺陷》，《文汇报》，1986年7月18日。

[9]《艺术家要有深广的心理储备——访著名导演谢晋》，《大众心理学》，1985年第2期。

[10]钟惦棐：《谢晋电影十思》，《文汇报》，1986年9月13日。

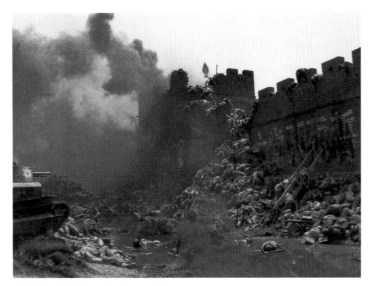

《血战台儿庄》（1986年，导演：杨光远）

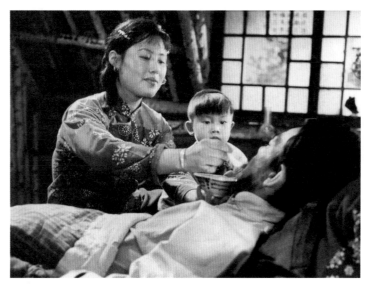

《归心似箭》（1979年，编剧：李克异，导演：李俊）

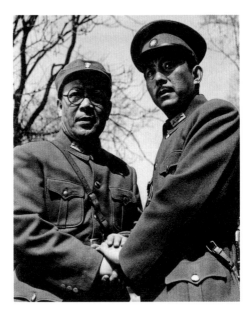

《西安事变》（1981年，编剧：郑重、成荫，导演：成荫）

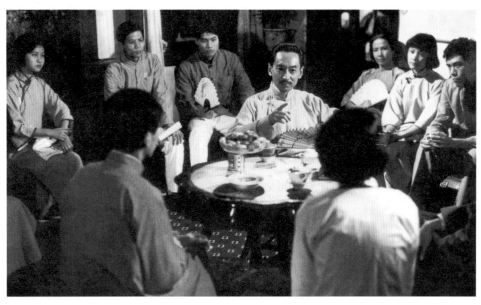

《廖仲恺》（1983年，编剧：鲁彦周，导演：汤晓丹）

主义的价值取向，我们所着力追求的崇高也就丧失了应有的力感和丰厚度。只有对战争的残酷与非理性作出必要的揭示，对战争中生命悲剧的表现才能达到对战争及人性的反思。因此，这一阶段的战争片中的英雄形象都不约而同地走向了平民化、凡人化，战争的主题也走向了人性化。

在《吉鸿昌》、《血战台儿庄》等战争影片中，政治立场已经退居其次，除表现日本侵略者的罪恶和中国人民的英雄气概之外，也开始关注战争与人、战争给交战双方带来的痛苦与灾难，甚至战争带来的人性异化等。

由李俊导演的《归心似箭》在当时也受到广泛关注。影片叙述了这样一个故事：抗日战争时期，东北抗联某部连长魏得胜为掩护战友身负重伤，被敌人俘去。他打死敌班长，脱离险境，在山林和河谷中从严冬走到春天。影片通过主人公掉队后所经受的金钱、死亡和爱情的考验，表现了他刚毅坚定、百折不挠的献身精神。特别是魏得胜和救命恩人玉贞之间的爱情，被表现得质朴自然、含蓄深沉、真切感人。创作者把握了英雄与爱情的关系，让爱情成为再现英雄本色的契机，并把对爱情的描写置于特定的环境之中，使之具有了独特的色彩。这位面临生死、金钱、爱情考验的英雄，虽然最终选择了重归集体，但却使影片在其面临选择时得以充分表现一个英雄身上的人情与人性。

谢铁骊导演的《今夜星光灿烂》描写了五个性格、经历、思想各不相同的战士，在黎明到来时，以不同的方式将鲜血和生命献给未来的新中国，既表现了他们英勇顽强、视死如归的英雄主义，又表现了他们热爱生活、追求幸福的乐观主义，具有浓郁的浪漫主义诗意。影片第一次用近似白描的手法，揭示战争的残酷性，表明新时期军事题材影片开始用人道主义去思考战争。

《默默的小理河》是一部没有硝烟的战争片，镜头对准一个农家小院，叙述了一支敌人小型搜索队的青年军官与一位普通的陕北老农在这场战争中产生的心理冲击和变化，着重表现人物内心的精神斗争，揭示这位老人面临战争时的内心冲突，开创中国战争心理片的先河。

影片《小花》以其浓郁的人情、创新的电影语言和优美感人的音乐震动了中国影坛。这部影片是根据小说《桐柏英雄》拍摄的，小说叙述人民解放军的一个连队开辟桐柏新区的战争故事。在影片中，导演选取了赵永生三兄妹在战争中的命运为主题，从内容到形式都有着明显的叛逆性质：在内容上，将一部战争小说改编成一首人性的抒情诗；在形式上，严格区别小说与电影这两种截然不同的艺术形式的表现规律，借鉴新浪潮、意识流等流派的具体手法，将新的电影语言的应用和民族化结合起来。它最突出的特点是寓情于情、以情动人，它通过兄妹、母女和父女生离死别、悲欢离合的故事来重新叙述战争，主线"妹妹找哥"使战争成为展示人性、人情的悲欢离合的一个特殊舞台。全片共插入12处黑白片，表现梦境、幻觉、回忆等，用以渲染人物情绪。在长达11分钟的

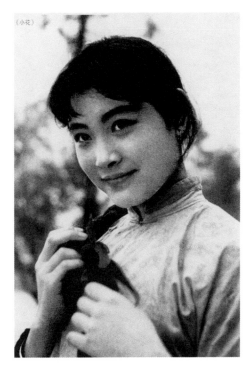

《小花》

《小花》女主演陈冲

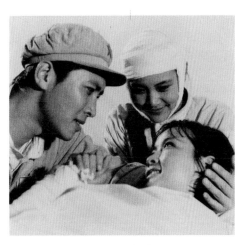

《小花》（1979年，编剧：前涉，导演：张铮）

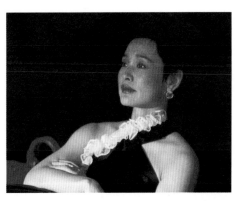

陈冲从《小花》开始成为中国新时期电影推出的第一代女明星之一

高潮部分，几乎没用一句台词。用今天的眼光来看，《小花》所做的其实只是一部影片之所以称为电影的一些技巧，如时空交错甚至意识流等。这些用电影的语言来讲故事的努力，在当时成为推动中国电影突破长期形成的影戏传统，完成"电影化"改造的重要力量。《小花》甚至成为划开新旧电影的分水岭。

四、多样化的电影文化

长期以来，在中国的政治文化中，政治性替代人性，革命置换爱情，美、欲望、个性、独立、差异等等，都被作为与政治大一统格格不入的文化排斥在外。"改革开放"的大背景，西方文化的影响，对政治专制的反省，对历史伤痕的抚慰，这一切都在改变着人们对个性、人性、情感、欲望的认知。电影文化的多元化，具备了历史条件。

1. 太阳照亮"被爱情遗忘的角落"

1979年第五期的《大众电影》封底出现了一张英国电影《水晶鞋与玫瑰花》的剧照。这张接吻剧照受到了一位新疆读者的严厉批判，被认为是"堕落"、"毒害青少年一代"等。在以后不到两个月的时间中，《大众电影》收到了一万多封信件讨论该剧照。其中，不到三分之一的观众来信时对剧照持批评态度。于是，中国电影的"爱情禁区"、"吻戏禁区"开始被打破，电影的人性世界敞开了。

《庐山恋》成为了新时期较早拍摄出的一部风光和爱情的娱乐性故事片。影片中的吻戏、女主人公一件又一件漂亮的连

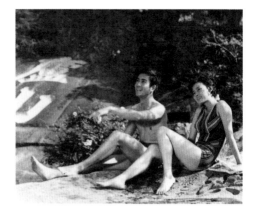
《庐山恋》（1981年，编剧：毕必成，导演：黄祖模）

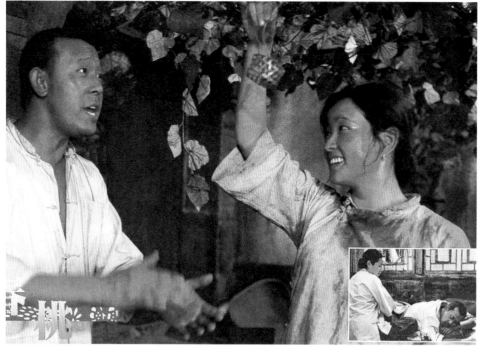
《春桃》（1988年，改编：韩兰芳，导演：凌子风）

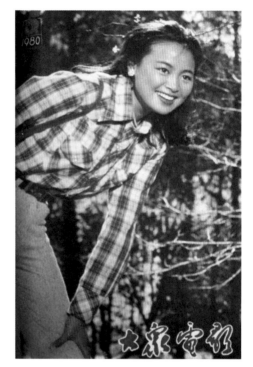
《庐山恋》女主人公周筠的扮演者张瑜（《大众电影》1980年第5期封面）

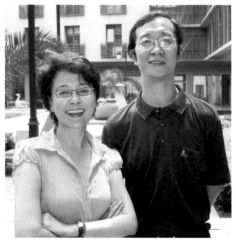
本书作者尹鸿与《庐山恋》女主人公扮演者张瑜合影（2009）

衣裙的出现，标志着人们追求和表达美好幸福生活的权利。中国电影也更加自觉地走向大众文化。

2. 现实主义回归

王启民、孙羽导演的《人到中年》则表明中国电影开始以一种现实主义的态度关怀当代中国普通人的现实处境。影片通过对一个中年女性陆文婷的命运的描述，表现了知识分子的生活方式和价值观念受到的当代挑战。这一时期，从文化的角度看，电影基本停留在恢复被破坏的传统伦理水平上。《喜盈门》以家庭伦理辐射社会伦理，呼唤人际关系的和谐；《乡情》推崇无私奉献的传统美德。在叙事手法上，电影沿用戏剧化的方式，人物和情节设计采取二元对立的方式，在《喜盈门》中设置了强英与水莲的对比，在《乡情》中设置了田秋月与廖一萍的对比，最终的结局都是惩恶扬善。或者，在影片中，主人公面临着两种选择，每一种选择都较为绝对化地代表了某种伦理道德。这些影片的意义也主要不在于审美，而在于感化和教导。80年代开始，中国电影与政治的关系变得更加多元，中国电影的形态也变得更加丰富。

3. 戏曲电影重生

80年代初，故事片创作严重不足，戏曲电影因其原有的群众性基础和艺术创作上的柔韧度，也出现了短暂的繁荣。1981年我国完成了10部戏曲片，1982年则摄制放映了11部，《铁弓缘》、《白蛇传》、《李慧娘》、《红娘》、《升官记》、《七品芝麻官》是其中影响广泛的代表性作品。

这一时期的戏曲片在艺术上比"文革"前的黄金时期更进一步。《铁弓缘》的原舞台剧第一场是"茶馆"，陈秀英给石伦用没开的水泡发霉的茶叶，并且用土

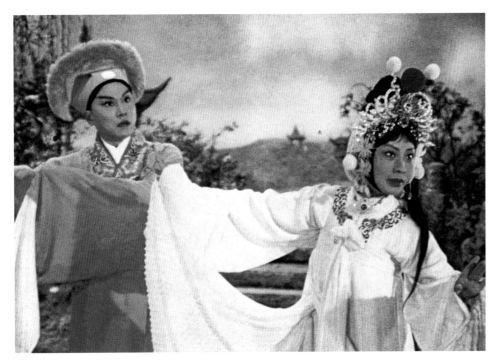

《白蛇传》（1980年，编剧：田汉，导演：傅超武）

一句对白，造型独特，细节生动，叙述简洁，风格完整，将"三个和尚没水吃"的故事演绎得趣味横生、意味深长。影片在丹麦、葡萄牙等国家也陆续获奖，体现了中国动画的民族特色。中国电影走向世界的步伐也开始越来越快，故事片《阿Q正传》、儿童片《泉水叮咚》等都在国际上陆续获奖。1984年，吴天明导演的故事片《人生》成为首次参加美国奥斯卡奖活动的中国影片，同时该片也开启了西安电影制片厂的中国"西部片"之先，这为后来第五代电影获得国际关注提供了条件。

壶粗碗，而对匡忠用瓷壶细碗泡好茶叶，以此表现她对善恶的爱憎分明的情感。在电影中，一开场就是各种武功身段和特写亮相的镜头，既发挥了电影语言的特长，又为陈秀英以后杀死石伦救匡忠奠定了基础。

而神话戏曲片《白蛇传》大量运用特技，为神话传奇故事创造了形象、奇幻的意境。《李慧娘》原舞台剧改编自明传奇《红梅阁》，塑造了一个与反动恶势力作斗争的复仇女鬼的形象。这个剧目因为有鬼戏，长期以来没有得到正确认识，甚至逐渐演变成一个政治问题，还直接制造了一起冤案，到80年代才终于搬上银幕。影片打乱了舞台剧的原有场次及情节结构，按电影的要求重新组合，将舞台剧的第四场"见判"推到最前面，一开始就以鬼魂世界吸引观众，然后再用倒叙手法叙述故事。导演在鬼与人、阴与阳、隐和现、文场与武场的气氛和色彩方面作了较成功的

电影化处理。

京剧片《升官记》和豫剧片《七品芝麻官》是两部以丑角为主的喜剧戏曲片。两部影片分别由京剧演员朱世慧和豫剧名丑牛得草刻画了徐九经和七品芝麻官的形象，给当时的观众留下了难以磨灭的印象。在《升官记》中，徐九经在"当官难"的唱段中一连有三十多句唱词，导演设计让徐九经的良心与私心在醉境中幻化成两个指头大小的小人儿，跳到徐九经耳边纠缠，形象地表现了徐九经激烈的内心斗争，十分具有喜剧色彩。《七品芝麻官》中也有异曲同工之妙：七品芝麻官唐成被严氏打了一个耳光后，银幕上的唐成由大变小了。这一变形，形象地揭示了唐成被打后一刹那由地位卑下造成的自卑心理。

1982年，上海美术电影制片厂的美术片《三个和尚》（阿达导演）在第32届柏林国际电影节上获短片银熊奖。全片没有

第三节

电影美学观念的骚动与革新

20世纪80年代是一个争鸣的时代，而争鸣的核心就是各种形态、形式都试图从政治一体化的传统中挣脱出来，恢复自己的本体。所以，文化本体、艺术本体、文学本体等等都成为一种焦点话题。1985年3月26日—5月26日，中国电影资料馆在北京、上海等五个城市举办法国电影回顾展。其中，因为让·雅克·阿诺导演的反映原始人类生活的《火之战》中出现所谓"裸体镜头"，引起热议，黑市票价高达50元以上，"黄片"的议论不胫而走。有关部门闻讯禁止本片继续放映，但此举引起法国大使馆的抗议。电影，冲击和改变着当时中国人的生活观念、价值观念、文化观念。电影，也成为中国思想启蒙和文化启蒙的重要领域。正是在这样一种背

景中,电影也开始了对被政治所淹没的本体的探索和建构。20世纪80年代被认为是中国电影的审美之途,整个电影界几乎都沉浸在中国电影所获得的主体性解放的胜利气氛之中,一个现代化的电影本体观念成为电影人的一种自觉追求。由专家们评选的中国电影金鸡奖作为中国电影家协会主办的专业奖也正是在这样的背景下诞生的。夏衍担任了第一届评委会主任,《巴山夜雨》、《天云山传奇》获得了最佳故事片奖,八个奖项出现了空缺,与后来的多项奖项并列的"双黄蛋"现象形成鲜明对照,彰显了金鸡奖最初的"专业挑剔"。而所谓中国电影的第四代导演们则在这样的氛围下自觉地吸取世界文化和电影的营养,开始了对中国电影美学传统的质疑,开始了以人道主义价值观为核心的对现代电影观念的探索。

一、电影本体的探索

随着西方电影理论的大批引介,传统的电影观念,乃至电影题材、样式、表现手法、叙事模式、影像风格等都受到了前所未有的质疑和挑战。在电影摆脱政治"工具论"思维模式的呐喊声中,电影本体意识空前觉醒,人们更自觉地从艺术审美的角度来理解电影的社会本质。

从1979年开始,电影理论研究与讨论全面展开。电影与戏剧、电影与语言、电影与文学等关涉电影本体的理论问题,成为人们反思和探讨的焦点。北京电影学院文学系教师白景晟写了一篇短文,提出"丢掉戏剧拐杖",引起关注。1980年,钟惦棐在一次导演讨论会上也提出"电影

与戏剧离婚"。此后,张骏祥在《电影文化》1980年第2期上发表《用电影表现手段完成的文学》,更加系统地提出了电影的艺术特性。郑雪来、邵牧君、余倩、马德波、舒晓鸣等人都参与了长达近五年的讨论。其中影响较大的是张暖忻、李陀的《谈电影语言的现代化》,这篇论文直接对应于"四个现代化"的提法,高举电影现代化的旗帜。

张暖忻、李陀发表于1979年的《谈电影语言的现代化》,被认为是中国电影寻求本体解放之路的艺术宣言。文章指出,长期以来,我国文艺创作只讲政治、不讲艺术,只讲内容、不讲形式,只讲艺术家的世界观、不讲艺术技巧;呼吁电影界要"理直气壮、大张旗鼓地大讲电影的艺术性,大讲电影的表现技巧,大讲电影美学,大讲电影语言"。该文从世界电影艺术在当代的发展趋势出发,分别从电影结构方式、镜头运用、造型手段、表现形式四个方面,向传统电影观念提出挑战。文章有感于我国电影的落后局面,着眼于分析、研究、总结世界电影艺术语言的变化和发展,寻找其中的某些规律,"以促进我们的电影语言的更新和进步,促进我们的电影艺术更快地发展"。

文章在《电影艺术》杂志上发表后,引起电影界的广泛关注。《电影艺术》编辑部召开了电影语言现代化问题专题座谈会,讨论的热潮持续了很长时间。

在当时,可以说这篇文章不仅"记述了这一代人当时如饥似渴地吸收新信息的心声",而且其中所倡导的以法国电影理论家巴赞为代表的纪实性美学更是"一次历史的误读,同时也是历史性的策略","在这次对巴赞美学历史性的误读中,包

含着一种空前的、对电影媒介的自觉,一种电影作为电影、电影作为艺术的追求。与此同时,这一误读也包含了一种深刻的政治无意识的动机"。正如有学者所分析,这一口号的提出说明,首先,纪实美学与社会主义现实主义的创作规范在外貌上相似,所以它具有一种安全性;其二,它与粉饰生活的电影相顶逆,满足了观众要求看到生活常貌的社会需要;其三,可以摆脱配合中心工作的工具性角色;其四,可以满足长期以来因"政治标准第一,艺术标准第二"的原则而造成的形式饥渴,满足了电影界探讨视像语言、探讨电影特性的创作欲望。

这篇文章在那个特定的背景下激起了中国影坛的轩然大波,被后来的人们看做是中国电影第四代导演的宣言,也为后来第五代导演进行电影语言的创新起到了开路作用。

二、承前启后的中国电影"第四代"

20世纪80年代前半期,对电影新观念的探索与实践主要是由第四代导演完成的。所谓第四代导演,是泛指在"文革"前接受了电影教育、"文革"之后独立执导的一批电影人,其中包括张暖忻、郑洞天、谢飞、黄健中、吴贻弓、滕文骥、杨延晋、吴天明、胡炳榴、丁荫楠、董克娜、郭宝昌、颜学恕、翟俊杰、赵焕章、黄蜀芹、陆小雅、史蜀君、王君正等。

1979年,是第四代导演年。他们纷纷隆重登场,导演了12部影片,占当年国产故事片总数的五分之一。到1982年,他们

导演的影片数量达到近50部，占当年故事片总数的44%。在新时期的前5年，他们是当之无愧的主角。

这批导演的电影艺术经验，主要来自于前苏联的《战舰波将金号》、《夏伯阳》、《母亲》，新现实主义影片《罗马十一时》、《偷自行车的人》，美国的《摩登时代》、《公民凯恩》、《翠堤春晓》等。他们的实践经验来自于对老一代导演的学习，如吴贻弓跟随孙瑜、沈浮、吴永刚学习，张暖忻跟随桑弧、谢晋学习，黄健中在崔嵬指导下学习，郑洞天也得到了沈浮、岑范的指导。

第四代接受过电影知识的全面训练，又以"副导演"身份在拍摄现场进行实地锻炼。与那些在实干中成长的电影界前辈相比，他们有系统的电影史知识，有更为准确清晰的电影影像功能认识，他们中有的人甚至可以说是中国电影史上第一代学院派导演。

最能表现他们这一身份的就是他们的纪实美学。当时，对巴赞及其理论的热情介绍和大力推崇，一时间使巴赞及其理论成为了电影语言现代化的代名词。而对长镜头的艺术探索及其实践则又成了纪实电影最突出的特征，从而发展为淡化情节、淡化表演、减少对白、看不见导演的导演、无表演的表演、散文电影、诗电影、纯电影等等一系列新的观念、新的追求，实现了中国电影在剧作、镜头语言、摄影造型、表演、声音构成、音乐等方面的变革，促成了日益走向独立的电影本体研究和电影美学的形成。

纪实美学的实质是以电影本体论摆脱戏剧对中国电影根深蒂固的影响。最初这些中年导演从外国优秀影片中学习借鉴了很多对于当时的中国电影说来还很陌生的表现手法，例如变焦镜头的运用、时空交错式的结构、画外音、高速镜头、通俗唱法的主题歌、旋转镜头等等，但这些都不足以改变中国电影的最大症结：不真实。80年代初中期，第四代导演们尝试用"诗化结构"、"散文结构"、"板块结构"、"意识流结构"、"复式结构"等等打破单一的起、承、转、合完整呈现的戏剧叙事模式，大量使用长镜头，破除长期以来中国电影独尊短镜头的局面，追求质朴自然的风格，注意开掘社会与人生的哲理。十年动乱结束的最初几年，中国电影工作者像突然除去了桎梏的人，想要飞跑，却忘记了如何迈步。令人感到悲伤的是，很多被所谓的"三突出"创作原则禁锢多年的电影编导们在重新获得创作自由的时候却无法一下子抛开"三突出"习惯。电影观众对国产影片普遍表现出来的"假、大、空"倾向感到强烈的不满，对背离生活真实面目的胡编乱造深感厌恶。他们期待着中国的电影导演把目光从"高、大、全"的所谓"英雄"们身上转移到普通的老百姓身上来；让电影的笔触更加犀利些，从对昔日"文革"伤痕的揭示转移到今天现实生活中人们最关切的焦点问题上来。正是所谓"时势造英雄"，社会的呼声在80年代初期激起了中国电影追求"真实性"的热潮。

"第四代"便成为了领导这一时代新潮流的主力军。《邻居》（郑洞天）、《沙鸥》（张暖忻）、《小街》（杨延晋）、《喜盈门》（赵焕章）、《我们的田野》（谢飞）、《城南旧事》（吴贻弓）、《夕照街》（王好为）、《都市里的村庄》（滕文骥）、《被爱情遗忘的角

落》（李亚林）、《如意》（黄健中）、《乡情》（胡炳榴）等影片便成为第四代导演的标志性作品。

三、第四代导演的代表性作品

第四代电影人是在社会主义电影传统中被培养起来的，所以，他们的影片仍然表现出一种强烈的社会责任感和政治道义感。从早期《生活的颤音》（滕文骥，1979）对"四人帮"政治的批判、《夕照街》（王好为，1983）对变革端倪的捕捉，事实上它们都首先以直面人生的主题感动观众。《人到中年》（王启民、孙羽，1982）、《野山》（颜学恕，1985）、《老井》（吴天明，1987）、《本命年》（谢飞，1989）以尖锐的问题性和逼人的现实感震动影坛。也许毕竟是脱胎于社会主义的正统教育，第四代导演依旧不能忘情于理想的正面表述，依然对道德复归怀有期盼和希望。因此，他们的写实常常流于温婉，他们的批判往往侧重伦理。这些在充满理想的火红的时代成长起来的导演，一方面经历了许多苦难，使他们富有一种强烈的社会责任感，因此他们用纪实的手法表现了生活中的锅碗瓢盆；另一方面，他们对生活始终充满了热情，执着于表现生活和人性中的美好的东西，表现在视觉上，时常有带有唯美色彩的镜头出现，如《青春祭》中长摇横移镜头扫过傣家裸游少女，洋溢着生命的欢乐。

《沙鸥》和《青春祭》的导演是女导演张暖忻。尽管《沙鸥》这部影片在今天的观众眼中看来各个方面都显得幼稚了，但它在中国电影史上占有特殊位置是

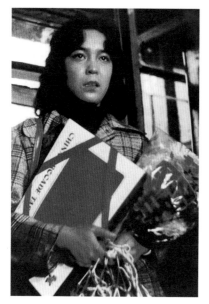

《沙鸥》(1981年，编剧：张暖忻、李陀，导演：张暖忻)

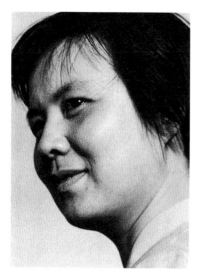

张暖忻(1940—1995)，1979年与李陀合作发表《谈电影语言的现代化》一文，执导《沙鸥》、《青春祭》、《北京，你早》、《云南故事》等影片。

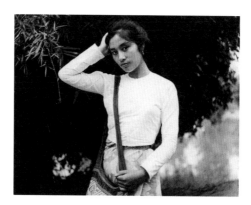

《青春祭》(1985年，改编：张暖忻，导演：张暖忻)

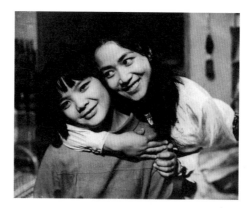

《红衣少女》(1984年，改编：陆小雅)

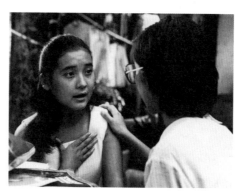

《失踪的女中学生》(1986年，编导：史蜀君)

必须肯定的。从某种意义上说，我们可以把它看做是中国第四代电影导演的发端之作。影片重心理表现而淡化情节的叙事，如叙述沙鸥未婚夫大威之死只用了五个镜头，而其后表现沙鸥的反应和心理表现却用了六十多个镜头。真正使这部影片在"求真"道路上向前迈进了一小步的应该是对沙鸥性格普通人化的处理，尽管这个人物形象今天看来依然或多或少地存在

着人为英雄化的痕迹，但这在当时的中国影片中还是不多见的。沙鸥不是天生的英雄，影片表现了她成长过程中的曲折，她曾经想告别排球，并且发出"生活为什么对我这样不公平"的抱怨。结尾也不落俗套，没有像其他同类片那样经过奋斗夺得冠军，而是沙鸥瘫痪住院，在医院电视里看到女排的胜利，带有浓厚的悲剧色彩，是对此前银幕上风行的虚伪的理想主义的

挑战。

《青春祭》则以散文式的叙述手法，表达对原始自然美、青春和土地的感伤与追寻。影片表现插队女知青李纯在傣族村寨中度过的青春时光。在这个民风淳朴的地方，她恢复了爱美的天性，也萌发了初恋的爱情。经过一番悲欢离合，她回到了城市，上了大学。影片以她的视角，追述了这段往事。影片运用纪实手法，摈弃了戏剧模式，采取散文结构，使银幕上再现的傣族生活具有一种质朴自然的流动形态，给人真实自然之感。虽然主要演员仍然如同"17年"的少数民族题材影片那样，由汉族演员来演绎少数民族故事，但首次起用了大量傣族群众表演，并且让他们用自己的语言来表现，观众则从演员讲话的神态与动作中去体会。这恰恰击中了以往少数民族影片的一个要害，即挑选演员重形不重神，失去少数民族的自然美。影片不仅仅停留在纪实美学上，而且超越纪实，追求诗的意境，从中投射导演的主观情感。如李纯告别乡亲时，画面出现一片茫茫的泥石流覆盖村寨，暗喻主人公在此埋葬了青春与恋人，也引发观众对整个上山下乡运动的思考。《青春祭》通过代表自然美好的传统傣族文化与受到专制主义异化的汉文化之间的撞击，呼唤对人性的解放。

《城南旧事》是吴贻弓的代表作，根据林海音的同名小说改编，以6岁女孩小英子为主人公，记录了她的所见、所闻、所感。全片大部分镜头按照小英子的低视角拍摄，影片意境深邃，韵味隽永，以新颖、独特的视角，简洁、凝练、含蓄的电影语言，精心营造了诗化的境界，以景托情，情景交融，细腻地剖析人物的内心世

界，刻画出人物的生动性格。全片平实、淡雅，其中对老北京的传神再现，使许多评论认为比原著更为动人。

吴天明导演的《人生》与《老井》则体现了第四代电影人几乎是"与生俱来"的眼光：直面现实的苦难和苦难人生中的人的悲凉命运。《人生》根据路遥同名小说改编，片中民办教师高加林为了实现脱离农村的抱负断绝了与农村姑娘巧珍的爱情而与城市姑娘黄亚萍相爱，最终因此而被退回农村，重新成为农民。影片以个人命运的悲剧推演为对社会变革的呼声。影片公映时也颇受争议，在1985年的金鸡奖评比中仅获得最佳音乐奖，在"百花奖"中却获得最佳故事片奖。对影片的争议，集中在主题思想和高加林的形象上。有人认为创作者似乎偏爱巧珍，因而使高加林的形象塑造被巧珍的形象所压倒，以致影片的主题变成了对负心汉的一个老套的道德批判。不过，更多的人认为，高加林的形象是复杂的，不应当简单看做"陈世美"。

80年代末期以后，吴天明导演的《老井》，从表层看讲述的是80年代初太行山深处农村青年孙旺泉带领村人打井的故事，然而打井总体上是一种象征，祖祖辈辈打井不止，死伤无数，但仍锲而不

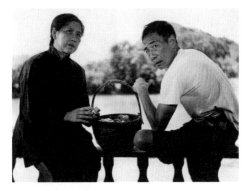

《没有航标的河流》（1983年，编剧：叶蔚林，导演：吴天明）

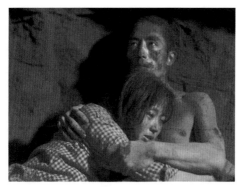

《老井》（1987年，编剧：郑义，导演：吴天明）

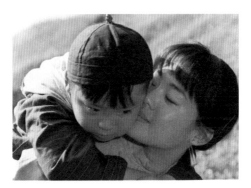

《良家妇女》（1985年，编剧：李宽定，导演：黄健中）

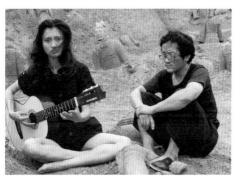

《一个死者对生者的访问》（1986年，编剧：刘树纲，导演：黄健中）

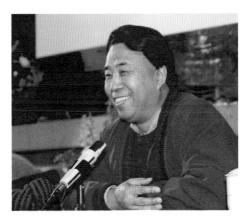

导演吴天明，导演的主要作品有《人生》、《老井》、《非常爱情》等。

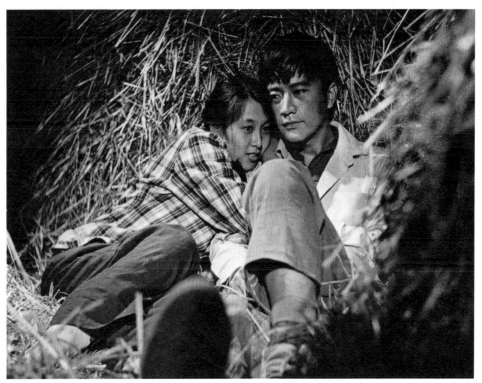

《人生》（1984年，编剧：路遥，导演：吴天明）

207

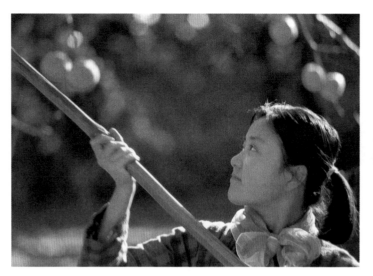

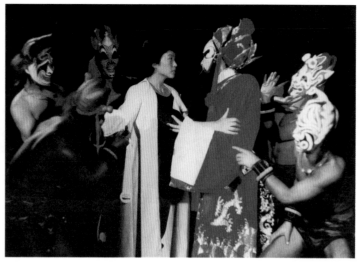

《哦，香雪》(1989年，编导：谢铁骊)

《人·鬼·情》(1987年，编剧：黄蜀芹、李子羽、宋国勋，导演：黄蜀芹)

舍，体现了一种精神，塑造了中华民族的形象：原始，落后，顽强，坚韧，具有无坚不摧的生命力。《老井》根据郑义同名小说改编，讲述黄土高原的老井村祖祖辈辈打不出一眼井，老年人就把打井的希望寄托在年轻人身上。《老井》着意从道德评价和历史评价的双重角度，去揭示那种"体现了我们民族深沉的凝聚力"和"赖以生存，并不断发展、不可缺少的精神支撑"的旺泉的牺牲精神和百折不挠、志在补天的忧患意识。《老井》以严峻的现实主义态度面对生活，体现直面人生、改变现状的勇气与使命，运用象征等现代手法，使得影片中渗透着更多真实而独特的东西。

黄蜀芹最负盛名的电影作品是《人·鬼·情》。黄蜀芹在其中深入地探讨了女性问题，有评论认为"中国若有女性电影的话，就是黄蜀芹导演的《人·鬼·情》"。影片借助一个特殊的女艺术家——扮演男性的京剧女演员的生活象喻式地揭示并呈现了一个现代女性的生存与文化困境。黄蜀芹在该片中采用了套层结构，即戏中戏。在这样一个结构当

中，这个真实的女演员传记显露出许多非常丰富的东西，正好是现代女性所面临的一种艰难的困境。这种困境有两个双重标准，一个是要求男人和要求女人不一样；另一个是要求女人在社会上和男人一样，要努力做一个成功的人，同时还要求女人要是一个女人。《人·鬼·情》在这方面有非常丰富的感性呈现，这个故事本身有一个真实的传记所不能包括的对于现代生活性别困惑的表达。

在黄健中的影片中，对人奉若神明的尊崇和对人性横遭压抑的斥责，构成他电影的人道主义倾向：《如意》(1982)、《良家妇女》(1985)、《贞女》(1987)、《一个死者对生者的访问》(1986)等，都强烈表现着立足于人本位的叙事观。《如意》是他首部独立执导之作，以内蕴的人性与人道主义精神，以挖掘"非人环境中人性的优美与善良"而广受好评。影片通过刚到学校的教师程宇刚的视角表现了一个中学老校工的一生。影片具有饱满的诗意，不但有其外部的音乐、韵律及其他形态，更重要的是它具有中国传统诗学所拥有的气质——丰富

的内涵美。这突出表现在对男女主人公迟暮爱情的艺术处理上，使影片成为对人情的大声呼唤，体现了导演对人性主题的探索和对社会历史的反思。

《良家妇女》是黄健中的代表作，以大媳妇小丈夫的畸形婚俗，表现封建陋习对人性的摧残。影片片头展示了"女"、"妇"字的甲骨文及含义，接着是一组妇女育婴、求子、裹足、推磨、出嫁、沉塘、哭丧等的浮雕，表明导演将女性命运置于民族历史文化背景中的思考。影片对人性的自由发展的深层次关注，内容与形式的完美统一，哀而不怨、怨而不伤、寓悲于美的艺术风格，使其在国际上赢得很大反响，并多次获奖。

1981年，郑洞天与徐谷明合作导演了其代表作《邻居》(导演：郑洞天、徐谷明，摄影师：周坤、顾文恺)。《邻居》把镜头对准一个建工学院的筒子楼，真实表现当时社会艰难窘迫的住房状况和由此折射的诸多时代弊端。影片通过一个常见的、普通的，然而也是富有典型意义的筒子楼内的几家日常生活展开一个真实生动的故事。它多面地反映了现实生活的真实

矛盾，描绘出一个个有血有肉的人物。它再现现实的特点在于，它并非用实景，而是在棚内搭建的布景中，通过光、色、镜头运用，场面调度模拟生活，再现生活本来面目。影片为达到纪实效果，在表现手法的"生活化"方面下了很大的工夫，例如他只使用有声源音乐并超乎寻常地突出生活音响的作用；他不依靠单个镜头的作用，而追求蒙太奇语言的无痕迹；他摒弃闪回和平行蒙太奇，而追求把故事"讲得像生活那样真实"。对于当时的观众而言，这部影片最令人震撼的不是其中对纪实手法的运用，而是编导们敢于直面现实生活矛盾的胆识。影片的情节都是紧紧地围绕着"住房"两个字展开的。在影片中，作者并没有满足于从表面上展示中国普通百姓居住条件的窘迫状态，而是将电影的"手术刀"更深地切入住房问题的内部，让我们通过分房这一活动看到中国社会生活中深刻的人际关系。影片以坦白的襟怀向人们警示，"文革"虽然已经成为过去，国家虽然渡过了一次可怕的劫难，但如果我

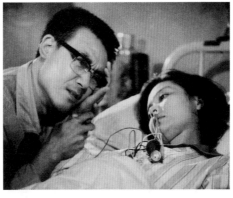

《人到中年》（1982 年，编剧：谌容，导演：王启民、孙羽）

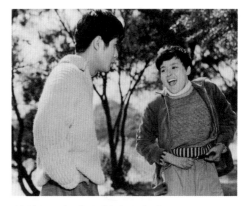

《小街》（1981 年，编剧：徐银华，导演：杨延晋）

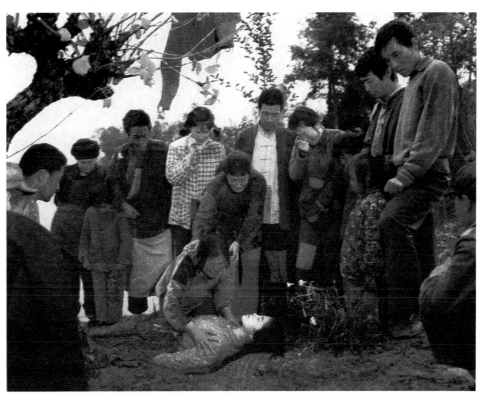

《被爱情遗忘的角落》（1981 年，编剧：张弦，导演：张其、李亚林）

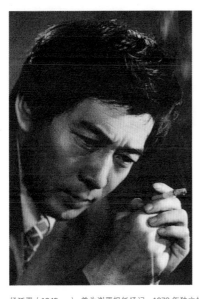

杨延晋（1945—），曾为谢晋担任场记，1979 年独立执导《苦恼人的笑》，后又陆续指导了《小街》《两个少女》《夜半歌声》《女市长的私人生活》《T 省的八四、八五年》等影片。

们不对党风党纪保持高度的警惕，没有健全的监督机制，没有畅通无阻的下情上达通道，我们的改革之路就还会面临新的危险。

郑洞天在作导演总结的时候谈到了自己"现实主义的不彻底性"。这种"不彻底性"实际上是导演对当时电影观念偏差的一种洞察。显然，纪实并不必然带来真实，无论纪实手法使用得多么彻底、多

么完美，如果影片仍然是建立在一个戏剧化的构思基础之上，就很难达到"彻底的现实主义"。电影创作中存在的主题先行使影片构思很难逃离这种以戏剧冲突为影片之本的窠臼。为了表现某一个主题，人物常常成为意念符号，剧作的基本模式就是让代表两种观念或两种行为的人发生冲突，经过冲突，符合宣传需要的一方获得胜利。《邻居》作为当时的产物，显然也

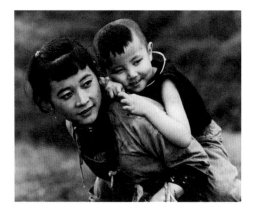

《湘女萧萧》(1986年，编剧：张弦，导演：谢飞、乌兰)

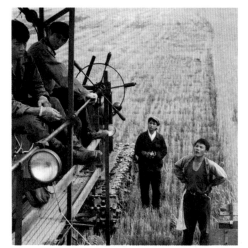

《我们的田野》(1983年，编剧：潘渊亮等，导演：谢飞)

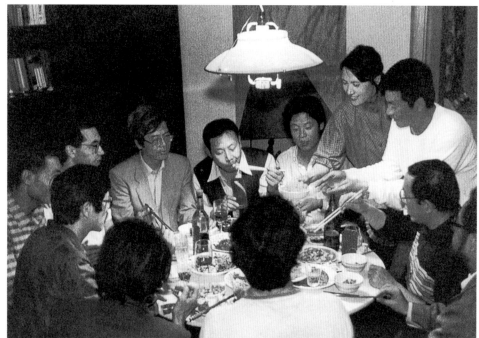

《鸳鸯楼》(1987年，编剧：王培公，导演：郑洞天)

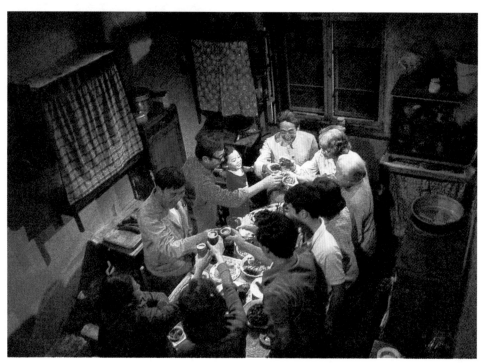

《邻居》(1981年，编剧：马林等，导演：郑洞天)

受了影响。

　　1983年，谢飞执导影片《我们的田野》，这是他独立执导的第一部影片。在该片中，他的理想主义开始反映出来，他以知识青年陈希南等人的坚定和执着来展现、颂扬理想主义。在影片中没有过多的现实主义的沉重感，而是对当时中国社会和人民精神面貌的赞扬。1986年，谢飞导演了他的女性作品《湘女萧萧》。这是一部描写中国农村童养媳命运的影片。谢飞将沈从文淡泊质朴、蛮荒可爱的湘西世界中一个痴情女的故事改写成对中国妇女循环往复命运的一曲哀歌，引发人们对传统文化、旧生活氛围中许多行为方式和观念形态的思考。在影片拍摄中，谢飞力求

做到现代美学追求与传统的叙事方法相融合，用清新明快的抒情调子，弹奏了一曲古老而富有新意的歌。影片以故事情节生动感人于1988年获法国第四届蒙彼利埃国际电影节金熊猫奖、第二十六届西班牙圣

塞巴斯蒂安国际电影节堂吉诃德奖。

　　1989年，谢飞的又一"理想主义作品"——《本命年》问世。这是一部悲剧样式和写实风格的艺术片，根据刘恒小说《黑的雪》改编。主人公李慧泉的人生经

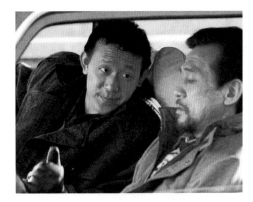

《本命年》（1989年，编剧：刘恒，导演：谢飞）

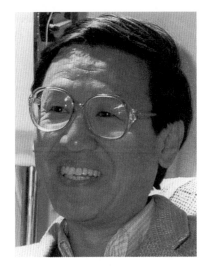

谢飞（1942—），合作导演的作品有《火娃》（兼编剧）、《向导》、《我们的田野》、《湘女萧萧》，独立导演的影片有《本命年》、《香魂女》、《黑骏马》等。

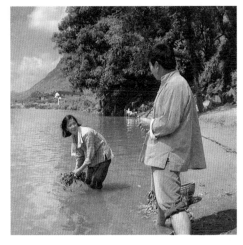

《乡音》（1983年，编剧：王一民，导演：胡炳榴）

历、他的朦胧的渴望和他偶然中透着必然的死，代表了时代交替时期人的思想矛盾与精神挣扎。影片开头和结尾都是在黑暗

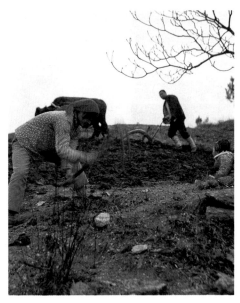

《野山》（1985年，编导：颜学恕）

角落里打架的镜头，李慧泉因为打架而进了监狱，又因为他人的打架而死。《本命年》通过对李慧泉悲剧性人生的叙述，表现对精神与生活意义的探询。

滕文骥是"第四代导演"中不断变换自己创作视点、变换创作风格的一位导演。从与吴天明合导《生活的颤音》始，他已经导演了近二十部影片，就题材、内容、艺术手法而言，都充满着变化。其中既有严肃的艺术片，如《海滩》、《黄河谣》，也有纯粹的娱乐片，如《大明星》、《飓风行动》；既有着意于探索人们精神世界的《苏醒》、《都市里的村庄》，也有反映改革潮流的《锅碗瓢盆交响曲》。

1985年，颜学恕编剧并执导了影片《野山》。影片展示了改革开放浪潮对农村中传统观念、习惯势力的不可遏止的冲击，追求严谨的戏剧结构和纪实的影像风格、真实性与倾向性的完美结合，在创造真实的银幕形象和浓郁的地域特色方面，显示出导演的才华，受到影视界的好评。《野山》根据贾平凹小说《鸡窝洼的人家》改编，

通过两个农村家庭"换妻"的故事，强有力地表现出了对现实生活的整体感受。影片更重要的意义在于它使中国当代电影在伦理道德价值取向上实现了一个艰难的超越。在此之前，传统文化在新时期电影中经历了从一味赞赏到产生困惑的过程，而《野山》则义无反顾地将传统伦理道德的束缚抛在了身后。不过，影片中由于对强大的世俗压力的描述较弱，使得影片中的这种超越多少显得轻飘飘的，甚至更像一个不具有代表性的传奇性的故事。

《野山》公映后，引起了不同反应：在当年的第六届金鸡奖评选中获得了最佳故事片、最佳导演等六项大奖；但是，在随后胡耀邦主持的中央书记处会议上，被认为影片内容与民族特性差异巨大，与当时的农村改革政策也不相符，建议第六届中国电影金鸡奖评委从社会效果和群众接受程度考虑，不要奖励这部影片。一个月以后，中国电影家协会向中宣部呈送了《关于拟公布第六届"金鸡奖"评选结果的请示》，陈述了中国影协主席团委员和金鸡奖评委对胡耀邦批示和中央书记处意见的看法，集体署名，坚持认为《野山》的获奖结果应该公布并愿意承担责任。拖延了三个月后，评委仍然没有改变意见。8月17日，中国电影第六届金鸡奖和第九届百花奖授奖大会在中国剧院举行，开创了中国电影人绝无仅有的一次"君命有所不受"的先例，也成为中国文艺界民主风气的一次很难复制的个案。

胡炳榴是第四代导演中对田园风情和传统伦理温情最为留恋的一位。由《乡情》、《乡音》、《乡民》组成的田园三部曲是其80年代最负盛名的作品。《乡情》于1981年拍摄，讲述了一个心灵美

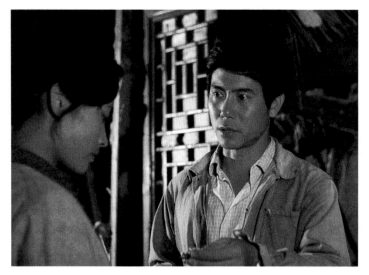

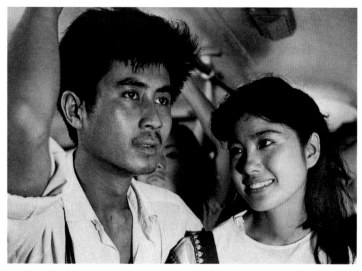

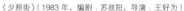
《夕照街》(1983年，编剧：苏叔阳，导演：王好为)　　《逆光》(1982年，编剧：秦培春，导演：丁荫楠)

好的农村妇女将含辛茹苦养大的儿子交还其生身父母却毫无怨言的故事。但影片吸引人的地方不在于故事本身，而是因为这是一部具有浓郁的民族文化传统的抒情写意影片。它意在表现人物含蓄和内在的美，表现他们的感情世界和主观感受。创作者从生活中准确地选择富有地方色彩和民族特点的生活细节，强化影片的生活气息、田园风光和人物的性格光彩。影片将意识流手段与我国传统的抒情写意笔法结合，运用回忆、闪回、倒叙等来提示人物内心，还借鉴中国传统诗词、绘画艺术的特点，讲究虚实结合、融情入景，通过逼真的形象表现内存的精神和不可言传的意境。其电影手法的运用和音乐的配合也努力与之相适应。

1983年和1986年，胡炳榴又先后导演了《乡音》和《乡民》。同《乡情》一样，这两部影片都充满了浓厚的乡村气息和田园牧歌式的韵味，用田园牧歌、水墨淡彩抚慰人们的心灵，思想内涵、艺术风格都达到了一定的水平。《乡音》表现了一个普通家庭平淡而富有悲剧性的生活，其中丈夫勤劳，妻子温顺贤惠，直到

妻子患了不治之症，丈夫才意识到封建夫权给妻子带来的伤害。影片曾经引起过争论，它在表现楚楚动人的传统女性陶春对家庭的依恋、对丈夫的"我随你"的依从、对孩子的慈爱之时，显然要借破旧又古老乡村的火车所代表的现代文明来对比她守旧的事实，然而导演在陶春身上所寄予的同情也是显而易见的。

到80年代中后期，中国电影观念经过第四代的集体"补课"，已经大大缩小了与世界电影的差距。这些受到国外影响的电影美学资源经过第四代的创作实践，在一定程度上已经变成有效的本土话语，参与阐释和提高本土电影实践。他们对以谢晋为代表的老一代导演的超越，对于中国电影从传统创作范式中走出来，回归电影的艺术本体，更新中国电影的视听语言，都起到了重要作用。但是，第四代对纪实美学的过于迷恋，对历史与现实的过分温情，对古典主义的执着怀念，对电影传统的依依不舍，却注定了要孕育一个更加彻底和更加决绝的新一代电影人。1984年，当第四代还继续活跃在影坛中心的时候，新的这一代电影人果然诞生了，而且是横

空出世，在一定程度上创造了中国电影的新阶段。

第四节

第五代的横空出世与新电影时代

从思想解放运动、启蒙主义思想、现代主义思潮的洗礼，到中国社会政治、经济、文化的全方位的历史反思和现实改革，再到第四代对传统电影观念的质疑和现代电影美学的探索，这样的背景为一批在70年代末开始接受艺术教育、80年代中期开始电影创作的电影人提供了一个历史性的契机。正是这一契机，创造了后来中国所谓的第五代导演，也在80年代中后期创造了《一个和八个》、《黄土地》、《黑炮事件》和《红高粱》等一批在文化理念和电影理念上都与传统电影产生了根本性超越的经典电影。1982年，北京电影学院举行78级毕业生毕业典礼，院长成

萌、副院长张客首次向"文革"后第一次招收的4个系5个专业的153名应届本科毕业生颁发学士学位。其中，有后来被称为中国电影第五代的众多代表性人物，如张艺谋、陈凯歌、田壮壮、萧锋、何群、顾长卫、侯咏、张丰毅、方舒、陈国星等等。张艺谋曾经说：第四代经历的是成长中的创痛，而第五代则是在创痛后成长。第五代电影把第四代"向历史赎回人质"的观念抛弃了，鲜明地树立了叛逆者的形象，尽管后来遭到了来自各方面的抨击，但却像一柄开辟了一个时代的"双刃剑"。正是在电影美学上对戏剧化的影像模式和在意识形态上对权威拯救的叙事模式的反叛，确定了"新电影"在中国电影发展历史中的边缘性、前卫性、先锋性和探索性，使它与当时的中国现代主义艺术一起，成为了中国思想解放运动十分重要的一环，在意识形态观念和电影观念两个方面改变了中国电影的品质。

一、《一个和八个》与第五代的崛起

1983年冬，刚刚从电影学院毕业不到两年的张军钊、张艺谋携带他们的《一个和八个》从广西来到北京试映。影片风格独特、观念新颖，悄然宣告了一个由第五代所代表的电影时代的来临。

《一个和八个》是根据郭小川的同名长诗改编。影片叙述的故事是在抗日战争中，八路军指导员王金被叛徒诬告为奸细和八个犯人关押在一起，他们有的是土匪，有的是逃兵，还有投毒犯和奸细。王

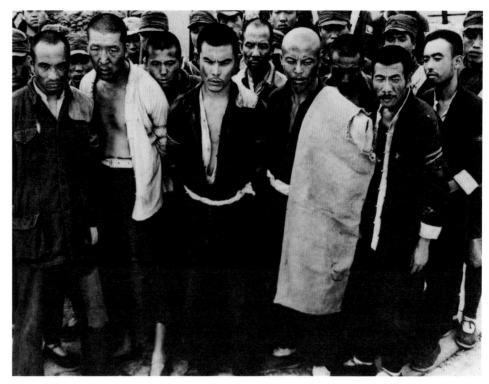

《一个和八个》（1984年，编剧：张子良、王吉成，导演：张军钊）

金用自己的行动证明了对党的忠诚，还影响了这些犯人。在转移过程中，他们遭遇了日军，王金英勇战斗，土匪和逃兵们也奋力杀敌。在女卫生员杨芹儿险遭敌人污辱时，土匪瘦烟鬼用最后一颗子弹保全了她的纯洁，而他自己也随即被杀害。

影片对郭小川的长诗作了创造性改编：在原诗中，王金是主角，影片中对这八个罪犯作了有重点的群像式刻画，将王金与罪犯们的关系发展为有强烈情节性的灵魂撞击；其二，影片增加了杨芹儿这一角色，并据此构思了全剧的高潮戏即杨芹儿之死。

影片最具震撼力之处是结尾：瘦烟鬼颤抖地将最后一颗子弹射向杨芹儿，杨芹儿无声地趴在地上，没流一滴血。瘦烟鬼泥塑般站在鬼子面前，一字一句地说"老子——中国人！"说完扔掉枪，脱掉小褂扔向空中，转身向远处走去，走着走着，他佝偻起身子，慢慢咳

嗽起来，一声干涩的枪声响起，他倒了下去。

瘦烟鬼的这一枪被认为不仅是为了维护一个女性的纯洁，也是为了一个民族的尊严不被玷污。这一枪使人们突然意识到原来罪恶与善良是同在的，这一枪也同样惊醒了中国电影界的艺术家们。

关于这一部影片的论述众多，但对于影片的创作初衷至今已很少被人提起，或许同为第五代导演的陈凯歌的描述能够在一定程度上作为代表："能使这部影片远远超过其他许多影片的特征，首先在于它是多年来想见未见的言志之作。……要冷静地把它看做一部不同凡响的电影，还不如把它看做一段路，我们大家都在上头走过。影片里头的苍茫大地，是受过难的中国。银幕上面各形各色的人物，他们的怯弱、盲目乃至勇敢和献身，他们身上沉重的负担和一点点的向往，是包括了我们自己在内的一

213

个民族。"[11]

影片就题材而言，像后来的《黄土地》、《晚钟》等一样，都可以被看作所谓的"革命历史题材"，这使其在主导文化体系中具有合法性。然而，影片事实上已经很难读出确切的政治内容。正是这种合法性，为影片对电影传统的叛逆奠定了可能性。在新中国电影中，"指导员"，像"政委"、"书记"、"党代表"一样，从来都是伟大力量的化身，是影片中的拯救者、权威、引路人、导师。但是在这部影片中，他却成为了囚徒，而且是成为了自己所代表的政治力量的囚徒，他从拯救者变成了一个需要像他的敌人证明自己的品格的人物。新中国电影"权威拯救"的模式在这里受到了明确的挑战。

在这部电影的摄影阐述上，写着这样一句话："在艺术上，儿子不必像老子，一代应有一代的想法。"摄影师张艺谋1998年在谈到他参与拍摄创作的这部影片时回顾说："(当时)在电影的表达形式和如何拍电影这种最简单的问题上，常常出现很教条、很固定的东西。我们认为很陈腐、很愚蠢，所以《一个和八个》是针对这种迂腐的背叛。……《一个和八个》可以简单地说是针对当时的那种娘娘腔的、那种粉饰的、那种矫揉造作的电影的反抗。《一个和八个》的思想内涵其实不深，它的故事叙述也不是多么独到，人物塑造也不是那么突出，就是以那么拍电影来造反。"[12]

影片充分显示了电影造型的魅力，采

[11]陈凯歌：《秦国人——记张艺谋》，《当代电影》，1985年第4期。
[12]叶坦：《"电影是感情性的东西"——与张艺谋的谈话》，《电影艺术》，1998年第3期。

用对比度最强的黑白两色，有意制造出版画般的效果，刻意避免亮色和暖色；在摄影方面，多次采用富于冲击力的静态画面，使人物造型如同雕塑般。影片还避免那种非真实的唯美做法，人物面容粗糙且肮脏，嘴唇干裂。总之处处打破传统范式，大胆运用不完整的构图，在画面上有意打破平衡，造成异样的视觉刺激。

作为第一枪的发起者，《一个和八个》的代价是在层层审查中被删改了97处之多。在正式公映片中，这种极具历史凝重感和悲剧震撼力的结尾变成了一个相对平庸得多的版本：瘦烟鬼独自一人，把日本鬼子全部歼灭，救出杨芹儿。幸好广西制片厂在后任领导的组织下，历时半年多，按原版重新剪辑了原片的拷贝。或许是因为这个原因，影片导演张军钊这个最早举起探索大旗的人，最终没有继续这条道路，也因此被电影界之外的人遗忘。1985年以后，他又相继拍摄了影片《加油，中国队》和《孤独的谋杀者》，均反应平平。1988年，他拍摄了具有"体验片"和"心理片"特征的《弧光》，虽

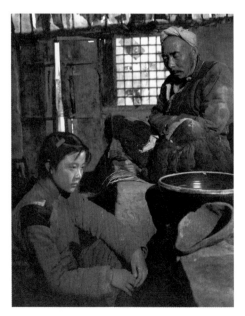

《黄土地》（1984年，改编：张子良，导演：陈凯歌）

然具有强烈的隐喻性和探索性，但是，其前卫性已经被几乎同时的张艺谋的《红高粱》所替代。中国电影的现代主义运动在留下了影响深远的文化遗产以后，在80年代末期已经走向了终结。

二、《黄土地》与第五代经典

在很多人的印象中，陈凯歌是第五代的掌门人，而他的名字首先是伴随着《黄土地》被人知晓的。该片1984年由广西电影制片厂摄制，陈凯歌导演，张艺谋担任摄影，一大批后来所谓的第五代的中坚都参与了这部影片的创作。

影片描写抗战时期八路军的文艺工作者顾青，从延安到山区采风，寄宿在一个贫苦农民家中。这家的女儿翠巧为了葬母和给弟弟憨憨定亲，与一个比她大得多的男人定了亲。顾青带来的新生活的信息使她心中萌发了反抗的种子。碍于部队上的纪律，顾青没有答应翠巧的要求将她带走。顾青走后，她被迫出嫁。怀着对新生活的憧憬，她夜渡黄河，最终带着歌声，消失在黄河的浪涛中。

影片故事原型是柯蓝的散文《深谷回声》，原来是一位八路军战士对革命战争年代的一段难忘往事的回忆，有温情，但更突出革命。其后张子良将其改编为电影文学剧本《古原无声》，主人公由八路军战士变成了翠巧，剧本叙述的是一个陕北少女反抗封建婚姻、追求自由爱情的悲剧故事。

而影片的主题"黄土地"是在主创人员经过千里走陕北后才最终确定下来。影片在表层结构上，表现在旧中国落后、愚

昧的历史、地理条件下一个觉醒了的抗婚女子的悲剧命运；在深层结构上，努力使观众为潜藏在深沉、浑厚土地之中的民族苦难的生活、蓬勃的生机和深厚的力量所震撼。

有论者将此片与《柳堡的故事》进行比较，二者就故事层面和人物设置等极为相似，都是讲述一个革命者来到未被解放地区，遇到一位希望摆脱自己困苦命运（主要是封建婚姻）的女性，后者出于对革命和新生活的向往投身革命。只是《柳堡的故事》中二妹子获得了成功，而《黄土地》中的翠巧却被激流吞噬。主人公不再生活在温暖的革命大家庭之中，而是处于无助的困境中。由此便可看出在第五代电影中，那个万能的代表"新的政治力量"的所谓救星、所谓拯救者已经历史性地退场了，像《白毛女》、《红色娘子军》等新中国电影所建构的意识形态模式已经失去了原来的权威性。代表"进步"力量的顾青，其力量是有限的，而代表被拯救民众的翠巧，其命运是难以救赎的。如同《一个和八个》一样，新中国电影那种"权威拯救"的模式再一次被颠覆了，剩下的只是小憨憨在逆流而动中所隐约可见的那只渴望被救赎的小手。

影片有意识地突破戏剧式的故事讲述方式，同时也摆脱对前一段电影纪实风格的单一追求，以造型和情绪来建构影片。陈凯歌曾作过这样的表述："电影可以拍小桥流水、江南秀色，也可以反其道而行之，搞点有力度的东西，表现一点粗犷的阳刚之美。……影片的主旨不是一般性地讲述一个有头有尾的故事，而是想在更深的层次上，对我们的民族性进行探索。要完成这一命题，一般意义上的纯写实手段

已经显得不够用了；从影片的整体来看，是大块写意和大块写实的结合。"[13]所以，《黄土地》的叙事风格是相当诗化的，影片的情节线已经被压缩到最单一，而翠巧被迫结婚、逃离夫家等情节高潮都被淡化或省略。腰鼓和求雨两段虽然在叙事以外，但又恰恰在情绪逻辑之中。循环的叙事结构在表达这层意义上起了很大作用：影片以一个婚嫁仪式开始，又以同样的婚嫁仪式决定了翠巧的命运；顾青来了，走了，又回来了；翠巧一家日出而作日落而息，周而复始地在土地上耕种。

1985年，《黄土地》先后在瑞士洛迦诺国际电影节获银豹奖，在英国伦敦电影节获萨特兰杯奖，在法国获三大洲电影节摄影奖。第五代也因此成为一个国际性的电影现象，同时第五代后来所采用的国际影展路线也因此开端。后来的影评人士常常用"惊喜"二字来概括《黄土地》对中国影坛的影响，不过这个词汇似乎尚不足以说明影片的魅力。新时期的电影由于有了"文革"的参照，惊喜不断，轰动影坛的影片也不在少数，那些轰动和惊喜在今人看来已经平淡甚至不可理解，而《黄土地》的镜头语言在当时确实具有震撼人心的冲击力。

张艺谋在《黄土地》的摄影阐述中写道："我们想表现天之广漠，想表现地之深厚；想表现黄河之水一泻千里，想表现民族精神自强不息；想表现人们从原始的蒙昧中焕发出的呐喊和力量，想表现从贫瘠的黄土地上生发出的荡气回肠的歌声；想表现人的命运，想表现人的感情——

爱、恨、强悍、脆弱、愚昧和善良中对光明的渴望和追求……我们追求的风格'是拔地而起的高亢悠扬的信天游，是刀砍斧剁般的沟沟壑壑，是踏蹬而来的春雷般的腰鼓，是静静流淌的叹息的黄河'；我们所追求的色彩是'黄、黑、白、红——黄是土地，黑是衣裳，白是纯洁，红是向往'；'构图不求奇特大胆，而求朴实完整'；'充满画面的红色、强化的视觉冲击力，造成情绪上的跌宕起伏，形成节奏'。"[14]

《黄土地》确实实现了这种宣言式的阐述，充分利用了画面的造型力量，把生活在黄土高原上的人们的渴望和追求表达出来了。影片中的祈雨、腰鼓场景，高亢而振奋，仿佛要唤醒沉睡的黄土地、滞重的中国。在影片中，对造型的追求和对人的关注、对民族历史命运的紧密结合，创造了"用镜头说话"的崭新境界。

同样到达这种境界的还有后来的一大批作品：这是在高粱地里行走的山东汉子，吼着嘹亮的"颠轿"曲；是高粱地里的野合，是"我爷爷"逆光中的黑色形象，是铺天盖地的红色（《红高粱》，1987年）；是广漠草原上纵马奔驰的马贼，呼啸的声音激荡在天地之间（《盗马贼》，1986年）；是压抑严整的四合院，是白雪皑皑屋顶上行走的颂莲，是西皮流水的音乐一直萦绕，恐怖而又阴森（《大红灯笼高高挂》，1991年）；是染坊中从天而降的红色染布，仿佛要遮挡人间的罪恶和灾难（《菊豆》，1990年）

[13]罗雪莹：《怀着深挚的赤子之爱》，转引自《话说〈黄土地〉》，中国电影出版社，1986年，第277页。

[14]罗雪莹：《我拍〈黄土地〉——张艺谋谈〈黄土地〉摄影体会》，转引自《话说〈黄土地〉》，中国电影出版社，1986年，第285页。

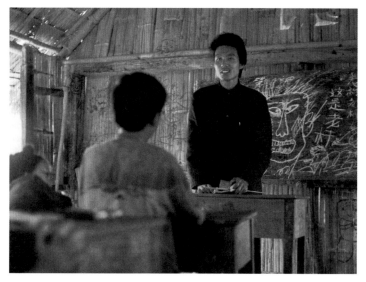

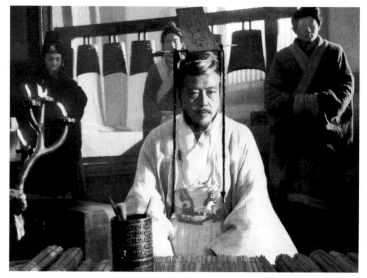

《孩子王》（1987年，编剧：陈凯歌、万之，导演：陈凯歌）

2000年，陈凯歌导演的《荆轲刺秦王》，陈凯歌（中）亲自扮演吕不韦。

三、第五代的标志性人物

1. 电影"思想者"陈凯歌

他导演了有张艺谋等后来许多著名第五代电影人共同参与的第五代的标志性影片《黄土地》。此后，他陆续导演了《大阅兵》（1986）、《孩子王》（1987）、《边走边唱》（1991）、《霸王别姬》（1993）、《风月》（1996）、《荆轲刺秦王》（1999）、《和你在一起》

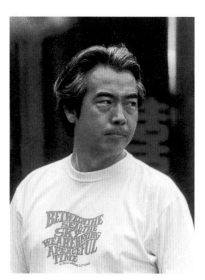

陈凯歌（1952—　），曾用名陈皑鸽。导演的作品有《黄土地》、《大阅兵》、《孩子王》、《边走边唱》、《霸王别姬》、《风月》、《荆轲刺秦王》、《和你在一起》。

（2002）、《无极》（2005）、《梅兰芳》（2008）、《赵氏孤儿》（2010）等。80年代他所导演的影片被看做第五代电影的重要代表，而90年代以后导演的影片则表明了第五代在全球化背景下从文化电影向商业电影的自觉转型。

陈凯歌的追求与同代人有鲜明的区别。在早期影片中，极端的电影构图、深刻的哲理探讨、近乎呆滞的节奏都分明叙说着一个"电影哲人"的严肃和执着，这在第五代中是无人可以比肩的。

《黄土地》之后，陈凯歌拍了自认为"失败"的《大阅兵》。影片描写了几个出身、性格、教育、思想有差异的年轻战士在参加阅兵训练中的不同情绪和表现，以及领导对他们的不同反应。对于影片创作初衷，陈凯歌说道："这部影片涉及个体和群体、个性与共性的关系，但很多人并没有看出我真实的倾向性，我实际上是不赞成笼统地提倡大群体的所谓集体主义精神的。就广义的生活而言，世界上每个人都处在阅兵的序列中，阅兵的训练要求消灭个性，这在每个国家都一样，可是中国目前恰恰是要求个性发展的时代。在这部影片里，我希望我们每一个战士都是有个性的，他们为祖国、为民族而战，同时也是为自身的信念而战。"[15]

然而，由于影片主题进入了主流意识形态中弘扬军魂国魂、军威国威的轨道，并且采取了带有较强戏剧冲突的叙事方式，导演的企图几乎被湮没。不过，影片中，那种个体性利益与群体性要求的冲突，依然传达了一种人性与政治的整体性之间的悲剧性张力。正是这种张力和强烈的影像造型感使影片于1987年在意大利获都灵青年国际电影节大奖。

1987年，《孩子王》问世，这部影片也是陈凯歌寄予了厚望的作品。影片讲述一位知青被抽调到农场中学教书，最后因他没有按教学大纲和课本内容教学而被解职的故事。影片原著《孩子王》的作者阿城是陈凯歌最欣赏的小说家，而《孩子王》

[15]罗雪莹：《银幕上的寻梦人——陈凯歌访谈录》，转引自《敞开你的心扉——影坛名人访谈录》，北京知识出版社，1993年。

所表现的北京知青在云南的生活又恰好是陈凯歌的一段经历，影片故事所包含的文化反思主题又正好是陈凯歌的兴趣所在。

《孩子王》的主人公性格内向，喜欢观察与思考。这部影片中多次出现的字典，是传统文化的象征。"夜读字典"的段落集中地表达了对传统文化的批判。陈凯歌在阐明他的创作意图时说："孩子王翻阅字典时，由八个人、五个声部反复诵唱《百家姓》、《千字文》、《孟子见梁惠王》上篇中的两句话以及乘法口诀等音响交织，充分体现了传统文化重复僵死的东西。"

影片对生命和文化意义的深刻反思赋予整部影片浓厚的文化哲学意味。生命与文化在影片中构成了一种对立关系。山上的野火、流动的云彩、放牛的孩子和走动的牛群，一切富有生命力的东西都是无声的，生命的世界是一个沉默的世界。而文化则是一个有声的世界：写字声、读书声、唱歌声。可以这样理解，文字符号是先人为了更好的生活而创造的，但而今学了这样一些文字，就限制了生命的存在。它超越了一般的社会问题，提出了文化是人的生命创造，但文化又制约了人。一种充满道家哲学的关于天与人的主题，使《孩子王》具有一种浓厚的文化哲学意蕴。

从《黄土地》、《大阅兵》到《孩子王》，已经能够看出陈凯歌在80年代，换句话说在电影作为艺术的黄金时代的追求，深刻的文化内涵和真切的人文关怀是陈凯歌电影的最大特点。陈凯歌从同时代的文化寻根热中受到启示，以其一贯的对于人的关注，带着一种相当冷峻和焦灼的目光去寻找人在民族文化中的根。无论他电影的主题是人与土地（《黄土地》）、

个人与群体（《大阅兵》）还是人与文化（《孩子王》），归根结底，陈凯歌一直在寻找人、人性与环境的关系，对自然环境、社会环境、文化环境对人、人性、人的生存的制约和束缚以及人为了克服这种制约和束缚的努力都表达了诚挚的关怀和思索。

但是，到80年代后期，陈凯歌这种对人的热切关怀和思考似乎并没有得到相应的回报。他影片中强烈的表意色彩使其不仅丧失了中国观众，也开始在国际电影展上失去了支持。1987年，《孩子王》参加柏林电影节，结果代表第五代终结的《红高粱》捧回了金熊奖，而《孩子王》获得的是记者们带调侃式的"金闹钟"（冗长乏味影片）奖。文化哲学将陈凯歌的"思想电影"送上了终结之路。

从《霸王别姬》开始，陈凯歌的影片开始与以往有很大的差别。在这部电影中，他采用了一个经典的套层结构，其中有两个舞台：一是京剧舞台，在上边，段小楼和程蝶衣从民国初经历北阀到抗战再到解放军进城直到"文化大革命"以后都在表演中国京剧的名篇《霸王别姬》，在不同的时代讲述相同的生离死别的古老故事；另一个舞台则是广阔的社会生活，变动的政权和生生死死的人群构成历史轰轰烈烈的场景。在前一个舞台上，戏剧中的两性（霸王和虞姬）和现实中的两性（小楼与菊仙、小楼与蝶衣）的矛盾纠结着，并且至情至性的蝶衣把舞台上的戏剧搬演到生活中来了；在后一个舞台上则是历史的变迁，它构成了我们所听到、看到的历史。两个舞台对照，人性与历史、历史与人性交叠在一起，不再是一部深奥的哲理电影，而是一部具有一定史诗品格的情

节剧。

实际上，陈凯歌已经放弃了自己的精英立场，《霸王别姬》自觉地尝试一条商业化的道路。《黄土地》、《晚钟》、《孩子王》等哲理电影"曲高和寡"的尴尬与张艺谋的《菊豆》、《大红灯笼高高挂》，田壮壮的《大太监李莲英》，周晓文的《最后的疯狂》、《疯狂的代价》，吴子牛的《大磨坊》等情节剧电影的热闹形成了鲜明对比，陈凯歌自觉地进行着身份的转型。

在《霸王别姬》中，京剧是国人熟悉的传统艺术，那高度简约化和抽象化的动作、那婉转多样的唱腔，使人们愿意接受发生在"英雄美人"故事中的"戏子"故事，

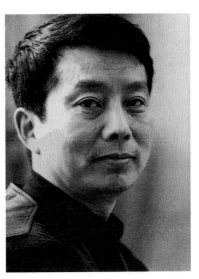

黄建新（1954— ），导演的作品有《黑炮事件》、《错位》、《轮回》、《站直了，别趴下》、《背靠背，脸对脸》、《埋伏》、《说出你的秘密》、《谁说我不在乎》等。

此其一；利用人们对政治禁忌的好奇，在第五代的作品中正面表现"文革"，此其二；畸形的同性关系和"戏子、婊子"的爱情，构成了故事的奇观，此其三。凡此种种，实际上是商业影片所需要的因素和程式。第五代在转变着，陈凯歌也在转变。从此，在全球化的道路上，从来都有一种

中心和主流情结的陈凯歌努力寻找着自己在大众消费文化中高大的位置。

2. 黄建新的中国式"黑色幽默"

虽然黄建新也是第五代导演，但是他的作品在整体风格上与第五代模式又迥然不同，这似乎也可以说明一个事实：第五代是以反叛旧的电影语言和模式而集结在一起的，被命名的原因大部分是因为在同一时期拍片，对电影界和社会形成了强烈的冲击。对他们自己而言，个人的机遇、禀赋、对社会的认识以及表达的能力却制约着他们，使艺术追求大异其趣。

黄建新创作的作品有《黑炮事件》（1986）、《错位》（1987）、《轮回》（1988）以及90年代以后的《站直了，别趴下》（1992）、《五魁》（1993）、《背靠背，脸对脸》（1994）、《红灯停，绿灯行》（1996）、《埋伏》（1997）、《说出你的秘密》（1999）、《谁说我不在乎》（2000）等。2000年以后，他更多地担任了电影监制的角色，如《墨攻》、《投名状》等等。除了《五魁》之外，黄建新几乎所有的创作都是以城市的生活为反映对象，这与第五代向"乡土"和"宅院"素求文化的根底迥然不同。

黄建新80年代的代表作是《黑炮事件》。《黑炮事件》于1985年摄制，开启了黄建新用黑色幽默的方式探索富于哲理性的人生命题和社会命题的独特思路。工程师赵书信在外出差时丢失一枚中国象棋——"黑炮"，为了寻回黑炮，他给旅馆发了一封电报，电报引起公安部门的警惕，他受到审查。

《黑炮事件》的结构是对侦破片样式的"戏拟"。影片开头是一个行踪诡秘的男子在漆黑的雨夜发出一封神秘的电报："黑炮丢失，300寻找。"这种结构和具有高度警惕性的周玉珍形象构成了对"以阶级斗争为纲"这一政治话语的反讽。

《黑炮事件》最大限度地满足了知识分子的"期待视野"。相当多的评论指出这部影片的成功之处在于塑造了一个缺乏主体意识的知识分子形象。"在黑炮事件的笃信以及执行者党委书记周玉珍与其受害者赵书信之间，存在着的不是任何意义上的冲突与对抗，而是一种别具意味的和谐与默契，一边是猜忌、武断、刚愎自用的家长式管理，一边是谦卑、服从、将屈辱视为考验的孩童般的忠顺。"[16]

中国现代化目标的确立，使知识分子受到前所未有的重视。相应地，知识分子的个人意识也逐渐觉醒。正是在这样的社会心理背景下，出现了《天云山传奇》、《牧马人》、《人到中年》等一批关于知识分子历史命运的影片。而在其主人公的遭遇受到广泛同情的同时，许多评论者又对影片所体现的对驯服人格的赞美进行了尖锐的批评，并对"主体性"发出呼唤。从许灵均、罗群到赵书信，知识分子形象的演进有社会认识方面的必然。影片深刻表现了知识分子处处被蔑视、被人玩弄于股掌的政治地位。

影片的结尾，由西方引进的WD工程被毁为一堆废料，国家几百万元投资毁于一旦，由此表达了尊重知识分子的主张，

同时成为"知识即权力"这一西方话语的叙事呈现。不仅如此，联系着80年代中后期精英文化的核心话语：中国将在世纪之交走向世界，意味着中国将在第三次浪潮中一举跨入后工业社会，期间必然发生的权力转移之一是"穿白大褂的新神"（科学家或知识分子）的登基继位，知识分子在城市、工业空间中的登场便成为别出心裁的意味的变化。而在影片中，工程师赵书信尽管被称为类型化的、可爱的中国知识分子，但他无疑不具有继位为新神的资格。在潜在的西方现代社会语境的参照下，影片所提示的是经典的大陆社会政治格局，尤其是传统的中国文化造就了所谓"赵书信性格"——一种残缺人格。尾声中多米诺骨牌的场景，不仅暗示着受害者赵书信正是"黑炮事件"这一连锁反应中有机的一环，而且以一个清晰的视觉线段将赵书信与一个胖嘟嘟的小男孩连接在一起——在现代社会与文化意义上，赵书信无疑还不是一个成年人。[17]

在影像上，正如有的学者所分析，《黑炮事件》挣脱了纪实主义的缰绳，灵气逼人地处理了当今中国社会极为严肃的政治主题。它采用超常的角度、变形的技法，试图在忠实于外部世界整体真实的基础上，创造富有表现力的寓言视觉效果，使观众获取某种引申性的意象。[18]与第五代导演的其他作品一样，本片体现了第五代对电影语言的探索。影片摄影没有采用通常的景深透视，而是拍摄室内时就正面拍摄一堵墙，拍外景时用巨大的机械设备

[16]戴锦华：《雾中风景》，北京大学出版社，2000年，第196页。

[17]戴锦华：《雾中风景》，北京大学出版社，2000年，第197页。

[18]徐庄等：《〈黑炮事件〉纵横谈》，《当代电影》，1986年第3期。

把画面堵住，不让人看到远景的延伸。在电影的色彩与光线方面有意不采用富有层次的表现方式，而是采用富于视觉刺激效果的大色块和正面光，以此象征和渲染影片的意味。

在当时，《黑炮事件》获得的反响和社会承认度远远超过任何一部探索影片。虽然影片被视为荒诞的，但故事却是极具现实性的。在一个传统的功能性的故事上，导演用了许多加强文化标志性的表现单元，如用白色的会议室和大钟表现一种冷漠的官僚主义和个人判断力的丧失，用红色的反复作为一种危险的预示和一种焦躁不安感觉的传达，而结尾的多米诺骨牌又试图将整个事件抽象化，以使故事跳出就事论事的问题剧范畴，来表达作者对社会机制、文化特征的一种不很明确的感觉。[19]

1986年，黄建新又拍摄了《黑炮事件》的姐妹篇《错位》。在影片中，工程师赵书信升为某局局长后，整日陷于文山会海之中。一日，他做了一个可怕的梦：他被无数麦克风、文件所包围，被浓密的白烟吞噬着。三个黑衣人将他送进手术室，医生持刀向他喉咙刺来……

黄建新在自己的导演阐述中写道："宁愿在探索中失败，不愿在保守中苟安。"这似乎就已经预见了这部影片后来的失败。专家和观众都对这部影片表示不满。有评论说：这部影片与当时整个中国电影的前卫热是一致的，人们如饥似渴地生吞活剥西方的现代派或后现代派电影，

从中汲取多种实验性的风格技巧；同时也把西方的后工业、后现代化社会的特征移到中国的现实生活中，寻找同西方社会类似的异化现象，以此来作为电影现代化的依据。换言之，《错位》的失败并不在于它的现代主义的外部风格，而在于它的异化观恰恰是脱离了中国的历史情境的那种异化观。[20]

1988年，黄建新拍摄了《轮回》。影片以情节剧与心理剧结合的形式表现物质生活富裕后产生的精神危机现象。在导演阐述中，黄建新认为：《轮回》是一部这样的作品，是悲观又乐观，在严峻现实中又蕴藏着理想，用现实手法夹杂着心理现实手法拍摄的一部让人哭笑不得的电影。[21]影片根据王朔的作品《浮出海面》改编，试图站在人文知识分子的立场去改造王朔小说，其结果被认为是拍得最不像王朔小说的电影。主人公石岜虽然在身份上是市民，却被视为更像知识分子。石岜代表着启蒙主义的个性解放和个人主义，而当黄建新对个人主义和个性解放流露出赞美之情的同时，又对它最现实的价值观——追求财富发出了禁令。

《轮回》是一部在结构和思想观念乃至制作观念上充满裂痕与自我矛盾的影片。它恰好反映了80年代末开始的文化转型所特有的精神现象。就其表现的城市生活和透露的文化冲突，《轮回》在黄建新的作品序列中也带有转折性的特点。在《轮回》中，我们看到一个背着沉重的理想主义、道德主义十字架向市场经济迈进

的城市人。

应该说，从《黑炮事件》开始，黄建新的创作就表现出浓厚的黑色幽默风格。《黑炮事件》以一个看似荒诞的故事表达政治体制对人的迫害；《错位》则把这种人的异化直接呈现为"机器人"与人的对立以及对人的权利的剥夺；《轮回》拍摄于商品大潮来临的时候，把社会进步所付出的代价和现代人的精神漂移联系起来。这些前期作品看起来是与当时的社会现状相适应的。他的影片擅长探索民族文化心理以及政治模式对人的禁锢所造成的异化，侧重的不是对现实的直接模仿，排除对现实直接再现的迷恋，注重人物在特定环境下的心理变化；在叙事方式、结构方法和电影形态等方面和传统的影片有很大不同，是一种素描式的当代中国城市人心态恍惚的记录。

进入90年代以后，黄建新的电影像所有第五代的电影一样，在保留了大量的探索经验之后，回到了常规电影美学路线，但是他那种黑色幽默的风格却依然保持在后来的作品中，只是前期的那种具有现代主义品质的冷嘲到《埋伏》、《谁说我不在乎》等影片中变成了颇有后现代意味的热讽。

《站直了，别趴下》奠定了黄建新90年代以后创作的基调：把镜头对准"小人物"，展示他们在中国从一个政治社会向经济社会过渡中的换位、尴尬、失落和身份认同。在《背靠背，脸对脸》中，为了争得一个郊区县文化馆"正科级"的馆长职务，剧中人物王双立机关算尽但最后还是人算不

[19]马军骧：《从谢晋到新潮电影——两种叙事结构和两种文化构型》，《北京电影学院学报》1988年第2期。

[20]柴效锋等：《第五代导演丛书——黄建新》，湖南文艺出版社，1996年，第432页。
[21]柴效锋等：《第五代导演丛书——黄建新》，湖南文艺出版社，1996年，第404页。

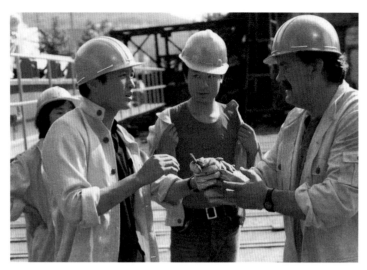

《黑炮事件》（1985年，改编：李唯，导演：黄建新）

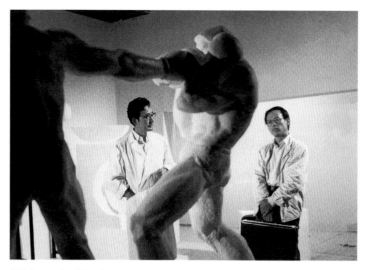

《错位》（1986年，编剧：黄钦、张敏，导演：黄建新）

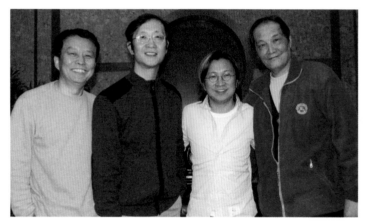

与导演黄建新（左一）、陈可辛（右二）、郑洞天（右一）合影

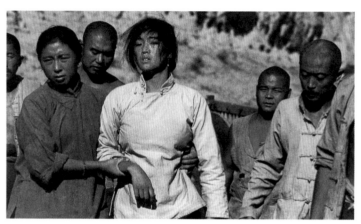

《红高粱》（1987年，改编：莫言，导演：张艺谋）

如"天"算，落到了赔了夫人又折兵的下场：在市委组织的民意测验中，他投了自己一票，遭到上级领导的批评；把土里土气的老马挤走，自己注目已久的馆长位置却被秘书占有；把秘书的名声在群众中搞坏以后，出差回来，人家又官复原职……政治是一个旋涡，而王双立的水性却迟迟得不到证明，是水性确实不好，还是旋涡太危险，王双立始终没有搞懂。小人物在政治游戏中的悲惨命运被刻画得入木三分。

直到《谁说我不在乎》，黄建新一直在"幽默"地表现着处在历史和现实、期待和命运的夹缝中的小人物们生活的无奈和执着。现实世界是一个舞台，而每个个人只是这个舞台上不知道脚本的配角演员，不管如何表演，成败都并不取决于自己；也像木偶，我们虽然在尽心尽力地表演但线头却不知道牵在谁的手上——这就是黄建新不动声色地，有时甚至还故意恶作剧地微笑地讲述的当前中国人的故事。这分明是中国式的黑色幽默，让人欲哭无泪、欲笑无声！这种"幽默"用它的黑色，传达了一种悲悯和关切的现实感，也传达了一种无可奈何的对现实的宽容和忍耐。

3. 美轮美奂的张艺谋

在第五代导演中，张艺谋天生是个传奇式的人物。在十几年的创作中，他的

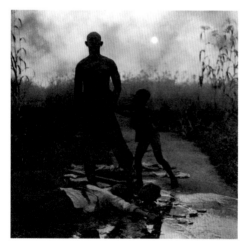

《红高粱》（1987年，改编：莫言，导演：张艺谋）

影片一直是第五代的标志，并且在他自身的转变过程中也是如此。由他参与摄影、导演和表演的第五代作品有：《红高粱》

（1987）、《代号美洲豹》（1989）、《菊豆》（1990）、《大红灯笼高高挂》（1991）、《秋菊打官司》（1992）、《活着》（1994）、《摇啊摇，摇到外婆桥》（1995）、《有话好好说》（1997）、《一个都不能少》（1998）、《我的父亲母亲》（1999）、《英雄》（2002）、《十面埋伏》（2004）、《千里走单骑》（2004）、《满城尽带黄金甲》（2006）、《三枪拍案惊奇》（2009）、《山楂树之恋》（2010）等。

1982年，张艺谋参加《一个和八个》的拍摄，就初次展现出其对电影语言的良好感觉。《黄土地》的拍摄使他获得1984年金鸡奖最佳摄影奖，《老井》使他获得第二届东京国际电影节最佳演员奖，第一次执导电影《红高粱》就在西柏林国际电影节获得金熊奖。在五年内他从摄影、演员到导演，被誉为全才、奇才。

《黄土地》带给国内电影界的冲击首先是视觉和影像上的。影片一改中国影片以人物表演为核心的视觉形象，而将大量似乎与塑造人物和表现情节没有太大必然联系的造型作为主角：广阔绵延的黄土高原，气势雄浑、波涛汹涌的黄河，准确传达出创作者对古老民族的思索。影片以大量造型元素作为银幕形象，同时用大量长镜头和凝固的画面来引起人们的思考和想象。戏剧的高潮变成了色彩鲜明、气势浩大、力度刚劲的仪式性场面。影片的标志性画面是渺无人烟的黄土高原、浑浊苍凉的黄河、如蝼蚁般在黄土高坡上行走的人、一张张皲裂的面孔。影片中那些手揣在黑棉袄袖筒里、咧着嘴憨笑的庄稼汉形象尤其令许多观众感动，这种富于原生态的真实形象代表了80年代中期的一种艺术追求。

除了腰鼓队的祈雨仪式之外，影片几乎弃绝运动镜头，将摄影机固定不动，用凝固的画面和镜头来引起人们对古老民族漫长而沉重历史的思考。影片大量运用长镜头，造成压缩感，强调人与土地之间的复杂的依存关系，同时采用高地平线的构图法，使大块黄土地占据画面主面积，使在这片土地上缓缓移动的人的力量越发得渺小。

当张艺谋从一个摄影转为导演以后，他拍摄的《红高粱》则充分表达了另外一种更为热烈、奔放、激越的艺术个性，这种个性与《黄土地》那种深沉、冷峻、厚重形成了鲜明对比。影片中拍得痛快淋漓的"颠轿"、"野合"、"祭酒神"以及最后的战斗场景，表现出主人公对爱和死都抱着一种为所欲为的自由狂放态度。

影片一改中国电影的含蓄美，洋溢着酒神精神。影片中充满狂放不羁的野性透过随风舞动的红高粱、粗犷狂放的歌声传达出来，表现了创作者对人的生命冲动的刻意显扬。张艺谋表示：我之所以要把《红高粱》拍得轰轰烈烈、张张扬扬，就是要展示一种痛快淋漓的人生态度，要表达"人活一口气，树活一张皮"这样一个拙直浅显的道理。

"颠轿"一场在影片中占了九分之一的篇幅，在其中喧嚣、欢腾的热烈气氛中，透出人的原始的野性的生命力。"野合"一场是一种富于创造性的真实，它对应着人物的情绪和精神，对应着观众的欣赏心理。"颠轿"、"野合"等仪式性场景不仅成为当代中国电影中的经典镜头，更以前所未有的力度验证了电影形式的魅力和意象的魅力。它使电影创作者们意识到，越是专注于情节与事件，事件越是繁

复，对创作者的制约和束缚可能越大，而单纯的形象系统可能更便于发挥创作者的想象力。

影片体现了探索电影与传统叙事习惯的结合。作为第五代的摄影师，张艺谋在影片中仍旧保持了对大环境气氛、大背景和影片造型的重视。同时，第五代叙事方式的局限性已经充分显现。因而，张艺谋在此片中，超越第五代的习惯叙事，将一个个传奇故事放到苦心营建的背景中。因此有人说张艺谋的历史功绩在于从破坏传统向回归传统的摸索中，完成了中国剧情电影由反故事到重新叙事的上升过程。[22]

尽管张艺谋因为常常惯于"虚构"一些"大红灯笼高高挂"的"伪"民俗难以逃脱"后殖民"的指责，尽管因为他会像在《有话好好说》中那样用明星效应、小品策略等手段对自己的影片进行娱乐包装而常常显得商品气息太重，尽管他也曾经因为缺乏对上海滩黑帮人物的把握和对巩俐表演天赋的过于信任而拍摄了一部几乎很少有人称是的《摇啊摇，摇到外婆桥》，但张艺谋依然是一位当代中国乃至当今世界杰出的电影人物，一定会在电影史上占有重要地位。这不仅因为从80年代后期以来，他从世界几乎所有的重要电影节上都捧回来过大大小小的一堆奖杯，也不仅因为他已经被西方人承认为当今的世界级电影导演，而且也因为他影片中那些"颠轿"、"野合"、"染房偷情"、"大出殡"等许多充满想象力和生命感的奇观场面，那些"窥浴"、"捶脚"、

[22]倪震：《中国新时期电影的生力军》，《北京电影学院学报》，1993年第1期。

"喊楼"等许多寄托着欲望和情趣的精彩细节，都已经成为电影艺术中不可多得的经典，还因为《大红灯笼高高挂》中规整、森严、封闭的宅院空间环境，《秋菊打官司》中那弯弯曲曲、周而复始的山道设计，甚至在总体上有诸多败笔的《摇啊摇，摇到外婆桥》最后水生倒看世界的画面构图等富于表现力的造型设计也都显示了一种天才的电影时空意识，还因为他将纪实主义、现实主义、浪漫主义、古典主义，甚至后现代主义电影语言、风格和形态运用自如所显示的那种驾驭艺术形式的杰出能力，更因为像狂野的"我爷爷"和奔放的"我奶奶"、挺着大肚子执拗地要讨个"说法"的秋菊、从劝人要有话好好说到自己提刀怒目而起的张秋生，甚至《大红灯笼高高挂》那个从来没有正面面对过观众的陈老爷、《菊豆》中那个留着一撮头发提刀穷追名兄实父的天白等"次要"角色，都刀刻斧凿、形神兼具，有着一种呼之欲出的强烈，特别是在一片泣血的红日中"我奶奶"倒在鲜血之中、天白为他父母点燃地狱之火、颂莲被再次以疯人的名义关进神秘的小楼、在一片警铃声中恩将仇报的秋菊那一脸的无奈和困惑、张秋生在赵小帅的威胁下举刀而不得不砍的定格——激情与毁灭、叛逆与宿命、人性与秩序、自由与专制的生死较量——使张艺谋将人的生存，将女人和小人物的生存与权威、权力，与秩序、处境之间的对抗推向了"高潮"，用罪的狂欢铺垫了罚的悲歌，从而使他的电影在中国文化的背景下获得了某种对人性、对生命的悲天悯人的叙述。

也许在张艺谋电影中，最光彩照人的段落、最有感性魅力的部分无疑是那些大逆不道的段落，是那些弱小或贫乏的个体向权威、向传统、向规则、向秩序挑战的段落——如《红高粱》中"我爷爷"和"我奶奶"高粱地的"野合"，"我爷爷"在酒缸里撒尿酿出美酒；《菊豆》中菊豆与天青当着杨金山偷情；《大红灯笼高高挂》中颂莲以"欺骗"而获得了"至高"的女人地位，四奶奶的以戏抒情；《秋菊打官司》中秋菊将村长的赔偿费随手一扔，执拗地继续要去找个说法；《摇啊摇，摇到外婆桥》中四小姐站在水天之间歌之舞之以及《有话好好说》中赵小帅和张秋生提刀追杀的场面等。尽管这绝不是"历史"的或者"现实"的叙述，我们很难从中体会到一种现实主义的共鸣，但这是一种浪漫主义，一种对个体欲望和个体想象力的解放，潇潇洒洒、风风火火。所有这些越轨行为，张艺谋不仅从道德上进行了铺垫，更重要的是从视听效果上做出了美化从而使不道德的行为审美化。像《红高粱》中"野合"的一段，随着那具有生命力度的音乐，红红的太阳、红红的高粱地，天地一片，共同构筑了一座自然的婚庆大殿。俯拍之下，爱变成了一种仪式，一次次高速摄影拍摄的徐徐倒下的画面似乎是一个向礼仪、向道德挑战的宣言。于是从这些段落和场面中，在言传身教中受惯了忍辱负重、随遇而安、克己复礼的道德理性传统教育的人们似乎从中得到了一次感性的解放，而遭遇着各种创伤和阉割恐惧的人们也在电影影像中获得了短暂的松弛。这种精神分析似的弑父行为，可以说是为张艺谋电影创造了一种国际性的审美快感。

有情人终究未成眷属，善良者也终究没有好报，和好莱坞那种柳暗花明、皆大欢喜的叙事模式不同，张艺谋的电影没有从受难向团圆过渡，而是由狂欢走向毁灭。因而，尽管张艺谋电影中依然不可避免地留下了种种资本的烙印和媚俗的妥协，但是张艺谋没有放弃自己作为一个艺术家对生命的体验，更没有放弃一个艺术家最本质的审美判断：传统、秩序、社会、现实。这些力量总是以其巨大的空间覆盖面和时间延续性剥夺、压抑、惩罚、毁灭着个体的激情、冲动、欲望和叛逆。如果说，在现实状态中，永远是秩序凌驾于个体之上的话，那么在艺术中则始终是个体在向秩序挑战，渴望着个体与秩序之间永远疏离而又不断渐近的一种人道主义协作。艺术是作为对现实状态说"不"的否定性力量而与人生息息相关的，它总是表达着或者暗示着一种远景超越。

张艺谋、陈凯歌、黄建新是第五代的旗帜，他们有许多的相似之处，同时也"各有各的不同"。张艺谋的电影和陈凯歌的电影相比显然更加感性，所以他影片中最具有魅力的是那些场面、场景、细节、画面、调度，是那些色彩和音乐，激情飞扬、回肠荡气，而他影片中那种理性的智慧却显然不如陈凯歌。陈凯歌的《霸王别姬》将结构的精巧和叙事的复杂性紧密结合，无论是时间的双向交叉或是空间的套层组合都显示了一种在中国电影中绝无仅有的理性的智慧。而张艺谋几乎所有的电影采用的都是一种单层的直线性结构，缺乏一种复调的美、一种和声的参照，而一旦在《摇啊摇，摇到外婆桥》中试图用一种更复杂的叙事结构来叙述故事时，却往往顾此失彼、弄巧成拙。

张艺谋电影很强烈，无论是色彩、音乐或是那些大悲大喜的段落，都酣畅淋滴、浓墨重彩，但他却没有黄建新电影的那种平静、那种从容和因而带来的那种幽默感。黄建新在《黑炮事件》中也展示了一个个体被体制秩序所控制的困境，但他没有采用悲剧的方式，而是用一种荒诞性来传达了一种无可奈何的情绪。而在《背靠背，脸对脸》中他更是以一种悲天悯人的方式叙述了一个个体被体制玩弄于股掌之中的那种宿命。因为平静，所以黄建新电影中的世界更接近我们日常的生活世界，黄建新电影的人物也更加接近我们这些芸芸众生，而黄建新那种对生活的态度似乎也更加带有一种现实智慧。相比而言，张艺谋电影中的人物似乎更加舞台化，故事也更加戏剧性，而人物也更为类型化，强烈而可能单调，缺乏层次，缺乏某种开放性和宽容度。

张艺谋、陈凯歌、黄建新，用各自不同的方式表达着艺术永恒的主题：个体生命与秩序力量的对立中所创造的喜怒哀乐，从而成为中国新时期最优秀的电影艺术家。

四、第五代导演群体

第五代的创作群体，从年龄角度看，其实还包括许多的男导演，如田壮壮、张军钊、周晓文、张建亚、孙周、尹力、何群、霍建起，女导演李少红、胡玫、刘苗苗等，但是真正在80年代加入新电影浪潮中的第五代导演却只有为数不多的几个人，如田壮壮、吴子牛。

1. 田壮壮

田壮壮导演的作品有《红象》

（1982）、《九月》（1984）、《猎场札撒》（1984）、《盗马贼》（1986）、《鼓书艺人》（1987）、《摇滚青年》（1988）、《大太监李莲英》（1990年）、《蓝风筝》（1993）、《特殊手术室》（1995）、《小城之春》（2002）等。在这些作品中，最主要的还是第五代式的作品《猎场札撒》和《盗马贼》，它们都拍摄于80年代中期。

田壮壮是著名电影演员于蓝和田方的儿子，电影世家的身份帮助了他比较自然地进入了电影圈，但是他身上却表现出一种与其父母非常不同的沉重的叛逆气质。

田壮壮早期代表作《猎场札撒》和《盗马贼》，一方面采用纪实手法表现少数民族的生活，另一方面用极为写意的方式表现宗教习俗，探索人与自然、人与宗教之间的关系。

田壮壮曾经谈到自己拍摄《猎场札撒》的一件往事：在剧组到达内蒙古草原时，他确实不知道拍摄什么，直到有一天

清晨，他获得了顿悟。太阳在遥远的地平线上出现，把他的身影拉得极长；草原苏醒了，牛马的叫声、牧民的歌声混杂在一起，炊烟在蒙古包上空盘旋……在这一瞬间，他想：还有什么东西比这样的生活更气息浓郁、更天人合一吗？这不是他正要拍摄的东西吗？

无论是《猎场札撒》的淳朴民俗，还是《盗马贼》人物的艰难存活、勇敢抗争，田壮壮都展示了在草原这个最接近自然的地方环境的残酷和心灵的美好、生活的艰难和性格的豪放。其中的一些华彩段落，比如围猎的场面、苍鹰突然坠地、野兔在奔跑中被击毙，都带有纪录片的色彩。田壮壮就这样还原了生活，展示了自由的心灵。

《盗马贼》根据甘肃青年作家张锐的小说《盗马贼的故事》改编，小说吸引田壮壮的有几点：其一是藏民的粗犷和野性，其二是其中的民俗（这在当时是一个较为时尚的表现领域），其三就是其中的

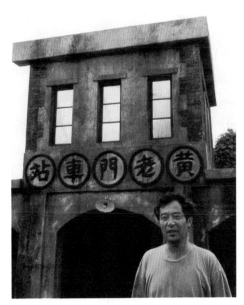

田壮壮（1952—），先后执导《红象》《九月》《猎场札撒》《盗马贼》《摇滚青年》《大太监李莲英》《小城之春》等影片，并著有《电影探索集》等评论文集。

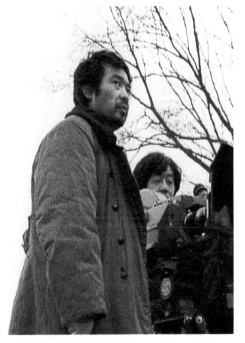

田壮壮在拍摄现场

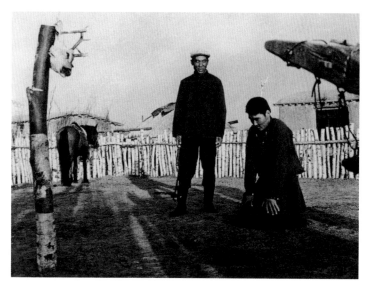

《猎场札撒》（1985 年，编剧：江浩，导演：田壮壮）

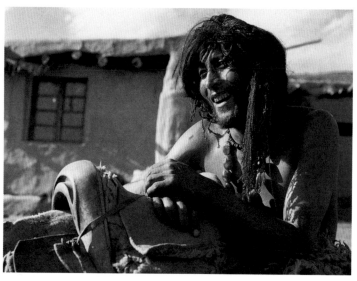

《盗马贼》（1985 年，编剧：张锐，导演：田壮壮）

宗教成分。经过田壮壮的大力改造，影片与原著已经完全貌似神非。影片放映后，令许多电影理论界的人士也觉得十分费解。在拍摄过程中，田壮壮表示："就是想重点表现一下宗教。当然还有藏人的强悍、风俗。这片子不求细，只要感觉对头就成。主要是尝试一下神秘力量，把神和人之间的关系进行些探讨，人物命运放在第二位。"或许，田壮壮心中对于自己想要表达的东西也不十分明了，但这种对宗教的探讨、对有宗教信仰的人的尊敬在中国影片中是前所未有的。《盗马贼》终以它独特的电影形象赢得了"瑞士第三世界电影节大奖"，日本著名评论家佐藤忠男称田壮壮为"当代中国最有才华、最杰出的电影导演"。

尽管那时田壮壮的那些近似纪录片的影片许多人都难以接受，人们早就习惯了柳暗花明的故事、苦尽甘来的团圆，但田壮壮并不在意，而是慨然宣称自己是为下一世纪的观众拍电影！但是，面对商业大潮的沧海横流，田壮壮还是没有能够成为中流砥柱。他先是拍摄了"怎么开心怎么来"的《摇滚青年》，然后把目光转向了历史，拍摄了《大太监李莲英》，刻画了一个生理畸形的人物，把他委曲求全的生存状态和真实的内心世界揭示出来了。白发苍苍的李莲英在垂暮之年回忆起自己在清宫中的生活，感慨万千。有一个画面是李的近景，画外音却是慈禧的声音"你还是叫李莲英吧"，亦主亦友，奇特的身份、奇特的关系把在历史之上活生生的人物内心剖析得细致入微，显示了他别样的历史与人性的眼光。

而在田壮壮自己倾心导演的《蓝风筝》受到政治禁锢之后，田壮壮更多地和第六代站在一起。他退居二线，以极大的代价、极大的冒险，支持着一批更年轻的电影导演们来终结自己那一代人所创造的第五代神话。似乎他在用另外的方式实践他当年为下一世纪拍电影的诺言。在一部第六代的代表作《长大成人》中，他扮演一个见义勇为、颇具长者风范的火车司机。他的名字朱赫来是从苏联著名小说《钢铁是怎样炼成的》而来，他在呵护青年人成长时，担任着"教父"一样的角色。直到 2002 年，他才重拍了一部再现费穆经典影片的《小城之春》作为一种对于历史的回忆和祭奠。

2. 吴子牛

吴子牛作为第五代的中坚力量，相继导演了《喋血黑谷》（1984）、《鸽子树》（1985）、《最后一个冬日》（1986）、《晚钟》、《欢乐英雄》、《阴阳界》（1988）、《南京大屠杀》（1995）、《国歌》（1999）等。他的影片主要以战争、斗争为题材，以人道主义精神重新审视战争给人类带来的创伤。

《喋血黑谷》完成于 1984 年。故事发生在 1939 年，日寇侵犯中原，前线 84 军的第一师被日军重兵包围，蒋介石却密令 84 军军长王朝宗"曲线救国"，与日军谈判。此事经报界披露后，蒋介石忙令特务去中原将密令收回。此时，共产党的地下组织也在行动，以获取老蒋联日反共的罪证。王朝宗为了不当替罪羊，死守密令不放，于是，一场复杂的争夺战在 84 军驻地激烈地展开。

从题材上看，影片应当属于惊险样式的商业片。导演吴子牛在导演阐述中提

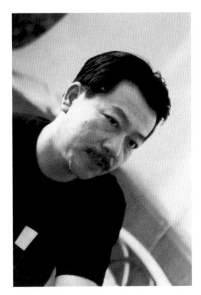

吴子牛（1952— ），导演的主要电影作品：《候补队员》、《喋血黑谷》、《最后一个冬日》、《晚钟》、《欢乐英雄》、《阴阳界》、《大磨坊》、《太阳山》、《火狐》、《南京大屠杀》、《国歌》。

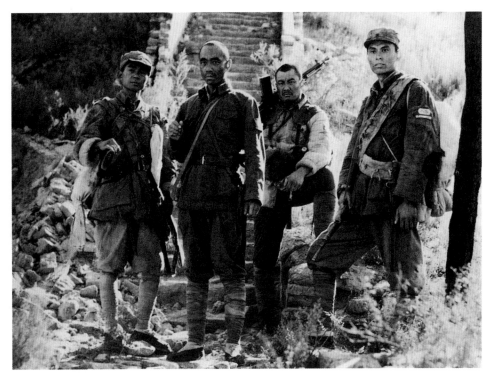

《晚钟》（1988年，编剧：吴子牛、王一飞，导演：吴子牛）

出：对于影片的样式，不能有任何先验的含义……单是几个人物在表面上窜来窜去争夺一纸密令意义不大。……希望通过本片，让观众用心灵、用感情去体验一种经历，并希望他们不只看一段戏剧性的情节，应当让他们在精神上、感情上处于当时战争的、历史的真实境地。可以说，影片超越了商业片。影片开头采用文献片的形式，打破了观众的假定性。在结局时，宋副官从血泊中爬起来挣扎着抱起女共产党员，傲然屹立，定音鼓摄人心魄地有节奏地响起来，几乎有种超现实主义的色彩。影片中的人物塑造也完全摆脱了脸谱化的做法。共产党员宋克森，公开身份是军长的副官，面带疤痕，几近凶狠，而中统特务李顺东作为参谋长，对军长体贴入微，对手下士兵威严又亲切。

《晚钟》表现日本天皇宣布无条件投降后，我八路军小分队与日军仓库守备队奇特的遭遇。它着重于战争和人性的关系，

既有战争直接受害者的控诉，也有间接受害者的控诉，成为所有卷入战争的人对战争的控诉，从而超越了以往抗战题材单向控诉的单一取向。吴子牛宣称影片的灵魂就是反战。或许是凭借这一主题，影片在国内获得多个奖项。然而，《晚钟》留给更多人的记忆却是两个拷贝的发行纪录。它象征着探索电影的衰落。

3. 第五代群像

从广义上来说，第五代不仅仅包括导演，也不仅仅局限在电影界。实际上，1982年毕业于电影学院的学生，都可以称为第五代。他们经历了从合作到分化的过程，唯一的走向便是做"导演"；在商业化来临的时候，这种分化更明显了；在电视领域，同样存在着要以电影的手法来拍电视的"五代子民"。

与中国古代的文人士大夫"学而优则仕"相近，在第五代创作群体中，"演而

优则导"、"摄而优则导"、"美而优则导"、"录而优则导"的情况是屡见不鲜的。张艺谋从《一个与八个》、《黄土地》的摄影，《古今大战秦俑情》、《老井》的主演转到导演；肖风从《黄土地》、《本命年》的摄影转到电影导演，拍摄了《寡妇十日谈》后，又拍摄了电视剧《新七侠五义》；侯咏当上导演后拍摄了《天出血》，又重回摄影本行；何群从《黄土地》的美工到导演，拍摄了《凤凰琴》、《上一当》等影片；冯小宁从录音转到了导演，《战争子午线》、《北洋水师》、《红河谷》是他的代表作，在《北洋水师》的制作中，他竟然身兼七职；宁瀛、尹力、戚健也是从录音转到导演上来。

导演在中国电影界就是电影的"作者"，这种观念在第五代身上表现得尤为充分。究其根本，个性是造成这种有趣现象的根本原因。何群曾经说自己的改行是由于自己想表现自己的想法和意念，只有

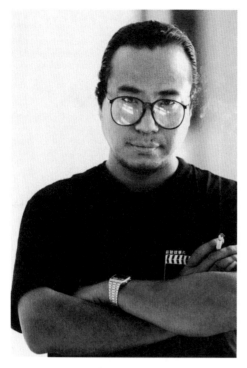

尹力（1957—）导演的电影作品有《杏花三月天》《我的九月》等。

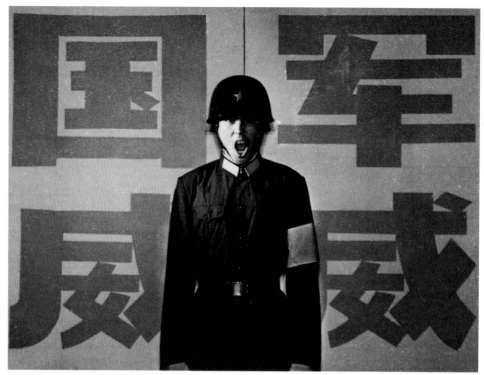

《大阅兵》（1986年，编剧：高力力，导演：陈凯歌）

导演才可以实现自己的个性和野心。导演在电影拍摄过程中的作用是不容置疑的，工业流程和商业运作，并不可能完全抹杀导演对题材的选择、对电影语言的运用和在拍摄中的灵魂作用。套用文学上的话来说，"电影也是人学"。

在电视领域，同样活跃着第五代的身影。潘桦、戚健、尤小刚、金滔、尹力、周励、孙周在电视专题片和电视剧领域的创作也是引人注目的。电视与电影同样是传播媒体，同样是视觉艺术，但是在具体的制作和观念上有巨大的差别。当年在电影学院所受的正规教育，必须经过一定时间的转化，才可以适应电视这种媒体。

第五代毕竟是第五代，在电视领域，他们的才华和社会责任催生了一大批在电视界引起轰动的作品。戚健的《新闻启示录》在比较早的时候已经能够充分自觉地运用电影的语言来拍摄纪实性的

电视作品，后来的人们纷纷效仿。这一电视集团军的主要作品有《今夜有暴风雪》（孙周）、《南行记》（潘小扬）、《京都纪事》（尤小刚）、《潮起潮落》（金韬）、《甄三》（林大庆）、《围城》（黄蜀芹）、《北洋水师》（冯小宁）、《好爸爸，坏爸爸》、《无悔追踪》（尹力）等。

五、第五代电影的历史意义

第五代导演有各自丰厚的人生经历，都饱尝生活艰辛，青年时代在"文革"中度过，普遍怀有反思意识；进入北京电影学院时，正逢思想解放时期，因而不满现实，反抗传统，加之接受了改革开放以来国外电影美学及语言知识，使其萌生、转化、演示出新的电影观念，并产生改变中国电影现状的强烈欲求。与其他世界著名

的电影运动一样，第五代电影没有宣言和纲领，历时不过5年，但给对中国电影带来了划时代的影响。

这种影响首先体现为它们对传统的叛逆。第五代电影表现出不但不劝服观众顺从、信赖主流的伦理价值观，反而质疑和动摇这种信赖和服从，着力于对人和人性的再发现，把处于困境中的或是异化的人作为艺术表现的焦点；在人生态度上追求价值体系的多重性，在艺术风格上追求强烈的自我表现；无论写历史事件还是现实事件，无不突显艺术个性。

80年代的第五代电影是反思性的艺术，其主题特征是以悲愤的心情注视中国这一古老的文化象征，对悠久的历史文明提出质询，其影片叙事都在表现一种失落、一种追寻、一种永无休止的探寻。这些电影的意义在于从源头思考今天的问题，为观众提供批判机制，对原有的重要创作概念——譬如对土地的歌颂、对文化模式的

赞美、对生存方式的默认——加以反思式的质询。[23]

另一方面，第五代电影的思想探索显现出一以贯之的双重性：他们一方面反思文化，一方面认同文化；一方面违抗自然，一方面因循自然。《黄土地》中的父亲以温情脉脉实施了对子辈的压抑，影片的题旨意象鲜明地表现出对传统封建礼教习俗的批判和否定，掩饰不住创作者忧国忧民传统的使命感和居高临下拯救他人于水火的责任感。然而在表述了这种使命感和责任感之后，电影文本却以大量表现黄土地、黄河、父亲、女儿、窑洞、油灯的固定镜头暗示出传统就如千年不变的黄土高原一样永恒。在大远景中的广袤的天穹之下牵牛的、扶犁的、撒种的一队农民形象反复出现，暗示着日出而作、日落而息的生存方式在长久重复，摄影机在这些拍摄对象前的长久停留同时意味着拍摄者对被拍摄对象的默默深情。

《大阅兵》以整齐划一的队列和宿舍中整齐划一的床铺摆设暗示着秩序对个体人的约束和压抑，可是随着影片叙事逐渐走向结尾，我们看到的却是个体通过秩序凝聚在整体之中，个体通过整体获得勇气和力量。影片最终赞美的似乎是秩序和整体的精神力量。[24]

尽管如此，第五代电影在整体上仍旧属于詹姆逊所界定的民族寓言，对于把中国想象成并描绘成一个共同体具有重要意

义。它以文化批评的形式实现对民族的自我反观，成为同一时期席卷全国的知识话语与批判潮流的重要组成部分。

第五代的划时代影响还体现为创造了一种新鲜的影像美学。第五代电影大都没有明确的叙事主线：《黄土地》究竟是八路军文艺干部采风的故事，还是翠巧争取翻身解放的故事？《一个和八个》究竟是王金被冤屈而后被认可的故事，还是犯人们脱胎换骨的故事？似乎都是，又都不是；也没有固定明确的主体：《黄土地》的主体究竟是顾青，还是翠巧？是翠巧爹，还是憨憨？《一个和八个》的叙事在展开之始，主体似乎是王金，叙事发展到影片中部后，主体似乎又变成了犯人。影片还常常在叙事中加进一段与之不相干的段落，中断了其中的必然联系，破坏了镜头之间的严密缝合，阻碍着观众与角色的认同，如祈雨等仪式性段落。

叙事上的策略沿用新时期文学的创新手法，放弃全知视点，采取所谓限制性叙事。《红高粱》通过选择替代叙述人"我"（和土匪是血缘上的祖孙关系）叙述"我爷爷"、"我奶奶"的故事，把一个传统上复杂的民族与阶级斗争的政治故事改写、置换成了一场家族性的抗日传奇。根深蒂固的政治意识、政治视角被悄悄地抽离，从而突出了讲述的个人性质、家族性质和民间性质。在叙事功能上，叙述人的个人与血缘身份突出了故事的"口头"性质和私人性，从而也强化了故事的传奇色彩和民间性质，与同类题材作品全知全能的"书面化"表达和官方化、政治化的意识形态规定在"互文"的意义上形成鲜明的比照。《红高粱》从常规的思路上来阅读，仍然可以看做是"我"以一个作家的身份在讲

述"我爷爷"、"我奶奶"的故事，但"我"的血缘身份却表明作者的叙述意识在悄悄地置换与更替，改变了叙述人在传统文本中的地位与作用，同时也改变了整个文本的叙述语气及其意识走向。《红高粱》中的被叙述主体是以余占鳌为首的一群草莽英雄，准确地说，写的是一群土匪抗日的故事。若在传统的文本中，即使他们的抗日行动受到肯定，但他们身上的匪性与劣迹仍然会成为作家叙述意识中批判或改造的部分。就是说，他们要么不会成为主人公，要么整个文本的叙事结构就会改变，根深蒂固的政治视角肯定会在文本中设置一条批判性的线索，因为"土匪"作为一个政治语码和文学语码，其基本内涵是被固定了的。结果不但"我爷爷"余占鳌、罗汉大爷、"我奶奶"的抗日行动成为可歌可泣的英雄业绩，就连他们身上十足的野性与匪性，即大口吃肉、大碗喝酒、男女调情、霸占人妻、高粱地里的野合等都被赋予了质朴诱人的光泽。限制叙事的大量集中出现是一个现代事件。它是时代的产物，是社会的产物。就新时期小说创作而言，它与西方现代主义文学和现象学等对主体的重视和对主观真实性的倚重的文化思潮直接相关。[25]

在影像语言方面，第五代电影以超常的视觉造型，打破了常规电影中的全景构图，打破了原有的用光习惯，要么是强烈的黑白对比，要么是顶光与逆光的反常运用，要么用大俯大仰的意外机位，要么是固定镜头的大量使用，要么是长镜头的久

[23]杨远婴：《百年六代，影像中国——关于中国电影导演的代际谱系研寻》，《当代电影》，2000年第6期。
[24]张卫：《新时期中国电影发展流变》，《当代电影》，1998年第6期。

[25]孙先科：《作者的在场与退场——新时期小说非全知叙事思潮的文化背景及其意识形态》，《文艺理论研究》，1996年第6期。

摇横移，要么是物体占据画面，人物挤向边角，要么是人脸紧贴边框，画外声音与画内声音交流呼应。[26]

第五代电影喜欢用大色块的环境构图和不完整构图。[27]《黄土地》的开头，大量环境造型的"滞留画面"、黄土地的"呆照"造型几乎涨破银幕。在时间的延宕中，黄土地的概念发生了质变，给接受者以一种新的感受，产生了一种象征意味。即使在人景共处的视听画面里，黄土地或者黄河的环境造型也占了很大的比例。例如翠巧"担水"的一场戏，先是两个表现黄河的大全景，然后是满画面的黄河水作为背景，翠巧和黄河就有了意念上的情绪联系。《红高粱》的结尾，艺术创造者要求"高粱全部红起来，而且是血一样的红色，高粱地拍摄画面中，血红的太阳，血红的天空，血红的高粱漫天飞舞"，以红的单色调作为主色调。《一个和八个》则"用大块面的黑、白来结构画面"，来表现雕塑般的沉重和力度。

二度平面空间的表现性是第五代影片的摄影造型风格。[28]这种二度平面空间的造型形式使观众的注意力从错综复杂的空间关系中分离出来，去感受蕴含在形式之中的象征意义。《一个和八个》在注意总体印象完整的感觉下，大量采用环境画面的不完整构图，以隐喻三个土匪、三个逃犯、一个奸细和一个投毒犯的灵魂的不完整与缺陷。即使是描写正面人物的镜语，

[26]张卫：《新时期中国电影发展流变》，《当代电影》，1998年第6期。
[27]厉震林：《环境角色：新时期电影的符指寓言》，《戏剧艺术》，1998年第3期。
[28]金贵荣：《在传统和现代化面前的艰难抉择》，《北京电影学院学报》，1989年第2期。

环境造型也多是不规则的构图形态，以表现当时人物矛盾而紊乱的内在情绪；在突出大块面黑、白结构的前提下，用简练的非常规构图手法，造成对比性的喻义效果。不完整构图的运用，使画面空间趋于二度平面上的展示，通过对空间关系的简化和抽象来传达影片的含义——一场灵魂和信念的搏斗。为了达到简化和抽象的目的，摄影师们在处理空间时运用各种造型手段，使空间趋于平面化和单一化。《黄土地》中摄影师采用了大仰、大俯的角度和大远景、全景，使人物在空间中的位移变得简化，人物和背景的空间关系得到了简化。另外，运用长焦距镜头使人物和背景压缩在一起，从而获得表现性的象征意味。静态构图因为含义的简明和单一也被大量使用，《黑炮事件》就运用了很多静态的均衡对称的构图，如党委会议室开会的静态画面处理。摄影师通过人物安排上的绝对均衡和对称，完成影片的象征意义：官僚主义的顽固不化。

色彩的运用上注重表现性，色彩所代表的文化含义超越了人物行动的功能意义。《喋血黑谷》鲜明的明暗对比，象征环境的复杂与严酷。色彩可以表现自然物的客观属性，还能唤起情绪、表达感情、渲染气氛。《红高粱》中的红高粱、高粱酒，都象征生命的血性与激情，而在《黄土地》中，婚礼时的红轿、红帘、红衣裳、红盖头都表现在喜庆背后，却是女性的命运悲剧。影片中的黄色既是自然环境的色彩，又是民族肤色，更在深层次上暗示着某种民族性。《黑炮事件》由红伞、红车、红毯、红太阳组成的主色调鲜明地指涉着刚刚过去的"文革"的影响，表现出躁动的情绪。

第五代还常常通过重复修辞手法的运用来强化影片的表意性。《黑炮事件》"一唱三叹"的重复使环境造型强化了它的内在意蕴，确立了自身的主体意识；《孩子王》中"以前有座山……"的声音造型的反复出现，都使环境形态富有了一种文化思辨色彩。通过同一画面的重复使画面本身超越现实性，抽象为一种象征符号，这也是第五代常用的技巧，如《黄土地》中翠巧三次担水的重复画面，强调人与水的生命关系，同时传达出黄河既养育了翠巧，也是最终毁灭她的力量的暗示；迎亲画面的重复象征生命的轮回。

第五代电影十分注重环境和空间造型在影片中的运用。环境画面具有强烈主体精神的人工痕迹，如《一个和八个》中的破砖窑、烤烟房、牲口棚、破庙等环境造型，狭小而又昏暗，直率地喻示了八个犯人的灵魂状态。九个汉子的内在矛盾是一种力的外向，而环境的狭小与昏暗又成为一种制约性的力量。《黑炮事件》甚至采用变形的修辞策略，强调环境造型的表意性能，获得"引申性意象"的美感效应。如"党委会"一场戏的变形处理：狭长的会议室、会议桌，白色的墙壁、台布与衣着以及主持人身后占了整个墙壁的走得特慢的超常石英钟，产生一种变形的环境背景与会议内容的不协调。某些环境表现是游离于叙事系统的，例如《一个和八个》中的"万人坑"，《黑炮事件》中的"阿里巴巴"舞会、足球场、教堂和"多米诺骨牌"，它们均不是情节设置的必然环境。舍弃这些环境段落，叙事同样可以自我圆满。但是，它们却可以产生间离意识形态的效果，体现重组时空原型的抽象概

括的主体意义。[29]

仪式化的表现也是最具第五代特色的语言修辞。从《黄土地》中的"腰鼓"与"祈雨"到《红高粱》中的"颠轿"、"野合"、"敬酒神"等，从情节意义上看，这些仪式化的表现对于推动情节没有直接的作用，仪式是游离于情节之外的，但这种语法形式有力地冲击着传统的戏剧化美学，显示了影片作者对画面意指层面的重视和对传统叙事语言的反叛。

第五代作品具有谜一般的意义和饱满的力量，往往包蕴或滋生出一些很新鲜也很个性化的东西，同时又相当自觉并高度重视影像叙事策略和造型作用，因此往往具有前卫性和强烈震撼力。这些蕴含文化的生气和艺术的叛逆姿势，具有鲜明个性意识的探索性影片，在显示一种创造的心情、一种创造的骄傲，昭示艺术存在的本体意义的同时，宣告了中国电影新时代的开始。而他们的作品，作为社会政治发生转折性巨变、社会环境日趋开放的产物，构成整体性的呼喊、沉思与探索，也就更是自然而然的了。

20世纪80年代后期以来，电影受其他视听传媒冲击，市场滑坡，国家经济政策又从计划经济向市场经济转轨，电影被推向市场，艺术片或探索片被动面对娱乐片的风起云涌，思想和艺术的高层次追求与对观众接受心理的研究的结合实际势在必行。周晓文拍《最后的疯狂》、《疯狂的代价》，很明显在追求个性、创造性与超越性时，同样注意到了电影的大众性与娱乐性问题。1987年张艺谋导演《红高粱》

[29]厉震林：《环境角色：新时期电影的符指寓言》，《戏剧艺术》，1998年第3期，第19页。

时，也在创新探索的同时，寻找一个交叉点，即艺术性、商业性和娱乐性的交叉点，把"讲究画面造型，主观意念很强"与"注意故事情节，塑造人物性格"，也就是影片审美形式与影片"好看"两者结合起来。曾经公然宣称"只有下个世纪的观众"才能看懂他的影片的田壮壮，开始感到了真正的压力，努力寻找填平电影艺术性与商业性间的鸿沟的有效手段，拍出了《鼓书艺人》、《摇滚青年》等许多标明他规避模糊而转向清亮透明的努力的作品。此外张建亚、张军钊、张泽鸣、孙周、胡玫等人的影片创作，也呈现出多向发展的态势，积极将形式、风格选择与情节性选择、艺术创造与大众性结合起来考虑，从而使新时期电影逐渐形成探索片、娱乐片与"主旋律"作品并存的趋势与格局，电影开始更为自觉地向大众文化靠拢。

从艺术创作的角度来说，第五代的探索更多地集中于电影语言的探索，形式上的创新是有限的，因为观众的接受能力有限。第五代的创新资源一方面来源于对西方电影的学习，另一方面来自于对传统语言和传统文化的反对。建立在模仿和对他者的对立基础上的创新都是封闭式的，也是难以长久持续的。从创作内容上看，与现实的疏离意味着与观众的疏离。在中国，艺术的最高目标和最低原则都是为人民服务，这一目标和原则又常常习惯上被逆推为不受观众喜欢的就是反人民或至少是拒绝观众的，这无疑使在艺术上超前的探索电影失去了前进的合法性。

作为一项旨在对中国电影语言实行现代化的激进运动，第五代电影在视觉和政治上重新定义了中国电影制作的领域；作为激进的改革者，第五代电影人不仅建

立了新的电影创作标准，而且他们提供、培养了一个希望得到变动社会的特征形象的新的观众群体（和一个不言而喻的国际市场）。"第五代"创造了一种与新中国"社会主义现实主义"很不相同的电影形态，从而为重新具有了独立意识的公众创造了一个表达空间。同时，它也继续把自身融入到那个全球象征性的意识形态化领域，并努力成为其中的一部分。

被称为中国电影第五代的这批电影人——张艺谋、陈凯歌、黄建新、吴子牛、田壮壮以及后来的李少红、周晓文等等——作为一个空前甚至可能绝后的特殊电影群体，在中国电影历史上已经浓墨重彩地留下了他们的功勋。他们不仅在《黄土地》、《一个和八个》等影片中用惊世骇俗的电影语言宣告了一个与世界文化发展同步的中国电影新时代的开始，而且在《红高粱》、《霸王别姬》等影片中也用黄土地、大宅院、小桥流水、亭台楼阁的造型，京剧、皮影、婚丧嫁娶、红卫兵造反的场面，乱伦、偷情、窥视等罪与罚的故事，执拗不驯的女性、忍辱负重的男人以及专横残酷的长者构成的人物群像，注重空间性、强调人与环境的共存状态的影像风格，为中国电影夺得了包括戛纳电影节在内的世界所有A级电影节的奖杯，并且使中国大陆电影连续获得奥斯卡最佳外语片奖的提名，以至于无论是东方人或是西方人在书写20世纪末期世界电影史时，都不能忽视中国电影第五代的存在。

六、中国电影走向世界

在70年代末期，改革开放作为一种

国家战略决策影响到中国社会的政治、经济、文化以及日常生活的几乎每一个层面。80年代，在政治、历史、传统时弱时强的抵抗中，"全面西化"成为当时中国一种社会有意识和无意识的潮流。中国电影也以"走向世界"作为自己的目标。当一个民族和一种文化由于经济、政治的弱势而缺乏充分的自信时，国际化是一种巨大的诱惑：它意味着通过国际认同，能够为自觉或不自觉地用所谓国际"他者"参照来评价本土化文化的大众乃至社会精英提供一种价值判断。对于电影来说，就是通过国际化使电影制作者获得一种想象中的世界性声誉和地位，最终使影片获得能带来经济效益的国际与国内市场，同时使电影制作人获得一种投资信任度以从事电影再生产。

中国第四代和第五代电影导演的影片已经开始频繁走出国门，引起了世界关注。《湘女萧萧》（谢飞、乌兰导演）甚至通过美国"纽约客电影公司"成为了第一部在全美进行商业发行的中国影片。而1988年2月23日，第38届西柏林国际电影节宣布张艺谋导演、巩俐和姜文主演的《红高粱》获得了金熊奖，中国电影第一次在世界A级电影节获得最高奖，标志着中国电影真正开始被世界电影人所尊重。

据当时的报纸报道，"《红高粱》在西柏林电影节荣获金熊大奖，不仅赢得了荣誉，也使中国电影输出输入公司生意大增"，"近日来，北京的中国电影输出输入公司门庭若市，前来询问购买《红高粱》事宜的各国代表络绎不绝"。[30]《大众电影》

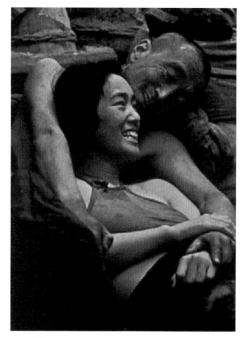

《菊豆》（1989年，导演：张艺谋）

发表短论，高度肯定了继吴天明的《老井》在东京国际电影节获奖以后《红高粱》获奖的意义，认为"中国电影在西柏林电影节获大奖，其意义相当于一个重要体育项目在世界级比赛中获得冠军，是值得全国人民欢欣鼓舞的事"[31]。

此后，张艺谋的《菊豆》（1990）、《大红灯笼高高挂》（1991）、《秋菊打官司》（1992），陈凯歌的《霸王别姬》（1993）等纷纷成功地"走向世界"，一种"国际化电影"类型便开始在中国大陆出现。这种类型为中国最优秀的电影导演提供了一个填平电影的艺术性与商业性、民族性与世界性之间的鸿沟的最有效的手段，同时也为自己寻求到了获得国际舆论、跨国资本支撑并承受意识形态压力的可能性。"国际化电影"模式在策略上的成功，作为一种挡不住的

诱惑，使不少优秀导演宁愿犯因袭的忌讳，也纷纷步其后尘。于是，在滕文骥的《黄河谣》（1989）、何平的《双旗镇刀客》（1991）等等影片之后，经典"国际化电影"创造了它的新的摹本：在黄建新的《五魁》（1993）中，我们看到了对《红高粱》的叙事结构和影像造型的临摹；在何平的《炮打双灯》（1995）中，我们看到了《红高粱》、《黄河谣》、《大红灯笼高高挂》的各种文学元素和电影元素的奇特的混合；在周晓文的《二嫫》（1994）中，我们看到了对《秋菊打官司》的有意无意的重复；还有《桃花满天红》（1995）和青年导演刘冰鉴的《砚床》（1995），都走着几乎同一条国际化的道路。于是，中国大陆电影的国际化已经形成了一系列成规化的策略，正是这些策略使中国大陆电影获得了一种公共形象走向了世界。正如在大陆召开的一次关于90年代中国电影发展态势的研讨会上一些批评家所指出的，一些中国大陆电影"在影像造型和意识形态策略上都表现出越来越明显的迎合倾向，它们热衷于用西方人的'他者'眼光来叙述中国的民族生活……从而形成了一种相对模式化的'立足传统文化，面向西方大国'的以争取跨国认同为目标的电影类型"[32]。所以，对于当时中国内地的电影来说，国际化策略主要是以外国（主要是西方国家）的电影专家或观众为"隐含"接受对象，试图获得国际认同而采用的意识形态策略、文化策略和艺术策略。

中国大陆电影的国际化策略的探索在

---

[30]《各国影商争购，〈红高粱〉可望成为首部全球广泛发行的中国片》，《中国电影报》，1988年4月25日。

[31]《中国电影走向世界》，《大众电影》，1989年第1期。

[32]黑丁等，《在多元发展的格局中走向新世纪》，《当代电影》，1994年第3期。

80 年代至 90 年代前期，取得了突破性成就。80 年代以前，中国大陆电影几乎还与世隔绝，但 90 年代以后却已经在世界电影格局中占有一个不容忽视的位置，获得的国际奖项几乎已经难以做出准确统计。中国电影多次获得威尼斯电影节金狮奖，从《红高粱》以后，柏林（前西柏林）电影节常常都有中国电影获奖，中国大陆电影已经四次获得奥斯卡最佳外语片奖的提名。这轮获奖浪潮以陈凯歌的《霸王别姬》获戛纳电影节金棕榈奖达到最高潮。在 20 世纪末期的世界电影史中，中国电影无疑占有一席之地。

1989 年，吴子牛导演的《晚钟》获得第39届西柏林电影节银熊奖，陈凯歌担任了本届电影节的评委。但是，本片的获奖并没有改变其国内发行的窘迫局面。《人民日报》发表一条消息，报道说获得大奖的《晚钟》"国内只卖出一拷贝，发行权被日本买去"[33]。这一现象也被认为是第五代的探索性艺术影片热潮在中国的"终结"。同年，由导演谢晋担任评委会主席的本年度中国电影金鸡奖首次出现了6项大奖的空白，《晚钟》、《共和国不会忘记》、《顽主》等3部候选最佳故事片的影片最终都因票数未能过半而导致中国电影评奖史上最大的新闻。电影的市场化对中国电影美学正在产生不可避免的重大影响，行业内外对电影的评价标准也在产生严重分化。中国电影的风向变得摇摆不定。

第五代的创作曾经引起广泛的争论，焦点是它的文化意义和商业意义之争。一

[33]李彤：《〈晚钟〉获得"银熊奖"》，《人民日报》，1989年2月22日。

部分意见认为，第五代展示了中国人愚昧、落后的一面，是所谓"后殖民主义"的创作，其目的是得到西方的认同，它的影像也是"奇观"，并不反映中国人的实际生活。对于得到了包括柏林电影节、威尼斯电影节、戛纳电影节在内的世界著名电影节的"金熊"、"银熊"、"金棕榈"大奖，不过是一种西方赐予的荣耀。但是，实际的情况是，只有第五代才使得中国电影得到了更多人的认识，中国新时期电影的步伐才开始迈开。

1995 年，BBC two（英国广播公司电视二台）在世界范围内选择了100部经典影片播出以纪念世界电影诞生100周年，陈凯歌的《霸王别姬》名列其中；张艺谋的《菊豆》、《大红灯笼高高挂》等影片，在欧美国家的商业性的电影录像商店中与好莱坞电影一起成为大众消费对象；过去在亚洲电影中只讲日本、印度电影的西方国家电影学术界，目前已将张艺谋、陈凯歌的电影当做了中国电影的优秀代表；张艺谋、陈凯歌、巩俐等作为世界性的电影艺术家频繁出现在各国际电影节评委的名单上，成为各国电影杂志介绍的热门人物和西方大众娱乐杂志的封面形象；一些获国际大奖的中国影片还作为电影百年经典进入了欧美大学的影视课堂。

第五节

电影体制的解体与变革

随着中国经济体制改革的深入，中国电影从 50 年代开始的国营计划经济模式，

面对经济形势变化、市场压力和电视等其他传媒的冲击，开始酝酿着深刻的变化。从 80 年代中期开始，中国电影从一种文化事业逐渐转化为文化企业，电影的性质和运作体制都发生了重大改变，电影生产从过去的完全政治行为变成了一种与政治息息相关的经济行为。从此，经济利益成为中国电影的发展动力和运行目标。新中国成立以来所形成的社会主义计划经济的电影模式在体制上受到了最深刻的动摇，传统中国电影体制的解体和改革带来了中国电影文化的转型。

一、走向娱乐的电影文化

文化大革命结束后，中国电影在思想解放运动中，在全民文化启蒙的热潮中，1979 年曾经创造过奇迹般的 293 亿观众人次，平均每个中国人观看电影达到 28 次之多。但是，80 年代以后，随着电视的普及、多种文化娱乐方式的兴起，电影的黄金时代结束了，计划经济模式下的中国电影开始从中国大众的文化生活中心退出。

到 1987 年、1988 年，用于影视生产的国家投资逐渐减少，制片厂相继陷入经济困境。电影界开始发出改革电影体制的呼吁。于是，1988 年初，广电部正式成立电影体制改革领导小组。同年 6 月，又在北京召开了电影发展战略研讨会。中国电影开始自己的产业化转型。80 年代末期的娱乐片讨论和创作思潮就是这种转型的第一次大规模反映。

80 年代电影界的最后一个热点，是关于娱乐片的探讨。电影的娱乐功能自"左

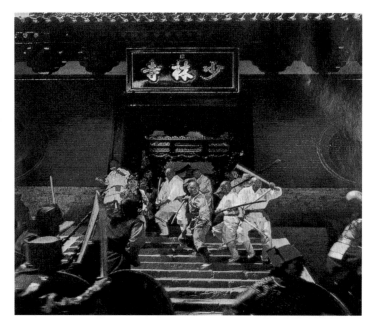

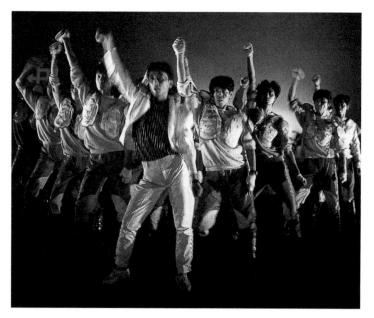

《少林寺》（1982年，编剧：薛后、卢兆璋，导演：张鑫炎）

《摇滚青年》（1987年，编剧：刘毅然，导演：田壮壮）

翼电影"开始受到压抑，"17年"及"文革"时代被压至最低点。改革开放初期，娱乐片作为"题材样式多样化"中的一类片种出现，以其数量上的不可觑觎和质量的差强人意引起电影界的争议。这场讨论在80年代似乎并没有明确的结论，但观众对电影娱乐功能的需求自此不容忽视。由于缺乏适宜的土壤，80年代娱乐片最终赢了市场输了名声。

80年代中期，电影体制改革已经逐渐提到了日程上来。电视和录像业的迅速发展，无情地夺去了电影的传统市场。电影观众从1979年的293亿人次下降到1989年的168.5亿人次，电视、录像、影碟及外国影视的冲击，市场大潮的嘈杂喧闹，使电影创作面临进退维谷的境地。在这种情况下，随着电影逐步转向企业化，武打片、刑侦片、枪战片等娱乐片的比重迅速增加，开始日益占据中国电影制作的主要地位。1983年开始，连续5年，国内影院上座率前四名都是武侠电影。1987年北影厂拍摄了《金镖黄天霸》《翡翠麻将》，西影厂拍摄了《最后的疯狂》《黄河大侠》、《东陵大盗》，上影厂拍摄了《少爷的磨难》，峨眉电影制片厂拍摄了《京都球侠》等。1988年，加入娱乐片热潮的著名导演越来越多，拍摄了《银蛇谋杀案》（李少红导演）、《疯狂的代价》（周晓文导演）、《杀手情》（颜学恕导演）、《摇滚青年》（田壮壮导演）等。对于这些导演来说，此举是为了证明自己的叙事和市场能力，而对于评论界来说，这些精英导演代表着中国电影的主体与未来，他们的"倒戈"无疑意味着中国电影品格的堕落。

显而易见，理论话语与实践话语之间存在有巨大的"裂缝"。电影从创作到发行都还处于计划经济体制下；弥漫于整个社会的时代精神是精英话语。整个社会都在关注精英和精英意识及其价值标准。娱乐电影虽然成了理论话语的"弃儿"，但却一直是市场的"宠儿"。到了1986年，当影片《神鞭》出现以后，理论话语关注的目光才不得不投向了娱乐电影。

1987年前后，中国社会商品经济取得了长足的进步和发展，也使得中国电影从重视启蒙和教化、重视个性和自我而走向重视消费和娱乐。在这种新的社会语境和文化语境下，文化反思思潮及其启蒙意识和启蒙精神也就逐渐从中心走向边缘，声音渐稀乃至成为"反讽"的对象。

从1987年第1期开始，《当代电影》组织一批电影理论家、评论家、电影导演集中就娱乐片问题展开讨论。这些对话以娱乐片为中心，就与此相关的类型特点、社会功能、观众需求、电影市场等问题进行探讨。1988年12月电影艺术研究中心和《当代电影》杂志召开的"中国当代娱乐片研讨会"，把对娱乐片的重视推到高潮。陈昊苏认为，在电影的三大功能中，"娱乐功能是本原，是基础，而艺术（审美）功能和教育（认识）功能是延伸，是发展"。因此，他主张"恢复电影艺术本原，即尊重它作为大众娱乐的基础的特性"，"把娱乐功能放在主体的位置上"。

在研讨会上，陈昊苏进一步阐明了他

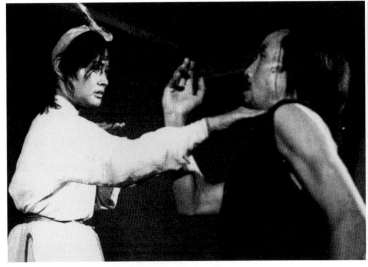

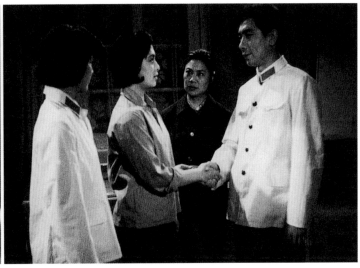

《神秘的大佛》（1980年，编剧：谢洪、张华勋、祝鸿生、陆寿钧，导演：张华勋）　　　《黑三角》（1978年，编剧：李英杰，导演：刘春林、陈轩）

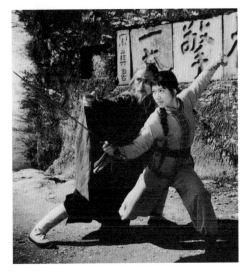

《武当》（1983年，编剧：谢文礼，导演：孙沙）

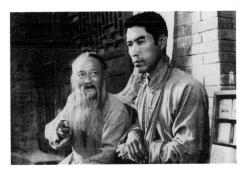

《武林志》（1983年，编剧：张华勋、谢洪，导演：张华勋）

的见解，提出"要确立娱乐片的主体的地位"，并且"提倡艺术家树立一种'娱乐人生'的观念"，提倡拍高水平的娱乐片。他认为观众借助娱乐片升华情感、宣泄情绪都是可以的。[34]

尽管陈昊苏的"娱乐片主体论"受到许多批评，批评者认为"娱乐片不是一个科学的概念"，不能只强调电影的娱乐性而忽视其认识和审美的意义，也不能把电影的娱乐性简单地归为"情感的宣泄"和"潜意识的满足"，但娱乐片迅速增长的势头并没有减弱。而关于娱乐片的讨论也因此并未结束。

在80年代中期以前，事实上占据着主流地位的娱乐电影受到了理论界的冷遇和轻视，"艺术电影"占据了电影理论思维的"主旋律"。尽管如此，娱乐电影受到了市场和观众的欢迎，出现了两次高潮（1980—1984，1987—1988），代表作品有《神秘的大佛》、《武当》、《武林志》、《峨眉飞盗》、《神鞭》、《孤独的谋杀者》等。

其实，早在70年代末，娱乐性影片就已经开始成为电影市场的重要力量。《暗礁》(1977)、《神圣的使命》(1979)、《第十个弹孔》(1980)、《405谋杀案》(1980)

---

[34]《中国当代娱乐片研讨会述评》，《当代电影》，1989年第1期。

等刑侦题材的影片首先给观众提供了娱乐快感。虽然带有很强的"主旋律"色彩，但紧张刺激的外部动作和剧作悬念，使它们占据了一定的市场份额。只是刑侦题材的影片并没有形成经典化的表述形态，影响其作为一种类型电影的发展。同期占影片年产量20%的反特片也再次掀起观影热潮。《黑三角》(1977)、《蓝天防线》(1977)、《风云岛》(1977)、《熊迹》(1977)都是其中的代表。

上述影片虽然带有很强的过渡痕迹，但其中较强的娱乐性还是为其赢得了庞大的观众群。而1980年以红（《红牡丹》）、黄（《黄英姑》）、蓝（《蓝色档案》）、白（《白莲花》）、黑（《黑面人》）以及《神秘的大佛》等为代表的娱乐片的出现，预示了以后电影制作的商业化趋势。

二、武打片——娱乐性对电影文化的第一次冲击

娱乐片对中国电影的第一次冲击是以

武打片形式发起的。1980年张华勋导演的《神秘的大佛》是国产片中较早的一部武打片，它以寻宝为主题，在其中穿插凶杀搏斗情节，情节曲折且富有传奇性。作为开端作品，导演为影片确立了伸张正义、驱恶扬善的思想倾向。

影片在当时引起了激烈的争论，其中梅朵的意见基本代表了当时对此类影片的主流看法。他认为："这部影片，不仅情节纯属编造，谈不上什么教育意义，武打场面也不见功夫，没有美感。影片创作者的兴趣主要放在制造恐怖气氛、对观众进行感官刺激上……我们既然反对西方影片中的暴力和色情，为什么要拍摄这样的影片，以制造恐怖气氛、进行感官刺激为目的呢？这又会对我们的观众，尤其对我们的青少年产生什么影响呢？"[35]尽管影片受到主流批评家的指责，但影片本身却受到了众多观众的欢迎。

真正掀起商业电影浪潮的是《少林寺》（张鑫炎导演）。影片以逼真的武打场面与善恶有报的因果剧情，充分满足了观众的观影快感。影片由香港中原公司起用李连杰等大陆武术运动员在大陆拍摄，李连杰由此成为国际武打明星。影片上映后引起的轰动，使武侠电影争论双方的力量对比发生了变化。

虽然遭到主流批评的攻击，面对可观的市场，1983年，张华勋再次触"雷"，拍摄了影片《武林志》。影片以新中国成立前两位武术家的生活、斗争和命运为故事主线。由于有了《神秘的大佛》的前车之鉴，张华勋在导演阐述中试图为影片增

添一些教化意义，以争取更大的合法性，因此称剧本"通过武术这个侧面，要表现的真正内容是中国人民之志、中华民族之志"；并且称，就《武林志》内容来看，"它不是什么武打片、功夫片，而是一部具有鲜明民族特色的悲壮而严肃的正剧"[36]。影片以朴素的结构方法，把武术作为特殊手段，着力刻画人物，揭示思想，集中反映武林之志，实质上是"体现中华民族的骨与魂"。影片强调武德的情节和刻苦磨砺武功的细节。它把"打"置于人与社会的矛盾关系中，使"打"符合人物性格塑造和内心世界的刻画，把"打"真实合理地融汇于历史的典型环境之中。主人公坎坷的命运和悲壮的武术生涯，从一个侧面反映了中国人民不屈不挠地反抗帝国主义、封建主义的光荣斗争历史和深厚的爱国精神。

《武林志》受到的待遇与《神秘的大佛》有很大的不同。这一方面是评论界无法漠视观众对此类影片的需求而做出的妥协，另一方面也在于导演对精英视角的妥协与迎合。

这一阶段的武侠影片基本采用写实手法，试图把武侠电影提升为严肃的现实主义作品，演员选择真正的武术运动员，以真功夫对抗港台武打片的"花拳绣腿"；在主题上尽可能使主人公的功夫展示具有伸张正义、表现民族气概等意识形态目的。这也因此限制了武侠电影对娱乐性的诉求，只能靠真实感较强的武打奇观来吸引观众。

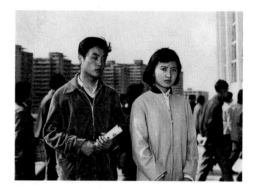

《他俩和她俩》（1979年，编剧：王炼、桑弧、傅敬恭，导演：桑弧）

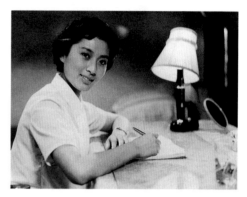

《小字辈》（1979年，编剧：斯民三、吴本务、周洌、孙雄飞，导演：王家乙、罗泰）

不过，由于一批香港与内地合拍的武侠电影的出现，这些武侠电影还是在相当程度上改变了原有的形式和策略。

三、喜剧娱乐的滥觞

20世纪80年代，占故事片年生产量约四分之一的喜剧片也是电影商业化的重要组成部分。七八十年代之交，《喜盈门》、《甜蜜的事业》、《瞧这一家子》、《她俩和他俩》、《小字辈》、《月亮湾的笑声》等喜剧片或笑着跟过去告别，歌颂美好新生活，用喜剧方式弘扬新风尚，鞭挞旧思想。这类喜剧电影基本上仍旧沿用七八十年代的轻喜剧形式，即以一个正剧的情节框架，加上喜剧效果，带有很强的教化色彩。或

[35]梅朵：《谈〈神秘的大佛〉》，《电影艺术》，1981年第3期。

[36]张华勋：《我对开拓武术题材的新认识》，《电影导演的探索》，第4辑，中国电影出版社，1986年。

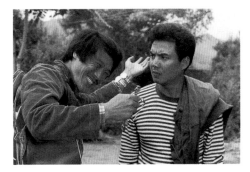

《咱们的退伍兵》（1985 年，编剧：马烽、孙谦，导演：赵焕章）

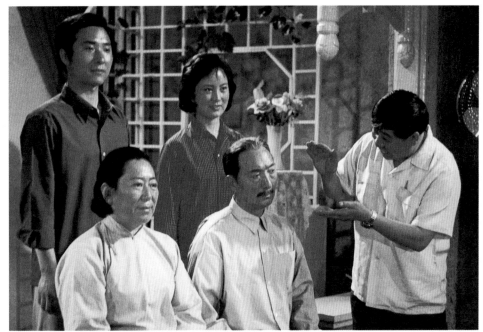

《瞧这一家子》（1979 年，编剧：林力，导演：王好为）

用笑作为武器，把批判的锋芒直指"四人帮"的黑暗统治。两类都达到了一定的艺术水准，也显示了中国人民那种极强的在精神上自我康复、更新的能力。

以喜剧的形式向旧的生活方式告别，是中国农民最乐于接受的一种艺术类型，因为乡村文化最重要的特征就是喜剧性。选取典型的富有类别特征的人物，表现是非分明的人物关系，运用亮丽的富有喜剧色彩的表现手段，是符合农民审美心理的，同时与当时的农村社会心理状态相吻合，具有浓烈的生活气息和时代感。喜剧的繁荣需要社会政治环境的宽松、民主传统的完备、人们个性的舒展，新时期提供了这样的氛围。

赵焕章的农村三部曲（《喜盈门》《咱们的牛百岁》《咱们的退伍兵》）将此类喜剧电影推向了高潮。《喜盈门》放映几年，观众高达 5 亿人次，是中国电影史上最卖座影片之一，在农村观众中产生了直接的示范性和情感号召力。

考察我国喜剧电影的创作历程就可以发现，我国的喜剧电影创作更多的还是关注现实本身。这些影片大多重在表现现实生活中小人物的酸甜苦辣，采取噱头、反差、偶然等多种喜剧常见的表现手段，使影片带有明显的愉悦和欢闹的味道。

张刚自 1983 年自编自导十余部喜剧片，形成"阿满"系列，在农村和中小城市很有市场，其中《多情的帽子》发行拷贝达 204 部。"阿满"系列喜剧把社会分

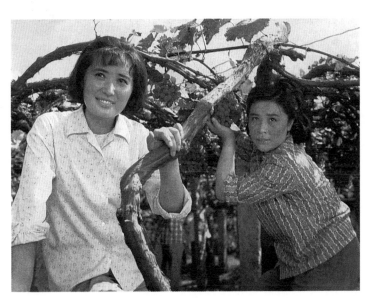

《喜临门》（1981 年，编剧：辛显令，导演：赵焕章）

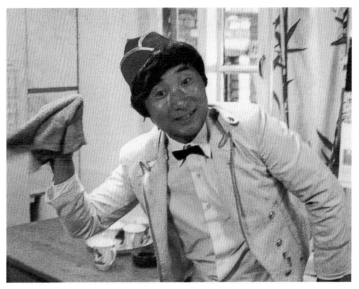

《二子开店》（1987 年，编剧：王秉林，导演：王秉林）

成二元对立的结构，人物设置上分为以阿满为代表的基本被肯定的人物和以钟姓人物为代表的基本被否定的人物，把他们放到现实社会的具体生活情境中，发生冲突，制造笑料，引发观众的笑。"阿满"系列喜剧涵盖了多种社会问题，如赌博、买卖妇女、知识分子社会地位低、分配不公、官本位与权力崇拜、出国热、服务行业向钱看、官倒公司、官僚主义等等。这些社会问题涉及面比较广，比较敏感，而且大部分一时难以解决或消除。但阿满喜剧并不过多过深地涉及重大敏感的政治问题，因为张刚深知电影不能够提供解决社会问题的标准答案，因此采取了将社会问题喜剧化处理的策略，虽然在评论界颇受非议，但对于吸引特定观众却极为有效。

张刚喜剧总的来说，也属于轻喜剧路线，教化色彩比较鲜明，而阿满基本上还是一个正面的平和的人物，从艺术创作的角度来看，人物形象尚不够丰满。

由陈佩斯主演的喜剧是所有中国喜剧电影中最接近闹剧形式的一种样式，几乎是"嬉笑怒骂皆成电影"。陈佩斯在拍摄了《瞧这一家子》、《少爷的磨难》等片后又与他的父亲、著名演员陈强合作拍摄了《二子开店》系列喜剧电影。他以自己的喜剧表演天分来构思影片，因此喜剧性格成为影片喜剧性的主要来源。他的喜剧电影中加入了夸张和变形，甚至发展为荒诞喜剧。对陈佩斯的喜剧电影评论界内存在不同看法，有评论认为部分影片已发展成闹剧，流于肤浅，同时一味表现人物的渺小卑微面，不符合时代精神。对陈佩斯的批评其实与对张刚的喜剧评价不高一样，核心涉及一个对通俗喜剧的看法问题，反映中国电影界对喜剧的认识仍然仅停留在

社会批判和艺术层面，而忽视其商业价值的考量。

除武打片与喜剧片外，80年代大陆娱乐片的主体还包括警匪片、侦探片、言情片等。作为商业片，不少影片由于缺乏吸引人的故事情节，只能诉诸变相的暴力、色情，加之制作粗糙，不但受到精英评论的批判，也引起观众的反感。

四、1988：中国娱乐片年

1988年，出现了新时期"娱乐片"的高峰，当年创作生产旨在强化娱乐功能的影片达80余部，占全年故事片总产量的60%以上。而这一年一批以都市电影的面目出现的影片以其对电影艺术性与商业性的兼顾，以及由此造成的分裂引起了评论界的关注。

周晓文是第五代导演中唯一一个以富有文化内涵、叙述流畅的商业片征服中国

电影市场的导演。他是80年代"拆墙"（即"把商业片拍得艺术些，让艺术赢得市场和观众"）说法的一个范例。

1988年他导演了都市题材片《疯狂的代价》。影片开始采用了常规侦探片的叙事模式：罪犯强奸幼女，逃之夭夭，幼女的姐姐青青开始协助公安人员寻找罪犯，经过一番侦查，警察将其抓获归案。导演在这个常规的故事中揉进了许多不寻常的因素，譬如侦破片一般重事不重人，重情节线索不重心理活动，这部影片用大量镜头描述女主人公青青作为一个女性在妹妹被强奸后产生的强烈精神冲突。本来随着罪犯落入法网，叙事由不平衡回到平衡状态，认同青青的观众也如愿以偿，而这时青青却突然一脚将孙大成踢下楼去，青青也变成罪犯，这大大超出了侦破片的叙事模式。影片触及了男人与女人、窥视与反窥视、欲望与压抑、常态与变态之间的相互撞击，以及与此联系的一系列心理主题。这些内容的展开把观众从侦破片的轨道拉

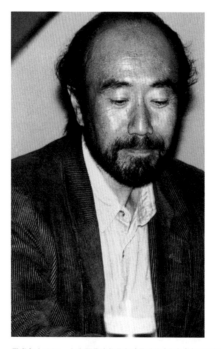

周晓文（1954— ），主要导演作品有《最后的疯狂》、《疯狂的代价》、《秦颂》等

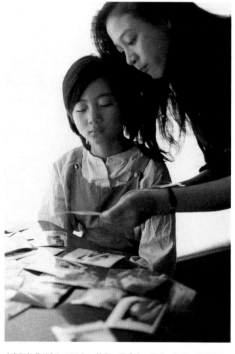

《疯狂的代价》（1988年，编剧：周晓文、芦苇，导演：周晓文）

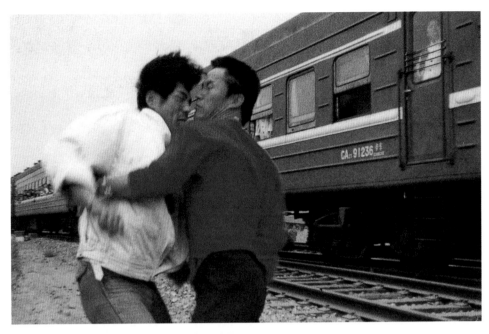

《最后的疯狂》（1987 年，编剧：史晨原，导演：周晓文、史晨风）

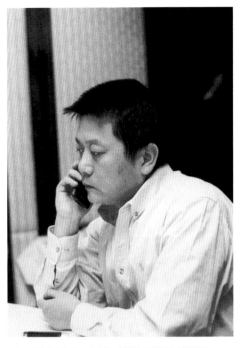

王朔，当代著名作家。1988 年，被称为中国电影"王朔年"。

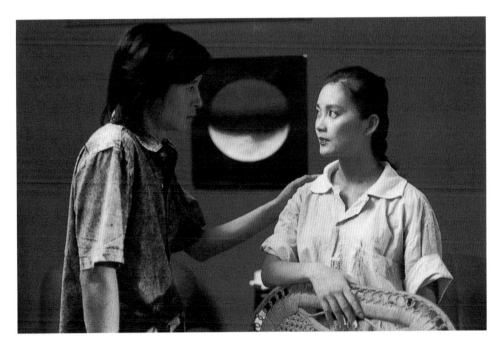

《轮回》（1988 年，编剧：王朔，导演：黄建新）

到心理分析的路数中来，大大深化了影片的意义。叙事到此并未停止：青青被警察带到屋内见妹妹兰兰，她绝望地喊了一声"妹妹"，兰兰却若无其事地吹着泡泡糖，对姐姐的行动无动于衷。这是对姐姐行为的价值取向和伦理取向的否定，也是对传统侦破片叙事模式的否定。这种否定迫使观众对影片主题进行再次反思。

同一年在中国银幕上出现了四部根据王朔小说改编的影片：《顽主》、《轮回》、《一半是火焰，一半是海水》和《大喘气》。在这一类电影中，与传统话语的强烈情绪对立不见了，叛逆的外在表现隐匿了，在商业电影赏心悦目的影像运作下，展开的却是对传统话语的系统反讽。在《顽主》的影像流程中，作家、诗人被一群小痞子滑稽模仿后，其崇高性被消解殆尽。被传统话语推崇的德育教师实为一位色欲熏心的庸俗小人。新潮理论的探讨变成了吸引姑娘注意的特殊手段。朝廷大臣与身穿比基尼泳装的健美女郎同跳迪斯科，杨白劳、喜儿与黄世仁亲密无间，红卫兵与走资派拥抱致礼。这台走马灯般的热闹戏隐含着作者意味深长的历史观和政治理想，也使观众尽情宣泄着因为长期二元对立造成的压抑。

人物形象上，现代都市电影以塑造小人物，尤其是都市边缘人为主，如个体户、倒爷、摇滚青年、卡拉 OK 歌手、自由撰稿人、小商贩、流浪汉、出租车司机等。他们已经具有大众化社会成员的许多共同特征：他们的身上有着强烈的个体意识，讲究实利，重视自我价值的实现。这种个体意识是对过去以社会群体价值为唯一取向的价值观的反叛。另外，相对于以前的都市电影，年轻的主人公在这新的影像空间里，没有权威的引导与扶助，而是独自徜徉或匆匆奔走。他们既心甘情愿地体味着生命之轻，也毫无怨言地忍受着生命之重。而电影中的顽主们义无反顾地投入自己无法选择也无法改变的生活，以其破坏性的行为表达着对传统价值体系、固有规范秩序的强烈不满。他们用调侃、戏谑、满不在乎，取代了沉重、苦恼、焦躁不安。然而，在这种表面的玩世不恭和放浪形骸的背后却流露着另一种沉重和绝望。这种绝望和沉重，在影片中被叙写为可怕的梦境、无奈的自杀和残忍的他杀。

这些都市电影，大都以失落、焦虑的表象呈现，所揭示的现代都市社会给人带来的困惑，是与古老乡村残酷的历史存在与旧文明的现实解体相伴随的。对现代文明的惶惑、对古老文明解体的感伤复杂地交织。然而这种对都市人痛苦的过度关注显然与当时观众的体验不相一致，因此，对它们的叫好往往是那些从文化上对电影进行解读的评论家。普通观众却对影片中表现的都市生活内容、生活方式充满了热情。

对于80年代的大部分观众来说，这种超前的焦虑更像是刻意挖掘和制造出来的。影片与其说是表现这种焦虑，不如说是在唤醒这种焦虑。自然多数观众并不想被唤醒，加之心灵中的焦虑通过影片传达出来，不同的观众所体悟到的程度不同。对于中国观众来说，对内心世界的表现远不如线索清晰的故事更易理解。对于《摇滚青年》，许多人将其视作普通的现代舞蹈片，而此前因为有美国影片《霹雳舞》的影响，《摇滚青年》反倒被视作模仿之作。《疯狂的代价》中的焦虑在很大程度上也是由专业影评家们所解读出来，对于普通观众来说，漂亮的女演员和片中的裸浴镜头成了影片轰动的真正原因。而都市影片整体上的吸引力来自于都市景象、超前的现代生活方式和生活态度，甚至只是时尚的服饰，如《一半是火焰，一半是海水》中青年人的同居甚至堕落的生活方式，《太阳雨》中人物的我行我素，《疯狂的代价》中人物的疯狂等等都对当时的青年观众产生了不小的吸引力。

应当说，这时的中国电影根本不知道何谓商业电影，更不知道所谓娱乐片的规则。一部分所谓娱乐片不顾起码的艺术质量，靠最大限度的视觉刺激吸引观众，从而败坏了娱乐片的品格，另一部分由知名导演们拍摄的所谓娱乐片却试图为娱乐片罩上沉重的文化外壳。这部分影片虽然同样也得到了观众，但观众的观影快感却来自非文化部分，其中的文化内涵非但未必能被观众所理解，甚至影响了观众的接受，充其量只能作为满足自己作为一个艺术家的内心情感的宣泄。如《疯狂歌女》、《摇滚青年》等故事情节和视觉表象给观众带来的观影期待与影片的悲剧性的人生主题截然相反，而一些武打片也在精英的话语氛围中努力增加文化色彩，使观众的基本认同都产生了障碍。

于是，一部分务实的理论家开始雪中送炭地介绍以好莱坞为代表的外国商业电影的经验。例如，一些学者对娱乐片的目的、形态、功能、叙事模式及其禁忌作了详细论述。但中国作为一个具有深远的伦理本位传统的社会主义国家，对好莱坞商业电影中的个人主义、享乐主义有着本能的排斥，这是任何理论都无法解决的。

由于电影体制改革裹足不前，没有从根本上触及旧体制的举措，严重束缚了电影生产力的发展，也阻碍着新的电影观念的树立和在一个顺畅、合理的大环境中对商业电影或娱乐片创作中应遵循的文化规律、文化原则的探索。可以说，由于作为一种新的电影文化要求载体的商业电影自身的不成熟（包括观念、体制、创作三方面）、此阶段的社会文化状况，都没有为这种新的电影文化要求提供正名的可能。

五、"新时期"的结束与"后新时期"的来临

随着电影体制的改变，市场观念成为中国电影人不得不接受的观念。80年代开始，整个社会文化分流，大众文化与主流文化、精英文化三足鼎立，一体化的电影文化体系在商业化浪潮的冲击下瓦解，娱乐片、主旋律片、艺术片三足鼎立的电影文化格局正式形成。直到1989年以后，中国政治形势出现新的变化，中国共产党第十三届四中全会确立了第三代领导集体，中央越来越强调政治体制的稳定和主流意识形态权威性的强化与维护，国家机构逐渐以明确的政策导向和充足的资金投入扶持主旋律电影的生产与发行，强化电影的主流意识形态功能。中国电影的产业化进程出现了更加复杂的局面，中国电影的商业性、娱乐性在进入90年代以后，受到了体制性的抑制，中国电影再一次强化了政治意识形态化趋势。

如果从1976年到1979年，是新时期电影的一个调整阶段的话，那么1979年至1983年，以谢晋等第三代导演为主体，中国电影进行了对新中国成立以来的历史的批判性记忆和反省。但事实上，从80年代初期开始，这种反思和批判就因为政治上拨乱反正的历史任务的基本完成，出现了"歌德"和"缺德"的两种创作路线。

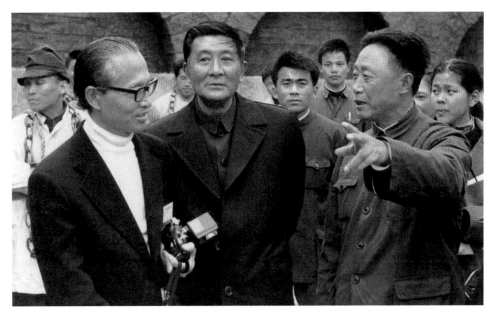

赵丹（中）与当时的上海电影制片厂厂长徐桑楚（右）陪同外宾参观

一些人对"左倾"现象的历史渊源和思想背景的批判越来越深入，人道主义价值观越来越鲜明；而主流政治批评则开始抗拒这种越来越扩大和深化的批判。

1980年，八一电影制片厂拍摄的《今夜星光灿烂》所引起的争论，便成为这两种文艺思想较量的载体。《假如我是真的》、《在社会的档案里》、《女贼》等话剧和电影剧本也引起了激烈的争议。即便在这样的情况下，1980年1月23日，时任中共中央宣传部部长的胡耀邦，仍然在剧本创作座谈会上发表讲话，要求"第一，绝不许打棍子，人家打棍子的时候我们要敢于出来保护他们；第二，也不要抬轿子。我们绝不能忘记林彪、'四人帮'十几年来是怎样毒害青年的"。同时，胡耀邦也提出，文艺创作的题材无比宽广，文艺工作者要正确认识社会主义现实，文艺作品要经得住历史的检验。

1980年10月10日，电影艺术家赵丹去世，而在他临终前两天，《人民日报》在第五版醒目位置发表了他抱病写成的短文《管得太具体，文艺没希望》，既表达了对"左倾"文艺路线的不满，也成为艺术家对文艺自由的呼唤。[37]

1981年，长春电影制片厂根据白桦、彭宁的剧本《苦恋》拍摄完成了电影《太阳和人》。影片中归国画家凌晨光在"文革"中受到迫害，矢志爱国。他的朋友忍不住劝告他，"你爱祖国，但祖国不爱你"。影片完成以后，邓小平先后与解放军总政治部负责人和中宣部负责人谈话，批评《苦恋》，"无论作者的动机如何，看过以后，只能使人得出这样的印象：共产党不好，社会主义制度不好。这样丑化社会主义制度，作者的党性到哪里去了？"[38]。《解放军报》、《红旗》杂志、《北京日报》、《文艺报》和《人民日报》等都陆续发表了批判《苦恋》的文章。唐因、唐达成的文章《论＜苦恋＞的错误倾向》先在《文艺报》刊出，后经《人民日报》转载，批评基本结束。尽管当时的个别文章有将《苦恋》当做"资

产阶级自由化"的典型进行整治审判的倾向，但总体上来说，批评是在一种比较"说理"的方式中展开的，甚至报刊上也有一些维护和辩护的评论。年底，文化部党组根据邓小平的讲话精神研究后决定，《太阳和人》不再进行修改，拷贝留存中国电影资料馆，影片未能公映。

文艺界、电影界的批判声音也一直不绝于耳。1982年，《文艺报》发表文章，批评谢晋导演的《天云山传奇》"完全歪曲了反右派斗争的历史真实"，"毁坏党的形象"，"它是资产阶级自由化思潮在文艺上的反映"。[39]尽管在文艺界和电影界的声援下，这部电影被第一届金鸡奖评委会评为最佳故事影片，但这种"山雨欲来风满楼"的事实，表明1978年以来的思想解放运动走到这里，所谓的自由化和反自由化的分野已经逐渐开始显现。

在这一事件之后，1984年，《人民日报》发表文章，传达胡耀邦对电影的批示："一部影片能否公演，我意今后要坚持一个人拍板决定'生''死'的做法。"[40]当时的中共党内高层仍然表现出对文艺民主的极大尊重，"双百"方针在这一历史阶段得到了最大限度的保证。到80年代后期，政治要求与艺术自由之间形成了尖锐冲突，中共中央总书记胡耀邦和赵紫阳先后都因为反对"资产阶级自由化"不力，退出政治中心舞台。思想解放、文化启蒙的"改革开放"新时期基本结束，中国进入了"社会主义市场经济"的后新时期。

[37]《人民日报》，1980年10月8日，第5版。
[38]《邓小平文选》第2卷，人民出版社，1983年，第391—392页。

[39]袁康、晓文：《一部违反真实的影片——评＜天云山传奇＞》，《文艺报》，1982年第4期。
[40]《废除一人拍板 提高领导艺术》，《人民日报》，1984年9月3日。

第九章

中国电影的世纪跨越

（1990-2000）

经历了1989年的特殊动荡，中国电影告别20世纪最后10年，走进了新世纪。纪年意义上的世纪转折与社会学意义上的社会变形似乎偶然地同时发生了。作为一个旧世纪的终结和一个新世纪的降临，90年代的中国也经历着一种社会形态的渐隐和另一种社会机制的渐显，从而形成了鲜明的时代性特点：一方面是转型的冲突、分化、无序，另一方面则是通向共享、整合、有序的努力，这一社会冲突直接形成了这一时期中国电影的品格和面貌。在用"中国特色"来搭建社会主义与市场经济之间的桥梁的过渡中，电影在继续用"主旋律"书写来承传、主导政治权威的同时，也在艰难地向文化工业转型。政治文化与文化工业的共生现实，可以说是90年代一幅巨大的天幕，中国电影便在这幅天幕下编织历史，同时在为政治服务、为市场服务、为现实人生服务的"一仆三主"的境遇中进退维谷地证明着自己的生存和发展。最终，在中国加入世贸组织（WTO）的推动下，在文化产业化改革的大形势下，中国电影进入了全球化背景下的产业发展新时代。

第一节
意识形态化与市场化的双重背景

一、后新时期文化

如果说，从20世纪70年代末直到80年代末，在全方位改革开放的历史背景下，

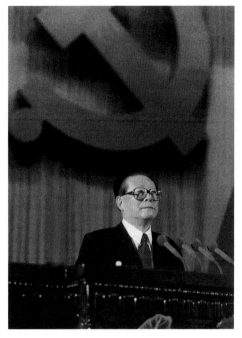

中共中央第三代领导人江泽民在中共十五大报告中阐述邓小平理论

意识形态的多元走向、政治经济体制的变革潮流、文化艺术的启蒙倾向以及社会或心理的个性化趋势曾经构成被称为"新时期"的中国社会的主导特征[1]，那么，进入90年代以后，随着政治、经济、文化战略的调整，中国社会则呈现出了所谓"后新时期"的阶段性特征：一方面政权机构通过体制修复和国家意识形态机制的强化完善了政治一体化体系，另一方面已经形成惯性运作的经济的国际化和市场化，又使商品经济逻辑渗透和影响到社会的政治、经济、文化的各个层面。政治一体化要求与经济市场化趋势相互缠绕、制约，既相互矛盾又相互协作。这样一种社会和历史状态，加上国际化、全球化格局，不仅作为一种背景，而且也作为一种"力量"，

---

[1]对这一阶段性变化，国内外学者曾提出"后新时期"的概念来区别1976年至1989年这一"新时期"。

直接控制、作用、影响着90年代的中国电影。

与此同时，中国民众20世纪以来经久不衰的参政热情逐渐淡化，功利和实用观念日渐成为民间主导意识。大众媒介和大众文化的迅速发展，使被平均化和非高雅化的公众趣味取代了具有超越价值和升华功能的知识分子趣味。本来就受到了重创的知识分子的启蒙运动和启蒙理想开始失去社会基础和文化效果，人文知识分子原来的社会角色和文化立场出现了分化和转换，一部分人自觉融入政治一体化机制，另一部分人则进入市场运作机制，文化启蒙作为一种"第三角色"被边缘化，被压抑为一种集体无意识。

正是在这样的背景下，电影的意识形态功能被不可争议地确立，同时，电影的市场产业功能也借助于"人民"的名义得到"有限"的扩展，而启蒙主义、现实主义、美学批判、艺术个性等则从电影流行主题中悄然退出。中国电影进入了一个政

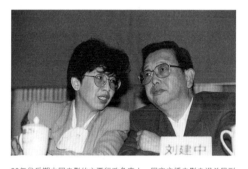

90年代后期中国电影的主要行政负责人、国家广播电影电视总局副局长赵实（左）与国家电影局局长刘建中

治性和消费性冲突与共谋的后新时期。

1989年，由于中国政治局势的变化，中国电影的主题也开始变化。中国共产党各级管理层面都加强了对广播电视电影、新闻出版、文学艺术的监控、引导。以

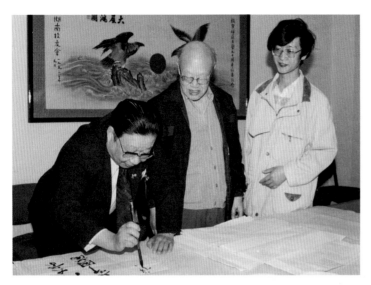

著名导演谢铁骊（左一）、著名电影理论家和事业家陈荒煤（中）为北京大学生电影节题词

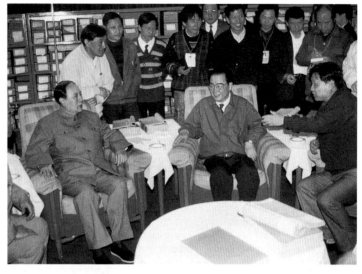

90年代初，当时任国务院总理的李鹏在《周恩来》拍摄现场。

"四项基本原则"为中心，电影也被强化了维护国家利益、进行舆论导向的政治使命。所以，90年代初期，中国电影的政治标准突然有明显提高，导致张艺谋的《活着》（1994）、田壮壮的《蓝风筝》（1993）等一批影片未能通过发行，即便是在国际电影节获得大奖的《菊豆》（张艺谋导演，1990）、《大红灯笼高高挂》（张艺谋导演，1991）、《霸王别姬》（陈凯歌导演，1993）等影片也面临"看门人"严格的审查和挑剔。

1993年9月23—29日，中国电影代表团参加第六届东京国际电影节，以德间康快为首的电影节组委会不顾中方的反对，同意当时未经中国政府主管部门审查通过的影片《蓝风筝》（田壮壮导演）和《北京杂种》（张元导演）参赛参映，中方代表团集体退出电影节。此后，类似的电影现象在国际上多次发生。在稳定压倒一切的大氛围中，90年代前期，中国电影的发展在国内平淡而低调，在国际上则是风波频频。

1994年3月12日，广电部发出《关于不得支持、协助张元等人拍摄影视片的通知》。通知中说，在当年的荷兰鹿特丹电影节上，有许多未经国家有关部门批准，私自拍摄和未经审查通过的影片参加电影节，其中，包括《1966，我的红卫兵时代》、《冬春的日子》、《红豆》（又名《悬崖》）、《自我画像》、《关于一部被禁影片的讨论》、《我毕业了》、《蓝风筝》、《诱僧》和《北京杂种》等影视片。"为严肃法纪，全国各电影制片厂、洗印厂和电视台、电视制作单位，在上述影片与有关人员问题未得到处理前，一律不得以任何方式支持、协助其拍摄电影、电视剧、电视专题片及影视后期加工等。"正是在这样紧张的背景下，"地下电影"现象越演越烈。

二、1995年：国产电影的短暂复兴

中国电影市场在不断萎缩，电影政治形势越来越严峻，国产电影处在艰难发展阶段。

在这样的情况下，1992年邓小平南行讲话不仅强力推动了中国社会的改革和发展主题，而且也放松了电影生产的投资和创作环境。1992年，首届中国长春电影节创办，《秋菊打官司》获首届金杯奖，"电影搭台，经贸唱戏"由此成为当时中国电影的一种普遍模式，"走向世界、走向辉煌"成为当时电影人的普遍梦想。1993年，经当时的国家教委、广电部有关部门批准，由北京师范大学发起的首届北京大学生电影节举行，由尹鸿等青年电影评论家和大学生代表组成的评委会将大奖授予了影片《三毛从军记》，引起了重大反响。该电影节以"青春激情、学术品位"为特色，成为后来中国众多电影节的一道独特风景。1994年，引进分账发行进口"美国大片"重新刺激被电视压制的市场……在经过必要的调整周期以后，1995年的中国电影迎来了一个短暂的爆发期。

这一年，纪念世界电影诞生100周年和中国电影诞生90周年的国际性话题重新

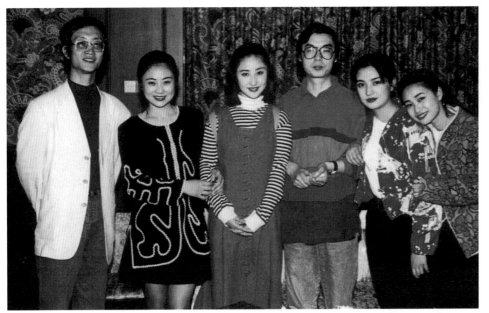

谢晋导演的《女儿谷》参加北京大学生电影节展映，赵薇（右二）等作为谢晋明星学院的青年演员参加演出

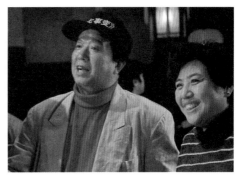

李前宽（1941— ）、萧桂云（1941— ），萧桂云导演了《桃李梅》、《包公赔情》等影片。他们先后共同导演了故事片《佩剑将军》、《甜女》、《黄河之滨》、《逃犯》、《田野又是青纱帐》、《鬼仙沟》和《开国大典》、《决战之后》、《重庆谈判》等。

将中国观众从对电视的关注中引向了电影，引进国外10部大片刺激了多年疲软的中国电影市场的复苏，仅仅北京电影制片厂一年中就吸收社会资金2亿，投拍影片达30部，创造了历史纪录。中国电影似乎面临着一次机遇，不仅影片生产的数量突破了规划数字，而且《红樱桃》（叶大鹰导演）、《阳光灿烂的日子》（姜文导演）、《红粉》（李少红导演）等影片也为国产影片创立了品牌效应。这一年，巩俐被美国《时代》周刊评为年度十大人物之一，而在年度国际十大佳片中，姜文导演的《阳光灿烂的日子》、李安导演的《理智与情感》、成龙的《醉拳》三部中国人主导的影片分列第一、第四和第七位。同年，中央电视台电影频道开始试播。中国电影似乎正在迎来一次新高潮。

但是，电影道德、历史、美学观念上的多样化，电影生产所受到的越来越多、越来越强的国内外资本的控制和制约，《背靠背，脸对脸》（黄建新导演）、《南京大屠杀》（吴子牛导演）、《阳光灿烂的日子》、《巫山云雨》（章明导演）以及《红粉》等妓女题材的影片和随后出现的《秦颂》（周晓文导演）、《爸爸》（王朔导演）、《打左灯向右拐》（后更名为《红灯停，绿灯行》，黄建新导演）所引起的来自不同层面的非议或怀疑，都为后来电影环境的改变提供了某些重要或并不重要的解释。随着整个社会文化的"主旋律"化，这一电影年度终于成为了90年代前期中国电影一个例外的高潮年。

三、后"长沙会议"时期

由中宣部组织的精神文明建设"五个一工程奖"开启了国家意志对影视创作的更深度的支配。1996年3月23—26日，长沙电影工作会议的召开及其历史性的影响作为一个标志性事件成为电影的政治管理力度被高度强化的象征。电影被赋予"以高尚的精神塑造人，以

优秀的作品鼓舞人，培育有文化、有道德、有理想、有纪律的社会主义公民"[2]的意识形态义务，从而被纳入了"以为人民服务为核心，以集体主义为原则，以爱祖国、爱人民、爱劳动、爱科学、爱社会主义为基本要求"的"精神文明建设"的文化合唱之中。在总结了90年来国产故事片4500余部，新中国国产故事片3000多部，新时期以来2200多部的历史成就之后，一个被量化的电影生产的"九五五零工程"[3]的具体规划，使1996年以后的中国电影在运作方式、美学走向、人文观念等方面，既与90年代以前的中国电影有着千丝万缕的联系，但同时也有着相当明显的变化和区别。中国电影减少了喧哗、突出了主调、排除了骚动、显示了统一，尽管电影从观念到取向、从风格到样式仍然存在着一些边缘化的或者不和谐的例外，但在近期的电影走向中，分化已经成为了一种

---

[2]丁关根：《多出优秀作品，繁荣电影事业》，《文艺报》，1996年4月12日。

[3]"九五五零工程"指在党政有关部门领导下，从1996年—2000年国家第九个五年计划期间，每年10部，共50部"电影精品"的创作活动。

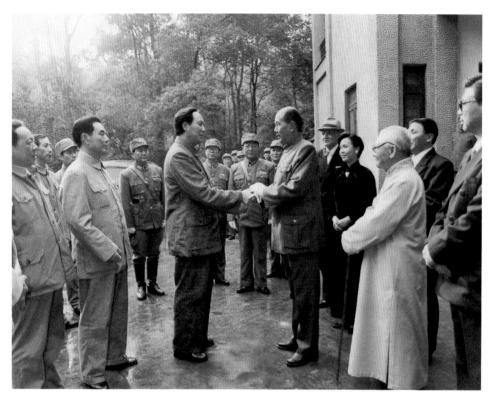

《重庆谈判》（1993年，编剧：张笑天，导演：李前宽、萧桂云、张夷非）

若隐若现的陪衬，整合趋势为1996年以后的中国电影留下了鲜明的历史烙印。

1996年以后，中国电影的后"长沙会议"时期与整个"精神文明建设"战略相适应，政府机构采用了评奖、推出精品、经济资助等多种行政和经济手段来引导电影的走向，深刻地拨动了中国电影的运行轨迹。在长沙电影工作会议上，明确了四项推动电影精品工程的政策措施：第一，增加电影专项资金，将从电影票中提取5分钱转变为提取票价收入的5%作为电影专项资金；第二，从电视及进口分账影片收入中提取部分资金；第三，国家对有特别重大意义的影片给予专项补助；第四，继续免征电影制片厂销售拷贝的增值税。这些措施的施行，加大了政府对电影的影响力，同时，由于电影审查的趋于严格和政府资金的投入，民营资金电影投资的热情开始逐渐消退，甚至带来了电影产量的逐年下降。

这一时期的中国电影与好莱坞电影划上了明显的界限：电影不仅仅是一种大众娱乐媒介或者文化产业，更是一种特殊的政治意识形态。与前一时期各种人文观念、文化形态、道德思想以及美学流派的喧哗和骚动明显不同，相对整一化的政治意识形态倾向是这一时期中国电影的明显特征。与此同时，电影的启蒙主义倾向被淡化，形式主义追求受到抑制，娱乐主义思潮受到了遗弃。

于是，在电影创作和操作中，"主旋律"意识不断升温，"五个一工程"对电影创作的引导性作用日益扩大，意识形态标准在电影"金鸡奖"、政府"华表奖"，甚至大众"百花奖"的评选中的重要性越来越重要，重大革命历史题材热和各种英雄模范、好人好事题材热方兴未艾，广电部重点国产影片成批推出……这些共同构成了近两年来中国电影的一道道风景。

所以，90年代中国电影文化正如整个社会文化一样，不可能像80年代文化那样充满异类、喧哗和叛逆，个人主义的、标新立异的、天马行空的现代主义美学形态被后现代工业所整合，电影文化中的先锋性、前卫性、实验性因素被降低到了最低点。当然，由于制作和融资方式的多元化，一些非主流，甚至非常规的电影仍然以一种边缘姿态出现。

传统与现代、东方与西方、革命与保守、开放与封闭、主流与边缘、恋父与弑父、结构与解构、资本逻辑与艺术精神，都在这种格局中相互冲突、相互利用和相互融合。在计划经济与市场经济、政治事业与文化产业的夹缝中，出现了以国家政治意识形态为主导的多种文化、多种价值观念、多种社会立场、多种意识形态体系共生并存的90年代电影状态。

第二节

"主旋律"电影

20世纪90年代，在加强对文化艺术业的总体调控的同时，国家政权特别重视和加强了对电影文化的具体规范。中国电影的多元性被主流政治意识形态所主导，主旋律不仅作为一种口号，而且作为一种逻辑支配着中国电影的基本形象。但是，随着国家政治和意识形态的变迁，传统的

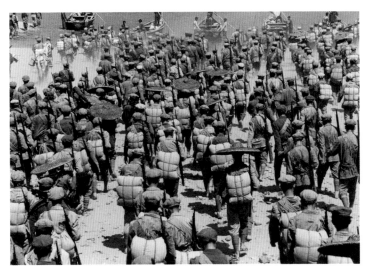

历史文献片中常见的宏大场面

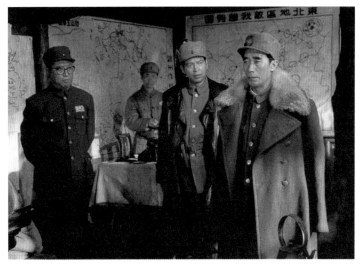

《大决战·辽沈战役》（1991年，编剧：王军、史超、李平分，导演：李俊、杨光远）

政治电影模式——"主体在权威助手的神助下经受考验，走出困境，获得命名"——因为其意识形态运作机制的暴露，已经不可能继续生效了，而新时期[4]以来以"谢晋模式"为代表的那种政治电影也因为"思想解放运动"这一特殊的历史阶段的结束而不能继续充当国家意识形态的代言者。因此，随着"主旋律"电影概念的提出，国家意识形态就开始了对新的电影策略的制订。而这一策略的重要方式就是所谓的伦理泛情化，即通过伦理感情来包装政治主题或者说完成政治主题，使政治意义自然地通过伦理情感得到传达。到了90年代后期，随着中美在国际政治中的对抗性冲突频繁，主旋律则不约而同地利用国家或民族意义的重叠，来强化意识形态的统一性和凝聚力。这种"主旋律"诉求，随着电影在2002年以后的产业化，逐渐淡化，最终演变为所谓的面向市场的"主流电影"。

[4]尹鸿：《世纪转折时期的中国影视文化》，北京出版社，1998年，第8页。

一、历史片与历史文献片

"主旋律"首先体现为以本世纪以来中国共产党政治人物和历史事件为素材的"革命历史题材"，特别是"重大革命历史题材"影片在数量和规模上的迅速发展。历史题材影片作为关于理想和信仰的英雄神话，是这一时期主旋律创作的最重要的创作现象。

"献礼"再一次成为中国电影的一种发展方式。1989年，作为国庆献礼片的《开国大典》（张天民、张笑天、刘星、郭晨编剧，李前宽、肖桂云导演，长春电影制片厂出品）拉开了献礼的序幕。1991年纪念中国共产党建党70周年、1995年纪念世界反法西斯战争胜利50周年、1999年纪念中华人民共和国成立50周年、2001年纪念中国共产党建党80周年、2002年纪念中共十六大召开，形成了一个又一个电影献礼高潮，八一电影制片厂先后推出的《大决战》、《大转折》、《大进军》（8部16集），丁荫楠的《周恩来》（1991），李前宽、肖桂云继《开国大典》之后执导的《重庆谈判》（1993），吴子牛的《国歌》（1999），陈国

星的《横空出世》（1999）等是这类作品的代表。1992年1月18—24日，已成立10周年的重大革命历史题材影视创作领导

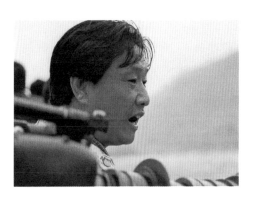

丁荫楠（1938— ）导演的主要作品有《春雨潇潇》、《逆光》、《孙中山》、《周恩来》等影片

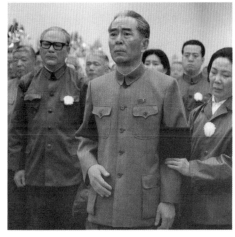

《周恩来》（1991年，编剧：宋家岭、丁荫楠、刘斯民，导演：丁荫楠）

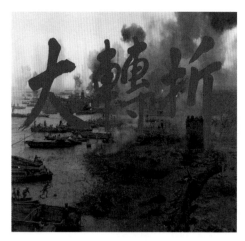

八一制片厂继《大决战》三部曲之后陆续拍摄了《大转折》三部曲

小组与中宣部文艺局、广电部电影局联合召开重大革命历史题材影视创作会议。据当时统计，经重大革命历史题材领导小组审查通过的重大革命历史题材电影剧本共有45部69集，其中已摄制完成和即将完成的影片有28部45集，审查通过的电视剧本123部1006集，其中拍摄中和已完成的电视剧达到89部570集。重大革命历史题材创作成为这一时期最重要的创作现象之一。

这些影片"将视野投向今天正直接承传着的那段创世纪的辉煌历史和今天还记忆着的那些创世纪的伟人。历史在这里成为一种现实的意识形态话语，它以其权威性确证着现实秩序的必然和合理，加强人们对曾经创造过历史奇迹的政治集团的信仰、信任和信心。……主流政治期待着这些影片以其想象的在场性发挥历史教科书和政治教科书无法比拟的意识形态功能"[5]。这些文献故事片对文献性与故事性、纪实性与戏剧性、历史观与生命观、历史事件与人物个性、史与诗的特殊理解

[5]尹鸿：《世纪转折时期的中国影视文化》，北京出版社，1998年，第50—52页。

和处理，形成了一种具有中国特色的特殊电影类型——历史文献故事片。

这类影片由重大历史事件文献片和重要历史人物传记片组成。

《开国大典》、《大决战》、《大转折》等重大历史事件文献片，就其制作规模、艺术质量和创作观念来说都可以看作重大历史事件文献片的代表。当时身为中共中央总书记的江泽民还亲自为《大决战》影片题写了片名。这些影片采用史与诗、宏观与微观相结合的叙事方式，与80年代的《梅岭星火》、《西安事变》、《风雨下钟山》那种戏剧化的结构、单一的叙事视点、平面化的视听造型有所不同，采用了全知、全局式的非限制性客观视点，隐匿叙事者的出场，历史仿佛"客观"地呈现在观影者面前。观影者于是将自我体验为历史的"见证人"，将影像化的历史读解为实在的历史，使这些作品产生了历史文献感。影片还努力使人物不只是政治的承载符号，开始重视表达对历史和历史人物的诗意体验。在人物塑造上不再是将历史人物理解为政治性与生活个性的简单相加，而是试图写出人物的心理和性格个性。这些影片还还原了历史人物的个人友谊和感情，历史获得了人性的感染力。在对待历史的态度上，这些影片一方面从无情的历史视点上展示历史的辉煌、壮丽，同时又从有情的生命视点上写出历史的残酷、冷漠，在意识形态的价值衡量中嵌入了一种人道主义的视野。艺术的意义与历史的意义形成了一种审美张力。就像《大转折》的结束，一方面是一个个欢呼胜利的远景和大全景，一方面是战士们相互抚摸在战斗中失去的肢体、询问牺牲的战友的中、近景和特写，宏观的历史进

程与微观的个体命运形成了一种对于历史的生命体验。

《毛泽东的故事》、《周恩来》、《邓小平》、《青年刘伯承》等则属于以一个主要人物为中心组织起来的重要历史人物的传记片。在这类影片中，《周恩来》（1991年，广西电影制片厂出品，宋家玲、丁荫楠、刘斯民编剧，丁荫楠导演）可以看做是这一影片类型的代表。这部影片更准确地说是"晚年周恩来"，它以文化大革命为叙事起点，塑造了一个高度伦理化的政治形象。周恩来代表了一种中国古典的人文精神和人文理想。这种精神和理想与"文革"那种非人性的环境形成悲剧性对抗，成就了周恩来非凡的人格，从而也再一次唤起了中国观众悠久的道德记忆。尽管影片对周恩来的伦理人格的展示仍然是类型化的，但是这种人格感染力依然使这部影片成为历史传记片中的优秀作品。它以一种悲悯和敬爱的情怀，在中国政治大背景下，塑造了一个具有强烈道德感染力的政治人物形象，在当时引起了观众热烈的反应。如同《孙中山》、《毛泽东的故事》等伟人传记片一样，《周恩来》采用的也是一种感伤悲郁的风格。这种风格，既是一种意识形态策略——它通过对伟人的理解来唤起人们对这些伟人所证明的历史的理解，同时也是一种叙事策略——它通过一种泛情化方式来引起观众的认同。所以，如果说历史文献片更追求一种壮阔的气势，那么历史传记片则更强调一种情感的冲击。

在历史片中，如果说重大革命历史题材影片都在用对先前光辉历史的记忆来阐明当下现实的必然，那么以爱国主义为主题的古典和近代历史题材电影的增加也是

"主旋律"文化的重要组成部分。无论是历史人物题材如《一代天骄成吉思汗》(塞夫、麦丽丝导演,1997)、《刘天华》(郑洞天导演,2000)或是历史事件题材如《鸦片战争》(谢晋导演,1997)、《我的1919》(黄健中导演,1999),它们都以弘扬中国传统文化、表达爱国主义精神为基本视角,用中国文化的历时性辉煌来对抗西方文化的共时性威胁,用以秩序、团体为本位的东方伦理精神的忍辱负重来对抗以个性、个体为本位的西方个性观念的自我扩张,用帝国主义对近代中国的侵略行径来暗示西方国家对现代中国的虎视眈眈,用爱国主义的历史虚构来加强国家主义的现实意识,历史的书写被巧妙地转化为对现实政治意识形态建构的支撑和承传。如谢晋导演的《鸦片战争》,就是在用对昔日国耻的抚摸来提醒历史规律的无情,尽管有人用"落后就该挨打"的"莫须有"的阐释对这部影片进行道德批评,但"落后就会挨打"的历史哲学应该是对百年历史的一个严肃的注脚。

历史如滔滔江河,折戟沉沙,逝者如斯,唯有人的爱恨与情仇、高尚与卑劣、浩然正气与苟且偷生代代相继,就像音乐中的音符一样,不断组合为新的关于生命的乐曲。因此,历史题材的电影,对于观众来说,重要的不是历史,而是历史中积淀的生命的热情,是与处在现实生活中的他们自己的生命体验联系在一起的。而从总体上来说,这时期的历史题材创作还没有完成从写历史到写人的创作观念的转化。在历史题材影片中,往往还是历史大于人、政治大于人性、文献大于审美,影片的叙事视点主要还是一种还原历史的视点,而历史人物便成了这一历史舞台上来

去匆匆的配角,许多场景、段落、情节的设置,并不是为了塑造人物而只是为了再现历史,历史舞台被浓墨重彩而历史人物却常常被轻描淡写。不仅人物的性格和命运缺乏整体感,而且影片的人性感染力也被各种历史文献所冲淡,更多的历史人物是受到历史概念的束缚而失去了想象的魅力和个性的魅力。在这一时期的银幕上,毛泽东的形象虽然已经被塑造过无数次,但却没有一个能够显示出这位一代天骄的人格魅力。电影中的历史人物是"历史",是历史记载中存在的人物,但他们更是"现实",是人们按照现实需要和现实理解对历史人物的想象和创造,因而他们并不是历史教科书或者历史博物馆中的历史,而是艺术中的历史,是具有生命感的历史。艺术中的这些历史其实不是,也不可能是对消失的过去的重现,而是人对于无个性的人类历史的一种移情。所以,对于历史题材的影片来说,文献性与故事性、纪实性与戏剧性、历史观与生命观、历史事件与人物个性、史与诗的辩证关系的理解和处理,应该是最基本的美学挑战。

二、"好人好事"电影

1991年2月8日,中宣部、中组部、广电部等五部委联合发出《关于做好影片〈焦裕禄〉宣传、发行和放映工作的通知》。该片发行拷贝达到两千五百多个,成为当时电影放映的一大奇迹。此后,这份通知不仅助长了"文件"电影发行的势头,也开始了中国电影"主旋律"化的另外一个重要的创作现象,即大量被称为"好人好事"的以共产党干部和社会公益

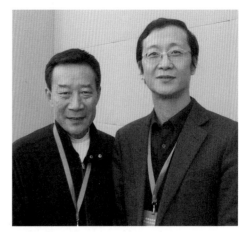

与《焦裕禄》中的焦裕禄饰演者李雪健(左)合影(2009)

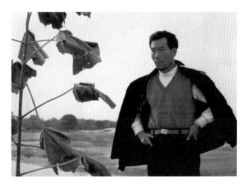

《焦裕禄》(1990年,编剧:方义华,导演:王冀邢)

人物为题材的影片陆续出现。这些影片大多以各种被评选和报道的生活中的"英雄"、"模范"人物为原型,如《孔繁森》(陈国星导演,1995)、《离开雷锋的日子》(雷献禾、康宁导演,1996)、《中国月亮》(阿年导演,1995)、《军嫂》(王薇导演,1997)、《一棵树》(周友朝导演,1996)、《故园秋色》(郑洞天导演,1999)等。

由于英雄神话的解体和权威话语的弱化,那种作为先驱者、布道者或万能助手出现的超现实的人物形象已经很难具有"在场"效果。所以,这些影片大多继续了1990年《焦裕禄》(王冀邢导演)将政治伦理化的泛情策略,都不再把主人公塑造为一个全知全能的英雄,也没有赋予

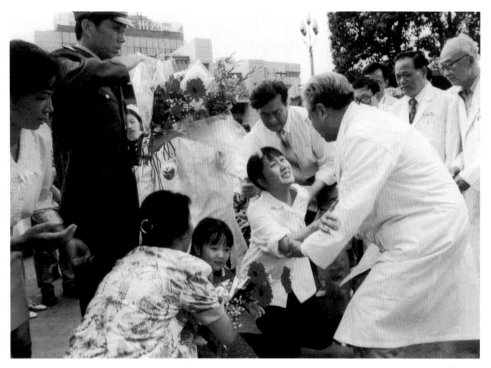

《军嫂》（1996年，编剧：方义华、许雁，导演：王薇）

他超凡脱俗的智勇，过去那种顶天立地、叱咤风云的形象被平凡化、平民化了。这些人物自身的主动性和力量都受到超越于他们个人之上的力量的支配，主人公不得不用自我牺牲、殉道来影响叙事结构中对立力量的对比，通过感化来争取叙事中矛盾各方和叙事外处在各种不同视点上的观众的支持和理解。《孔繁森》最后那段孔繁森的跳舞，用一组主人公感动不已的镜头与民众的敬仰场面之间的正反拍把观影者无声无息地缝合进了影片的运作机制之中，《军嫂》结束前军嫂跪下感谢那些帮助她治病的人们的场面，使观影者在泪如雨下的忘情状态中与影片的意识形态视野达成融合。这些影片用低调的方式为影片的意识形态高潮进行铺垫，意识形态主题被注入了伦理感情，共产党干部、劳动模范、拥军模范的性格、动作、命运和行动的环境及其所得到的社会评价以及影片叙事的情节、节奏和高潮都以伦理感情为中心而被感情化。这些影片并不直接宣传政府的政策、方针，也尽量避免政治倾向直接"出场"，而是通过对克己、奉献、集体本位和鞠躬尽瘁的伦理精神的强调来为观众进行爱国主义和集体主义的"社会化"询唤，从而强化国家意识形态的凝聚力和合法性。

当然，在这些影片中，伦理与政治、情与理、道德英雄与政治英雄之间的裂缝并没有得到完全的缝合，尽管对这一裂缝的弥补，也许并不仅仅是或者主要不是电影文本自身的叙事能力所能承担的。而从美学的角度上来说，不少"好人好事"影片，如《军嫂》、《少年雷锋》等，不仅叙事方式、视听语言相对单调和陈旧，而且人物形象由于被道德定位，他们内在的人性困惑和必然要面对的外在环境对人格的压力在影片中便往往被有意无意地忽略和简化了，人物被先验地假定为就是一个既不受来自本性的个人利益驱动也不受来自外界的利益分割的诱惑的"天生"的"好人"，人物形象往往缺乏立体性而成为一个平面化的伦理符号，或多或少地在相当一些影片中留下了意念化的痕迹。米兰·昆德拉（Milan Kundera）在谈到小说艺术时，曾经说，"小说的艺术教读者对他人好奇，教他试图理解与他自己的真理所不同的真理"，所以，"将道德审判延期，这并非小说的不道德，而正是它的道德"。[6]这段话里也许正包含着某些被艺术历史证明过的可以引起我们思索的艺术哲理。

在"主旋律"影片中，《离开雷锋的日子》这部根据真实的生活原型改编的影片的叙事视点和人文观念对我们的电影创作会提供某种启示。《离开雷锋的日子》不仅在美术造型、镜头使用、演员表演和蒙太奇节奏上尽量追求一种朴素自然的风格，与目前一些"主旋律"影片那种矫饰、华丽的电影风格很不相同，创造了一种纪实性效果；而且在人物塑造上，也没有回避乔安山的助人行为所面对的现实压力和内在苦闷。但雷锋之死使坚持雷锋精神成为了他的一种良心救赎，他不能放弃这个责任，就像他对儿子所说：别人可以不学雷锋，但我不可以不学！助人苦但苦也必须助人。于是在这一人物深处，有了一种人格上的悲剧性，同时也有了一种人性的立体感。任何一个人，选择什么样的做人方式或者做出什么样的道德判断，都不是不证自明的，而是与每个人内在的心理驱动息息相关的，在某种意义上说，都是"从私人的利益、特殊的目的，或者

[6]昆德拉：《被背叛的遗嘱》，上海人民出版社，1995年，第6页。

简直可以说是利己的企图而产生的人类活动"[7]。正是从这个意义上说，《离开雷锋的日子》使一个"主旋律"形象获得了心理支撑，为人物的"真实感"奠定了基础。尽管影片中乔安山的妻子控诉"肇事者"的场面和最后小红帽共同推动车轮的象征性段落，使影片的现实主义风格不尽和谐地转化为了一种常规的情节剧高潮，但这部影片在"主旋律"影片中仍然占有特殊地位。

三、社会或家庭伦理电影

中国具有悠久的国与家、政治与伦理一体化的传统，国家政治通过社会家庭伦理进入现实人生，伦理的规范性和道德的自律性通过这种一体化而转化为对政治秩序的稳定性的维护和说明，政治意识形态的一元化借助于对伦理道德规范和典范的肯定而与人们的日常生活产生联系。这种伦理化倾向，一方面是对"主旋律"电影的一种补充，另一方面也是适应了从政府到民众的道德（精神文明）重建的需要。

黄蜀芹导演的《我也有爸爸》（1996），胡炳榴导演的《安居》（1997），孙沙导演的《红月亮》（1996）、《喜莲》（1996）、《九香》（1994）以及于向远导演的《这女人这辈子》（1996）、徐耿导演的《红发卡》（1996）等都是这样的家庭、社会伦理道德题材影片。

这些影片都以家庭、社会的人际伦理关系为叙事中心，大都自觉地用传统的道

[7]黑格尔：《历史哲学》，三联书店，1956年，第62页。

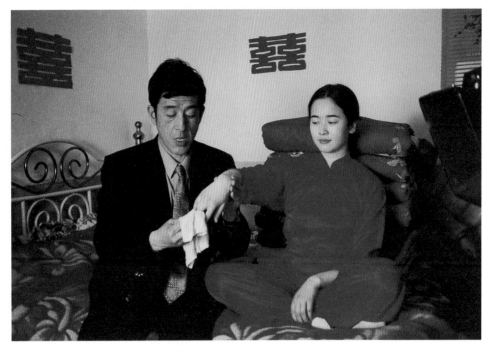

《红月亮》（1996年，编剧：谭文峰，导演：孙沙）

德逻辑，突出了利他与利己、爱与恨、义与利、团体认同与个人叛逆之间的矛盾，张扬克己、爱人、谦让、服从的伦理观念。更多的影片则自觉或不自觉地继承了中国民间叙事艺术如话本、戏曲、说书中的"苦戏"传统，故事最终被演化成为一个个善恶有报、赏罚分明的老态龙钟的道德寓言。它们用道德批判代替现实批判，用对道德秩序的重建来代替社会秩序的重建，用伦理冲突来结构戏剧冲突，用煽情场面来设计叙事高潮，用道德典范来完成人格塑造，许多忍辱负重、重义轻利的痴男怨女、清官良民都以他们的苦难和坚贞来换取观众的涕泪沾襟。爱成为了一种救世的诺亚方舟，电影中的世界就像一些评论家在赞颂《我也有爸爸》时所说的那样，成为了一个与现实隔断的温情脉脉的爱的童话世界。剧中人的千辛万苦、千难万难似乎可以带给远离这一处境的观众以心理的平衡和知足。尽管一些制作比较精细、叙事相对完整的影片，如《安居》、

《我也有爸爸》、《红发卡》等对理解、沟通、爱的呼唤在一定程度上满足了处于匮乏中的许多观众对于安全和认同的渴望，同时也适应了建立稳定、和谐的道德

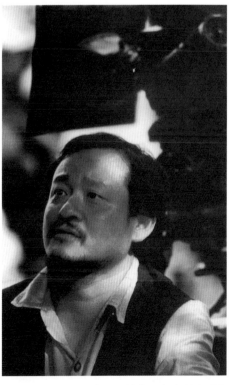

徐耿（1955—），主要作品：《豆蔻年华》《风雨故园》《青春无悔》《红发卡》《草房子》

249

秩序和社会秩序的政治需要，但是不少影片那种先验的道德化主题，使影片中的人物个性常常只能是一种表象，而不可能出现真正的内在个性，影片中的生存现实也很难不是一种被道德净化的自我封闭的符号世界。

在电影的这种伦理化倾向中，特别应该提到，一些家庭伦理题材影片与当时整个文化保守主义的社会思潮相联系，出现了一种道德复归的价值趋向。这一倾向与80年代，甚至"五四"新文化那种以个性解放为核心的人道主义传统形成了明显的区别。如《这女人这辈子》，尽管它的前半部似乎与张艺谋的《红高粱》等民俗电影在人物结构、场面效果、视听造型甚至大西北的民俗化细节等方面都非常相似，但是影片后半部却将张艺谋电影那种以个性主义为基础的价值观念置换为了一个道德主义的价值观念。影片中原本渴望爱情自由的女主人公灵凤听从了父亲的临终遗嘱，以"孝"的名义嫁给了她并不爱的永义，后来受到永义乐善好施的道德行为的感召。接着影片采用了当年《青春之歌》、《红色娘子军》相同的叙事策略，让永义在完成了对灵凤的教化以后偶然身故，使灵凤成为他道德精神的继承者。后来灵凤果然放弃了个人的爱情幸福，成为一个圣女般的"节"、"义"女性，而当年同她一起追求爱情幸福的男主人公留根却被策略性地设计为走向了私欲的深渊。更为奇特的是，同样的配方，但只有好人好心才能酿出好酒的情节设计更是将道德无限地本位化了。于是这个表面上看来与《红高粱》如此相似的影片和相当一批道德伦理题材的影片，却阐释了一个与80年代乃至"五四"新文化那种个性解放的启

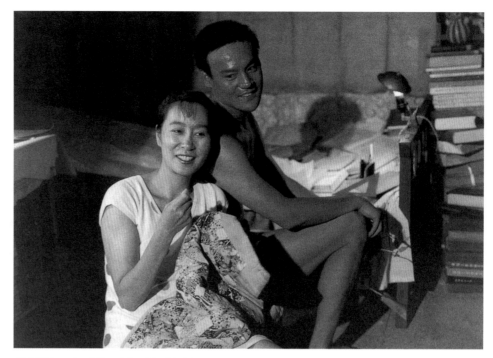

《蒋筑英》（1992年，编剧：王兴东，导演：宋江波）

蒙主义精神完全相反的道德主题：利他性成为一种精神本位，超然于一切之上，感性个体再一次被道德理性所压抑和放逐。一方面，这可能是对当时社会缺乏能够被共享的道德准则和能够维护人们心理平衡的物质条件的一种应对性补救，但另一方面，人们也许会提出怀疑，如果我们将被"五四"新文化所颠倒的价值观念不经过创造性转化而全盘颠倒回来的话，这种价值取向是否能够与我们的现代化历史进程相适应。

相对而言，《喜莲》（孙沙导演，1978）似乎更多一些时代的气息。这是一个传统意义上的"不道德"的女性——她不从夫，不从老人，而且不生育[8]。她听从自己对生活的期望，要改变自己的生活和命运，她通过个体性的确立来重新定位自

----

[8] 1985年颜学恕导演的《野山》中，那位渴望改变生存状态的女性桂兰也同样没有生育，"不孝有三，无后为大"，这一叙事设计成为了女性反传统的一种象征。

己在家庭中的位置。正是这一基调，使这一人物形象的塑造有了一个生动的核心，人物的言行和情感不是抽象的而是具体的、活生生的。尽管影片在叙事冲突的处理上还不够充分，人物性格的丰满性仍然不够，对情节和细节的美学独特性的发掘也还不深，但这一女性形象与50年代的李双双、80年代《野山》中的桂兰一样，可以被列入中国电影农村女性形象系列。

四、伦理"泛情化"

"主旋律"和伦理"泛情化"是近年来中国电影创作的两个重要现象：一方面"主旋律"规定了电影的基本格局，另一方面伦理"泛情化"表明了电影的基本趋向。前者是一种视野的确立，后者是一种视角的选择，它们共同构成了一种意识形态力量。伦理"泛情化"策略成为了"主旋律"电影传播国家意识形态的一条有效

通道。伦理"泛情化"如同福柯对"权力"的分析，不只是抑制也是引导，对这一时期电影的题材选择、价值观念的表达、叙事方式以及对人性和世界的表现深度，甚至电影语言本体都产生了直接而巨大的影响，使这一时期的电影创作与前一阶段相比更加单纯化、共性化、戏剧化，在人文观念和美学观念上越来越走向一致：秩序感、认同性成为了共同的人文主题，乐观、简明、通俗成为了共同的美学风格。但是，对于电影的发展，如果说，如何处理好电影的道德化的文本世界与人们非道德化的日常经验之间的差异将是电影不可回避的道德责任的话，那么如何缝合先验的政治道德观念的统一性与现实的人生状态的冲突性之间的裂缝将是电影不能回避的美学难题。

五、国与族主义策略

在西方文化和文明以前所未有的诱惑深刻地干预着当代中国的政治、经济、文化和日常生活的同时，西方国家的中心

主义情结和霸权优越感又刻骨铭心地刺激着中国人的民族自尊和破坏社群的认同想象。到了90年代末期，正当政治伦理化策略已经成为一种叙事惯例和模式越来越被观众所识别和排斥的时候，中国国际环境的某些变化为"主旋律"的策略转换提供了契机。

90年代以后，北京申办奥运会的受挫、美国对中国最惠国待遇的刁难、加入WTO面临的层层阻碍、日本对钓鱼岛的挑衅、一些国家对南沙群岛的虎视眈眈，特别是1999年美国对中国驻南斯拉夫使馆的轰炸、台湾李登辉"一中一台"政治意图的公开化等这一系列事件都激发了相当数量的中国民众的民族主义情绪。于是，"中国可以说'不'"作为一种流行话语便代表了朝野上下具有相当公众性的社会心理。

正是在这样的背景下，1999年，伴随香港、澳门的相继回归，正值中华人民共和国成立50周年，国内政治、经济、社会发展面临关键点，也正当世界进入一个新的千年之际，于是，与"中国可以说不"的民族主义情绪的上升相对应，民族、

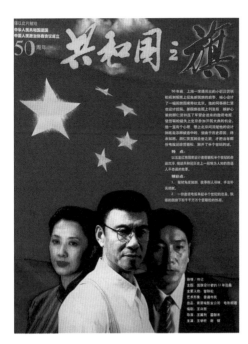

《共和国之旗》（1999 年，编剧：王兴东，导演：王冀邢、雷献禾）

国家主义的重叠成为了1999年国庆献礼片不约而同的选择。无论是《我的1919》（黄健中导演，1999）最后那个大写的"不"字或是《横空出世》（陈国星导演，1999）中李雪健所说的那声斩钉截铁的"No"（不），都会使人产生对《中国可以说不》以及《妖魔化中国》等等畅销书的互本文联想，也会产生对北约轰炸中国驻南联盟大使馆的事件以及随后出现

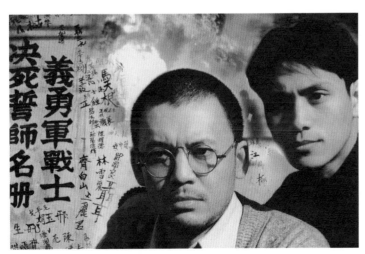

《国歌》（1999 年，编剧：范正明、苏叔阳、张冀平，导演：吴子牛）

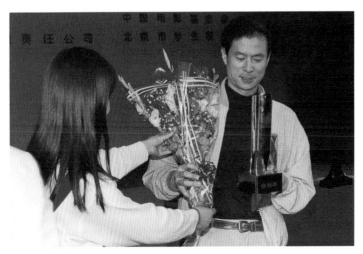

陈国星成为 90 年代在国内获奖频率最高的导演之一

的全国范围内的反美情绪的指涉性联系。

中国电影继《较量》（纪录片）等以后，陆续推出了《国歌》（吴子牛导演，1999）、《共和国之旗》（王冀邢、雷献禾导演，1999）等叙述国歌、国旗等国家标志符号的诞生的影片，《横空出世》、《东方巨响》（纪录片）、《冲天飞豹》（王瑞导演，2000）等以原子弹、导弹、火箭、战斗机等国防武器的研制、试验为题材的影片，《我的1919》等以描叙西方列强欺辱中国的历史事件为背景的影片，《黄河绝恋》（冯小宁导演，1999）等叙述抗击外来侵略的故事的影片……几乎都以民族和国家为故事主题，以承载这一民族精神道义、勇气、智慧的群体化的英雄为叙事主体，以中国与西方（美、日）国家的二元对立为叙事格局，将西方国家特别是美国的直接或间接的国家威胁作为叙事中的危机驱动元素，以红色意象的中国革命与黄色意象的中华文化的重叠作为国家主义置换民族主义的视觉策略。在这些影片中，往往提供了一个直接出场或者不直接出场的西方帝国主义"他者"来界定中华民族这一"想象社群"[9]，以民族成员的"同"来抵御外来力量的"异"，以民族的同仇敌忾来对抗他族的侵略威胁。在历史叙境中的妖魔化西方成为现实叙境中的霸权化西方的形象指代的同时，影片中的民族主义情绪既是对科技（教育）兴国、科技建军的国家政策的形象注解，同时也是对国家中心化和社会凝聚力的一种意识形态再生产。

[9]参见B. Andson: Imagined Communities, London, Verso, 1983

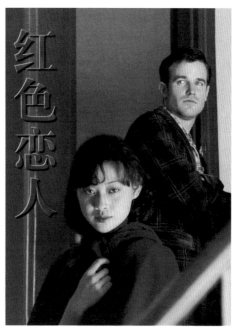

《红色恋人》（1998 年，编剧：江奇涛、马克、卡普林、叶缨、安迪、南桑森，导演：叶缨）

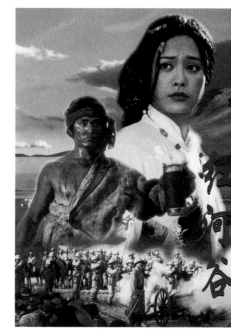

《红河谷》（1996 年，编剧：冯小宁，导演：冯小宁）

六、东方主义与西方主义

在中国电影的叙述中，中国与西方国家，尤其是与美国和日本这两个具有悠久历史纠葛的发达国家的关系一直相当复杂，朋友与敌人、天使与魔鬼、爱与恨常常交织在一起。这种复杂性其实体现的正是我们民族处境的复杂性，一方面我们渴望被西方国家所认可、所尊重，从而进入被发达国家所支配的世界一体化的游戏之中，但另一方面我们又反感西方国家那种制定和掌握游戏规则的霸权位置和力量；一方面当我们得到西方主流文化肯定性评价的时候会产生一种进入主流秩序的狂欢想象，但另一方面当我们被西方主流文化排斥性评价的时候则又会产生一种拒绝这一大同世界的自我保护力量。这种与西方的认同冲突，从早年的《一盘没有下完的棋》（佐藤纯弥、段吉顺导演，1982）到后来的《红色恋人》（叶大鹰导演，1998）、《红河谷》（冯小宁导演，

1996）、《黄河绝恋》和《我的1919》，都得到了相当充分的体现。

正如赛义德所说，对于西方人来说有一种西方视野中的"东方主义"，那么对于中国人来说，也存在一种东方视野中的"西方主义"。赛义德在谈到东方主义时，曾经指出西方文化将东方变成一种缺乏主体性或者内在变化的固定不变的"他者"，是从西方意识和文化中浓缩出来的二元对立中的"他者"，东方主义所显示的东方与其说是东方国家和文化的特色，不如说是那些观察、研究、寻求支配东方文化的西方团体的意识及文化。西方视野中的东方常常是一个双面人，一面是面目狰狞的妖魔化的东方，专制、愚昧、落后，那是西方人通过一个"反面"的"他者"来确立自己优越性的文化或心理策略；另一面则是含情脉脉的天使化的东方，温馨、宁静、祥和，这是西方人借助一个"正面"的"他者"来平衡自己文化矛盾的另一种文化或心理策略。无论是妖

魔化的中国，还是天使化的中国，都与我们正在遭遇和正在经历的中国本身无关，东方主义视野中的中国只是西方人为了自己的需要而建构和想象出来的中国。与此相似，中国文化中的西方其实也是我们建构和想象出来的西方。从义和团、五四运动直到现在，这种"西方主义"常常有时将西方想象为天堂，有时想象为地狱，有时塑造为强盗，有时打扮为天使。显然，在中国电影以及中国文化中，"西方"也并不是一种自在的真实，而是一种想象的形象，那是中国文化视野中的"西方"。

在90年代特殊的国内外背景中，特别是在1999年，一方面多数国产影片中的西方国家都是作为一种"霸权"符号出现的，形成了叙事中的国族冲突，来应对西方国家对中国的政治、文化威胁，正如在《我的1919》中一样。但是，另一方面，许多影片又都利用性别策略来构成影片的人际关系，来暗示中国对西方国家的精神征服。所以，一方面，中国电影用民族英雄的宁死不屈来表达面对西方霸权的民族自尊，同时又有意识地用跨国婚姻的设置来创造一种民族自信。所以，《红河谷》、《黄河绝恋》、《红色恋人》等都以一个中国女性（阴性文化、被动）为中介（东方象征），设计了以一个西方男性（阳性文化、主动）为标志的西方人（西方象征）对中国文化逐渐认识、认同直到钟爱的过程，完成了一个受到西方他者承认和征服西方他者的双重表意。

这时期，从中国电影中的西方想象中，我们阅读到的正是中国主流文化对自己的国家或民族想象，这一想象不仅通过西方他者转移了本土经验的焦虑，同时也通过霸权命名强化了稳定团结的合法性。

国家或民族想象成为了90年代末期主旋律影片的一种共识。

第三节

娱乐的主旋律化与主旋律的娱乐化

20世纪90年代是一个复杂的转型年代，一方面，由于政府行政力量对电影的直接和间接干预，保证了主流政治意识形态在很大程度上支配着中国电影的状态，但另一方面，与整个社会的经济体制改革相联系，市场经济的逻辑也伴随着电影的产业化转型对中国电影文化产生着深刻影响。电影的娱乐性作为一种文化消费价值在这一时期也成为主旋律背景下的"关键词"。

一、市场化的不归之途

从80年代中期开始，中国电影业开始戴着各种现实的"镣铐"走上了市场化的不归之路。电影从过去计划体制下的国家意识形态事业转化为一种国营产业；各种集体所有制的电影企业、私营企业和中外合资企业相继介入电影行业；一直由中国电影发行放映公司统购统销、垄断经营的电影发行体制解体；电影是否获得市场利润成为电影业是否能够生存的重要参数；生产者与消费者之间建立了直接的经济关系——这些背景的变化应该说都加速了电影的工业化进程，促使电影创作和制作者

必须满足尽可能多的观众的需要从而换取利润。大众对娱乐、轻松的要求，因为受经济规律的支撑而成为引导电影文化发展的动力之一。

应该说，80年代末的娱乐片热是电影市场化的第一次冲刺，但娱乐片文化中那种享乐主义、个人主义、消费主义的价值观念与社会主义文化那种英雄主义、集体主义、国家主义的价值观念似乎一直有着深刻的冲突。90年代初期，这种冲突随着政治环境的变化带来了娱乐片文化的被否决。1992年邓小平南行讲话以后，随着改革进程的加速，电影市场化再次获得了机会。借助于世界电影诞生100周年和中国电影诞生90周年的特殊境遇，中国电影在1995年创造了一个10年未遇的市场高峰，《阳光灿烂的日子》（姜文导演）、《红樱桃》（叶大鹰导演）、《红粉》（李少红导演）、《长大成人》（路学长导演）等影片都为国产影片拓展了市场。但是，对于中国电影来说，商业化与主旋律之间的内在冲突并没有解决。随着主旋律意识的强化和电影政策的调整，电影的市场化进程由于规划生产与市场发行之间的冲突而步履艰难。在政府直接或间接投入电影资金的同时，社会的商业投资则明显减少，电影投资环境狭小、利益回报薄弱，不仅电影产量不足，而且能够接受市场检验的影片更是凤毛麟角。

90年代后期，中国电影的产业化、商业化发展更多的是体现在发行放映方式上，并不是体现在电影的规划和生产上。1996年以后，不仅前一阶段中国电影产量迅速增加的趋势被减缓，而且以类型片为主导产品的商业电影的生产在数量上也急剧减少。不少国产影片，也包括一些被列

入重点影片的国产影片，在制作水平和艺术质量上都离现代电影形态有不同程度的距离。一些国产影片不仅故事简单、情节和人物模式化，而且画面单调、节奏松散、缺乏造型意识。尽管少数影片有的因为对小品化的喜剧性追求，有的因为题材选择上的针对性，可能还能得到某些观众的认可，但作为一种产业，由于它们不能与城市文化、青年文化、流行文化的产品标准相适应，使多数国产片的产品信誉仍然受到观众质疑，国产影片的商业化进程仍然处在危机的低谷。尽管这种危机的原因相当复杂，但是与许多国产影片作为一种文化产品制作上的粗糙、质量的低劣、样式的陈旧有着根本的联系。中国庞大的娱乐性电影市场不得不越来越多地让位于好莱坞和香港进口"大片"。

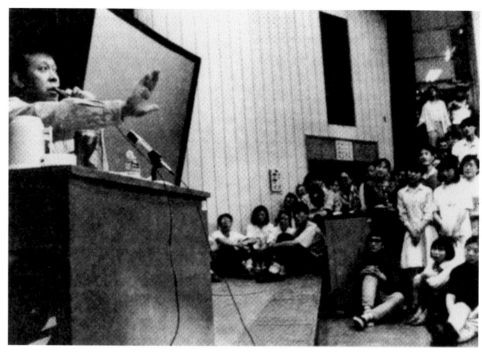

演员姜文与大学生在一起

二、动作悬念片：变形的中国类型片

动作悬念片，本来一直是商业电影的主打类型，虽然徐克、吴宇森、成龙等导演的香港动作片和好莱坞大制作影片进入中国内地电影市场，但是中国既具有悠久的伦理本位传统，又是一个社会主义制度的国家，娱乐性商业电影以被掩饰过的性和暴力为主题，显然与中国内地特殊的历史和现实国情相抵牾，因而不可避免地要受到意识形态性的排斥。所以，中国内地电影不能生产个人的无意识的"梦幻"，而只能创造民族和政治的光荣与梦想。

尽管如此，好莱坞和香港商业电影对中国内地为数不多的动作悬念片还是产生了重要影响，而这一影响的核心就是对奇

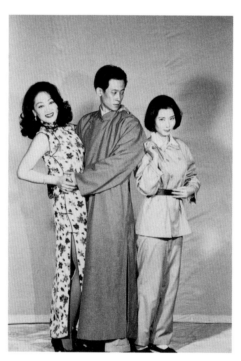

《红粉》（1995年，编剧：李少红、倪震，导演：李少红）

观效果的重视。像塞夫、麦丽丝导演的"草原三部曲"（《东归英雄》、《悲情布鲁克》、《一代天骄成吉思汗》），张建亚监制、导演的《再生勇士》、《绝境逢生》，何群导演的《烈火金刚》、《平原游击队》，冯小宁导演的《红河谷》、《黄河绝恋》、《紫日》

等影片，一方面提供壮观的影像、奇异的场面、惊险的动作和超常的人物，另一方面又对电影类型作了中国式的改造，使无意识的情感宣泄与有意识的爱国主义和集体主义主题相结合，试图使影片在一种东方式的伦理精神支配下产生奇观效果。1992年，《双旗镇刀客》（西安电影制片厂出品，杨争光、何平编剧，何平导演）在日本获奖，也被评论者称为"中国第一部西部片"，为后来中国武侠片的再度兴起埋下了伏笔。

受到电影工业规模、技术条件和制作水平、创作观念和意识的局限，也因为政治和道德意识形态对动作悬念片的叛逆、暴力、性倾向的抑制，中国的动作悬念片创作从总体上说处在一种"准娱乐化"的状态，仍然缺乏市场占有能力。如果说，娱乐是对心理淤积的一种泄导的话，那么中国的娱乐电影为这种泄导并没有开启充分的闸门。

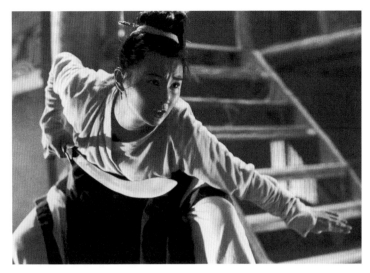

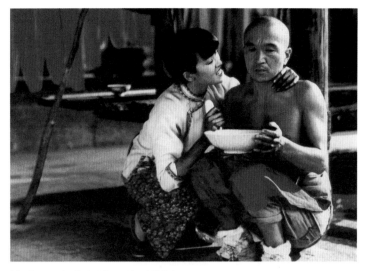

《新龙门客栈》（1992年，编剧：苏叔阳、张岚，导演：徐克、李惠成）　　　　　　　　　　　《菊豆》（1992年，编剧：刘恒，导演：张艺谋）

三、国际化的"新民俗"片

随着80年代后期，中国电影开始在国际上频繁获奖，中国电影走上了世界舞台。1993年10月7—15日，首届上海国际电影节举行，这是在中国境内第一次举办的唯一的国际A级电影节。谢晋担任电影节评委会主席。日本导演大岛渚、美国导演奥利弗·斯通以及香港导演徐克等7人担任电影节评委，台湾电影《无言的山丘》获得首届最佳影片金爵奖。在90年代的国际化背景下，中国电影还出现了一批以国际电影节为突破口的"新民俗"片。"新民俗"片大多开始与港台、日本和欧美地区合作制片，开始与国际电影工业产生越来越紧密的联系，这些影片也曾经是中国电影立足国内和国际市场的一种重要的电影类型。

张艺谋先后导演了《菊豆》、《大红灯笼高高挂》、《秋菊打官司》、《摇啊摇，摇到外婆桥》，陈凯歌导演了《霸王别姬》、《风月》、《荆轲刺秦王》，此外还有滕文骥的《黄河谣》、黄建新的《五魁》、何平的《炮打双灯》、周晓文的《二嫫》、王新生的《桃花满天红》、刘冰鉴的《砚床》等。《大红灯笼高高挂》（香港年代国际有限公司出品，倪震编剧，张艺谋导演）在第48届威尼斯国际电影节获银熊奖和多项国际奖。《菊豆》、《大红灯笼高高挂》、《霸王别姬》等影片先后得到了奥斯卡最佳外语片的提名。《霸王别姬》（北京电影制片厂、香港汤臣电影事业有限公司出品，李碧华、芦苇编剧，陈凯歌导演）1993年与澳大利亚影片《钢琴课》同获第46届戛纳电影节金棕榈奖，该片之后也成为获得国际奖项最多的中国影片之一。

这些作品展现的是远离现代文明的中国乡民的婚姻、家庭的民俗故事，但它们并不是民俗的记录，而是一种经过浪漫改造的民俗奇观。民俗在这里不是真实而是策略，一种寄托了各种复杂欲望的民俗传奇。这种类型为中国的电影导演提供了一个填平电影的艺术性与商业性、民族性与世界性之间的鸿沟的有效手段，同时也为他们寻求到了获得国际舆论、跨国资本支撑并承受意识形态压力的可能性。

黄土地、大宅院、小桥流水、亭台楼阁的造型，京剧、皮影、婚丧嫁娶、红卫兵造反的场面，与乱伦、偷情、窥视等相联系的罪与罚的故事，由执拗不驯的女性、忍辱负重的男人以及专横残酷的长者构成的人物群像，由注重空间性、强调人与环境的共存状态的影像构成所创造的风格，使这些电影具有了一种能够被辨认的能指系统。那些森严、稳定、坚硬、封闭的深宅大院，那些严酷、冷漠、专横的家长，那些循环、单调、曲折的生命轨迹所意指和象喻的大多是一个没有特定时间感的专制的"铁屋子"寓言。作为一种文化策略，在这些电影中，故事发生的环境是东方的，但故事却为西方观影者所熟悉。民俗奇观中演绎的往往是对于西方人来说并不陌生的主题、情节甚至细节，从而唤起西方人的认同，一种从东方故事中得到满足的关于对自己的文化优越感的认同。尽管当这些电影按照一种西方"他者"的期待视野来制作时，"伪民族性"在所难免，中华民族的历史与现实、文化与人生

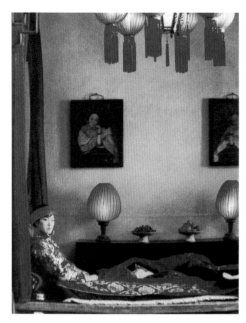

《大红灯笼高高挂》(1992年，编剧：倪震，导演：张艺谋)

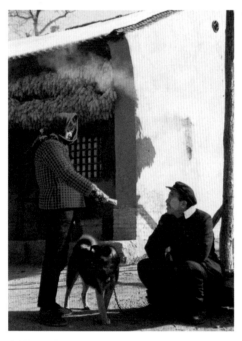

《秋菊打官司》(1992年，编剧：刘恒，导演：张艺谋)

隐隐约约地被推向了远处，但作为一种电影类型，这些作品融合了视听艺术的修辞经验，表达了某种人道主义的价值观，能够有效地吸引投资并参与国内外电影市场的竞争。这对于中国电影文化的积累、提高中国常规电影制作和创作水平，尤其是对于中国电影扩展国际文化空间，显然都

具有一定的政治经济学意义。

但是，随着人们对这些影片的影像奇观从陌生变成了熟悉，影片的叙事也逐渐模式化和成规化，这些影片在国内几乎已经没有市场，偶尔一些影片还能借助国外市场的夹缝勉强生存。"新民俗片"作为一种电影的产品类型需要换代或者改产了。

四、主旋律的娱乐化与娱乐片的主旋律化

尽管"主旋律"是中国电影的大趋势，但电影毕竟已经被推向了市场，它并不只是一种计划体制下的意识形态媒体，而是一种文化产业。因而，国产片如何走向市场，不仅困惑着电影的生产创作人员，而且也同样困惑着文化和电影管理核心。所以，虽然电影的娱乐性趋势与"主旋律"要求之间不可避免地存在着矛盾冲突。一方面，市场化冲击了主流政治意识形态的核心地位，娱乐倾向中的享乐主义和个人主义价值观念影响了主流意识形态所维护的道德秩序；另一方面，政治意识形态的规定性和道德意识也限制了大众文化的娱乐性宣泄和个体欲望的表达。但是近年来，随着对电影"观赏性"的强调，娱乐性与政治性之间经过相互较量和相互协商，都在逐渐寻找结合部和协作点。因为一方面电影工业常常借助政治的力量来扩展市场空间，另一方面，"主旋律"也常常借助大众文化逻辑来扩大主流意识形态的社会影响。

中国电影主要受三种力量制约：政治调控、商业利润、艺术判断。电影一方

面作为文化娱乐产业，受制于商品生产规律；另一方面作为一种媒介文化，又受制于文化创造的人文理想和人文使命；同时它作为一种行之有效的大众传播媒体，又被指定担负确定的国家意识形态责任。所以，电影的政府管理机构在精品的理解中更强调电影是一种"弘扬"社会主义"主旋律"的政治意识形态载体，而电影生产发行机构则更强调电影精品应该通过市场获取高额利润，而电影艺术家则可能更强调电影的人文深度和审美个性。政治性、商业性、艺术性构成了电影的三个支柱。

90年代消费电影特别值得关注的现象之一是，包括《红色恋人》在内的几乎所有的商业类型电影都为政治准入进行了主旋律改造，政治娱乐化、娱乐政治化共同呈现出商业电影主旋律化的趋势。最初是《龙年警官》试图完成侦破类型片与警察颂歌的统一；接着是《烈火金刚》试图完成革命英雄传奇与枪战类型片的统一；《东归英雄传》、《悲情布鲁克》等试图完成民族团结寓言与马上动作类型片的统一；《红河谷》试图完成西部类型片与爱国主义理念的统一；《红色恋人》试图完成革命回忆与言情类型片的统一；而在1999年，《黄河绝恋》则试图完成战争类型片与民族英雄主义精神的统一；《紧急迫降》试图完成灾难类型片与社会主义集体主义主题的统一；《冲天飞豹》试图完成空中奇观军事类型片与国家国防主题的统一。这些影片都相当明显地借鉴了好莱坞电影的叙事方式、视听结构、场面造型、细节设计方面的经验。有的影片还自觉地适应国际电影潮流，用电脑合成、三维动画等高科技手段提高电影的奇观性。这些商业化的努力同时又始终与主旋律定

位密切联系。

尽管许多人都认为好莱坞主流电影也是一种"主旋律"影片，但那是一种美国西方式的主旋律影片，那是建立在个性主义、自由主义基础上的主旋律影片。它的基本意识形态策略是通过欲望的宣泄来完成个体的净化，通过对叛逆情绪的疏通来维护核心秩序的稳定，通过对个人自由的渲染来证明人道主义的意念。而在我们当前的主旋律意识中，欲望、享乐、宣泄、叛逆、刺激等商业类型元素的生存空间却相当狭窄。因而，主旋律化与商业化的共谋往往很难在宣泄与认同、叛逆与维护、个体与整体之间达成共识，因而也很难在权威的价值观念与观众的观影快感之间达成共识。而这正是中国主流电影文化所面对的"症候性"难题。从《龙年警官》到《烈火金刚》直到《紧急迫降》，都是一种当时处在市场产业与规划控制、消费领域与政治领域夹缝中的中国主流电影方式。

五、冯小刚的贺岁片

在20世纪90年代后期及以后的中国电影中，真正具有娱乐消费价值的影片并不多，而冯小刚导演的喜剧贺岁片和情节剧则是为数不多的具有市场消费特性的国产片。

1998年1月7日，《甲方乙方》（北京电影制片厂、紫禁城影业公司出品，冯小刚、王刚编剧，冯小刚导演）在北京公映，全国总票房达到3600万元，不仅成为当年单片票房之首，超过了所有进口影片的单片票房，而且从此开启了中国贺岁片

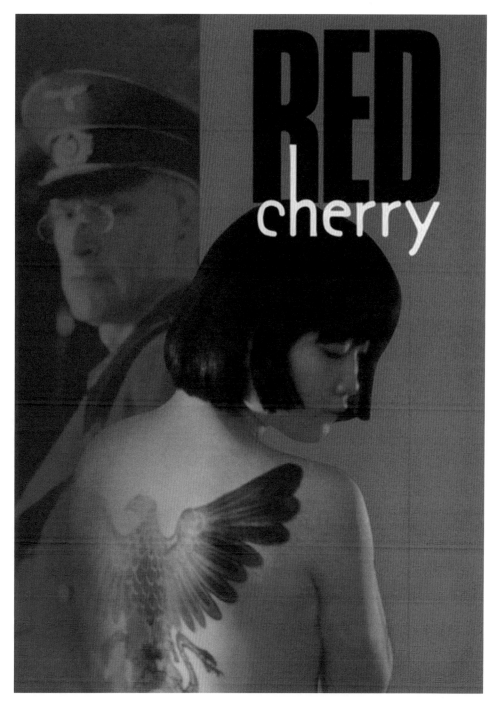

电影《红樱桃》宣传招贴

的先河，直到后来创造了"贺岁档期"。冯小刚在以后的10年间，也成了中国国产片票房无人可比的翘楚。尽管在电影批评界、文化批评界，甚至普通观众中，不少人对冯小刚电影不以为然，甚至颇多微词，各种电影奖励也大多对冯小刚电影视而不见，但是，在中国电影市场持续低迷的情况下，特别是在国产电影市场一

片萧条的境遇中，冯小刚的4部贺岁电影（《甲方乙方》、《不见不散》、《没完没了》、《大腕》）加上一部言情影片（《一声叹息》），从1997年以来，却一直连续5年能够高居中国电影市场的票房排头，甚至超过所有进口分账发行的"大片"，成为票房冠军。尽管有许多导演，包括张艺谋这样的一流导演也试图仿效冯

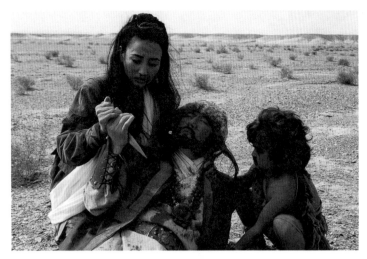

《悲情布鲁克》（1993 年）

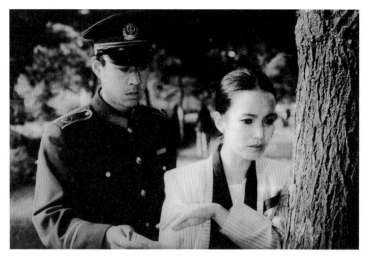

《龙年警察》（1990 年，编剧：魏人，导演：黄健中、李子羽）

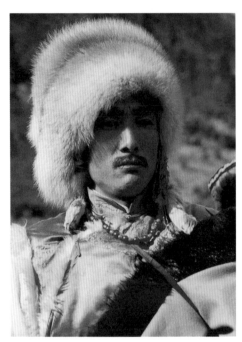

《悲情布鲁克》（1993 年，编剧：柳城，导演：塞夫）

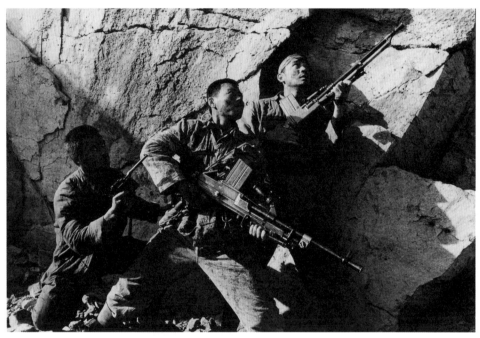

《烈火金刚》（1991 年，编剧：江浩，导演：何群、江浩）

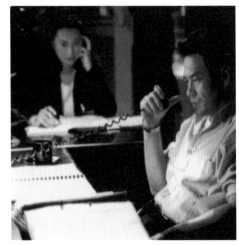

《紧急迫降》（1999 年，编剧：郝建，导演：张建亚）

小刚去分享贺岁影片的市场，尽管每年中国电影中也不乏个别观看性和艺术性都比较突出的影片，尽管每年引进外国影片中也屡有具有市场冲击力的例子，但冯小刚贺岁片依然具有稳定的票房和优势性的市场占有纪录。

冯小刚影片的商业策略是本土化的，这不仅体现为其针对中国农历年而将其电影定位为贺岁片，而且也包括它所采用的幽默、滑稽、戏闹的传统喜剧形态。他的影片常常用小品似的故事编造、小悲大喜的通俗样式，将当下中国普通人的梦想和尴尬都作了喜剧化改造，最终将中国百姓在现实境遇中所感受到的种种无奈、困惑、期盼和愤怒都化作了相逢一笑。贺岁片的商业成功似乎提供了一种启示：喜剧电影可能是最本土的电影，笑不仅有鲜明的民族性而且有鲜明的时代性。尽管冯小刚电影那种明显的媚俗倾向和露骨的商业诉求以及八面玲珑的市侩风格，受到了不少精英批评者的排斥，但应该承认，这些影片几乎是唯一能够抗衡进口电影的中国品牌，为处在特殊国情中的民族电影的商业化探索了一条出路。

冯小刚电影的票房奇迹是由1997年的《甲方乙方》开始的。《甲方乙方》的市场成功，取决于四个主要因素：第一，由于1995年分账发行进口影片政策的促进以及邓小平南行讲话后中国电影生产力的短暂解放带来的市场复苏，在1997年还带有余音，保证了电影市场的基本需求氛围；第二，在保留市场需求余热的同时，该年度电影产量急剧下滑，特别是具有市场运作机制和市场感召力的影片严重匮乏，市场期待着具有消费潜力的影片出现；第三，正是在这样的市场需求与产品供给发生严重错位的时候，冯小刚电影作为国产电影第一次借助"贺岁"这一商业档期的概念推出，获得了应运而生的机遇；第四，冯小刚通过葛优等演员的明星定位、现代都市喜剧的风格定位、具有时尚感的电影文化定位、雅俗共赏的节庆消费定位，准确地把握了贺岁片的基本品质。正是这一切天时地利人和的条件，使《甲方乙方》在当年中国的电影市场上独占鳌头、独领风骚。

然而，更重要的是，冯小刚相当敏感地将《甲方乙方》这种多少带有"偶然性"的成功，转变成为了一个具有"必然性"的产品系列，相继推出了《不见不散》、《没完没了》、《大腕》等贺岁片以及作为一次节奏调剂和变异的插曲《一声叹息》。这些影片"其基本的电影风格都是喜剧性的，而其喜剧的基本核心都是小人物在转型时代中的夸张而滑稽的挣扎、错位以及不期而遇的一点温情，而这

些小人物的形象符号就是葛优。葛优的确有些像当年卓别林在电影中所扮演的那些小人物，但葛优没有能够成为卓别林所塑造的流浪汉，因为冯小刚的喜剧没有卓别林的那种深刻、诚实和热情。冯小刚虽然也通过一个个小人物来暴露社会的种种失衡和病态，但是他那种玩世不恭的态度、那种自作聪明的造作消解了他电影的意义。就像《大腕》里面一个细节，尤优贬斥露茜的境界最低而他的境界更高，其实冯小刚也如此看待他与观众的境界，

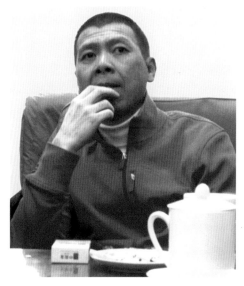

导演冯小刚（1958— ）

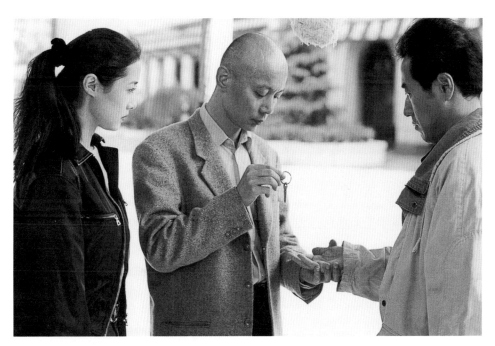

《甲方乙方》（1997 年，编剧：冯小刚、王刚，导演：冯小刚）

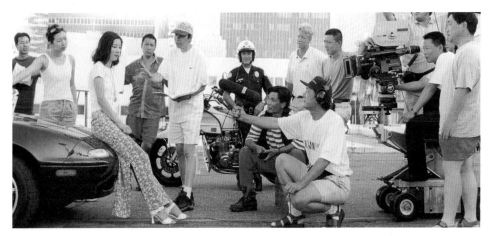

《不见不散》拍摄现场

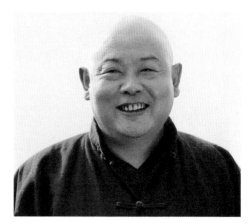

傅彪多次出演冯小刚贺岁片男主角

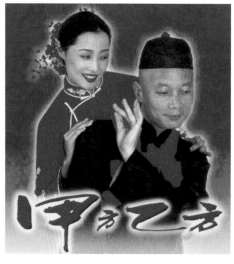

1997年岁末，冯小刚编剧、导演和出演了他的第一部贺岁片。《甲方乙方》在北京的票房超过了有史以来所有国产和进口影片的票房纪录，达到了1100万元。(《新中国电影史》第176页)

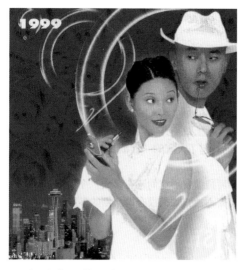

1998年冯小刚指导并编剧的《不见不散》全片在美国拍摄，其票房收入又一次刷新了《甲方乙方》创下的纪录，全国票房4000万，仅北京一地就高达1300万

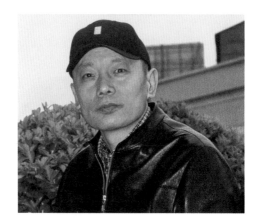

葛优多次出演冯小刚贺岁片男主角

毕竟是他在操纵着电影观众的喜乐。当然，'境界'比冯小刚更高的还是金钱，'它能够看无限远'，冯小刚不过是在'佛祖'的手心里而已，'不求最好，只求最赚'——这正是冯小刚贺岁片的本质"[10]。但正是这一本质，使冯小刚电影在中国电影市场几乎每况愈下的大趋势下，继续成为中国国产电影市场的"中流砥柱"。以全国票房而言，《甲方乙方》达到了3000万元，《不见不散》4000万元，《没完没了》5000万元，《大腕》也超过了3000万元。冯小刚甚至放言，如

果没有盗版，《大腕》的票房可以达到5亿。正因为冯小刚一部单片的电影票房就接近了中国全国国产、进口电影总票房的约1/20，所以冯小刚才自视极高，而对主流政治舆论和文化舆论对他的忽视相当不满。

冯小刚电影的这种票房的"必然性"并不是仅仅来自贺岁片，因为贺岁片只是一个电影档期概念，许多扛着"贺岁片"大旗的电影纷纷折戟沉沙；也不仅仅是来

自娱乐性定位，因为这几年娱乐性定位的影片特别是进口好莱坞影片并不少，但是都少有能够达到冯小刚电影的市场记录。冯小刚电影市场表现成功的最重要因素，在于冯小刚电影在市场上建构了一个消费意义上的品牌，正如同"007"电影的品牌一样，也正如中国中央电视台春节联欢晚会一样。冯小刚的贺岁片在观众的消费心理中获得了一种定位、一种消费期待、一种可以预计的消费效果。后现代性的通

---

[10]尹鸿：《跨国制作、商业电影与消费文化——〈大腕〉的文化分析》，《当代电影》，2002年第2期。

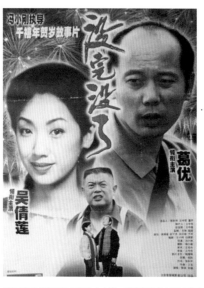

1999年冯小刚再次应制片方力邀，拍摄贺岁片电影《没完没了》。北京票房再超千万，取得贺岁电影三连冠。

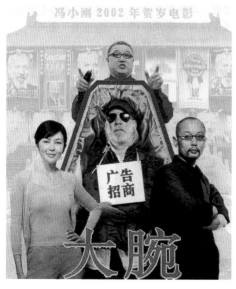

2001年12月，《大腕》帮助冯小刚翻开他贺岁系列的第四页。

俗、幽默化的宣泄、喜剧明星加漂亮女性的固定组合、大社会荒诞背景的小人物调侃、悲剧元素与正剧温情对喜剧风格的适量注入、媒介立体推广、贺岁档期推出等等，共同构成了冯小刚电影的品牌元素。如果《甲方乙方》的成功不仅出乎专业人士的预料，也出乎冯小刚本人预料的话；如果这时候冯小刚对于何为电影品牌以及如何建构一个品牌还处于朦胧意识的话，那么后来的一系列专业流程和操作就让这种品牌意识更加凸显。其受众、功能、品位、档期、推广等方面的准确定位共同建构起冯氏电影品牌这座大厦。于是，在每年除旧布新之际，中国电影观众就像等待春节联欢晚会一样，等待着冯小刚电影的出场；冯小刚拍摄贺岁片的"捉放曹"伎俩更是让不少观众时喜时忧；每年看完冯小刚电影之后，观众在"不过如此"的感受中又悄悄开始期待冯小刚新的贺岁影片的出现。

2000年当冯小刚由于《一声叹息》而主动退出贺岁片市场以后，《美丽的家》、《幸福时光》、《考试一家亲》、《大惊小怪》、《防守反击》等贺岁影片企图乘虚而入。但是，据北京2001年1月10日的报纸统计，5部贺岁片在北京市场的总票房为320万元，不及往年同时期冯小刚一部影片的三分之一，其中由著名大导演张艺谋导演的《幸福时光》的票房收入才70万元，这与其说是电影质量的差异不如说是品牌信任度的差异。所以，冯小刚电影的市场反应并不意味着观众最喜欢的就是冯小刚的电影，也不意味着冯小刚的电影就是最具有市场竞争力的电影，更不意味着冯小刚电影是最优质的电影，而只是意味着冯小刚电影作为一种品牌，具

有了一种信任度，从而创造了市场价值，以至于"过年看春节联欢晚会，贺岁看冯小刚电影"成为90年代后期以来的一种文化消费习惯。

冯小刚当然不是中国电影市场或者中国电影的救命稻草。在美国，90年代，每人平均每年观看5部电影，而在中国每个人平均5年以上看一场电影，不到100部的影片年产量和引进量，具有1000万以上票房收入的电影发行量不足20部（包括进口影片）。应该说，这些数字根本不可能支撑中国电影市场。在这样萧条的市场上，即便偶尔有几部优质影片，也会因为观众根本没有电影消费的习惯以及缺乏对电影产品的信任和依赖而不可能有良好的市场表现。冯小刚只不过是用多年的品牌形成了一种"必然"的票房奇迹，从而成为了中国电影市场的一个"偶然"而已。

从90年代中国电影总体来看，也许可以说是生产的规划性大于了市场自身的调节性，政府行为的作用超过了产业行为。90年代的中国电影事实上还没有能够创造出自己的商业类型电影，商业类型电影那种个体宣泄、个人英雄、感官刺激、自由叛逆的叙事策略与主旋律强调的稳定、团结、昂扬的基调并不和谐。因而，从90年代中期以来，商业类型电影的数量不断下降，类型规范没有建立，几乎没有形成批量生产的能力。除了少数喜剧影片以外，中国国产电影几乎还没有形成商业生产和流通的机制。正是这一暴露在外的阿基里斯的脚踵，使好莱坞有理由虎视眈眈地注视着中国这块处在未开发状态的巨大的电影消费市场。

现实主义电影的本土关怀

处在市场化与政治化的双重夹缝中，知识分子社会角色在初级阶段市场经济状态下突然失宠，人文主义作为一种电影精神在这时期则面临着空前的挫折，受到消费文化与权力文化的必然抑制。但由于中国社会现实所潜伏着的巨大召唤力，人文主义精神依然在90年代铭刻了一系列醒目的印记。

一、关怀当下人生

任何过渡时代其实都是艺术的黄金时代。应该说，当时我们正处在一个需要而且可能产生真正的艺术、真正的电影的时期。中国正在发生急剧社会变迁，社会关系、人际关系、家庭关系都处在不断的变动和调整中，人的命运以及人们的价值观念、心理状态都在转型中动荡、变化，几乎所有人都在这个翻云覆雨的社会动荡中丢失和寻找自己的人生位置。现实的生活本身已经提供了比任何戏剧都更加富有戏剧性的素材，也提供了比任何故事都更加鲜活的人生传奇。因而，对于我们来说，如果我们需要电影，当然不仅仅是需要电影教导我们如何独善其身或者兼济天下，也不仅仅只是需要电影带给我们一段短暂的梦幻想象和心理刺激，同时我们也需要通过电影这面"镜子"来"反映"心灵的变异和外观世界的诡异，通过电影来与同样处在转型时期的其他人共享苦难、迷

惘、欣悦和渴望，通过电影来理解、面对和解释我们所遭遇的现实。然而，政治和经济动机上的过分急功近利，造成了绝大多数电影对中国现实有意无意的遗忘。电影脱离了人文关怀，也脱离了观众对于电影的期待。

但仍然有一些电影人相信，在政治道德电影和商业娱乐电影之外，可以寻找到"第三种电影"的生存可能和成长空间，还可以期待一些真诚的电影的出现。他们相信，这样的电影不只是对好莱坞电影模式的东施效颦，也不是对王冠的翘首以待，而是对我们所遭遇的现实和我们所经历的人生的一种挚爱，它们将连通我们对现实的体验，不是用利益而是用真诚守望人生，与观众对话。

1990年，谢飞导演、刘恒编剧的《本命年》（青年电影制片厂）获得柏林电影节银熊奖，其压抑的风格和批判的视角已经与当时国内的电影市场氛围和政治氛围很不吻合。但是，90年代以来，在政治道德电影和商业娱乐电影的夹缝中，作为主流电影以外的"第三种电影"，依然还是在默默地坚守和生长着。这些影片虽然一直不是电影市场运作和电影政治活动的中心，但却一直是中国电影中最具艺术震撼力和现实主义精神的作品。李少红的《四十不惑》《红西服》，宁瀛的《找乐》《民警故事》，刘苗苗的《杂嘴子》，张艺谋的《秋菊打官司》《有话好好说》《一个也不能少》，杨亚洲的《没事偷着乐》，黄建新的《站直了，别趴下》《背靠背，脸对脸》《埋伏》《红灯停，绿灯行》等系列影片，特别是90年代后期出现的一些新生代青年导演拍摄的影片如《巫山云雨》（章明导演）、《城市爱情》（阿年导演）、《美丽新世界》（施

润玖导演）、《那山那人那狗》（霍建起导演）、《天字码头》（张前、马卫军导演）、《爱情麻辣烫》（张扬导演）、《成长》（宁敬武导演）等，都显示了一种对人性、艺术和电影的真诚。这些影片最基本的艺术动机不是去演绎先验的道德政治寓言或政治道德传奇，也不是去构造一个超现实的欲望奇观或梦想成真的集体幻觉，而是试图通过对风云变幻的社会图景的再现和对离合悲欢的普通平民命运的展示，不仅表达对转型期现实的体验，而且也表达人们所表现出来的生存渴望、意志、智慧和希冀。

在这些人文电影中，张艺谋的《一个也不能少》、根据刘恒小说改编的电影《没事偷着乐》（杨亚洲导演）等，都在时今中国两极分化、生活方式分化的不平衡背景下，叙述了一些普通平民的生存困境和在困境中的生存智慧。《没事偷着乐》叙述了当代中国那些曾经被看做社会脊梁的普通"劳动者"的故事：大民和他的一家，像许多被这个灯红酒绿的时代所遗忘的普通平民一样，在生活内忧外患的逼迫下，仍然活着，而且用贫嘴、用粗茶淡饭来使自己活得有人的尊严、人的快乐。大民一家生活的那个狭窄、拥挤、憋闷的家庭空间，既是故事演绎的舞台，也是对这些人在当代社会中所处位置的一种隐喻。从大民一家，我们看到了中国文化历来所炫耀的一种生命力，无论是多么艰难的生存空间，也无论是面对多么不平衡的利益分配，他们都能"像"人一样活着、笑着、"贫"着——没事偷着乐。而对生存的艰辛，这部影片营造了一种苦涩的幽默风格，用人物的自我作践、自我安慰、自我解嘲来化解现实矛盾，而观众也在人物的这种苦涩的幽默中产生理解、同

情和松弛。一方面是高消费阶层的纸醉金迷，另一方面则是底层平民的生存挣扎，这不仅是一种物质现实的呈现，更重要的是一种精神冲突的揭示。尽管这些影片最后都通过一种有意识的虚构来为底层平民提供一种进入"幸福生活"的承诺，张艺谋在《一个也不能少》中利用"媒介神话"解救了面临失学的魏敏芝们，而《没事偷着乐》则用地平线上的一排新楼为几乎无家可栖的大民一家描绘了一幅未来远景。然而，这些影片的意义并不在于这些勉强的抚慰，而是在于它们成为了当时中国现实境遇的一种文化再现。

还有一些影片比较深刻地揭示了中国普通百姓，或者说底层百姓所面对、所经历的消费社会中欲望与现实的痛苦矛盾。在中国社会现实中，铺天盖地的各种豪华汽车、别墅、化妆品、名牌服装的广告，琳琅满目的各种宾馆饭店的灯红酒绿似乎都在承诺"美丽新世界"就在我们面前，近在咫尺，然而这些幸福生活又几

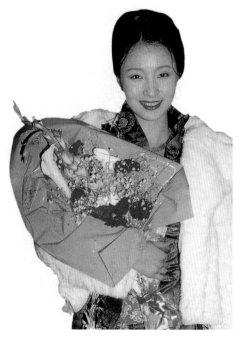

90年代女明星陶虹

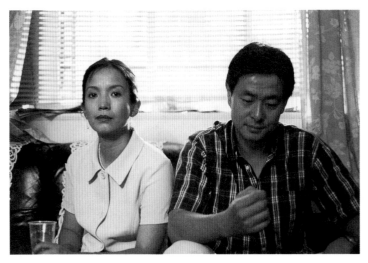

《爱情麻辣烫》（1997年，编剧：张扬、刘奋斗、刁亦男、蔡尚君，导演：张扬）

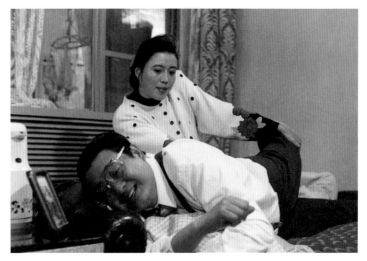

《大撒把》（1991年，编剧：冯小刚、郑小虎，导演：夏刚）

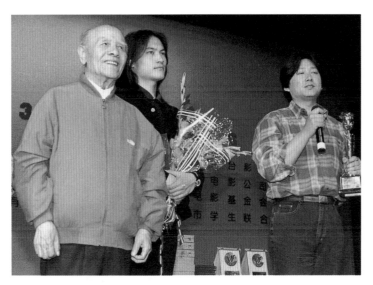

老电影人赵子岳为青年导演霍建起（右）颁奖

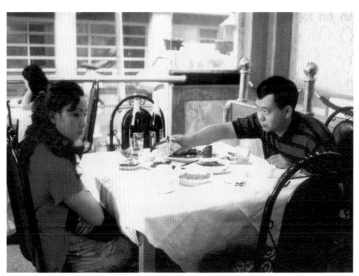

《美丽新世界》（1998年，编剧：刘奋斗、王耀，导演：施润玖）

乎总是与我们擦肩而过。对于普通老百姓来说，他们遭遇的是一个充满诱惑而又无法摆脱匮乏、充满欲望而又充满绝望的世界。于是，青年导演施润玖拍摄的影片《美丽新世界》结束时表现了这样一个段落：在滂沱大雨中，从乡下来到上海的张宝根拉着金芳的手，站在建筑工地的地基上，指着空中斩钉截铁地说：这上面有一套属于他宝根猜奖赢得的两居室的房……这位幸运获得一套迟迟拿不到手的住房的乡下青年宝根来到上海，为这个可望而不可即的幸福承诺而留在一个他过去从不认识的远房亲戚，年轻的金芳阿姨家。于是，如同所有的普通百姓一样，他们使出了自己的全部智慧和心血，苦苦地生活着，艰难地期望着。而那套两居室的住房则永远作为一个承诺，像一座空中的楼阁为他们提供了一个美丽新世界的海市蜃楼。这个用空中楼阁所象征的"美丽新世界"将普通生活的渴望者和劳动者的生存处境和生存理想深刻而细致地描绘了出来。就像另外一部年轻导演拍摄的影片《网络时代的爱情》中一个大学毕业生所说："看到到处都是汽车别墅，我就是不知道他们为什么会有那么多的钱，他们的钱是从哪里来的？"普通人所梦想的那个美丽新世界似乎就像宝根所期待的那个空中楼阁。《美丽新世界》的片名就像《没事偷着乐》、未改名为《红西服》以前的《幸福大街》以及电视剧《贫嘴张大民的幸福生活》一样，都共同地用幸福、快乐来与人们所遭遇的现实的艰辛形成对比，暴露了当时失衡状态中消费社会的欲望与匮乏之间的裂缝。

这些影片都显示了一种对于人性、对于艺术、对于电影的真诚。这些影片不是去演绎先验的道德政治寓言或政治道德传奇，也不是去构造一个超现实的欲望奇观或梦想成真的集体幻觉，而是试图通过对风云变幻的社会图景的再现和对离合悲欢的普通平民命运的展示，不仅表达对转型期现实的体验，而且也表达人们的生存渴望、意志、智慧和希冀。这些影片虽然不是电影市场运作和电影政治活动的中心，但却是90年代中国电影不可遗忘的收获。

二、城市与乡村镜像

城市作为90年代中国社会演进的中心舞台，在90年代中国电影中得到了更多的映射。除了《安居》等坚持传统写实主义态度的影片以外，一些青年导演坚持要用自己的眼睛来观察世界。王小帅的《扁担·姑娘》、张扬的《爱情麻辣烫》、施润玖的《美丽新世界》、张元的《过年回家》等影片都从不同的观察视角透视了90年代中国都市的社会分野和普通小人物的生存境遇。在这些影片中，铺天盖地的豪华汽车、别墅、化妆品、名牌服装的广告，琳琅满目的各种宾馆饭店，灯红酒绿的商场，似乎都在承诺"美丽新世界"的近在咫尺，然而这些幸福生活又几乎总是与许许多多的普通百姓擦肩而过，人们遭遇的是一个充满诱惑而又无法摆脱匮乏、充满欲望而又充满绝望的世界。这些影片体验了转型的迷乱和分裂。

女导演李少红的《四十不惑》和《红西服》也是90年代人文电影的重要文本。这两部影片都以转型期为背景，用一种怜悯和理解的方式述说了人与命运的错失、人与社会的隔膜和最终人与人的沟通。用

一种诗意的风格叙述了普普通通的人间温情、平平凡凡的人生执着，为观众带来一种"无情世界的感情"。这些影片的题材、人物、故事似乎都决定了其朴素和纪实的风格，但这已经不是意大利新现实主义意义上的纪实，而是在电影语言和视听造型上都具有时尚感、现代感和诗意感的纪实。尽管影片没有强烈的情节和情感冲击力，似乎还缺少一些对普通观众的吸引力，但是它所体现的对当代人的生存状态和生存困境的关怀，体现了电影的人文本质，也体现了电影的艺术品质。

急剧的社会变迁引起人们的心理失衡，是当时几乎每一个中国人都会体验到的生存现实，而这一现实最直接的体现，就是中国大陆之前最流行的一个词汇"下岗"。影片《红西服》所叙述的就是一个经历和面对"下岗"的家庭的故事。但它不仅仅是一个关于"下岗"、关于下岗工人如何再上岗的劝世故事，而是一个女人如何用自己的坚强和善良来支撑生活和家庭的故事，一个男人如何在失重和无奈中依靠家的庇护走出困境的故事，一个家庭如何在生活的惊涛骇浪中相濡以沫、风雨同舟的故事。下岗只是一个背景，只是社会转型给人们带来的位置颠覆、价值观念颠覆的一个时代性隐喻。这一隐喻在影片中一群已经失去社会位置的下岗工人含泪高唱"咱们工人有力量"的段落中、在中学生明晓发现她心中的偶像变成了平凡人的段落中得到了充分传达。对于观众来说，下岗也许很远，但转型却在身边。如同另外一部以"下岗"事件为题材的影片《天字码头》一样，人们都会不期而然地面对茫然失措，面对"三十年河东、三十年河西"的荒诞和尴尬，影片却为人们提

供了一种温暖、一丝抚慰。家成为了抵挡惊涛骇浪的诺亚方舟，关怀成了被社会遗忘和抛弃的边缘人们赖以安慰的一线阳光。

尽管随着城市化、市场化的发展，中国改革开放的起源点——农村越来越失去了被表述的中心地位，但张艺谋的《秋菊打官司》、《一个也不能少》，范元的《被告三杠爷》，孙沙的《喜莲》、《红月亮》等，仍然还对90年代中国农村的生命故事和社会冲突做了不同程度的述说。宗法伦理与市场经济的冲突、现代体制与传统社会的冲突、城市文明与农村生活的冲突多少能够在这些影片中被传达出来。尽管由于人物的意念化、单线叙事的简单化和环境的封闭化，这些影片不可能具有更强烈的现实主义深度和广度，但在90年

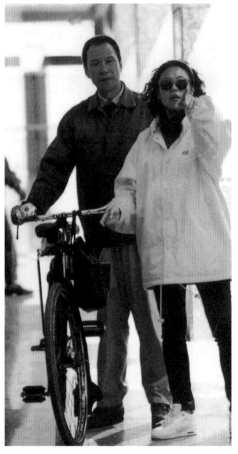

导演李少红（右）在拍摄现场

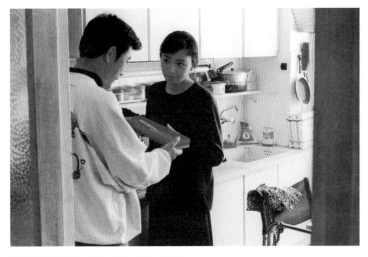

《四十不惑》（1992年，编剧：刘恒，导演：李少红）

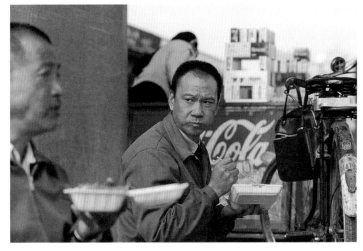

《红西服》（1999年，编剧：郭玲玲，导演：李少红）

代中国电影中，它们毕竟为中国农村留下了一份影像言说。

三、都市的喧嚣与迷茫

正如现实在这一时期的中国电影史缺席的一样，作为社会矛盾、社会冲突最为激烈的都市，在这一时期电影中的呈现也都是浮光掠影的。90年代，黄建新的电影对当下中国城市的精神状态和生存状态的表述是最深刻和最执着的。

从90年代中期开始他陆续导演了《站直了，别趴下》、《背靠背，脸对脸》、《红灯停，绿灯行》、《埋伏》、《说出你的秘密》和《谁说我不在乎》等多部影片。其对当时状态下人们所面对的现实处境的揭示，对处在这种处境中的人的欲望和劣根的直面以及所采用的诞生于这一特定时代人们那种媚俗而自嘲的调侃性对白，都穿过了被高度净化的文化大气层，进入到了这个时代的真实的生存空间。特别是影片中那些对于人的命运和社会变化的偶然性和荒诞性的描写，使黄建新影片

中通常的幽默成为了一种更睿智的后现代黑色调侃。而他所吸收的"第五代"造型修辞经验，精心营造的充满意味的故事空间，则使他的影片充满怜悯和诙谐。这些影片用人生，特别是小人物的无奈以及命运的无序和无可把握，表达了对意识形态所提供的家园感觉和人生意义的悲天悯人的质疑。

于是，从《背靠背，脸对脸》中"机

关算尽"的王双立屡次争取"正科级"文化馆馆长而不得，到《埋伏》中那位吸毒者一夜之间摇身成为救人英雄的荒诞，可以看到一种睿智的后现代调侃，是平时人们耳闻目睹的各种道德神话的一个默默的象喻。而《埋伏》则将"喜剧英雄"的原型做了更为深刻的演绎：两位忠于职责的保卫干部被指派到一个"最不重要"的岗位上执行监督任务，两人用最大的责任心

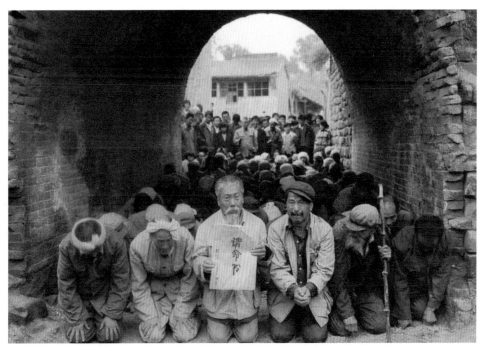

《被告三杠爷》（1994年，导演：范元）

来完成这一"最无价值"的任务，罪犯终于被抓到，而这两位执行监督任务的小人物却被遗忘和忽略了，但他们仍然夜以继日地坚守岗位。两人中一位因病不治而牺牲，另一位也奄奄一息。最后罪犯供认，他之所以落网并不是因为那些自认为重要的警察的高明，而是因为那两位被安排到最不重要位置上的监视人的功劳，于是这俩人才被记忆，才偶然间成为了英雄、烈士。于是，渺小和伟大、英雄和小人物、重于泰山与轻如鸿毛之间那种传统的理性联系被解构了，对英雄、对"人民"、对牺牲、对使命的天经地义的传统解释被这个故事变成了一种荒诞。偶然性冲淡了情节的戏剧性和因果逻辑性，人生特别是小人物的人生更加无奈、无序和无可把握。这是一种对意识形态所提供的家园感觉和人生意义的一种悲天悯人的质疑，也是对主流文化将人生困境化作"冲突—解决"的戏剧性模式的一种根深蒂固的不信任。

所以，尽管黄建新的电影一直没有能够进入这一时期电影的中心话语圈，但它们无论是对人性的理解和关怀，或是对现实的观察和体验，甚至包括对电影艺术美学潜力的发掘，都显示了中国电影的艺术良心和社会良心。

四、故事片中的纪录片

记录主义作为一种极端的现实主义影像风格，在90年代以后除了章明导演的《巫山云雨》以及《押解的故事》等风格化的作品以外，特别突出的是宁瀛先后导演的《找乐》、《民警故事》、《夏

日暖洋洋》。它们采用高度的纪实手段和丰富的纪实技巧，如长镜头、实景拍摄、非职业化表演、同期录音、散文结构等，"记录"了当下中国边缘人的边缘生活。这些影片借鉴和发展了世界电影史上的纪实传统，如意大利新现实主义、中国大陆第四代导演在80年代巴赞美学影响下的纪实性探索、侯孝贤的电影风格等，以开放性替代了封闭性的叙事，用日常性替代了戏剧性，追求"最常态的人物、最简单的生活、最朴素的语言、最基本的情感，甚至最老套的故事，但它却要表现主人公有他们的非凡与动人之处；同样，最节约的用光、最老实的布景、最平板的画面、最枯燥的调度、最低调的表演、最原始的剪接方式，最廉价的服装和最容忍的导演态度，却要搞出最新鲜的影像表现"[11]。这些影片对于中国纪实风格电影的创作积累

---

[11]章明：《致友人的一封信》，《当代电影》，1996年第4期。

了艺术经验，也为中国90年代提供了民俗民心的感性描绘。

宁瀛的《找乐》、《民警故事》和2001年的《夏日暖洋洋》以对"真实"的信赖、对质朴的热爱、对诚实的执着、对纪实风格的追求显示了电影的人文主义精神和现实主义特征，同时也成了纪实电影当代形态的代表。

这种特征首先表现为它们对普通百姓生存状态的关注。几乎所有的纪实性电影都因为其平民化的追求而拒绝英雄美人、王公贵族，宁瀛也不例外，在她的影片中展现的是现代北京一群普通的百姓和这些百姓普通的生存环境。所以，在影片中出现的不是迷离的霓虹，没有林立的写字楼和大饭店，极少开阔的快速道和放射性的立交桥，我们看见的是昏黄的天空、杂乱的胡同、拥挤的房屋，是古树昏鸦、断壁残垣。在这样一种环境中生存的是一些现代都市中普通的平民，是平民百姓之间的平凡琐事。

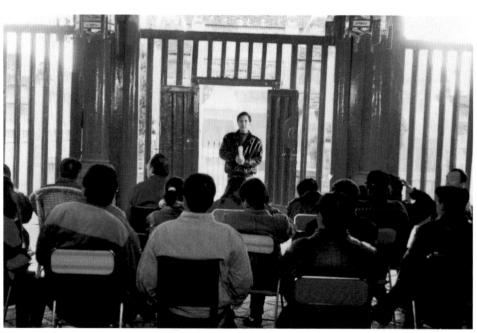

《背靠背，脸对脸》（1994年，编剧：黄欣、孙毅安，导演：黄建新、黄亚洲）

《找乐》的主人公是以剧团退休工人老韩头为中心的一群生活在都市边缘的老人，而《民警故事》中的主人公们则是北京一个街道的一群远离血与火、刀与枪的普通民事警察。这些影片没有大江东去的壮烈，也没有晓风残月的浪漫，只有这些平常人平常的生活轨迹、平常的单调和斑驳、平常的哀乐和喜怒。描写人和人所遭遇的环境，使这些影片尽管没有展现广阔的社会空间，但是却通过这些人的生存体验，提供了正处在历史变革中的中国都市丰富的人文社会景观。

宁瀛这几部影片都采用了开放性的叙事结构。宁瀛认为，她的影片走这种非戏剧化的纪实道路，并不是一种故意的标新立异，而是因为题材决定了她的表达，内容决定了她的形式。只有这样，才能传达出她内心对她所展示的生活的体验，才能传达出她内心对她所描绘的这些人的感动。对于宁瀛来说，重要的不是故事、情节、命运，而是状态、细节、过程，所以，她摒弃了情节剧的结构方式和叙述方式，不用那些人为的偶然性和因果关系来营造戏剧冲突和矛盾高潮，而是用一种散点的生活流的方式来展现生活平缓而细微的变化，描写人在这种变化中的体验和感受。所以，《找乐》没有一个山重水复的故事和悲极喜来的陡转，叙述的只是老韩头退休之后在生活中所感受的失落和充实，以至于结尾时故意在老韩头刚刚做出一个行为选择时就戛然而止，让观众的关注重心留在过程中而不放在故事的结局上。《民警故事》则几乎没有中心事件，新民警上岗、打狗、抓小号手、审王小二等相互几乎没有联系的片段构成了影片的主体，最后在杨国立抽打王小二的"高

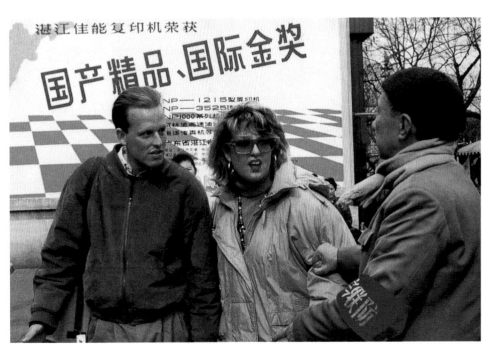

《找乐》（1992 年，编剧：宁岱，导演：宁瀛）

潮"点终止，结局却留给了画外音。相比较而言，叙事的开放性在《民警故事》中似乎更为自觉。《找乐》开始用老韩头演出救场来作为出场，无论从镜头语言还是剧作结构，甚至叙事节奏来看，都似乎还残留着戏剧化的程式感。而《民警故事》片头的会议室和杨国立带新警察上班的两段，却娓娓道来、从容自如，为全片确立了电影的基本形态，为观影者规定了基本的观影预期。这种开放性的叙事不是用影片去说明、证明一种先验的或者主观的情节、意义、主题或者概念，而是去展示世界本身，制造一种纪录片效果，展示世界本身的独特性、多义性和关联性，从而使人物、细节、事件、意义具有多重可解性。因此从某种意义上来说，影片所展示的过程比影片的结果要重要得多，也许这也正是这两部影片都在一个观众几乎没有心理准备的叙事点上选择了一个开放式结尾的美学原因。

宁瀛影片最出色的艺术成就是对单镜头镜语体系的艺术表现力的发掘。宁瀛影片与常规电影相比，尽管长度基本相同，但镜头数却几乎减少了一半，特别是《民警故事》仅刚刚超过200个镜头。所以，这两部影片很少使用好莱坞常规电影那种正反拍的"三镜头"缝合组合，较少使用特写和大特写这种相当人为的强效应景别，也较少使用平行、交叉等蒙太奇修辞手段，更难以用由远及近的"窥视性"视点运动，而是力图最大限度地发挥单镜头的表现潜力，多使用中、全景，力图在不分割现实时空的完整性的状态下，再现生活原生状态的流动和丰富，表达对现实的体验的放射性和多重选择权利。因而，影片经常使用长镜头来叙述场面和情节，但这些长镜头并不是静止的，而是运动的镜头，摇移跟拉、一气呵成。但这些运动不是形式化和刺激性的，而是与人的现实心理运动相接近，扩展了单镜头内的生活空间的容量和现实时间的连续性。被摄物体自身的运动也造成了生活运动的自然感

觉。像《找乐》中老韩头退休后第一天在街道上散步的一组镜头，《民警故事》中老民警杨国立与新上岗的民警王连贵一起骑车去街道居委会的一场长达八百多尺（二百六十多米）的戏等，都充分利用了单镜头的表现潜力和修辞效果。它们在单个镜头中不仅创造了现实空间的整体性，而且也创造了运动感、节奏感以及画外空间的延伸。

在视听造型上，宁瀛的影片都摒弃那种有意识的修饰和结构，甚至不追求一般的声音和画面的形式美感，而是尽可能还原生活本身的自然状态。所以，在《找乐》中除主要演员黄宗洛以外，多数演员都是非职业演员。而在《民警故事》中扮演民警的演员则全部都是现实生活中真正的民警，在表演风格上强调一种无技巧的本色表演，力图造成一种无表演的表演效果。在场地环境选择上，尽量采用实景、实物和实地，街道、地面、胡同、院落、房间的粗糙和杂乱形成一种在场效应；尽量采用自然光，不寻求特殊的光影效果，呈现一种单调而中性的色彩；采用同期录音，基本取消无声源音乐，注意还原生活中声音本身的复杂性和扩散感。所以，影片呈现给观众的北京不是一般影片中富有装饰性、色彩感和线条性的都市轮廓，而是一个熙熙攘攘、零乱错落、色调单涩的市井写真。影片的画面和声音不是经过机器的精心过滤和加工的纯净、光洁的视听信息，而是一个喧哗和斑驳的自然形态的世界。影片中的人物不是那种经过形象和声音设计后的舞台化的艺术造型，而是自然天成的众生相的再现。

显然，宁瀛电影是存活在世界电影的纪实传统之中，与这一传统一脉相承、息息相关的。但是，如果说宁瀛在90年代仅仅是再现了意大利新现实主义的电影形态，或者仅仅是80年代初期中国大陆"第四代"导演的《邻居》、《鸳鸯楼》、《城南旧事》的纪实风格的继续，那么这并不是对她的嘉奖。纪实电影走过了几十年的历程，在每一个取得了重要成就的导演手中，都会有新的发展和新的突破——宁瀛电影也为纪实电影留下了属于她自己的印迹。

写实只是一种技巧，而对于一部影片来说更重要的这种技巧中包含的人生态度，或者说人文精神，这才是艺术的精魂。这种印迹首先体现在人生观念上，那就是宁瀛自称最难以忘怀的巴赞的一段话中所包含的意义："对现实本身的热爱之情。"[12]其实，无论是意大利新现实主义还是显然受到新现实主义影响的中国大陆第四代导演们80年代拍摄的那批纪实性电影，都带有相当明确的社会批判意识，因而更关注普通人生活中的社会问题，而简化了人们更为复杂的生存环境和生存体验。所以，正如宁瀛在谈到《偷自行车的人》等影片时所说："这部片子所写这个人的悲剧被归结于意大利当时社会的失业状况，它的悲剧有个社会根源，我个人觉得这是它最大的失误，它把社会问题凌驾在人的问题之上了，实际上'人和社会'的关系远比这更复杂。"如果说，传统的纪实电影尽管都不愿意将人生困境化作"冲突—解决"的戏剧性模式，不愿意为人生划上一个臆想的完整句号，但为了完成对社会现实问题的揭示，还往往不得不

借助于各种偶然的戏剧性和因果逻辑性来构思情节和表达主题。那么宁瀛的影片所关注的不仅仅是普通人所面对的社会问题，而且是普通人所不可躲避的人生问题，尴尬、困窘、创伤、苦难并不是偶然强加给个人而外在于个人命运之中的，而是内在于每个人的人生经历之中、内在于每个人的人生境遇之中的，无可规避、无可选择也无可奈何。所以她不是在完成一种社会学，像意大利新现实主义那样仅仅关心贫困、失业等社会苦难，像"第四代"中国大陆导演那样主要关注婚姻、住房等现实困惑，而是"写在特定时期社会中生活着的人"，写这些人遭遇和如何面对现实生活中那些虽然平平常常但却不期而遇、别无选择的喜怒哀乐。

当然，因为生活本身的无限丰富和无限变动，它是无法通过任何一种有限的时空载体来还原其真实性的。所以，还原"真实"并不是电影的目的，也不可能是电影的目的。与其说宁瀛电影的魅力在于其"真实"的力量，不如说来自这种"真实"所体现出的对现实的那种宽容而温情的态度。她正是以这样一种态度去再现生活状态本身的蠕动，去体会平常人在都市生活中的那份淡淡的欣悦和无奈。宁瀛在谈到《找乐》中的老韩头时说过的一段话，鲜明地传达了她的这种人生态度：

一个人退休后或像我那样从国外回来，没有单位，完全可以是最自由的人时，却要重新给自己找到一个生存环境，重新把自己放到那些社会悲剧当中去，重新再给自己放置在那些组织、规定、纪律中，然后在其中如鱼得水地生活，这就是生活在特定历史时期的人的无奈，绝对自由、

[12]巴赞：《电影是什么》，中国电影出版社，1956年版，第277页。

绝对理想的状态是没有的。[13]

因而，尽管宁瀛的这两部影片的主人公都在某种程度上丧失了行为的主动性，或者是被社会排斥于主流体制以外的退休老人，或者是受到严格纪律和任务约束的民警，但我们从宁瀛的影片中没有感受到那种愤世嫉俗的冲动和激情，流动着的是一种生活的细腻和幽默，是一种生存的睿智和豁达。宁瀛似乎更愿意去理解和接近，而不愿意去判断和臧否生活和生活中那些普通人。因为人的生存和人的心态，甚至人的善恶往往并不以人的意志为转移，现实的和历史的、当下的和童年的、个体的和社群的，甚至种族的因素，心理的、社会的，甚至生理的任何改变都影响着人的生存，使我们无法把电影当做一个审判庭，而只能当做一个展示口。我们在与剧中人的交流、沟通和理解中获得一种人生态度和方式。影片中的这种人生态度相当忍让平和，然而它平常普通，与这些影片整个的观照方式相一致，具有一种平民的智慧和经验，虽然不使人惊心动魄或者柔肠寸断，但却让人会心回味，理解到人生本来的艰辛和充实。

宁瀛的电影为我们提供了一群处在中国都市的街头巷尾、旧院平房中芸芸众生的形象和心态，提供了这群人生存于其中的正在迅速同时又缓慢地发生着变化的都市市井的自然环境和社会环境，提供了一种雍容幽默、豁达正直的人生态度。正是从这个意义上说，宁瀛的电影尽管也许在节奏的控制上似乎并非无懈可击（如《民警故事》上岗一段的拖沓和结尾时的仓促

之间的不协调），纪实规则有时也受到某些主观意念的破坏（如《找乐》老韩头救场的开头、《民警故事》民警打狗的一场），场景和细节有时过于琐碎和自然主义，缺少一种诗意的关怀，但是，宁瀛对于普通人生存状态和生存境界的展示，对于单镜头电影语言修辞潜力的发掘，对于电影视听造型的还原魅力的追求，特别是她通过电影所传达的那种成熟而宽容的人生态度，不仅使中国电影的纪实传统得到继承和发展，而且也为中国电影美学观念的多样化和前卫探索带来了空谷足音。

从这些为数不多的面对社会现实和人性现实的电影中，我们感受到种种人生的无奈、无序和无可把握，这些影片因为对当下中国普通人身心状态和境遇的关怀而以其洞察力、同情心和现实精神，与大众共享对于自我以及自我所生存的这一世界的理解，从而与观众达成心灵的融合。观众从那些仿佛生活在周围的"熟悉的陌生人"所经历的事件中，从平日的那些司空见惯的行为中体会到了其中常常被忽视的生命的哀乐，传达出了一种对于人和生活的关怀。这些作品不仅以其真实，而且也以其人文关怀为观众带来一种"无情世界的感情"。尽管这一类型的作品并没有成为这一时期电影文化的主流，但是它们无论是对人性的理解和关怀，或是对现实的观察和体验，甚至包括对电影艺术美学潜力的发掘，都成为了这一时期电影文化发展高度的一种标志。

在90年代，英雄时代的创世回忆、清官良民的盛世故事、善男信女的劝世寓言构成了主旋律电影的主体。喜说戏说的滑稽演义、腥风血雨的暴力奇观构成了中国商业电影的基础。多数国产电影实际上

不同程度地回避，甚至有意无意地虚构着我们实际所遭遇的现实，忽视我们遭遇现实时所产生的人文体验。不少影片在美化现实的同时也在美化人性，在简化故事的同时也在简化人生，人文精神在90年代的中国电影中似乎成为了一种难以言说的潜台词。其实，任何过渡的时代都是艺术的黄金时代。现实生活本身提供了比任何戏剧都更加富有戏剧性的素材，也提供了比任何故事都更加具有故事性的传奇。因而，这个时代完全可能出现不同于主流宣教电影和商业娱乐电影以外的"第三种电影"[14]。它不是一种宣教方式，也不只是一种制造短暂梦幻想象和心理刺激的娱乐快餐，而是一面现实和心灵之"镜"，来与同样处在转型期的人们共享苦难、迷惘、欣悦和渴望，来理解、面对和解释我们所遭遇的现实，来揭示处在困境和突围中人性的尊卑善恶、人性的伟大渺小。尽管好莱坞依赖于其强势力量，继续将全世界变成美国电影的超级市场，但好莱坞不是唯一的电影。特别是对于我们这个有着几千年东方文化历史和承受着浩大的现实磨难的民族来说，好莱坞电影更不可能替代我们对本土现实、本土文化和本土体验的殷切关怀。

[13]沈芸：《关于〈找乐〉和〈民警故事〉——与宁瀛的访谈》，《当代电影》，1996年第3期。

[14]尹鸿：《"第三种电影"在中国》，《视点》，1999年第11期。

第五节

新生代的叛逆与皈依

从 90 年代初期开始，一个年轻的电影创作群体就一直蠢蠢欲动，将结束中国电影一个时代的使命放到了自己肩上，试图在"第五代"电影霸权的王国里寻出一条生路。然而，这年轻的一代却一直在母腹中痛苦地躁动，当他们最初试图通过非主流机制的方式获得跨国认同受阻以后，人们甚至以为这个还没有得到命名的年轻的电影群体已经走到了流产边缘。但经过反省和挣扎，这些大多在 60 年代出生，80 年代以后在电影学院、戏剧学院、广播学院等接受正规影视教育的年轻人从 90 年代中期开始逐渐形成了一个引人注目的创作群体，即所谓的中国电影新生代。

一、夹缝中的一代

新生代是特殊的一代，正如其中一位音乐制作人兼电影人黄燎原所说："他们几乎是在一种挤压似的锻造车间中成长起来的。生而迷惘，生而无奈，又生而勇敢，生而团结，在那幅波澜壮阔的历史画卷中，他们无知无畏地成了人……"[15]正因为在时代的夹缝中成长，所以新生代是分化的一代，一些人呈现了一种少年老成的早熟：胡雪杨的《留守女士》、《湮

[15]黄燎原：《重归伊甸园》，转引自《黄燎原演绎六十年代历史观》，《北京青年报》，1997年2月20日。

没的青春》、黄军的《悲烈排帮》、《与你同住》，阿年的《感光时代》、《中国月亮》，朱枫的《乐魂》以一种常规的观念和形态，甚至"主旋律"的选材，顺利地走进了主流电影圈。而另一批年轻人，管虎的《头发乱了》、娄烨的《周末情人》、章明的《巫山云雨》、李欣的《谈情说爱》以及阿年的《城市爱情》等影片则以其在电影观念和影像形态上的独特性形成了一个前卫性的边缘，从而构成了新生电影群体的基本面貌。

这一群体是在几十年来中国文化最为开放和多元的背景下接受教育的，同时也是在中国电影面对最复杂的诱惑和压力的境遇中拍摄电影的，他们不可避免地更加分化、更加不成体统，远没有第四代和第五代那样特征相对统一。然而，从那些个性独特的影片中我们仍然可以发现某些共同的"代"的意识：这还不仅仅体现为与第五代那种民俗化、乡土化、历史距离化的策略不同，它们大多是对当代城市生活的叙述，也不仅体现为这些影片大多对常规电影精心构造一个善恶二元对立、从冲突走向解决的叙事模式不感兴趣，而更主要的是体现为它们大都表现出对本世纪以来经久不衰的政治热情的疏离，体现了一种青年人面对自我、面对世界的诚实、热情和对真实的还原冲动。

二、还原冲动与青春自恋

新生代的青春还原冲动走向了两个层面：一是对生命状态的还原。如章明的《巫山云雨》、王小帅的《扁担·姑娘》以及其独立制作的《冬春的日子》、贾樟

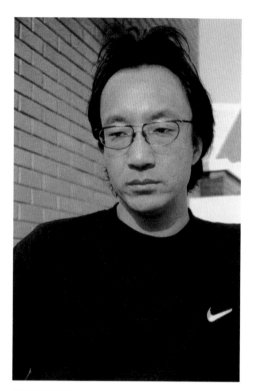

第六代导演路学长（1964--2013），主要作品：《长大成人》《光天化日》等

柯的《小武》等，它们以开放性替代了封闭性叙事，用日常性替代了戏剧性，纪实风格、平民倾向造就了一种朴实自然的形态、平平淡淡的节奏，叙述普通人特别是社会边缘状态的人日常的人生、日常的喜乐哀怒、日常的生老病死，表达对苦涩生命原生态的模仿，突出人生的无序、无奈和无可把握。定点摄影、实景拍摄、长镜头等，似乎想在一种生存环境的窘迫和压抑状态下，写出人性的光明和阴暗、生命的艰辛和愉快。

还原冲动的第二个层面是对生命体验的还原。它们不热衷于设计换取观众廉价的眼泪的煽情高潮，而是用迷离的色彩、摇滚的节奏、传记化的题材、情绪化的人物、装饰性的影像、螺旋似的结构、MTV（音乐电视）的剪辑，用一种都市的浮华感来还原他们自己在喧哗与骚动中所感受到的那种相当个人化的希冀、

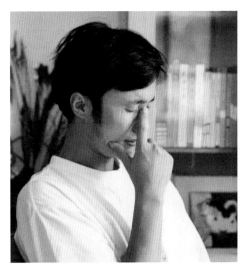

阿年（1965—），导演的主要作品有《感光时代》、《城市爱情》、《中国月亮》、《呼我》

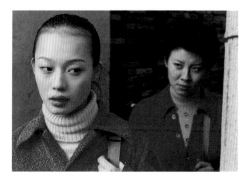

《过年回家》（1998年，编剧：余华、宁岱，导演：张元）

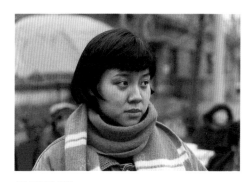

《过年回家》剧照

惶惑、无所归依的生存体验。从一开始的"非法"影片如张元的《北京杂种》到后来管虎的《头发乱了》、娄烨的《周末情人》，直到后来李欣的《谈情说爱》、阿年的《城市爱情》，新生代导演似乎与音乐（特别是具有青春反叛意味的摇滚）有一种"血缘"联系。故事往往难以传达他们动荡不羁、迷离混乱的生存体验，于是他们都借助于音乐的节奏和情绪来表达自我。但这些作品并不是传统意义上的以音乐为叙事载体的音乐片，而是一种表达音乐情绪的影片。影片的特征并不在于那些并不新鲜的故事，而在于它讲述故事的方法。它们提供的不是都市状态，而是一种青年人的都市体验。

这批被称为新生代的青年导演在90年代前期坚持用各种常规和反常规方式在国内外舞台上试图完成对第五代的"弑父"超越，同时他们也在自己的影片中一再地用自叙传的方式表达长大成人的渴望、焦灼和想象。许多影片无论是在电影的制作方式或是电影的叙事方式上都表现了一种鲜明的非主流、非常规，甚至反主流、反

常规的自觉取向。正如他们自己所表述，"我们对世界的感觉是'碎片'，所以我们是'碎片之中的天才的一代'，所以我们集体转向个人体验，等待着一个伟大契机的到来"[16]。

夹缝中的坚守和等待突围的契机便成为新生代一直面对的挑战。[17]然而，由于他们过分迷恋于自己对电影的理解，过分执着于传达自己对生命和生存的理解和体验，因而影片往往视野狭窄，自叙色彩浓重，有时可能近乎喃喃自语，其电影的造型、结构和整个风格充满陌生感。像《巫山云雨》的呆照和跳切，《谈情说爱》的三段式重叠结构，《城市爱情》在叙事和电影语言上逆向对比的双重时空等，都使普通观众难以达成交流和共鸣，甚至对于电影专家都具有阐释的困难。因而，一方面是新生代过分的青春自恋限制了他们走向普通观众，一方面也因为中国缺乏真正的艺术电影院线和主流电影发行的补充机制，使这些电影尽管在国内外广受关注，但大多很难与观众见面。

三、流浪后的回家

直到90年代末期，在整合的大趋势下，这批新生代导演才开始通过自我调整来继续他们的电影旅程：张元导演了《回家过年》、路学长导演了《光天化日》、王小帅导演了《梦幻田园》、阿年

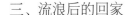

[16]许晖：《疏离》，转引自李皖《这么早就回忆了》，《读书》，1997年第10期。
[17]尹鸿：《青春自恋与长大成人》，《镜像阅读——90年代电影文化随感》，海天出版社，1998年版。

导演了《呼我》等等。与此同时，一批更年轻的导演也纷纷登上了中国电影喧闹的舞台：李虹导演了《伴你高飞》、金琛导演了《网络时代的爱情》、施润玖导演了《美丽新世界》、张扬导演了《洗澡》、王瑞导演了《冲天飞豹》、田曦导演了《兵》、王全安导演了《月蚀》、吴天戈导演了《女人的天空》、毛小睿导演了《真假英雄兄弟情》、胡安导演了《西洋镜》……由于这批青年导演大多接受过良好的现代艺术和现代电影教育，他们影片的形态和风格从总体上来说，更加具有现代感和修辞感。例如，他们有意识地用立体交叉的叙事方式替代传统的平面单线的叙事方式，用跳跃递进的视觉思维方式替代传统的线形因果的文字思维方式，用扩展声画张力关系的复调结构替代传统的声画同一的画面本位结构，用超日常化的视听造型替代传统的日常性的视听再现，特

别是在声画效果的营造以及科技手段的使用上都表明了这一代电影人职业素质和专业意识的提高，也使得他们在电影的形式本体上与世界电影的发展更加同步，在电影语言、电影修辞、电影形式方面与中国其他导演之间划出了一条界线。[18]

在中国特殊的电影意识形态化背景中，这批青年导演的电影观念在90年代末期开始了明显的变化。张元在谈到他的新片《回家过年》时曾经说道，"我觉得我们这一代是最不应该狂妄的"，"我是一个边缘状态的艺术家，所以对边缘人有很深的思考。在今天的社会中，博爱的思想、人道主义思想，包括现在做的这部《回家过年》中极度状态下的人道主义，应该在人们尤其是艺术家的心里存活，应该让它冉冉升起。现在许多社会问题越来越严重，在这种状态下，更应该有这种精神存在"。这不仅显示出这一代青年导演减少了许多少年的轻狂，更重要的是显示了他们的人文意识和人道责任感的强化。而20世纪末才刚刚登上中国影坛的一批更年轻的导演，如张扬、施润玖等则与多数当年的新生代中坚那种固执地申述自我迷惑、表达青春冲动、坚持"作者化"立场、走非主流制作道路的趋向不一样，似乎更容易与现有电影体制达成默契，大多不仅在生产模式上自觉进入主流机制，而且在人文理念和艺术理念上也无意甚至有意地与主流文化达成一致。

新生代的精神回归特别突出地表现在他们对"成长"故事的叙述中。

成长焦虑一直伴随着年轻导演为自己

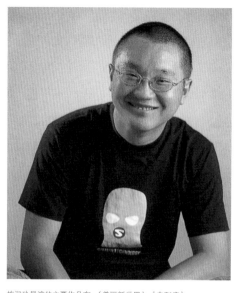

施润玖导演的主要作品有：《美丽新世界》、《走到底》

命名的焦虑。90年代初期新生代以叛逆开始的主题在90年代末出现了以皈依结束的阐释。新生代曾经一次又一次地表现了一群没有父亲庇护、也没有父亲管制的现代青年那种飘荡和游离的迷惘和狂乱，一种没有家园和没有憩居的青春骄傲的流浪。但到90年代末，新生代导演对于成长却有了新的书写。在主流话语努力塑造新时代父亲的社会语境下，虽然《伴你高飞》继续在更加含蓄、感伤地述说成长的烦恼和苦痛，但最终和另外一部名为《成长》的影片一样，青年主人公还是回到了主流社会为他们早就预备好的轨道和位置上。而一部更加具有"时代"的文化意义的文本则是曾经导演过《爱情麻辣烫》的青年导演张扬的新片《洗澡》：它尖锐地将传统人伦与现代经济对立起来（老北京的"洗澡"与新深圳的经商），并且它在鲜明地美化传统（明亮而暖融的澡堂空间和上善若水的象征）的同时还明确地表达了现代文化对传统文化的认同和继承（儿子对父亲的重新理解）。显然，《洗澡》在自觉

地试图将新时期以来的文化反省转化为文化回归（整合第五代电影主题和消融西方文化的外来性）。影片在叙事上的从容、视听造型上的精致以及影像、声画表意上的营造，都显示了一种远离"弑父"渴望、恐惧和焦虑的恋父认同。

第六节

全球化背景下的国际化策略

现代化的动力，在20世纪的最后二十多年中，将中国别无选择地推向了国际政治经济文化舞台，跟跟跄跄地卷入了以跨国公司、跨国市场的形成为基础，以传播和媒体科技的发展为助力的全球化过程中。尽管中国政府在维护社会结构和文化产业利益的双重诉求下，对电影、电视以及大众传媒的信息资源的全球化流通一直采取比较谨慎的立场，但随着中国在政治、经济上融入一体化世界的程度加深，随着中国与国际社会的联系日益密切，也随着国内外各种冲击和压力的增大，中国的大众传媒业也逐渐被卷入了全球化的旋涡。然而，当全球化处在以强势国家的政治经济文化优势为主导力量的后殖民背景中时，好莱坞电影便成为了文化帝国主义大军的一支生力之师，它用《泰坦尼克号》、《星球大战前传》等一颗又一颗重磅炸弹轰炸全球，几乎将全世界变成了美国电影的超级市场。好莱坞不仅在获得巨大经济利益的同时吞噬着其他国家的本土电影工业，而且还因为其对美国式的时尚、风格、意识形态价值、文化理念的传

[18]《张元自白》，《北京青年报》，1999年12月9日。

播而深刻地影响着其他国家的民族想象和文化认同。因而，以经济、政治、文化力量为驱动的全球化过程往往不可避免地呈现一种"单向性"，一种单向的"同质化"和"同步化"。这一点，也越来越突出地表现在好莱坞电影对中国所产生的影响中。显然，一方面，全球化为电影文化的广泛流通，甚至为创造世界性的文化空间提供了背景，但另一方面也对维护各个民族的文化传统、保持多元的文化趣味和思想价值提出了挑战。潜在的媒介帝国主义垄断在一定程度上影响着文化的开放性、丰富性以及创造活力的保持。所以，90年代以来，中国电影在努力探索一种后殖民状态下的国际化策略。

一、国际化背景

20世纪以来，伴随美国政治、经济力量的壮大，特别是媒介产业的迅速发展，好莱坞电影一直是世界电影工业体制中最引人注目的现象。中国从世纪初期就开始进口好莱坞电影，"国产片"一直处在洋片的冲击下。在1946年11月《中美商约》签订以后，好莱坞电影当时的年进口量就多达两百多部，"米高梅"等八大电影公司还试图利用《中美商约》垄断中国各大城市的电影院业务，甚至提出要自由支配电影院线的营业方针并限制国产片的放映。好莱坞电影对中国电影市场的占领在1949年以后，由于特殊的历史原因宣告结束，美国电影几乎完全被拒之门外。

直到70年代末，好莱坞电影又重新逐渐进入中国。90年代以后，由于全球化的经济交往和信息传播的发展，世界越来越成为一个密切互动的网络。全球化不仅作为一种背景，而且也作为一种动力，交互作用于中国的政治、经济、文化。而中国大陆电影则正处在这种全球化互动语境之中，再次面对好莱坞的挑战。特别是从1994年开始，中国允许按照分账发行方式进口外国"大片"，美国电影更加直接和迅速地进入中国电影市场，尽管中国国产电影具有数量上的绝对优势，而且政府规定各电影院必须保证国产电影占有三分之二以上的营业放映时间，但在90年代的最后几年，十部左右的进口影片（其中多数为美国电影）、三分之一以下的放映时间，在中国各大城市却几乎占有了电影票房的60%以上。1999年11月15日中美双边签署了关于中国加入世界贸易组织的协议，根据协议，"入世"后，每年将可能有20部美国电影进入中国市场。而且，与1946年相似的是，美国也提出要在中国建立自己的电影院线，好莱坞各大公司甚至已展开对中国电影市场的全面研究，有的还设立了"中国部"，以进行更适合中国市场的调整。好莱坞已经对中国电影市场虎视眈眈。显然，加入WTO以后，中国电影将面对美国电影更大规模的进入。这对于中国电影来说，既是政治权力问题，也是工业经济问题，同时还是文化主权问题。许多人担心，好莱坞电影所贯穿的美国式神话是否会在影响国族认同的同时创造一种美国情结，好莱坞电影那种个人英雄的叙事原型是否会解构民族发展的自我凝聚力，好莱坞电影那种奇观化趋势是否会压抑人们对本土生存状态的关怀和体验，好莱坞电影那种消费主义的价值观是否会对第三世界国家的价值观念产生负面的影响，好莱坞电影的艺术规则是否会完全替代中国叙述美学的传统，好莱坞电影是否会彻底摧毁中国的民族电影工业，好莱坞电影是否会使中国电影丧失所有的本土意识和本土责任。应该说，在中国电影目前的情况下，所有这些威胁都是一种现实的存在。

好莱坞电影对于中国电影的威胁，来自于美国国家力量和"现代化"文化的强势背景，也来自于百年来美国资本主义电影工业机制的经验，还来自于其对国际电影文化消费市场的多年培育，当然也来自于它利用自己的优势对于电影人才、资金、技术的广泛吸纳和融合。面对这种威胁，中国政府采取了种种行政措施来支持国产影片的生产和流通，限制和控制进口电影的数量和传播，并采用制作、发行、放映等行业的体制变革和走大型化、集团化的方式来与外来电影抗衡。而与此同时，中国的许多电影人则试图在中国意识形态的有限空间中通过电影文化的选择来寻找本土电影的生存道路；或者，通过国际化策略扩展电影的生存空间，如张艺谋、陈凯歌的电影；或者通过本土的产业化运作，制作消费娱乐电影，如冯小刚的"贺岁片"；或者，通过对本土文化和民族生存现实的关照来提供一种本土人文关怀，突出好莱坞重围，在全球化进程中保持民族的视野，如黄建新的城市影片。显然，正如中国电影艺术家协会主办的重要学术刊物《电影艺术》2000年第二期的首栏标题一样，"面对WTO，增强中国电影的竞争力"已经成为当前中国电影面临的现实考验。

当下世界这种被称为"后殖民"图景的不平衡互动性带来了"第三世界"国家在全球化状态中的一种普遍的民族情

结：走向世界。而所谓"世界"在很大意义上就是支配世界、主导经济文化秩序的西方发达国家，而所谓"走向"则意味着试图受到西方本位的世界主流经济文化秩序的接受和肯定。因而，进入世界市场一直是中国电影积极争取进入电影全球化进程的一种方式。80年代后期以来，许多中国电影人采用各种方式来寻求进入国际电影市场的信道。在投资上，有的中国电影从海外获得相对于本土投资更为雄厚的制作经费，以提供能与世界电影发展相适应的制作水平；在发行上，中国大陆电影借助于与海外的合作制片来开发更具回收潜力的海外市场；在途经上，中国大陆电影依靠各种国际性电影节和跨国电影交流来获得世界命名和被世界认可，获得国际通行权；而在制作上，一些中国大陆电影也努力按照所谓的世界性标准来进行意识形态、文化、美学包装和改造。

二、国际化电影模式

随着张艺谋的《菊豆》（1990）、《大红灯笼高高挂》（1991）、《秋菊打官司》（1992），陈凯歌的《霸王别姬》（1993）等纷纷成功地"走向世界"，一种"国际化电影"类型便开始在中国大陆出现。这种类型为中国最优秀的电影导演提供了一个填平电影的艺术性与商业性、民族性与世界性之间的鸿沟的最有效的手段，同时也为自己寻求到了获得国际舆论、跨国资本支撑并承受意识形态压力的可能性。"国际化电影"模式在策略上的成功，作为一种挡不住的诱惑，使不少优秀导演宁愿犯因袭的忌

讳，也纷纷步其后尘。于是，在滕文骥的《黄河谣》（1989）、何平的《双旗镇刀客》（1991）等等影片之后，经典"国际化电影"创造了它的新的摹本：在黄建新的《五魁》（1993）中，我们看到了对《红高粱》的叙事结构和影像造型的临摹；在何平的《炮打双灯》（1993）中，我们看到了《红高粱》、《黄河谣》、《大红灯笼高高挂》的各种文学元素和电影元素的奇特的混合；在周晓文的《二嫫》（1994）中，我们看到了对《秋菊打官司》的有意无意的重复；还有《桃花满天红》（1995）和青年导演刘冰鉴的《砚床》（1995），都走着几乎同一条国际化的道路……于是，我们看到了中国大陆电影的国际化已经形成了一系列成规化的策略，正是这些策略使中国大陆电影获得了一种公共形象走向了世界。

当一个民族和一种文化由于经济、政治的弱势而缺乏充分的自信时，国际化是一种巨大的诱惑：它意味着通过国际认同，能够为自觉或不自觉地用所谓国际"他者"参照来评价本土化文化的大众乃至社会精英提供一种价值判断的暗示。对于电影来说，就是通过国际化使电影制作者获得一种想象中的世界性声誉和地位，最终使影片获得能带来经济效益的国际、国内市场，同时使电影制作人获得一种投资信任度以从事电影再生产。

所以，从80年代中期以来，正如在大陆召开的一次关于90年代中国电影发展态势的研讨会上一些批评家所指出的，一些中国大陆电影"在影像造型和意识形态策略上都表现出越来越明显的迎合倾向，它们热衷于用西方人的'他者'眼光来叙述中国的民族生活……从而形成了一种相

对模式化的'立足传统文化，面向西方大国'的以争取跨国认同为目标的电影类型"[19]。所以，对于中国大陆电影来说，国际化策略主要指中国大陆电影以外国，主要是西方国家的电影鉴赏者或普通观众为"隐含"接受对象，试图获得国际认同而采用的意识形态策略、文化策略、艺术策略和经济策略。

三、国际化的意识形态策略

对于相当部分具有所谓"国际"意识的西方人来说，他们不仅热衷于用西方式的人权观念来看待东方历史上的专制主义，而且也往往用西方式的民主体制来衡量中国现实。因而西方人所接受的中国电影常常可能是对于这种东方专制主义的揭示，是东方专制主义的一种电影寓言。杰姆逊（F·JAMESON）曾经说过："第三世界的文本，甚至那些看起来好像是关于个人和力比多驱力的文本，总是以民族寓

[19]黑丁等：《在多元发展的格局中走向新世纪》，《当代电影》，1994年第3期。

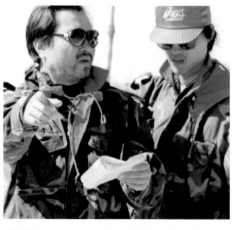

导演滕文骥（1944—），执导《生活的颤音》、《苏醒》、《都市里的村庄》、《锅碗瓢盆交响曲》、《飓风行动》、《黄河谣》等

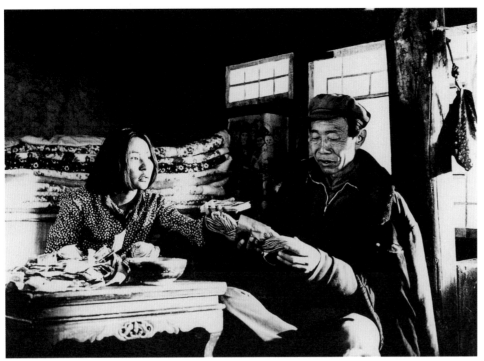

《二嬷》（1994年，编剧：郎云，导演：周晓文）

言的形式来投射一种政治：关于个人命运的故事包含着第三世界的大众文化和社会受到冲击的寓言。"[20]实际上，这也正是西方知识分子阅读中国电影文本的一种基本方式。所以，中国电影在他们的阅读视野中首先就是一种意识形态寓言。而许多国际化的中国大陆电影也就自觉或不自觉地采用各种意识形态策略来与西方的寓言期待相契合。

在中国大陆电影所提供的那些中国寓言中，最集中的大概就是鲁迅所谓的"铁屋子"的寓言。这一铁屋子的意象是由那些森严、稳定、坚硬的封闭的深宅大院，那些严酷、冷漠、专横的家长，那些循环、单调、曲折的生命轨迹所意指和象喻的。正如我在一篇文章中曾经对张艺谋影片所分析过的那样，这些影片消除叙事

[20]杰姆逊：《处于跨国资本主义时代中的第三世界文学》，《当代电影》，1989年第6期。

的时间和空间的确定性，选取远离现代政治生活中心的边缘空间或处在非现在时态的空间，淡化历史的参照和现实的确指，来表现生机勃勃的感性生命力与至尊无上的专制秩序之间的对抗。影片既通过时空的模糊避免了对现实权力的干预，又消除了民族间的隔膜，创造了某种世界通用性。它们处理的都是包含了以"家"为中心场景的某种"弑父"原型的故事：专制者即父亲（麻风病人、杨金山、陈老爷、村长）剥夺或践踏了幼小者即父之子（我爷爷、杨天青、陈之子、秋菊之夫）的权利，于是，在被占有者即母亲（我奶奶、菊豆、颂莲、秋菊）的主谋或参与下（在多数影片中，尽管是由父之子对被占有者的窥视而开始叙事的，但故事中真正的行动主体却是被占有者自身）发起了向专制者的挑战并对父亲权威进行了亵渎，在短暂的自由狂欢之后，这种谋反行动最终受到了代表父权的专制秩序的否定和惩罚。

这些传奇故事，一方面，对于观众来说，满足了观影者的"弑父"快感；另一方面，对于西方视野来说，它暗示了对东方文化和秩序的某种意识形态理解。这批关于"铁屋子"寓言的电影正是以这样的意识形态策略获得了国际地位和承认，使它们顶戴着从西柏林、威尼斯、戛纳得到的光彩熠熠的桂冠高就于中国电影殿堂。以至于后来何平《炮打双灯》中那个民间艺人与女东家偷情的故事，黄建新《五魁》中那个土匪抢亲的故事，刘苗苗《家丑》（北京电影学院青年电影制片厂1993年出品）中那个少东家、长工与女仆之间的三角恋爱的故事，王新生《桃花满天红》中那个皮影戏戏子拐带女东家的故事，张艺谋《摇啊摇，摇到外婆桥》（1995）中那个帮主的情妇偷情的故事，直到刘冰鉴《砚床》中那个女东家与长工从"换种"到坠入情网的故事都是这一铁屋子寓言的各种翻版。欲望与专制的角斗、秩序对个人的践踏使这座"铁屋子"像一个巨大的血淋淋的火球，为那些看惯了好莱坞山重水复、柳暗花明的情节电影的西方观者和专家提供了一个东方梦魇，于是他们将那些鲜花、奖赏与无量的同情、理解一起给了这些中国电影。

当然，重复意味的往往是贬值。当许多后来者还在孜孜不倦地编织那些对于西方人来说也已经并不新鲜的"铁屋子"寓言时，陈凯歌的《霸王别姬》则又提供了一个新的更加具有现实感和时空感的受难的寓言原型。紧接着，田壮壮的《蓝风筝》（1993）、张艺谋的《活着》（1994）等都采用了与之相同的传记式的叙述方式，在长时间跨度中展示普通中国人本世纪以来的苦难命运。这些苦难寓言

似乎基本上可以看做是一种政治寓言，它将人生苦难相当简化地与政治变迁重叠在一起。尽管似乎它们具有一种历史的批判性，而且容易以其人本主义的价值观念和对中国历史的人权批判获得西方认同，但是由于它们通过大量偶然性的戏剧情节对其实远纷纭复杂的人生命运作了相当即兴的政治图解，似乎又使这些作品的人性深度和美学深度受到了损害。同时这些影片也因为它们过于明显的意识形态所指受到了执政者的排斥。中国电影走向世界的意识形态策略似乎陷入了一种迷途，因而近年来无论是张艺谋的《摇啊摇，摇到外婆桥》，或是陈凯歌的《风月》（1996）都没能找到与国际期待相契合的意识形态兴奋点。

此外，中国大陆电影中还有一些影片是因为其制作方式上的意识形态特征而进入西方视野的。最典型的例子就是张元的《北京杂种》（1992）和王小帅的《冬春的日子》（1993）。前者多次在国际电影节上获奖，而后者则在纪念世界电影100周年时被英国广播电视公司（BBC）作为中国电影的两部代表作之一选播。这两部低成本、半业余化制作的影片之所以在国际上获奖，除了其艺术上的实验性和边缘性之外，更主要的则是因为它们完全脱离了中国大陆合法的电影制作体制而代表了一种叛逆的姿态。正因为如此，一些西方人喜欢将这些影片称为"地下电影"。受这一国际化途径的启示，相当一批刚从事电影制作的年轻一代都曾经或试图拍摄同样的背离主流电影机制的影片，以相当冒险的代价来通过国际认同确立自己的地位，以获取与其他导演，特别是已经在国内外确立了地位的"第五代导演"们分庭抗礼的资格。

四、国际化的文化策略

西方世界对东方电影的接受其实往往是与西方人的东方主义联系在一起的。正如赛义德（E. Said)所说："东方几乎就是一个欧洲人的发明，它自古以来就是一个充满浪漫传奇色彩和异国情调的、萦绕着人们的记忆和视野的、有着奇特经历的地方。"[21]所以，中国电影进入西方世界的一种重要而有效的策略，就是按照西方人的东方主义视野来展示一个具有异国情调的东方。陈凯歌在《霸王别姬》以前，一直没有得到来自重要国际电影节的充分承认。他的《孩子王》、《边走边唱》虽然在文化上深深地浸染着东方人文精神，在影像景观上提供了奇特的叙述空间，但因为缺乏浪漫传奇性，缺乏被西方人能读懂的东方奇观而受到了"授奖权威"的拒斥。所以，中国大陆电影走向国际、走向世界，并非因为它们所传达的东方人文精神，更重要的在于它们提供了一种东方浪漫传奇。

于是，首先我们在那些国际化的中国大陆电影中看到了一种共同的具有"异国情调"的"民俗"奇观。这些影片中的故事都发生在一种民俗化的环境之中，如以黄河和黄土地为基调的大西北的自然和人文景观，由那些曲径通幽的雨巷，黑白相间、错落有致的南方宅院以及石桥流水、青山平湖所创造的宁静幽深、潮湿迷离的

---

[21]赛义德：《东方主义（Orientalism）》，New York，1979，P.1.

意境，与西方立体化建筑风格迥然不同的平面而封闭的深宅大院等。同时这些故事又都是在某种民俗氛围中发生的，如《红高粱》的婚嫁风俗、《菊豆》的家族关系、《大红灯笼高高挂》中的妻妾成群和大红灯笼、《霸王别姬》中的京剧、《活着》里的皮影戏、《炮打双灯》中斑斓缤纷的爆竹，其实包括不少影片中的红卫兵和"文化大革命"的场面也都是一种"现代民俗"。这些民俗元素既为影片带来了电影自身的奇观效果，也使它在国际上轻而易举地得到了清楚的定位和明确的命名。

然而，作为一种文化策略，在这些电影中，舞台是陌生的，故事却往往为西方观影者所熟悉。所以，在这些国际化的中国大陆电影中我们很容易发现另一个特征：在民俗奇观中演绎的往往是一些对于西方人来说并不陌生的主题、故事、情节甚至细节，从而唤起了西方人的认同，但这是一种新鲜的认同，一种从东方故事中得到满足的关于对自己的文化优越感的认同。所以，我们在张艺谋的影片中一次又一次地看到西方文化传统中经久不衰的"俄狄浦斯"的故事，从那些偷窥的场面中感受到好莱坞电影性"窥视"的精神分析视角，而在陈凯歌的《霸王别姬》中则得到了一个相当西方化的套层的同性恋故事。甚至像《秦颂》（1996）里那个用圆木撞击城门的隐喻、《霸王别姬》中段小楼将烟管伸进程蝶衣的嘴里的象征都是为西方文化所熟悉的精神分析编码。到了张艺谋的《摇啊摇，摇到外婆桥》则似乎是将美国的"教父"类型的黑帮片移植到了中国。于是，无论是西方电影专家或是普通电影观众，他们都能轻而易举地从这些

光怪陆离的东方景观中读解出他们所能理解的文化含义，从而获得了一种对于审美接受来说相当重要的愉快，即著名电影理论家尼柯尔斯（B. Nichols）在讨论世界性的国际化电影现象时所谓的"陌生的熟悉感"——体验陌生、发现共鸣，"使来自文化他者的东西与我们自己的美学传统相联系"[22]。这是一个"他者"，但又是一个为他们所理解和同情的"他者"，于是他们顺利地将一种异想天开的异国风光叠印在了他们自己的文化明信片上。

五、国际化的艺术策略

对于早已对好莱坞模式烂熟于心的西方人来说，他们希望能够从东方电影中看到某种对好莱坞的超越或者背离，因为他们始终是将中国电影看做是一种边缘、一种点缀或者一种补充。因而对于中国大陆电影来说，如何用一种不同的"讲述"来讲述一个发生在东方神秘背景中的故事便成为一种主要的艺术策略。

所以，多数被国际承认的中国大陆电影都在试图寻找一种个性化的表现形式，一种似乎反模式化的艺术电影范型。这一艺术策略主要体现为：一、非缝合的反团圆的叙事结构。像张艺谋、陈凯歌的影片一样，这些影片在叙事上放弃了经

[22] 参见尼柯尔斯《发现形式与演绎意义——新电影与电影节巡回（Discovering Form, Inferring Meaning——New Cinemas and the Film Festival Circuit）》，《电影季刊》贝克利 1994 年第 47 卷第 3 期第 18—20 页。尼柯尔斯还著有另一篇讨论国际电影节现象的论文《国际电影节与全球电影（The International Film and Global Cinema）》，载《东西方杂志》1994 年第 1 期。

典好莱坞那种"冲突—解决"、善恶有报的封闭式结构，往往以叙事主体的被否定为结局，从而形成对人生悲剧现实的理解。二、自然朴实的蒙太奇形态。无论是所谓的中国的"西部片"或是后来的"江南片"，这些国际化影片多数都不采用好莱坞电影那种夸张、跳跃、紧促而戏剧化的蒙太奇形式，不像好莱坞电影那么追求画面外在的运动感和外在的节奏感，而是大多采用一种相对静止的画面、比较平缓的蒙太奇联结，有时甚至有一种中国山水画、水墨画的韵味，画面开阔、造型平缓，具有一种空间感，这与西方文化往往喜欢将东方文化看做一种空间文化不谋而合。三、纪实化风格。有相当一部分得到国际认同的中国大陆影片在叙事风格上都采用了一种反好莱坞的纪实手法。一开始是张艺谋的《秋菊打官司》，然后是宁瀛的《找乐》（1993）和《民警故事》（1995），更年轻一代导演的影片如章明的《巫山云雨》（1996）和王小帅的《冬春的日子》（1993）。一方面是采用长镜头、实景、偷拍、同期录音、非职业表演，甚至黑白胶片等纪实性的技术手段来与好莱坞的浮华伪饰相区别，另一方面也用那些普通人的日常生活状态和心理状态的还原来与主流电影的戏剧性和梦幻感相区别。应该说，国际化背景为中国大陆艺术电影的生存提供了一个缝隙。此外，如像赵季平的电影音乐那样基本模式化的对中国民间民族音乐的使用、对中国造型艺术美学传统的强化等。这种与主流好莱坞电影迥然不同的电影风格，几乎是恰到好处地为欧美主流电影提供了一种复调、一种背景，而中国大陆电影也利用了"世界"这一多元需要，寻找到了走向世界的艺术策略。

六、国际化的经济策略

电影的企业化和市场化使中国大陆电影走向世界已经不仅仅是一种文化行为，而且也是一种经济行为。这不仅表现在大陆电影正在广泛地吸收海外投资，弥补电影资金的短缺，更重要的是它们还试图使中国电影能够进入海外电影市场获得经济效益。

中国虽然是人口大国，电影观众人次在绝对数上也相当可观，但是有两个重要因素制约着中国电影的经济回收。首先，

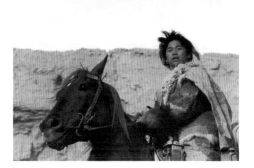

《双旗镇刀客》（1990 年，编剧：杨争光、何平，导演：何平）

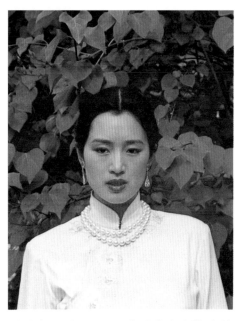

巩俐，新中国第一位国际影星。主要作品有《红高粱》、《菊豆》、《大红灯笼高高挂》、《秋菊打官司》、《风月》、《漂亮妈妈》等。

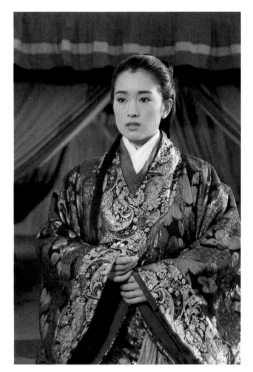

《秦颂》（1996年，编剧：芦苇，导演：周晓文）

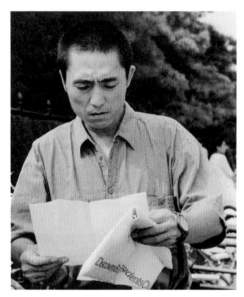

张艺谋（1950— ），导演的主要作品有《红高粱》、《菊豆》、《大红灯笼高高挂》、《秋菊打官司》、《活着》、《一个都不能少》、《英雄》等

电影平均票价低。尽管中国大都市的电影票价已经达到很高水平，但更多的中小城市和广大农村的票价依然很低，电影的票房收入仍然相当有限。其次，中国大陆电影观众平均文化水平较低，艺术电影市场极其狭窄。在大量低俗电影的包围之中，中国艺术电影必须通过境外市场的补充才能维护最低限度的再生产。

走向境外市场的中国大陆电影主要有两种类型：一类是制作成本较高的影片。这些影片在制作水平、工艺水准上已经基本接近或达到国际标准，如张艺谋、陈凯歌的影片，如《兰陵王》（1995）、《秦颂》等。这些影片试图进入境外国家或地区的主流商业发行渠道获得票房收入。尽管在发行规模和效果上，这些影片显然不能与好莱坞黄金大片相比，但由于它们的制作成本也相应较低，其利润回报比率有时可能并不低。另一类是低成本影片。尽管它们在制作工艺上还比较粗糙，但是对国际化电影策略的合理利用，使之具有某些可以辨认的文化特征，通过各种国际获奖而获得一定知名度。尽管这些影片很难进入主流商业电影机制，但却可能进入一些独立的电影放映院线或者电视播放系统，而因此获取的发行放映权收入相对于这些影片平均不到200万元人民币的成本来说，往往也是一笔可观的收入。

境外的资金和市场对中国大陆电影的观念、制作方式和生产方式都带来了明显的影响。这种影响一方面是促使中国电影在风格形态上更加本土化，以获得国际定位，但另一方面又促使大陆电影在制作观念上更加国际化，以有利于国际交流和国际对话。

应该说，中国大陆电影的国际化策略的探索在80年代以后是取得了突破性成就的。80年代以前，中国大陆电影几乎还与世隔绝，但现在却已经在世界电影格局中占有一个不容忽视的位置，获得的国际奖项几乎已经难以做出准确统计。包括戛纳电影节在内的世界所有A级电影节的奖杯上都镌刻有中国电影的名字。在《红高粱》以后，柏林（前西柏林）电影节几乎每届都有中国电影获奖。中国大陆电影已经四次获得奥斯卡最佳外语片奖的提名。张艺谋、陈凯歌，甚至巩俐都已经作为国际性的电影艺术家成为各电影节的评委、各种电影专业杂志介绍的热门人物，甚至成为大众娱乐杂志的封面形象。一些获国际大奖的中国大陆影片还作为电影百年的经典进入了各欧美大学的影视课堂，而且在许多国家的商业性电影录像租赁店里也能够找到中国大陆电影的目录。这已经成为一种共识：在书写20世纪末期的世界电影史时，中国大陆电影无疑占有一席之地。

七、国际电影节：国际化通道

中国大陆电影走向世界，获得一种国际性的声誉和地位，应该说是从参加国

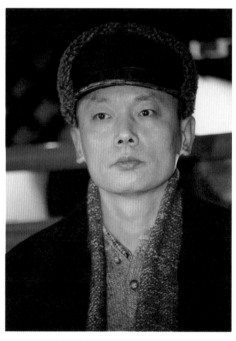

葛优，中国大陆唯一获得戛纳电影节最佳男演员（《活着》）大奖的影星

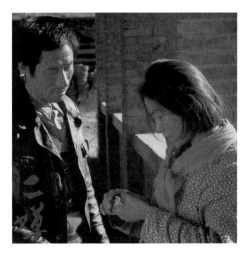
《二嫫》剧照

际电影节开始的。而事实上，绝大多数发展中国家的电影几乎都是以国际电影节为通道获得国际关注的。目前世界各国的国际电影节的总量可能接近三位数，但是真正具有"权威"性的电影节主要还是发达国家主办的如威尼斯、戛纳、柏林、东京电影节。电影节是电影的展示场所，是电影的多元文化节，是收集了各种奇珍异宝的电影博物馆。作为一种博物馆，这些电影节大多体现了几个明显的共同性：一、对非主流的具有一定艺术个性的影片的偏爱。二、对非欧美主流的多元文化，特别是边缘文化的重视。三、对传统人文主义价值观念的坚持。而这三个特点其实是联系在一起的。在许多西方知识分子看来，当今欧美的主流文化和主流电影往往背弃了西方传统的人文主义理想，而恰恰在非欧美主流之外，人文主义价值得到了传播和表达。正因为如此，往往许多热门的欧美电影并不能在这些电影节获奖，而许多发展中国家的影片却可能获得肯定。这确实为包括中国大陆电影在内的许多其他发展中的电影提供了一个获得国际承认的机会。

而对于中国大陆电影导演——正如

对于许多来自第三世界国家和地区的电影导演——来说，国际获奖具有多方面的重要意义：首先可以提高他们的社会地位。正如"居高声自远"的道理一样，知名度的提高可以增强导演在国内外的影响力和支配力，使他们在电影操作过程中拥有更大的自主能力，同时也增加了他们吸收资金、获得信任的能力。其次可以增加他们影片的经济效益。国际获奖不仅意味着一定的国际电影市场的潜力，而且也意味着它可以利用发展中国家民众的一种潜在的"崇外"情结在国内市场获得一种相当具有效果的广告功能，得到一种外销或内销的特别价格。

正是因为国际电影节对于中国大陆电影具有如此重要的意义，所以相当多的中国电影导演具有一种自觉的电影节意识。从80年代以来，据统计，中国大陆故事影片在国际上获得的奖项已经接近两百项。电影界有个略显夸张的笑谈，说现在我们不必问中国大陆电影获得了哪些电影节的大奖，而只需问还有什么电影节中国电影没有获过奖。无论是欧美或是亚洲、非洲，只要那里有电影节，那里就很可能有中国大陆电影参加评奖。

那么，这种电影节情结对于中国大陆电影的制作带来了什么样的影响呢？

首先，强化了电影的民族文化意识。许多电影导演都意识到，中国大陆电影很难以其制作规模、常规技巧、主流形态与好莱坞以及欧洲电影竞争从而被国际认可。只有意识到自己的文化边缘状态，用故事、人物、造型、风格和叙述上的民族特色来突出一种民族个性，中国大陆电影才可能以其独特的文化个别性确立自己在世界电影中的位置。应该说，对于西方

世界来说，中国电影的确已经具有了一种民族电影的定位，黄土地、大宅院、小桥流水、亭台楼阁的造型，京剧、皮影、婚丧嫁娶、红卫兵造反的场面，与乱伦、偷情、窥视等相联系的罪与罚的故事，由执拗不驯的女性、忍辱负重的男人以及专横残酷的长者构成的人物群像，由注重空间性、强调人与环境的共存状态的影像构成所形成的风格，使中国电影具有了一种能够被辨认的能指系统。正是这种民族性的强化，为中国大陆电影走向世界创造了一种商标或者说品牌。

其次，强化了电影的国际通用意识。国际化使中国大陆电影人意识到电影已经是一种跨国流通的文化产品，因而必须具备一种国际通用性。这种通用性体现在两个基本层面上。一是硬件层面，指电影的制作水平和工艺水平应该达到国际通用标准。二是软件层面，指电影的文化艺术层面应该能够与国际通用状态沟通交流。正是这两个层面的意识，使那些在国际上产生影响的中国大陆影片在技术指标、叙事形态、人文意蕴、声画质量、电影语言等方面具备了世界流通和参与国际竞争的基本可能性，从而也带动了中国电影的艺术、技术水平的提高和发展。

作为一种新电影类型，这些国际化电影因为具有一定的叙事魅力，融合了电影视听艺术的修辞经验，表达了某种现代人文价值观，能有效地吸引投资，并参与国内外市场竞争，所以对于中国大陆电影文化的积累、对于提高中国常规电影的制作和创作水平、对于通过类型成规来满足消费需要，的确起到了一定的作用。

但是，值得探讨的是，在我们谈到的这种后殖民的国际化语境中，中国大陆电

影的这种国际电影节情结是否也可能会助长一种"伪民族性"的出现呢？真正的民族电影应该吸取本民族文化精神的精髓，植根于民族现实的土壤，用一种积淀了民族审美经验和感情的艺术形式去关怀民族和这一民族的各个个体的生存、发展、进步。然而，由于世界各国特别是东西方国家之间政治、经济、文化发展的道路存在着巨大差别或者不平衡，因而处在西方发达国家社会背景中的人们对于中国的真正的民族文化、民族现实乃至民族电影往往相当隔膜。他们仅仅只能以一种很难避免的西方视野来理解中国的民族电影。例如，曾经在1994年中国珠海"海峡两岸暨香港电影节"上获得最佳故事片荣誉，备受国内电影界赞誉的黄建新的《背靠背，脸对脸》（1994）在加拿大人口最多的城市多伦多放映，尽管影片的制作、剧作、表演、摄影等各方面都达到了很高水准，特别是对人物塑造、对社会人际关系的揭示都具有深刻的民族文化意蕴，但是西方观众的反映极其冷淡。相反，几乎同时放映的另一部由台湾出品的制作粗糙、叙事混乱的影片《诱僧》却大受青睐，甚至出现了难得一见的排队购票的景象。影片中的复仇、武打、和尚与尼姑的偷情似乎更是他们所理解的中国文化。此外，像王小帅的《冬春的日子》由于受到资金和多种主客观因素的限制，不得不采用黑白旧胶片拍摄，电影形态还比较幼稚，但BBC TWO的节目主管却将这部影片看做中国电影百年经典之一，认为它具有其他电影中所没有的一些"前所未有的东西"。尽管这些例子也许有些偶然性，但是我们可以肯定，西方人所理解的中国电影或者说优秀的中国电影是从他们自己的文化背景

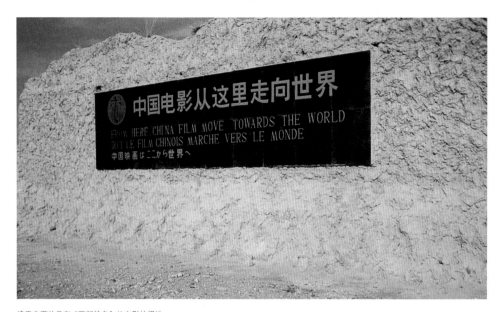

建于宁夏的具有"西部特色"的电影拍摄地

和文化视点上来判断的。因此当中国大陆电影被国际电影节所认可时，往往并不意味着中国文化对世界的一种胜利的征服，相反往往可能是被西方文化所招安、所征服，作为被胸怀开阔的西方文化所慷慨"接纳"的来自遥远他乡的一个神秘而谦恭的"他者"，成为一种落入"他者"囚笼的囚徒。因而，当中国电影按照这样一种西方人的"他者"期待视野来制作时，一种"伪民族性"在所难免。所以人们才会热衷于编造一个又一个具有西方式"弑父"原型的偷情乱伦的故事，才会热衷于幻想那些豪情天纵的猛男悍妇，才会热衷于将戏剧舞台移植到那些今天已很难寻找到的深宅古刹、曲巷瓦房之中，才会将中国几十年的历史风云简化为一种戏剧性场面来注解人生的曲折……而这一切，似乎已经将中华民族的历史与现实、文化与人生隐隐约约地推向了远处，我们很难从中得到一种对于民族的生存现实的体验和认同。

尽管电影的这种"伪民族性"如今

仍然为许多后来者模仿，但是随着以张艺谋、陈凯歌拍摄的电影为代表的中国电影逐渐进入国际艺术电影的电影主流，那种"伪民族性"所具备的边缘性优势开始消失。尽管张艺谋、陈凯歌都试图改良他们的国际化电影策略，但是近一两年却失去了昔日的辉煌。似乎中国大陆电影的黄金时代正在衰落。与那种虔诚的临摹恰成对比，张建亚在他的《王先生之欲火焚身》（1993）中调用了《红高粱》的一个经典镜头：用弱不禁风的王先生与一风尘女子异想天开的野合场面，对电影的那种"伪民族性"做了一种有意识的滑稽模仿。作为一种反讽，它表明，国际化电影作为一种获得定位的电影类型在经受颠覆。的确，随着国际化电影的类型化，它曾经在一定意义上所具有的某些艺术和观念的前卫性和探索性消失殆尽，已经失去了艺术创造力和想象力，正在通过不断的自我复制而成为向世界性电影市场批量出售的电影商品。因而，如果期待这种国际化电影继续出现具有精神震撼力和美学震撼力的作品

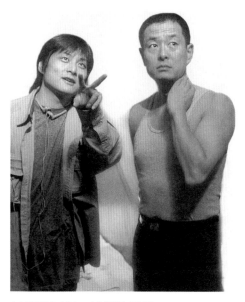

青年导演张扬（左）正在指导影片《洗澡》

是不现实的。而失去它的陌生效果时，中国大陆电影的国际电影节出击很可能受到致命的狙击，中国电影通过国际电影节进入全球化的道路应该说已经不是一条康庄大道了。

如果说，从80年代后期张艺谋的《红高粱》到90年代中期新生代导演张元等人的《北京杂种》等，几乎都是通过国际电影节来开辟国际化道路的话，那么90年代中期以后，从《秦颂》《兰陵王》到后来的《红色恋人》、《鸦片战争》、《红河谷》、《黄河绝恋》、《洗澡》等影片则试图通过一种国际化的商业运作方式强化电影的全球性，进入国际电影市场。这些影片都具有自觉的国际意识，在制作水平和工艺水平上力图最大限度地达到国际通用标准，特别是在文化、艺术层面上也都试图与西方通用意识沟通交流。许多影片不仅投资巨大，而且有意识地采取了东西方交叉的故事题材或者东方化的奇观策略，甚至在《红色恋人》中还基本采用了英文的对白处理。这种国际化的意图，在很大程度上创造了一批按照赛义德所谓的西方人的"东方主义"进行文化编码的中国影片。而1999年最典型的影片样本之一就是青年导演张扬执导的，由西安艺玛电影技术有限公司（中外合资公司）和西安电影制片厂联合摄制的《洗澡》。

应该说，中国电影的国际化往往只能通过将自己奇观化来作为以好莱坞电影为中心的世界主流电影市场的陪衬。对于大多数中国电影来说，它们很难获得真正意义上的国际交流的公正性。中国电影在全球电影市场的位置是与中国在全球的政治、经济、文化位置联系在一起的。作为一个发展中国家的基本定位，使得中国电影很难在国际市场上占据重要的地位。尽管好莱坞电影依赖其强势力量，正在继续将全世界变成美国电影的超级市场，正如一位学者在谈到全球的文化同步化所说的那样，"以前从来没有过一个特定文化类型的同步化，充斥全球到了这样的程度和广度"，但90年代以来，欧洲艺术电影的坚守、日本新电影的崛起、东欧国家优秀电影的不断出现、伊朗电影的独树一帜，韩国电影的本土追求，也都对好莱坞电影帝国提出了挑战。对于中国这个有着几千年东方文化历史和承受着浩大的现实磨难的民族来说，好莱坞电影更不可能替代我们对本土现实、本土文化和本土体验的殷切关怀。因而，中国的本土电影也许应该成为一种艺术力量，与亚洲、西欧、东欧、美洲的所有"民族电影"一起，形成一种多元的而不是一元的格局[23]。

---

[23]C. J. Hamelink: Cultural Autonomy in Global Communication, New York: Longmans,1997, P4.

第 十 章

中国台湾电影：从健康写实到新浪潮

（1950—2010）

1949年，中华人民共和国成立。这是中国历史上一个重大的标志性事件。国民党政权逃往台湾。台湾这个仅仅35,989平方公里的岛屿，此后走过了与祖国大陆不同的曲折道路。国民党的中国电影制片厂从1947年到1949年，也陆续迁移台湾，部分来自大陆的电影人开始与台湾本土电影融合。1950年2月12日，万象影业公司摄制的《阿里山风云》在台北市中山堂首映，这成为了台湾从日本占领中光复后的第一部故事影片。1954年，台湾成立先后由"教育部"和"新闻局"管辖的电影辅导委员会；同年，由农业教育电影公司与台湾电影事业股份有限公司合并重组的"中央电影公司"（简称"中影"）正式成立，成为台湾省唯一拥有制片、发行和放映全链条的电影机构，中影的处女作《梅岗春回》也开始拍摄；南洋影业公司和成功影业社两大闽南语片公司也同年成立。台湾电影的新时期开始了。

第一节
台湾电影历程

台湾在20世纪初，已经开始有零星的电影放映活动。1908年，在台北的西门町出现了第一座专门放电影的戏院芳乃馆（即国宾戏院的前身美都丽戏院）。1925年，台湾人自办的"映画研究会"（台湾电影研究会）出资制作《谁之过》，这是台湾自制的第一部故事片。片长八本，为英雄救美的故事。但台湾在1949年以前，基本没有电影创作和生产的传统，而蒋介石政权逃到台湾以后，台湾电影业才逐渐形成气候。50年代，台湾还出现过以《薛平贵与王宝钏》等为代表的闽南语片高潮。直到六七十年代，台湾电影才迎来了一个快速发展的时期。

一、台湾的"健康写实"电影

1963年3月，由自立电影公司出品、李行导演的《街头巷尾》公映，其中体现的清新写实的导演风格引起广泛关注。当时，"中影公司"提出了"健康写实"的制片整体思路。在这条路线的引导下，台湾陆续出现了《蚵女》、《梨山春晓》、《高山青》、《养鸭人家》等一系列影片。"健康写实"后来走向了"健康综艺"，但是这一适合当时社会局势和民众心理的基调并没有改变。在这条制片路线下，台湾也培养出了诸如李行、白景瑞等优秀导演，唐宝云、柯俊雄等优秀演员。健康写实电影和后来的琼瑶电影兴起，与港片当时流行的古装黄梅调和武侠片形成对抗，对台湾电影的发展产生了重大的影响，文艺片成为台湾电影潮流。

从政治上来讲，在20世纪60年代的台湾，怀有"乡愁"的人们对大陆的感情非常复杂，健康写实电影的提出适应了当时人们对国民党"反共影片"反感的情绪。在经济上，台湾在1952年已经恢复到了战前的水平；在1953年—1963年间，又接受了美国14亿美元的援助，贸易得到巨大发

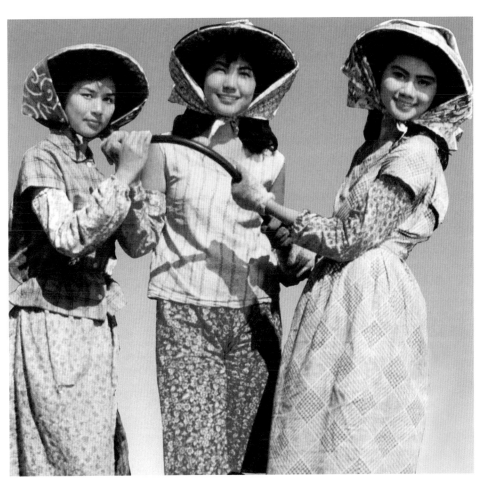

《蚵女》（编剧：赵琦彬、刘昌博，导演：李嘉、李行，主演：王莫愁、高幸之等）

展，人民的生活水平得到很大的提高。经济的发展使政府要求在银幕上反映城市市民和农民克服种种困难、改造客观环境的故事。《养鸭人家》等影片就是在这样的背景下出现的。而对电影本身而言，意大利新现实主义、法国新浪潮在内的世界电影美学思潮也对台湾电影产生了重要的影响。在"健康写实"路线下拍片的年轻人大多留学国外，对先进的电影观念有比较深刻的了解和把握，在他们的创作中有意识地去运用这些东西，于是就逐步形成了真实健康的电影风格。

曾经获得第三届"金马奖"最佳剧情、最佳导演、最佳男演员和最佳摄影奖的《养鸭人家》（1964）是"健康写实"路线的典范作品，也是李行早期的代表作品。影片叙述一个失去父母的女孩小月与养父之间的亲密人情。鸭农林再田是一个忠厚朴实的中年人，受小月父母的嘱托抚养小月，但是遭到了小月胞兄的威胁，邻居赖家兄弟也百般刁难。后来小月的哥哥要把她带到戏班去演出，林再田允许了，并且把一大笔钱交给小月。小月的哥哥为真情感动而幡然醒悟，把钱扔在地上，呼唤小月的归来，但是小月仍然和养父回到了家中。影片注重塑造真切自然的人物形象和美好的心灵世界，同时展示了具有浓郁台湾风情的乡村风光，把"健康"的人

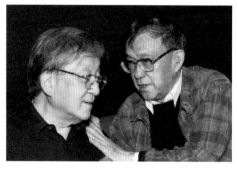

台湾著名导演李行与大陆著名导演谢晋

性和"写实"的人际关系很好地糅合在一起，充分实践了中影公司的制片路线。

如果说李行早期的作品是典型的"乡土"电影，在对农民生活的展示中探询美好的人性、人情，那么，同为"四大导演"（李翰祥、胡金铨、李行、白景瑞）之一的白景瑞则从另外一个角度贴近了台湾人对自身归属的独特思考。《家在台北》（1969）是一部留学生电影，通过一批不同身份的人的"去"和"留"广泛讨论了"根"的问题。夏之云和妻子如茵本来回台北短暂省亲，但是后来却感动于人伦厚爱和台北的美好前景，决定在台湾永远居住下去；妹妹夏之霞一心出国，到达机场的时候却又踌躇了；冷露本来要与原先遗弃她的穷学生王溥重修旧好，但是鸳梦难温，物是人非，后来决定在台北投身幼儿教育事业；博士吴大任本来要和妻子淑媛离婚，但是妻子在他求学期间对家庭的任劳任怨却使他退却了，思想因此转变，从歧路上走了回来。出国留学是60年代台湾的一个热点问题，但是影片分明告诉人们：真正的家在台北，在曾经养育了自己并且一直接纳自己的故土，这就使影片带有了浓厚的批判和劝教色彩。"健康"本来是指要把社会光明的一面展示出来，"写实"却要求真正塑造出具有人性本色的人物形象，白景瑞的创作便把这两种要求很好地融合在一起，从而使"健康写实"成为真正的影片方向。

其实"健康写实"的制片路线是有内在矛盾的：健康的东西一定要写实，就可能脱离生活的实际。在当时的台湾，仍然存在官场黑暗、阶级压迫等问题，这些是不可能在银幕上得到表现的。这种内在的矛盾果然在后来被反映到实际的创

作中来。为了避开"电影检查"，大多数导演开始走向了"健康综艺"的道路，回避社会现实和政治问题，加强文艺性和娱乐性，出现了一大批不同风格的影片，如《哑女情深》、《我女若兰》、《还我河山》、《群星会》等。"健康写实"的时代实际上已经过去。

二、台湾言情片

浪漫言情片是台湾在20世纪60、70年代的重要电影类型。1963年，李翰祥的黄梅调戏曲片《梁山伯与祝英台》在台湾空前轰动，台北首映创下七十二万多人次的最高纪录，远远超过同年最高卖座纪录的美国影片《十诫》。同时，台湾第一代导演李行首次将琼瑶小说搬上银幕，于1965年拍成《婉君表妹》及《哑女情深》，开启了琼瑶小说改编成电影的序幕。1966年，据巴黎出版的《联合国教科文组织统计年鉴》，台湾地区的故事片制作量达257部，仅次于日本、印度，居全球电影产量第三位。1968年，台湾影片在香港居票房三甲。台湾电影进入了一个前所未有的黄金时代。

浪漫言情片是从改编琼瑶的小说开始的。在70年代有29部琼瑶的小说被拍成了电影，到1976年，达到了40部。从《婉君表妹》开始，到《昨夜之灯》结束，这个改编的热潮竟持续了近20年的时间，影片数量达到创纪录的49部之多。琼瑶曾经还两度自组公司拍摄自己的小说，成为影视作品的原著、监制、编剧和作词。在那个时代，台湾很多明星拍的第一部电影都是琼瑶电影，秦汉、胡茵梦、张艾嘉、

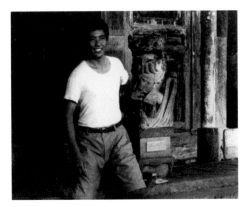

《汪洋中的一条船》（1978年，导演：李行）

归亚蕾（《烟雨蒙蒙》）、林青霞（《窗外》）无不如此，而台湾早期三大导演李行、宋存寿、白景瑞也俨然是琼瑶电影的代言人。20世纪70年代，二林（林青霞、林凤娇）二秦（秦汉、秦祥林）银幕上下的爱情故事，也成了人们关注的焦点。

李行的《秋决》（1972）表现了自幼父母双亡的富家子弟裴刚成为纨绔子弟，杀人入狱，而在狱中与他成亲的莲儿则最终促使他幡然醒悟。一个新生儿诞生，则暗喻了道德上的涅槃和重生。该片被余光中等知识分子高度赞美，票房市场也相当可观。台湾电影的悲情与伦理故事达到了新高度。

《彩云飞》（1973）也是李行的作品。在这里，看不到原先的健康写实，也没有探讨家庭伦理的踪影，风花雪月走到了前台，在多角纠缠的爱情中，痴男怨女在演绎着爱情故事。影片叙述了一对孪生姐妹（甄珍饰演）与一个青年男子的爱情。涵泥和小眉两姐妹在不同的家庭中成长，从来没有一点联系，只有到台湾深造的学生孟云楼（邓光荣饰演）把她们联系在一起。云楼原先居住在涵泥家里，爱上了充满病态美的涵泥，但是后来她却长眠不起。云楼的内心一片黑暗，是偶然的机会使他结

识了小眉，爱的火焰才重新点燃。

《雁儿在林梢》（1979）同样是一对姐妹的故事。从英国留学回来的梁丹枫（林青霞饰演）回到台湾，发现自己的姐姐已经离开人世，发誓为姐姐报仇。她认定了姐姐的情人江淮（秦汉饰演）是杀害姐姐的"凶手"，于是想尽办法来接近他。但是，在这个过程中，她坠入情网，不能自拔。后来的结果证明，姐姐是在为自己争取学费的过程中沦落风尘染病而终的。出发的时候是复仇，而最终却是以爱情结束，琼瑶的电影，无论如何离不开一个"情"字。

最为明显地呈现出浪漫言情片特征的恐怕是张美君的《在水一方》（1975）了。诗尧和诗卉是兄妹，他们共同居住在台北。诗尧（秦汉饰演）是一个腿脚不便者，在电视台工作，自卑而又神经质；诗卉（恬妞饰演）则纯洁天真，深受祖母的宠爱。后来父亲从高雄带回了失去父母的陆小双（林凤娇饰演），引起了一系列的故事。小双会弹琴，但是诗尧认为她在故意考验自己的音乐知识，两人心存芥蒂；后来，诗卉的男朋友雨农把自己的朋友友文介绍给大家，小双和友文很快坠入了情网。诗尧在电视台工作，他把小双创作的《在水一方》搬上了电视，又把作品的版权费交给了小双，并在酒醉之后倾吐了自己的感情。友文和小双结婚了，但是婚后生活并不幸福。友文一心成名，但是作品迟迟不能问世。他在潦倒之中放纵自己赌博，又因口角使小双早产，终于导致了离婚。但是他们相约，当友文写出第一篇小说的时候，他们会破镜重圆。六年过去了，苦苦等待友文的小双突然听到远在高雄的友文身患重病的消息，在此时，友文完成了自

己的第一部小说《平凡的故事》。友文去世，诗尧开始等待小双，但是，小双似乎永远"在水一方"，诗尧能够等到吗？"蒹葭苍苍，白露为霜，所谓佳人，在水一方"，来自《诗经·秦风》的意境在影片中得到了较好的阐释，也使爱情迷离缥缈、若即若离。实际上，《在水一方》几乎聚集了"浪漫言情片"的一切特征。在影片中没有什么道德判断，爱情的纯洁和伟大超出了一切世俗的羁绊。诗尧是个残疾人，却曾经得到小双的感情，最后也依然在痴痴等待；友文潦倒落魄，但是小双也在等待着他，失去了依然坚守。多角恋爱中，美丽的女主角形象秀丽，楚楚动人，多愁善感而身世坎坷，让人惋惜而又哀怜。

台湾言情片的其他代表作品还有《烟雨蒙蒙》（1965）、《白屋之恋》（1972）、《庭院深深》（1971）、《窗外》（1973）、《彩霞满天》（1979）、《聚散两依依》（1980）、《梦的衣裳》（1981）、《心有千千结》（1973）、《燃烧吧，火鸟》（1982）、《却上心头》（1981）、《昨夜之灯》（1983）等。

琼瑶电影几乎是"书生、小姐私订终身"的现代翻版，但是在故事中已经贯穿了金钱和爱情合一的生存逻辑。60年代的台湾正处于从农业社会向工业社会转化的时期，现代文明的发展使人们遭受了更大的生存挑战，而传统的伦常观念也面临着崩溃的危险。温情脉脉的面纱开始剥落，而严酷的生存问题摆在人们面前。"梦幻罐头"的出现正好生逢其时。琼瑶电影用优美而感伤的影像抚慰了处于社会底层的人们和处于世界观、人生观形成时期的年轻人。在影片中，人物的形象和性格都是超凡脱俗的，社会矛盾一点也看不到踪影。无论出身多么卑微，经历多么风风雨

雨，影片都要走向"大团圆"的结局。这是在生存缝隙中难得的喘息，是台湾人的"一帘幽梦"。

经历了40年代的播种和起步、50年代的艰辛成长，从60年代到70年代，形台湾电影发展到了高峰，不仅产量奇高，而且品质也得到肯定。《龙门客栈》1968年在香港打破港片的"独大"地位，成为国产影片的票房冠军。《侠女》1975年获得了戛纳电影节的最高技术大奖，中国电影技术首次获得国际肯定。这时，香港电影业进入了民营时代。"中影"等公营电影制片厂生产的影片不到总量的百分之十。

到80年代，台湾的社会转型已经完成，而在六七十年代数次掀起电影热潮的琼瑶电影已经完成了自己的历史使命，逐渐在电影格局中衰落下去。1983年，当琼瑶的最后一部电影《昨夜之灯》上映的时候，海报上出现了这样的字眼："昨夜之灯就要熄灭了，我们希望它将永远在记忆里闪闪发亮。再见了，亲爱的观众。"结果，琼瑶时代真的就与观众"再见"了。而电视的普及，也为刚刚繁荣的台湾电影带来了新挑战。

三、悲情新电影

1982年，接掌台湾的"中央电影公司"的明骥，启用作家吴念真和小野到电影公司制片部工作。他们则推动陶德辰、杨德昌、柯一正、张毅等人各自导演一个片段，构成《光阴的故事》。这个来自罗大佑歌曲的片名与实验性的结构，将成长性的故事推到观众面前，意外地受到观众

欢迎。台湾新电影就此拉开序幕。

这一台湾新电影运动主要发生在1982年—1986年间，一些中青年导演互相支持，拍摄了一批在内容和形式上与当时台湾的主流电影不同的影片，形成了某种革新的气象，并一度在影评人和部分观众中受到肯定，推动了台湾电影在一定范围内逐渐与旧的制作理念、旧的生产模式、旧的题材与类型、旧的电影语言等分道扬镳，从而加快了台湾电影现代化进程的一次革新运动。

台湾新电影是相对于六七十年代的台湾电影而言的。构成新电影出现背景的，不仅有言情片的衰落，还有"社会问题片"的兴起、老导演创作能力的减弱。20世纪70年代后期，许多出国学电影的人纷纷回到台湾，如万仁、杨德昌、柯一正、曾壮祥等。本土新生代导演陈坤厚、侯孝贤等也日趋成熟。作家小野、吴念真和朱天文等人的加入也使得这一时期的台湾电影更具有文学性。

1982 年 8 月，陶德辰、杨德昌、柯一正和张毅执导的剧情片《光阴的故事》在台湾全省联映，标志着台湾新电影的滥觞。《光阴的故事·报上名来》中，女主角忘带身份证而被保安阻于门外，男主角忘带房门钥匙而无法进入家门，这样的情节以及"报上名来"这样的片名，很容易让人联想到台湾在国际上的身份认定这一敏感问题。男女主角在影片中所遭遇的尴尬，与台湾在国际舞台上所遭遇的尴尬之间，存在着惊人的相似性，引人深思。《光阴的故事》采取了四段式结构，分为"小龙头"、"指望"、"跳蛙"、"报上名来"四个部分。《光阴的故事·小龙头》描写了一个在老师和父母压力下沉溺

于幻想世界的孩子，展示了童真，也反映了两代之间的隔阂。《光阴的故事·指望》描述了少女小芬的迷茫和青春期的萌动，单恋、暗恋的心态被刻画得精确而细致。《光阴的故事·跳蛙》则反映了大学生寻找人生位置的艰难，风趣而真实。

《光阴的故事》没有起用大明星，是一部低成本电影。该片的宣传计划"决定走极端，用很前卫的海报设计来吸引观众"，并标榜为"中华民国二十年来第一部公开上映之艺术电影"。结果，这样的营销策略奏效了，影片取得了不错的票房成绩，在评论界也受到赞扬。在《光阴的故事》之后，中影公司、新艺城公司纷纷投拍新锐导演的影片，推出了《小毕的故事》（1983）和《海滩的一天》（1983）等片。《小毕的故事》由朱天文、侯孝贤等编剧，陈坤厚执导，是纯粹的个体成长记忆，延续了李行电影对于中国式的人伦情感的表现。公映后，在台北创造了久已未见的高票房，并获金马奖最佳剧情片和最佳导演奖、西班牙希洪国际影展最佳影片奖。

这是一个需要新电影也产生了新电影的时代。台湾新电影是对60年代"健康写实"电影的继承和发展，又几乎与同时出现的香港"新浪潮"电影遥相呼应。新锐导演在电影观念上与前代不同，不把戏剧性作为影片的基本叙述方法，而是在对生活偶然性和突发性碎片式的描绘中展示生活本来的样子。电影常常运用开放的结尾和意识流的手法来刻画人物的内心活动，运用长镜头和深焦镜头来与非情节剧的结构相适应，呈现出纪实影片的风貌。

陈坤厚、侯孝贤、杨德昌、王童、张毅、虞戡平、陶德辰等导演先后拍摄

了《光阴的故事》、《小毕的故事》、《海滩的一天》、《台上台下》、《搭错车》、《看海的日子》、《儿子的大玩偶》、《风柜来的人》、《油麻菜籽》、《我爱马力》、《冬冬的假期》、《单车和我》、《玉卿嫂》、《童年往事》等影

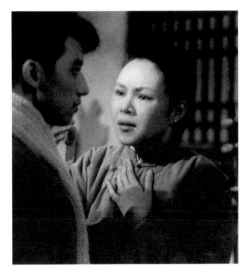

《玉卿嫂》（1984年，导演：张毅）

片，台湾电影界掀起了新电影的热潮。

台湾新电影的参与者们虽没有制订过统一的行动纲领，但与香港"新浪潮"相比，新电影的编导们倒拥有更为一致的艺术追求和美学目标。新电影之"新"，首先是在题材上求新、求变。70年代，台湾影坛充斥着武打片和琼瑶的言情片。70年代末，渲染色情或暴力的影片又一度泛滥成灾。新电影却在武打、言情、色情和暴力片之外另辟蹊径。新电影的许多代表作，诸如《光阴的故事》、《小毕的故事》、《搭错车》、《风柜来的人》、《冬冬的假期》、《我这样过了一生》、《童年往事》、《我们都是这样长大的》、《恋恋风尘》等，都将个体对成长的记忆作为影片的题材。之所以这样，是因为"新电影剧作者成长的二三十年，

正是台湾政治、社会、经济变化最大的时期。自传式的成长回忆，不但展现台湾电影史上未曾有过的现实笔触，也代表着多种角度寻求台湾身份认定的努力"[1]。

新电影不满足于把电影的功能仅仅局限为单纯的娱乐，或局限为讲故事，尤其是讲武侠或琼瑶言情片之类远离现实的故事。正如有研究者所言："新电影的创作者大多以中国知识分子自居，充满忧时伤国精神，企图借电影的写实性反映民间疾苦，故特别重视写实性的题材，而且喜欢作社会批评甚至政治批评，'历史感的有无'几乎成为衡量一部新电影是否'有分量'的一个先决条件。台湾新电影尽管不强调影片的'主题'，但其创作者却特别重视电影的'教化功能'，故'文以载道'的情况相当普遍，台湾新电影显然属于'为人生而艺术'的一派。"[2]

二战以后，意大利新现实主义和法国新浪潮相继崛起，在世界范围内掀起了写实主义电影浪潮。从1963年开始在台湾兴起的"健康写实主义"电影就受该浪潮的影响。而台湾新电影更注意借鉴西方现代思潮的影响。台湾新电影在一定程度上是对"健康写实主义"的回归、发展和深化。六七十年代，台湾的《剧场》杂志和《影响》杂志曾系统介绍过法国《电影手册》杂志和法国新浪潮电影，还介绍了《电影手册》派的"摄影机——自来水笔"的个人创作观。正因为有这样的背景，所以在美学观方面，台湾新电影与法国新浪潮有

着十分明显的联系。法国新浪潮反对被大众兴趣所左右的、按照陈规俗套制作出来的商业电影，力图以艺术趣味来替代商业趣味。台湾新电影也表现出了与此一致的艺术追求。新浪潮提倡作者电影，其代表人物特吕弗主张：电影应该如同"一本日记那样，是属于个人和自传性质的。年轻的电影创作者们将以第一人称来表现自己和向我们叙述他们所经历的事情"[3]。大多数台湾新电影则以自我或个体对成长的记忆作为影片的题材，并在电影中大胆地尝试鲜明的、个人化的影像风格和反常规的叙事方式，从而使台湾电影首次具有了作者电影的美学特征。法国新浪潮电影的精神之父巴赞认为，唯有冷眼旁观的镜头能够还世界以纯真的面貌。而绝大多数台湾新电影恰恰采用静观和间离的镜头去表现生活；新电影对写实风格的追求，目的就是"还世界以纯真的面貌"。巴赞推崇"生活中的各个具体时刻无主次轻重之分的串联"，主张电影与环环相扣的戏剧情节反其道而行之，与戏剧决裂。大多数新电影恰恰摒弃了环环相扣的戏剧情节，而采用了散文化的情节结构。巴赞主张用深焦距和长镜头来代替蒙太奇，侯孝贤、杨德昌等新电影的导演则用作品实践了巴赞这一"场面调度"理论。

新电影所开创的另外一个全新的题材是对台湾历史的反思。侯孝贤执导的《儿子的大玩偶》通过男青年坤树为影院做活动广告人的故事，展现了台湾从农业社会向工业社会转型之际小人物艰难谋生的境遇。曾壮祥的《儿子的大玩偶·小

[1]焦雄屏：《寻找台湾的身份：台湾新电影的本土意识和侯孝贤的〈悲情城市〉》，《北京电影学院学报》，1990年第2期。
[2]梁良：《香港新浪潮与台湾新电影》，《北京电影学院学报》，1989年第2期。

[3]转引自格雷戈尔：《世界电影史》第3卷上册，中国电影出版社，1987年版，第13页。

琪的那顶帽子》，写日本高压锅推销员武雄遇见一位美丽的女孩小琪，她总戴着一顶帽子。后来，武雄摘去了她的帽子，发现她头上有一块很丑陋的疤痕。这则故事颇具象征意味，令人联想到台湾经济表面上繁荣，实际上却遭受着日本的侵略，在繁华的表象下面，隐藏着难以启齿的伤痕。《儿子的大玩偶·苹果的滋味》中，阿发的家人进入美国海军医院后，影片用阿发家人的主观视角去看富丽堂皇的美国海军医院，并采用高调布光，一些镜头还加了柔光镜，营造出一种"爱丽丝漫游仙境"的效果。这些生动的细节，将阿发一家人的崇美心理表现得淋漓尽致。影片借此反思了台湾人的崇美心理。《光阴的故事·小龙头》中写到金阿姨一家将赴美国，涉及60年代台湾的移民潮。《搭错车》则反思了50年代末至70年代台湾经济高速发展时期台湾人复杂、迷惘的心态。

新电影对写实风格的追求还表现为：根据剧情的需要，在对白中使用方言；少用甚至不用大明星，而起用非职业演员，且喜爱非职业式的表演技巧；大量采用实景、外景；偏爱自然光效。这一切，都增强了影片的真实感，使新电影大多具有一种质朴的美感。新电影的"新"还在于影片结构上的创新。在《光阴的故事》中，除了《报上名来》基本上采用了传统的戏剧化的情节结构之外，其他三段影片都采用了散文化的情节结构。这在当时的台湾影坛是比较新颖的。实际上，此后新电影的大多数作品都偏爱散文化的情节结构，因为这样的结构更接近于日常生活的本来面貌，更符合新电影所追求的写实主义美学风格。再者，新电影之前的武打片、琼瑶式的言情片、色情和暴力片大多采用煽

情的、戏剧化的风格，而新电影大多追求朴素、清新、自然的写实风格。《光阴的故事》、《小毕的故事》、《风柜来的人》、《冬冬的假期》、《童年往事》、《我们都是这样长大的》、《恋恋风尘》等片都是这样。《儿子的大玩偶》中，侯孝贤执导的那个段落大量地使用定镜拍摄，叙事风格客观、冷静、含蓄、内敛、平实、不煽情，奠定了侯孝贤此后电影的基本风格（只是该段落极少采用长镜头），也影响了新电影后期及后新电影时代台湾大多数艺术电影（例如杨德昌、蔡明亮、徐小明、张作骥、林正盛、张志勇等人80年代中期之后的影片）的叙事风格。当然，新电影也不全是冷静、含蓄、内敛的写实风格，《搭错车》就采用了戏剧化的煽情风格。

新电影的导演群体中，很多人是1949年国民党政府迁台以后在台湾艺术学校就读的青年人，台湾的历史和现实带给他们的是本土生活的感受。人民生活的苦苦挣扎，官场的逢场作戏、尔虞我诈，大陆去台人员的思乡情结，凝结成为他们的人生感觉和电影感觉，并且在他们导演的电影中呈现出来。这种情况和大陆第五代与"文革"的关系、新好莱坞导演与美国社会的关系有近似之处。也是在这一点上，新电影清新、忧郁、清醒的格调与大陆第五代的热烈、奔放的影像风格、新好莱坞"重磅炸弹"影片的辉煌场面有内在的联系：是生活感受决定了影像风格，电影真正成为一代人心灵的记录。

台湾新电影和新新电影的巨大魅力就在于这些导演的巨大差异里，这种差异来自于"根"和"生存空间"。紧接着《悲情城市》，1998年杨德昌开拍了自己的一

个里程碑作品《牯岭街少年杀人事件》，以个人命运为线索，记录20世纪50年代台湾转型的历史。杨德昌的《一一》可以说是一个新高度，这种反讽被纳入到对此众相纷呈的人物描写中，一种对现实毫不逃避的接近使他的作品在对都市的关注上

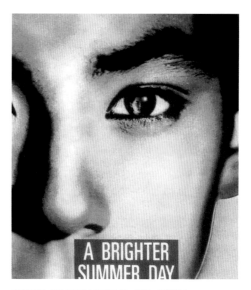

A BRIGHTER SUMMER DAY

《牯岭街少年杀人事件》（1991年，导演：杨德昌）

超越了侯孝贤。

蔡明亮的电影视角有着很深的舞台剧的观念，隐喻性和寓言性深刻地写在其作品呈现的各个层面。蔡明亮的戏剧性是根深蒂固的，而且是来源于"现代主义"小剧场封闭空间的张力系统。这一点在蔡明亮1998年的《洞》中表现得极为显著。如果说杨德昌还只是在台北的实景中构筑"戏"，那在蔡明亮那里台北本身就是影片，他是彻底的"现代主义"精神的拥趸。

长期以来，港片压境、录像带泛滥以及滥制滥拍所造成的台湾电影室闷与堕落的气氛似乎被新电影的出现一扫而空了。新电影的风格正是民族化和西方化结合的产物。他们不注重明星的魅力（那大多是商业影片的基本要求），而是在对演员表

演潜力的挖掘中力图还原生活的本来形态；也注意运用自然光、自然实景和原创音乐，把新电影的语言风格统一起来。

1983年是新电影的一个高潮，也是新电影在商业上最风光的一年。一方面，公营和民营电影公司都大量采用新导演来拍片；另一方面，《小毕的故事》、《看海的日子》、《搭错车》、《海滩的一天》和《儿子的大玩偶》全部成为票房的优胜者。《搭错车》还在金马奖中获11项提名，创下金马奖提名的空前纪录。1984年，新电影的影响开始辐射到岛外。当年3月，香港艺术中心与香港《电影双周刊》主办了一个"台湾新电影选"的活动，展映了7部新电影作品，反响热烈。欧美影评人和国际影展也开始重视新电影，纷纷邀请台湾电影参加国际影展。在台湾岛内，新的独立制片公司纷纷成立，且仍热衷于请新人执导影片。受新电影的影响，一些资深导演也尝试着以比较写实的风格来拍片。这使新电影一度有望与主流电影合流。

从1983年开始，台湾开始实行电影分级制，中外影片都将被分成普遍级、少年与儿童不宜的限制级两种。这一年，电影市场由于受到电视、录影带的冲击，开始出现明显颓势。台湾当局采取多种措施辅导和支持国产片生产和发行。但进入1984年以后，新电影在商业上的危机就开始显现了。侯孝贤的《冬冬的假期》虽获法国南特三大洲电影节最佳影片奖，但在台湾却票房惨败。柯一正的《我爱玛莉》也并不卖座。张毅的《玉卿嫂》拍摄过程一波三折，令片商对新导演望而却步。如果以一般公认的新电影核心作者为计，1982年—1986年，新电影约生产了32部；

若以较广义的方式，将一些模仿新电影风格的影片均纳入统计，那么新电影大约生产了58部，仅为新电影5年期间（1982—1986）台湾本土电影总量（417部）的13.9%。由5年期间的50部最卖座影片名单来看，新电影仅占了5部。所以，新电影对台湾电影的影响，更多在于电影观念和电影艺术的创新上，"新电影坚韧不拔的美学精神及其在电影艺术发展和文化反省——即如何使电影从一种'最不道德的消费品'变成'文化中最可被尊敬的一项媒体'——方面的功绩却得到了世界的承认"。但是，新电影并没有将台湾电影从产业危机中拯救出来。1985年，新电影仍有作品问世。但随着绝大多数新电影票房的惨败，舆论界对新电影支持的热情也逐渐冷却。与此同时，香港的"新浪潮"电影却开始在台湾受到关注，甚至第十八、十九、二十一届台湾金马奖的最佳导演都分别是香港导演徐克（《夜来香》）、章国明（《边缘人》）、麦当雄（《省港旗兵》）。成龙的《A计划》在台北上映16天，观影人次83万，打破了20年前《梁山伯与祝英台》所创造的80万人次的历史记录，成为台湾有史以来最卖座的国产片。

1985年8月29日，《民生报》发表《请不要"玩完"国片！》一文，说海外年轻观众认为《玉卿嫂》是"孤芳自赏"，"慢吞吞"、"闷煞人"，"叫好不叫座"，"要退票"。该文引发了关于新电影的一场"玉卿嫂事件"的论战，论题主要是"艺术与商业的矛盾"。到了1986年，新电影在数量上直线下降，只有《恐怖分子》和《恋恋风尘》等几部作品面市，而香港电影再次乘虚而入，称雄台湾市场。到1987年，新电影导演已遭到

片商的普遍拒绝。1987年1月24日，《中国时报》发表了詹宏志起草、53位电影人签名的《民国76年台湾电影宣言》，承认"电影在更多的时候是一种商业活动，它受生产与消费的各种定律所支配"，但宣称"我们要争取商业电影以外'另一种电影'存在的空间"，另一种电影即"那些有创作企图、有艺术倾向、有文化自觉的电影"。该宣言标志着新电影运动的终结。

新电影在断断续续的十多年的过程中，由陈坤厚、侯孝贤、杨德昌、王童、张毅等导演，创造了一种特殊的艺术世界，阻塞、压抑、彷徨的感觉一直萦绕不去。在原先是对个人成长经历的描绘，以少年的视角观看成人世界的纷纭变化，到后来，这些导演走出了个人的小圈子，把自己的成长和更为宽广的社会历史变迁结合起来，在电影中显现出对诸如乡愁、民族命运的关注，创作出了"史诗"性的作品。台湾新电影成为台湾电影史上重要的一笔。

第二节

台湾电影代表人物

一、侯孝贤：台湾新电影运动的旗帜

1947年出生的侯孝贤，被称为"台湾新电影运动的旗帜"。

侯孝贤，1947年4月8日出生于中国广东梅县，客家人。1948年全家迁台，初高

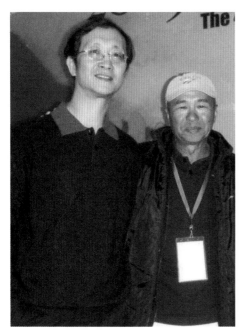

与台湾导演侯孝贤（右）合影（2010）

中时父母相继去世。侯孝贤服兵役期间，立志用10年时间进入电影业；1973年起担任李行的场记、助导，并从事编剧。1980年开始独立拍摄电影，后来导演的《在那河畔青草青》、《儿子的大玩偶》、《风柜来的人》成为了新电影的开山作和里程碑。1984年以《冬冬的假期》获得亚洲影展最佳导演奖，1989年以《悲情城市》获得威尼斯国际电影节金狮奖，奠定了他在当今世界影坛的突出地位。侯孝贤执导的《戏梦人生》、《海上花》等影片也称雄柏林、戛纳和威尼斯，为台湾电影赢得了国际声誉。侯孝贤深得中国传统文化的深厚底蕴，不动声色俯瞰着凡俗生活，宽厚悲悯，是台湾乡土电影的积极弘扬者。

《风柜来的人》（1983）给观众展示了这样一幅图景：海滩边孤零零的小屋前聚集着三个年轻人，因为是远景，看不清他们的脸庞，只有说话的内容切近我们：关于打架。碧海默默，暮色中的天空默默，在天地之间只有这一群未谙世事的年

轻人在叙说，叙说成长，叙说无法排遣的寂寞。

他们是风柜来的人，来自台湾海角天涯的海边小镇。在这里，他们可以在海滩上嬉戏，可以主动认识路过的姑娘；他们是自由的，虽然有对前途的迷茫。但是，当他们到了高雄，面对了成人的世界时，自由被剥夺了，切近自然的放松再也寻找不见。初次找到姐姐，姐姐正在洗浴；见到姐夫，他正在和其他三个女人打麻将；拿到钞票，却被骗到没有建成的楼房上去看"宽银幕"电影。透过"银幕"，他们看到了完全不同于风柜的风景，一片已经商业化的地方。

像其他新电影的导演一样，侯孝贤的早期作品关注的是曾经迷茫的青春，很有些唯美感伤的意味。这种感伤一直持续到《冬冬的假期》（1984）、《童年往事》（1985）、《恋恋风尘》（1986）中。在这个时期，侯孝贤根据自己和同代人的经历，追忆曾经拥有的、纠合着前景迷茫和去国离乡情绪的少年体验。一份面对成人世界的陌生和冷漠，一份对前代人思乡的

不理解和不认同，再加上青春对异性莫名其妙的好感，使这些影片显露出内心的真实和无奈。在平静的感伤之中，一代台湾本省人的压抑跃然进入我们的视野。

而《悲情城市》（1989）则再次为我们展示了一片忧郁的世界。林阿禄有四个儿子，老大文雄开商行做运输，是家里的主心骨；老二是医生，服兵役到菲律宾，直到影片的结束仍然生死未卜；老三文良在战争期间被征募为通译，后来回到台北，精神受了刺激而住进了医院；老四是一个聋子，在小镇上开了一个照相馆聊以度日。影片的故事大部分围绕家庭成员的遭遇展开。悲剧始终围绕在林家的周围，老大在赌场被上海人杀害；老三卷入了走私毒品和盗印日钞的活动中，终于被陷害，成为身心俱废的疯子。在影片的结尾，林家只剩下垂暮的老人、未成年的孙子和一群女人。

《悲情城市》以"悲情"为起点，在具有浓郁的台湾风情的影像世界里把时代的印痕深深地烙在人物的命运之中。在开始段落，当被轿子抬着的宽美在山麓上蜿

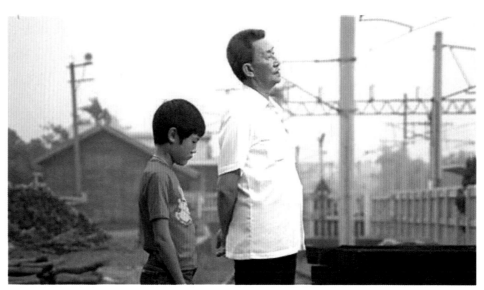

《冬冬的假期》（1984年，导演：侯孝贤）

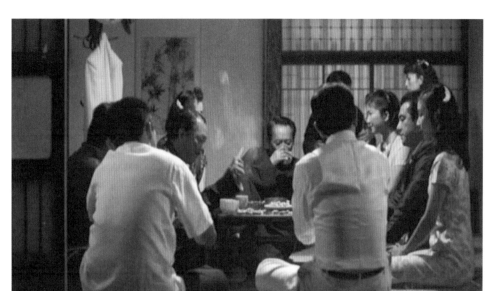

《悲情城市》(1989年，导演：侯孝贤)

蜒而行的时候，影片的音乐悄然而起。由日本作曲家喜多郎谱写的乐章，由大提琴和木铎还有电子声合成，音乐升腾之中，渐渐显露山脚下的小镇，然后是青青的山岩，在山麓上奔走而不知所终的年轻生命。此后，在家庭遭受一次次的灾难的时候，在宽美和文清逐渐相爱，用笔倾吐衷肠的时候，在家庭最后只剩下老弱残疾的时候，在文清和妻子、孩子留下合影的时候，这音乐都会呜咽着响起。

《悲情城市》从开拍时就引起了人们的关注，1989年在第46届威尼斯国际电影节上获得了最佳影片金狮奖，成为台湾电影史上第一部获得顶级国际电影节最高奖的影片。获奖以后的《悲情城市》先后在欧美各国的大城市放映，在台湾本岛也引起了观影热潮。侯孝贤也因而成为国际知名的大导演。

如果说，青春的回忆在侯孝贤的影片系列中属于"个人记忆"的话，那么，到《悲情城市》中，他的视野已经跃入到"历史记忆"的领域。影片通过林阿禄一家在1945年—1949年的悲欢聚散，书写了台湾40年的人世沧桑，记录下台湾人（本省人）的心路历程。家庭的变迁实际上是民族命运的遭际，沉重的心灵是历史阴影的浮现。

从1979年开始到1989年10年间，侯孝贤的作品达10部之多。在90年代中、后期，侯孝贤拍摄的《好男好女》、根据张爱玲原著改编的《海上花》还仍然被世界影坛所关注。《好男好女》和《南国再见，再见南国》对台湾都市生活的描述集中在边缘的、草根的、具有黑帮色彩的人物身上。在《千禧曼波》系列中他开始记录他称为夜空中充斥着让动物疯狂的不可见的"各种电子媒体交谈的声音"的台北。

从纯情清新的童年故事开始，到面对成人世界少年的寂寞和悲伤，再到以家庭的变故折射时代和民族的命运，这是侯孝贤的历程，也是新电影发展的脉络和轨迹。

侯孝贤的世界，始终是台湾新电影的缩影。

二、台湾电影"第二浪潮"代表人物

1985年10月8日，"北美事务协调会、美国在台协会双边贸易咨商会议"结束，台湾当局同意降低外国电影的娱乐税率，停止征收"国片辅导金"，同意放宽外片进口配额管制办法等等，国产片保护政策形同虚设，台湾对好莱坞基本不设防。本来就风雨飘摇的台湾本土电影工业陷入了更深的危机中。1986年，在美国"301条款"的威胁下，台湾于8月正式同意废除外片配额及随片附缴的20万单位"国片辅导金"措施，自此台湾电影市场门户洞开。台湾电影工业从此一蹶难振。

尽管台湾相当一部分电影人仍然坚持要拍摄"商业电影以外的'另一种电影'"，但是台湾电影的危机已经迫在眉睫。在这种情况下，走国际路线成为台湾电影的重要选择。根据台湾电影处的统计，仅1987年一年中，就有37部台湾电影参加了43项国际影展，其中得到了8项奖。这几年中，《童年往事》、《恋恋风尘》（侯孝贤导演）、《恐怖分子》、《牯岭街少年杀人事件》（杨德昌导演）都获得了国际认可。而90年代前期，台湾当局提供的所谓"辅导金"则帮助了李安、赖声川、蔡明亮等一批更年轻的导演走向国际。

辅导金政策下的台湾电影企业只能完全依赖政府资助。到1991年台湾本土电影的产量仅仅只有33部，整个商业电影生产体系几乎崩溃。台湾电影工业的补血政

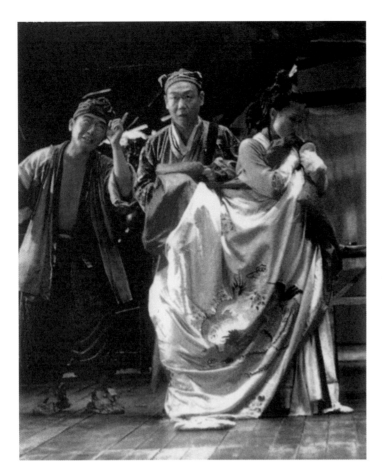

《暗恋桃花源》（1992年，导演：赖声川）

策彻底断绝了它自身的造血功能。电影业的奄奄一息与各种电子媒体的兴起及娱乐多样化有关。此外，台湾电影制作环境恶化，本土市场萎缩，创作人员外流。台湾大举开放外国电影进入台湾电影市场，都是台湾电影衰落的重要原因。1994年辅导金电影《喜宴》、《爱情万岁》和《饮食男女》在国际上都获得好评，但到1996年以后，台湾主管电影的"新闻局电影处"平均只能发出10多部影片拍摄执照。可以说，从20世纪90年代开始，就整体而言，台湾电影进入了低谷。

而1993年后出现的少数几个台湾新锐导演是台湾电影这一阶段的亮色，也被人们称为台湾电影的"第二浪潮"。台湾电影此时最重要的其他导演似乎仍然是侯孝贤、杨德昌和蔡明亮。2001年，杨德昌电影《一一》成为《时代》杂志评选出的年度十佳影片之一，侯孝贤推出了《千禧曼波：蔷薇的故事》。在这部新片中，他用晃动的镜头对着台北这个大都市，在这个视角上与杨德昌形成十分有趣的对比。而蔡明亮这位台湾新新电影的最重要的代表也在2001年推出了最新作品《你那边几点》。这三位导演已经是台湾电影的当然代表，在国际上不仅为中国台湾地区的电影赢得了声誉，也为华语电影赢得了尊敬。

1992年12月17—26日，应台北金马影展执委会主席李行导演的邀请，以著名电影导演谢晋为团长的大陆电影代表团赴台湾访问。这是自1949年以后，大陆第一次高规格的电影代表团正式访台。此后，两岸电影开始了更频繁的交流。

李安、余为彦、何平、陈国富、林正盛等导演的《黑暗之光》、《魔法阿妈》、《征婚启事》等新电影，风格迥异，似乎逐渐从岛屿文化中走出，呈现了更多国际化倾向。而在这些导演中，李安无疑是最杰出的代表。

三、李安：东西方的影像桥梁

李安，1954年出生在台北，祖籍江西。1975年他毕业于台湾大学艺术学院，后前往美国留学。先在伊利诺斯大学学习戏剧导演，获戏剧学士学位。后前往纽约大学学习电影制作，并获得电影硕士学位。1984年以《分界线》(Fine Line)作为其毕业作品，从纽约大学毕业。该片还获纽约大学生电影节金奖作品奖及最佳导演奖。以后6年，他依靠妻子的经济支持，一直在美国从事电影剧本创作工作，试图将中国文化和美国文化有机地结合起来。1990年完成了剧本《推手》，获台湾当局颁发的优秀剧作奖，赢得了40万元人民币奖金，从而使他获得第一次独立执导影片的机会。1992年，李安已经37岁，《推手》终于完成，这是一部反映在纽约的一家台湾人生活中的代沟和文化差异的喜剧片。影片在台湾获得了金马奖最佳导演等8个奖项的提名，并获得最佳男主角、最佳女主角及最佳导演评审团特别奖。该片还获得亚太影展最佳影片奖。从此以后，李安开始蜚声国际影坛，架起了东西方文化沟通的电影桥梁，陆续拍摄了《喜宴》、《饮食男女》及《卧虎藏龙》等华语片，还拍摄了引起国际影坛共同关注的《冰风暴》、《理智与情感》及《断背山》等英语片。

李安的第二部电影是1993年推出的

《喜宴》。这部影片与大陆导演谢飞的《香魂女》同时获得了第43届柏林国际电影节最佳影片金熊奖，为台湾电影获得了第一座"金熊"。这是一部关于传统伦理观念的通俗剧。在这部影片中，他继续表达中西文化之间、两代人之间在生活方式、伦理观念和人际关系上的冲突、差异和交流、沟通，甚至引入了同性恋主题。外国人看的是主人公之间的调和与和解，中国人看的是中国传统价值观与敏感的同志问题的矛盾。电影上演后，美国人说是在讲美国的故事，中国人说是在讲中国的故事，显示了李安电影用文化的冲突和融合来创造差异性的特点。影片细腻、完

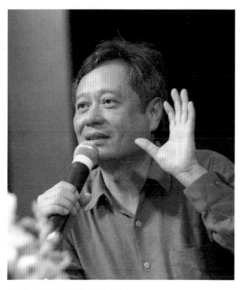

在国际上屡获大奖的台湾导演李安（1954—）

整，生活细节丰富，人物形象鲜明，艺术风格含蓄活泼，视听语言成熟周到。该片在柏林电影节上获金熊奖，在西雅图电影节上获最佳导演奖，并获得了金球奖和奥斯卡奖最佳外语片提名。在台湾，这部电影获得了第30届台湾金马奖最佳作品、导演、编剧奖以及观众投票最优秀作品奖。从此，李安跃入亚洲知名导演行列。

1994年，李安导演了《饮食男女》，继续从新的视角诠释西方背景下的东方家庭所面临的文化差异和冲突。影片结构精巧，情节曲折，场面生动，制作精致。本片的主演仍然是台湾著名演员郎雄。影片获得奥斯卡最佳外语影片提名，第39届亚太电影展最佳作品、最佳剪辑奖，第77届大卫格里菲斯奖最佳外语片奖，并获独立制作奖和第7届台北电影奖优秀作品奖，列1994年台湾十佳华语片第一名。

这些影片的成功，使李安跨进了好莱坞主流电影制作的大门。1995年，李安执导了他的改编自简·奥斯汀的小说的第一部英语片《理智与情感》。影片编剧是本片的女主角艾玛·汤普逊。该片获得了奥斯卡最佳影片提名、最佳剧本改编奖，在柏林电影节上获得金熊奖及多项英国学院奖。李安还被评选为全美国家影评人协会和纽约电影评论家协会最佳导演。

1997年，李安又开始改编里克·穆迪(Rick Moody)的小说《冰风暴》。本片讲述在"水门事件"年代，康涅狄格州的一个家庭内发生的种种家庭矛盾。该片的主要演员包括凯文·克莱恩(Kevin Kline)，西戈尼·韦弗(Sigourney Weaver)，琼·艾伦(Joan Allen)和克里斯蒂纳-里奇(Christina Ricci)等。这部影片也赢得了许多项国际电影协会的奖项。凭借此片，李安确立了他在好莱坞A级导演行列中的地位。

2000年，曾经是武侠迷的李安接受了台湾前中影公司总经理徐功立的邀请，推出了演绎太极拳的中文武侠片《卧虎藏龙》(Crouching Tiger, Hidden Dragon)（纵横国际、哥伦比亚等公司出品，王蕙玲、

蔡国荣、James Scharmus编剧）。该片的编剧之一犹太裔的詹姆斯·沙穆斯曾与李安在《饮食男女》和《冰风暴》中合作。在这影片中，他一改情感伦理片的风格，将中国传统文化融入一个曲折动人的悲情武侠故事，将唯美的画面和飘逸的武打相结合，推出了一部新派武侠电影。竹林中的肉搏、情侣间的脉脉不语、以柔克刚的动作，都使这部影片完全不同于肌肉主义、暴力至上的好莱坞主流动作影片。该片虽然一开始在华语地区并没有引起很大轰动，但是没有想到，被哥伦比亚公司在欧美一发行，即创造了惊人的票房成绩，不仅获得了影评界的高度赞赏，而且引起了一股华语电影的武侠热。影片在加拿大多伦多电影节中获最佳影片，在比利时佛兰德斯电影节上获得"全球最佳电影音乐奖"及第73届奥斯卡金像奖10项提名。李安本人获得了第58届美国电影金球奖最佳导演奖。在台湾，《卧虎藏龙》也是第37届台湾金马奖影展的大赢家，共捧走最佳剧情片、最佳音效、最佳原创电影音乐、最佳视觉特效、最佳动作指导及最佳剪辑6个奖项。2001年3月11日，李安还凭借此片获得美国"导演协会奖"。同时，欧美电影界也因为这部电影重新认识了一个个最优秀的中国电影人的名字——谭盾、鲍德熹、叶锦添。也是从那个时候开始，一部又一部华语功夫片开始进入国际电影主流市场。

2005年9月，威尼斯电影节，李安低调地为观众奉献出了自己的又一部英语新片——《断背山》。李安为同性恋题材赋予了更有生命力的博大的真爱。很多影迷原本是出于对同性恋题材的好奇去观看《断背山》的，但最后却被影片中所表现

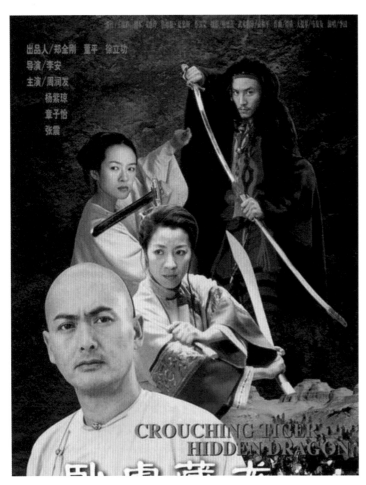

《卧虎藏龙》（2000年，导演：李安）

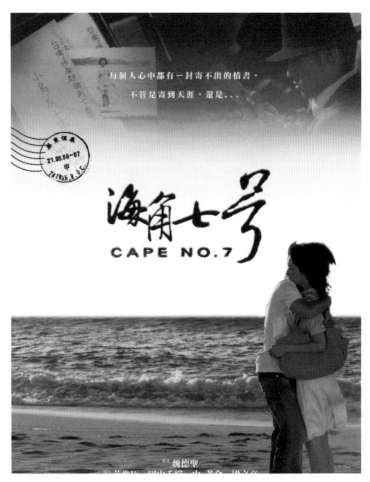

《海角七号》（2008年，导演：魏德盛）

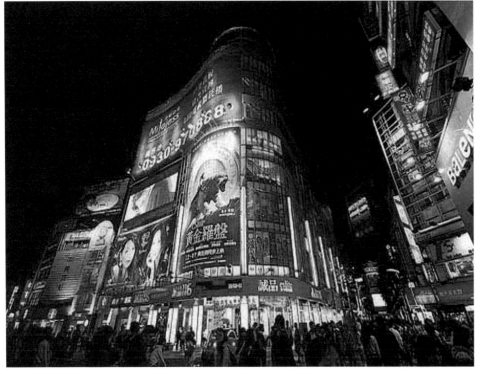

台北影院最集中的地区西门町

的最伟大的人类情感所打动。希斯·莱吉和杰克·吉伦哈尔所扮演的两位美国牛仔，被众多美国影迷认可为"最感动人的银幕情侣"。这部影片当年夺得了金狮奖，2006年又成了金球奖的最大赢家，还成功地成为奥斯卡提名最多的影片。最终，《断背山》收获了最佳导演奖、最佳配乐奖、最佳改编剧本奖，李安击败斯皮尔伯格、乔治·克鲁尼等竞争者，成为第一位获奥斯卡最佳导演奖的华人导演。

李安导演在宣传《断背山》的时候曾说过："我们每个人心中都有一座断背山，有的人一去不复返，有的人会再来。"这座山，其实也是李安心中的文化记忆和文化情感。正是这种记忆和情感，带给了李安电影一种东西合璧的美学差异和艺术成就。李安的电影，无论是美学风格、电影形式或是价值观念，都不走极端，不求刺激，而是大巧若拙、温柔敦厚，雅中有俗，俗中有雅，在细腻而丰富的冲突中，寻找东方与西方、老人与青年人、男人与女人、侠骨与柔肠、常态与非常态之间的平衡。这种平衡是在动态中展开的，表面看来波澜不惊，实际上却是风云激荡，显示了导演难得的文化融合性和美学控制力。

　　2010年前后的台湾电影，在一片腥风血雨的惨淡中，似乎正在显示出新的生机。2008年，魏德盛的《海角七号》创下了近5亿新台币的台产影片票房纪录。2009年以后，《猛艸》等影片再创佳绩，似乎意味着台湾新一代电影人正在崛起。在整个中国华语电影大舞台上，台湾电影将与大陆、香港电影一道，推动中国电影以新姿态面向世界。

第 十一 章

中国香港："东方好莱坞"

（1913-2010）

香港，一直是中国电影也是亚洲电影的重镇。香港从1840年开始，成为英国殖民地。在港英当局"不干预"的政策下，香港本土电影不能得到任何保护和扶持。正是在这种残酷的市场磨砺下，香港电影成就了自己的商业品格和工业机制，发展为华语地区乃至整个东亚地区最有活力的电影文化。1997年，香港回归中国政府管辖之后，香港电影业推动了中国内地电影的产业化进程。而香港，则因之前作为英国殖民地，经历了种种的变迁，直到1997年成为中国"一国两制"特殊政策的享用者，也走着一条与内地不尽相同的发展道路。因而，从1949年以后，台湾和香港电影作为中国电影的特殊的组成部分，一方面与中国内地的政治、经济、文化有着千丝万缕的复杂联系，另一方面又因为政治体制、社会环境、历史传承的差异而呈现出不同的文化面貌。

第一节
香港电影历史

香港电影源远流长。1896年，卢米埃尔兄弟曾经就派摄影师到香港放映电影。1900年12月4日，香港第一家专业电影院喜来园开始在报纸上刊登当时被称为"奇巧洋画"的电影放映广告。1904年，在外国学习了电影放映技术的广东人余丰顺，购买了电影放映机并出租影片，成为香港的第一位电影从业人员，也是中国最早从事电影发行业务的人之一。1909年，香港第一次公映国产电影《德宗景皇帝梓

官奉移》（又名《光绪皇帝金棺出殡》），这是一部人工上色的新闻纪录片。同年，美国人本杰明·布拉斯基创办的塔西亚影片公司在香港拍摄短故事片《偷烧鸭》（梁少坡导演），这是在香港最早拍摄的电影。

一、港产电影的开始

1913年，上海亚细亚影片公司在香港成立华美影片公司并委托香港"人我镜社"摄制由黎民伟编剧及主演的电影《庄子试妻》。影片创造了多项纪录：第一部香港电影，中国第一部使用女演员的电影，也是第一部使用特技摄影的香港电影，还是第一部在国外上映的香港电影（1914年在美国公映）。影片利用自然光取景，片中人物着民国初年的服装，而庄子则通过特技摄影的处理，变得鬼影幢幢、若隐若现，具有壮烈的画面效果。饰

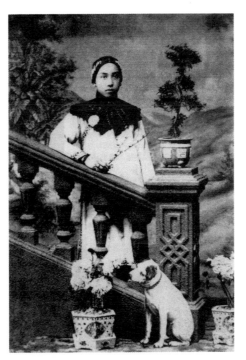

《庄子试妻》（1913年，编导：黎民伟）剧照

演婢女的严珊珊便成为了中国电影的第一个女演员。黎民伟（1892—1953）也成了香港电影的先驱者，被称为"香港电影之父"。

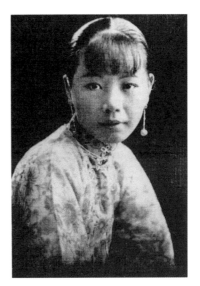

香港和中国第一位女电影演员严珊珊（1896—1952）

1923年，黎民伟兄弟创办公司，出品香港首部新闻纪录片。1924年民新影片公司拍摄香港首部故事长片《胭脂》（编导：黎北海）。1933年，香港首部完全有声影片《傻仔洞房》诞生。汤晓丹导演的《白金龙》（1933）是香港第一部粤语有声电影，由邵氏的前身"天一"电影公司出品，由著名的两位粤剧"伶王"之一的薛觉先演出(另一位是马师曾)。《白金龙》打破广东、东南亚、欧美唐人街所有的票房纪录，产生了巨大的影响。邵仁枚、邵逸夫兄弟正是凭着《白金龙》，开创了邵氏在星马的娱乐王国基业。也正是《白金龙》，开创了粤语片的潮流。

20世纪40年代以后，胡鹏从1949年执导第一部《黄飞鸿传》开始，续拍了六十多部黄飞鸿的影片，远远超过《007》系列，是世界上最长寿而且数量最多的电影系列。任剑辉、白雪仙主演的粤语戏曲片

《帝女花》等也长盛不衰。1956年，新华公司以《桃花江》开启了以普通话歌唱喜剧片的风气。1957年，邵逸夫接掌邵氏父子公司并改组，制作了大量高品质、包装华丽的电影。邵氏出品的黄梅调歌唱片、新派武侠片、历史宫闱片与大型歌舞片，以彩色宽银幕、豪华制作为卖点，在与电懋公司的竞争中日渐占了上风。邵氏还力图建立新武侠世纪，发掘了王羽、姜大卫、狄龙等形象独特的男演员。

二、香港电影的辉煌时代

上世纪60年代则是香港电影产量最高的年代，题材从反映社会民生的写实片转为新兴中产阶级背景的喜剧与爱情文艺片，陈宝珠、萧芳芳、谢贤等成为影坛偶像。上世纪50、60年代，香港制作了近三千部粤语片，形成了香港电影的第一个"黄金时期"。

1970年，邹文怀自组嘉禾电影公司，翌年聘请李小龙回港拍摄《唐山大兄》，开创了功夫片新高峰。1973年，楚原执导的《七十二家房客》使粤语片复苏。1976年，许冠文执导的喜剧《半斤八两》刷新了票房纪录。1978年，成龙因主演谐趣功夫片《醉拳》等一举成名。1986年，吴宇森执导的《英雄本色》成为票房冠军。此后，一批逃避现实的无厘头电影与赌片趁势兴起。到了上世纪90年代，《黄飞鸿》等动作片《笑傲江湖2东方不败》等武侠片《跛豪》等人物传记片兴起，到中期《古惑仔》系列卖座，弹丸之地的香港成为世界第三大电影产地，每年出品约300部影片，当地年平均票房收入超过13亿港元。

在香港电影中，历史遭遇与现实的体验结合在一起，轻松娱乐的笑声和对传统观念、都市生活的思考结合在一起，现代的电影技法和深厚的人生情怀结合在一起，共同构成了香港电影的复杂性质。因而，虽然香港电影受到娱乐文化的影响和商业要求的制约，影片的形态以商业化的喜剧片和武打动作片为主，但是在香港电影史上，反映现实、追求品位的现实主义电影和艺术电影的潮流还是呈现出一定的气魄，并且在历史的发展中，形成了自己的脉络。

三、香港电影中的本土文化

1982年，由长城、凤凰以及新联公司（简称"长凤新"）合并而来的"银都机构"制片公司在香港现实主义电影的发展方面起到了重要的作用。当《半边人》(方育平，1983)《童党》(刘家昌，1988)《人在纽约》(关锦鹏，1990)、《出嫁女》(王进，1990)、《秋菊打官司》(张艺谋，1992)出现以后，早已在银都前身"长凤新"时期出现的"导人向上、向善"的制片方针显示出自己独特的魅力。部分影片触及了香港的社会问题，关注在商业社会中儿童、妇女的命运以及社会变动在普通人身上所产生的影响。虽然在商业片为主流的香港电影中这类影片占有的比例很小，但是却往往引起比较大的社会反响。它们在香港电影金像奖、台湾金马奖、广播电影电视部故事片奖、亚太影展、上海国际电影节上频频获得奖项。

《童党》描写80年代一群居住在廉价租屋中的青少年的生活和心态。他们本身是极其容易受到社会的影响的，而社会偏偏提供了凶杀、黑色交易和暴力的环境，所以他们的叛逆和堕落就不可避免了。影片中出现的由于堕落而引起的心理畸形对香港的青少年有极大的震撼作用，犹如一面镜子，照出了自己的面孔和前景、命运。在商业逻辑主宰了一切的社会里，或许最先感受到的就是处于青春期的人们。在另外一个商业发达的社会——台湾，这种情形也同样有真实的反映，杨德昌的《牯岭街少年杀人事件》（1991）就是同样性质的作品。《童党》获得了1989年香港电影金像奖的"十大华语片"奖。

《飞越黄昏》（张之亮导演，1989）是香港现实主义电影的另外一种形态，它从家庭伦理的角度探讨发生在两代人之间的代沟问题。影片由冯宝宝、叶童主演，在轻快的影调中把中国的伦理传统和西方文化之间的冲突展现出来，成为"温馨趣致诚挚小品"。它获得了第9届香港电影金像奖最佳影片、最佳编剧和最佳女主角三项大奖。

《甜蜜蜜》（1996），由陈可辛导演，黎明、张曼玉主演，嘉禾1996年出品。影片的爱情故事跨越中国内地、中国香港和美国，将香港回归前夕的身份认同忧虑与爱情命运结合在一起，细腻委婉，成为了香港爱情题材电影中的经典作品。该片获得第16届香港电影金像奖最佳女主角、最佳男配角奖，第34届台湾金马奖最佳影片、最佳女主角、最佳男配角、最佳原著剧本、最佳摄影、最佳造型设计奖，第42届亚太影展最佳女主角、最佳剧本奖。

尽管90年代后期以来，香港电影受到美国电影的冲击，渐渐陷入产业危机中，但是，香港电影人却逐渐为好莱坞所关注，吴宇森、袁和平、周润发、李连杰等先后被好莱坞"收罗"。王家卫、萧芳芳、张曼玉等导演和演员屡在海外影展获奖，香港电影与内地电影的联合开拓了新的空间，而《无间道》、《2046》等影片也正在为香港电影重新正名，香港影片仍然拥有很高的国际地位。

香港的文化和过去几十年的中国内地文化不同，这是另一种文化，我们可以称之为"市民娱乐文化"。流行歌曲、无厘头、黑社会、赌博、杀手、时装、同性恋……这些完全属于商业社会的文化样式构成了香港电影的独特景观。在当代的香港电影中，一直存在着双重影像：在《黄飞鸿》系列的打打杀杀背后，是清末民初香港的殖民经验；在剧情简单的古装戏《倩女幽魂》后边，是传统观念和现代社会的寓言；吴宇森的"英雄"从事着香港人熟悉的黑社会交易，但是在商业社会中同性感情的相依隐隐传达出来；成龙创造了"肉身神话"，以真正的功夫赢得了赞誉，但是更吸引人的或许是他活泼可爱、见义勇为的性格，他是平民英雄的主要代表；周星驰带来了笑声，而他更是平民，凝聚着小人物的欢乐和悲伤；在王家卫的艺术世界里，都市的繁华和人物的遭际背后，是无法抗拒的失去，是时间消逝带来的不可去除的空虚和寂寥。

香港电影，如同香港社会一样，是一个现代社会丰富繁杂的万花筒。

第二节

香港电影新浪潮

经历了"充满生机与希望"的50年代、"欲火炎炎"的60年代、"最缺乏时代感"的70年代以后，80年代是香港电影从传统到现代的转化时期，香港电影从色情、暴力、中国功夫和喜剧片中已经得不到更大的推进力了，一种革新的要求开创了当代香港电影的新格局。

一、新浪潮的兴起

与台湾的"新电影"运动、中国内地的"第五代"几乎同时，一场轰轰烈烈的"新浪潮"运动在香港电影界展开。一些出身于电视圈的香港青年导演运用新的电影语言和技巧创作了一批具有艺术创新性的商业影片。1979年，徐克导演的《蝶变》、许鞍华导演的《疯劫》以及章国明的《点指兵兵》相继推出，标志香港"新浪潮"电影运动的开始。此后，方育平、严浩、谭家明等一批青年导演也相继成为这一运动的中坚力量，《地狱无门》、《第一类型危险》、《投奔怒海》、《父子情》、《夜车》、《薄荷咖啡》、《救世者》等，都成为香港新浪潮电影的代表作品。

这批导演首先在电影语言和包装手法、艺术性和社会性上取得了突破，其后是关锦鹏、张婉婷、陈嘉上、程小东、刘国昌和王家卫，他们更注重商业化的背景，注意把个人情绪、个人视角与观众趣味、时尚风格结合在一起，情景更为具体、细腻，从而成为一种"雅俗共赏"的现代都市电影。

"新浪潮"运动大体沿着两条路线展开，其一是追求人文的立场，在对历史和现实的关注中强调善意体谅和浓郁的乡情；另外一条是对动作、暴力的重新描绘，开拓了香港新类型电影的新局面。徐克1979年导演的《蝶变》成为了新浪潮电影的开山作之一。接着他在《第一类型危险》（1980）中，描绘了香港的混乱图景，土制的"炸弹"和荒谬的情节使得影片充满了狂乱和非理性。这种风格在后来的《烈火青春》（谭家明导演，1982）、《省港旗兵》（麦当雄导演，1984）中得到了延续。

在许鞍华、方育平、严浩的艺术世界里，则是另外一幅图景：李纨未婚先孕，但是爱人却移情别恋，为了给孩子寻求一个合法的父亲，终于发生了血腥的凶杀（《疯劫》）；儿子始终生活在父亲的阴影下，接到电视台的通知却撕碎在风雨中，最终同意了接受资助出国的结局（《父子情》）；年轻的香港少妇回到内地探亲，发现了两地在物质和精神上的差距，是友情弥合了这一切（《似水流年》）……父子情、男女情、女人情在这些电影中得到了极好的展示，使新电影呈现出别样的面貌，而这些年轻的导演，则从此开始了自己风格化的追求。

二、新浪潮的历史意义

香港的新浪潮运动，仅仅持续了五六年的时间，却为香港电影的未来打下了坚实的基础。在八九十年代，正是新浪潮运动中崛起的新一代导演，在香港电影的格局中占据了重要的位置。更重要的是，香港的电影形态，也从此从重复、单一的功夫片和喜剧片中得到了改变和升华，在中国文化传统和西方的文化传统之间寻找到了属于自己的道路。即使在电影语言上，对于旧的电影表现手法也形成了背叛，把约定俗成的武打和暴力放置在一种新的体系中展示，使新浪潮电影开启了现代电影的先河。

1988年，香港的电影检查制度开始改为三级管理制度。第一级为老少咸宜，第二级为辅导级，要求18岁以下观众由成年人陪同观看，第三级为少儿不宜，禁止18岁以下观众入场观看。同年，《咸湿性欲治疗》（日本）成为香港第一部被定级为三级片的公映影片，《黑太阳七三一》则成为第一部被定级为三级片的港产片。以色情、惊恐、鬼怪、暴力为特征的所谓"三级片"也曾经一度成为在电视压力下香港电影工业的自救渠道。但是随着电影工业逐渐站稳脚跟，三级片浪潮逐渐陷入低谷。新电影带来了电影工业的复苏。

90年代，以周星驰的《赌圣》（思远影业、嘉禾电影出品，刘镇伟等编导）为代表，香港"无厘头"电影开始盛行。"无厘头"源自专称名贵药材或金器的秤纹。"无厘头"原意为"没分量"，被引申为没意义、不常规、莫名其妙等。90年代开始，一批香港喜剧电影被称为"无厘头"电影。影片中带有各种反讽、颠覆、嫁接、小人物笑料，成为青年人通俗文化的一种风格。从《赌侠》到《逃学威龙》、《鹿鼎记》、《唐伯虎点秋香》都是这类电影的代表作。后来，《大话西游》系列更是风靡香港和内地。

尽管香港电影风格多样，类型丰富，产量众多，但从新电影以来，徐克、吴宇森、关锦鹏、王家卫、王晶、陈可辛、陈果以及后来的杜琪峰、尔冬升等导演，可以被看做香港电影的中坚力量。

第三节

香港电影代表人物

一、徐克的江湖电影

提到香港电影，就不能不提到武侠电影，提到武侠电影就不能不提到徐克（1951—）。当然，提到徐克可能就不得不提到张彻和胡金铨。

张彻导演的《独臂刀》（1967）是香港电影史上第一部票房过百万的影片，张彻凭此片成为"百万导演"，王羽开始成为香港电影史上最成功的一位功夫小生，而邵氏电影公司的"武侠世纪"也从此片正式开始。《独臂刀》影响了香港电影的形态和历史。之前，香港的电影仍旧停留在老上海电影的文化形态下，多拍摄以家庭妇女为观众的苦情剧，武侠片中的英雄也多半是女飞侠，男性则是需要保护的文弱书生。《独臂刀》之后，男性开始成为影片的主角，电影公司中最耀眼的明星不再是娇弱的女明星，而是健壮有力的男明星。

而70年代胡金铨以《侠女》（1971）为标志，开始成为香港武侠电影的一面旗帜。《侠女》在戛纳电影节上夺得最高综合技术奖，这是中国电影首次在国际五大A级电影节上获大奖。胡金铨是香港电影史上第一个获得商业成功的"作者"导演。他一生致力于拍摄"侠"文化的武侠电影，并以《侠女》登上了中国武侠电影的最高峰。但是，胡金铨的英年早逝，使得中国电影这一次的文化突破无疾而终。

到了70年代末，徐克成为了香港武侠电影的代表者。70年代末，邵氏大制片厂制度对香港电影界的影响逐渐开始弱化，电影的文化形态也开始以多元化的形态出现。在这段时期，香港电影界出现了所谓"香港电影新浪潮"，而徐克的《蝶变》（1979）正是这一运动的最重要的作品之一。《蝶变》直接导致了香港电影以后的两个发展方向：一是商业电影的艺术化；二是特技的迅猛发展，80年代以后香港电影特技的发展几乎都与徐克有关。

"无风无浪不成江湖"，以《蝶变》（1979）诡秘的影像风格引起影坛注意的徐克，在自己类型繁复的创作中，一直试图寻找"江湖"恩怨的动因。在武打与特技的结合中，在人鬼交错、亦真亦幻的世界里，徐克痴迷于视觉的刺激，但也许最重要的，是在迷幻世界后透露出的乱世情怀。

徐克的作品主要有《蝶变》（1979）、《鬼马智多星》（1981）、《第一类型危险》（1980）、《新蜀山剑侠》（1983）、《青蛇》（1993）《刀马旦》（1986）《倩女幽魂》（三集，1987、1990、1991）、《英雄本色之三：夕阳之歌》（1989）、《笑傲江湖》（两集，1990、1992）、《黄飞鸿》（五集，1991—1994，《西域雄狮》、《理想年代》、《辛亥革命》《少林故事》《无头将军》也是《黄飞鸿》系列，是其他人导演、由他监制的作品）《梁祝》（1994）《顺流逆流》(2000)、《蜀山传》（2001）、《七剑》（2005）等。

来自历史的英雄人物和来自传奇的人和鬼，是徐克影像世界的主角。前者的代表主要是《黄飞鸿》，把一个生活在19世纪末广东的传奇人物的生活演绎成集武侠、喜剧于一身的电影系列。早在20世纪60年代，胡鹏便把黄飞鸿的事迹搬上了银幕，只是到了徐克年代，《黄飞鸿》才真正成为能够传达殖民经验又具有独立影像风格的影片系列。

在《黄飞鸿》第一集中，黄飞鸿是一个隐忍的武士和医生，只有在遭到失妻的痛苦和尊严面临洋人挑战的时候，才施展自己的旷世奇功。围绕"宝芝林"药馆的命运，黄飞鸿和猪肉荣、梁宽（均为黄的徒弟）等人一起遭遇了由武功带来的麻烦。而利落繁复的武打设计和精当的剪辑技巧，却预示着一种全新的电影语言已经确立起来。在美国轮船上黄与洋人、山东武师严镇东的打斗，于危难时刻突然转败为胜，在血腥中蕴涵了民族的自尊，已经成为《黄飞鸿》系列中的经典场面。

续集《男儿当自强》获得了比第一集《武状元》更多的喝彩，原因在于在原先的故事框架之内增添了新的内容，描绘出一个英气凛凛的侠义世界，节奏更加紧凑，由李连杰饰演的人物着实可爱。尤其是与刀枪不入的白莲教的打斗一场，没有任何光学效果，而特技迭现、动作迷人，在娱乐要求下形式更加完美。但是到《龙城歼霸》（1994），徐克便多少显出了江郎才尽的趋势：原先在第一集中竹梯上的打斗转移到米仓中，虽然"米花飞舞"，终究看不出多少新意；从第一集到第五集，《黄飞鸿》在视觉上创造的神话逐步

走向了雷同，而古装武侠片的兴盛时期似乎过去了。

《梁祝》、《青蛇》、《倩女幽魂》是徐克创作的另外一个类型，故事分别取自民间传说和名著《聊斋志异》。然而古典的悲剧到这里却完全翻转了：梁山伯和祝英台首先是以同性的身份出现在观众面前，然而当梁发现祝是女儿身时，故事便朝着爱情的路线走下去。山中避雨一场，两人不再忸怩，用一句"乱就乱吧"使爱情的悲剧转化为不羁的喜剧；青蛇本来是协助白蛇获得人间幸福的，但是在这里，却以自己的风情嘲弄了白蛇和人间的虚伪；聂小倩本来是幽怨的女鬼，但是在《倩女幽魂》中却成为树精姥姥手下的工具，为姥姥吸取男子的精华……不过，在这些影片中，人鬼不分的世界却为徐克展示自己的特技提供了绝好的条件，《青蛇》中的水漫金山和鬼怪斗法、《倩女幽

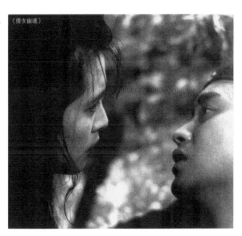

《倩女幽魂》（1987年，监制：徐克，导演：程晓东）

魂》中的人鬼之战都动人心魄，从而使感官的刺激走到了前台。

徐克的电影世界是复杂多变的，从《第一类型危险》对暴力的展示到《黄飞鸿》古装武打的复兴，从《鬼马智多星》

的"豪华喜剧"到《新蜀山剑侠》对特技的应用，他一直在香港当代电影中领导潮流。善于在狭窄的空间中展开特技武打、在构思上的男女倒错、变化多端的剪辑技巧，使徐克的电影呈现出扑朔迷离又十足现代的特征。而2005年的《七剑》，那完全为了市场而配置的明星、场面、道具、人物和台词，使商业美学更加凌驾于艺术美学之上，大制作模式几乎淹没了徐克的个性，商业性冲淡了影像的想象力。徐克和武侠电影一样，正在一种商业模式中寻求文化的传承和创新。

二、吴宇森演绎"暴力美学"

吴宇森（1946—），曾经是张彻的"文胆"，做过张彻的副导演，是典型的制片厂出身的学徒导演。他把张彻电影的特点传承下来，把刀剑片改变成了枪战片。当冷兵器换成热兵器，张彻电影就变成了吴宇森电影。

吴宇森把视死如归、飘逸潇洒的英雄的命运和令人心碎的美丽的毁灭结合起来，在影像世界里树立了自己独特的风格。吴宇森导演的主要作品有《英雄本色》（1986）、《喋血双雄》（1989）、《纵横四海》（1991）、《枪神》（1993）、《终极标靶》（1993）、《断箭》（1996）、《夺面双雄》（1997）、《至尊黑杰克》（1998）等。人们都公认吴宇森开创了英雄与枪战、情义与义气融为一体的香港"英雄片"的先河，他的影片代表了英雄片的最高成就。他自己也被人们称做电影的动作美学大师。

《英雄本色》是香港英雄片、枪战

片的经典之作。吴宇森将个人情怀、台湾经验、作者美学与黑帮影片结合起来，周润发所塑造的小马哥形象形神兼备、光彩照人，狄龙也因此成为银幕巨星，这代表了香港电影枪战片的最高成就，也是世界枪战片的最高成就。《英雄本色I》（1986）奠定了吴宇森在香港时装武打片的地位，而到后来作品成为系列的时候，吴宇森的风格也卓然树立起来。徐克也拍摄了《英雄本色》的续集《夕阳之歌》，但是究竟没有吴宇森的潇洒和回肠荡气。当初上演时的海报也生动地说明了这一点。吴宇森的作品是张国荣、狄龙、周润发的头像，整齐的布局表明了阳刚之气的勃发，而徐克的作品则是三朵玫瑰之上戴着墨镜的美人，其区别自不待言。

《英雄本色》中的三位主角都是男性，而且都是当时和后来鼎鼎有名的香港电影明星。影片描写的是一个兄弟朋友之间的感情故事，同时也是一个警察与黑帮的打斗故事。狄龙扮演的豪哥是黑社会老大，他与张国荣扮演的弟弟阿杰手足情深，与周润发扮演的同在黑道中的阿麦更是生死之交。

《英雄本色》是当年香港最卖座的影片，获得了第6届香港电影金像奖最佳影片奖、最佳男主角奖（狄龙），同时还获得了第23届台湾电影金马奖的最佳导演奖、最佳男主角奖（狄龙）、最佳摄影奖、最佳录音奖等四项大奖。这部影片后来还被评为香港80年代十大名片之一。这部影片之所以能够获得如此多的奖项，能够得到世界各地的观众喜爱，能够带动一股英雄片创作的狂潮，首先是因为它一反香港电影那种滑稽低俗的风格，给人们塑造了有情有义、肝胆照人的英雄形象。其

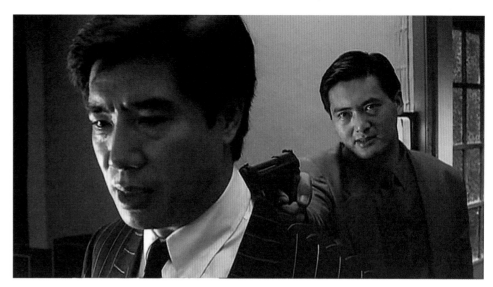

《喋血双雄》（1989 年，导演：吴宇森 ）

中的主角之一是由周润发饰演的"小马哥"——一个放荡不羁、身着风衣、戴着墨镜而嘴衔牙签的形象。他最有名的话是："失去的一定要重新夺回来。"吴宇森和周润发、李子雄、狄龙、李修贤一起，在香港电影中创造了一个豪情天纵的英雄世界。

吴宇森的影片是浪漫的。在肃穆、神圣的教堂里，李修贤和周润发时而对峙，寂静中蕴涵了无限的杀机；时而枪声大作，血战不已，而无论寂静还是喧闹，节奏都仅仅扣紧了观众的心弦。浪漫还体现在对于空间的运用上，象征和平的地方，却是血腥即将开始的地方。应该说，正是侠与义、阳刚与柔情、豪情天纵与生死不渝的完美结合，才真正显出了吴宇森影片的英雄本色，同时也为后来的英雄片奠定了基本的人物塑造模式。

吴宇森影片在香港各种武侠片、功夫片、喜剧片、动作片中独树一帜、鹤立鸡群。除了塑造了一种侠义英雄以外，它还具有一种刚柔相济的视听节奏。整个影片给人的感觉跌宕起伏，如同行云流水。吴

宇森酷爱音乐，他常常用音乐的感觉来构思电影画面、声音，在电影的节奏上追求一种变化起伏、对比鲜明的音乐感。《英雄本色》可以说是他第一次成功地将音乐节奏用于电影的尝试，有时他按照爵士乐的节奏来剪辑画面，有时则按照乡村音乐的方式来进行组接，有时则用校园歌曲的旋律来创造效果。他后来的影片也常常采用紧张与舒缓、快节奏与慢节奏交替的手段，制造一种欲扬先抑、以静显动的艺术效果。这种刚柔相济的音乐节奏感，是吴宇森电影最突出的艺术个性。这种个性在他后来拍摄的影片中一再被继承和发展，特别是在他最近在好莱坞拍摄的影片《变脸》中得到了更加充分的发挥。

《变脸》中一正一邪的两个男人，他们不仅面对敌人，也要面对自己；他们在失去了自己的"面容"的同时，也在失去自己。所以，他们拼死搏斗，不仅要成为胜利者，而且要成为真正的自己。影片中，两人面对镜子里的自己开枪对击的场面，最典型地将这种外部搏斗与内在危机巧妙地结合在一起。影片动静结合、刚柔

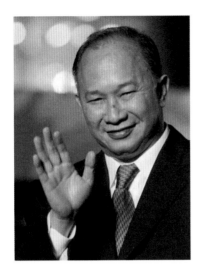

吴宇森导演（1946— ）

融合，显示了导演一贯的艺术风格。

吴宇森此后也就成为了在好莱坞拍摄主流商业电影的最重要的华人导演。他先后导演了《碟中谍2》(Mission: Impossible 2，2000)、《风雨者》（Windtalkers，2002）等影片，而《赤壁》则成为他试图将中国历史故事与商业大片模式结合的一次更大的探索。

三、成龙的中国功夫

1973年，李小龙突然逝世，似乎是香港武侠电影衰落的一个明证。确实，自此之后，刘家良的"真功实打"，楚原—古龙模式，麦嘉、袁和平、成龙的谐趣功夫形成了新的"铁三角"，而其中成龙的方向更为切近大众的生活，表演也更具有真实感，从而取得更大的成功。

不少人认为，香港近二十年最伟大的电影演员是成龙。成龙以自己的功夫喜剧成为李小龙之后最具世界影响力的香港演员。早期京剧班的训练，使成龙能娴熟地以模仿的方式塑造最具亮点的动作造型。

这种表演方式成为了他的招牌，他的这种表演在世界影坛上也是独此一家。

成龙是香港"明星中的明星"。这得益于他从武侠到现代警察的银幕形象塑造。从演员到导演，成龙的成功大部分要归功于他的形象：诙谐风趣、善良可靠，身怀绝技而正气凛然，当然也要归功于他对功夫的独特表现：道成肉身。

《A计划》（1983）是早期成龙电影最具特色的一部，例如他从钟楼上坠落的镜头，一镜直落，不加任何剪辑手段。之后《A计划》风格的电影每年必有一部，成龙电影也由此成为香港电影不可缺少的一部分。在《A计划》及其续集中的小巷追逐、绳厂恶斗体现出了成龙的原创力，乐天纯真的角色配合利落的拳脚塑造出了平民英雄的形象。

从1995年开始，成龙的名字又与"贺岁片"联系在一起，先后出现了《红番区》（1995）、《白金龙》（1996）、《义胆厨星》（1997）、《我是谁》（1998）、《尖峰时刻》（1998）、《新警察故事》（2004）等影片。如果说《红番区》代表了成龙电影的

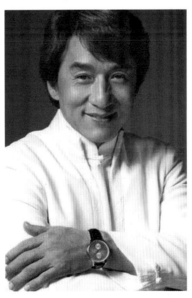

成龙（1954— ）

"肉身神话"性质，那么到《双龙会》中，成龙的形象已经接近了香港电影一位更新的明星——周星驰。2004年的《新警察故事》，成龙在警匪片、枪战片、黑帮片、武打片的类型中进行杂交，寻找新都市中动作电影的时尚和进化。而2005年的《神话》则在国际化制作模式的推动下，将喜剧、武打、寻宝的类型逻辑，与国际明星、异域文化、自然奇观、暴力和性的所有商业元素融合在一个神话故事中。成龙虽然老了，但还是用爱情、滑稽、动作继续着商业神话。跨国市场将份额逻辑贯穿到了大制作电影的每一个毛孔中。

四、王家卫的都市时空

"时间的灰烬"（Ashes of Time），是王家卫影片《东邪西毒》的英文名字，它传达出王家卫影像世界中对于时间和空间的独特感受，把香港的世纪末苍凉和躁动的喧哗描绘得淋漓尽致。王家卫是电影作者，在他的记忆和逃避之间、情感的执着和错位之间，现代人的生活方式和情感态度跃然而出。

这是一份萦绕着美丽与哀愁的记忆，也是一份无法言传的残酷的感伤。从《旺角卡门》（1988）开始，王家卫一直关注着具象的生活和它下边浮现的末世的情怀，他一直在自己的影像世界里徜徉。这些影片是《阿飞正传》（1990）《东邪西毒》（1994）、《重庆森林》（1994）、《堕落天使》（1995）、《春光乍泄》（1997）、《花样年华》（2000）和《2046》（2004）。

《重庆森林》是王家卫最重要的作品之一。这部影片1995年曾经获得了香港电

影金像奖的最佳电影、最佳导演、最佳男主角、最佳剪辑四项大奖。影片一开始，由林青霞扮演的女毒枭穿行在城市之中。画面以蓝色为基调，人物面部和身影模模糊糊，空间环境含混散乱，画面中处处都是大块大块的冷色，观众首先就感受到一种阴暗、压抑的气氛。在镜头运动和剪辑节奏上，这一段落与常规电影也不同，它不是以再现环境的真实和事件情节为中心，而是以情绪为中心，通过各种方式来营造一种匆忙、紧张、人来人往的气氛。在场面的调度上，人物和摄影机几乎都同时在快速运动，多选择拐角和地铁通道等具有纵深感的场景，与急促、鲜明的音乐同步快速剪辑，构图不断变化，使得画面的流动感被加强。拍摄基本使用广角镜头，使整个画面的构图一反常规，近景被夸张变形，画面景深被拉大，人物和空间环境都呈现出一种变异性。影片在摄影速度上也别出心裁，升格拍摄造成的慢速效果、抽格拍摄产生的运动的跳跃感，使画面的滞留与节奏的紧张形成了一种情绪的对立。虚焦距的摄影效果，使画面模糊流动、灯红酒绿。

在这种影像风格中，具体的空间、真实的时间和人物形象都被虚化了，观众甚至无法辨认出那个穿行于人群、街道中的人物就是林青霞。这种影像在表达的不是一个常规电影的故事、场景、事件和人物，而是一种迷乱、紧张、匆匆忙忙、熙熙攘攘的情绪，一种体验，一种感受。从这种意义上来说，这的确是一种MTV似的影像风格，是音乐化的影像、影像化的音乐。

人物都是心灵的孤独者，他们渴望爱情，渴望交流，渴望恒久，渴望纯情。

但是在喧嚣的城市中，感情却都像凤梨罐头一样，有一个失效的期限。爱情就像人们今天喜欢吃起司沙拉而明天却喜欢吃油炸薯条一样喜新厌旧，所以影片中的人都总是在一厢情愿地表达自己对感情的渴求。为了能表现人的这种孤独、这种与世隔绝和一厢情愿，影片经常用人物那种没有对象的自言自语的画外音来表现人物的心理状态，如影片中由梁朝伟扮演的警察663。他热恋的空姐终于在不断换着食品口味的同时也换了爱情对象，这位突然面对失恋打击的警察于是就常常不断地与他家里的各种玩具之类的物品对话。这是一种内心的苦闷无法与人交流的自言自语，是一种孤独的自我排遣。

影片中由金城武扮演的另一个警察223，在愚人节那天，他的女朋友离开了他，他一直希望这只不过是一个愚人节开的玩笑。影片中出现了一个细节，他给女朋友家去电话。与一般影片中打电话的处理不同，画面中没有切入接电话的另一方，甚至连对方的声音也没有出现，只有警察自己在那里与女朋友的父亲和母亲东拉西扯，而且不时还有各种各样的表情。然而，观众感觉这不像是在与他人交流，更像是一种絮絮叨叨的自言自语。后来，警察终于明白了女朋友在愚人节的离开并不是玩笑以后，给自己过去熟悉和不熟悉的同学、朋友们打电话。尽管画面的构图不断发生变化，演员的表情、动作和音调也都各不相同，但是与前面一段的处理完全一样，他依然是在自言自语，没有回应，没有交流，只有他自己在一厢情愿。

从这些段落中，我们也许已经体会到，在那个忙忙碌碌的世界里，人们都已经失去了对往事的记忆，失去了倾听他人

内心的热情，每一个人都没有听众、没有对象、没有交流。影片用这样精巧的细节和导演处理，使比较抽象和空洞的都市感受得到了非常直观和生动的传达。

《重庆森林》在剧作结构上与常规电影也很不相同，它没有贯穿始终的人物，也没有贯穿始终的事件，更没有贯穿始终的情节。影片是由三个若断若联的故事组合起来的，一个是女贩毒者的故事，一个是警察223的故事，一个是警察663的故事。三个故事的组合并没有什么内在的密切联系，就像影片开始时警察223的一段自白所说的那样："每天你都有机会与人擦肩而过……"影片就将这些擦肩而过的人通过偶然的交叉组合在一起了。

在一个酒吧，当一个失恋的警察正在自我宣告要爱上一个这一分钟出现的女人时，一个正被黑社会逼迫得走投无路的女毒贩走了进来。一组交叉蒙太奇和一组正反打镜头，就将两个素不相识的人联结在一起了。这是一种巧合，但并不是一种戏剧性的巧合，而是一种故意暴露给观众的巧合。它的意义并不是构思一个离奇的情节，而只是提供一种人生无常的感觉。因而电影并没有按照观众的期望，将这个爱情故事发展下去，而是对观众的观赏习惯做了再一次潇洒的挑战。

于是影片后半部变成了另外一个故事。一句对话，一个从前景到后景的转换，故事就从223过渡到了王菲扮演的阿菲，又由阿菲过渡到了警察663，前面的人物在不知不觉中就悄然退场了。这种组合似的结构与其说是一种叙述技巧，不如说是一种表达意义的策略。它一反观众对传统叙事那种戏剧化情节的依赖，使电影中的世界不再是一个相对封闭的、自成体

系的情节化的世界，而是一个开放的、联系松散的片断化的世界，你中有我，我中有你，相见不相识，相识不相见，用影片中人物的偶然出现和偶然消失，表现出当代都市人与人的相互交叉又相互隔离的状态。都市不再是故事，而是一种无休无止的生活的流动，每一个人都可以将自己的故事和与自己擦肩而过的人的故事连接到影片的故事中去。

《东邪西毒》是根据金庸小说《射雕英雄传》改编的，在当年香港电影金像奖的评选中获得了最佳故事片奖、最佳美术奖，还获得了最佳导演、最佳摄影、最佳作曲、最佳动作等多项提名。不过，它并不是一部一般意义上的武侠电影。影片用片段的组合描写了沙漠上的八位男女游侠过客。武侠故事只是一个背景，故事中的茫茫沙漠也只是一种隐喻。它其实是一种现代感受、一种当代情绪，它是当代都市

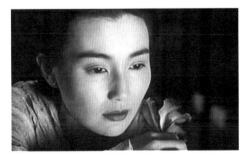

《东邪西毒》（1994年，导演：王家卫）

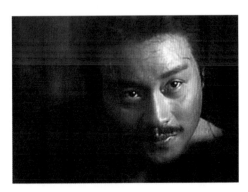

《东邪西毒》（1994年，导演：王家卫）

体验的一种传达。

影片虽然明星云集，但明星在影片中完全是导演的一个符号、一个道具。张国荣一开始扮演东邪，但拍了一半以后，他却被改成了西毒。人物很少有完整的情节段落、完整的细节刻画，这些人物被肢解得七零八落，有时这些人物的外貌人们可能都看不清楚，在影片中他们都是某种都市人的符号象征。被称为西毒的欧阳锋，似乎是当代人冷酷和孤独的符号象征。他在感情上受过伤，对生活充满敌视、怀疑，对他人非常冷漠。而且，他对未来、对明天已经完全丧失了热情和希望。洪七在影片中是唯一与潮流"逆风而动"的人，他还保持了对他人的热情和对自我的坚持。影片设计了一坛名叫醉生梦死的酒，成为当代人想要忘记历史而又无法忘记历史的一种隐喻。每一个人都渴望友情、爱情，但是他们都一厢情愿、自欺欺人。这些人物都在感情上受到过伤害，同时也在伤害着别人，他们的追求总是被拒绝，而同时他们也拒绝着别人的追求，所以他们用拒绝来维持自己的尊严。显然，这些人物的那种孤独、冷漠、相互隔绝的生活状态，与其说是远古的武侠世界，不如说是后现代的商业世界的一种符号象征，"沙漠那边还是沙漠"。

在王家卫的电影世界里，人和人总是很难沟通的。对话在影片中的重要性让给了独白。这些独白，其实就是对都市人那种彷徨、迷乱的状态的一种反映，是现代人常常迷恋的一种情感语录。一方面是人与人的隔离、疏远，另一方面是世界的喧嚣、迷乱，所以在影片中，人物的那些自言自语更多的是传达一种人际关系，而那些令人眼花缭乱的影像则主要传达的是一

种生存背景。影片刚开始故意假托佛典，写了一段话："旗未动，风也未吹，是人的心自己在动。"这正好是影片影像带给观众的印象。

情爱来自何处，是现实社会的激发，还是心灵先天具有的禀赋？无论如何，在王家卫的影片中，情爱往往是没有合适的对象来倾吐的，爱，真正奢侈到了错位的程度。在《东邪西毒》中，因为东邪的一句戏言，慕容燕痴痴等待以致发狂，而东邪爱上的却是西毒的爱人；西毒纵横江湖之后回到家中，发现自己的爱人却变成了自己的嫂子。这种单向度的爱恋在王家卫的影片中比比皆是：《重庆森林》中，梁朝伟在为自己的感情守候，而女朋友（空姐）却一直在天空飞翔，无法着陆；同时，快餐店的王靖雯闯入了他的私人生活；《旺角卡门》中，刘德华因为对张学友的男性友谊而失去了自己的两个女友，但是在雨天的长廊下，往日的恋人再次相逢。女友已经怀孕，但孩子的父亲并不是刘德华，一片惘然跃入蒙蒙细雨之中，再次相逢成为怅然的回音……

终其一生，人们都在寻找，而擦肩而过的感觉一直伴随大家的成长。香港的电话亭、酒吧、车站、长廊、狭窄的通道标志出情感的独特方式，也存在着两者的对应关系：幽闭保护、狭窄拒绝、流动安全感的缺乏、阴晦隐藏……这是独特的空间，也是我们熟悉的空间。在这样的地方，张曼玉、黎明、张国荣、刘德华、梁朝伟、王菲、金城武他们在演绎着绝望的爱情。警察、杀手、阿飞是王家卫影片中的主角，这些注定属于漂泊的人们有自己的境遇，有自己的情感投射方式。而在王家卫对他们情感世界的所有揭示和同情

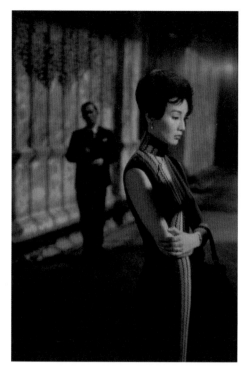

《花样年华》（2000年，导演：王家卫）

中，现代社会的无根感、飘零感、面对失去的绝望一再出现，它与人们的经历有关。

1997年，王家卫的《春光乍泄》获第50届戛纳电影节最佳导演金棕榈奖，这是第一位华人导演获得该奖，也成为王家卫影片的一个高峰。在后来的《花样年华》、《2046》中，这种错失、这种错位、这种时间和空间对人的错置都被一再重复，以至于我们都可以将《2046》看做王家卫电影的"个人辞典"，它是王家卫电影的一个自我总结。时间的提示，旅馆、公共汽车、咖啡馆等公共空间，拒绝和被拒绝的游戏，骗人和被骗的故事，无家之人的孤独和漂泊，男人女人的情与欲的分裂，甚至那种迷恋颓废和堕落的画面、音乐和情调，这些过去王家卫电影中常见的元素都在这部电影中被集大成了。这是王家卫在向自己致敬。它意味的可能是一种自恋式的停滞，也可能是一种蜕变后的超越。

无论是台湾电影或是香港电影，作为中国电影的一个特殊的组成部分，一方面它们有着自己特殊的发展道路，但另一方面，它们又都是在中国这个大的背景下，在中国大陆或中国内地这样的参照体系中，在对抗与统一、疏离与回归的时代主题中，形成自己的电影特点和风格的。因此，理解这一时期的台湾和香港电影，就不可能脱离对中国大陆的现代历史的理解。有了这样的历史语境，我们才能解释台湾和香港电影的走向。

当然，香港电影与台湾电影有很大的差距。台湾是在一种与中国大陆对抗的背景下，形成自己的社会特点和文化特点的，因此体现了一种更加强烈的政治色彩。直到新电影的出现，台湾电影才显示了与世界电影更多的同步，显示了更自觉的历史深度和艺术深度。只是台湾新电影的出现，并没有能够造就一个繁荣的台湾本土电影业。台湾电影的精英似乎已经开始从孤岛上走出来，融合在更大的文化世界中了。

而香港电影，尽管在1997年前后，显现了一种特殊的政治关怀的气氛，但总体来讲，却是商业气息、娱乐精神最为彻底的华语电影地区。香港的功夫电影、黑帮电影、枪战电影、喜剧电影、情色电影等等，都类型成熟、自成体系，甚至2001年推出的《麦兜故事》（Bliss Dist出品，谢立文编剧，袁建滔导演）也使一直未有成就的香港动画电影获得了生气。这些影片不仅长期成为华人地区最受欢迎的电影类型，而且至今仍然是中国商业类型电影的经典。

第四节

华语电影从合拍走向融合

从1979年中国内地"改革开放"到2007年香港回归十周年，从最初香港"左派"电影机构"长凤新"[1]与内地的合作到《内地与香港关于建立更紧密经贸关系的安排》（CEPA）的实施，内地与香港电影的合作或合拍，走过了30年历程。在这30年中，政治拨乱反正、思想解放、经济建设为中心、改革开放、市场经济、一国两制、香港回归、金融危机、中国入世、全球化浪潮、CEPA等等标志性事件，一方面深刻地影响到内地与香港电影的合作或合拍路线和进程；另一方面，合作或合拍历程也深刻反映了中国内地与香港政治经济文化的密切联系和同步变迁。电影的合作或合拍，不仅是研究最近30年中国内地和香港电影发展历程的重要维度，也是研究中国电影在全球化背景下如何共同打造华语电影未来的重要路径。

一、中国内地与香港的合拍电影

中国内地与香港电影的合作或合拍包括联合摄制（内地和香港共同投资、共同摄制、共同承担风险、共同分享利益）、协作摄制（由香港方出资，在内地拍摄，内地有偿提供设备、器材、场地、劳务等

----

[1]所谓"长凤新"，是指成立于50年代初的三家著名影片公司。三公司均为香港"左翼"电影机构，故被统称为"长凤新"。后来联合组建香港银都机构。

形式的协助）、委托摄制（香港方委托内地方在中国内地代为摄制）等三种主要形式[2]。按照中国政府的规定，第一种方式被称为"合拍片"。合拍片需要在拍摄前获得拍摄许可证，拍摄完成后获得公映许可证，即可在中国内地作为国产片发行。而协作摄制和委托摄制的影片，如果进入内地，必须作为"进口片"审查引进。2006年实行CEPA以后，香港单独制作的影片引进时可以不受"进口"配额限制。

30年来，内地与香港的合拍片一直是中国电影的重要组成部分。据统计，从1978年到1998年的20年中，大陆与台湾地区合作的影片共有40多部，与欧美、日本及其他国家和地区合作50部左右，而与香港的合作影片则超过了200部。[3]从2000年以后，内地与香港电影的合作更加广泛，平均每年超过30部。到2004年以后，无论是内地市场或是香港市场，最有影响力的影片大多为内地与香港的合拍影片。2006年，港产片的几乎一半都是与内地的合拍片，而投资规模超过500万港币以上的中大制作影片更是大多与内地合拍。两地的合拍经验，不仅培育了中国电影的产业基础和市场意识，甚至也培养了中国导演和中国观众的美学趣味和类型惯例，也在一定程度上冲击和改变了中国内地电影根深蒂固的教化传统，使中国电影在越来越市场化的同时，也越来越大众化和娱乐化。从这个意义上说，合拍的历史，同时也是中国电影业从计划体制向市场体制转型的

历程，是中国电影内容从政治宣传到大众娱乐转型的历程，也是中国电影市场从内地空间向跨界空间转型的历程。

二、合作滥觞期：各取所需

早在20世纪60年代，内地的珠江、北京、天马等电影制片厂就曾经与香港的长城、凤凰和新联等影业机构联合拍摄影片，如戏曲艺术片《告亲夫》、《红楼梦》、《红叶题诗》等。但随着中国内地的"文化大革命"，合拍过程完全中断了。直到1979年，中国改革开放国策提出并开始实施，长期封闭的内地急需通过对外合作释放改革开放信号，改善与香港、台湾的"紧张"关系，重建国家形象。而文化、体育等相对"软性"的领域，当时常常成为官方推动"统一战线"工作和国际外交工作的重要手段。电影，作为当时最有影响力的文化形式，得到了高层的高度重视。而香港，作为中国内地与海外、与世界接触和交流的中间地带，自然而然成为内地与世界重新交流的桥梁。

1979年，经时任中宣部部长的胡耀邦提议，文化部电影局成立了中国电影合作制片公司（简称"中制公司"，又称"合拍公司"），这是中国政府首次设立的负责中外电影合作事务的机构。1979年8月文化部(79)文电字700号文件规定，中制公司对合作制片实行统一归口管理。而内地与香港电影的合作或合拍当时也划归该公司管理。1981年文化部颁布《进口电影管理办法》，其中第七条规定，除香港的长城、凤凰、新联三公司由国务院港澳办公室协调以外，其他中外或内地与港澳地区

及台湾省的合作制片业务，均由中国电影合作制片公司管理。1982年8月，中制公司还颁布了《加强对外合作拍片事业领导与管理的几项规定》，阐明合作拍片必须统一对外、统一政策、统一安排、统一归口管理。应该说，从一开始，内地与香港电影的合作或合拍就是在严格的政策限制下开始的。

在这样的政治背景下，合作自然首先是从具备"内地背景"的香港"左派"电影公司开始的。凤凰影业的武侠片《碧水寒山夺命金》(杜琪峰导演处女作)率先到内地拍摄外景。接着，在时任全国人大常委会副委员长的廖承志提议下，香港有内地背景的电影公司"长城"、"新联"以"中原电影制片公司"名义，由张鑫炎导演，开始拍摄《少林寺》。国家体委等部门借调18名武术人才支持影片拍摄。这部影

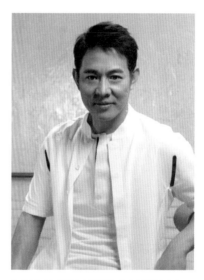

从《少林寺》开始走上国际影坛的功夫巨星李连杰

片耗时两年，辗转八地，得到了内地不遗余力的支持。《少林寺》公映后，风靡香港、内地等华人地区。此后，"长城"、"凤凰"、"新联"三家内地背景的电影公司于1982

[2]《中外合作摄制电影片管理规定》（国家广播电影电视总局令2004年第31号）。
[3]郑全刚：（中国电影合作制片公司）：《沟通、理解、共振合拍片雄风》，《电影通讯》，1998年第4期。

年合并成立了香港"银都机构有限公司"。

《少林寺》之后，1982年3月，著名香港导演李翰祥自组"新昆仑电影公司"，与内地合拍中国近代题材的历史片《火烧圆明园》《垂帘听政》。当时的文化部电影事业管理局局长陈播，直接参与了文学剧本和导演分镜头剧本的讨论。[4]在资金方面，内地的中制公司也给予了不计风险和回报的支持。当时两部影片预算为人民币400万元。中制公司以银行贷款的方式投资了人民币200多万元，后来影片超支的180多万也由中制公司追加。严格来说，内地基本上是把这种合作或者合拍当做"政治任务"来完成的，其"统战"的政治意义远远大于对影片的经济回报的预期。[5]作为第一位返回内地拍片的非"左派"公司电影人，李翰祥曾在台湾创办国联影业公司，他此行的成果带来了随后出现的港台与内地合拍的兴起。

受到这些"左派"机构以及"青鸟"（夏梦创办）和"中原"（傅奇、张鑫炎创办)在内地拍摄电影获得成功的影响，香港的大电影公司邵氏、嘉禾、新艺城等等都开始寻找与内地合作的机会。他们意识到在华语电影市场出现了一种对中华文化、内地题材、祖国山河的"好奇"和"寻根"需求。所以，他们开始尝试与内地片厂合作，利用内地廉价的制作成本和人力资源来提升商业片的品质。动作、功夫题材和历史题材，特别是近代题材影

片是这一时期合拍片的主流。《少林小子》、《南北少林》、《少林寺俗家弟子》、《木棉袈裟》、《八百罗汉》等类型片纷纷出现。严浩等香港导演也开始拍摄与内地相关的文艺片《似水流年》、《天菩萨》等。

这时期的合作和合拍影片，尽管有时也承担着传播中华文化、弘扬民族精神、歌颂祖国山河的政治使命，但都根据香港电影市场和亚洲电影市场的需要，更多地采用了商业电影手段，将中华文化和中国精神用忠义化的价值观和动作化的电影呈现、传达出来，并借助了内地优美的自然环境和开阔的场面，软化了影片的意识形态倾向，得到了港台观众的认可，也在内地受到了欢迎。结果，这些影片既在香港华人圈引起了内地热、功夫片热，同时也在内地引起了香港热，导致港台电影和文化在内地风靡一时。

当然，从总体上看，这一时期内地与香港之间的电影合作还是局部的、有限的，大多带有政府直接干预的计划性，往往由内地有关部门确定题材、审查主创，甚至提供各种人力物力资助，实际的主创人员则大多以港方为主，内地电影厂基本以协拍方式参与制作。这些合作，对于内地方来说，政治意义大于商业意义；而对香港方来说，则从这些合作中，看见了内地资源所包含的商业价值。这为以后内地与香港电影的更广泛合作奠定了基础，同时，也将香港电影的娱乐风格、工业经验、商业传统带进了内地，并且培养了内地的李连杰、于承惠、胡坚强、计春华等一批电影表演人才、功夫高手。这不仅为后来中国内地电影的商业化转型进行了预演，而且也为华语功夫动作片的发展作了

铺垫。

三、合作活跃期：南风北上

内地与香港电影的大规模合作是从80年代中期开始的。1984年，中共中央颁布《关于经济体制改革的决定》，电影业也被规定为企业（事业单位企业化管理），开始独立核算、自负盈亏。而此时的中国内地电影市场正面临着空前危机。正如当时人们的描述："从1984年到1985年，仅仅一年，电影观众就减少了52亿人次。"[6]电视机在中国内地的迅速普及以及电影产品的市场适应能力薄弱，导致所有的内地电影制片厂都出现了越来越严重的亏损。

中国内地电影就在这种外部市场危机、内部体制改革的大背景下，开始与香港电影界紧密接触，希望借助香港电影的商业经验来拯救内地电影工业的低迷。从1986年开始，内地电影行业和理论界，甚至政府官员，都在讨论、重视和提倡"娱乐片"，试图用类型化的"娱乐片"复兴中国电影。在这次娱乐片大潮中，内地电影人开始向好莱坞、向香港电影学习类型片经验，制作了大量警匪、武打、犯罪、恐怖类型的商业电影。据当时统计，从1988年开始，商业类型片已达到当时全年影片产量的60%以上。[7]香港电影一时间成为了中国内地娱乐片的范本。

而与内地电影工业的衰退相反，从

[4]陈播：《就〈火烧圆明园〉、〈垂帘听政〉的创作致李翰祥先生》，《当代电影》，1997年第3期。

[5]张玦：《改革开放20年中国合拍电影的回顾和思考》，《新中国电影五十年》，中国电影家协会编，中国电影出版社2000年出版，第200页。

[6]倪震：《改革与中国电影》，中国电影出版社，1994年，第47页。

[7]饶朔光：《社会/文化转型与电影的分化及其整合——90年代中国电影研究论纲》，《当代电影》，2001年第1期。

表1 中国内地与外地合作电影数量（1979—1997）						
年份	香港及台湾			美国与欧洲		
	合计	合作	资助	合计	合作	资助
1979	1		1			
1980				2		2
1981	2	1	1	2	1	1
1982	2	2				
1983	4		4	2		2
1984	4		4	3		3
1985	2	2		2		2
1986	6	4	2	3		3
1987	7	7		3		3
1988	6	6		3	1	2
1989	17	9	8	2		2
1990	8	4	4	4	1	3
1991	28	16	12	1		1
1992	50	42	8	4	1	3
1993	26	19	7	1		1
1994	21	18	3	2		2
1995	33	29	4	1	1	
1996	19	18	1			
1997	14	12	2	9	7	2
合计	250	189	61	44	12	32

资料来源：An Overview of Co-Production and Aiding of Films in China(1979—1998), in Asian Films Connections, March 20, 2000, http://www.asianfilms.org/netpac/china-copro.html.

20世纪80年代中后期到90年代中期，随着香港地产的繁荣和经济的腾飞，加上香港《1988年电影检查条例草案》正式生效带来的创作空间的扩展，香港电影工业进入了一个历史上最鼎盛的时期。"Made in Hong Kong"（香港制造）不断向全球华人推行电影娱乐，而且也引起了亚洲其他国家和欧美国家的关注。正如一名学者所总结，在当时，"香港其实是全球第二位的电影出口中心。90年代初，本港平均每年制作的影片约一百部，每年为香港提供逾亿港元收入"[8]。这时的香港，被越来越多的人称为"东方好莱坞"。

在这样的背景下，经过前一阶段的沟通和合作，内地、香港、台湾电影的制作人、投资人和艺术家之间的联系更加广泛，特别是1993年广电部启动的中国电影机制改革的3号文件以及中国市场经济改革浪潮的影响，都为内地与香港电影在更高层面上的合作创造了条件。随着合拍政策的相对规范和宽松，一方面，越来越

多的香港电影人希望利用内地价廉物美的文化资源、人力资源、自然资源、场地资源，在降低制作成本的同时提高制作质量；另一方面，越来越多的内地电影厂希望借助香港合拍影片来获得经济效益，挽救企业危机。从1986年开始，内地与香港合作合拍的影片就从每年不到4部开始逐渐超过了10部。从1989年以后，合作合拍进入了一个活跃期（参见表1），到1992年，超过了50部，占当时国产电影总量的1/3左右。与此同时，这些合拍影片也成为内地票房的主力军。根据票房统计数据，在1993年上海十大卖座片中，《霸王

[8]钟宝贤：《香港影视业百年》，三联书店（香港），2004年版，第27—28页。

别姬》、《唐伯虎点秋香》、《新龙门客栈》、《狮王争霸》、《喋血英雄》、《梦醒时分》、《大红灯笼高高挂》、《新碧血剑》、《少林豪侠传》等合拍片就占了其中9名。

这一阶段，内地和香港的合拍影片品种、数量都比较丰富。而影片类型大致可以分为四类：

1.商业动作类型片

动作片，特别是武打片是这一时期合拍的最多的类型。这类影片的主体创作和制作人员以香港为主。影片大多沿袭了香港电影的侠义主题、动作奇观、喜剧噱头、明星配置的传统。1991年徐克以李连杰为主角重拍《黄飞鸿》，轰动一时，连拍五集，特别是与北京电影制片厂合拍的《黄飞鸿之狮王争霸》，作为首部在内地分账发行的影片，发行利润达数百万元人民币，直接刺激了日后两地电影的频繁合拍。1992年，徐克导演的《新龙门客栈》也以合拍片方式进入内地市场，以377个拷贝数创下当年全国拷贝发行量的最高纪

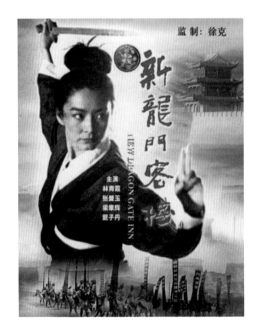

《新龙门客栈》（1992年，导演：徐克）

录，再次轰动内地和香港，港方收入也超过了2000万港币。一批场面宏大、制作精良、想象力丰富的武打动作片在内地、香港、台湾乃至亚洲市场都形成了惊人的票房奇观，从此以后，武打动作片也成了华语电影的重要品牌。

2.历史片

90年代初，还出现一批历史题材的合拍片，既有《西楚霸王》、《诱僧》这样的古装历史剧，也有《岁月风云》、《宋氏三姐妹》、《跛豪》等与三地华人命运息息相关的近代历史故事。这些历史影片由于在历史观上与内地观众颇多出入，在娱乐性上又缺乏鲜明的类型假定，不仅在内地的电影审查方面遭遇种种问题，而且在市场上往往也是在内地和香港双方都得不到充分认可。

3.警匪黑帮片

警匪黑帮片是香港电影的重要类型。这类影片与内地的意识形态标准往往容易产生冲突。所以，在1997年香港回归的过渡期内，一些香港电影公司、电影人开始为"回归"后的大电影市场做准备，拍摄了一些试图更加"内地化"的警匪黑帮片，还出现了一批内地公安的形象。这些人物从过去的反面形象转化为正面英雄。元奎导演的《中南海保镖》中，李连杰饰演的是正面的内地警察形象。1993年的《狭路英豪》（又名《龙腾中国》或《大路》，导演周晓文），就是典型例子。导演、演员、人物、故事的配置，都有明显的"内地化"改造，香港一些影评家批评该片"概念先行，美化大陆"[9]。

[9]李焯桃：《淋漓影像馆·抛砖篇》，香港：次文化堂出版社，1996年版，第86—87页。

4.文艺片

这一时期，海峡两岸暨香港还合拍了《最后的贵族》、《半生缘》、《棋王》等文艺片以及《上海假期》、《股疯》等写实性影片，特别是推出了一批进入国际影坛的"中国电影"，如《东邪西毒》、《蓝风筝》、《霸王别姬》、《上海往事》、《画魂》、《在那遥远的地方》、《炮打双灯》、《五魁》等，也使张艺谋、陈凯歌、王家卫等导演获得了更大的国际影响和世界地位。与其他商业类型片主要采用香港制造为主体的模式不同，一些艺术电影还采用了"台湾资金、香港技术、内地人才"的组合模式。

这一阶段的内地与香港的合拍，往往加入了台湾资金。台湾经济的发展，使一些企业开始与大陆进行投资合作。台湾电影公司如"学者"1994年在北京和香港两地就投资拍摄了16部影片。《东邪西毒》的投资，在当时几乎相当于台片电影工业一年的花费[10]。一些不方便直接投资大陆电影的台湾资金还以香港为中介进行合作。如台湾年代影业公司投资拍摄《大红灯笼高高挂》（1991）和《风月》（1996）时，便是以香港年代公司名义出现。1993年香港与内地共同摄制的《霸王别姬》，也是台湾片商以香港汤臣公司的名义出资。

这时期香港与内地的合拍，其实并不主要以内地市场为目标。合拍，更多的是希望利用内地的广阔的外景地和降低电影制作费、劳工费等成本支出。而对

[10]陈儒修：《90年代台湾电影文化生态调查报告》；《电影帝国——另一种注视：电影文化研究》，台北：万象图书股份有限公司，1995年，第22—23页。

于内地的电影市场而言，这些合拍片则成为拯救电影市场的重要产品。当时，影片交易最为看好的都是内地与香港联合制作的合拍片。《黄飞鸿之狮王争霸》、《霸王别姬》、《方世玉》、《英雄本色》、《少林豪侠传》等销售收入都在300万元以上，最高达700多万元人民币。正由于具有这样的市场效益，1993年北京电影制片厂全年制片18部，其中有13部是跟香港制片方合拍。当时不少专业人士认为，中国电影观众还没有达到欣赏好莱坞电影的水平，而香港电影的叙事方法、类型经验和文化价值更容易被内地观众所接受。所以，许多内地电影厂都试图通过合拍，使内地电影更加"香港化"、娱乐化。

合拍影片，一定程度上遏止了中国内地电影市场的滑坡趋势，同时也带来了香港电影的更大的繁荣，还产生了一批具有独特艺术风格和国际影响的作者电影，培养了一批国际级的导演、演员，甚至摄影师、美术师等等电影艺术家，使华语电影获得了一定的国际地位和国际声誉，特别是内地第五代导演开始在国际舞台上彰显力量。三地电影合作共同创造了中国电影后来的国际地位。

这一时期，由于国内电影市场不断萎缩，内地的合拍愿望更多的是来自于市场压力。香港电影，加上台湾资本，对于当时既无资金也无市场化经验的内地电影来说，具有绝对的优势。内地方在合作过程中明显处于被动和弱势状态。不少合作，都是内地方提供厂标、设备、场地、劳务方面的合作，基本不介入核心创作或制作。在当时中国电影实行国有单位计划生产的背景下，许多合拍片实际上是由国有电影制片厂"卖厂标"带来的。与"假合拍"相关，内地电影厂只是获得少量的厂标转让金，负责电影项目的报批和送审，而影片的生产、发行和知识产权完全由港方控制。这些"假合拍片"有相当一部分品质粗糙，也影响到后来合拍片的声誉和生存。所以，尽管合拍出现了一批以香港为主的高品质的商业类型片，也出现了一批以内地创作为主的具有国际影响的艺术片，但从总体上来说，合拍使香港电影获得了更大的发展空间，但内地电影业每况愈下的局面却没有真正改变。电视的更加普及，录像机、录像带在中国内地的迅速流行，电影产业业态的陈旧，仍然使内地电影业生存艰难。同时，中国内地的神秘感、新鲜感对于海外市场也逐渐减弱，合拍影片开始在香港、台湾和海外市场上遭遇危机。

四、合作低谷期：共临危机

从1996年开始，中国内地和香港的电影都陷入了低谷，合拍也面临危机。

随着中国政治一体化趋势的强化，中国政府电影主管机构逐渐全面介入电影投资、生产、发行、宣传、放映环节，并加强了对电影生产，包括合拍片生产的过程、内容的控制。电影拍摄许可和公映许可的审查尺度越来越严。这期间，不仅颁布了严格的《电影审查条例》，1994年7月还颁布了《关于中外合作摄制电影的管理规定》，这也是第一部正式出台的对于合拍片的审批、审查、管理等方面做了明确规定的政府公开文件。1996年出台了电字（96）第465号文件《关于国产故事片、合拍片主创人员构成的规定》，要求合拍影片主创人员除导演、编剧、摄影师应以内地居民为主外，担任主要角色的境内居民一般不应少于50%。1996年8月25日，在长春电影节期间，电影局召开了全国电影合拍工作座谈会，再次强调合拍要坚持"以我为主"的原则。1996年初春长沙会议以后，政府还提出了关于电影生产的"9550工程"[11]，强化了电影生产的计划经济成分。

与此同时，1997年回归前后的动荡对香港经济、社会产生了重大震动，特别是亚洲金融危机的冲击对香港电影产生了严重影响。在港产片票房收入1992年达到顶峰之后，1993年则成为了一个历史拐点，香港电影开始由极盛而转向衰败。而1997年更是香港电影的一个创痛。此后，香港电影市场越来越被外语片占据。1991年港片票房占市场份额大约75%，1992年占大约79%，但1993年只有大约73%，并一直下降到1997年的大约45%，港产片票房在本土市场第一次失去领先优势。到2006年，港片总产量（包括数十部跟内地合拍的影片）只有约50部，票房累积不到3亿港元，大约只占市场份额30%之多。1997年以前，香港电影已经逐渐失去韩国、台湾等地的电影市场，而金融危机则使新加坡、马来西亚等传统的港产片市场也日益衰落。曾经年产一两百部并以电影出口顺差为主的香港电影，却几乎成为电影进口逆差地。加上香港黑社会与盗版对电影行业的严重干扰，电视机和电子游戏成为香港新一代年轻人的娱乐工具，分流了电

---

[11]指在国民经济第九个五年规划期间（1996—2000年），每年拍摄10部体现主旋律导向的"优秀国产片"，5年共50部。

311

影观众，香港电影在缺乏内地市场支撑和自身的电影观念、风格、样式、人才没有完成升级的情况下逐渐衰退……香港电影进入了寒冬期。

与此同时，90年代后期的移民潮以及电影界新生力量的匮乏，也是香港电影陷入低谷的重要原因。这时期，香港电影人才纷纷前往好莱坞，如凭借《英雄本色》而崛起的吴宇森和周润发，因《龙虎风云》使得英雄片再起风云的林岭东，在《黄飞鸿》中建构新功夫片类型的徐克以及成龙、洪金宝、李连杰、袁和平等等香港电影人才，纷纷往国外发展。同时，由于香港电影的商业功利主义的浓重与港产片的减少，新人没有成长和培育的机会。刘德华、梁朝伟、黄秋生、刘青云、张曼玉等少数演员和杜琪峰、刘伟强、王晶、王家卫等几位中年电影人支撑着本港电影工业。这段时期，如果将每年的三级片、武侠片、喜剧片这三者的数量加起来，几乎就是港产片年产量的总数。香港电影市场空间越来越小，创作空间也越来越窄，两者开始了恶性循环。曾经被赞誉为"东方好莱坞"的香港电影从极盛时期逐渐步入低谷（参见表2），甚至被香港的媒体称之为"香港电影死了"。

两地电影的低迷，也带来了两地电影

表2　香港电影市场上映的电影数量与票房（1990—1997）

年份	港产片数量（部）	上映影片总数（部）	港片票房（亿港元）	总票房（亿港元）
1990	121	——	9.4	——
1991	126	473	10.4	13.7
1992	210	503	12.4	15.5
1993	234	502	11.5	15.3
1994	187	474	9.7	13.8
1995	153	461	7.9	13.4
1996	116	430	6.9	12.2
1997	88	410	5.5	11.6

合作合拍的低谷。这一时期，投资电影的政策风险远远大于市场风险。在内地各种民营、社会商业投资纷纷从电影转向电视剧的同时，香港与内地的电影合拍也逐渐减少。内地与香港的电影合作产量从1993年57部的最高点开始滑坡，1996年为29部（含协拍片6部），1997年为25部（含协拍片3部），到1998年，则下滑为7部（参见表3）[12]。加上港产片进入内地市场要面临好莱坞分账大片的竞争，相对于好莱坞的大制作而言的低成本港产片更是缺乏竞争力。许鞍华执导的《阿金的故事》和《半生缘》、于仁泰执导的《夜半歌声》、高志森执导的《南海十三郎》、方育平执导的《一生一台戏》等合拍片，与前一阶段的合拍片相比，其市场影响力和国际影响力都明显减弱。从1997年到2001年，在内地真正引起轰动并创造票房佳绩的合拍片只有《风云雄霸天下》、《我的兄弟姐妹》等少数几部影片。

这种衰落趋势，直到新世纪以后，特别是中国内地电影的产业化改革走向深入以后，才得到遏止，逐渐回升并进入到一个新的历史阶段。

五、合拍高潮期：互补共赢

2001年12月11日，中国政府签署加入WTO。这标志着内地经济在全球化背景下进入了一个新的发展阶段。在美国的要求下，世贸条款中，中国加入了每年增加10部分账发行进口美国电影的内容。处在观众信任危机中的中国国产电影在一片"狼来了"的预期中，被迫走上了产业化进程，政府对电影的管理方式发生了重要变化，从过去那种依靠国家硬性控制、指标式管理的方式，转变成为一种依靠经济手段和市场机制进行运作的管理方式。内地电影工业也因

[12]礼士：《今年制片产量正常吗？——浅析电影制片片业的现状和走势》，《电影通讯》，1997年第6期；唐榕：《电影与电视：竞争·双赢·共享》（上），《中国电影市场》，2005年第6期。

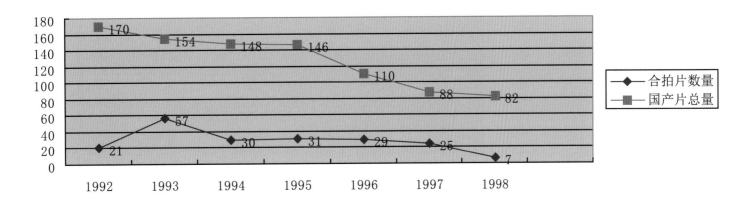

表3 90年代末期内地与香港电影合作合拍走势图

此进入了一个新阶段。

2002年，新的《电影管理条例》颁发。新条例在仍然明确规定中国实行电影许可证制度以及相应的电影审查制度的同时[13]，降低了行业准入的门槛，允许国营电影制片单位以外的人员和机构从事电影摄制业务[14]。随后，从2003年到2004年，国家广电总局颁布了一系列涉及电影合拍、电影审查的规定[15]，直接为中国电影的对外合作制片拓宽了空间。这些条例虽然仍然不允许外资（包括港资）在中国内地独立注册或者与内地非国有单位合资注册电影制片公司，也不允许在与国有电影制片单位合资的制片公司中注册资本比例超过49%，但是允许并"鼓励境内国有、非国有单位（不含外资）与现有国有电影制片单位合资、合作成立电影制片公司或单独成立制片公司；允许外资参股与境内现有国有电影制片单位合资、合作成立

电影制片公司"[16]。这些政策，逐渐开放了电影制作环节，带来了合作拍片新热潮。

伴随着这一系列中国电影政策和产业政策的调整和出台，也伴随着香港的顺利回归，与中央政府对香港的扶持政策相配套，内地对香港电影的态度也越来越开放，香港电影在身份上越来越从"境外电影"变成了"境内电影"，获得了与国产片基本相同的待遇。在各项政策之中，尤其以CEPA的颁布，对香港电影北上内地制片给予了直接鼓励和刺激。2003年6月29日，中央政府和香港特别行政区政府签署了《内地与香港关于建立更紧密经贸关系的安排》（Closer Economic Partnership Arrangement，"CEPA"为缩写）。CEPA中广泛涉及电影工业的整个产业链，其中包含：第一，香港公司拍摄的华语影片经内地主管部门审查通过后可不受配额限制，作为进口影片在内地发行；第二、香港与内地合拍的影片可视为国产片在内地发行；第三、对香港与内地合拍电影，允许港方人员增加所占的比例，但

内地主要演员的比例不得少于影片主要演员总数的三分之一，故事不限于发生在中国内地境内，但情节或主要人物必须与内地有关。此外，协议条款中还加入了允许香港公司在内地以合资、合作方式建设或改造电影院，并允许港方控股经营。从2005年1月1日起，还允许内地与香港合拍片在内地通过审查后在内地以外的地方胶片冲印，允许香港在内地设立独资公司发行国产影片。CEPA制定之后，国家广电总局电影局还发布了《关于加强内地与香港电影业合作、管理的实施细则》，规定在广东、广西、海南等粤语地区，根据市场需要，允许以普通话版本为标准，制作发行粤语版拷贝。

在这样的政策背景下，内地电影与香港电影在21世纪00年代，特别是2004年以后，似乎越来越水乳相融，难以分割。一方面，香港的投资、制作经验、电影人才和产业平台，扩展了内地电影在本土和国际的市场竞争力；另一方面，内地越来越扩展的电影市场和资源，则为香港电影提供了开阔的发展空间和生存空间。

CEPA的适时推出，对正处在本土和国际市场危机状态中的香港电影有如雪中

[13]《电影管理条例》第五条。
[14]《电影管理条例》第十六条。
[15]包括《电影剧本（梗概）立项、电影审查暂行规定》、《中外合作摄制电影片管理规定》、《电影制片、发行、放映经营资格准入暂行规定》、《外商投资电影院暂行规定》（总局令第18、19、20、21号文件）

[16]《电影管理条例》第五条。

送炭。中国星、寰亚、寰宇、星皓等香港制片公司纷纷北上，掀起了合拍片高潮。香港著名编剧、前金像奖主席文隽先生在2007年金像奖特刊中撰文表示，"回归祖国，香港片依然是香港片，不会变成国产片。但内地市场的开放与国家广电总局和电影局领导们审度时势的开明，却使得这十年的香港电影，逐渐向内地靠拢，甚至有融为一体的趋势"、"香港电影的前途，肯定北靠神州，由中国这个母体来决定它的生死存亡"。正是这样的共识，带来了内地与香港的合拍片的新局面。从2001年到2004年之间，中外合拍影片（包括内地香港合拍片）总计101部，内地香港合拍片共计77部，占中外合拍片的76%以上，合拍成为一种趋势。进入2005年以后，合拍数量每年都在30部以上，几乎是香港电影年产量的近一半，纯粹的"本土"港产片越来越少。许多香港电影制作人都意识到，香港电影投资规模超过600万港币，就大多需要内地市场的支撑[17]。所以，"迎合"内地需求，甚至像《无间道》、《旺角黑夜》、《大块头》等发行内地、香港两个不同版本，便成为合拍片的一种生意选择。

这一阶段的合拍，呈现了几个突出特征：

1. 电影合拍模式多样化

与20世纪90年代前后的合拍不同，这一时期，内地与香港电影的合拍模式更加多元，特别是内地的市场、资本、人才、条件资源在合拍中的主动性明显提高，过

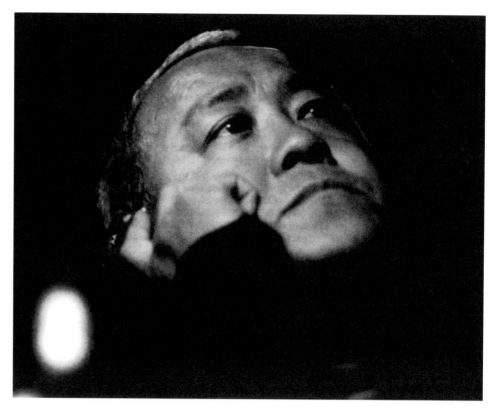

《无间道》（2002年，导演：刘伟强、麦兆辉）

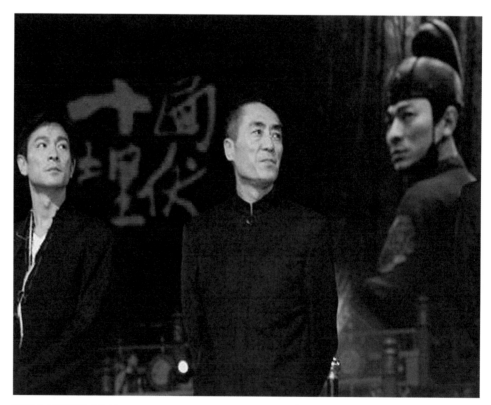

张艺谋在《十面埋伏》首发式上（2005年）

去那种对香港资金、人才的单方依赖的状况得到很大改变。

其中，有的影片采用内地制作、香港资本模式，如《十面埋伏》、《夜

[17] 杨彬彬：《市场加速度之港资、外资篇——一场未知的丛林探险》，《新京报》，2004年2月26日。

宴》、《太阳照常升起》等等；有的是香港制作、内地资本，如《投名状》、《如果·爱》、《墨攻》都包含大量内地资本；当然更多的是香港、内地混合制作或混合资本，如《满城尽带黄金甲》、《赤壁》、《云水谣》等等。跨区域融资、跨区域创制、跨区域制作、跨区域发行、跨区域放映已经成为一种趋势。

2. 跨界电影市场形成

在这一阶段，不仅合作合拍成为趋势，而且越来越多的合拍电影，无论是内地制作为主或是香港制作为主，都将市场预期扩大到内地和香港两个市场，以两个跨界市场为基础，辐射整个亚洲电影市场和其他电影市场。所以，合拍体现了越来越明显的香港电影内地化、内地电影香港化的创作策略。当然，由于香港电影的市场化程度高、市场反应灵敏，所以香港

电影的内地化趋向比内地电影的香港化改造要更加自觉和彻底，因此，合拍片在内地市场的效益也比在香港市场的效益更突出。而且，除少数几部大制作影片以外，内地制作为主的影片大多还难以进入香港市场。

尽管有一些港人认为，为了适应内地市场，香港电影在不断"内地化"和"去港化"的同时，逐渐失去了香港片的某些特点和魅力，但应该说，内地市场实际上却成为了危机中的香港电影的"救命稻草"。港产片，特别是合拍片是内地电影市场发展的最大受益者。香港电影年产量越来越低，本地市场规模也越来越小，近年来香港的年总票房在9亿港币左右，而港产片票房则不过3亿—4亿港币。所以，香港电影越来越自觉地希望通过合拍，获得进入内地市场的机会，依靠内地市场支撑电影产业。一般情况下，一

部在香港和内地发行的合拍影片，其内地票房常常是香港市场票房收入的3倍以上（参见表4）。以寰亚公司为例，2003年、2004年内地电影票房分别是8亿和15亿，寰亚电影均占到10%。该公司内地市场收入在以超过100%的增幅提升。根据《寰亚综艺娱乐集团2004年年度报告》，内地市场在其所有区域市场收入中增幅最大，总收入达72,000,000港元，占该集团于2004年总收入的29.7%，较前一年的收入增加110.5%；而香港市场较2003年增加30.1%，亚洲其他地区温和增加14.5%，欧洲和美洲增加29%。[18]

内地电影市场，的确成为了香港电影的重要支撑。内地的电影票房已经连续5年高速增长，2007年超过了33亿人民币，其中国产电影的票房超过18亿（参见

---

[18]《寰亚综艺娱乐集团2004年年度报告》。

表4 香港与内地电影票房对比		
影片	内地票房(单位：人民币)	香港票房(单位：港币)
《宝贝计划》	9200万	2336万
《伤城》	7430万	1989万
《墨攻》	6150万	1556万
《龙虎门》	5130万	1156万
《头文字D》	6580万	3786万
《神话》	9550万	2000万
《如果·爱》	2980万	1405万
《情癫大圣》	4900万	835万
《七剑》	8301万	700万

表5 中国内地电影市场统计（2003—2007）（单位：人民币）								
年度	国内总票房	增长	国产电影票房	进口电影票房	海外销售及票房收入	电影频道广告收入	总收入	增长
2003	9.5亿				5.5亿	7亿	22亿	
2004	15.7亿	65%	8.3亿	6.7亿	11亿	10亿	36亿	63.6%
2005	20亿	27%	11亿	9亿	16.5亿	11.5亿	48亿	33.3%
2006	26.2亿	31%	14.4亿	11.8亿	19.1亿	12亿	57.3亿	19.4%
2007	33.27亿	26%	18.01亿	15.26亿	20.2亿	13.79亿	67.26亿	17%

表5）。而在国产影片票房排行的前10位中，至少一半以上是内地与香港的合拍片。2004年国产片票房前10名，《十面埋伏》、《功夫》、《天下无贼》、《新警察故事》、《2046》、《千机变2》、《龙凤斗》等7部都是内地和香港的合拍片，粗略统计其票房至少占国产片总票房的70%以上。2007年，中国内地票房排行榜前10位中，除了《集结号》以外，全部都是内地与香港的合拍影片（参见表6）。香港电影或者说合拍片，在内地市场上已经成为最有竞争力的影片。

而由于合拍带来的跨界市场预期增加了电影制作的投资信心，往往也使合拍片制作更加精良，不仅在内地受到市场认可，而且在香港本地市场上也更加具有竞争力。2002年刘伟强以合拍片《无间道》拿下5504万港元的票房而稳坐冠军位置。作为合拍片，张艺谋的《英雄》则以2664万港元居亚军。在2006年的香港市场，华语电影票房的前4名都是合拍片，即《霍元甲》、《宝贝计划》、《墨攻》和《满城尽带黄金甲》。2006年香港10部票房最高的华语影片中，只有彭氏兄弟的《鬼域》和杜琪峰的《黑社会——以和为贵》没有在内地上映。可以说，内地与香港的合拍片已经成为国产电影的绝对主力[19]，并且也成为香港电影市场的主力。在这种情况下，多数合拍电影都将市场定位为内地与香港的跨界市场，在此基础上，再覆盖东南亚、日本、韩国等亚洲市场，最后冲击欧美市场。跨界市场，是这时期合拍片的重要商业特点。

表6 2007年内地华语片票房排行前10位（单位：人民币）		
排名	2007年国产片	票房
1	《投名状》	22000万
2	《集结号》	21000万
3	《色·戒》	12000万
4	《门徒》	6300万
5	《男儿本色》	3400万
6	《不能说的秘密》	3300万
7	《导火线》	3100万
8	《天堂口》	3000万
9	《兄弟之生死同盟》	2870万
10	《铁三角》	2700万

[19]根据香港影业协会（MPIA）的统计，在2004年香港制作的64部影片中，有一半是合拍片。

3. 电影制作、创作资源的全面融合

在20世纪90年代，除了与张艺谋、陈凯歌等一两位面向国际市场的内地导演合拍以外，合拍片大多是由香港出资、出人，而内地仅仅只能提供自然资源、场地资源和一般的劳力资源的协作。但是，2000年以后，内地的资本、导演、演员，甚至包括一些专业制作、技术人员，都逐渐成为合拍片的重要元素。

合拍片中，由香港明星"一统天下"的局面开始改变，大量内地演员特别是女演员成为合拍片的主角。《2046》由内地两大国际影星章子怡、巩俐出演；《如果·爱》中，周迅担任女主角；《门徒》中，张静初饰演女主角阿芬；《伤城》中，徐静蕾与梁朝伟、金城武两大巨星合作；《墨攻》中，范冰冰与刘德华合作；《宝贝计划》中，高圆圆与成龙合作；《龙虎门》中，两位主要女性角色的扮演者董洁和李小冉也都来自内地。与内地女演员在合拍片中屡唱主角相比，目前内地的男演员在合拍片中更多还是以配角面貌出现，如《宝贝计划》中的陈宝国、《墨攻》中的王志文、《七剑》中的孙红雷和陆毅等。在合拍片中，香港男演员的身影更活跃，而且严格来说，内地的男演员几乎还无人能够与香港的成龙、刘德华、周润发、梁朝伟，甚至谢霆锋、吴彦祖等男艺人的市场影响力相比。内地似乎是阴盛阳衰，而香港却是阳盛阴衰。

与此同时，两地电影技术人才的融合也相当活跃。中国星、寰亚、寰宇、星皓等香港制片公司纷纷加强与内地的合作。1994年创办的香港寰亚综艺集团（Media Asia），自创建以来先后与内地导演谢飞、孙周、何平、冯小刚等合作拍片。2002、2003年的《无间道》系列成为寰亚集团的新起点。该公司2004年投资拍摄8部影片，均采用与内地的中影集团、保利

表7 中国部分大制作商业电影在国内、国际市场的票房

出品年份	片名	中国票房（亿人民币）	国际票房（亿人民币）	总票房（亿人民币）
2000	《卧虎藏龙》	0.2	16	16.2
2003	《英雄》	2.5	11	13.5.
2004	《十面埋伏》	1.5	3	4.5
2004	《功夫》	1.7		1.7
2005	《无极》	1.8	1.86	3.66
2006	《满城尽带黄金甲》	2.8		2.8

资料来源：《综艺》（中文版），2007 年。

表8 美国市场卖座的外语片票房 (1980—2005)

排名	影片	影业公司	票房总额$/影院	首映$/影院	日期
1	《卧虎藏龙》（中国台湾）	索尼经典	128,078,872/2,027	663,205/16	12/8/2000
2	《美丽人生》（意大利）	米拉麦克斯	57,563,264/1,136	118,920/ 6	10/23/1998

排名	片名	影业公司	票房总额$/影院	首映票房$/影院	日期
3	《英雄》（中国内地）	米拉麦克斯	53,710,019/2,175	18,004,31/2,031	8/27/2004
4	《天使爱美丽》（法国）	米拉麦克斯	33,225,499/303	136,470/3	11/2/2001
5	《事先张扬的求爱事件》（意大利）	米拉麦克斯	21,845,977/147	95,310/10	6/16/1995
6	《巧克力情人》（墨西哥）	米拉麦克斯	21,665,468/64	23,600/2	2/19/1993
7	《一笼傻瓜》（法国）	米高梅	20,424,259	18,709/5	3/30/1979
8	《功夫》（中国香港）	索尼经典	17,108,591/2,503	269,225/7	4/8/2005
9	《摩托日记》（多国合作，西班牙语）	焦点	16,781,387/272	159,813/3	9/24/2004
10	《铁马骝》（中国香港）	米拉麦克斯	14,694,904/1,235	6,014,653/1,225	10/12/2001
11	《季风婚宴》（印度）	焦点	13,885,966/ 254	68,546/2	2/22/2002
12	《你的妈妈也一样》（墨西哥）	独立电影频道	13,839,658/286	408,091/40	3/15/2002
13	《天堂影院》（意大利）	米拉麦克斯	11,990,401/124	16,552/1	2/2/1990
14	《潜艇风暴》（德国）	米拉麦克斯	11,487,676/2	$26,994/2	2/10/1982
15	《狼族盟约》（法国、加拿大）	环球	11,260,096/405	100,839/37	6/1/2001
16	《十面埋伏》（中国内地）	索尼经典	11,050,094/1,189	397,472/15	12/3/2004
17	《谈谈情，跳跳舞》（日本）	米拉麦克斯	9,499,091/	–n/a	7/11/1997
18	《对她说》（西班牙）	索尼经典	9,285,469/255	104,396/2	11/22/2002
19	《我的狗脸岁月》（瑞典）	斯考拉斯	8,345,266/1	11,667/ 1	5/1/1987
20	《关于我的母亲》（西班牙）	索尼	8,272,296/145	50,362/4	11/5/1999

资料来源：www.boxoffjcemojo.com/genres/chart/?id=foreign.htm；骆思典：《全球化时代的华语电影：参照美国看中国电影的国际市场前景》，《当代电影》，2006 年第 1 期，第 16—29 页。

表9 美国外语片市场上中国电影的票房表现（1991—2005）					
排名	片名	影业公司	票房总额$/影院	首映票房$/影院	日期
1	《卧虎藏龙》	索尼经典	128,078,872/2,027	663,205/16	12/8/2000
3	《英雄》	米拉麦克斯	53,710,019/2,175	18,004,319/2,031	8/27/2004
8	《功夫》	索尼经典	17,108,591/2,503	269,225/7	4/8/2005
10	《铁马骝》	米拉麦克斯	14,694,904/1,235	6,014,653/1,225	10/12/2001
16	《十面埋伏》	索尼经典	11,050,094/1,189	397,472/15	12/3/2004
22	《饮食男女》	戈尔德温	7,294,403/217	155,512/14	8/3/1994
26	《喜宴》	戈尔德温	6,933,459/113	134,870/7	8/6/1993
42	《霸王别姬》	米拉麦克斯	5,216,888/3	69,408/ 3	10/15/1993
77	《花样年华》	美国电影	2,738,980/74	113,280/6	2/2/2001
79	《大红灯笼高高挂》	奥伦经典	2,603,061/40	22,554/1	3/13/1992
85	《活着》	戈尔德温	2,332,728/67	32,900/2	11/18/1994
95	《摇啊摇，摇到外婆桥》	索尼经典	2,086,101/43	209,098/22	12/20/1995
104	《菊豆》	米拉麦克斯	1,986,433/39	10,300/1	3/6/1991
108	《秋菊打官司》	索尼经典	1,890,247/35	25,785/1	4/16/1993
136	《2046》	索尼经典	1,362,110/61	113,074/4	8/5/2005
143	《我的父亲母亲》	索尼	1,280,490/37	40,557/6	5/25/2001
145	《荆轲刺秦王》	索尼	1,267,239/37	47,295/7	12/15/1999
152	《洗澡》	索尼	1,157,764/46	40,125/6	7/7/2000
154	《春光乍泄》	U A	1,151,941/47	69,209/6	5/30/2003
159	《变脸》	戈尔德温	1,113,103/23	51,539/16	5/14/1999
161	《风月》	米拉麦克斯	1,100,788/46	66,471/5	6/13/1997
177	《天浴》	平流层	1,010,933/22	23,880/3	5/7/1999

排名	片名	影业公司	票房总额$/影院	首映票房$/影院	日期
230	《重庆森林》	滚雷	600,200/20	32,779/4	3/8/1996
231	《一个都不能少》	索尼	592,586/24	50,256/6	2/18/2000
240	《巴尔扎克与小裁缝》	帝国	497,400/22	16,694/1	7/29/2005
241	《少林足球》	米拉麦克斯	489,600/14	39,167/6	4/2/2004
281	《幸福时光》	索尼经典	240,093/14	31,084/6	7/26/2002
285	《你那边几点》	温泉	195,760/4	27,936/4	1/11/2002
316	《十七岁的单车》	索尼经典	66,131/9	23,251/6	1/11/2002
321	《世界》	时代精神	60,688/3	5,390/1	7/1/2005
357	《千禧曼波》	帕尔姆	14,904/1	4,619/1	12/31/2003
363	《17岁的天空》	斯特朗德	11,165/1	5,124/1	8/26/2005
				· 不包括香港巨星成龙的所有电影。	

资料来源：骆思典：《全球化时代的华语电影：参照美国看中国电影的国际市场前景》，《当代电影》，2006年第1期，第16—29页；电影票房网站http://www.boxofficemojo.com/genres/chart/?pagenum=3&id=foreign.htm.

集团、华谊兄弟等国有、民营影视制作机构合拍的方式。

资源的共享和合作，不仅提高了华语电影的制作规模、制作质量，同时也借助于创意品牌在所在地的影响提高了影片的知名度和竞争性。当然，这些合作，对于内地电影业在制作流程、管理流程方面的专业化、规范化、国际化也起到了促进作用。

4. 华语片品牌逐渐形成

如果说在20世纪80年代末、90年代初，中国电影基本是以"艺术电影"的定位，通过国际电影节获奖的方式进入国际空间的话，那么2000年以后，继《卧虎藏龙》，华语片已经开始通过主流电影发行公司进入国际商业院线。而且，可以说，凡是进入国际商业市场发行的影片，绝大多数都是香港和内地的合拍片。《英雄》、《十面埋伏》、《霍元甲》、《功夫》、《夜宴》、《满城尽带黄金甲》、《龙虎门》等一批大制作合拍商业电影相继进入欧美主流院线市场。其中《英雄》国际票房达11亿人民币，《十面埋伏》达3亿人民币。从80年代以来，美国市场上票房前20名的外语影片中，华语片就占有6部，其中，《卧虎藏龙》、《英雄》分列第一和第三，而2000年以后华语片在北美市场上票房排行前列的影片也大多是合拍片（参见表7、表8、表9）。《功夫》有2503家影院同步上映，《英雄》达到2175家，《卧虎藏龙》2027家，《十面埋伏》1189家。相比之下，美国市场上前20名中的其他外语影片，只有《美丽人生》在超过1000张银幕上上映过。这种强大的市场覆盖和渗透能力，使得"在美国市场上，华语电影已经比其他任何欧洲国家的电影更受观众欢迎，而欧洲电影曾经是美国市场上最成功的艺术影院电影的传统来

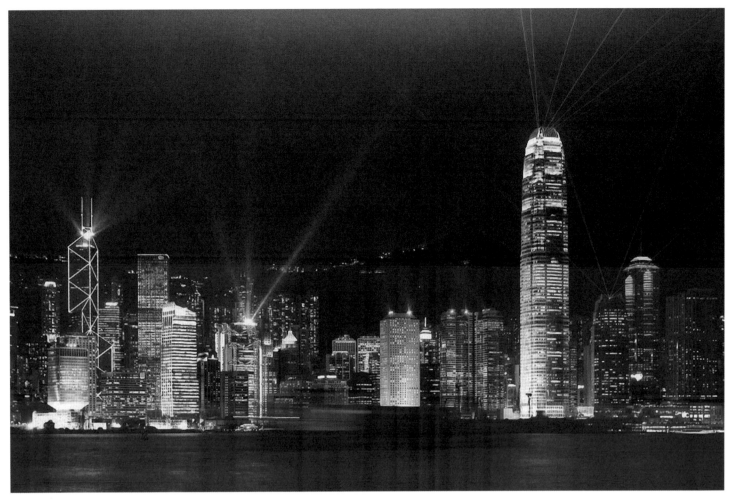

香港，娱乐之都

源"[20]。而这种局面的形成，正是合拍带来的结果。国际市场上华语片影响力的提高，对于内地和香港电影产业的发展来说具有重要意义。在今天，随着好莱坞电影全球化战略和策略的深入，任何本土坚守都会面临巨大威胁。电影的国际化，随着资本、市场、资源的国际流通，已经变成一种别无选择的选择。

从总体上看，这些合拍片中，一部分是在国际上获奖的艺术片，而商业片大多为武侠电影。李安、张艺谋、陈凯歌、吴宇森、冯小刚、王家卫、周星驰、陈可辛等导演，李连杰、章子怡、巩俐、成龙、周润发、刘德华、金城武等演员则通过这些影片成为了华语片最重要的国际元素，甚至开始被许多外语片选择用来增加影片的亚洲亲和力。合拍，使华语片获得了一定国际地位，也使中华文化成为一种电影品牌。香港电影的产业化经验、国际化平台与内地电影的丰富资源、广大市场相互结合，真正实现了互补共赢，为未来华语片发展奠定了基础。

六、新合拍时代：共造华语片

20年来，内地与香港电影的合作经历了种种发展变化，而从合拍模式看，大致可以分为4类：

1. 内地为主的制作模式

《英雄》、《十面埋伏》、《天下无贼》、《诅咒》、《集结号》等，主要以内地主创人员为主体，香港提供资金、技术和市场资源等方面的合作。

2. 香港为主的制作模式

《东邪西毒》、《韩城攻略》、《神话》、《如果·爱》、《宝贝计划》等，

[20]骆思典：《全球化时代的华语电影：参照美国看中国电影的国际市场前景》，《当代电影》，2006年第1期，第25页。

以香港主创人员为主体，内地方提供劳务、资金、场地、服务和发行等方面的合作。

3. 内地资金、香港制作模式

前期香港"左翼"电影机构拍摄的影片部分来自内地的"统战"投资，而2000年以后，内地也开始有越来越多的商业投资邀请香港主创人员来完成电影制作，如《墨攻》、《投名状》等。

4. 混合制作模式

内地与香港，甚至与台湾、国外的主创人员、资金等等都以股份的方式混合在一起，形成多方合作，如《无极》、《夜宴》、《太阳照常升起》、《蓝莓之夜》等等。

第四种模式目前越来越成为主流。2007年9月，由内地和香港演员主演的《色·戒》夺得威尼斯电影节"金狮奖"；2007年11月，中国电影金鸡奖最佳女主角授予了香港演员刘嘉玲；2007年12月，台湾电影金马奖几乎被合拍片包揽；《投名状》、《太阳照常升起》、《门徒》等合拍片在内地和香港都产生重大影响……2007年，可以说是内地与香港电影的"合作之年"。合拍不再是一个项目，而是一种普遍选择，甚至人们也难以分清究竟哪些是所谓的港产片，哪些是所谓的传统意义上的国产片。资本、制作、市场都融合在一起，似乎表明内地与香港电影已经进入了一个由市场配置的新阶段。

当然，这种化学反应仍然会面临种种困难和障碍，如一些合拍作品过度迎合市场的政策需求和观众需求，带来艺术品质的下降；由于"一国两制"的差异，客观上还存在许多合拍的政策难度和风险；内地的创作资源与香港的创作资源之间还存在某些不协调，特别是演员的气质、语言、动作风格的差异，常常造成电影假定性地难以完成对观众的封闭，为创作带来艺术难度；内地与香港市场的电影趣味和观众需求并不完全一致，跨界市场难以完全预计，如由刘青云和梁咏琪领衔主演的《窈窕淑女》（港名《绝世好宾》）在港票房近千万，在内地却得不到观众青睐，任贤齐和杨千嬅的《花好月圆》内地票房也远不如香港。反之，《飞鹰》、《魔幻厨房》和《青年干探》等片的内地票房则远远高于香港票房，《韩城攻略》的香港票房才700万元，但在内地却收到了3000万，成龙的《神话》在香港只有1000万票房，而内地的票房却突破了亿元大关……但是，所有这一切，与合拍带来的巨大的发展想象相比，似乎都变得微不足道了。

大多数香港电影人都乐观地断言，香港与内地合作是不可改变的大方向[21]，甚至他们认为将来内地和香港的电影在幕前、幕后、投资人方面都将走向全面合作，不应该也分不清港片、台湾片、内地片了，以后都应该称为中国电影或者华语电影。这些电影不仅要面向内地、香港，更要面向世界。内地优秀的导演、明星与香港成熟的对外销售网络、推广经验应该融合在一起，以华语电影的整体优势，踏上文化产业的跨界之旅，共同创造华语片的大市场。

正是在这样的市场目标引导下，未来华语地区合拍的地理分割即将越来越模糊，投资、主创人员、类型、市场都彼此包融，你中有我，我中有你，合拍的物理结合将越来越变成后合拍的化学反应。实际上，从《英雄》到《投名状》，这种化学反应已经成为事实，在未来更将成为一种普遍的现象。国产片、港产片的称呼已经很难表明每部影片真正的身份，而华语片也许将成为共同的更准确的名称。

后合拍时代内地与香港电影的化学反应不仅体现在每一部具体作品上，更会体现在产业的主体上，将来会出现越来越多的内地、香港和其他地区的合资公司、股份公司，出现跨区域、跨国家的电影企业。内地的橙天娱乐2007年10月底正式成为香港嘉禾的最大单一股东，这是内地公司首次成为香港上市电影公司的主要股东，也成为亚洲电影业打破地域性限制的一次重要尝试。这一新闻，从某种角度象征着香港和内地电影产业在2008年以及未来的合作之路：进入后合拍的化学反应时代。

著名电影学者大卫·波德威尔曾经评价香港电影是"电影史上的一个成功故事"[22]。或许，在不远的将来，我们就可以说，华语电影是电影史上的一个更成功故事——中国国家形象和国家地位的上升，包括北京奥运会的召开都正在引起世界越来越强烈的关注；全球化环境下东方文化提供了一种参照性的"还乡"意义从而逐渐被西方人关注；华人文化长期的历史传统、文化资源和美学风格所具备的文化差异性也具有一定的市场空间；中华文

[21] "新浪娱乐"《与香港电影人对话》专集，http://www.sina.com.cn，2007年6月18日。

[22]David Bordwell, Planet Hong Kong, Harvard University Press, 2000, P.1.

化不断扩展的国际影响带来的国际期待；内地、香港、台湾的广泛合作带来的资源互补；内地、香港、台湾、澳门以及新加坡、马来西亚等东南亚华语地区，日本、韩国等亚洲其他泛华文化地区以及世界各国的华人群落等则构成了一个接受华语电影文化的共同交流空间；此外，中国对外开放和国际合作带来的电影业投资、创作和发行的越来越国际化，中国电影工业的相对低成本优势，华语电影所形成的一批具有一定国际影响和品牌价值的导演和明星、故事、类型等等，都将推动华语电影更多地走向世界。当然，内地与香港的电影的融合，是否能够避免由于相互的市场适应而导致电影创造性的丧失，充分利用两地优势为艺术创新留出空间；是否能够通过更大的市场平台，完成综合性的产业纵横整合，形成具有国际竞争力的电影企业……应该说，都还需要进程来证明。

第 十二 章

跨越百年的中国电影

（2000年以来）

中国电影经过百年发展，在进入又一个百年之时，也站到了一个新的起点和转折点上。在经过20世纪末的低谷徘徊的阵痛以后，进入新千年的中国电影，随着电影的文化产业地位的确立，通过行业开放、体制改革、培育市场机制等手段，逐步走上了产业化改革和发展之路，并在21世纪的初期出现了跳跃式的发展势头，中国电影的产量、电影观众的人次、电影产业的规模和电影产品的国际化都取得了显著的进展，带来了在全球化、数字化大背景下中国电影的一个新的发展高潮，为中国电影在新世纪的复兴和繁荣开创了良好局面。

第一节
中国电影产业进入黄金机遇期

在刚刚跨入新世纪之际，中国在全球化压力下加入"世界贸易组织"（WTO）成为了现实。"入世"，这一历史性事件，作为一种标志，表明中国跨入了全球化进程。因而，中国电影也不可避免地被卷涉其中。正是这种全球化的背景，使产业化重新成为中国电影的关键词。进入新世纪以后，一方面是全球化的外部威胁，一方面是民众娱乐的内在需求，加上文化实力逐渐作为一种软实力成为国家力量的重要组成部分，客观上推动了中国的文化管理者对电影的重新认识。这种认识的最直接的结果，就是确认了电影的文化产业定位，确立了电影以市场为导向的产业化发展的道路。"市场就是政治"，或者说"市场

份额就是政治"逐渐成为一种共识，中国电影必须以一种产业的形态进入全球的政治、经济、文化的循环交流之中，重新建构自己的品格和品质。

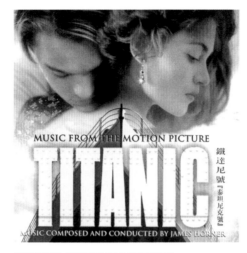

《泰坦尼克号》创造了中国历史上最高票房纪录

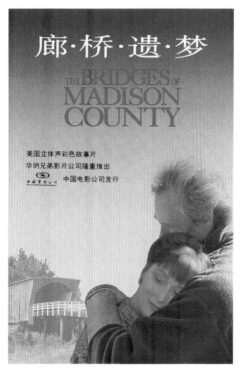

1955年，本片成为当年中国电影市场票房最高的电影之一

一、电影改革：最大限度的行业准入、产品准入开放

进入21世纪以来，政治层面的意识形态宣导任务，逐步为从上世纪末大量出现的"主旋律"电影所承担；电影的艺术功能，特别是娱乐功能得到了肯定和强化；电影的经济属性被放大，并成为评估影片得失成败的重要指标之一。这种产品定位的多元化，既减少了主管部门和创作制片部门之间关切点的错位，也减少了政治、文化与经济等各力量在产品内部的折冲抵消，一定程度上增加了产品的市场适应能力，使部分市场导向的影片逐步获得观众（消费者）的认可，带来了电影消费的连续增长。与其说中国电影目前处于一个上升期，不如说处于一个重要的战略转型期，毕竟在这种强劲上升的势头背后，是战略转型时渗透于电影产业各个环节的无所不在的经济策动力。

正是这种转型，带来了中国电影票房的大幅增长，国产电影总票房连续超过进口电影票房；在各种媒介的合力推波助澜下，中国电影也成为媒介空间里和大众社会中最热闹的议题。中国观众看电影的人数、频率和热情似乎都在增长，被冷落多年的电影似乎又走上了复兴之路，成为大众生活的一个重要组成部分。

中国电影在经历了以上这些不同的发展阶段以后，应该说，正在进入一个新的复兴期。在全球文化流动中，中国电影或者适应市场竞争，在保持市场份额的同时保持中国电影的文化主权；或者退出市场竞争，在失去市场的同时失去文化的主体性。所以，中国电影的产业转型的迫切性并不是一个理论问题，而是一个现实问题。经过新时期电影多元化的艺术思潮的滋养，向新世纪的产业模式转型，成为具有大众文化品质的中国新电影，是一种历史的选择。这种选择，将决定着中国电影

如何选择自己新的历史。在中国提出全面建设小康社会的政治目标的时候，中国电影将为大众提供满足精神愉悦需求的文化产品，从而成为这一目标的组成部分，不仅为这一目标提供文化想象，而且也提供新经济生长点。

于是，从2000年以后，政府相关管理部门出台了一系列推动电影产业发展的政策、文件和规定，特别是中共十六大召开以后，2004年集中推出了一系列文件，在电影的行业准入、产品准入方面，都表现了越来越明显的开放态度。这些文件在推动国有电影机构改革生产关系的同时，采取了从制作到放映再到发行、从内资到港资及台资再到外资的开放顺序，释放了电影的生产力，促进了多元投资、多种所有制、多种生产方式竞争共存的电影产业局面。

2003年以后，中国电影产业连连高速增长，与政策环境的改善有很大的关系。大量外围资本的涌入，让电影人比以往任何时候都拥有更多的创作机会；这些资本本身对利润的渴望，又使得电影人在生产电影的过程之中，也比以往任何时候都注重对市场的观察和考量。从某种意义上讲，正是电影外围经济环境的改变，正是资本的力量，在促成了中国电影产业格局变化的同时，也推动了电影生产和营销方式的改变。与此同时，技术环境的改善则为电影的制作和放映提供了新的契机。数字技术、网络技术等的升级换代，也给中国电影带来了新的生产方式、传播方式和产品增值点。数字技术的使用一定程度上降低了电影的制作、发行和放映成本，而音像版权、网络播放权、手机电影播映权、数字节目版权、网络游戏改编权等高

中国主要电影政策法规	
政策法规名称	施行日期
《电影审查规定》	1997年1月16日
《广播电影电视行政复议办法》	2001年5月9日
《电影管理条例》	2002年2月1日
《电影制片、发行、放映经营资格准入暂行规定》	2003年12月1日
《外商投资电影院暂行规定》	2004年1月1日
《广播电影电视立法程序规定》	2004年8月1日
《电影片进出境洗印、后期制作审批管理办法》	2004年8月1日
《电影剧本（梗概）立项、电影片审查暂行规定》	2004年8月10日
《中外合作摄制电影片管理规定》	2004年8月10日
《广播影视节（展）及节目交流活动管理规定》	2004年10月10日
《互联网等信息网络传播视听节目管理办法》	2004年10月11日
《中外合资、合作广播电视节目制作经营企业管理暂行规定》	2004年11月28日
《电影企业会计核算办法》	2005年1月1日
《广播电影电视系统内部审计工作规定》	2005年1月10日

资料来源：国家广播电影电视总局政府网站，http://www.sarft.gov.cn；中华人民共和国政府网站，http://www.ccnt.gov.cn/.

政策法规名称	施行日期
《广播电影电视行业统计管理办法》	2005年3月1日
《〈外商投资电影院暂行规定〉的补充规定》	2005年5月8日
《〈电影企业经营资格准入暂行规定〉的补充规定》	2005年5月8日
《电影院计算机票务管理系统软件技术规范》	2005年6月1日
《广播影视系统地方外事工作管理规定》	2005年7月7日
《数字电影发行放映管理办法（试行）》	2005年7月19日
《〈外商投资电影院暂行规定〉补充规定二》	2006年2月20日

科技形式的新载体不断涌现，为电影带来了更多的资金回收渠道。它们一方面使得电影比以往任何时候都容易到达观众眼前，另一方面也使得电影业建立新的盈利模式成为可能。

2003年—2004年以后，中国电影在行业准入、电影准入方面出现了前所未有的开放，中国电影以一种产业的形态进入全球的政治、经济、文化的循环交流之中，重新建构自己的品格和品质。在这种电影产业化的过程中，电影必然会产品化，而电影产品的商业属性则集中体现为娱乐化。电影主体逐渐成为娱乐产品。这种变化带来了中国电影产业的大繁荣和市场的大繁荣。中国电影产量迅速增加，中国电影市场高速回升，中国电影产品开始进入国际主流市场。以张艺谋的《英雄》（2002）、《十面埋伏》（2004）、《满城尽带黄金甲》（2006），陈凯歌的《无极》（2005）、《梅兰芳》（2008），冯小刚的《集结号》（2007）、《非诚勿扰》（2008）等大片为代表，加上一批港产类型影片和内地年轻导演的新商业影片，形成了中国主流电影集群。尽管这一阶段的电影，很难出现思想深度和艺术创新高度融合的电影，但是却壮大了电影行业的力量，扩大了中国电影在国际国内的影响，为中国电影面对全球化挑战、面对多种媒体的竞争积聚了力量。中国电影重新开始回到中国文化生活的中心，奠定了中国电影发展的产业基础。

二、电影产业：爆发式增长

中国电影市场以近十年的高速增长传递了产业信心，新一轮影院建设出现高潮，国产电影整体商业品质不断提升，3D电影、IMAX等特种影片形成市场冲击，大众文化娱乐消费需求更加强烈，

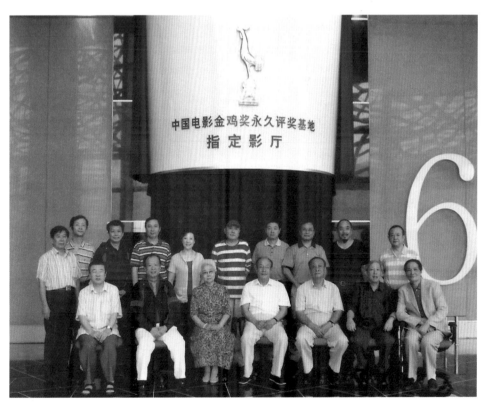

第26届中国电影金鸡奖评委合影（2007）

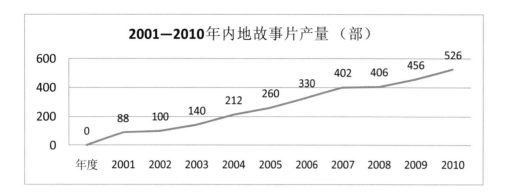

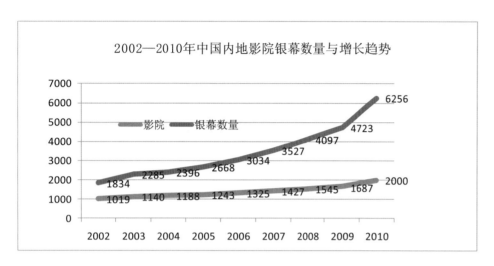

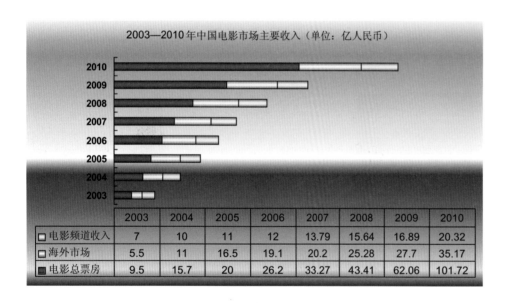

	2003	2004	2005	2006	2007	2008	2009	2010
电影频道收入	7	10	11	12	13.79	15.64	16.89	20.32
海外市场	5.5	11	16.5	19.1	20.2	25.28	27.7	35.17
电影总票房	9.5	15.7	20	26.2	33.27	43.41	62.06	101.72

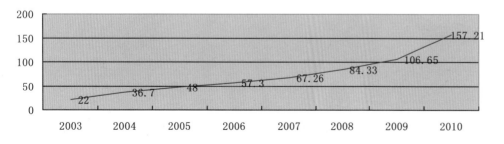

"供求两旺"创造了2010年中国电影产业的爆发式增长，中国电影票房跨入百亿时代，电影产业在从粗放发展向内涵发展的道路上迈进了21世纪的新十年。

1. 电影产量连续9年稳定增长，电影品种更趋丰富

2010年度全国故事影片生产总量526部，创历史新高，增长幅度28.5%，产量已接近美国电影年产量，居全球前三。此外，本年度还生产动画片16部、纪录片16部、科教片54部、特种影片9部，电影频道出品数字电影100部。电影品种更加丰富，为电影市场增加了更多选择。

2. 内地影院银幕数量大幅增加，电影市场扩容明显

2010年度全国新增影院313家，新增银幕数1533块，平均每天新增4.2块银幕，银幕年增长率32.5%，为近8年来最高。全国城市影院银幕总数达6200块。其中，3D数字银幕数1100块，居美国之后，为全球第二。影院和银幕的大幅度增加，为电影市场增长提供了可能性。

3. 内地电影票房出现井喷奇迹，中国市场跨入百亿时代

中国电影票房2010年年收入突破100亿，增幅达64%，创造了全球市场奇迹，票房总量超过英国，相当于世界最大电影市场北美票房的1/7，已进入世界电影市场前10位。票房、海外收入、电影频道广告收入等各项综合收入接近160亿，增幅48%，电影产业规模明显扩大。

4. 全年影院观众人次接近3亿，电影

消费需求持续上升

本年度电影市场火爆，电影观众规模和观影频次都有较大幅度提高，影院观众约2.9亿人次[1]，增幅43%，每个中国人平均5年进影院观看一次电影。

连续9年来，在电影生产数量、银幕数量、票房总量、综合收入总量、观众人次、国产电影市场份额等各主要指标上，中国电影都形势大好，显示出蓬勃发展势头。

三、电影格局：核心企业逐渐成形

由于最大限度的准入开放政策，降低了电影产业进入门槛，近年来中国的电影企业和电影产量都高速增长。但由于银幕数量和影院市场的规模限制，中国影院市场实际容纳量应在两百部左右，目前年产影片总量的至少三分之二影片难以进入影院流通。为了提高竞争能力，增加影片效益，强化市场控制力，减少交易成本，延伸产业链，本年度国有电影企业继续通过改企转制重组，民营电影企业则通过资本市场，进一步推进了资源整合、产业链完善，使电影生产、发行和播映各个环节的市场集中度有所提升，产业格局逐渐明晰。

1. 资本进入电影产业，电影产业进入资本市场

由于电影业的蓬勃发展，大量社会资金进入电影领域。这些投资主要集中于电影制作、院线发行以及影院建设三个主要环节。电影企业进入资本市场则是电影产业做大做强的必经之路。以影视内容制作为主业的橙天嘉禾和华谊兄弟分别在2009年的7月和10月在香港、深圳上市，开启我国影视行业的资本化进程。本年度多家影视企业或者对上市蠢蠢欲动，或者通过各种股权交易的方式募集资金，风险投资也仍然青睐电影产业。

2010年年底，民营发行企业博纳国际影业集团通过IPO(首次公开募股)方式在美国纳斯达克交易所上市[2]，成为第一家在美国上市的中国影视企业。同日，按照政策规定剥离了电影频道等媒体机构的中国电影股份（中影股份）[3]成立，注册资金14亿元人民币，正积极筹划上市融资，完成现代企业制度改造，破解国有企业原有体制的束缚。在各级政府支持下，银行等金融机构本年度也继续加大对电影企业的信贷支持。北京银行先后为华谊兄弟、光线传媒、保利博纳等娱乐公司提供贷款。

中国电影行业目前进入了"不差钱"阶段。尽管中国电影企业受到体制、政策等方面的限制，进入资本市场之后主要集中于影视制作和发行，不同体制、不同媒介、不同行业、不同区域的战略性整合重组仍然比较少，但资本市场对企业的优化作用和市场的淘汰作用将逐渐发挥出来。

2. 整合电影全产业链，形成综合性大企业

竞争有序的电影产业通常由若干家大型综合的全产业链企业所主导，众多有特色的专业化的独立电影公司作为补充。近年来，随着产业发展的需要，一些有实力的电影企业纷纷向集中化、规模化、综合性和全产业链方向发展。产业链整合，为企业获得了更大的定价权。完整的产业链延伸整合包括影视制片、制作、发行、营销、放映、影视服务等完整的传统产业内容，同时还涉及电影新媒体、演艺经纪及电视剧制作、新媒体电影及电影旅游项目以及电影衍生品的开发和市场培育。

中影集团、华谊兄弟、保利博纳集团等都分别在产业的上中下游进行拓展和延伸，整合营销和渠道。华谊兄弟将电影、电视和艺人经纪三大业务板块有效整合，实现从编剧、导演、制作到市场推广、院线发行等完整的生产体系，同时还计划2年内建设6家影院、5年内累计建设约15家影院。其已在重庆开业的首家影院对致力于打造全产业链的华谊兄弟具有指标性意义[4]。华谊电影业务已逐步完成从内容制作到终端渠道的整合。成立于2005年的华策影视也正式在创业板挂牌上市，成为A股第二家影视制作业上市公司[5]。万达集团不仅继续扩张其电影院线的规模，并且

[1]按照近几年票房与人次的应对规律，按平均票价35元折算全年观众人次。

[2]博纳影业股票代码为"Bona"，募集资金达9950万美元；开盘价为8.50美元，与发行价持平，开盘之后股价有起伏。

[3]中国电影股份有限公司由中影集团联合中国联通、长春电影集团、江苏广电集团、湖南电广、国际电视、央广传媒、歌华有线等7家战略投资者成立，其中中影集团占股93%，其他7家公司各占1%股权。

[4]2010年6月24日，首家华谊兄弟影院（HBC）在重庆开业。这是全国首家全3D厅和首家拥有多媒体互动厅的现代化影院，放映设备和管理系统均属国际先进。影院位于重庆南坪西路38号百联上海城购物广场5楼，经营面积5000余平方米，共设置8个厅，含1个超豪华导演厅，座位数量达1500个。

[5]"电视剧第一股"华策影视，曾投拍《杨门虎将》、《地下铁》等电视剧，发行《地下铁》、《鹿鼎记》、《少年大钦差》等电视剧，目前已经形成年产约300集电视剧的生产规模。

开始进入电影拍摄、后期制作领域，试图打造全产业链电影企业。

打通产业上下链条，对于提高电影生产的市场适应能力、降低投资风险所具有的意义已经逐渐显现。当然，产业链整合不仅在于电影制作、发行和放映环节的整合，也在于与新媒体、游戏业、电视、演艺业、旅游业、房地产等等跨媒介、跨行业的整合，在产业链迅速整合以及规模商圈不断建立的大趋势下，电影产业的目标已经不仅是"票房"，而且是业态资源的互动，大电影综合效益的目标应该至少是票房收入的3倍。

3. 广播电视行业与电影牵手联姻

电影行业近年来发展的强劲态势以及其影响力价值越来越受到重视，广电与电影从过去的"隔行如隔山"、"老死不相往来"，开始了积极协作、合作、联合、互动。电影为广电提供优质内容和社会影响，广电为电影提供资金和渠道。

湖南、江苏、浙江广电集团积极介入电影生产，成效显著。贺岁档三部国产大片《赵氏孤儿》、《让子弹飞》和《非诚勿扰2》都有广电集团参与投资。[6]与此同时，正在以"制播分离"的名义进行资产剥离、进行"一台两制"改革的广电集团也开始深度介入电影行业。上海SMG（上海文广新闻传媒集团）成立了影视和动画的投资发行机构，主导了动画片《喜羊羊与灰太狼》系列影片的生产和发行，创造了良好的市场效益和社会效益，既为

---

[6]指湖南广电旗下电广传媒（北京）影业（《赵氏孤儿》）、江苏广电旗下幸福蓝海影业公司（《让子弹飞》）、浙江广电组建的浙江影视（集团）有限公司（《非诚勿扰2》）。

电视提供了新的内容，还创造了众多延伸产品。湖南电广传媒参与《赵氏孤儿》、《密室之不可告人》等影片的制作，同时也介入二三线影院建设。珠江广电集团则将电影与广播电视机构和企业重组，以发挥多媒介的整合功能。2010年度票房排行前十位的国产影片，有一半作品都有广电合作机构。

随着广电行业的改革，广播、电影、电视的深度合作，甚至企业重组，很快将成为现实。以广电媒体为背景，包括电影、音像、新媒体、游戏、演艺等在内的综合性企业很可能将在近期出现。

电影产业的格局在资本推动下，目前正在向全产业链整合、跨媒介跨行业协同合作、核心企业逐渐成形的方向发展。尽管受到体制和政策的诸多制约，但是这种规模扩张和市场重组的趋势，必将使行业更加走向规模化、有序性。电影"雷声大雨点小"[7]的经济特征注定电影不仅将继续提升票房价值，更重要的是电影的影响力价值将得到更大的重视。

四、电影生产：品种更加丰富，整体质量不断提升

从2004年以来，国产电影生产状况一直活跃。企业上市、政府支持、广电业介入、行业外青睐、电影制作门槛过低，导致进入电影制作领域的资金踊跃，各种商业投资、社会赞助、政府赞助、广告投入、闲散资金等等纷纷进入

---

[7]"雷声大"指电影的影响力大，"雨点小"指电影的直接经济价值有限。

电影制作业，2010年度立项影片达1800部，完成审查的影片从前一年的456部激增到526部。该年度进入城市主流院线放映的国产影片达260多部，平均每个月有20部以上新片上映。电影产量已经远远超出影院现有的放映能力。

1. 优质企业的产品优势更趋明显

2010年度的526部影片，参与生产和投资的机构超过1000家，多方合作已成为趋势。但大多数电影生产的参与企业都是非专业性企业，缺乏生产优质产品的能力，更缺乏可持续生产能力，大量影片难以进入影院市场。每年大约五分之三的影片不能进入影院放映市场。

真正能够进入主流影院发行并取得良好市场反应的影片生产企业则主要集中在内地的华谊兄弟、博纳影业、中影集团以及光线影业、小马奔腾和香港的英皇、寰亚、骄阳、东方、邵氏等10来家影视企业。其中华谊兄弟表现最为突出，全年票房过亿的国产影片中占有4部，博纳影业的表现也比较抢眼。中国电影制作机构的分化现象比较突出，大公司已初具规模。

而新画面的张艺谋品牌、上海SMG的动画品牌、香港几家公司的武打、警匪、动作片品牌也逐渐形成。实际上，其他多数制片公司的影片都已经很难在影院市场上获得较强竞争力，最多只能在中小制作领域获得一定的生存空间。更有大量影片基本无法进入市场流通。

2. 大制作影片形态多样，类型产品逐渐丰富

2010年共有17部国产影片票房过亿，票房过千万元的国产片达59部，说明国产

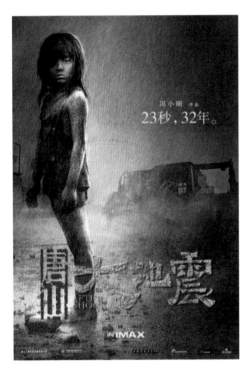

《唐山大地震》（2010年，导演：冯小刚）

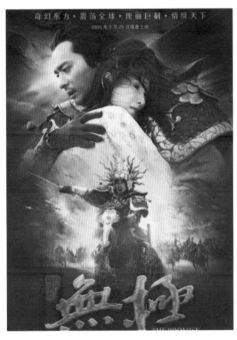

《无极》（2004年，导演：陈凯歌）

电影的整体市场竞争力得到提升。

票房冠军《唐山大地震》用灾难包装复活了中国电影的家庭伦理悲情传统；《让子弹飞》嫁接了黑色、悬疑、暴力、讽喻，甚至是神经喜剧中的部分元素，融汇为一部中国式商业大片。中国大制作电影从前一阶段的商业元素的简单堆积进入了一个追求艺术完整性与市场吸引力相结合的道路。

国产片的类型化生产也有所突破。2010年全年上映的200来部国产电影中，喜剧类型片大约占30部，动作和爱情片大约占40部。由香港企业主导的古装武侠片、动作片、功夫片依然是生产热门，《狄仁杰之通天帝国》、《剑雨》、《锦衣卫》、《精武风云》、《叶问2：宗师传奇》等都有良好的市场表现；混杂风格的喜剧和浪漫爱情剧如《大笑江湖》、《大兵小将》、《龙凤店》、《刀见笑》、《决战刹马镇》等受制片方青睐；《杜拉拉升职记》、《爱出色》等时尚都市片也广受欢迎；此外，谍战、恐怖、警匪、枪战、歌舞、人物传记等都有着不错的实践。《西风烈》将警匪、枪战、动作以及公路片的一些元素熔于一炉，《孔子》则是中国近年来不多见的历史人物传记影片；《人在囧途》、《海洋天堂》、《80'后》、《决战刹马镇》等中小成本影片也都各有特色，市场反应不俗。

从进入影院市场的影片来看，大中小影片结构渐趋合理，类型品种也更加多样。但在全球市场上广受重视的科幻、战争、灾难等大型类型片和动画影片的相对薄弱，证明中国电影工业体系和专业化水平还有待提高。

3. 合拍片凸显市场竞争优势

资源互补、风险分担、利益共享的合拍模式，已成为世界电影制片业的大趋势。2010年内地与港台合拍、中外合拍影片质量较高。2010年度票房前20名国产影片中，内地和香港合拍片11部，中外合拍片2部（《锦衣卫》为中国和新加坡合拍、《杜拉拉升职记》为中美合拍），这些合拍片全部票房过亿。所有合拍片创造的票房占全年国产电影票房65%的份额。本年度中国电影的海外票房收入则大部分来自中美合拍片《功夫梦》。

在这些影片中，香港导演、明星以及专业技术人员带来的专业水平和制片规范对国产影片的生产助益良多。《叶问2：宗师传奇》、《狄仁杰之通天帝国》、《枪王之王》、《大兵小将》、《全城热恋》等影片对传统类型元素的继承和创新也为市场带来新惊喜。大陆与台湾电影界的合作也开始提速，如票房过亿的《大笑江湖》由台湾朱延平导演。

中外合拍片的范围也有所扩展，除传统的中美合作以外，中韩、中澳、中新等亚太地区的电影合作明显增加。这不仅有利于提高中国电影的国内市场竞争力，而且对于探索开辟海外市场有一定意义。

4. 电影创作格局依旧，新生代导演逐渐成长

2010年度，内地三大导演冯小刚、张艺谋、陈凯歌都有新作推出，所导演的4部影片票房均超2亿。冯小刚在创造了内地单片票房超过6亿的最高纪录之后，还创造了一个导演2部影片票房总和超10亿的惊人成绩。张艺谋、陈凯歌的影片票房和口碑则反应平平，其市场吸引力有下降趋势。

曾创造过单片亿元票房纪录的宁浩、陆川本年度未有新作入市，而高群书的《西风烈》也未达到预期效果。内地该年度新进入亿元票房俱乐部的导演多达4位，分别为姜文、丁晟、徐静蕾、胡玫。

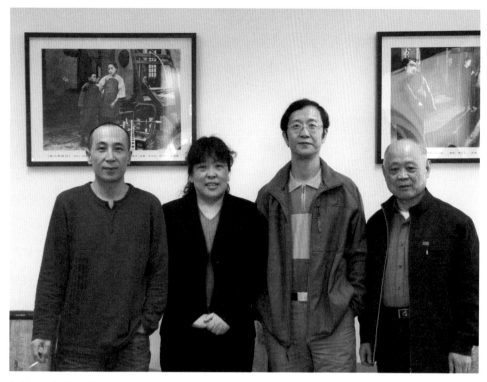

与《李米的猜想》导演曹保平（左一）、编剧苏小卫（左二）、电影评论家黄式宪（右一）合影

动画片的整体创意水平、制作水平和营销水平都不高。2010年国产动画电影批准立项的数量增加，但最终完成16部，数量比前一年还减少了11部，其中进入影院上映的8部，总票房接近1.7亿元，与前一年国产动画电影票房基本持平。其中，《喜羊羊与灰太狼》单部动画片占国产动画电影总票房的80%。国产动画片的整体市场竞争力仍然不足。

2004年以来，国产电影产量激增，而影院市场放映的国产影片大约占其中不到五分之二。国产片品种和类型日渐丰富，国产3D和动画电影正在起步。内地和香港的10来家电影公司已成为影院市场的主导力量。香港导演仍然是国产商业电影的中坚力量。海峡两岸暨香港电影新人逐渐显示出市场影响力和竞争力。在大量影片从影院市场之外获得生存空间的同时，进入影院放映的国产电影整体质量明显提升。

姜文的《让子弹飞》票房超过6亿，使其已进入超一流导演行列。在进入影院市场的中小成本电影生产中，除王小帅、贾樟柯之外，李蔚然（《决战刹马镇》）、歌手王力宏（《恋爱通告》）、柳云龙（《东风雨》）和郭德纲（《三笑之才子佳人》）以及一批女性导演群体的崛起（蒋雯丽导演《我们天上见》、薛晓璐导演《海洋天堂》、岸西导演《月满轩尼诗》、罗卓瑶导演《如梦》），为国产电影生产带来新活力。

港台导演的市场竞争力仍然突出。不仅徐克、尔冬升、罗启锐、叶伟明、刘镇伟、叶伟信、王晶、黄百鸣等继续在他们习惯的类型上大显身手，而且一些影片在艺术品质和商业元素的结合方面更加成熟，《人在囧途》《岁月神偷》等影片都显示了香港电影的新突破。国产片17部过亿票房的影片中，香港导演影片占9部。香港制造仍然是中国电影市场的生力军。

5. 国产3D紧急起步，动画电影"喜羊羊"独秀

3D电影促使了全球电影票房的上扬。《阿凡达》带动3D技术成为世界电影潮流。2010年度，好莱坞的《爱丽丝梦游仙境》、《驯龙记》、《天降美食》、《怪物史莱克4》、《玩具总动员3》、《生化危机4》等进口3D电影蜂拥而入。国产《乐火男孩》、《齐天大圣前传》、《麋鹿王》、《魔侠传之唐吉可德》等四部3D之作也试水国内市场。由于创意不够成熟、制作水平一般，这些影片的市场接受度较低。表现最好的《魔侠传之唐吉可德》票房记录只有4000万元，与期待的"2亿票房"也相去甚远。国产3D电影面临的创意、投资和技术门槛需要更多的国际合作和生产积累才能真正跨越。

中国动画电影市场，2006年仅有1.7亿元的总票房，2010年则超过18亿元，但进口动画片占据了90%以上的份额。国产

五、电影市场：影院建设出现高潮，电影市场空前繁荣

连续几年电影市场的持续增长，数字化影院和银幕的方便性，商业消费环境的活跃，刺激了影院建设的爆发式增长。电影消费市场开始从中心城市向二三线城市扩展。随着视频网站、移动视频等新媒体终端的发展，"后影院市场"面临新的机遇。

1. 全国票房年收入突破百亿，每年票房近亿和过亿影片多达60部

在北美电影市场基本持平、观众规模

略有下降的全球背景下，中国电影市场仍然出现奇迹般的高增长。2010年全国电影票房突破百亿。2010年全年过亿票房影片达27部，超过4亿的影片5部。《唐山大地震》以6.73亿元、《阿凡达》以13.2亿元分列年度国产电影和进口影片票房冠军，也打破历史纪录。票房过亿影片占全国总票房的65%。还有30部国产电影票房接近亿元。具有市场影响力和竞争力的影片明显增多。

3D电影获得市场青睐带来动画片市场的迅速扩张。上半年票房前10位的进口影片中5部为动画片。动画电影占总票房的份额从2006年的7%上升到该年度的17%。《喜羊羊与灰太狼之虎虎生威》成为唯一一部票房过亿的国产动画片。《铠甲勇士之帝皇侠》、《虹猫蓝兔火凤凰》、《超蛙战士之初露锋芒》、《梦回金沙城》等国产动画电影票房表现一般。国产动画片市场的培育尚未完成。

2. 新增银幕迅速，中小城市进入主流影院市场

2010年度全国新增影院313家，新增银幕数1533块，全国城市影院银幕总数突破6200块，位居全球第四。中西部地区和中小城市新增影厅数达到全国新增影厅数的40%以上。一直以一线城市为主的影院市场向外部扩展。银幕数量激增为全年票房收入的快速增长创造了条件，也为近30部影片票房过亿提供了可能。

内地3D数字银幕数2010年度已发展到约1100块。2007年引进好莱坞3D电影《地心历险记》时全国仅有82块3D银幕。《阿凡达》的上映使中国成为全球3D数字银幕增长最快的国家，内地3D银幕数占全亚洲1500块的近三分之二，不仅成为亚洲3D银幕大国，而且仅次于美国居世界第二。

3. 院线竞争格局基本稳定，市场集中度更趋明显

经过几年的竞争和发展，院线格局基本稳定。2010年度票房超过亿元的院线有20条，占注册院线的57%。其中年票房超过10亿元的院线有3条。3亿票房成为入围全国10强的最低门槛。与前一年相比，排名前10位的院线位次变化不大。民营的广东大地进入10强，国营的北京新影联位次下降，说明国营院线在民营竞争下面临体制机制转变的压力。前10条院线票房收入总和76亿元，占全国票房总收入的76%，市场份额较前一年的70%更高。强者更强，院线市场集中度更加明显。

2010年度两条新院线成绩不俗。广东大地院线该年度成长最快。该院线2006年在珠三角开张，2008年独立运营，以国内二三线城市，乃至乡镇小城市为主攻目标，该年度新增影院59家、银幕229张，共108家影院、400张银幕，位居全国院线前8，证明了中国县级及县以下城市市场蕴藏的巨大需求和消费潜力。时代今典院线2010年开始独立运营，第一年就跨进"亿元俱乐部"，共有影院67家、银幕236张，年度票房1.1亿元，院线排名第19位，一度超过10条已在市场打拼8年以上的院线。时代今典以科技和房产为基础发展院线，走出了自己的道路。主流院线、新兴院线领跑院线市场。

4. 旺季更旺、淡季不淡，全年电影市场持续高温

2010年度平均每月接近20部新片进入影院，影片供给充分、档期饱满。除贺岁、暑期、国庆等几个票房产出较高的传统档期之外，全年的市场潜力基本饱和。全年12个月的多数月份票房都接近或达到10亿，除11月份因为影片供给偏弱以外几乎没有明显低谷。

暑期和年末仍然是全年票房的两个高峰。贺岁档被延长到几乎一个季度。暑期档、贺岁档、春节档等黄金档期依然是大片的天下，中小成本影片有效弥补了档期之间的缝隙和提供了大片之外的多样化选择。全年50部影片单片票房超过5000万元，使整个市场空间基本填满，影片进入市场的门槛越来越高。供大于求的生产和放映市场，将促使影片生产从数量向质量转变。

5. 港台市场更加活跃，华语电影市场空间有望扩展

据香港影业协会通报，2010年度香港电影消费市场继续增长，票房收入约15.4亿港元，比前一年上升35%。《叶问2》以4300多万港元成为本年度港产片票房冠军；《72家租客》、《岁月神偷》紧随其后。迪士尼的3D卡通片《玩具总动员3》则以8900多万港元高居2010年香港票房排行榜第一名。十大最高票房电影中7部是3D电影。

这两年台湾的本土电影继《海角七号》后也强势反弹。以古惑仔为主角的青春动作片《艋舺》上映就刷新了台湾本土电影的首周票房纪录，更成为20年来台湾最卖座华语片；《父后七日》以华人特有的殡葬文化为切入点，在台湾上映时，票房力压《唐山大地震》，位列该年度台湾华语片票房榜第四位。

港台市场的兴起，为华语片提供了更大的市场。但内地电影在这两个市场上仍然缺乏品牌吸引力和观众号召力。

6. 墙内开花墙外不香，海外市场遭遇瓶颈

中国电影国内市场虽然风生水起，但海外表现却大为逊色。

国家广电总局正式公布的数据显示，2010年度我国电影行业在境外30多个国家和地区共举办72次中国电影展，展映国产影片479部，累计48部影片在20个电影节上获得69个奖项，有43部国产影片销往61个国家和地区，海外票房和销售收入超过35亿元人民币。实际上，这些数字体现的主要是中国对外电影文化交流的成绩，中国电影的海外表现本年度相当暗淡。中国电影进入海外商业院线放映的数量很少，成效不明显。中国电影的所谓海外票房收入一半来自由索尼、哥伦比亚公司等好莱坞电影公司在北美主导发行的中美合拍片《功夫梦》（The Karate Kid）。《功夫梦》在全美3663家影院同时上映，首周末即以5600万美元斩获当周票房冠军，截至10月5日影片DVD发售，共取得1.76亿美元的票房，折合人民币大约12亿，列北美年度票房榜第10位。

2010年9月初，张艺谋导演的贺岁片《三枪拍案惊奇》（简称《三枪》），在美国5家影院点映，每家影院首映周末平均票房为5500美元；《唐山大地震》与同年的《非诚勿扰2》先后在AMC商业院线上映，主要面对海外华人。《非诚勿扰2》平安夜在洛杉矶、纽约、旧金山、温哥华等北美主要华人聚居地的23家AMC影院上映，这是中国国产电影在北美市场

《功夫梦》全球主要市场表现	
国别/市场	票房收入（美元）
美国	$176,591,618
中国	$7,490,000
澳大利亚	$11,913,479
巴西	$10,147,762
法国	$10,926,086
德国	$12,654,490
日本	$17,432,585
墨西哥	$12,539,258
西班牙	$11,726,847
英国	$19,762,070

资料来源：根据"Boxoffice"相关数据整理，参见http://www.boxoffice.com/。

《英雄》《投名状》《三枪》海内外票房比较（单位：美元）					
片名	北美总票房	海外总票房	国内票房	北美外语片票房榜总排名	国内票房占总票房收入（%）
《英雄》	$53,710,019	$147,394,432	$30,229,000	3	17%
《投名状》	$129,078	$7,429,078	$28,806,000	595	79%
《三枪》	$190,946	$306,999	$37,300,000	535	99%

资料来源：根据boxofficemojo.com统计整理，排名截至2010年12月25日访问数据。

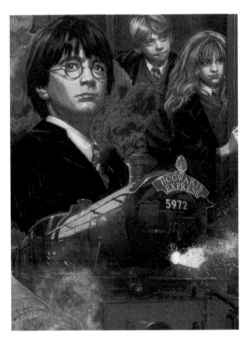

加入WTO以后，从2002年开始，中国将每年增加10部进口"大片"，进口电影成为中国电影市场的重要支撑

首次与中国内地同步上映，其观众对象主要是华人[8]。在好莱坞票房榜官方网站外语片排行榜中，2010年在北美地区上映的华语片仅有《三枪拍案惊奇》、《投名状》和《春风沉醉的晚上》3部，成绩最好的《三枪》仅以19万美金（140万人民币）的"惨淡"成绩在美国该年上映的519部电影中排276位[9]。

总体而言，2010年中国电影国内市场活跃、影院建设迅速、60部左右的影片具有良好的市场反应（平均每周一部以上），证明中国电影的确处在一个难得的发展机遇期。但国产片在境外市场表现暗淡，影院竞争不充分造成的票价过高、院线差异性不足，影片对影院市场的过度依赖和"后影院市场"尚未建

立等问题，则表明中国电影市场的发展还有新的空间。

六、产业走向：市场体系亟待规范，大电影格局初见端倪

中国电影产业雄姿英发、高歌猛进的局面，为进入21世纪新10年的中国电影带来了发展信心。与此同时，当前中国电影产业发展过程中存在的问题，也应该引起高度重视。

第一，中国电影产业缺乏大电影格局，产业发展过度依赖国内影院市场。全球电影产业因为电影对整个娱乐工业和社会经济的带动作用，正在走向跨媒介、跨行业、跨国界的大产业。英美国家国内影院市场仅占其影片总收入的25%—35%[10]。但中国电影产业的成本回收和效益来源则几乎全部依赖国内电影票房。2010年，国产电影全年不到60亿的票房，返回制片方大约20多亿，实际只能支撑最多40部成本5000万以上的影片。而好莱坞电影平均制作成本已经超过7000万美金，市场推广成本超过3000万美金，单片平均成本相当于7亿人民币[11]。按照这样的投资规模，中国电影市场只能投资生产3部电影。由此可见，中国电影平均投资水平和制作水平与好莱坞电影相差甚远，整体艺术质量和国际竞争力也就不在一个档次

上。好莱坞电影由于受到大电影产业支撑，其投资规模、制作水平都是国产电影难以匹敌的。由于体制障碍、资本约束、知识产权保护不力，中国电影始终难以真正进行跨媒介、跨行业、跨所有制整合，电影的主要市场空间被挤压在国内影院，电影产业的带动功能和知识产权延伸价值难以充分实现，电影投资规模、产品品质、技术水准都难以大幅度提升。

第二，中国影院市场仍然有扩容空间，观众规模有待继续扩大。尽管中国影院建设迅速，但中国每10万人拥有银幕数0.4块，与国际平均水平相差10倍[12]。大城市影院竞争不足；中小城市缺乏影院；观众看电影路途远、价格高、服务质量一般，观影频次难以提升。平均每个中国人5年进影院看一次电影，也明显低于世界主要电影市场的观众观影频次[13]。中国电影市场总体规模与中国的经济总量和发展水平相比仍然有很大距离。

第三，知识产权保护有待加强，市场体系尚待完善。目前，电影行业缺乏规则和规则执行力，个别企业借助垄断资源干预市场运行，影片生产植入广告过多过滥，影院经营诚信下降，售票终端存在缺陷，制片过程缺乏监管，版权保护力度不足，统计数据缺乏及时有效的透明度，电影版权收入至今未被计入电影综合收入等等，都不同程度地影响电影产业的健康发展。电影投资、制片、发行、放映各个

---

[8]根据发行商华狮电影公司统计，《非诚勿扰2》首映前两天累计票房15万美元。
[9]由于海外发行时间的滞后性，一些2009年甚至更早年份出产的中国电影可能在2010年才上映，而2010年出产的可能尚未发行。

[10]2008年，英国电影影院收入为8.5亿英镑，影片音像租赁收入2.2亿英镑，音像零收入14.5亿英镑，电视收入10.7亿英镑，电视点播收入1.2亿英镑，影院收入在37亿英镑的总收入中仅占22%左右。资料来源：UK Film Council,2009,Film Statistical Yearbook。
[11]美国电影协会（MPAA）电影年度报告。

[12]2008年全球各国平均每10万人拥有银幕数，英国6.0块，美国12.7块，澳大利亚9.4块，西班牙9.1块，法国8.8块，意大利7.1块，德国5.8块。数据来源：Screen Digest。
[13]2008年全球各国人均观影频次，澳大利亚4.2次，美国4.1次，法国3次，英国2.7次，西班牙1.7次，德国1.6次。数据来源：Screen Digest。

环节以及数据采集、信息发布、版权交易等等活动都需要制定和执行公开统一的规则，接受消费者监督。市场体系完善，才能更加有效地推动产业健康有序发展。

第四，电影产业人才短缺，可持续发展面临挑战。目前，中国电影产业的人才匮乏局面没有真正改观。作坊式的制片人一统天下，新生代电影人难挑大梁，专业化水平高、国际化水平高的创作人才、技术人才、制片人才、经营人才、管理人才都严重缺乏，以至于多数国产电影的观念陈旧、市场适应力不足；中国电影生产的许多硬件条件都已接近世界先进水平，但使用水平却完全不匹配；中国电影因为缺乏海外营销推广人才而很难真正"走出去"；懂艺术也懂经营的电影专业人才凤毛麟角。目前，整个中国电影业的人才断档现象比较突出。

第二节

面向市场的电影美学

进入新世纪以来，电影创作观念越来越面临全球化、市场化和多媒介化环境的严峻挑战。2004年到2010年，中国电影艺术在整体提升，电影创作走向丰富和成熟。在市场繁荣的大背景下，电影创作在商业化方面呈现出一种前所未有的自觉：更奇特的题材，更壮观的场面，更奇异的细节，更娱乐的桥段，更类型化的叙述，更多的明星组合，更具视听冲击力和控制力的视听语言，更饱和的信息和紧张的节奏，更明显的营销高概念植入等等。长期

以来，不那么商业或者不怎么会商业的中国电影突然变得越来越商业。许多电影或者说那些能够进入影院发行的主流电影的创作者都深刻地意识到：处在电视剧竞争环境中的影院特殊消费方式，以青少年为主体的影院特殊的观众群体，高消费成本带来的对电影娱乐的核心要求，是电影创作必须重视甚至高度重视的三大规定性情景。应该说，正是这种电影的商业美学观念——艺术美学服务于商业需求，商业需求依赖于艺术美学，使国产电影能够在一波一波好莱坞大片的冲击下，一直保持超过50%的市场份额。

一、市场化背景下电影美学观念的转变

新的时代背景要求当代电影创作必须逐渐完成三个"适应"。

首先，适应影院媒介的传播方式。由于免费电视的普及和电视剧的过度供应，以及光碟、网络盗版的猖獗，吸引观众主动进入影院的电影，必须不仅具有传统意义上"好电影"的"可看性"，还必须具备能够说服观众愿意付出"走路—花钱—买票—费时间"的成本的"必看性"。这种"必看性"是与不同于电视体验的影院封闭的观看空间、共享的观看方式、强烈的视听感知和梦幻性的心理体验联系在一起的。

其次，适应电影观众的日益年轻化。电视作为一种几乎"零门槛"和零花费的媒介，已经替代了电影曾经拥有的"全民性"。影院观众的规模和观看时间完全不能与电视相提并论。今天的电影主体观

众，在美国是40岁以下，12—24岁人群比例最高[14]，而在中国，电影主体观众也在35岁以下[15]。因此，主流电影的内容、形态、叙述方式等都必须尽可能适应当下青少年观众的文化趣味和心理需要。

第三，适应电影观众以娱乐消遣为目的的基本需求。由于多种媒介的普及和功能的分化，不仅过去那种"全民电影"已经不存在，而且当年那种集宣传、教育、娱乐等多种功能于一身的"全能电影"也已经很难存在了。而难以被其他媒介所替代的，与封闭性、梦幻性、仪式性相关的电影的特殊的"视听娱乐"则被突显为电影最基本的功能。观众调查中，多数观众都将娱乐消遣当做看电影的第一目的，而对电影传统的认识功能、教育功能，甚至审美功能的需求却被弱化了，或者说被其他媒介替代了，"花钱买乐"成为多数电影消费的主导动机。电影的主体功能与以往任何时候相比都更加泛娱乐化了。这也是美国人坚持将电影看作"娱乐工业"的原因。

正是在这样的背景下，与其他媒介不同的"强度性"、适应电影主体观众的"年轻化"、突出和放大的"娱乐性"（娱乐性当中同样包含意识形态表达、社会化教育、社会心理净化），已经构成了当代电影美学的主流趋势。而正是对这一趋势的普遍认知，美国电影在经历了电视冲击之后，从20世纪70年代开始突出电影的媒介差异性和文化差异性，形成了与电视不同的创作和生产模式。而中国电影，

[14]MPAA: Movie Attendance Study, 2007.
[15]数据来源：北京市电影发行放映协会、清华大学影视传播研究中心：《2007年度北京市区电影观众调查》。

由于受传统的宣教美学观和后来的影像本体的精英美学观的影响，加上整个电影工业的市场化程度不高，长期没有意识到全球化、市场化和多媒介化对电影美学观的根本性影响，以至于中国电影曾经长期在低谷中徘徊，被电视高度边缘化。

经过了几年的市场化磨砺，中国电影出现了一批不仅能够进入市场而且能够吸引观众的主流国产电影。这些主流影片，故事的强度和故事叙述的电影化程度都明显提高，商业美学观念更加自觉，主流价值的表达更加鲜明，从而提升了中国电影的市场竞争力。

国产主流电影，集中地体现了几个鲜明的特点：

第一，电影叙述的"故事强度"明显提高。故事不"万能"，但不适合电影的故事却往往"万万不能"。电影故事，与电视故事以及其他媒介形态所叙述的故事的最大差别就是其强度性。强度往往与事件的重大性、奇特性，人物性格、命运的非常性，场面、场景的奇观性，风格、样式的极致性等密切相关。从2002年的《英雄》开始，大制作《赤壁》（吴宇森导演），场面宏大，人物轮廓鲜明，题材具有广泛影响力，充分体现了所谓"高概念"电影的内容和形式强度；《梅兰芳》（陈凯歌导演），以一位男扮女装的传奇性戏剧大师为题材，人物传奇性强，而京剧文化对于当代观众和国外观众也具有重大的"差异强度"，能够创造一种"陌生化"效果；《李米的猜想》（曹保平导演），黑帮与爱情、悬疑与浪漫被奇异地组接在一起，故事奇特，人物怪异，过程诡异，其情节同样具备"奇特强度"，国产电影出现了一批不同于电视剧和其他艺

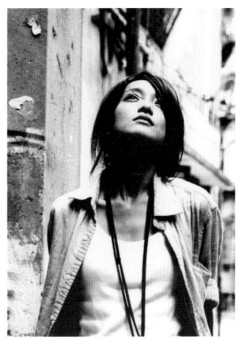

在《李米的猜想》中扮演女主角的周迅

术形态的电影故事。这些故事都具备鲜明的适合于在影院的封闭状态中，在群体观看过程中，在高品质的视听环境中，在大屏幕上呈现出来的强度。一般的生活现象、社会问题，甚至哪怕是感人的情感故事，由于电视等"免费媒介"的普及，往往难以构成现代电影的强度，难以吸引观众花钱进入电影院消费。因此，传统意义上的现实主义题材、好人好事题材，如果不具备超常的"强度性"，可能更适合做电视题材，却很难成为具有市场适应性的电影题材。为数不少的具有写实风格的现代题材电影，尽管部分影片的创作质量并不低，但大多难以被影院观众认同。造成这种结果的主要原因并不是电影本身"不好"，而是缺乏影院所需要的"强度"。影院市场选择电影，首先就是选择电影在100来分钟的有限时间里不同于电视和其他媒介的题材强度和故事强度。

第二，电影故事的"叙述"更电影化。电影故事需要"电影讲述"。现代电

影观众由于长期接触媒介，其叙事经验越来越丰富。特别是青年观众，往往还具备相当充分的叙事知识和基本的叙事能力。因此，现代电影的叙述水平必须超越观众的叙事智慧和叙事经验，必须比日常的电视剧更精巧、复杂和综合，必须充分体现电影空间的时间化、电影时间的空间化以及电影视觉的听觉化、电影听觉的视觉化特征。尽管真正达到"电影化"叙述的国产影片总量并不多，但获得观众认可的主流国产电影，往往体现了叙事结构更立体化、空间化，电影场景、段落跳跃性更强，蒙太奇形式更复杂，视点、镜头、剪辑对观众的控制能力更明显的特点。镜头越来越短，镜头数量越来越多，运动镜头越来越普遍，时空变化越来越频繁，叙事线索也越来越复杂，电影叙事已经越来越不同于电视剧。更短的镜头、更饱满的画面、更具有张力的场面、更快速的节奏、更控制的信息、更复杂的结构、更动态的时空，往往能更强制性地推动观众去主动完成故事的因果组合。而观众在从微观到宏观的"完形"过程中，也被逐渐透露的信息所制约，难以预知故事的进程和结果……这一切都体现了国产主流电影的电影化努力。电影化的结果，不是用脱离戏剧性的方式去突出视听的抽象性，而是用电影特殊的视听具体性去展开戏剧性。长期以来，许多人将电影性与戏剧性对立起来，或者过度追求脱离戏剧性的视听造型的独立，或者用视听时空去简单还原线性的戏剧性。国产主流影片则体现了"电影化的戏剧性"与"戏剧化的电影性"的结合。这在一定程度上也是经历了与戏剧"离婚"以后，在更高层面上完成的电影与戏剧的"复婚"。

第三，电影创作的"类型意识"更加自觉。近年来，一批类型电影的出现表明中国电影的类型意识逐渐强化。类型电影，通常指按照市场已形成的消费惯性，采用既有的制作和创作规律和程式，选取相应的题材、明星资源和相似的创作手法、风格来有意识打造的可相互参照的类似影片。类型片，作为大众品牌，往往是市场中的主流产品。长期以来，中国电影由于缺乏产业基础和市场意识，类型观念比较淡薄，也或者是对类型的假定性、封闭性认识不充分，或者是其类型观念没有伴随电影技术和电影观众的变化而发展。好莱坞的主要电影类型大致有十多种，而长期以来，中国已有的类型片种类却相对比较少，多数类型也没有出现代表性的作品。但近年来，国产类型片的创作品质有了明显提高。相比而言，港产片在警匪、黑帮、功夫、浪漫喜剧等类型方面比较成熟，而内地则是喜剧类型片成就突出，如延续了一贯贺岁片风格的冯小刚导演的"浪漫喜剧"《非诚勿扰》，与前一年《天下第二》一脉相承的"搞笑喜剧"《十全九美》，与《疯狂的石头》接近的"黑色喜剧"《疯狂的赛车》（宁浩导演）、《我叫刘跃进》（马俪文导演）、《决战刹马镇》（李蔚然导演）等等。此外，单纯、直接、硬朗的功夫片《叶问》（叶伟信导演），对主旋律题材进行灾难片改造的《超强台风》（冯小宁导演），紧凑、封闭、结构完整的悬念动作片《保持通话》（陈木胜导演），明星中心、丑小鸭变白天鹅、喜剧性夸张的青春偶像片《大灌篮》（朱延平导演），将明星偶像、神话传奇、功夫动作、浪漫喜剧、鬼怪故事嫁接在一起的神怪浪漫爱情片《画

皮》（陈嘉上导演）等等，都显示了国产类型片的成就。国产类型片，由于缺乏成熟的电影工业体系和创作生产流水线的细致加工，往往在创作细节和技术细节上还有种种疏漏，但由于假定性鲜明、诉求简单，观众的接受预期和接受效果容易重合，所以往往能够产生比较满意的市场效果。这一方面说明，类型片作为一种商业电影的创作和生产方式，具有良好的市场接受基础；另一方面，也表明中国电影工业需要尽快建立一套类型片的策划、创作、加工、生产和推广体系，这样才能不断提高中国内地和香港类型电影的品质，保持与世界主流电影的同步。

第四，电影创作的"商业美学"观更加成形。在市场化背景下，"电影是一门生意"已经成为难以改变的事实。在相当长一段时间，国产电影创作往往都在艺术与商业之间两极分化：追求商业就放弃艺术，用拳头加枕头加噱头来迎合低级趣味；追求艺术就无视商业，天马行空、阳春白雪，自说自话、自娱自乐。而近年来国产片创作在艺术与商业的结合方面，体现了更普遍的融合倾向。大制作的《赤壁》，将文学经典、人性刻画、反战情怀、历史景观等艺术追求与暴力动作、女性窥视、明星元素、奇观视听等商业元素配置在一起。其"商业拼盘"的创作方式显示了中国式大片在商业至上的道路上试图向主流价值回归，既提供了经验，也提供了警示。《非诚勿扰》将小人物在物质主义时代中的情感危机和情感失落，与当下各种流行现象、社会趣闻、生活怪事结合在一起，加上无孔不入的广告植入，也成为艺术与商业共谋的样本。应该说，目前中国电影的商业意识已经觉醒。但商业

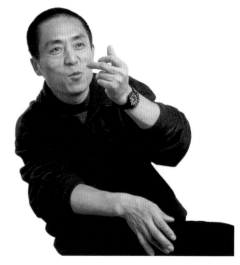

中国第五代电影导演仍然担当中国电影的中坚力量

性的过度膨胀，却也带来了对电影美学越来越明显的强暴。有商业无美学的电影现象逐渐突出，这不仅会带来电影的美学合法性危机，也可能会导致电影艺术品位的下降。没有商业支撑的美学和没有美学奠基的商业，都可能使国产电影陷入创作危机。从这个意义上来说，《英雄》、《集结号》、《梅兰芳》、《十月围城》、《让子弹飞》、《李米的猜想》、《叶问》等，在商业与美学的结合以及通过结合而创新的探索方面，似乎更值得重视。

第五，电影创作的价值观更加具有主流性和共享性。2008年，一方面是外部舆论环境对电影价值趋向越来越尖锐的批评，一方面也是电影在市场化过程中文化自觉性的逐渐提高，即便是市场化的国产电影，也开始重视对主流文化价值的建构。大制作电影更加强调主流文化意识的传达。前几年，大片以"宫廷阴谋"、"畸形恋情"为题材的局面得到明显改变。《赤壁》用刘备治军表达"民为上"的政治观，用瑜亮关系表达美好的合作和友情，用两个女人的视角表达反战、非战的和平主题；《梅兰芳》用"梅兰芳的

时代来了"、"谁毁了梅兰芳的孤独，谁就毁了梅兰芳的艺术"、"不能征服梅兰芳就不能征服中国人"的三段故事，表达梅兰芳的艺术创新追求、美好爱情追求和爱国主义人格等。尽管这些大制作影片在主流价值传达方面似乎多少有些概念化烙印，但却体现了对正面主流文化价值的自觉诉求。此外，无论是与奥运相关的体育影片或是与改革开放三十年相关的纪念影片，无论是与抗震救灾相关的应时影片或是以好人好事为原型的主旋律影片，也都在表达爱国主义、英雄主义、集体主义等主题的同时，更注重了对真善美普遍性正面价值的发掘，注意表达励志、尊严、责任、爱等更具广泛亲和力的主题，使主旋律价值更具有全民普及性和共同性。商业类型影片，也往往更加自觉地表现"扬善惩恶"的主流价值观。《画皮》中的美好爱情在悲剧性的结局中得到了情感补偿；《李米的猜想》则在美好爱情和社会正义之间寻求着平衡；《我叫刘跃进》中的社会正义最终获得了尊重和恢复；《叶问》则通过一位武术师的命运阐释了爱国正义的传统主题……这些影片，在商业诉求的同时充分表达了对真善美的维护和坚持，表达了对社会公正的信念，弘扬了尊重、同情、正义、自强不息、爱这样一些"普遍"美德。当然，在主流价值的表达中，一方面要避免价值虚无主义，同时也要避免教条主义，特别是要避免美学上的概念主义。电影中的主流价值的传达只有融汇在人物命运故事中，融汇在对社会环境的"逼真"表现中，融合在情节和场面的生动性中才具备意义。当然，也有一些国产影片过度渲染暴力或者渲染情色，过度偏向于颠覆、宣泄而缺乏情感升华，过度渲

染消费奢华而缺乏伦理节制，仍然是值得警惕的创作偏向。电影作为一种文化产品，尽管它的娱乐宣泄功能越来越明显，但适当的伦理节制和情感平衡，特别是对社会正面主流价值的维护和传达，仍然是电影健康发展的前提。

这五种创作倾向，应该说，证明了中国电影在面向市场的同时，正在形成自己主流的电影美学观。尽管商业与美学的平衡还是一个没有完全解决的创作难题，但国产电影创作在市场适应能力、市场竞争能力方面的提升，的确显示了国产电影蓬勃的生命力。

市场化意识、国际化视野、艺术创新精神，对时代气质和社会心理的敏锐把握，对艺术与商业、个人性与大众性的理性平衡，对电影生产规律与电影创作规律的相互尊重，将推动中国电影整体创作水平的提高。探索中国主流电影的价值体系和艺术体系，丰富和更新电影类型和电影技巧，充分发挥电影影像与其他媒介相区别的时

空优势和视听特点，提高电影故事和电影叙述的硬度、强度和差异性，应对和抚慰共同的人性创伤和社会焦虑，为观众提供更丰富的幸福体验和快乐体验，将是中国电影艺术美学所面临的新的时代挑战。

到2000年前后，在中国特殊的电影意识形态化背景中，青年导演的电影观念开始了明显的变化。在中国电影产业化改革的潮流中，一批出生在20世纪70年代的更加年轻的电影人，已经没有太多戈达尔、特吕弗这类导演的直接影子了。他们是在昆廷·塔兰梯洛后成长起来的一代，更多地受到了欧美国家独立电影制作观念的影响，从《低俗小说》、《天使爱美丽》、《罗拉快跑》、《猜火车》、《两根大烟枪》、《坑蒙拐骗》、《师奶杀手》这些影片中寻找营养，开始拍摄一些更加具有青年特点的新类型片。他们自然地把艺术片当做商业片来拍摄，把商业片当做艺术片来拍摄。其中，引起了广泛关注的影片之一就是2006年宁浩的《疯狂的石头》。

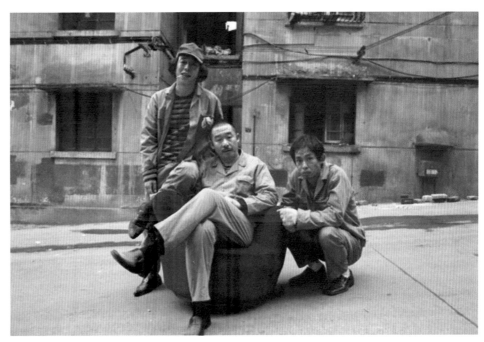

《疯狂的石头》（2006年，导演：宁浩）

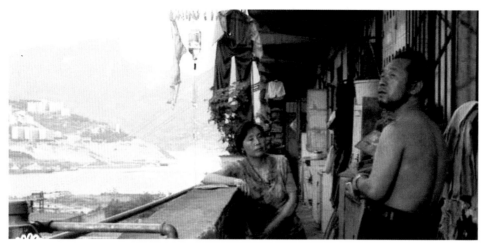

《三峡好人》（2006年，导演：贾樟柯）

这是一部1977年出生的年轻导演的作品。一个翡翠石，两帮一土一洋的匪徒，一个业余警卫，加上一个幕后老板，配上社会问题背景，构成了一部现代的、中国的，同时还有点香港味的精致巧妙的商业类型电影。中国商业电影制作经验从整体上来说，停留在70年代以前的水平。简单的线形叙事结构、机械的类型人物、对立的善恶冲突，让观众早已经厌弃这类影片。而这部影片，如同《天下无贼》一样，代表了中国商业类型电影的新状态。喜剧类型人物的设置、社会荒诞性的借用、交叉线索的交织、一个事件不同视点的组织、不同文化价值的融合，特别是各种小细节的丰富，的确显示了中国类型电影的成熟。尿不出来的科长，爬不出来的下水道，盗匪与"好人"的一墙之隔，人算不如天算的过程和结果……可以说，处处充满了叙事的智慧，不仅作为人物、娱乐、故事、元素而存在，而且也包含了众多的可以解读的文化潜意义。

2006年的另外一部现实主义影片是贾樟柯导演的《三峡好人》（图12-11）。影片获得了第63届威尼斯电影节最佳影片金狮奖，也是第六代导演获得的第一个

三大A级国际电影节的最高奖。混浊的长江，潮湿的空气，零落的废墟，顽强的绿色，简单的欲望，冷漠的心灵，呈现在重庆地区那种特殊的山水环境中。两个山西人各自来到三峡库区的奉节，一个寻找16年前离散的老婆孩子，一个寻找多年未回的丈夫，两个不相干的人物为影片的展开提供了一个动力线。山西人那种北方的执着坚韧和西南山民那种乐观粗犷形成了一种张力。每个场景、每种声响、每个人物、每段对话，似乎都能够感觉到一种生活的态度和方式。他们生活着，从事着最简单、最原始的劳动，对无可奈何的"末日"威胁几乎表现了一种冷漠的接受。而那10元钱上的夔门和50元钱上的壶口瀑布，似乎正是一种社会象征，那里是他们的故乡，但是他们的故乡却被印在人民币上，而那印在钱上的故乡正是他们回不去的地方。影片虽然采用的是一种"现实主义"的态度，放弃了大多情节剧的形式和技巧，但是人物、场景的那种质感，却将整个银幕空间和叙事空间填补得非常充实，几乎没有感觉到缓慢和迟缓。贾樟柯这部影片的从容，特别是从容中所包含的透视和细腻，的确显示了他非凡的观察和

用影像表现生活和人的能力，他有信心用生活的质感而不依赖故事来征服观众。导演在那些长长的镜头中，竟然让所有的业余演员如同专业演员一样，无视镜头的存在而表现得如此像他们自己。《三峡好人》的现实主义已经不是传统意义上的现实主义，而是充满了一种体验性和穿透性的现实主义。影片中甚至包含了大量的现实宏大指涉和象喻，像幻觉中的UFO（不明飞行物），像火箭一样拔地而起的骷髅一样的废墟，特别是那个模仿周润发的"小马哥"，还有那个唱着《两只蝴蝶》的小家伙，甚至大桥边的跳舞者，其实都包含了大量的社会隐喻。1994年，章明导演的《巫山云雨》也是以三峡库区为背景的，在电影风格上也是现实主义与表现主义手法的一种结合，而这种表现现实主义风格在贾樟柯的《三峡好人》中显得更加完整和自如，形成一种"超"现实主义的风格。

应该说，新生代影片已经显示了相当的艺术潜力。21世纪中国电影舞台上，无疑这批青年人将成为主角。他们的全面出场，将或早或迟地带来中国电影艺术观念的或多或少的更新。

在2010年，主旋律基本转化为主流电影创作模式，商业电影逐渐开始塑造美学灵魂，现代电影类型意识逐渐成形，多样化的艺术电影开始自觉地与更多观众对话。既有《让子弹飞》（姜文导演）这样具有想象力和爆发力的影片引人瞩目，也有《唐山大地震》（冯小刚导演）、《赵氏孤儿》（陈凯歌导演）、《山楂树之恋》（张艺谋导演）这类影片的循规蹈矩，还有《狄仁杰之通天帝国》（徐克导演，香港）、《剑雨》（苏照彬导演，

台湾；吴宇森监制，香港）、《叶问2》（叶伟信导演，香港）这类商业动作片的批量推出，《枪王之王》（尔冬升导演，香港）、《大兵小将》（丁晟导演）、《喜羊羊与灰太狼》（赵崇邦导演，香港）、《西风烈》（高群书导演）、《决战刹马镇》（李蔚然导演）等不同类型的商业片也形态特征鲜明；特别是《岁月神偷》（罗启锐导演，香港）、《海洋天堂》（薛晓路导演）、《人在囧途》（叶伟民导演，香港）、《月满轩尼诗》（岸西导演，香港）、《志明与春娇》（彭浩翔导演，香港）、《80'后》（李芳芳导演）、《盲人电影院》（路阳导演）、《第一书记》（陈国星导演）等一批风格迥异的中小成本影片，不仅拥有优良的制作品质，而且获得了通向观众的传播渠道，在一定程度上丰富了中国电影的人文内涵和美学风貌，标志着中国电影在急匆匆的商业化不归之路上开始回归尊严和从容。在商业化大潮中，艺术力量的回归为中国电影进入21世纪10年代带来了新的想象。商业与美学的平衡、电影艺术的多样化，为未来中国电影带来新的活力。

二、大制作电影：寻求创作与制作、商业与艺术的美学平衡

对于全世界的电影工业来说，趋向于跨国市场的大制作影片通常为了发挥电影再现场景奇观的功能，为了尽可能克服一些意识形态差异所带来的审美趣味的分化，为了获得更超脱现实束缚的想象空间和表现自由，往往都会选择历史题材或者奇幻类题材作为基本故事。随着国产影片投资规模的加大、大华语地区电影市场的形成以及对其他海外市场的预期，国产大制作的历史题材作品有明显增加。《赤壁（下）》、《南京！南京！》、《麦田》、《白银帝国》、《花木兰》、《十月围城》、《让子弹飞》等等，都是历史题材、年代题材影片中的代表性作品。这些作品，聚集了最优质的华语电影资源，也体现了中国电影最高的制作规模和水平。而类似《哈利波特》、《指环王》这样的奇幻类影片由于技术条件的制约和国情文化的差异，在中国却不多见。年末出现的体现所谓"历史穿越"特点的奇幻动作影片《刺陵》最终就没有得到观众认可。

《赤壁（下）》吸取上集的教训，在叙述上尽可能回归"主流"，但是其分裂的美学表现风格和"人为"的历史常识颠覆，仍然无法体现作品的完整性。《麦田》画面和音乐堪称上乘，其类似《西西里美丽传说》的故事内核也具有某种历史与人性的张力；但是其日本风格的场景、场面、表演风格，以及其过度用力的叙述技巧和视听手段，破坏了影片的自然流畅，艺术上的矫情限制了影片对观众的控制和感染。《白银帝国》的故事、表演、制作，都达到了华语影片的一流水准，但其过度庞大的故事和过度复杂的诉求，使其更需要一种长篇电视剧的表现空间而难以被电影的有限空间所从容叙述；《花木兰》在题材上占尽先机，在表演上殚精竭虑，故事的叙述也流畅紧凑，但场面、动作、细节上受到制作能力和创作水平的限制，特别是将一个巾帼英雄的故事相当勉强地改造为"英雄救美"，加上过度的现代反战主题的直白传达，使影片的艺术品质和商业品质没有达到预期的效果。

陆川导演的以南京大屠杀为题材的影片《南京！南京！》是最有争议的历史题材影片之一。以抗日为题材一直是中国影视剧的热门。一方面，这些作品呈现了日本侵略为中国人民带来的巨大灾难；另一方面，也尽情渲染了中国军民歼灭日本军人的仇恨和快意。《南京！南京！》尽管引起了广泛争议，但从客观上来说，影片再次唤起了当代中国人对南京大屠杀事件的关注和对这一人道灾难的记忆。影片借助一个日本士兵角川的视角，见证了发生在南京的那场惨绝人寰的大屠杀、大灾难。黑白的画面，逼真的造型，具有历史质感的场景再现，残酷而细致，令人震撼也使人压抑。当几个日本鬼子闯进数以千计的中国军人和百姓所躲藏的教堂时，观众为中国的懦弱和天真而痛心；当100位女性举手愿意用自己的身躯去换取难民营安全的时候，观众为这些伟大的女性而骄傲；当范伟所扮演的商人经历了种种背叛之后，毅然选择了将死亡留给自己的时候，观众为渺小的中国百姓身上所具备的高贵而感动；当然，当观众一次一次看到无数手无寸铁的中国军人和百姓被疯狂地杀戮，看见一个一个中国姐妹受到日本鬼子毫无人性的侮辱的时候，悲痛与仇恨也会混合成一种难以克制的愤怒……影片中的日本士兵最终无法忍受暴行带来的良心痛苦，用自杀来赎还自己的罪行。这个视点，使观众有可能站在超越民族情感的角度来反省南京大屠杀。然而，影片所设计的日本军人角川的谢罪自杀，由于缺乏必要的心理铺垫和事件推动，多少有些一厢情愿；影片中人物和情节设计上的概念化，又影响了南京大屠杀这一事件的真实

力量;而影片中对拉贝无论出于什么动机所表现出的人道主义精神缺乏足够的敬意,将中国人的反抗与拉贝作为外国人的救助在修辞上对立起来,更是用民族主义情绪掩盖了人道主义的光辉。这些不能不说反映了《南京!南京!》在情感和观念上的一种迷惑,也是影片引起观众批评和不满的原因。表现南京大屠杀,不仅仅是唤起对日本鬼子的仇恨,正如美国人、俄国人创作二战题材时,并不仅仅是表达对德国人的仇恨一样,巨大灾难所唤起的应该是对一切反人道、反人性行为的控诉和警惕。过度的民族主义、过度的民族仇恨,往往掩盖历史的真相和逻辑。《南京!南京!》在这一点上,相比以往同类题材影片,更多地表现了一种人道主义的普适价值。相比《辛德勒名单》、《美丽人生》和《生死朗读》等同样以二战为题材的作品,其相差的不仅是艺术,更是观念和意识。

体现了艺术成就与商业成就相统一的历史题材影片,应该是崭露头角的《十月围城》。这是继《集结号》之后,又一部不仅仅依赖商业元素(尽管不乏商业元素)的制作精良、剧作扎实、人物饱满、表演出色、情感充沛、场面壮观、节奏控制丝丝入扣、戏剧冲突层层推进的常规意义上的"好电影"。与那些商业强暴美学的所谓"娱乐片"不同,这里的娱乐显示了艺术的诚意和对观众的尊敬。《十月围城》写的是一组性格各异、舍生忘死、肝脑涂地的"英雄",但这些"英雄"都从"自己"的角度和需要,自觉和不自觉地被卷入了保卫孙中山的殊死搏斗中。他们不是生来崇高,而是为父亲、为儿子、为女儿、为女人、为主人、为朋友、为自我

救赎,也有人是为民主共和的理想、为不当亡国奴的热血,被不约而同地卷入了英雄壮举。即便是曾志伟扮演的香港警司,也都以属于自己的方式介入了这场他们未必完全理解的崇高的事件。影片在有限的篇幅中,在紧张的戏剧性情节中,在加入了众多打斗动作场景的情况下,用洗练的手法,将众多人物塑造得个性鲜明、形神兼备。这群人物象喻的也是中国近现代革命的历史进程。在影片中,重光在赴死之前说,自己夜里一闭上眼,脑子里全都是明天的中国。这简单、幼稚而掷地有声的台词,塑造了一群那个年代最男儿的中国人形象。《十月围城》是一部商业电影,有众多的港台和内地明星参与,有紧张的戏剧性设计,甄子丹在大街上的人群中腾跃奔跑的追逐场面令人叹为观止,各种各样与人物性格相吻合的动作打斗设计也相当具有视听冲击力。但它又不仅仅是一部商业电影,编剧、导演、演员们把影片的创作当做了一种"艺术",用心用情演绎这段侠骨柔情、腥风血雨的传奇故事。这种诚意,甚至使观众能够忽略某些细节的不完全合理以及个别场景还没有达到最理想状况的制作水平。

在市场化背景下,由大导演、大明星、大场面组合而成的投资过亿的大制作电影,通常是电影市场的焦点,也因为其高影响力而被看成年度电影艺术的标杆。到2010年,那种叠床架屋地堆砌商业元素的所谓大片基本消失,一方面是因为越来越多的电影观众开始从被商业推销操纵走向了理性的消费选择,一方面也是越来越多的电影艺术家意识到,诚心诚意地对待观众、满足观众的心理期待,是电影艺术也是导演品牌生命力可持续性的保障。所

以,本年度的中国大制作电影,在艺术的完整性、美学的严肃性、文化的自觉性方面都有了明显提升。

在2010年的大制作电影中,姜文的《让子弹飞》成为受到众多观众和评论家一致关注的影片。《让子弹飞》叙述的是以民国初年为背景的官匪豪士(知识分子)相互斗争的故事。这个由现代著名作家马识途的小说重新改编的影片,仿佛也是中国近代以来这四类人物纠结不清的社会寓言。姜文将这个过去年代的故事变得有了当下性,使之有足够的传奇、足够的波折,甚至足够的戏剧假定性。影片的大多数场面和段落都爆发力十足、戏剧张力充分、人物状态尖锐,同时在这样的强度中还包含着内在的幽默、调侃和从容。从视听的表现力和叙事的强度上来说,它比当年的《红高粱》有过之而无不及。而影片结尾,张麻子以及鹅城的命运则成为中国社会各阶级的政治寓言以及对近代以来的"革命情结"和"革命"中的国民劣根性的深刻反讽。前三分之二的流畅叙事到这里被符号化、象征化。其思想的锐利度,秉承了鲁迅先生《阿Q正传》的批判现实主义与启蒙主义的精神,而且在表达上更加极端和感性,甚至让人觉得精神紧张和恐惧。《让子弹飞》不仅仅是一部娱乐片,同时也是将电影想象力、叙事爆发力和思想创痛力结为一体的作者电影。姜文电影从来都不缺少"作者性"。从《阳光灿烂的日子》、《鬼子来了》、《太阳照常升起》,直到这部《让子弹飞》,他电影前三分之二流畅而紧张的故事其实都在为后三分之一的作者观点做铺垫,前面的故意让人入戏与后面的有意让人出戏相互呼应。前面他更像能力出众的电影艺术

家，后面则是精神执着的精英思想者。从这个意义上说，尽管观众往往会被姜文电影中的那种咄咄逼人的"霸气"和"匪气"所冒犯，但姜文电影让人乐并痛苦着，有难以复制的独特性。当然，影片中处处表现出来的过于自负，从美学上来说总是会带来过犹不及的痕迹。

冯小刚2010年的《唐山大地震》，则是一部灾难片包装下的家庭伦理情节剧。尽管《唐山大地震》中灾难场景的再现节奏紧张、层次分明，宏观整体与微观细节的交叉呈现浩大而惊悚，但显然，这并不是我们所预期的好莱坞式的灾难类型片。没有类似《龙卷风》、《日本沉没》、《后天》、《海云台》、《2012》等所谓灾难类型片的常规叙述结构和基本桥段，这里主要是灾难发生和发生以后，一个天各一方的家庭如何从创伤中缝合的人性故事。广告词中的"23秒，32年"与原小说名《余震》都是对这部电影主题更准确的表达。一个在23秒的地震后被迫舍弃女儿、救活儿子的母亲32年的心灵挣扎，一个亲耳听到被母亲放弃却劫后重生的女孩32年的心灵创伤，共同构成了这个故事的核心。《唐山大地震》的叙述方式与《集结号》类似。前面是一个类型片的引子，后面却是表现人性境遇的艺术片故事。《唐山大地震》仅仅用了十多分钟来呈现地震灾难，故事和人物的铺垫时间有限，场面的逼真感和细节感的展示相对也不够充分，其真正的艺术价值不是表现灾难，而是表现灾难带来的情感和心灵激荡。冯小刚在《非诚勿扰》这样的商业电影模式之外体现了他对人性救赎的深度关怀，当然这种名实分裂的设计也使这部影片在美学风格上，甚至制作路线选择上出现了前

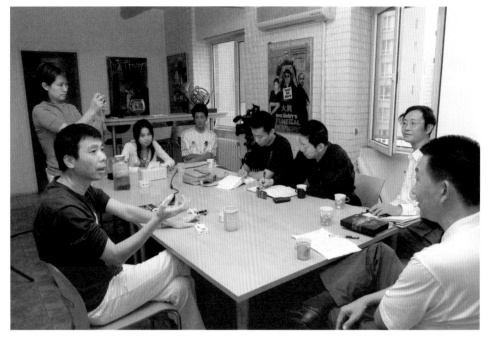

与冯小刚导演对话（左一）

后某些不可避免的裂痕和迷乱。而影片历史质感的薄弱和解决心灵创伤的手段的简单，也使不少人认为，《唐山大地震》虽然在票房上超越了《集结号》，但在艺术完整、思想深度、制作精致等方面还没有能够达到《集结号》的高度。

陈凯歌的《赵氏孤儿》，也引起了广泛关注。在全球化背景下，无论是寻求东方魅力的西方文化或是追寻文化之根的本土需求，都促使越来越多的中国艺术开始从中国文化中去寻找灵感和契机。继《梅兰芳》之后，陈凯歌再次将创作题材锁定在"中国原型"上。陈凯歌改编的《赵氏孤儿》，其戏剧性强度、情感冲击力、内涵丰富性、道德悲壮感和经过众多传统戏曲千锤百炼后的艺术成熟度，可以说都为这一改编提供了坚实的基础。但陈凯歌却对这一故事进行了他自己的改写。影片将程婴从崇高的道德圣坛上拉下来，给了他一个平凡的世俗的境界和外表，也为他的救孤行为赋予了一种平民的动机和过程。

他被动地卷入了婴儿的救助，他被动地用自己的儿子交换了忠良的后代，他被动地走向了抚养遗孤的命运……尽管影片的英文名字还是采用了"sacrifice（牺牲）"，但与其说这是一个"牺牲"的故事不如说是一个"宿命"的故事。陈凯歌对英雄性的消解，试图创造一种更人性或者更世俗的人性阐释。正是这样的定位，《赵氏孤儿》选择了葛优来扮演程婴。葛优重新找回了他当年在张艺谋《活着》中扮演福贵的气质，用一种平凡的猥琐、木讷和固执塑造

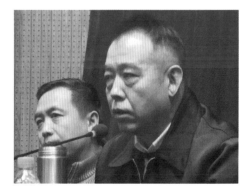

陈凯歌（右）、张宏森（电影局主管创作副局长，剧作家）

了程婴这一潜伏着巨大悲剧情感的人物。他用含辛茹苦替代了传说中的卧薪尝胆。程婴除去一点凡人的良心之外，与任何道德正义性无关。家仇私恨成为了他主要的行为动机，整个影片很少有对社会环境和政治环境的描述，故事被封闭在家庭之中。葛优所扮演的程婴，既不是道德英雄也没有超人智慧。屠岸贾与程婴的忠良正邪之争被改造为家庭的血海深仇。其中黄晓明扮演的韩厥，作为程婴的同盟，既是戏剧情节的一个功能性元素，也同样因为私仇介入这一复仇计划。程婴故事在传统中所承载的道德意义基本被平民人性所淡化。影片将这样一个悲壮的国恨家仇的故事变得人性化、世俗化、常情化了。王国维在《宋元戏曲史》中谈到纪君祥之《赵氏孤儿》说："剧中虽有恶人交构其间，而其蹈汤赴火者，仍出于其主人翁之意志，即列之于世界大悲剧中，亦无愧色也。"而一旦放弃这种赴汤蹈火之意志，消解了悲剧崇高感，那么《赵氏孤儿》这个讲述用亲生儿子交换忠良后代的极端故事很可能会失去其本来的价值和意义。

大型传记人物片《孔子》，则体现了电影创作在商业道路上的徘徊。在孔子学院全球扩展、国家文化软实力诉求越来越强的大背景下，《孔子》（胡玫导演）的题材应该是重中之重。这部影片制作严谨、叙事流畅、中规中矩，周润发的孔子造型也被观众基本接受，"子见南子"等段落也是影片中不多的出彩之处。但这部关于"孔子"的电影，留下的遗憾似乎更多。在那样一个战火纷飞、礼崩乐坏的年代，孔子这样一个违背现实需求、执拗克己复礼、主张大仁大义的理想主义者，如"丧家之犬"的悲剧性格和命运，被影片文治

武功的戏剧化情节所淹没。场景和动作的奇观，对于孔子的题材来说，显得太肤浅和草率。其实，孔子不是《三国演义》中的诸葛亮，他的意义不在于他是一位成功的政治家或者军事家，而在于他乌托邦式的社会理想和政治抱负，在于他"有教无类"的教育思想和实践。孔子的伟大，也不是因为他入世的智勇双全、文治武功，而是因为他被时代抛弃的灵魂和仁者大爱的精神。比较一下《甘地传》《耶稣受难》《莫扎特》《米开朗基罗》等传记片，从一开始，《孔子》就被叙述成了一出普通情节剧而不是一个伟人的艺术传记。过度急功近利的氛围，使《孔子》的创作显得有点生不逢时。

徐克，曾经是香港电影的一个标志。《蝶变》、《英雄本色》、《刀马旦》、《倩女幽魂》、《新蜀山剑侠》、《新龙门客栈》、《黄飞鸿》系列、动画片《小倩》等等，给香港电影带来了生机和活力。近年来，也许是受到香港与内地电影的合拍政治和商业逻辑的影响，也许是电影环境越来越受到各种非电影动机的诱惑，当然也包括电影的投资规模越来越大、跨界诉求越来越直接、回避风险和获取回报的压力越来越明显，徐克电影从《蜀山传》到《七剑》，从《女人不坏》到《深海寻人》，其空间想象和造型能力仍然不俗，但电影的灵魂似乎却不那么光彩鲜明。这些作品少了些当年那种孤胆英雄的气概和特立独行的精神，电影风格更加摇摆，形态更加混杂，诉求更加游离，导致观众对徐克电影的气质认知也开始出现困惑。在这样的背景下，徐克导演了这部制作恢弘、声势浩大的《狄仁杰之通天帝国》。影片故事场景的诡异、人物造型的奇特、动作场面的飘逸，都显

示了徐克一如既往的想象力和表现力，而其中历史、武侠、悬念、神异等类型的混杂，则显示了徐克对当下电影市场环境的认知和适应。狄仁杰身上仍然体现了徐克电影一贯的侠义气质，但又不同于过去徐克电影中的江湖豪杰。狄仁杰成了武则天威权的维护者，成为权力挑战者的镇压人，他甚至与女皇之间还隐约产生了一种暧昧不清的男女情愫，以至于为了维护女皇的威权，他不仅牺牲了自己的女人，也牺牲了自己在阳光下生活的权利。人在江湖心在朝廷，这个故事放在徐克的电影系列中，就如同在《水浒传》八十回以后所延续的忠君爱国招安故事，多少与人们心中那个行走江湖、行侠仗义的徐克貌合神离。这部影片的确少了风流倜傥的江湖之气，多了一些替天行道的庙堂仪态，而狄仁杰与静儿之间急不可待的宽衣解带似乎也色情多于风情、功利大于美学。徐克将他过去不同电影的风格混合成为一部拼盘式电影，创造了徐克电影的一部集大成者。徐克电影这种功利性的变化，似乎既体现了艺术家创作历程逐渐保守的发展规律，也体现了电影在这个时代所呈现的某些共同的急功近利。中国的斯皮尔伯格似乎不是对自己电影的美学精神的回归，而更像是一种对自己的电影形式更加堆积性的重复。

大制作电影作为国产电影的标杆，在新世纪的创作水平整体上有所提升，体现了从简单的商业元素的叠加走向商业美学的融合过程。当然，在这一过程中，大多数影片仍然还有明显的超出艺术整体性之外的商业元素的硬性强加，包括暴力、情色因素的过度滥用，各种类型技巧的简单拼凑，也包括引起观众诟病的过多过突的

广告植入等等。这些都使 2010 年度的国产电影缺乏穿透历史、对话当代、透视人性、风格完整、制作精致、气魄宏大的标志性作品。2010 年中国电影有大作却缺乏力作。如何真正调整好商业与美学的关系，更准确地说，处理好商业吸引力、社会穿透力、艺术感染力与观众共鸣性、作者独创性之间的平衡，还将是一个动态的探索过程。对于一般的中小制作影片来说，也许并不需要达成全面平衡，而对于大制作电影来说，这种平衡正是其制作规模、观众诉求所提出的美学要求。

三、类型片：在中国特色中探索

对于成熟的电影文化来说，类型片对于细分观众市场、培植观众观影习惯、塑造电影商业品牌、带动电影艺术整体升级都具有重要意义。在世界电影史上，类型片不仅常常创造商业神话，也常常成为艺术经典，如西部片《正午》、悬疑片《后窗》、爱情片《一夜风流》、歌舞片《音乐之声》等等。而在中国，一方面是长期以来所强调的宣传功能限制了类型片的娱乐功能，另一方面是从第五代开始的艺术片观念贬低了类型片的艺术价值，加上电影工业和电影市场经验积累的不足，导致中国内地类型片创作水平一直很低，也成为国产电影缺乏市场竞争力的重要原因。近年来，在中国内地的国产影片票房排行榜中，除了 1—2 部大制作影片可能是由冯小刚、张艺谋或者陈凯歌导演以外，几乎其他进入前 15 位的影片都被港产类型片所占据。多数国产影片虽然也有强烈的商业娱乐诉求，但或者依赖拳头、枕头、噱头这些简单的所谓娱乐元素自欺欺人，或者缺乏基本的类型假定性和类型控制力，大多不伦不类，甚至存在着明显的低级趣味取向。

由于受到投资规模、制作能力、技术水平、创作经验等方面的制约，科幻、奇幻、灾难、恐怖、歌舞等类型影片相对匮乏，而警匪、武打动作影片则基本是港产片的一统天下，内地的类型片创作则主要集中于黑色喜剧和搞笑喜剧。其低廉的制作成本、本地性的文化资源，加上和冯小刚贺岁片所带来的社会影响和票房收入的高性价比，成为内地导演最热衷的商业类型片。

《非诚勿扰》等喜剧片的流行，不可避免地带来一批过犹不及的模仿者。贺岁前夕上映的几部搞笑喜剧被观众称为"山寨片"。这些作品为了回避现实题材的敏感，也为了创造一种古今混杂的喜剧颠覆感和杂糅性，大多选择了古装故事。它们显示了一定的喜剧想象力和整合力，试图从各种元素中发掘与现代观众的心理共鸣，但大多由于缺乏喜剧人物的塑造，也缺乏喜剧情境的完整性，更缺乏喜剧感和对喜剧节奏的控制，更重要的是缺乏对当下观众内心体验和焦虑的诚恳交流，往往是堆积笑料，无痒自乐，为搞笑而搞笑，因而也缺乏喜剧境界和艺术品位。冯小刚多年来的贺岁喜剧，从《甲方乙方》到《手机》，从《大腕》到《非诚勿扰》，尽管艺术质量有差异，但却能通过葛优所塑造的喜剧人物系列，表达当时中国社会和心态的普遍变迁和共同情感，甚至创造出各种具有年代特征的年度流行词。真正的喜剧，需要有性格的喜剧人物以及这些人物的经历和命运所体现的现实境遇。

喜剧片的最大意外来自张艺谋的《三枪拍案惊奇》。张艺谋出人意料地选择了搞笑喜剧的创作路线，借助"东北二人转"的演员、技巧、语言、桥段来创造"喜剧娱乐"。这个被观众称呼为二人转加武林外传的影片嫁接在一个失去了原味的"血迷宫"故事上，既没有二人转的大俗，也缺乏武林的颠覆感，更没有"血迷宫"的命运感，而那些违背审美习惯的高反差的极致化的摄影风格和美术设计也难以被观众认同。张艺谋由于《满城尽带黄金甲》中人肉如麻、杀人如麻的过度商业诉求，曾经引起过广泛批评，但奥运会开幕式却让张艺谋品牌得到了升值。正当人们充满期待时，张艺谋提供了这部带有过度商业诉求的"喜剧娱乐片"。对于张艺谋来说，《三枪》如同宝马品牌生产夏利汽车，夏利固然是车也可以乘坐，但人们对宝马品牌的期待本来就不是夏利。宝马造夏利可能因为引起消费者好奇而带来票房，但对宝马品牌的影响也许更加持久。

在本年度的类型片中，以周杰伦和林志玲为品牌影响力的《刺陵》则是一部杂糅了各种不同风格和类型元素的西部探宝武打偶像片。尽管不少观众难以完全接受这部影片的杂糅性，特别是对影片杂糅所带来的故事情节的断裂以及生硬的广告插入颇有不满，但整部影片制作精良，类型要素完整，特技和场面壮观，林志玲等人的表演也达到水准，周杰伦的动作场面也具有感染力。"好玩好看"成为其主要追求，而其中关于爱情和背叛、事业与家庭、职责与使命等主题的表达，则多少有些造作。这种类型混杂的影片，既缺乏香港类型片的单纯，又缺乏艺术类型片的精巧，说明类型片如果变成各种类型要素的大拼盘，往往可能会事与愿违。

港产片这些年一直是内地类型片市场的绝对主力。香港电影在动作片、警匪片、黑帮片、喜剧片方面积累了丰富的经验，形成了创作和制作上的惯例，也培养了成龙、刘德华、甄子丹等一大批香港类型影片的明星，培育了一批香港商业类型片的观众。但是，近年来，港产类型片由于适应内地需要而越来越内地化，逐渐失去一些港片特色，再加上创作和制作上的过度急功近利，导致类型元素的过多混杂以及制作上的逐渐粗糙和简陋，娱乐元素也缺乏创作上的更新，已经呈现出种种创作危机。但本年度刘青云等人主演的《窃听风云》却一改近期许多港片的浮躁，在警匪片的大框架中塑造了几个男人性格各异、情义深厚的人物关系，将动作的紧张与人性的关切结合起来，刚柔相济，显示了港片的创作潜力。加上后来《十月围城》的出现，更显示了继《无间道》之后港产片仍然具有自我升级更新的可能。自《无间道》以来，警匪片开始从动作向人性展示与悬念设置相结合的方向发展，有意识地增强故事的复杂性和情感性，以保障更大限度地强化对观众的黏合力，同时也克服警匪动作片制作水平和能力的不足，规避中国内地对警匪片题材、空间、人物、场景等方面的政治限制。

香港警匪动作片一直是一种重要的电影类型。从《窃听风云》到2010年度的《枪王之王》，尔冬升为香港警匪片带来了更多的人性味。影片中尽管某些人物关系和情节演进的设计人为因素过于突出，但将类型片中的人物放到一定的人性危机中、情感考验中，深化了这些作品的美学感染力。动作线以外的情感线，使人物的命运和故事的进程对观众具备了更大的情感影

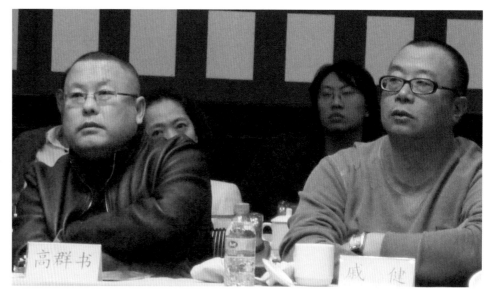

导演高群书（1966— ），导演的主要作品有《东京审判》、《千钧一发》、《风声》、《西风烈》等，导演戚健（1958— ），导演《女帅男兵》、《天狗》等

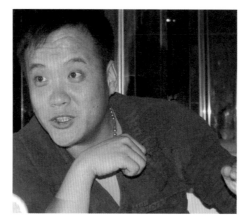

青年导演宁浩（1977— ）

响力，显示了港产警匪片艺术创新的努力。

近年来内地最引人注目的警匪动作片应该是高群书导演的《西风烈》。影片鲜明强烈的视觉造型、干净利落的剪辑、咄咄逼人的气势、坚硬粗犷的西部风格，都达到了内地警匪类型片的最高水准。但其写实框架与类型假定之间的不协调，导致人物和人物关系的设置在逼真性和假定性之间摇摆不定，情节设置因此也缺乏统一的游戏规则支持。题材和故事注定了这部警匪片的类型暧昧，形式大于内容，影响了影片的整体艺术价值。

宁浩《疯狂的石头》的出现，展示了内地青年一代导演少有的类型影片创作才华。本年度他的《疯狂的赛车》，延续了黑色犯罪幽默剧的方向，尽管由于叙事线索的过度复杂影响了故事的生动性和意义的完整性，但其叙事的精致性、场面的紧张感、情节的悬念感、人物的喜剧性、风格的后现代感，使其仍然成为本年度最重要的商业类型片，也是唯一一部票房过亿的内地导演所创作的类型影片。

中国内地的商业类型片创作，一方面需要创作者具备更自觉的类型假定性观念，另一方面也需要电影工业为类型片制作提供更完整的专业分工和技术支撑。内地的多数类型片，由于缺乏投资规模，也缺乏产业支持，往往只能简单地依赖"恶搞"、"山寨"、"花招"、"拼贴"、"颠覆"等技巧制造所谓喜剧娱乐，这一方面造成创作的同质化，另一方面也容易将创作引向低俗化。其实，类型片创作虽然往往依赖假定性创作模式，但这些模式的灵魂都是人性的焦虑和救赎。哪里有人

性焦虑，哪里就有类型片，而脱离了人性的焦虑，类型片就成为了没有灵魂的游戏。

武打动作片一直是中国商业类型片的中流砥柱。继前一年的《叶问》之后，2010年《叶问2：宗师传奇》所代表的传统武打类型片，包括《精武风云：陈真》等在内，再次创造票房佳绩。复仇（民族仇）内核、侠义英雄、类型人物、硬派功夫、线性叙事、朴素风格，加上一些父子、夫妻、朋友、兄弟的柔情点缀，因为其爱憎分明、线索单一、诉求清晰，适应和满足了观众的类型预期。尽管这些影片艺术创新有限，民族主义的价值观过度扩张，但其中类似大圆桌上比武的桥段，还是为电影武打动作场面带来了视觉和美学的创新。在未来的发展中这类影片可能会因为过度的自我复制面临创新挑战。

《剑雨》则是一部拥有某些武术意境的现代感更强的武打类型片。传奇的人物、诗意的造型、婉转的节奏、紧张的悬念，共同为电影带来了一种空灵动感的氛围。当然，由于影片中商业考量的过度介入，其故事的过度复杂也影响到观众对动作场面的类型期待，导致影片的整体叙事驱动力弱化，形式的张力大于了故事的张力。

《风云2》（彭顺、彭发导演，香港）这类受游戏、动漫影响的混杂类型的武打动作片，将穿越、奇观、悬疑、动作、传奇、科幻等元素混合在一起，创造了影片风格上的混搭性和类型元素的拼盘模式，也导致了整体影片缺乏气质上的完整性和文化上的指向性。过度游戏化带来了影片内涵的缺失和审美体验的暧昧，影片中的人物也过于平面，观众大多难以深度卷入，也难以获得视听之外的心理满足。

武打动作片一直是具有中国特色的商业类型片，从上世纪30年代《火烧红莲寺》开始，经由香港电影的发扬光大，再到现在的类型分化，经历了漫长过程，也诞生了张石川、胡金铨、李小龙、徐克这样的大师级电影人，张艺谋等许多导演也都曾经涉足武侠电影。但近年来，武侠类型片的发展正面临创新困境，其国际影响力也在逐渐下降，中国武侠电影期待着有创新意识同时又富有传统文化底蕴的力作出现。2010年的都市情感片，继前几年的《非常完美》、《爱情呼叫转移》等之后，出现了《全城热恋》（夏永康、陈国辉导演，香港）、《杜拉拉升职记》（徐静蕾导演）、《恋爱通告》（王力宏导演，美籍华人）、《摇摆的婚约》（鄂颖、肖蔚鸿导演）、《爱出色》（陈奕利导演）等有影响的作品。这些作品，充分利用了城市中产阶级和青年人的心理，以感情问题为主题，以都市时尚为背景，以青春偶像为形象，形成了华丽动感的美学风格，为都市人提供"心灵鸡汤"。如果说，武打动作片和警匪动作片是香港类型片的长项，那么都市爱情片则继喜剧片之后，成为中国内地电影的又一重要类型。但是，植入广告的过度突出、叙事方式的过于简单、人物状态和关系的矫情，却使这类影片存在明显的艺术瑕疵。都市情感片在这一年有突破有惊喜但无精品无上品。而其良好的市场反应，证明这类影片有着广阔的前景。

多年以来，中国动画电影市场一直没有完全培育起来，即便是好莱坞那些在全球创造了票房奇迹的大制作动画电影在中国市场上也很难取得票房过亿的成绩。但是，2009年初，一部投资不过600万的

国产动画电影《喜羊羊与灰太狼之牛气冲天》却异军突起，取得近9000万元的票房，成为动画电影时代来临的一种标志。这一方面说明中国动画电影市场正在以超出人们想象的速度茁壮成长，另一方面也说明国产动画除了技术制作场面的竞争之外具有属于自己的独特创作优势。

《喜羊羊与灰太狼之牛气冲天》的票房成功，除了中国电影市场扩大的背景外，主要可能来自如下三个原因：第一，题材本身由于电视播放而带来的知名度和熟悉度。该故事2005年开始在全国近65家电视台播出超过590集，预备了一大批潜在的电影观众。第二，风格、样式、内容的娱乐和喜剧的浅显偏好。如同《猫和老鼠》，一群狼与一群羊的关系满足了青年人对权威、对力量、对压迫性的反抗和调戏，这使其不同于大多数国产动画的一本正经，为青少年提供了符合成长心理和娱乐需求的直接简单的娱乐载体。灰太狼和喜羊羊两个角色在网络上的迅速走红，以及"嫁人就嫁灰太狼"等台词在青年人中成为流行语，都表明了其与年轻人的情感共鸣。第三，成功地选择了寒假这样一个青少年观影人群集中而竞争影片相对较少的档期夹缝。故事的亲近性、定位的娱乐性、档期的准确性这三大要素，共同创造了《喜羊羊与灰太狼之牛气冲天》的票房纪录。而这种纪录，不是来自于低幼儿童的定位而是来自更大范围的青少年核心观众。在电视时代，低幼儿不可能成为影院观影的主动者和带动者，正如电影的主体观众越来越低龄化一样，动画电影的观众则越来越相对成年化。只有家庭化、青少年化的动画电影才能成为市场的主流。

长期以来，中国动画电影都以低幼

儿童作为主体观众，以寓教于乐作为主题诉求，以简明通俗作为主要风格。实际上，美国和日本这些动画电影大国，动画片早已超越低幼观众群，青年动画和成年动画已经形成气候。好莱坞动画电影以模拟的"家庭"或"准家庭"的亲情关系为题材，则被看做适合全家人共同观看的所谓"家庭电影"。正如迪斯尼创始人沃尔特·迪斯尼所表示，他们主要不是为孩子制作电影，而是为所有具有童真的人制作电影。为了适应电影观众的全民化需要，好莱坞动画在题材选择、形象造型、情节结构、场景选择、对白设计、音乐制作，甚至配音演员的选择方面，都进行了一定程度的"成人化"改造或置入。从《狮子王》以来，美国电影票房年排行前10位的影片中，常常都有3部以上的动画电影。父母与孩子"2+1"的观看模式，是动画电影获得高票房的商业基础。好莱坞动画超越儿童观众的全家共享的创作策略，成年人和青少年元素混合的跨界内容，动物拟人化、人格化的题材和故事，亲情、友情、爱情的情感诉求，幽默感性的人物造型和性格，在娱乐中不断社会化的成长主题以及精益求精的制作水平，都为中国动画片提供了重要经验，也为中国电影提供了一面镜子。

国产的其他动画片中，《麦兜故事》同样是利用了其电视传播、音像传播的积累，获得了那些刚刚长大成人的青少年的认可；《钢铁侠》等影片则因为缺乏真正的中国动画特色而难以与好莱坞影片竞争；至于《麋鹿王》等影片则没有摆脱电视动画的观念束缚，缺乏影院本身的娱乐性和宣泄性。

在技术基础、产业积累方面，我们

目前还难以与好莱坞相提并论，《变形金刚2》、《冰河世纪3》所达到的制作水准可能在相当长一段时间内都是中国电影望尘莫及的。中国动画需要体现中国电影的创作智慧、文化优势以及商业策略。中国动画依靠题材上的亲近性、文化上的接近性、美学上的轻松化，可能获得某种相对的竞争优势，但在世界动画电影技术3D化的大背景下，如果不在制作水平和美学观念上"与时俱进"，那么当新一代青少年成为电影观众的核心人群以后，中国动画电影依靠电视培养起来的优势就会消失殆尽。《喜羊羊与灰太狼之牛气冲天》为中国动画创造了一个品牌，也创造了一种市场模式，但品牌和模式都期待着更新和升级。中国的动画电影市场已经生机勃勃了，但中国动画创作的苏醒却刚刚开始。

2010年，可以看做中国3D电影元年。国产电影《乐火男孩》、《齐天大圣前传》、《麋鹿王》、《魔侠传之唐吉可德》4部3D之作试水国内3D电影市场。虽然4部国产3D影片在市场上并没有获得满意的效果，《魔侠传之唐吉可德》预期的2亿票房最终只得到4000万元的结果，证明中国3D电影在美学观念、投资规模、制作水平、技术积累等方面与美国相去甚远，但至少中国3D电影已经开始起步。

2010年，中国内地上映国产动画电影不到10部，取得票房1.7亿元左右，与2009年全年1.68亿元的国产动画电影票房总额相近。国产动画电影票房中，有1.24亿元票房来源于《喜羊羊与灰太狼之虎虎生威》，"喜羊羊"成为目前中国最有市场影响的动画电影系列品牌，而其他大部分动画电影始终无法取得良好的市场回馈。《铠甲勇士之帝皇侠》、《虹猫蓝兔

火凤凰》和《超蛙战士之初露锋芒》等被寄予厚望的影片票房都不尽如人意。投资过5000万元的《超蛙战士之初露锋芒》仅取得票房730万元，投资过千万的纯手绘风格、追求唯美画面的国产3D动画电影《梦回金沙城》实际票房也只有区区数百万。

随着影院观众的年轻化甚至低龄化，在美国可以动员全家观看的动画电影一直是影院市场的宠儿。自《狮子王》以来，历年美国电影票房排行榜前10位中，至少三四部是动画影片；本年度票房前10位中，有6部是动画片。在中国，长期以来动画片由于定位偏低幼，一直难以进入主流影院，近年来才开始逐渐回到主流市场。本年度，最受市场欢迎的动画电影还是前一年风生水起的《喜羊羊与灰太狼之虎虎生威》。影片尽管没有采用当前主流的3D制作，甚至也不是传统的三维动画，但这部动画片在制作精度上比前一部有明显进步，成功的角色定位和造型使品牌得以延伸。本年度，翻拍动画片成为潮流，《长江七号爱地球》、《黑猫警长》等等，都试图复制《喜羊羊与灰太狼之虎虎生威》的成功。但是，翻拍中的创新能力，特别是在新环境下与观众对话能力的缺乏，更重要的是具有中国特色的适应青少年反叛宣泄亲情需求的幽默感的缺乏，使这些动画片严肃有余而轻松不足，没有形成更大影响。在好莱坞动画帝国的冲击下，中国动画电影目前还只能更多地在喜剧性、亲情感、本土元素方面弥补制作水平的不足，电视、游戏与动画影片的互动，也成为当前动画电影创作的通用手段。

国产动画，包括其他类型的所谓"儿

童片"，长期都是政府的"电影扶贫"对象，结果或者成为青年电影人"玩艺术"的试验品，或者成为成年人教育青少年的文化工具，缺乏"全民性"和"全家性"视野，针对人群往往过于低龄，教育功能也过于直接和简单。在对暑期青少年电影观众的调查中，大约75%的观众认为国产动画电影缺乏娱乐和趣味。事实上，直到现在，许多人在意识或潜意识层面仍然认为青少年只有受教育的义务而没有娱乐的权利。健康的娱乐，不仅能够宣泄青少年的成长淤积，而且也能产生亚里士多德对于宣泄意义的另一种解释——人格净化。健康的娱乐往往能够激发人的想象力、主动性、合作精神、尊重和关爱。最好的娱乐往往也是最好的教育。因此，娱乐本位、健康导向、成人与青少年共享，在很大程度上将是国产动画片创作的方向。

相对于大制作的主流电影，中小制作的商业类型片更像快餐，是电影市场中重要的日常消费品。类型片往往更代表电影艺术的常规创作和制作水平。2010年中国电影的类型自觉地在市场化推动下更加强化。固定题材、假定模式、程式化元素、特定的功能诉求，成为一些中小商业电影共同的艺术选择。商业类型片，从2004年以来整体品质有所提升，出现了一些市场、口碑均衡的作品，也逐渐巩固和形成了一些具有中国特色的类型电影模式。

总体来讲，进入新世纪以来，中国的商业类型影片的整体艺术质量有所提升。尽管能够将类型化与创新性、程式感与作者性、优良制作与独特创作有机结合的作品还比较缺乏，但电影类型丰富，叙事假定性逐渐成熟，制作工艺水平的普遍提高，特别是在节奏控制、氛围营造、视

听冲击等方面，已经达到比较高的水平。一些美术出身或者MTV和广告制作领域的精英进入电影创作行列在一定程度上提升了类型影片的制作水平。由于受到市场规模、投资水平、技术能力和工业条件的约束，中国电影在科幻片、灾难片、战争片、探险片、枪战片等大型类型片方面仍然严重缺乏力作，类似《未来警察》（王晶导演，香港）这样的科幻动作影片，很难在创作和制作水平上与好莱坞电影相提并论，甚至与韩国电影相比都显示出工业化能力的不足。而在喜剧类型片方面，本年度也缺乏艺术创新，喜剧影片陷入了一味恶搞的低级趣味的怪圈。类型片虽然有很强的假定性，但并不是脱离现实的娱乐，而是深刻植根于当下焦虑的一种假定性解决方式。中国类型片需要摆脱为娱乐而娱乐的误区，为观众提供消除现实焦虑、实现白日梦想的娱乐机制，来源于生活又超越生活，用一种假定性的共同梦想，完成对观众现实困境的解救和心灵苦闷的救赎。目前，一批青年导演在类型片创作方面虽然表现了出色的电影语言驾驭能力，但他们在价值观上、在类型功能上、在游戏的设置原则上，仍然没有真正理解或者实现类型片的美学要求。类型形式感高于类型创作水平，成为当前中国类型片创作发展的瓶颈。

四、艺术片：多元化的电影文化

过去几年，中国电影创作的格局是艺术电影多娱乐电影少，小众电影多大众电影少，获奖电影多票房电影少。但是，在电影商业化的驱动下，中国电影创作的势

态正在改变，越来越多的电影创作者将电影当做了商业而不是艺术，其中既包括国际著名大导演，也包括一些曾经显示了突出艺术才华的新导演。大多数通往商业或者向商业转型的导演，其实往往因为缺乏基本的电影艺术能力，很难创作出具备较高艺术品质的商业电影，而且创作大多邯郸学步、东施效颦，既缺乏艺术创新也缺乏商业创新。在这种背景下，艺术电影，特别是那些不拘泥于传统记录风格的具有探索性的艺术电影创作，便显示了特殊的意义。它们既能够培养电影导演的艺术创新能力，也能为主流电影的发展提供更加多元的参照。多样性的艺术电影，在电影发展越来越快的今天，是为主流电影提供美学启迪和文化支撑的重要资源。

《斗牛》以及数字电影《走着瞧》、《走四方》等都是这方面影片的代表。它们剧作的扎实、制作的考究、叙事的成熟、视听手段的丰富、形态把握的成熟，都表明青年导演的艺术片创作在大浪淘沙中，正在取得艺术性与商业性、个体性与公众性的新的平衡。2010年金鸡奖最佳处女作《走着瞧》，以疯狂年代为背景、人驴故事为核心、荒诞风格为个性，在叙事的成熟和想象力的独特方面，都体现了青年电影势力的崛起。

作为第六代导演的代表性人物之一，管虎的《斗牛》也体现了将艺术片商业化的努力。一个村庄、一个村民与一头八路军留下的奶牛的故事，在离奇中蕴涵着历史的反讽和生命的荒诞。这样一个来自生活但是远远高于生活中人们的本来认知的故事，被管虎叙述得流畅、简洁、紧张、饱满，符号性、概念性的表达自然含蓄、不动声色，摄影、美术、剪辑、化妆、道

具、音响等各方面也都配合得完整统一，体现了导演良好的艺术驾驭能力。尽管由于故事和人物关系的相对单薄，影片的强度和黏合度还不够坚实，特别是后半部的叙述有些单调，但这部影片的出现，意味着第六代导演终于能够用大众接受的态度、方式叙述属于他们的故事。长期徘徊在主流之外的第六代电影人很可能以此为标志开始更坚实的转型。

传统的现实主义创作仍然出现了一些值得关注的影片。现实主义在理论上是中国电影的一面旗帜，其实更是中国电影创作所面临的一道难题。没有批判性态度就不可能有真正意义上的现实主义，而没有建设性立场就不可能被认可或者接受。批判性与建设性的美学平衡的巨大难度，往往使更多的电影选择远离现实，远离当下现实生活中最复杂、最尖锐、最重要的题材区域。从这个意义上说，《突发事件》等影片的出现，是一种向现实的靠近。该片通过年轻的挂职女副县长吴悠的视角，表现了在基层、在农村、在中国社会潜伏着的和已经爆发出来的各种尖锐的社会矛盾，经济发展与社会和谐的冲突、党群干群的冲突、发展要求与体制禁锢的冲突，而且影片中还罕见地表现了当今在新闻和网络中常常出现的群体事件的场面、氛围。在新闻媒介上呈现的"事实"终于在电影中得到了表达的可能。在近期的中国电影中，这部影片对基层社会矛盾的表达是最大胆、最直接的。而影片也借助了这种"突发事件"的背景，塑造了以县长黄必寿为代表的党的基层领导人的政治觉悟、政治智慧和政治立场。他既不得不周旋于现实的政治运行潜规则之中，又在年轻的吴悠的刺激下，坚持着官以民为天的

执政方向。对于群众来说，县长黄必寿就是大人物，是青天大老爷，是中国共产党在当地群众面前最直接的代表；而对于整个社会结构和政治体制来说，黄必寿其实就是一个权力有限、能力有限的七品芝麻官。影片正是在这样的悖论中，使黄必寿的形象，高大中又显示了几分憋屈，悲剧中又显露出几分幽默，诚恳中又带有几分狡诈，从而成为近年来中国电影中不可多得的具有丰富性和层次感的基层党的领导干部形象。尽管影片无论是在环境、氛围、人物表达上，或是在情节、细节、场景的设计上，都还可以再"逼真"一点，再生活质感一点，再绵密细致一点，但它至少说明中国电影有可能离现实更近一点。尽管任何离现实近一点的努力都是相当困难，但中国电影终究需要面对现实。

与这部影片相似，肖风导演的"农村三部曲"也体现了相同的现实主义态度。尽管肖风影片更有意疏离现实农村最尖锐的政治矛盾，但是却表达了在城市化过程中，农村的道德伦理、生活方式、情感方式正在发生的种种变化，而且这些作品充满了悲天悯人的情怀和宽容包容的态度，也体现了一种诗意生活的价值观。尽管影片在现实性与抒情性的夹缝中，很难体现出一种穿透现实的力度，但其中所散发的乡村生活气息却带来了一种艺术生气。此外，2010年第五代的另类导演田壮壮的《狼灾记》和一直被看做艺术电影标志的贾樟柯的《二十四城记》则都开始了艺术片的商业化运作。

电影，无论是面向大众或是面向小众，其实面对的都是观"众"。因此，电影终究是一种传播的媒介而不是自说自话的影像日记。艺术电影在保持作者观察生活、

阐释意义、呈现艺术独特性的时候，坚持与观众沟通应该是一种创作取向。艺术电影要显示出创新能力，或者需要更深刻地穿透现实，或者需要更深刻地穿透人性，或者需要更深刻地穿透艺术的既定范式，无病呻吟、自虐自恋、自暴自弃其实都是电影的变态，与真正的艺术相去甚远。从这个意义上说，真正有思想力量和美学力量的艺术电影，在中国是凤毛麟角。

文艺片在题材上缺乏明显视听奇观性、元素上缺乏明显市场号召力、制作上缺乏明显工艺感、风格上缺乏类型模式性，而更主要的是传达创作者对人性、社会、历史的关怀、呈现和阐释。文艺片并非没有商业性，只是通常不以商业性为最高、最终创作目标，其商业性更多地体现为小众性或者体现为对观众高层次精神需求的满足。文艺片通常有四种模式：现实主义模式，采用记录式手法，用还原生活的方式呈现故事；形式主义模式，采用复杂的叙事结构和方式，通过对故事的重组来呈现故事；风格化模式，采用一种故意强调的具有陌生感的美学性来呈现故事；作者性模式，采用"作者"独特的视听体系和象征符号叙述故事。而无论何种模式，艺术片都主要是在表达创作者对社会的批判、人性的拷问和历史的反思，其基本功能或者是表达政治、社会、文化哲学和思想，或者是通过人性的发掘来沟通差异性人群、差异性个体。在中国，由于特殊的国情背景，宏观的社会批判性思想往往会面临题材和主题表达的实际屏障。所以艺术片通常都更倾向于人性人情的微观表现，倾向于人性沟通和情感疏导。中国艺术片共同体现了一种"上善若水"的"软性"特征。

岁月匆匆、人生苦短，在浮躁而喧嚣的现实中，几乎所有醇厚的情感都需要时间过滤。中国艺术片集体向后转，从历史的老照片、旧记忆中去发掘心灵的栖息地和情感的储存箱。怀旧成为艺术片的时尚。

几部香港影片在这方面体现出的诚恳、细腻和温情，显示了香港电影文化在商业娱乐之外令人尊敬的一种传统。影片《岁月神偷》，在泛黄的时光感、漂浮的香港味中，用娓娓的节奏、淡淡的温暖、默默的力量以及淡定的人生态度，创造了一种完整统一、精细朴素的年代氛围。影片中人生如鞋，"一步难一步佳"以及父子俩三次关于学中文和学英文的对白等等充满情趣和意味的细节，都构成了影片令人会心的艺术魅力。尽管影片故事的力度并不强烈，给人带来的震撼感不足，但仍然堪称该年度最有人生感怀和艺术品质的文艺片。

中国内地艺术片中，张艺谋隆重推出的《山楂树之恋》，也以重现30年前最纯美的爱情作为艺术标榜。抒情性的风格节奏、梦幻般的视听感受、干净洗练的电影手段，显示了导演自觉的艺术追求。但由于时代质感的空虚和人物形象的表层化，影片将柔肠寸断的爱情故事讲述得平淡无奇，甚至还有些矫情。手法上的过于直白、形式上的过分简单、人物理解上也比较概念化、返璞未能归真，使这部影片很难具有人性和情感力度。

准80后的女导演李芳芳推出了年代性的爱情影片《80'后》。影片在长时间的跨度中，表现一群在爱与恨的生活和磨难中自我救赎和自我治愈的青年人，叙述了一波三折的琼瑶式爱情故事。时代的细节感、流畅的叙事、具有爆发力的戏剧点以及对一代人爱情价值观的呈现，显示了青年导演的艺术热忱和表现潜力。但技巧的稚嫩、人物的单薄、戏剧性的某些牵强以及时代氛围的表层化，仍然表明青年导演的成长还需要过程。

往事可待成追忆，只是当时已惘然。时间为艺术创造着一种发酵过的情感，这成为艺术片的自觉追求。但是，如何用准确的艺术表达和精细的视听制作来还原年代质感，如何在诗化过去的同时保存人生的坚硬感，如何在缅怀往事故人的时候避免过度的矫情和修饰，同时，具备现代电影的叙事强度和爆发力，是目前多数艺术片没有完全解决的问题。所以，这类影片虽然具有一定的人性紧张和情感张力，也创造了一种人生怀旧的氛围，但他们大多在国际艺术片市场上缺乏竞争力，在国际电影节上没有产生重大影响，在国内市场也缺乏足够的竞争力。

沟通是艺术片永恒的主题。在现代社

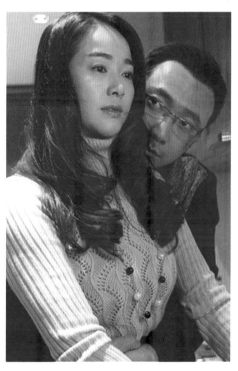

《人在囧途》（2010年，编剧：文隽，导演：叶伟民）

会中，家庭成员之间、社会阶层之间、男女之间、长幼之间、主流与边缘之间的沟通，往往成为艺术表达的重要内容。艾滋病、智障、残疾、孤儿、离异、种族、性别、民工等等，常常成为艺术片"沟通"主题最青睐的题材。

由李连杰主演的小制作影片《海洋天堂》受到了关注。影片表现的是身患绝症的父亲与智障儿子之间的故事。影片在表现手段上似乎受到《雨人》的影响，文章的神经质的动作设计与霍夫曼在《雨人》中的表演异曲同工。这部影片的故事空间有限，制作规模也不大，叙事相对简单，缺乏具有爆发力的高潮戏，但整部影片叙事的沉稳、从容，几个主要人物形象的准确、鲜明，现实环境传达的逼真、细致，特别是父子情深的极致性传达，以及其公益慈善的主题诉求，都使这部影片获得了人们的认可。与此相似，在韩国釜山电影节获得好评的青年导演路阳的《盲人电影院》也用流畅的叙事、生动的细节表达了一个青年小伙子在与盲人接触过程中的成长和成熟。

表现城市中产阶级与农民工之间沟通的中小成本影片《人在囧途》，是2010年中小成本电影的重要收获。这部影片虽然采用了好莱坞的圣诞加公路片的某些结构和桥段，但整部影片具有鲜明的现实感。王宝强和徐峥演绎的两位人物生动有趣，两人之间的关系和情感变化也呈现得张弛有度。在剧作情节和人物塑造的坚实基础上，整部影片简洁干练、细节饱满、节奏紧凑，情节相对单薄的影片却呈现出盎然的生活情趣和幽默态度，给在现实的和精神上的寒冷困境中挣扎的人们带来了内心温暖。

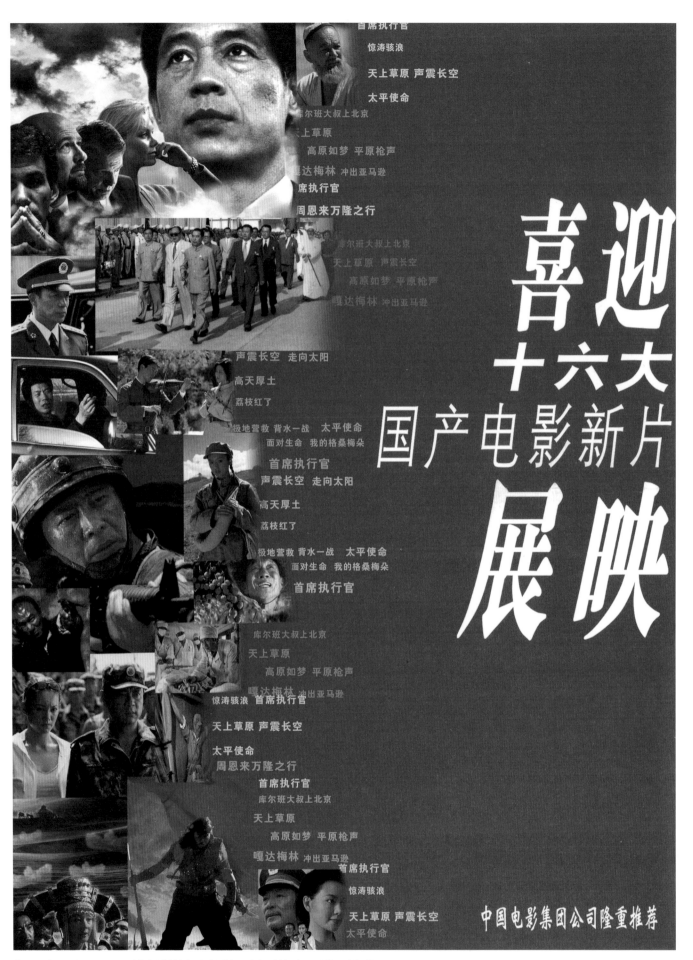

献礼片展映一直是新中国电影的一种特殊的传播方式，这种方式在 90 年代再次被强化，一直带入了新的世纪

香港影片《月满轩尼诗》则叙述了两位大龄男女本来有些老套的爱情故事。两人从互相排斥到在相互之间貌似不经意的接触中产生化学反应，就像两位主人公都爱看的那些不太高明的悬疑推理小说一样，一切都在意料和情理之中。但老套的故事不一定是乏味的电影。影片丰富传神的细节、幽默机智的语言、富于质感的人物让老套故事焕发了生机。"息影"两三年的汤唯成功地塑造了香港邻家女孩爱莲的形象，其对爱情的认定和执着、叛逆的性格、看似瘦弱却倔强笃定的形象，都显示了这位青年演员一流的人物塑造能力。男主角张学友气质里的那些"香港气质"则帮助他跟影片的氛围完全融合，含蓄的喜欢、显摆的幽默、大男子主义的宽容都被传达得形神兼备。尽管影片因为不舍得众生相的传达，导致故事节奏因为三位老人三角恋爱的笔墨让观众分心，但整部影片的生活质感在从容的镜头流动中被传达得让观众心领神会。整个电影，从镜头画面、声音语言到人物气质，都弥漫着一股来源于旺角、油麻地、轩尼诗道这些偏离"大都市"中心的浓浓的"香港味道"。我们曾经在王家卫的《旺角卡门》、陈果的《香港制造》等电影中看到过这样的香港，香港电影的本地性重新回来并显示出独特的文化魅力。

华语地区电影市场受到电视剧、盗版文化的挤压，导致电影发展的某些急功近利的失衡，电影往往越来越大、越来越玩、越来越空洞、越来越无厘头。但近年来，《海角七号》、《艋舺》、《岁月神偷》、《月满轩尼诗》、《人在囧途》、《海洋天堂》、《如梦》、《80'后》、《日照重庆》等影片，似乎也在证明华语

电影同样能够在本地化的生活质感中传达对共同人性的抚摸和触动。这些与商业影片不一样的影片，并不是过去那种孤芳自赏的所谓作者电影，更多地体现了来自生活、关怀心灵、对话观众的诚意。更重要的是这些影片在市场上也得到了相当部分观众的认可，从而证明中国电影观众正在逐渐分化和成熟。中国电影艺术的成熟其实是与观众的审美成熟息息相关的。

五、主旋律与献礼片：转向主流电影

2009年是中华人民共和国成立60周年的特殊纪念年份，献礼影片成为本年度最重要的创作现象之一。从1959年中华人民共和国成立的第一个10年开始，"献礼片"就成为一种中国特色的电影创作类型。以表现中国共产党领导下新中国成立的历史必然性和新中国成立以后60年所取得的巨大建设成就为内容，以歌颂党、国家、爱国主义、英雄主义、理性主义、集体主义为主题，献礼片曾经贡献过众多具有里程碑价值的中国电影精品。而2009年，由于电影的高度市场化，也由于电视普及所带来的献礼文化更方便的传播渠道，献礼片创作面临严峻的市场挑战。在各级党和政府机构、部门以及各种社会力量的协同下，2010年有关部门推出了超过40部的国庆献礼影片。由于影院投放潜力不足，加上全国影厅数量有限，其中只有五六部影片得到了相对广泛的放映，而多数影片则很难进入院线，即便进入院线也很难形成规模放映。

献礼片大致可以划分为四种类型：

第一类，重大历史事件的文献影片，基本按照历史史实进行艺术加工，如《建国大业》；第二类，重要历史人物的传记影片，以真实历史人物为原型，如《铁人》；第三类，革命和建设历史时期重大社会政治背景中的虚构故事，如《沂蒙六姐妹》、《高考1977》；第四类，与主流政治主题在价值观上相互重合的类型电影，如《风声》。献礼片的创作质量和水平良莠不齐，一些作品历史观念陈旧，艺术手法幼稚，制作水平简陋，甚至创作上存在明显的急功近利倾向，但部分影片则体现了较高的艺术水平和产生了较强的社会反响。《建国大业》、《风声》、《沂蒙六姐妹》、《可爱的中国》、《天安门》、《高考1977》、《铁人》等都是献礼片中的代表性作品。

相比多数献礼片或者概念或者平面、或者粗糙或者老套的视角而言，《沂蒙六姐妹》从"人民"的角度来表现战争与革命，是一种历史视角的突破。影片将感伤抒情与朴素写实相结合，将女性的人性视角与历史的宏观视角相融合，将文学表达与视听美学相统一，显示了鲜明的艺术特色。《可爱的中国》在英雄人物的心理化和平凡化方面做出了自觉的努力；《铁人》在历史还原和今昔对话方面显示了创作者自觉的艺术追求；《天安门》在题材选择、历史揭秘、场景复原、人物塑造方面都给人留下深刻的印象；《高考1977》则用传统的戏剧化方式呈现了1977年这样一个令人难忘的巨大历史变革年份。这些相对优秀的献礼片大致体现了几个共同的艺术特点：

一、人道主义叙述视角。这些影片，不仅用传统的政治视角去表现历史，同时

也用一种人道主义的视角去体验历史，甚至审视历史。这些作品，在宏观的历史大视野中有了微观的人性哀乐，在宏大的历史进程中有了无数个体的命运变迁。于是，在《建国大业》中有了众多中共领袖在不同情境中的凡人百态，有了蒋家父子无可奈何的政治悲哀；在《沂蒙六姐妹》中有了常常被革命叙事所忽视的人民，特别是女性的牺牲和柔肠，有女人们对美好生活的那种内在呐喊；在《铁人》中有了两代人的救赎与对话，有了铁人那铮铮铁骨的时代个性的塑造……如果说，历史学是一种宏观的共性视野的话，那么包括电影在内的艺术美学更是一种微观的个性体验。而对于献礼片这样既是电影艺术同时也是政治教育工具的特殊类型来说，历史与美学的统一、宏观与微观的统一、理性逻辑与感性体验的统一、则是其创作突破的方向。

二、自觉的商业配置。献礼不是仅仅为宣传政绩服务而是为大众服务，或者更准确地说是通过为大众服务来让观众接受献礼片中的意识形态阐述。没有观众的献礼不是真正的献礼，而是自娱自乐、自唱自听。一切所谓引领，离开跟随者，便成为对牛弹琴、画饼充饥。对此，优秀的献礼片应该具有清醒的创作意识。所以，《建国大业》以百位明星名人作为商业概念，为后来的票房成功奠定了基础；《风声》从谍战剧的题材选择到男女明星的搭配，从"杀人游戏"的原型到悬念化的叙述方式，也都处处显示其商业用心；《铁人》对历史大场面的奇观再现以及选择黄渤、刘烨这类青年人喜爱的明星作为重要角色，也都体现了其市场化诉求。相对而言，《沂蒙六姐妹》、《高考1977》、《可爱

的中国》等影片尽管也采用了种种商业营销手段，但由于文本中商业元素的植入不充分，在市场上的反应就相对比较平淡。处在被电视剧、被各种非正版产品所包围的环境中，商业元素的充分配置，几乎已经成为电影从"可看"转化为观众"必看"的基本前提。尽管有人对《建国大业》的商业配置方式有不同评价，但电影消费毕竟不同于家庭中电视剧的免费随意观看，《建国大业》如果按照电视剧《解放》的创作模式创作，很难获得现在的传播效果。充分的商业元素是电影传播的基础，献礼片或者说主旋律电影也同样如此。

三、类型片的主旋律化。主旋律电影的类型化改造从90年代开始就成为创作者试图获得观众认可的努力方向。《红色恋人》、《烈火金刚》等等，在这方面都曾引起过广泛关注。特别是冯小宁导演从《红河谷》、《黄河绝恋》开始直到后来的《超强台风》，都体现了将主旋律类型化的探索。但是，主旋律电影类型化大多因为那些已知的"历史史实"的规定性，以及建立在这些规定的"历史史实"基础上的主题意义的确定性，或者由于与真人真事的被宣传口径所固定的"英雄事迹"的先验性所限制，大多只能有类型片的"元素"和"外壳"，却缺乏类型片建立在对个体欲望的宣泄和净化基础上的"娱乐内核"，结果往往表里分裂，形神不合。而在献礼片中，《风声》应该说是一个例外。因为是民营公司投资生产的影片，从一开始就没有将市场的希望寄托在政策扶持上，而是建立在对市场的预期上，所以它选择的是一个类型化的题材和类型化的叙述，但这个题材的故事和人物本身具有"革命性"或者"主旋律性"。因此，与其说它是将

主旋律进行类型化改造，不如说是将类型片放入了主旋律框架中。对于主旋律电影来说，这是一个重要的启示：与其重视对主旋律的类型化改造，不如重视对类型片的主旋律开掘。严格来说，主流的类型电影其实在价值观上往往都是社会主流价值的一种欲扬先抑的叙事寓言。所以，作为电影，不是所有的英雄伟人或者英雄模范都可以成为有潜力的创作题材，电影有自己的题材需求和创作规律。最有价值的主旋律电影，其实应该是最符合电影的商业和美学规律的影片。

四、提升了电影的视听强度。影院消费方式的规定性，决定了电影在视听表现上与家庭化的电视语言所不同的美学强度。主流电影与电视剧相比，通常会呈现出画面信息更加饱和，叙事结构更加复合立体，场面调度更加宏伟奇观，剪辑节奏更加简洁跳跃，画面构图更加奇异奇特，镜头细节更加夸张放大，声响声音更加强化细腻，镜头运动更加频繁迅速等等特点。尽管目前大多数国产片仍然难以与电视剧的视听语言形成鲜明差异，但最有影响的这几部献礼片在这方面的确呈现了自觉的现代电影美学风格。《建国大业》用场面和细节的强度而不是传统的线性戏剧性故事来征服观众；《风声》采用了控制性的叙事视点和营造了哥特式的恐怖阴森的视听氛围；《沂蒙六姐妹》体现出流畅的镜头运动和奇观的场面调度；《高考1977》强化了戏剧化、煽情性、象征性的场景设计；《天安门》对广场和历史人物的技术再现体现了一种技术奇观；《可爱的中国》模仿《集结号》，试图用残酷的战争场面来创造氛围等等。当然，电影归根结底必须有故事和人物的支撑，视听手

段如果离开了这样的根本，往往无非故弄玄虚而已。一些影片虽然在视听风格方面具备了现代电影的修辞特点，但由于所叙述内容本身的空洞甚至造作，难以改变其艺术品质和商业品质。

而在这些献礼片中，《建国大业》和《风声》无论是市场表现或是创作模式，都是最值得关注的现象。前者利用中影集团的机构优势和建国献礼的政治优势，用明星云集的难以复制的创作模式完成了商业推广；而后者则借助谍战类型在电视市场上的影响将类型影片成功地进行了献礼运作。

《建国大业》以新中国成立之前全国政协的准备、筹备和召开为题材，一百多位明星名人加盟，后来网络和手机上还传播了所谓的"国籍门"事件，形成"未成曲调先有情"的商业效果。其高调的商业营销与主旋律献礼定位之间的落差，成为献礼片中的一个非典型性样本。当许多观众抱着数"星星"的心态争先目睹《建国大业》的时候，却接受了一部题材严肃、质感浑厚、品质精良、情理融合的规矩之作。在众多的媒体和网络评论、博客和论坛文字中，有的人数明星，有的人看"历史"；有的人缅怀"曾经那么好"的新中国，有的人被蒋介石说的"反腐，亡党；不反腐，亡国"的兴亡定律所刺激；有的人观人来人往的热闹，有的人看改天换地的喜庆；还有人看到中共政权军事胜利以外的政治合法性证明……《建国大业》在商业运作的推动下成了人见人异的万花筒，远远超出了人们最初以为的"明星大拼盘"的预期。

作为一部主旋律电影，影片在采用"极致化"的商业推广之后，并没有像过去一

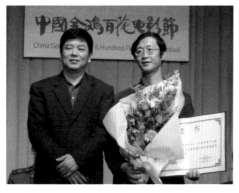

国家电影局局长童刚（左）颁发获奖证书

就。首先，影片少了对历史往事的概念化高大全阐释，还原了"历史真实"的逻辑。在电影中，"逼真"是"历史"动人的前提。影片一开始国共两位领导人关于中山装的讨论处理仍然还有些造作，而领袖们醉酒笑胜利的段落表现似乎也缺乏一些分寸。但影片的整体历史情境感却保持得完整细腻，领袖们在西柏坡开会前面对镜头的记录情境再现和西苑机场毛泽东检阅时虚构的刘烨塑造的老兵形象，都能让人相信此情此景的历史逻辑性。其次，演员们对历史人物的情境状态把握也都比较准确。影片中明星众多，但以往大片那种南腔北调带人出戏的情况基本没有出现，明星、人物、情境比较统一。不仅此前被人质疑最多的陈坤对蒋经国的扮演和许晴对宋庆龄的扮演让人喜出望外，即便是王宝强和葛优把北京城墙当地主大院的喜剧情境的设计，也都合情合理。两位大导演的客串，陈凯歌扮演冯玉祥，冯小刚扮演杜月笙，也活灵活现。明星秀场被"成功地"转换为历史人物画廊。第三，影片超越了多数主旋律献礼片那种教条化歌功颂德的表达惯性。影片尽管在历史讲述的思想深度上不可能脱离"讲述历史"的时代规定性，但是却用更接近"事实"的态度叙述了国共政权交替的历史合法性，既表达了枪杆

子出政权的中共迎接新中国的志忑，也表现了蒋介石逝者如斯的无奈。影片所呈现的许多惊人的历史相似，也让观众产生一种温故知新的情感共鸣，从而保持了某些思想的紧张性。第四，影片达到了较高的制作水平，完成了历史情境还原和历史情绪表达。形神兼备的造型，流畅干净的剪辑，生动简练的对话，恢弘细腻的场景，饱满灵动的音乐，张弛有致的节奏，亦庄亦谐的风格，使影片在几乎没有贯穿性的戏剧冲突支撑的情况下，用情境和段落征服了观众，显示了整个创作制作团队的艺术表现力和控制力。

而作为献礼片放映的《风声》，严格来说，从一开始就是作为悬疑类型片创作的。影片从投资到创作元素的配置以及类型选择、叙述风格各方面都按照商业影片来设计。周迅、李冰冰、张涵予、黄晓明等当红明星的组合，麦家同名畅销小说的改编，电视剧播出后的影响力等因素，使其具备了充分的商业影响力。但其题材的"红色性"则使其与献礼有了内在的关联。这一影片的被认可，至少说明商业电影本身并不与主旋律相对立，正如电视剧创作已经证明的那样，也正如好莱坞电影一再证明的那样。当我们将主旋律理解为真善美的普适性价值观而不是道德圣人、政治符号、观念化身的时候，主旋律就不仅是政治家的概念，而且也可能是大众的需求。这种主题的表达甚至可能超越阶层利益、民族差异而具有某种恒久性和普遍性。

2009年献礼片的创作，一方面留下了几部能够被历史所记忆的影片；另一方面也呈现了更多从出生开始就已经被遗忘的作品。这个事实，证明电影在中国往往难以回避其"政绩"功能，而那些获得观众

认可的影片则证明，最好的献礼是让观众与影片共享主流意识形态。以"好人无好报"为核心原型的"英模"故事，用电影影像的方式去图解历史教科书的叙述，将不具备类型片基础的故事强行嵌入类型片元素的杂糅，也许都被证明不是主旋律电影的正途，甚至也不是主流文化传播的最有效方式。在中国电影2009年特殊的"献礼"时段中，各种献礼片的首映式、开幕式、研讨会、见面会层出不穷。但对于电影市场来说，大多只听雷声不见雨点。在电影和电影消费高度市场化的现实中，电影"献礼"观念必然面临改变。"献礼"未必就只能是好人好事、歌功颂德，如果能够创造全民快乐、全民励志、全民兴奋的氛围，也是一种有效甚至更有效的献礼。中国观众认知现实、认同现实、接受知识、接受教育、交流沟通等日常的信息需求，大多通过电视这样的免费渠道以及新兴的互联网渠道得到了满足，而观众的电影消费驱动主要来自于娱乐需要。在这种情况下，前电视时代的献礼片模式在影院市场上很难产生理想效果。主旋律电影从90年代以来，已经有差不多二十年的创作历程。多数主旋律电影往往难以成为被主流市场、主流观众所接受的所谓主流电影，有的是因为艺术上劣质，而更多的时候是因为它们的主题和主题表述脱离了人们所选择、所相信、所愿意接受的价值系统。只有当主旋律与人民利益、与人民对现实的基本认知相一致的时候，才能引起观众的内在共鸣。意识形态只有在政治理念与大众认知的统一中才会产生与时代同步的说服力。

2010年，传统题材和表现手段的主旋律影片越来越少，越来越没有影响。陈国星导演的《第一书记》虽然得到有关部门的大力推荐，影片在纪实性、日常性、戏剧性、煽情性等方面也做了积极探索，但市场已经基本不接受类似电影。2011年的《辛亥革命》、《建党伟业》等影片，延续的是《建国大业》的商业道路。

六、新世纪十年：中国电影在路上

新世纪十年中国电影，除《英雄》、《集结号》、《十月围城》、《让子弹飞》等影片以外，整体的中国电影几乎没有出现惊世骇俗、振聋发聩的标杆性作品，中国电影在国际电影艺术舞台上也没有取得任何骄人的成绩。但这10年，中国电影艺术从整体上看，获得了长足的进步，在平淡中体现了一种不同凡响的整体性提升：

这种提升主要体现为：

第一，香港、内地和台湾影片的整体创作和制作水平明显提高，形态统一、风格鲜明、形式完整、制作精良、叙述流畅、主题诚恳的影片数量明显增加。无论是大制作的《让子弹飞》、《唐山大地震》或是中小制作的《岁月神偷》、《人在囧途》、《海洋天堂》、《月满轩尼诗》，包括主旋律影片《第一书记》，商业类型片《叶问2》、《剑雨》等等，都得到了观众和专家的认可。进入市场的影片票房与满意度之间更加匹配，"叫好不叫座"的分离现象有所缓解，华语电影整体队形逐渐显现，中国电影的艺术基础更加扎实。

第二，一批影片基本解决了故事的饱满性、人物塑造的鲜明性、细节的逼真感、画面的冲击力和节奏的简洁性等一直难以解决的创作老大难问题，电影类型感和修辞水平跨上了新台阶。本年度进入院线的影片，共同为观众留下了一组印象深刻的人物形象。许多影片的故事情节也逐渐走向复杂、丰富、完整并具有强度性。相当一部分影片在叙事流畅性、画面冲击力、细节趣味性等方面都达到了较高水平。至少进入影院的多数国产片故事已经不那么沉闷、虚假、空洞了，紧凑、强烈、简练等这些现代电影的美学品质逐渐被中国电影所接受。

第三，国产影片的风格、形态、样式更加多样，出现了一批比较优秀的中小制作影片。历史片、动作片、喜剧片、动画片、都市情感片、年代片、家庭片、爱情片、警匪片、武打片、悬疑片、公路片等等，都出现了有一定影响的作品，中国电影的艺术选择更加多样，中小成本影片创作更趋成熟，对中国电影的可持续发展必将带来重要影响。

第四，电影艺术新生力量正在成长，中国电影人才断档的局面有望改观。2010年度，有17位导演的影片票房过亿，达到5000万票房以上的影片数量更是超过30部。除内地的"冯张陈"和香港几位导演之外，一批新的电影艺术家呈现出蓬勃生机。姜文再次异军突起，进入超一流导演行列；而由演员或者其他行业转型而来的导演也慢慢形成气候。广告导演出身的丁晟（《大兵小将》）、李蔚然（《决战刹马镇》）、乌尔善（《刀见笑》）也都出手不凡；高群书（《西风烈》）、蒋雯丽（《我们天上见》）、徐静蕾（《杜拉拉升职记》）、罗卓瑶（《如梦》）、李芳

当代中国电影中的男女明星

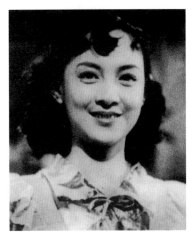

王丹凤

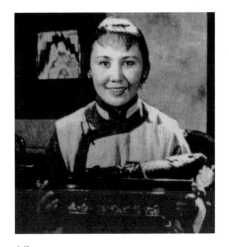

白杨

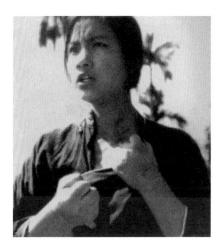

祝希娟

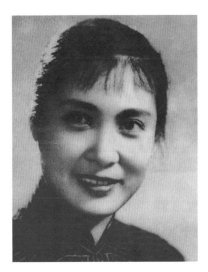

秦怡

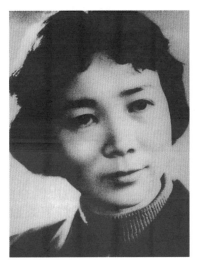

田华

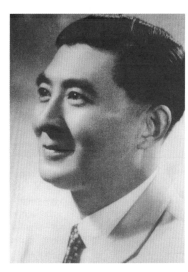

赵丹

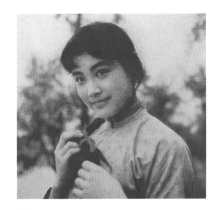

陈冲

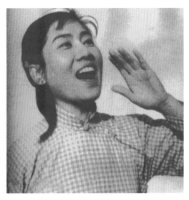

张瑞芳

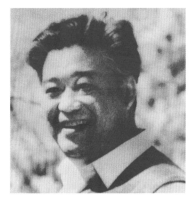

于洋

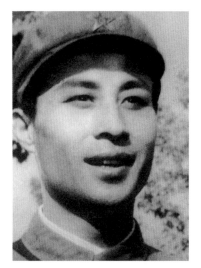

王心刚

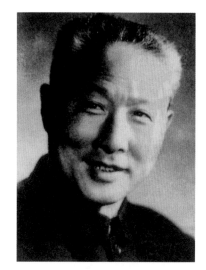

仲星火

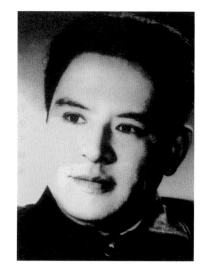

李默然

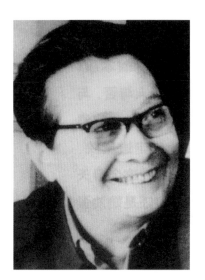

金山

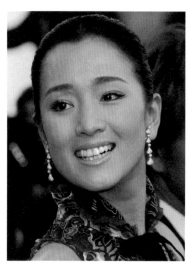

巩俐

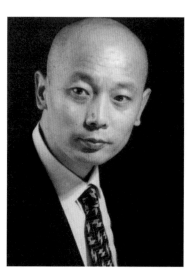

葛优

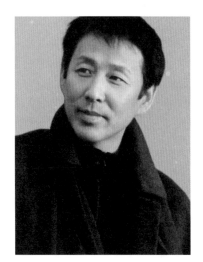

陈道明

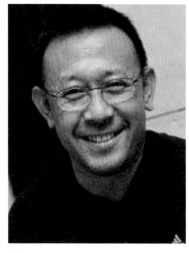

姜文

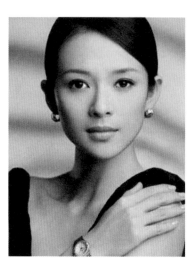

章子怡

芳（《80'后》）等青年导演，则成为值得关注的导演新人，特别是其中一群女性导演的出现，为文艺片发展提供了特殊视角和气质。

一方面，中国电影艺术正在稳步走向丰富和成熟，另一方面中国电影艺术也还存在一些需要逐渐解决的问题。

首先，国产电影整体的创作水平和质量极不平衡，两极分化严重。四百多部影片中，叙述完整、形态稳定、品质优良、艺术创新的作品仍然为数不多。

第二，中国电影的类型品种还不够丰富，特别是内地的商业类型片主要集中于喜剧，其他类型基本为香港主导。

第三，由于创作时间周期相对比较短，制作经费和条件有限，加上缺乏专业电影体系支撑，中国电影的整体创作质量的制作精良度不够。即便一些比较优秀的影片，也包括大制作影片，在剧作上都仍然不够精细绵密，制作上也常显粗糙将就。

第四，由于电影的娱乐功能被不断强化，一些影片在创作上对"娱乐性"的理解过于"狭隘"。拳头、枕头、噱头、名头等，被当做电影娱乐的主要来源。而优秀的主流电影都一再证明，娱乐性不仅在于宣泄也在于净化，不仅在于视听刺激更在于心灵抚慰。健康的娱乐既需要底线也需要教化，其本质是对非社会化情绪的一种社会化疏导。

第五，随着市场化程度的提高，商业诉求对电影美学的干预越来越明显。"不用最好的只用最好卖的"，成为电影操作的一种重要方式。大量置入广告进入影片，不按照"适合性"而按照"知名度"选择演员，因为商业目的而随意加减人物、场景、情节和细节等等，越来越多地影响到电影创作的完整性和独立性。中国需要有专业的电影制片人来平衡商业与美学之间的冲突。电影虽然是商品，但首先是艺术商品。因此，电影商品必须尊重艺术规律才具有商品价值。

第六，中国电影的现实主义力量明显不足，缺乏有思想穿透力和社会影响力的杰作。一方面社会环境的复杂造成现实主义题材和主题在选择、表达上的困难，一方面中国电影艺术家也有意回避或者缺乏能力来充分地与现实对话，使电影的题材、主题、情感表达往往都与现实生活之间有明显距离。中国电影关注现实、审视社会、干预生活的能力比较薄弱，类似《人在囧途》这样的多少具备一些现实主义氛围的作品也难得一见。这种现实主义力量的匮乏，既体现了现实主义艺术在中国所面临的普遍性困境，也体现了电影艺术对现实主义态度缺乏使命意识和责任意识。

第七，国产电影创作的国际适应能力仍然不足。随着中国国际地位的提高，中国文化和中国电影的国际市场需求正在扩大，但国产影片绝大多数都不具备国际传播的艺术和制作水准，也很少能够将中国文化的差异性和世界文化的共享性相结合。国内电影市场一片繁荣，但中国电影的国际影响却没有保持同步上升。2010年度除了一部带有明显好莱坞标记的中美合拍片《功夫梦》以外，商业电影的海外票房相当"惨淡"。在好莱坞票房榜官方网站外语片排行榜中，2010年在北美地区上映的华语片仅有《三枪拍案惊奇》、《投名状》和《春风沉醉的晚上》3部，其中成绩最好的《三枪》也仅在美国该年上映的519部电影中排到276名，与主流影片的票房数据完全不能相提并论。在柏林、戛纳、威尼斯三大国际电影节上，中国电影该年度也再次失去往日光彩。柏林电影节，王全安聚焦两岸主题的影片《团圆》进入了主竞赛单元；在戛纳电影节，王小帅的商业转型之作《日照重庆》入围主竞赛单元，贾樟柯的世博献礼片《海上传奇》入围"一种关注"单元；威尼斯电影节，徐克的古装商业大片《狄仁杰之通天帝国》加入了竞争"金狮奖"的行列。最终除王全安的《团圆》在柏林获得最佳编剧银熊奖之外，中国电影在三大国际电影节上均与重要奖项无缘。国外媒体甚至批评《日照重庆》叙述的是"一个被反复搬上银幕的主题，一个被讲过无数次的故事"，"既不出众又缺乏启发意义，因而没有理由在一些艺术院线以外的影院上映"[16]。中国电影在如何用国际视野讲述中国故事，如何用电影语言传达普世文化方面，没有找到合适的文化和艺术策略。中国文化资源正逐渐成为好莱坞电影的素材。《功夫熊猫》、《木乃伊3》等影片的出现，一方面说明中国元素具备一定的国际市场，一方面也说明国产电影缺乏将中国元素国际化的能力。如何充分利用中国历史文化和现实变迁的丰富资源，提高中国电影的全球意识和共同价值的传达能力，保持与世界电影"先进水平"的同步，决定着中国电影是否能够在国际国内市场上形成核心竞争力。

由于媒介的多样化，特别是电视媒介和网络内容的发展，中国电影早已经不是前电视时代的全民电影和全功能电影

[16]《好莱坞报道》（Hollywood Report），2010年5月13日。

了，全中国人看电影的黄金时代已经一去不复返。现在的电影只有具备影院的"必看性"，才能说服观众花费时间和金钱进入影院。所以，2009年的许多电影创作都比以往任何时候更加"讨好"那些家庭束缚比较少、愿意花钱找乐子的年轻人，明星、动漫、情色、动作这些与青春期心理关联的因素被不断放大；电影也比以往任何时候都更加重视电影的娱乐性、宣泄性，因为今天已经不大可能有人花钱花时间到电影院来接受所谓的"教育"和"知识"了；电影还比以往任何时候都强调影片的视听奇观性、感官刺激性、心理释放性，以适应影院这种不同于其他空间的封闭、强制、大屏幕、共同观看的特点。娱乐性、青年性、影院性，几乎成为了如今所有具有市场影响力的电影创作的共同特点。与之相联系，明星、动作、悬疑、幻想、奇观、滑稽、夸张、情色、宣泄、窥视、时尚等等各种娱乐元素越来越多地被编织到电影创作中，传统的电影艺术观和电影美学观受到越来越严峻的挑战。深度、严肃、反省、知性、理性、现实主义、理想主义，甚至崇高、庄严等等经典的电影价值都不同程度地被边缘化。

由于中国电影底子薄，电影的生存环境面临电视剧、盗版影像的竞争，中国电影与欧洲电影相比，甚至与美国电影相比，还处在市场化的初级阶段，在商业化诉求上显得太浮躁、太急功近利。某些商业电影过度依赖明星资源、过度依赖商业炒作、过度依赖暴力情色、过度依赖插科打诨、过度依赖资本逻辑，难免会出现叫座不叫好、养眼不养心、雅俗不共赏，甚至虚报票房、控制舆论等负面现象，导致电影文化品质受到影响，电影艺术品质也

被过度山寨化搞得不伦不类。在中国电影的特殊生存环境中，这种浮躁也许是难以避免的阶段，或者说是转型期的阵痛，是"发展中的问题"。当然，对"发展中的问题"不应该是放任自流。实际上，中国电影只有在观众的成长中才能成长，在人们的批评中才能提升。至少，在观众的批评声中，《满城尽带黄金甲》、《赤壁》这类的拼盘式商业大片已经很难再出现了，而风起云涌的山寨喜剧也肯定会在观众的冷眼中自我救赎。无论是《集结号》《梅兰芳》或是《建国大业》、《风声》，中国电影的创作肯定在变得越来越成熟、越来越形神兼备。当然，与《2012》、《变形金刚》、《阿凡达》这样的好莱坞大片的制作水平相比，与《返老还童》、《入殓师》这类影片精致深邃的生活洞察力和艺术表现力相比，中国电影仍然山高水长，成长的空间和潜力还很大。

由于电视等媒介的出现，电影直接反映现实、直接教育和传播知识的功能已主要被其他媒介替代。影院消费在时间和金钱上的"高成本"决定了娱乐成为观众电影消费的第一需求。电影在一定意义上说，越来越是一种娱乐产品，这是好莱坞电影工业早已公认的观念。但娱乐本身也是艺术，实际上人类艺术的根源大多从娱乐开始。所以，电影的娱乐作为商业不能脱离电影艺术。电影虽然是生意，但毕竟不是房地产生意而是艺术生意。同样是娱乐和商业，但品格境界却也相去甚远。电影并不是仅仅只有依靠"俗不可耐"、"低级趣味"才能得到观众和票房，用打扮成"芙蓉姐姐"的方式去娱乐绝非电影正途。无论是《2012》这样的商业大片，或是《飞屋环游记》这样的动画片，美国

电影并不像我们想象得那么仅仅是娱乐，所有娱乐之中其实都有植根于当代人焦虑和梦想的严肃和关怀。电影是一种以艺术性为基础的文化娱乐产品。离开艺术性，电影就变成了娱乐杂耍，变成缺乏智慧和工艺含量的简单游戏。这种低级的娱乐方式很难保持电影的持续发展，很难得到观众的认可，当然也很难成为现代文化的主流。因此，如何使电影娱乐具备艺术含量和艺术品质，是衡量中国电影市场化、商业化是否成熟的重要标志。

市场化意识、国际化视野、艺术创新精神，对时代气质和社会心理的敏锐把握，对艺术与商业、个人性与大众性的理性平衡，对电影生产规律与电影创作规律的相互尊重，将推动中国电影整体创作水平的提高。探索中国主流电影的价值体系和艺术体系，丰富和更新电影类型和电影技巧，充分发挥电影影像与其他媒介相区别的时空优势和视听特点，提高电影故事和电影叙述的硬度、强度和差异性，应对和抚慰共同的人性创伤和社会焦虑，为观众提供更丰富的幸福体验和快乐体验，将是中国电影艺术美学所面临的新的时代挑战。

新世纪10年的中国电影艺术是平淡而不平凡的10年，同时也是中国面对好莱坞影片、3D浪潮新冲击的10年。当市场已经准备就绪之后，中国电影艺术的丰富和成熟，将决定中国电影未来的命运和世界地位。中国电影在市场引导下越来越缺乏跟时代内在需求形成精神联系的方式。产业化是一把双刃剑，一方面带给中国电影工业的复兴，另一方面，由于市场导向也导致了电影与社会焦虑、与严肃精神的关系越来越疏远，变成了纯粹的快餐性产品。其实，娱乐也往往需要与时代焦虑、

时代创伤、大众欲望的宣泄和净化息息相关。在中国特殊的发展背景下，中国电影如果完全脱离时代中心，将大大降低电影作为文化所具有的社会价值和文化意义。如何在产业化基础上，保持中国电影与社会发展进程的密切联系，推动中国电影的多样化，创造思想深度与流畅叙述相统一的主流电影修辞，将是中国电影未来必然面对的新的使命。

过去10年，中国电影在商业性与艺术性的平衡上已经有所改善，尽管精品力作不多，但整体艺术水准在稳步提升。没有商业，电影不成为工业；只有商业，电影不成为艺术。电影是一种特殊的艺术工业，因此电影艺术必然在工业基础上、市场环境中、技术革新引导下，与时俱进，适应观众的需求，探索艺术规律，形成中国特色。如果说前一阶段电影发展面临的主要问题是提升中国电影的商业影响力的话，那么目前所面临的问题则是提高艺术竞争力。商业与美学的动态平衡，将推动中国电影艺术面向观众、面向未来。尽管随着电视和其他电子媒体的出现，进电影院看电影的人数从60年代以后有所下降，但是至今不仅全世界依然有大量的影院观众，而且即便在其他媒体上，电影也是最重要的传播内容之一。同时，电影作为最核心的创意内容，往往能够为电视产业、音像产业、演艺业、新媒体产业和旅游休闲产业发展提供丰富的资源。电影作为一种最具跨文化传播能力的符号形式，也是各个民族之间文化沟通、文化交流、文化贸易、文化影响的最重要的手段。如果能够有相对完善的政策法规体系的保障，建立起相对完备的现代电影产业体系，形成统一开放、竞争有序的电影市场，那么中国电影产业的综合经济实力必将在未来5年保持高速增长的态势。中国电影产业在中国文化产业格局中，将成为最活跃、最有生长力的产业形态，为中国的电视产业、音像产业、新媒体产业、演艺产业、游戏产业、旅游业，甚至房地产业、休闲业等等，产生重大的拉动和推动作用。与此同时，中国电影也会成为传承、发展、创新中国文化传统的最重要的文化载体，成为传播中华文化、塑造中国形象、推广中国产品的最重要的国际传播手段。

附录：百年电影大事记

1825年

英国人费东和派里斯发明"幻盘"（thaumatrope），使图像连续成为可能。

1832年

比利时人约瑟夫·普拉托利用视觉暂留原理制作出"诡盘"（phenakistoscope）。

1834年

英国人霍尔纳发明走马盘（zoetrope）。

1887年

英国人梅布里奇尝试用多个相机连续拍摄马的运动。

1882年

法国人马莱发明摄影枪（photographic gun），即连续摄影机。

1891年

爱迪生和其助手获活动摄影机（kinetograph）以及电影视镜（kinetoscope）专利权。

1895年

卢米埃尔兄弟发明活动电影机（cinematograph）并获专利。

12月28日，他们在巴黎一家咖啡馆放映了《水浇园丁》等12部一分钟的短片，这一天被当做电影诞生的日子。

1896年

8月11日，上海徐园"又一村"放映了电影短片，这一天被认为是电影传入中国的日子。

1897年

9月5日，上海《游戏报》第74号发表《观美国影戏记》，本文是目前发现的中国最早的影评。

1902年

法国的梅里爱拍出《月球旅行记》。他创造性地运用了各种电影特技效果，结合自己的想象，拍摄出大量幻想式电影，在卢米埃尔之外开创了电影的戏剧主义或表现主义传统。

1903年

美国的埃德温·鲍特完成《火车大劫案》，开创西部片传统。在同年拍摄的《一个美国消防队员的生活》中，他第一次尝试从两个不同的视点来表现同一动作。

1905年

北京丰泰照相馆拍摄出中国第一部电影《定军山》，导演为照相馆老板任庆泰（字景丰），主演为京剧名伶谭鑫培。然而1909年丰泰照相馆被一场大火付之一炬，本片以及一批最早的电影均未能幸免。

1908年

电影专利公司成立。在1908年至1911年期间，专利公司主宰着整个美国电影工业。

1909年

以第一位女演员弗洛伦斯·劳伦斯（《传记女郎》）在银幕上使用真实姓名为标志，明星制开始在美国出现。

1911年

为逃避专利公司的控制，大批电影人纷纷西进。最终洛杉矶地区开始成为美国最重要的电影生产中心，这便是后来的好莱坞。

意大利人卡努多发表《第七艺术宣言》，第一次宣称电影是一种独立的艺术，是三种空间艺术（绘画、建筑、雕塑）和三种时间艺术（诗歌、音乐、舞蹈）的综合，亦即所谓的"第七艺术"。从此"第七艺术"成为电影艺术的代名词。

1912年

电影专利公司败诉。其后，华尔街大财团开始插手电影业，经过竞争和兼并，到20年代只剩下环球、米高梅、20世纪福克斯、华纳、雷电华、派拉蒙、联美、哥伦比亚等八家大电影公司。

塞纳特建立启斯东制片厂，这是后来制片厂制度的雏形。

1913年

张石川、郑正秋完成《难夫难妻》，这是中国人拍摄的第一部正式的电影故事片。从此，中国人开始用自己的影像语言讲述发生在中国大地上的故事。"家庭与伦理"成为中国电影的核心主题，这一牢固的艺术传统一直延续至今。

黎民伟拍摄完成香港电影史上第一部中国人编导制作的电影《庄子试妻》。其妻严姗姗在片中饰演丫环，成为香港地区电影史，也是整个中国电影史上第一位女演员。

意大利史诗性电影《暴君焚城录》（又译《你往何处去》）在国际市场引起观看热潮。

1915年

格里菲斯拍摄完成电影史上具有里程碑意义的影片《一个国家的诞生》。本片取得空前成功，其后的《党同伐异》（1916）开创了史诗性巨片的先河，然而却遭遇票房惨败。

1916年

张石川导演《黑籍冤魂》，片中运用了中国电影史上最早的运动镜头。

1919年

卓别林在好莱坞自行建立电影厂，成为第一个独立制片的艺术家。此后他陆续拍摄出《淘金记》（1925）、《城市之光》（1931）、《摩登时代》（1936）、《大独裁者》（1940）等杰作。

1920年

德国导演罗伯特·维内的表现主义影片《卡里加里博士》公映。其他的表现主义导演还有弗里茨·朗格、茂瑙等。

前苏联导演库里肖夫成立电影工作室，在以后几年的实验中发现了一种电影剪辑的特殊效果，即"库里肖夫效应"，为后来的蒙太奇理论奠定了基础。

1922年

罗伯特·弗拉哈迪的《北方的纳努克》开始放映，引起轰动。此后他还拍摄了《亚兰岛》《路易斯安那州的故事》等纪录片。

张石川、郑正秋等成立明星影片股份有限公司。这是二三十年代中国经营时间最长、影响最大的电影公司之一。此后拍出的《掷果缘》是现存最早的中国电影。

沟口健二完成处女作《爱情复苏之日》。后来他成为日本最著名的导演之一，一生中拍摄了一百部电影，代表作有《西鹤一代女》（1952）、《雨月物语》（1953）等等。

1923年

谢尔曼·杜拉克完成印象派电影《微笑的布德夫人》。法国印象派电影是20年代欧洲持续时间最长的电影运动（1918—1929）。其他主要的法国印象派导演还有阿贝尔·冈斯、路易·德吕克、让·爱浦斯坦等。

明星电影公司拍出《孤儿救祖记》，中国默片电影的黄金时代由此开始。片中女主角王汉伦成为中国电影史上第一位职业女演员，同时她也是中国最早的电影明星。

1924年

费尔南德·莱热完成《机械的芭蕾》，这部先锋派短片把机械运动的物体与现实生活的片断并列在一起。

1925年

爱森斯坦拍摄完成《战舰波将金号》。这部震惊世界的作品后来被公认为电影史上最伟大的影片之一。爱森斯坦的主要作品还有《罢工》、《十月》等等。他与普多夫金等导演是前苏联蒙太奇学派的代表。

1926年

普多夫金完成《母亲》的拍摄。本片进一步推动了蒙太奇学派的发展。

天一公司拍摄的《梁祝痛史》（胡蝶主演）掀起稗史片热潮。这是中国影史上的第一次商业电影浪潮。次年，武侠片以及武侠神怪片（代表作为《火烧红莲寺》）热潮兴起，成为后来的武侠片或神怪片的雏形。

1927年

10月6日，第一部有声电影《爵士歌王》在美国首映。

电影艺术与科学学院（Academy of Motion Picture Arts and Sciences）成立并开始颁发年度奖项，即后来的奥斯卡奖。

小津安二郎完成处女作《忏悔之刀》。此后他成为日本最著名的导演之一，代表作品主要有《晚春》（1949）、《东京物语》（1953）、《秋日和》（1960）、《秋刀鱼之味》（1962）等等。

1928年

西班牙导演路易斯·布努埃尔完成超现实主义作品《一条安达鲁狗》。此后他的《黄金时代》（1930）、《白昼美人》（1967）、《资产阶级审慎的魅力》（1972）等影片成为电影史上超现实主义的杰作。

1929年

电影放映的速度标准被规定为每秒24格。

长达10年的英国纪录片运动在格里尔逊的带动下展开。

1930年

美国共和党人威廉·海斯负责主持制定了民间检查法《海斯法典》，禁拍、禁演一切不道德的影片（暴力或色情）。这一法典直到60年代才被废除。

路易斯·迈尔斯通的《西线无战事》坚定地宣扬和平主义，成为最著名的战争影片之一。

罗明佑创立联华影业公司。联华与明星公司一道成为新中国成立前最著名最有影响的电影公司。联华成立后，开始了"复兴国片运动"，这可以看做是后来"新兴电影运动"的先声。

电影《野草闲花》（孙瑜导演）的插曲《寻兄词》成为中国电影中的第一支歌曲。

1931年

明星公司出品中国第一部有声电影《歌女红牡丹》（张石川导演，胡蝶主演）。

1932年

威尼斯电影节创办。这是世界上第一个国际电影节，被称作"国际电影节之父"。

小林一郎创建东宝电影公司。东宝与日活、松竹三家公司成为日本最大的三家电影公司。

1933年

让·维果完成超现实主义作品《操行零分》。

恐怖片《金钢》轰动美国。

郑正秋、孙瑜、洪深、田汉、夏衍等成立中国电影文化协会，标志着"新兴电影运动"全面展开。同年出现《狂流》（夏衍编剧，程步高导演）、《三个摩登女性》（田汉编剧，卜万苍导演）、《城市之夜》（费穆导演）、《都会的早晨》（蔡楚生编导）、《小玩意》（孙瑜编导）等进步影片。

在《明星日报》发起的电影影后选举活动中，胡蝶得票最高，成为"中国电影影后"。

1934年

蔡楚生编导的《渔光曲》上映，此后创下连映84天的新纪录。次年影片参加莫斯科电影节获得荣誉奖，这是中国电影第一次在国际电影节获奖。

吴永刚导演的《神女》上映。本片被公认为中国无声片中的完美杰作，主演阮玲玉在此片中的表演亦达到了她的演艺生涯的最高峰。次年，阮玲玉自杀，年仅25岁。

1935年

世界上第一部彩色影片《浮华世界》在美国公映。

里芬斯塔尔完成纪录片《意志的胜利》。此后她还拍摄了《奥林匹亚》（1936）。这两部影片与德国纳粹的关系使里芬斯塔尔成为电影纪录片历史上最具争议的人物之一。

《风云儿女》（田汉、夏衍编剧，许幸之导演）完成并上映。影片主题歌《义勇军进行曲》（田汉作词，聂耳作曲）后来成为中华人民共和国国歌。

1937年

袁牧之完成影片《马路天使》（赵丹、周璇主演）。片中由田汉作词，贺绿汀作曲，周璇演唱的插曲《四季歌》成为百年中国电影史上最著名的电影歌曲之一。

第一部达到正片长度的动画片《白雪公主和七个小矮人》完成。

美国导演帕尔·劳伦斯完成著名的纪录电影《大河》。

法国诗意现实主义代表导演让·雷诺阿完成《幻灭》。1939年完成《游戏规则》。

1938年

1月29日，中华全国电影界抗敌协会成立。此后中国电影人完成了《保卫我们的土地》、《八百壮士》、《塞上风云》等影片，鼓舞前方战士的士气和后方人民抗战的信心和勇气，以电影的方式参与抗战。

八路军总政治部成立"延安电影团"。在其存在的7年期间摄制的《延安和八路军》、《南泥湾》等纪录片成为弥足珍贵的历史资料。

1939年

福特完成《关山飞渡》，本片被看做是西部片的成熟之作。不仅是西部片，喜剧片、歌舞片、强盗片、战争片、科幻片、爱情片、恐怖片等类型片也开始走向定型。好莱坞开始凭借这些类型片称霸世界。

《乱世佳人》获得八项奥斯卡金像奖，克拉克·盖博和费雯·丽成为国际巨星。

希区柯克来到好莱坞。到美国后的第一部影片《蝴蝶梦》（1940）即获奥斯卡最佳影片奖，之后终其一生留在美国发展，成为最为著名的悬念片大师。

1941年

奥逊·威尔斯完成《公民凯恩》（美国）。这是百年电影史上最为著名，也是影响最为深远的电影之一。

约翰·休斯顿完成《马耳他之鹰》（美国）。本片通常被认为是黑色电影（Film Noir）的起源。

1942年

美国导演卡普拉开始创作《我们为何而战》系列电影。

1945年

罗西里尼拍出《罗马，不设防的城市》，拉开意大利新现实主义运动的序幕。此后，德·西卡的《偷自行车的人》（1948）、《温别尔托》（1952），德·桑蒂斯的《罗马11时》（1952），维斯康蒂的《大地在波动》（1948）等新现实主义运动经典作品先后问世，成为电影纪实美学的光辉典范。新现实主义运动一直持续到20世纪50年代初。

大卫·里恩完成《相见恨晚》（英国）。此后他凭借《桂河桥》《阿拉伯的劳伦斯》、《日瓦戈医生》等影片成为世界著名导演。

1946年

戛纳电影节、洛迦诺电影节、卡洛维发利电影节创办。同年威尼斯电影节恢复举办。此后陆续有爱丁堡（1947）、柏林（1951）、墨尔本（1952）、悉尼（1954）、旧金山与伦敦（1957）、莫斯科与巴塞罗那（1959）等电影节创办。

美国电影票房达到创纪录的17亿美元。

1947年

好莱坞发生震惊世界的非美活动调查和黑名单运动，好莱坞电影受到沉重打击，世界电影发展重心渐渐从美国向欧洲转移。

艾利亚·卡赞创办美国演员养成所，以斯坦尼斯拉夫斯基体系对演员进行表演训练。这些训练在马龙·白兰度主演的《码头风云》以及《欲望号街车》等影片中得到了体现。

《八千里路云和月》（史东山编导，白杨、陶金主演）成为中国在抗战胜利后第一部引起巨大社会影响的电影。

《一江春水向东流》（蔡楚生、郑君里编导）连映三个多月，观众达七十多万人次，创造国产电影前所未有的纪录。本片以上、下集的鸿篇巨制，以史诗的气魄，通过一个普通家庭的离乱遭际，折射出亿万中国人在八年抗战期间的历史命运。"家"与"国"在影片中的象征性对应关系显然延续了中国文化中的"家国"一体的传统。本片直到上世纪80年代仍在影院中上映，是百年中国电影史上生命力最长的电影之一。

1948年

美国最高法院在"派拉蒙诉讼案"的审理中裁定，电影制片厂对院线的拥有违反了反垄断法，并要求制片厂必须与其院线脱钩。此举对好莱坞制片厂构成重大打击。

法国导演阿斯·特吕克提出"摄影机即自来水笔"的著名观点，首开"作者电影论"之先河。

费穆完成《小城之春》。这部文人电影或知识分子电影在当时湮没无闻，直到上世纪八九十年代以来才开始得到越来越高的评价，被认为是百年中国电影最优秀的作品之一。

费穆导演、梅兰芳主演的《生死恨》成为中国第一部彩色电影。

1949年

4月，中共中央宣传部电影局在北京成立，负责统一领导和管理全国电影工作（中华人民共和国正式成立后，改隶中央人民政府政务院文化部，1955年改称国务院文化部电影事业管理局）。

4月20日，北平电影制片厂成立（后

为北京电影制片厂）。

5月1日，东北电影制片厂完成新中国第一部长故事片《桥》；同月底又完成第一部译制片《普通一兵》。

6月29日，中华人民共和国农业部农业电影社成立（1963年改名为农业电影制片厂；1978年又改名为北京农业电影制片厂；1981年5月8日正式改为中国农业电影制片厂）。

7月，中华全国文学艺术工作者第一次代表大会在北京召开。大会期间，成立了中华全国电影艺术工作者协会（后改称中国电影工作者联谊会）。

10月，中央人民政府文化部正式成立，原属中宣部领导的中央电影局改隶属文化部；16日，上海电影制片厂成立。

《阿里山风云》（张彻编导）在台湾开拍，这是第一部台湾（国语）电影。

第一部黄飞鸿电影《黄飞鸿传》（胡鹏导演，关德兴主演）完成并在香港上映，从此"黄飞鸿电影"以其系列电影数量之多成为世界影史上的一个奇迹。

1950年

《乌鸦与麻雀》上映，事实上这部影片从1949年4月就已开拍。本片获1949年—1955年优秀电影奖一等奖。

11月至12月，北京电影制片厂派出新闻摄影队随志愿军入朝拍摄抗美援朝新闻纪录片；朝鲜战争爆发后，中国大陆各地停止上映美国影片；同月，电影局电影剧本创作所在北京成立。

1951年

黑泽明导演的《罗生门》获威尼斯电影节金狮奖以及奥斯卡最佳外语片奖。黑泽明由此成为世界著名导演，日本电影亦受到世界影坛关注。黑泽明的主要代表作品还有《七武士》（1954）、《蜘蛛巢城》（1957）《影子武士》（1980）《乱》（1985）、《八月狂想曲》（1991）等等。

法国导演布莱松完成《一个乡村牧师的日记》。本片与后来的《死囚越狱》（1956）、《扒手》（1959）等影片成为布莱松的代表作品。

安德列·巴赞创办《电影手册》。这本世界上最具影响力的电影杂志后来成为新浪潮运动的大本营，巴赞则被称为法国"新浪潮之父"。

5月20日，《人民日报》发表毛泽东亲自撰写的社论《应当重视电影〈武训传〉的讨论》，全国开始批判《武训传》（孙瑜编导）的运动，首开以政治批判代替学术批评的先河。

1952年

齐纳曼拍摄了《正午》（美国）。这是一部以西部片之名讽喻现实的寓言式的影片。

8月1日，中国人民解放军电影制片厂在北京成立，后改名为八一电影制片厂。自此，八一厂与东影、北影、上影构成新中国四大国营制片基地。

1953年

美国出现影史上第一部立体声宽银幕电影《礼服》（又译《长袍》）。此后，一系列巨片相继问世，如《战争与和平》（1956）、《宾虚》（1959）、《斯巴达克斯》（1960）、《埃及艳后》（1963）等。

7月7日，中央新闻纪录电影制片厂在北京成立。

11月5日，上海电影制片厂完成中华人民共和国第一部彩色片《梁山伯与祝英台》。

1956年

意大利导演费里尼的《大路》获奥斯卡金像奖，赢得国际影坛的关注。其后他的《甜蜜的生活》（1960）、《八部半》（1963）分别获得戛纳电影节金棕榈奖和奥斯卡奖。

5月2日，毛泽东提出在文学艺术和学术研究中实行"百花齐放，百家争鸣"的方针；24日，中国电影出版社在北京成立。

7月，北京电影学校改建为北京电影学院。

10月28日，《中国电影》在北京创刊，1959年7月，更名为《电影艺术》；26日，电影局召开制片厂厂长会议，即舍饭寺会议，会议决定对以苏联模式建立的故事片厂的组织形式和领导方式进行重大改造，并提出以"三自一中心"（自选题材、自由组合、自负盈亏和导演中心）为主要内容的改革方案。

中国电影评论家钟惦棐发表《电影的锣鼓》，抨击了电影界存在的种种流弊。在次年开始的"反右"运动中，《电影的锣鼓》被当做电影界的"右派纲领"遭到批判。

1957年

前苏联导演米哈伊尔·卡拉托佐夫导演的《雁南飞》次年获戛纳电影节金棕榈奖。

瑞典导演英格玛·伯格曼的《第七封印》获得戛纳电影节金棕榈奖（并列）。

此后伯格曼的《野草莓》（1957）、《犹在镜中》（1961）、《处女泉》（1960）、《冬日之光》（1963）、《芳妮和亚历山大》（1982）等影片不断获奖，伯格曼成为"作者电影"理论最具代表性的导演之一。

八一电影制片厂拍摄的《柳堡的故事》在新中国电影创作中首次打破了描写现役军人爱情的题材禁区。影片歌曲《九九艳阳天》传唱至今。

10月，中共中央发出《划分右派分子标准的通知》，将钟惦棐、沙蒙、郭维、吕班、吴永刚等定为"右派分子"。

1958年

巴赞去世。他的《电影是什么？》成为影响深远的里程碑式的电影美学巨著。

中国电影界掀起"大跃进"，全国电影产量达到创纪录的105部，其中大部分是粗制滥造之作。

8月，西安电影制片厂成立。

9月，中国电影资料馆成立；随后，峨眉电影制片厂、新疆电影制片厂（1979年更名为天山电影制片厂）相继成立。

1959年

法国"新浪潮"在本年戛纳电影节上异军突起，戈达尔（《筋疲力尽》）、特吕弗（《四百下》）、阿伦·雷乃（《广岛之恋》）开始成为闻名世界的大导演。1959年到1961年为新浪潮的黄金时代，3年间共涌现出67名新导演，拍出100部影片。法国新浪潮运动的影响极为深远，20世纪60年代许多国家和地区都开始出现自己的电影新浪潮运动。

9月25日至10月24日，文化部举办"庆祝新中国成立十周年国产新片展览月"，这是新中国规模最大的一次新片展览活动，共展出《林则徐》等35部影片。中国电影迎来一次高峰。《林家铺子》、《聂耳》、《青春之歌》、《今天我休息》、《五朵金花》、《万水千山》、《战火中的青春》等优秀影片问世。

1960年

意大利导演米开朗基罗·安东尼奥尼完成具有现代主义风格的代表作《奇遇》。他的主要作品还有《夜》（1961）、《蚀》（1962）《红色沙漠》（1964）《放大》（1966）等等。

大岛渚完成《青春残酷物语》，标志着日本新浪潮电影运动的开始。除了大岛渚，其他新浪潮导演还有吉田喜重（《秋津温泉》）、今村昌平（《猪和军舰》、《鳗鱼》）、新藤兼人（《裸岛》）等等。

克拉考尔出版《电影的本性》。这是继巴赞《电影是什么？》之后最为著名的写实主义电影美学巨著。

1月11日，中国电影艺术研究所在北京成立。

3月12日，北京科学教育电影制片厂成立。

1961年

11月，《大众电影》举办第一届电影百花奖；翌年5月召开发奖大会。《大众电影》为中国影协主办的电影刊物。百花奖由观众投选，每年一次，1964年中断，1980年恢复。

1962年

2月，德国年轻电影工作者发表《奥伯豪森宣言》，掀开德国新电影运动序幕。

这一运动的主要导演包括法斯宾德（《玛丽亚·布劳恩的婚姻》）、施隆多夫（《铁皮鼓》）、赫尔措格（《人人为自己，上帝反对大家》）、文德斯（《德克萨斯的巴黎》）等等。

《伊万的童年》获威尼斯金狮奖，塔科夫斯基成为前苏联新电影的代表。他的代表作还有《潜行者》、《镜子》、《乡愁》、《牺牲》等等。

《大众电影》杂志创办"百花奖"，这是中国电影史上第一次全国性的观众评奖活动。三个月内收到近12万张选票，选出"最佳故事片"（《红色娘子军》）、"最佳导演"（谢晋）、"最佳男演员"（崔嵬《红旗谱》）、"最佳女演员"（祝希娟《红色娘子军》）、"最佳配角奖"（陈强《红色娘子军》）等奖项。

台湾电影金马奖创办。该奖由台湾电影事业发展基金会赞助，是台湾影响最大的电影文化活动。每年举办一届，主要评选对象为台湾电影，后扩展到了香港电影，90年代后将大陆电影也纳入评选范围。现在是一个世界华语电影年度评选的奖项。

佩德·迪·安德拉德等人导演完成《贫民窟故事五则》，揭开了巴西"新兴电影"运动的序幕。此运动将电影看做一种社会变革的工具和政治解放的武器，主要的导演还有鲁伊·格拉、尼尔森·佩雷拉·多斯·桑托斯、格劳贝尔·罗沙等等。

6月，上海天马电影制片厂摄制完成中国第一部彩色宽银幕立体故事片《魔术师的奇遇》；同月，瞿白音文章《关于电影创新问题的独白》在《电影艺术》杂志发表，引发电影界关于创新问题的讨论。

1963年

米洛斯·福尔曼完成处女作《黑彼得》。捷克新浪潮电影运动在1963年到1967年间达到顶峰。后来福尔曼在好莱坞拍摄的《飞越疯人院》（1975）、《莫扎特》（1984）都获得了巨大成功。

香港导演李翰祥导演的黄梅戏电影《梁山伯与祝英台》风靡港台，此后几年港台银幕充斥黄梅调。

台湾导演李行开始拍摄《蚵女》，开启"健康写实"电影潮流。

谢铁骊导演的知识分子电影《早春二月》被认为宣扬了资产阶级的人道主义、人性论，遭到全国范围的批判。

1964年

罗曼·波兰斯基凭借《水中刀》获得威尼斯电影节最佳导演奖，将波兰新电影运动推向一个高潮。同时期的著名导演还有斯科立莫夫斯基（《没有特殊的标记》）。

法国电影理论家克里斯蒂安·麦茨出版《电影：语言还是言语》，标志着第一电影符号学的问世。其他相关著作还有帕索里尼的《诗的电影》、温别尔托·艾柯的《电影符码的分节》等。

7月，康生在全国京剧现代戏观摩演出大会总结会上，公开点名批判影片《北国江南》、《逆风千里》、《早春二月》、《舞台姐妹》等，随后，报刊相继发表对这些影片的批判文章。

8月，毛泽东在《中央宣传部关于公开放映和批判影片〈北国江南〉和〈早春二月〉的请示报告》上批示："不但在几个大城市放映，而且应在几十个到一百多个中等城市放映，使这些修正主义材料公之于众。可能不止这两部影片，还有些别的，都需要批判。"

1965年

4 月 22 日，中宣部发出《关于公开放映和批判影片〈林家铺子〉和〈不夜城〉的通知》。

9 月 23 日，保定电影胶片厂正式投产。

10 月 1 日，由八一、北影和新影厂联合摄制的彩色舞台艺术片《东方红》在全国正式上映。

11 月，《文汇报》发表姚文元的文章《评新编历史剧〈海瑞罢官〉》，正式拉开"文化大革命"的序幕。

1966年

2 月，江青《部队文艺工作座谈会纪要》出笼，认为文艺界存在一条"反党反社会主义的黑线"，《抓壮丁》《兵临城下》等十多部电影被点名批评。事实上，几乎所有的"十七年"电影都遭到否定和批判。此后，"文革"开始。

5 月 16 日，中共中央发出《五·一六通知》，号召向党内外"资产阶级代表人物"猛烈开火。

1967年

阿瑟·佩恩导演的《邦尼和克莱德》标志着新好莱坞的崛起。新好莱坞在各方面呈现出与旧好莱坞的区别。世界电影开始进入一个多元与综合的新阶段。

张彻《独臂刀》引发香港武侠电影狂潮，张彻成为最卖座的武侠片导演，"阳刚美学"成为其标志性风格。

5 月，北京演出《智取威虎山》《红灯记》等八个样板戏。

1968年

法国巴黎发生"五月风暴"。这一政治事件深刻地影响了西方电影及电影理论的发展。次年，阿尔都塞发表著名的论文《意识形态与意识形态国家机器》，对电影批评产生重大影响。

美国电影联合会以影片分级制度取代了《海斯法典》，此举对美国电影的发展产生了深刻影响。

索拉纳斯与赫提诺完成长达四小时的《燃火的时刻》，将阿根廷自 60 年代以来的"第三电影"运动推向高潮。

4 月 14 日，"中央文革"发出通知，禁止各地"私自放映毒草影片"。至此，新中国十七年来生产的影片除《地雷战》等少数影片外，一律被封存禁映。

5 月 23 日，于会泳在《文汇报》上发表文章，根据江青指示提出"三突出"的创作口号，直接导致以后十多年间文艺作品公式化、概念化泛滥。

1970年

希腊导演安哲洛普洛斯完成自己的第一部长片《重建》。后来他凭借《雾中风景》（1988）、《尤利西斯之旅》（1995）、《永恒的一天》（1998）等影片成为世界闻名的大导演。

法国《电影手册》编辑部发表《约翰·福特的〈少年林肯〉》一文，标志着当代电影理论中意识形态批评的确立。

9 月，北京电影制片厂摄制完成第一部样板戏电影《智取威虎山》。

10 月，为纪念抗美援朝 20 周年，中国重新上映《英雄儿女》《打击侵略者》等 5 部影片，这是"文革"以来第一次复映 17 年中拍摄的影片。

在江青授意下"样板戏"开始陆续被拍成电影，共有《智取威虎山》（1970）、《红灯记》（1970）、《沙家浜》（1971）、《红色娘子军》（1972）、《奇袭白虎团》（1972）、《龙江颂》（1972）、《白毛女》（1972）、《海港》（1973）、《杜鹃山》（1974）《平原作战》（1974）等。"高大全"、"三突出"成为这些影片基本的创作原则。

1971年

李小龙《唐山大兄》轰动香港及东南亚，此后他的《精武门》《1972）、《猛龙过江》（1972）、《龙争虎斗》（1973）连创香港电影票房纪录，并成功打入美国商业院线。李小龙成为中国影史上第一位世界知名的超级功夫电影明星，或者说，第一位世界知名的中国电影明星。1973 年，李小龙神秘死亡。如流星划过夜空的李小龙，为香港电影留下一段传奇。

1972年

曾担任《巴顿将军》编剧的科波拉执导《教父》，影片获得奥斯卡三项大奖，标志着 60 年代末以来异军突起的新一代"电影小子"及新导演开始成为美国电影的中坚力量。科波拉后来继续编导《教父》续集，他的《对话》（1974）、《现代启示录》（1979）先后获戛纳电影节金棕榈奖。

胡金铨历时五年完成《侠女》。本片于 1975 年获第 28 届戛纳电影节最高综合技术大奖。这是第一部在国际电影节上获大奖的华语片。

1973年

美国导演斯坦利·库布里克拍摄的《发条橘子》因暴力及色情内容被禁映，直到

2000 年本片才被解禁。但这并不影响库布里克作为一名世界级电影大师的地位，他的主要作品还有《光荣之路》《奇爱博士》、《2001：太空漫游》、《巴里·林顿》、《闪灵》、《全金属外壳》、《大开眼界》等等。

许冠文主演《大军阀》（李翰祥导演）一炮而红，此后许氏三兄弟自组公司，《半斤八两》等片开创香港喜剧片变革传统的先河，更为香港粤语电影注入强劲生命力。

1974年

1 月，影片《火红的年代》、《艳阳天》、《青松岭》开始在全国上映，这是"文革"八年多来第一次上映新的国产故事片。

7 月 19 日，国务院文化组发出《关于批判〈园丁之歌〉的通知》，随后，全国报刊相继发表近百篇批判文章。

1975年

史蒂夫·斯皮尔伯格导演的《大白鲨》获得票房成功。此后他先后拍摄出《第三类接触》、《外星人》、《印第安那·琼斯和圣杯》、《侏罗纪公园》、《辛德勒的名单》、《拯救大兵雷恩》等著名影片，成为好莱坞最有影响力的导演之一。

克利斯蒂安·麦茨出版《想象的能指：精神分析与电影》，开创第二电影符号学，又称精神分析电影符号学。

劳拉·穆尔维的《视觉快感与叙事性电影》发表于美国《银幕》杂志，成为女权主义电影批评理论的重要文献。

2 月，电影《创业》在全国公映，受到江青等的批判。随后，"四人帮"发动对影片《海霞》的批判运动，《创业》编剧张天民、《海霞》编导谢铁骊等先后给毛泽东写信。7 月 25 日，毛泽东对影片《创

业》作出批示："此片无大错，建议通过发行。"其后，《海霞》也得以在全国发行。

1976年

马丁·斯科西斯导演的《出租汽车司机》在戛纳电影节上获金棕榈大奖。此后他拍摄出《纽约，纽约》、《愤怒的公牛》、《喜剧之王》、《纯真年代》、《纽约黑帮》、《飞行大亨》等影片。

1977年

美国导演卢卡斯的《星球大战：新希望》轰动全世界，著名的"星战系列电影"就此拉开序幕。

1978年

迈克尔·西米诺导演的《猎鹿人》开创以反思为主的"越战片"潮流。其后著名的反思性越战影片还包括《现代启示录》、《野战排》、《全金属外壳》、《生于七月四日》等。

成龙主演的《蛇形刁手》、《醉拳》等喜剧功夫片问世，开创香港功夫电影新时代。成龙成为李小龙之后的又一国际功夫巨星。

5 月 20 日 北京电影学院恢复建制后，通过考试在北京、上海等地录取导演、摄影、美术、录音、表演师资等 5 个专业的学生。

11 月，广西电影制片厂建立。

从本年起，一批在"文革"期间蒙冤去世的电影工作者陆续得到平反。

1979年

中国电影真正进入新时期的一年，一年内生产电影 65 部，电影观众总计达 293

亿 1 千万人次，创下中国电影史上的最高纪录。《从奴隶到将军》、《吉鸿昌》、《归心似箭》、《小花》、《海外赤子》、《瞧这一家子》、《甜蜜的事业》、《小字辈》、《他俩和她俩》、《二泉映月》、《苦恼人的笑》、《生活的颤音》、《保密局的枪声》等不同风格、不同题材、不同样式的影片真正做到了"百花齐放"。

香港出现电影"新浪潮"运动。徐克的《蝶变》、许鞍华的《疯劫》、章国明的《点指兵兵》成为新浪潮出现的重要标志。其后，严浩、方育平、谭家明、张坚庭、黄志强等青年导演相继崛起，在香港影坛刮起新浪潮旋风。

中国电影理论开始有了重大突破。白景晟发表《丢掉戏剧的拐杖》，张暖忻、李陀夫妇发表《谈电影语言的现代化》。后者被称为"第四代的艺术宣言"。

1980年

大卫·林奇完成《象人》。作为一个好莱坞另类导演，大卫·林奇的大多数电影如《橡皮头》、《蓝丝绒》、《我心狂野》、《穆赫兰道》往往都会引发争议。

《莫斯科不相信眼泪》次年成为第一部获得奥斯卡奖的前苏联电影。

1 月 23 日至 2 月 13 日，中国戏剧家协会、中国作家协会、中国电影家协会在北京联合召开剧本创作座谈会，讨论《假如我是真的》、《在社会档案里》、《女贼》等有争议的剧本。胡耀邦到会作长篇讲话，对如何正确地看待中国社会的阴暗面、关于干预生活等问题作了深入的阐述。

4 月 29 日，文化部举办 1979 年优秀影片奖、青年优秀创作奖授奖大会，《小花》等 22 部故事片和 37 部其他片种影片获优

秀影片奖，44 位创作人员获青年优秀创作奖。此后，优秀影片奖每年颁发一次，又被称为政府奖，1986 年起，改由广播电影电视部主办，并于 1994 年正式定名为华表奖。

5 月 23 日第三届大众电影百花奖授奖会在京举行。《吉鸿昌》《泪痕》《小花》获百花奖最佳故事片奖。

北京电影制片厂出品、张华勋导演的《神秘的大佛》问世，受到权威舆论的严厉批评，被视为渲染恐怖、追求感官刺激的商业电影《火烧红莲寺》的翻版。

谢晋导演《天云山传奇》。此后他又拍出《牧马人》（1982）、《秋瑾》（1983）、《高山下的花环》（1984）、《芙蓉镇》（1986）、《最后的贵族》（1989）、《清凉寺的钟声》（1991）、《老人与狗》（1993）、《鸦片战争》（1997）等作品。其中那些拍摄于 80 年代的电影常常成为当代中国社会的文化热点。

1981 年

5 月 23 日，首届中国电影"金鸡奖"和第四届大众电影百花奖联合授奖大会举行。作为中国电影专家奖的金鸡奖自此创办。《巴山夜雨》、《天云山传奇》并列金鸡奖最佳故事片奖，叶楠（《巴山夜雨》）获最佳编剧奖，谢晋（《天云山传奇》）获最佳导演奖，最佳男主角奖空缺，张瑜获最佳女主角奖。《庐山恋》、《天云山传奇》、《七品芝麻官》获百花奖故事片奖。

文化部 1980 年优秀影片授奖大会在京举行。《巴山夜雨》等 8 部故事片获优秀影片奖。

4 月，《解放日报》发表特约评论员文章《四项基本原则不容违反——评电影文学剧本〈苦恋〉》。

1982 年

艾伦·帕克拍摄了《平克·弗洛德的墙》（英国）。这是一部将现代主义、摇滚乐和 MTV 相结合的震撼人心的杰作。

香港电影金像奖由《电影双周刊》创办。香港金像奖是香港电影人心中的"奥斯卡"，是香港最具权威性的电影活动。

吴贻弓导演《城南旧事》，开创新时期"散文化"电影的先河，此后又有凌子风《边城》等影片问世。

张鑫炎导演的《少林寺》风靡华语文化圈，掀起又一波"少林寺电影"的热潮，同时也再次振兴了香港功夫电影。此后内地也开始出现自己的功夫电影如《武林志》、《武当》等等。

陶德辰、杨德昌、柯一正与张毅合拍《光阴的故事》一举成功，拉开台湾新电影运动的序幕。此后《小毕的故事》（陈坤厚导演）、《海滩的一天》（杨德昌导演）、《搭错车》（虞戡平导演）、《嫁妆一牛车》（张美君编导）、《儿子的大玩偶》（侯孝贤等导演）、《玉卿嫂》（张毅导演）等影片纷纷亮相。

5 月 23 日第二届金鸡奖、第五届百花奖授奖大会在西安举行，《邻居》获金鸡奖最佳故事片奖，张弦（《被爱情遗忘的角落》）获最佳编剧奖，成荫（《西安事变》）获最佳导演奖，张雁获最佳男主角奖，李秀明获最佳女主角奖，《喜盈门》、《乡情》、《白蛇传》获百花奖最佳故事片奖。

1983 年

张军钊、张艺谋、何群、肖风创作的《一个和八个》打响了第五代导演登上中国影坛的"第一枪"。其后，在 1983 年到 1986 年间，陈凯歌的《黄土地》《大阅兵》，田壮壮的《猎场札撒》、《盗马贼》，吴子牛的《喋血黑谷》，黄建新的《黑炮事件》，张泽鸣的《绝响》等影片构成了中国电影"第五代"的实绩。

2 月 3 日，上影厂摄制，吴贻弓导演的影片《城南旧事》在有日、意、美、苏、法、中等 21 个国家的 22 部影片参加的角逐中，以多数票荣获第二届马尼拉国际电影节最佳故事片的"金鹰奖"。这是国产故事片"文革"后首次在国外获奖。

5 月 23 日，第三届电影金鸡奖、第六届电影百花奖授奖大会在扬州举行。《人到中年》、《骆驼祥子》并列金鸡奖最佳故事片奖，最佳编剧奖空缺，吴贻弓（《城南旧事》）获最佳导演奖，最佳男主角奖空缺，潘虹、斯琴高娃并列最佳女主角奖。《人到中年》、《牧马人》、《骆驼祥子》并列大众电影百花奖最佳故事片奖。

1984 年

赛尔乔·莱翁内导演的《美国往事》完成。这是莱翁内"美国三部曲"中的最后一部。

陈凯歌完成《黄土地》。本片集大成地展示出了"第五代"的美学追求及宏大叙事的思想特质，成为"第五代"最具代表性的作品。

吴天明导演《人生》。随着其后的《老井》等影片问世，西安电影制片厂成为 80 年代中国最有成就的制片厂之一。

2 月 15 日—3 月 2 日，上海美术电影制片厂摄制的美术片《鹬蚌相争》在第三十四届西柏林国际电影节获短片电影"银熊奖"。

6月2日，第四届金鸡奖和第七届大众电影百花奖授奖大会在济南市举行。《乡音》获金鸡奖最佳故事片奖，最佳编剧奖空缺，汤晓丹（《廖仲恺》）获最佳导演奖，董行佶、杨在葆并列最佳男主角奖，龚雪获最佳女主角奖。《咱们的牛百岁》《十六号病房》《不该发生的故事》获百花奖最佳故事片奖。

1985年

首届圣丹斯电影节（又名日舞电影节）在美国举办，成为美国独立电影的"奥斯卡奖"。其宗旨是对抗好莱坞大制作商业电影，扶植电影的独立精神。

1月27日，《人生》参加美国奥斯卡最佳外语片的评选，这是中国大陆电影首次参加奥斯卡奖评选。

5月23日，第五届电影金鸡奖、第八届大众电影百花奖授奖大会在成都举行，《红衣少女》获最佳故事片奖，李准、李存葆（《高山下的花环》）获最佳编剧奖，凌子风（《边城》）获最佳导演奖，吕晓禾获最佳男主角奖，李羚获最佳女主角奖，《高山下的花环》《人生》《红衣少女》获百花奖最佳故事片奖。

1986年

1月，第六届全国人大常委会通过决议，将广播电视部改为广播电影电视部，电影局由文化部成建制地划归广播电影电视部。

4月17日，胡耀邦主持中央书记处会议，就第六届中国金鸡奖评委会评出的最佳故事片《野山》进行讨论，认为影片与我国民族特性差距极大，与当前农村改革政策不相符，希望评委从社会效益和接受程度考虑，不要奖励这样的影片。5月7日，中国影协呈送中共中央宣传部《关于拟公布第六届"金鸡奖"评奖结果的请示》。请示陈述了影协主席团委员和第六届金鸡奖评委对4月10日胡耀邦同志的批示和4月17日中央书记处会议对金鸡奖评奖的意见和看法，认为中国电影的政府奖、百花奖、金鸡奖各有特点，不宜合并或取消，认为《野山》是评委反复思考并认真讨论和郑重投票产生的最佳故事片，应如实公布，并愿承担责任。6月11日，中宣部部长朱厚泽明确表示：经研究，中宣部同意《关于拟公布第六届"金鸡奖"评奖结果的请示》报告的意见，尽快公布评选结果，并指出，今后评奖要有所改进，恰当评估文艺作品。

7月18日，《文汇报》发表朱大可的文章《谢晋电影模式的缺陷》，引起各家报刊关于"谢晋模式"的讨论。钟惦棐在《中国电影时报》发表了题为《谢晋电影十思》的文章。《电影艺术》1990年第二期再次发表多篇文章，论者对谢晋电影进行了客观的、历史的，也是较公允的评价。

8月，环幕电影在全国试制成功；16日—18日第六届电影金鸡奖、第九届大众电影百花奖在京颁奖，颜学恕（《野山》）获最佳导演奖，曹禺、万方（《日出》）获最佳编剧奖，岳红获最佳女主角奖，刘子枫获最佳男主角奖，《日出》《咱们的退伍兵》《少年犯》获百花奖最佳影片奖；17日，广播电影电视部"1985年优秀影片奖"在京授奖，《咱们的退伍兵》等11部国产故事片获奖。

年底，中国第一座70毫米超宽银幕立体声电影院在哈尔滨市哈尔滨电影院改建成功。

吴宇森导演的《英雄本色》轰动香港，此片奠定了吴宇森作为英雄片最出色导演的地位。1993年吴宇森进入好莱坞，陆续拍摄完成《终极标靶》《断箭》《变脸》《不可能的任务2》《风语者》等影片，成为世界知名的动作片导演。

1987年

伊朗导演阿巴斯·基阿鲁斯达米导演的《何处是我朋友的家》在瑞士洛迦诺国际电影节获得大奖。其后他的许多作品如《生活在继续》（1992）、《樱桃的滋味》（1997）、《风将把我们带向何处》（1999）先后在戛纳、威尼斯等电影节上获得大奖。阿巴斯成为伊朗新浪潮电影运动的代表人物。除阿巴斯外，重要的伊朗导演还有马基·马吉迪、贾法尔·潘纳西、萨米拉·马克马巴夫等等。

张艺谋的《红高粱》上映，次年获得第38届柏林电影节金熊奖，这是中国电影（也是亚洲电影）第一次获得该奖项。此后，他拍摄的《菊豆》（1990）、《大红灯笼高高挂》（1991）、《秋菊打官司》（1992）、《活着》（1994）、《摇啊摇，摇到外婆桥》（1995）、《有话好好说》（1997）、《一个都不能少》（1998）、《我的父亲母亲》（1999）等影片多次在国际上获奖，同时影片也常常成为社会热点。

5月，经中央批准，重大革命历史题材影视创作领导小组在京成立。领导小组负责指导全国重大革命历史题材故事影片和电视剧的创作；对于重大革命历史题材进行宏观规划，加强统一协调；负责审查、重点剧目的剧本，审查节目。领导小组由中宣部和广电部共同领导，具体领导工作由广电部负责。

10月，广播电影电视部、财政部决定设立"摄制重大题材故事片资助基金"，并成立"摄制重大题材故事片资助基金管委会"。资金来源将从中国电影发行放映公司的发行成本中提取，由电影局专户储存，专款专用。

10月4日，西影厂出品、吴天明导演的影片《老井》获第二届东京国际电影节大奖，男主角张艺谋获本届电影节最佳男演员奖。

1988年

阿尔莫多瓦凭借《精神濒临崩溃的女人》获得国际声誉，这也使他成为西班牙电影的代表人物。他的代表作品还有《高跟鞋》（1991）、《对她说》（2002）等等。

本年度中国影坛共有4部王朔电影问世（《顽主》、《轮回》、《大喘气》、《一半是海水，一半是火焰》），被称为"王朔年"。

1月22日，第七届电影金鸡奖、第十届大众电影百花奖在京颁奖，《孙中山》、《芙蓉镇》获金鸡奖最佳故事片奖，丁荫楠（《孙中山》）获最佳导演奖，田军利、费林军（《血战台儿庄》）获最佳编剧奖，刘文治获最佳男主角奖，刘晓庆获最佳女主角奖，《孙中山》、《芙蓉镇》、《血战台儿庄》获百花奖最佳故事片奖。

2月23日，西影厂出品、张艺谋导演的《红高粱》获第三十八届柏林国际电影节金熊奖，在国内引起争论，成为当时传媒的一大热点。一种意见认为该片展示了中国的落后面，不值得肯定；另一种意见则针锋相对地赞扬影片的艺术成就。

12月1日，在《当代电影》杂志召开的"中国当代娱乐片研讨会"上，广电部主管电影的副部长兼《当代电影》杂志主编陈昊苏明确提出：艺术家要树立一种娱乐人生的观念，要确立娱乐片的"主体地位"。这一观点将80年代以来的娱乐片大潮推到顶点。其后，"娱乐片主体论"被认为是一种政治错误而受到高层批判，陈昊苏被调离中国电影的领导地位。"娱乐片主体论"很快被"弘扬社会主义主旋律"的口号取代，揭开了90年代"主旋律"影片的序幕。

1989年

9月21日至27日：北京举办首届"中国电影节"，展览了《开国大典》、《百色起义》、《共和国不会忘记》等影片。此后几年，主旋律影片高潮迭起：《焦裕禄》、《大决战》、《周恩来》、《开天辟地》、《重庆谈判》等相继问世。这些影片大多享受国家特殊政策补贴及在各个环节享受"红头文件"支持。有的影片创下发行拷贝的纪录（如《焦裕禄》），也有的门可罗雀。"主旋律"电影与中国电影的市场化，与电影自身的创作规律之间的相互关系成为耐人寻味的课题。

台湾导演侯孝贤的《悲情城市》获得威尼斯电影节金狮奖。他的其他主要作品还有《冬冬的假期》、《童年往事》、《风柜来的人》、《戏梦人生》、《好男好女》、《南国再见，再见南国》、《海上花》等影片。

1990年

周星驰主演的《赌圣》排名当年票房榜首，本年他主演的11部电影总票房超过1亿港元，周星驰"无厘头喜剧"红遍香江。周氏喜剧一直因其"无厘头"的"粗俗"而为内地学界所不齿。然而1990年代中期之后，凭借着《大话西游》一片，周星驰在内地首先受到青年人（尤其是大学生）的普遍青睐，其影响最终辐射到整个流行文化。周星驰成为内地90年代后期的"后现代文化英雄"。周星驰在内地的命运遭际充分折射出大陆文化的变迁。

12月10日－12日，第十届电影金鸡奖、第十三届大众电影百花奖在武汉颁奖；《开国大典》获金鸡奖最佳故事片奖，李前宽、肖桂云（《开国大典》）和谢铁骊、赵元（《红楼梦》）并列最佳导演奖，张天民、张笑天、刘星、郭晨（《开国大典》）获最佳编剧奖，卢奇获最佳男主角奖，最佳女主角奖空缺。《开国大典》、《本命年》、《巍巍昆仑》获百花奖最佳影片奖。

1991年

凯文·科斯特纳导演的《与狼共舞》获得包括最佳影片在内的7项奥斯卡大奖。次年，克林特·伊斯特伍德的《不可饶恕》获得最佳影片、最佳导演等7项大奖。"西部片"重现辉煌。

《终结者Ⅱ》中的CGI电脑动画创造出惊人的视觉奇观。从此电影与高科技的结合日益紧密。《侏罗纪公园》（1993）里恐龙横行，汤姆·汉克斯在《阿甘正传》（1994）中与已故总统肯尼迪握手。

台湾导演杨德昌的《牯岭街少年杀人事件》获得东京国际电影节评审团特别大奖。他的其他主要作品还有《青梅竹马》、《恐怖分子》、《一一》等片。

9月9日，第十一届中国电影金鸡奖、第十四届大众电影百花奖揭晓，《焦裕禄》获金鸡奖最佳故事片奖，金鸡奖最佳导演和最佳编剧奖空缺，李雪健和奚美娟分别获得金鸡奖最佳男女主角奖，《焦裕禄》、《龙年警官》、《老店》获百花奖最佳故事片奖；14日，张艺谋导演的《大红灯笼高高挂》获第四十八届威尼斯国际电影节银狮奖；9月27日至10月6日北影厂出品、黄健中导演的《过年》获第四届东京国际电影节评委会特别奖，影片中饰演母亲的赵丽蓉获最佳女演员奖。

1992年

陈凯歌的《霸王别姬》上映，次年获戛纳电影节金棕榈奖。许多评论家将本片看做"作者电影"向商业电影的一次妥协，此前陈凯歌的《孩子王》、《边走边唱》等片都没有获得成功。此后，陈凯歌开始接拍《温柔地杀我》、《无极》等商业片。

香港影星张曼玉凭借在电影《阮玲玉》（关锦鹏导演）中的出色演技获得柏林电影节影后桂冠，成为第一个在该项电影节上荣获演员大奖的中国人。其后她又凭借在法国影片《清洁》（2004）中的精彩表演成为戛纳电影节影后。

8月23日至28日，首届'92中国长春电影节在长春市举行。本届电影节在"电影搭台，经贸唱戏"的口号下，集电影、文化、经贸、科技、旅游等活动于一体，并设立由专家组成的评委会，进行电影评奖。

11月2日至6日，首届中国金鸡百花电影节在桂林市举行。《大决战》获第十二届金鸡奖最佳故事片，黄亚洲、汪天云（《开天辟地》）获最佳编剧奖，孙周（《心香》）获金鸡奖最佳导演奖，王铁成和宋晓英分别获得金鸡奖最佳男女角奖，《周恩来》、《大决战》和《过年》获第十五届百花奖最佳故事片奖。

1993年

大陆导演谢飞的《香魂女》和台湾导演李安的《喜宴》同获柏林电影节金熊奖，将90年代前后国际影坛的"中国旋风"进一步推向高潮。

1月5日，广播电影电视部发出广发影字（1993）3号文件《印发〈关于当前深化电影行业机制改革的若干意见〉的通知》。3号文件程度不同地给电影制版、发行和放映企业一部分主动权，成为电影界行业改革的先声。

首届北京大学生电影节创办。尹鸿担任评委会主任。张建亚导演的《三毛从军记》获最佳故事片和艺术创新奖。

1994年

电影"多媒体时代"开始到来。不需拷贝，直接通过光缆向影院传输影像的新型电影放映技术开始在美国投入使用。

罗伯特·泽米基斯讲述"美国神话"的《阿甘正传》上映，次年共获得6项奥斯卡大奖，并成为本年度美国票房冠军。

基耶斯洛夫斯基的《蓝色》获得威尼斯电影节金狮奖。其后他的《白色》获得柏林电影节金熊奖，《红色》获得戛纳电影节金棕榈奖，创造出一个电影奇迹。此前，作为"作者电影"的代表人物，这位波兰导演的《十诫》、《维罗利卡的双重生活》等片已经为他赢得了极高声誉。

昆汀·塔伦蒂诺的《低俗小说》获得戛纳电影节金棕榈奖，开创另类黑帮片之先河。深受香港武侠及功夫片影响的他后来拍摄出《杀死比尔》等影片。

俄罗斯导演米哈尔科夫的《烈日灼人》（《毒太阳》）上映，次年获得奥斯卡最佳外语片奖和戛纳电影节评审团大奖，将他自前苏联时期以来的创作生涯推向一个高峰。

王家卫的《重庆森林》、《东邪西毒》在香港电影金像奖评选中大获全胜。王家卫影片独特的影像语言，对现代城市人的孤独与异化状态的传神把握，使他成为最具风格化的电影导演。他的系列影片（《旺角卡门》、《阿飞正传》、《春光乍泄》、《堕落天使》、《花样年华》）不仅为电影专家欣赏，更成为城市"小资"的流行文化时尚。

葛优凭借在影片《活着》（张艺谋导演）中的精彩表演获得戛纳电影节影帝，这是中国演员第一次获此殊荣。其后《阳光灿烂的日子》的主演夏雨在威尼斯电影节上获最佳男演员奖，《脸对脸，背靠背》主演牛振华则在东京电影节上获得最佳男演员奖。

1月24日至29日，中共中央在京召开全国宣传思想工作会议。中共中央总书记江泽民对文艺明确提出了"弘扬主旋律，提倡多样化"的要求。他强调指出，党的宣传工作要以科学的理论武装人，以正确的舆论引导人，以高尚的精神塑造人，以优秀的作品鼓舞人，不断培养和造就一代又一代有理想、有道德、有文化、有纪律的社会主义新人，在建设有中国特色的社会主义的伟大事业中发挥有力的思想保证和舆论支持作用。

11月4日至10日，第三届中国金鸡百花电影节在长沙隆重举行。《凤凰琴》获第十四届金鸡奖最佳故事片奖，桔生、刘醒龙、卜炎贵获金鸡奖最佳剧本奖，何平（《炮打双灯》）获金鸡奖最佳导演奖，李保田和潘虹分获金鸡奖最佳男女主角奖。《凤凰琴》、《重庆谈判》、《炮兵少校》获第十七届大众电影百花奖最佳故事片奖。

1995年

南斯拉夫导演埃米尔·库斯图里卡导演的《地下》一片再次获得金棕榈奖。此前他的作品《爸爸出差了》（1985）、《流浪者之歌》（1989）已经两次获得戛纳电影节大奖。

岩井俊二完成《情书》。其后他继续创作出《关于莉莉周的一切》等优秀作品，成为日本国际影响最大的新导演之一。

中国电影公司被批准开始引进国外分账发行的进口影片。好莱坞影片《亡命天涯》等在中国大规模上映。这是当年引进十部"大片"的第一部。此后好莱坞影片在中国电影市场上开始占据重要位置，主要指好莱坞影片的名词"大片"在中国流行。

香港影星萧芳芳凭借在影片《女人四十》中的表演获得柏林电影节影后。

10月20日至22日，第四届中国金鸡百花电影节在京举行。《被告山杠爷》获第十五届金鸡奖最佳故事片奖，毕必成、范元获金鸡奖最佳剧本奖，黄建新、杨亚洲获金鸡奖最佳导演奖，李仁堂和艾丽娅分别获金鸡奖最佳男女主角奖。《被告山杠爷》、《留村察看》、《一个独生女的故事》获第十八届大众电影百花奖最佳故事片奖。

1997年

12月12日至15日，第六届中国金鸡百花电影节在佛山举行。《鸦片战争》获第十七届金鸡奖最佳故事片奖，《离开雷锋的日子》（王兴东编剧）获金鸡奖最佳剧本奖，韦廉（《大转折》）获金鸡奖最佳导演奖，刘佩琦、于慧分别获金鸡奖最佳男女主角奖。《红河谷》、《大转折》、《离开雷锋的日子》获第二十届大众电影百花

奖最佳故事片奖。

1998年

日本恐怖片《午夜凶铃》公映后创下10亿日元的票房纪录，本片及其续集迅速影响整个亚洲，其后影片被好莱坞重拍后仍然获得极高票房。

《泰坦尼克号》风靡全世界。本片共获奥斯卡最佳影片、最佳导演、最佳音效、最佳摄影等11项大奖，全球票房收入达18亿美元，位居北美地区历史最卖座片的第一名。本片在中国亦引起观看狂潮，据推测票房共计5亿至6亿人民币。

冯小刚《甲方乙方》获得票房成功，带动大陆"贺岁片"之风。其后他的《不见不散》、《没完没了》、《大腕》、《手机》、《天下无贼》等片皆获得高票房，成为大陆电影抗衡好莱坞大片的重要"武器"。

1999年

韩国电影人发起"光头运动"，抗议政府决定取消保护国产电影的银幕配额制度。同年底姜帝圭导演的《生死谍变》以360亿韩元（约3000万美元）的国内高票房打败《泰坦尼克号》，这成为一个重要转折点，此后随着韩国电影产业政策的调整，韩国电影迎来了一个戏剧性的高速发展时期。

张元凭借《过年回家》获威尼斯电影节最佳导演奖，作为第六代"地下电影"旗帜的张元首次浮出地表。第六代其他导演（王小帅、娄烨、章明、路学长、管虎、贾樟柯……）开始获得更多关注，更年轻的一些新生代导演（如李虹、金琛、张扬、王全安、吴天戈、胡安、王端……）开始登上影坛，为中国影坛注入新鲜血液。

11月15日，中美双方就中国加入世界贸易组织签订"双边协议"。我政府代表团中的广电总局代表就电影事宜与对方进行了谈判。中国加入世界贸易组织后，中国电影将会面临更加激烈的竞争局面。

张艺谋导演的《一个都不能少》获第56届威尼斯国际电影节"金狮奖"，并被联合国教科文组织授予"最佳影片"奖。张扬导演的《洗澡》获第47届圣塞巴斯蒂安国际电影节最佳导演奖，获第24届多伦多国际电影节评委会大奖。霍建起导演的《那山那人那狗》获第23届蒙特利尔国际电影节"最受观众喜爱的影片奖"。

2000年

李安的《卧虎藏龙》上映，次年获得奥斯卡最佳外语片奖，在全世界再度掀起了中国武侠片热。香港"武指"成为好莱坞的抢手人才，在《黑客帝国》、《X战警》、《杀死比尔》等片的动作场景中大出风头。张艺谋跟风拍摄的《英雄》、《十面埋伏》等影片不仅在国内获得高票房，在美国同样大受欢迎。

2002年

韩国电影《醉画仙》（林权泽导演）获得戛纳电影节最佳导演奖。《我的野蛮女友》风靡东亚及东南亚。

周星驰电影《少林足球》在香港电影金像奖上大获全胜，共获得最佳影片、最佳导演、最佳男主角等7项大奖。与周星驰获得"全面的肯定"形成鲜明对比的是香港电影自上世纪末以来的逐渐衰落。

在政府行政力量的推动下，中国电影院线制改革启动，全国共35条院线正式挂牌营业。

2003年

张艺谋导演的《英雄》获得 2.5 亿票房，成为中国电影的票房冠军。上世纪末以来张艺谋渐渐向主流和商业靠拢，尽管受到学术层面的严厉批评或指责，他的《英雄》和《十面埋伏》仍不断创造中国影史票房新高。张艺谋及其电影成为一个极具争议性的"现象"。

中国电影制片、发行行业向社会和民营开放，中国电影产业改革步伐加快。

2004年

1月1日 CEPA（即《内地与香港关于建立更紧密经贸关系的安排》）开始实施。此举为香港电影的振兴提供了新的契机，但其前景仍不容乐观。

韩国电影《老男孩》（朴赞旭导演）再获 2004 年戛纳电影节最佳导演奖，同时《太极旗飘扬》等影片不断刷新韩国电影纪录，并在亚洲甚至西方电影市场受到欢迎。韩国已经呈现出取代香港成为"东方好莱坞"的趋势。

好莱坞电影海外票房达到 149 亿美元，本土票房亦达到 95.4 亿美元，打破 2002 年 93.2 亿美元的纪录。包括好莱坞电影在内的全球票房收入达到 252.4 亿美元。

在一系列旨在促进电影产业发展的政策刺激下，中国电影全年共拍摄出 212 部影片，票房达 15 亿元，创出历史新高。

张艺谋《英雄》在北美大规模上映，创造北美地区外语片票房排行第三名的成绩。

2005年

中国电影迎来百年华诞。胡锦涛等在人民大会堂接见全国电影工作者。

2009年

卡梅隆导演的 3D 影片《阿凡达》震撼世界，在中国创造了 13 亿多的票房，打破《泰坦尼克号》当年创造的纪录。

2010年

中国电影票房突破百万。《唐山大地震》成为中国首部突破 6 亿票房的国产片。年底，姜文导演的《让子弹飞》再次突破《唐山大地震》的票房纪录。

（本大事记由尹鸿、凌燕、詹庆生执笔编写）

策　　划：李小山　邹跃进

主　　编：李小山　邹跃进

编辑委员会：尹　鸿　冯双白　居其宏　邹　红

　　　　　　邹建林　李小山　左汉中　王柳润

图书在版编目（CIP）数据

百年中国电影史：1900～2000 / 尹鸿，凌燕著. --
长沙：岳麓书社：湖南美术出版社，2014.5
　　ISBN 978-7-80761-877-5
　　Ⅰ．①百…　Ⅱ．①尹…　②凌…　Ⅲ．①电影史－中国
－1900～2000　Ⅳ．①J909.2
　　中国版本图书馆CIP数据核字(2014)第114948号

百年中国电影史（1900—2000）

著　　者：尹鸿　凌燕

出 品 人：李小山
责任编辑：左汉中　彭勇
书籍设计：萧睿子
排版制作：胡蓉蓉　马艳琴
责任校对：徐　晶　陈银霞

出版发行：湖南美术出版社（湖南省长沙市东二环一段622号　邮编：410016）
　　　　　　岳麓书社（湖南省长沙市爱民路47号　邮编：410006）
经　　销：湖南省新华书店
印　　刷：北京图文天地制版印刷有限公司
开　　本：787mm×1092mm 1/8
印　　张：49
版　　次：2014年5月第1版
　　　　　　2014年5月第1次印刷
书　　号：ISBN 978-7-80761-877-5
定　　价：310.00元